자본주의와 행정법 (2)

· 이계수 ·

비판 행정법 입문

박영사

머리말

필자가 처음 행정법을 공부하기 시작했을 때 '비판'의 대상은 명확했다. 국가권력, 관료권력만 통제하면 모든 것이 제대로 굴러갈 것이라 생각했다. 그러나 1990년 이후 상황은 변전(變轉)했다. 이제는 테크노 봉건주의(technofeudalism)라는 말도 회자되고 있다. 아마존과 같은 플랫폼이 마치 디지털 영지처럼 세상을 지배한다. 사정이 이러한데도 행정법(학)은 국가와 사회를 엄격히 구분하는 자유주의 이념에 고착되어 있는 느낌이다.

필자의 문제의식은 1권에 이어 2권에서도 유지된다. 한국사회처럼 생존배려의 핵심 서비스(공역무)인 주거, 의료, 교육, 교통이 사실상 사적 주체들에 의해 급부되고 있는 나라에서 행정법학은 무엇을 해야 하는가? 100년 전에 헤르만 헬러는 "자유주의적 법치국가에서 사회적 법치국가로의 연속적 발전만이 법치국가가 독재로 전화(轉化)하는 것을 막을 수 있다"라고 말했다. 나는 그의 말을 살짝 변형하여, '자유주의적 법치국가' 자리에 자유주의 행정법학이라는 단어를 그리고 '사회적 법치국가' 자리에 민주주의 행정법학이라는 단어를 바꿔 끼워 넣고 싶다. 1권에서 이미 필자는 관료권력과 관료주의권력을 구분했다. 비판해야 할 것은 '관료주의'권력이지 '관료'권력이 아니라는 의미였다. 관료가 민주적 정당성을 갖고 행정을 수행할 수 있는 규범적 환경을 조성하는 것도 민주주의 행정법학의 과제이다. 그 과정에서 행정법학은 민주주의를 수직적으로 심화하고 수평적으로 확장해야 한다.

카를 마르크스는 『자본론』 제1권 제1판(1867년) '서문'의 마지막 문단에서 단테의 말을 인용한다. "너의 길을 걸어라, 그리고 남이야 뭐라고 하든 그냥 내버려 두어라!" Segui il tuo corso, e lascia dir le genti! 『신곡』 「연옥편」 제5곡의 표현을 조금 변형한 문장이었다. 예전에 이 대목을 읽었을 때 통쾌하다고 생각했다. 그러나 이 책을 내면서 이 문장을 다시 떠올리니, 조금 다른 생각도 든다. 그도 대중(학문공동체, 여론)의 평판을 두려워했던 것이 아닐까? "남이야 뭐라고 하든"이라고 단호하게 말했지만, 사실은 남의 말이 걱정되었던 것이리라. 탁월한 저자도 그러했거늘, 『자본주의와 행정법 (2)』를 출간하는 필자의 마음이야 어떻겠는가.

필자는 1권 모두(冒頭)의 제사(題詞)를 통해 『자본주의와 행정법』 전체를 관통하는, 나만의 집필기준을 이미 제시한 바 있지만 - "중요한 것은 어떤 사상이 올바르고 그른가"가 아니다. "각각의 설명방식이 얼마나 많은 통찰을 불러일으키고 있는지, 또한 그것들이 얼마만큼 유효하게 우리를 행동으로 이끌 것인지가 정말로 중요하다" - 행정법교과서로는 형식과 내용 양면에서 이질적인 이 책들이 독자와 강호제현(江湖諸賢)으로부터 어떤 평가를 받을까 걱정되는 마음 한가득이다. 그래도 열심히 썼으니 눈 질끈 감고 세상에 내놓겠다. 천학비재(淺學菲材)란 이럴 때 쓰는 말이다.

2025년 8월 20일

이계수

2권 - 차례

제3편
행정상 법률관계와 그 내용

제5편

행정절차법제와 국가책임의 법리

1권 - 차례

주요 참고문헌 약어

곽윤직/김재형, 민법총칙, 제9판, 박영사, 2013 – 곽윤직/김재형, 민법총칙.

김남진/김연태, 행정법I, 법문사, 2023 – 김남진/김연태, 행정법 I.

김도창, 일반행정법론(상), 청운사, 1988 – 김도창, 일반행정법론(상).

김도창, 일반행정법론(하), 청운사, 1989 – 김도창, 일반행정법론(하).

김동희/최계영, 행정법I, 박영사, 2023 – 김동희/최계영, 행정법 I.

김유환, 현대행정법, 박영사, 2024 – 김유환, 2024.

김종보, 행정법입문, 제2판, 피데스, 2019 – 김종보, 행정법입문.

김종보, 건설법의 이해, 북포레 – 2023, 김종보, 건설법의 이해.

김중권, 국민중심 행정법, 법문사, 2025 – 김중권, 2025.

김철용, 행정법, 고시계, 2024 – 김철용, 2024.

박균성, 행정법강의, 박영사, 2021 – 박균성, 2021.

박윤흔, 최신행정법강의(상), 박영사, 2004 – 박윤흔, 최신행정법강의(상).

서원우, 현대행정법론(상), 박영사, 1979 – 서원우, 현대행정법론(상)

정하중/김광수, 행정법개론, 법문사, 2023 – 정하중/김광수, 2023.

홍준형, 행정법, 법문사, 2011 – 홍준형, 행정법

Carl Schmitt, Verfassungslehre, Duncker & Humblot, 1927(1993) – Carl Schmitt, Verfassungslehre.

Ekkehart Stein, Ekkehart Stein, Verfassungsrecht, 15 Auflage, Mohr Siebeck, 1995 – Ekkehart Stein, Verfassungsrecht.

Ernst Forsthoff, Lehrbuch des Verwaltugnsrechts. Erster Band: Allgemeiner Teil, 10. Auflage, C. H. Beck, 1973 – Ernst Forsthoff, Lehrbuch.

Hartmut Maurer/Chritian Waldhoff, Allgemeines Verwaltungsrecht, 19. Auflage, C. H. Beck, 2017 – Maurer/Waldhoff.

Heiko Faber, Verwaltungsrecht, 4. Auflage, Paul Siebeck, 1995 – Heiko Faber, Verwaltungsrecht.

Helge Sodan/Jan Ziekow, Grundkurs Öffentliches Recht, 10. Auflage, C. H. Beck, 2023 – Sodan/Ziekow, Grundkurs.

Walter Jellinek, Verwaltungsrecht, Verlag von Julius Springer, 1931 – Walter Jellinek, Verwaltungsrecht.

제3편

행정상 법률관계와 그 내용

11

국가법인설과 행정상 법률관계

11.1. 프랑스 행정법의 보편성과 특수성

11.1.1. 대혁명 이후 재판제도의 변화와 프랑스 행정법

제3편과 제4편에서는 행정상 법률관계, 그 중에서도 행정법관계를 중심으로 공권과 행정행위 같은 행정법 제도들을 설명한다. 그리고 이런 설명을 행정법관계의 전제인 국가법인설에서부터 시작하고자 한다. 상대방인 국민이 공법 영역에서 권리주장을 하면, 이 주장의 상대방인 수범자 및 의무자가 또한 존재해야 하고, 그것은 일단 법적 인격으로서의 국가를 상정해야 한다.[1] 즉 법률관계론의 출발점에 법인으로서의 국가가 존재한다.

여기서, 행정법을 법률관계(Rechtsverhältnis)=권리의무관계라는 틀로 설명해본 이유는 행정법의 제도와 개념을 학습할 때 이런 방식이 유용하다고 생각하기 때문이다(강학상의 유용성).[2] 법학을 학습하는 이들은 항상 권리와 의무에 대해 묻게 마련이므로 권리의무론 중심의 설명이 행정법 학습에 도움이 된다. 예컨대 행정소송의 한계를 크게 ① 사법권의 본질에서 오는 한계, ② 권력분립에서 오는 한계로 나눌 때,

---

1) Ernst Forsthoff, *Lehrbuch*, 185쪽.

2) "법률관계는 (…) 당사자의 처지에서 본다면, 권리·의무관계로서 나타나는 것이 보통이다." 곽윤직/김재형, 민법총칙, 56쪽. Rechtsverhältnis는 정확하게는 법관계라고 번역해야 하나, 일반적인 용례에 따라 법률관계라고 표기한다. 독일에서 통용되는 Recht 개념의 이중적 의미를 생각하면 권리의무관계라는 번역도 가능하다. 즉, Rechtsverhältnis는 법률관계이자 권리의무관계이다.

①의 한계로 제일 먼저 드는 사유가 법률상 쟁송으로서의 한계이다. 그런데 「법원조직법」 제2조 제1항에서 말하는 "법률상 쟁송"을 통설과 판례는 '권리의무관계에 관한 분쟁의 재단(裁斷)'으로 이해하므로,[3] 여기서 '법률상 쟁송'은 곧 '구체적 권리의무관계에 관한 쟁송'의 의미이다.[4] 행정법을 행정쟁송법의 관점에서 접근하면, 행정법이란 결국 법률상 쟁송을 어떻게 해결해나갈 것인지를 탐구하는 학문이 될 것이고, 이것은 다른 말로 행정상 권리의무관계에 관한 쟁송의 탐구가 된다.

그런데 이렇게 행정상 법률관계=권리의무관계 중심으로 행정법 교재를 서술해나갈 때에는 반드시 추가적으로 언급해야 할 게 하나 있다. 그것은 법률관계를 권리의무관계로 환원하는 시각에 대해 만만찮은 반론이 개진되고 있다는 사실이다. 법률관계는 권리의무관계로 나타나는 것이 보통이지만, 항상 그렇다고 볼 것은 아니다. 특히 공법학은 (객관적) 법률관계를 (주관적) 권리의무관계로 환원할 수 있는지를 더더욱 세심하게 검토할 수밖에 없다. 공법은 주관적 권리보장과 함께 항상 객관적 법질서의 보호를 염두에 둘 수밖에 없기 때문이다. 19세기 후반의 독일 공법학에서는 이 점을 둘러싸고 많은 논의가 있었다. 어떤 이는 공법과 사법을 대등하게 놓을 수 없으므로 주관적 공권이란 의문스러운 개념이라고 주장했다.[5] 사실, 법률관계를 권리의무관계로 환원하는 방식은 독일 행정법학이 주로 취해온 사고유형이다. 반면, 프랑스 행정법학은 다른 접근법을 취한다. 이하에서는 우선 이 부분부터 짚고 넘어가 보자.

프랑스는 근대 유럽 행정법의 모국이라 불리고 있다. 행정법은 프랑스에서 탄생하고 발전했다고 평가된다. 프랑스 행정법은 대혁명 이후 1세기 내내 발전하여 현재와 같은 모습을 갖추게 되었지만, 그 과정이 순탄하지만은 않았다. 100년이 넘는 시간 동안 지속된 혁명적, 헌법적 갈등이 그 내용형성에 중요하게 작용하였다.[6] 토크빌은

---

3) 김철용, 2024, 631-632쪽.

4) 반면 소수지만 「법원조직법」 제2조 제1항에서 말하는 "모든 법률상 쟁송"을 법률에 규정된 모든 종류의 소송을 의미하는 것으로 보아, 법률상 쟁송에 주관소송만이 아니라 객관소송까지 포함시키는 견해도 있다. 대표적으로 박정훈, 행정소송의 구조와 기능, 박영사, 2006, 160쪽.

5) 대표적으로 Ludwig Spiegel, Die *Verwaltungsrechtswissenschaft - Beiträge zur Systematik und Methodik der Rechtswissenschaften*, Duncker & Humblot, 1909, 210쪽 이하.

6) A. V. Dicey, *Introduction to the study of the law of the constitution*, Eighth Edition, 1915, 330쪽; 알버트 다이시, 안경환/김종철 공역, 헌법학입문, 경세원 1993, 225쪽. 이하 인용은 한국어 번역본을 필자가 대폭 수정한 것이다. 이하 각주표기시 원저는 Dicey로 번역본은 다이시로 했다.

1831년에 프랑스의 중견 법관(magistrat) 드 브로셰빌에게 편지를 써서 미국 제도와 프랑스 행정법의 차이를 설명해줄 것과 프랑스 행정법의 일반개념들(notions générales)에 대한 공식적인 설명이 어떤 것인지를 알려달라고 부탁했다. 토크빌과 같은 천재적인 법학자조차 행정법의 '개념들'에 관한 조언을 필요로 했다는 것은 새롭게 발전하고 있었던 행정법이 당시 프랑스 법률가들의 눈에도 아주 특별한 존재로 비쳐지고 있었음을 의미한다.[7] 내부에서는 이 '새롭게 등장한 법영역'을 이해하고 설명하는 방법을 둘러싸고 학파 간의 대립도 계속되었다.[8]

1789년 이후 프랑스에서 행정법이 등장한 데에는 대혁명 이후 단행된 재판제도상의 근본적인 변혁이 결정적이었다. 특히 '고등법원'(parlement)으로 번역되기도 하는 사법(司法)재판소='일반법원'에 대해 취해진 조치가 중요하다. '빠를르망'은 대혁명 이전부터 행정에 대한 간섭이 심했고, 특히 그 특권적 지위를 유지하기 위하여 국왕의 모든 개혁적 조치에 반대하는 입장을 견지하고 있었다. 1789년 대혁명 이전 프랑스 전국에는 13개의 고등법원이 있었다. 그 중에서 가장 큰 파리 고등법원은 왕국의 3분의 1을 관장했다. 그래서 보통 빠를르망이라고 하면 파리 고등법원을 의미하는 것으로 이해될 때도 많다. 고등법원이 가진 핵심적 권한이 arrêt de règlement이었다. 이 권한을 통해 고등법원은 국왕과 함께 제2의 입법자로 등장했다. 고등법원은 왕령을 등록부에 올리는 권한을 행사했는데, 왕령은 등록되지 않으면 효력을 갖지 못했다.[9]

사법재판소의 월권에 대한 두려움은 이미 몽테스키외의 저 유명한 말 - "재판관은 법률의 단어들을 발화하는 입이어야 한다" - 을 통해 표현된 바 있지만, 혁명 이후 로베스피에르는 이렇게 요구하고 나섰다. "법정이 법률을 해석한다는 말은 (…) 이제 우리의 언어에서 삭제되어야 마땅하다. 헌법과 입법부가 존재하는 국가에서는 법정에서 논의하는 법률이란 오직 의회에서 제정한 법률에 지나지 않기 때문이다. 만일 법률

---

7) Dicey, 326-327쪽; 다이시, 223-224쪽.

8) 그 개관은 兼子仁, "フランス行政法学史概観", 兼子仁/磯部力/村上順, フランス行政法学史, 岩波書店, 1990, 12-36쪽.

9) 주명철, 대서사의 서막 - 혁명은 이렇게 시작되었다, 여문책, 2015, 31, 160쪽. 주명철 교수는 arrêt de règlement를 조례심판권이라고 번역한다. 나는 차라리 '(고등)법원의 법령통제권'이라고 번역하는 게 이해가 쉬울 것이라고 생각한다. arrêt de règlement에 관한 법제사적 연구로는 다음을 참고할 것. Daniel Jordanov, *Arrêts de règlement - Gerichtliche Gesetzgebung im frühneuzeitlichen Frankreich am Beispiel des Parlements de Provence*, 2021.

의 해석에 대하여 의문이 있다면, (그들은) 의회의 입법자에게 조회해야 할 것이다."[10] 『법의 정신』에서 입법권, 집행권, 사법권에 관해 논할 때 몽테스키외는 국왕이 범죄를 처벌한다든가 혹은 개인 간 분쟁을 심판하는 것(만)을 사법권이라 불렀다.[11] 사법권은 범죄사건 및 민사사건의 처리만 담당할 뿐이어서 행정이 소송의 당사자가 되는 행정사건의 처리를 사법권과 별도의 조직인 행정재판소에 맡긴다고 해서 삼권분립에 위배되지 않는다. 혁명 후에 곧바로 입법조치에 의하여(1790. 8. 16–24 법률, Loi des 16–24 Août 1790) 모든 행정사건에 대한 사법재판소의 재판권을 배제하는 조치가 취해진(Tit.Ⅱ, Art. 11–13) 배경에는 이런 논리도 가세했다.[12]

아무튼 위 법률에 따르면 일반법원은 어떤 방식으로든 입법부의 행위에 관여하는 것이 금지된다. 또한 법원의 기능은 행정임무와 엄격히 분리해야 한다고 못박고 있다. 판사들은 어떤 경우에도 행정청의 행위를 방해하거나 그것에 개입하거나 혹은 직무상의 행위를 이유로 행정공무원을 소환하면 안 된다.[13] 이로써 국가나 지방자치단체에 의한 공기업 경영, 모든 작위와 부작위, 모든 행위 및 계약은 이제 일반법원의 관할에서 제외된다.

다이시는 이 법률을 진정한 혁명정신을 은연 중에 드러낸 여러 사례 중의 하나로 평가했다.[14] 1789년 프랑스 대혁명 이후 새정부는 혁명적 입법조치 및 그 법률의 집행을 옹호하고 지켜내려면 법복귀족들의 개입에서 자유로운 제도를 설계해야 한다고 생각했다. 물론 이런 것이 만들어진다면 일반법원의 판결이 쌓여 만들어진 법체계와는 독립한 새로운 법체계가 형성될 수 있을 것이라고 처음부터 예상하지는 않았을 것이다. 그러나 결과적으로 그렇게 되었다. 1790년의 법률이 이 길을 처음 열었고, 나폴레옹은 그 길을 정식의 대로로 만드는 데 기여하였다. 그는 브뤼메르 18일의 쿠데타 이후 제정한 헌법(the consular constitution of the Year Ⅷ, 1799)에 의거 콩세유 데타(Conseil d'Etat)를 설립했다.[15] 콩세유 데타는 하늘에서 뚝떨어진 것은 아

---

10) Archives Parlamentaries, 1re serie, Bd. 20, p. 516. 라이하르트 퀴넬, 서사연 옮김, 부르주아 지배체제론, 학문과사상사, 1987, 49쪽.

11) 샤를 루이 드 스콩다 몽테스키외, 진인혜 옮김, 법의 정신 1, 나남, 2023, 269쪽(제2부 제11편 제6절).

12) 김동희/최계영, 행정법Ⅰ, 27쪽은 1789년이라고 표기하고 있으나 1790년이 맞다.

13) Dicey, 337쪽; 다이시, 231쪽.

14) Dicey, 337쪽; 다이시, 231쪽.

15) 콩세유 데타는 국사원, 국참사원으로 번역되기도 한다. 그러나 최고행정재판소로서의 이 기관의 지위

니다.

보나파르트의 통치구조는 모든 면에서 구체제 왕정의 특징을 연상시킨다. 국왕고문회의(Conseil de Roi)를 부활시켜 콩세유 데타를 만든 것이 대표적이다. 그러나 나폴레옹은 구체제의 단순 부활자가 아니라 혁명정신의 계승자이기도 했다. 그는 1790년의 법률이 표방했던 일반법원에 대한 불신을 이어받아, 일반법원의 판결을 대신할 콩세유 데타의 자문과 판단을 국정과 행정의 중심에 놓았고, 이로써 행정법이 발전해나갈 기초를 마련하였다. 프랑스인들이 진정한 행정법의 기원을 바로 위 헌법과 콩세유 데타에서 찾는 것도 이런 까닭이다.[16)]

나폴레옹에 의해 창설된 혹은 부활한 콩세유 데타는 모든 통치구조의 중심에 서 있었다. 콩세유 데타는 나폴레옹이 찾아낼 수 있었던 최고의 행정전문가들로 구성되어 있었고, 그 위원들은 최고통치자에게 조언할 수 있는 권한과 의무를 지니고 있었다. 콩세유 데타 혹은 다수의 위원이 온갖 종류의 국사에 관여했다. 이 기관과 위원들은 정치, 행정, 행정법의 문제를 다루었다. 콩세유 데타는 모든 일에 대해 국가에 자문을 할 권한을 갖고 있었으므로 행정활동에서 생기는 분쟁에 대해서도 자문을 했다. 이것은 콩세유 데타의 운영에서 재판절차를 늘리는 계기로 작용했다.

1800년의 시점에서 행정소송과 행정업무가 명확히 구분되었다고 말하기는 힘들 것이다. 그러나 콩세유 데타가 재판업무를 수행하는 경우에서조차도, 이 기관은 스스로를 법원이 아니라 (장관급) 행정부서로 생각했다. 또한 법원으로 기능하는 콩세유 데타가 판결을 내리거나 자문을 할 경우에도 행정부를 상대로 그 결정을 강제할 아무런 수단이 없었다. 사실 행정부 스스로 콩세유 데타 판결의 집행을 이의없이 받아들이기까지는 상당한 시일이 걸렸다. 1872년에 와서야 비로소 콩세유 데타의 결정들은 법적으로 진정한 판결의 지위를 획득하게 된다.[17)] 즉, 행정법적 사건에 대한 콩세유 데타의 결정들은 1872년 5월 24일의 법률에 의해 처음으로 판결의 강제력(the obligatory force of judgements)을 갖게 되었다. 그 이전까지 이들 결정은 국가원수에게 주는 자문의견에 불과하다는 것이 이론과 실무 양쪽의 견해였다.[18)]

를 강조하려면 위와 같은 번역어는 적합하지 않다. 이에 법학에서는 원어 그대로 표기하는 경우가 많다. 김동희/최계영, 행정법 I, 28쪽 참고.

16) Dicey, 330-337쪽; 다이시, 226-231쪽.

17) Dicey, 344-345쪽; 다이시, 236쪽.

18) Dicey, 360쪽; 다이시, 248쪽.

프랑스 행정법의 발전은 이 콩세유 데타의 자문의견, 판례에 힘입은 바가 크다.[19] 1789년 이후 100년이 넘는 세월 동안의 갈등과 투쟁, 그 과정에서 제정된 법률들-특히 콩세유 데타의 결정에 판결의 강제력을 부여하고 콩세유 데타의 관할권을 축소한 위의 1872년 법률과 같은 1870년 이후의 '개혁' 입법들-이 행정법의 발전을 이끌어왔고, 행정실무의 자의성을 확고한 행정법 체계로 변모시켰다. 그러나 이런 외형적인 모습이 모든 것을 설명하지는 못한다. 우리가 동시에 보아야 할 것은 프랑스 여론상의 느리지만 지속적인 변화, 프랑스의 법학과 논리학의 영향을 받은 콩세유 데타 법률가들의 강단있는 태도이다.[20] 구체적으로, ① 1800-1818년 시기에 콩세유 데타는 재판선례의 길을 통하여 일련의 원칙들을 만들어냈는데, 콩세유 데타는 이에 의거하여 행정법적 분쟁을 실무적으로 해결했다. ② 42년에 걸친 1818-1860년 시기 동안에는 수많은 개혁이 진행되었다. 부분적으로 이는 입법의 길을 통한 것이었으나 대다수는 재판실무에 의한 법형성에 의한 것이다. 콩세유 데타의 재판기능은 동 기관의 행정업무와 다소간 분리되었다. ③ 48년에 걸친 1860-1908년 시기에 행정법의 발전은 안정된 경로로 접어들었다.[21] 또한 콩세유 데타의 법률가로 활동하다가 대학으로 유입된 혹은 그 반대의 경로로 행정법을 연구한 학자들도 프랑스행정법의 발전에 매우 중요한 역할을 했다.

11.1.2. 평등주의적이고 법률주의적인 자코뱅 이데올로기

콩세유 데타 법률가들, 학자들의 공동체와 그들 사이의 논쟁과 대립에 대해 본격적으로 얘기하기 전에 프랑스 행정법의 경제적 토대에 관해서도 잠시 언급하고 넘어가야 한다. 하필 프랑스는 이런 나라가 되었을까? 프랑스는 어떻게 해서 다이시가 비판한 '대륙식 행정법'의 모국이 되었을까? 혁명적 입법조치 및 그 법률의 집행을 옹호하고 지켜내려면 법복귀족들의 개입에서 자유로운 제도를 설계할 필요가 있었다고 말했는데 진작 빠뜨린 설명은 그 혁명적 입법조치가 추구했던 목적이 무엇이었는가 하는 것이다. 이것을 사회경제사적으로 설명할 수 있어야 한다. 그리고 사실 이것이 콩세유 데타라는 제도적 장치보다 더 중요한 (초기) 프랑스 행정법의 토대이

19) 김동희/최계영, 행정법Ⅰ, 28쪽 참고.

20) Dicey, 362쪽; 다이시, 250쪽.

21) Dicey, 362-364쪽; 다이시, 250-252쪽.

다. 이미 필자는 행정법=쁘띠 부르주아지의 법이라는 얘기를 여러 차례 했다. 그러한 행정법의 성격은 1789년 이후 프랑스에서부터 나타나기 시작했다. 앙드레 드미셸은 이런 비평을 한 적이 있다. "대혁명 이후의 쁘띠 부르주아지(petite bourgeoisie)의 평등주의적이고 법률주의적인 자코뱅 이데올로기(d'une idéologie jacobine égalitariste et légaliste)가 꽁세유 데타(Conseil d'Etat)의 판례를 통해 구축된 것", 이것이 프랑스 행정법이다.[22)]

자코뱅주의는 자코뱅 그룹(로베스피에르)의 원리를 말한다. 소유권의 제한에 기초하여 소(小)소유자의 평등사회를 이상으로 삼고, 그 실현을 위해 혁명독재를 한다. 이 이데올로기는 19세기 쁘띠(소) 부르주아 급진파에 의해 계승되었는데,[23)] 그 이유를 설명하려면 1793년-94년의 급진적인 자코뱅=산악당(montagnard)의 독재 하에서 농민대중의 요구에 가장 적합하게 변혁되고, 나폴레옹 체제 하에서 그 이상의 급진화가 저지되면서 고정된, 토지변혁의 역사적 성격에 주목해야 한다.[24)] 프랑스 행정법이 쁘띠 부르주아지의 법이라는 것은 이 새로운 법의 성격이 대토지분할 이후 토지를 불하받은 소농 및 자영업자들의 이해관계에 의해 크게 결정되었음을 의미한다. 자본주의 초기단계에서 행정법 분쟁의 상당 부분은 '자유와 재산' 즉 영업의 자유와 소유권 등 쁘띠 부르주아지의 관심사와 관련된다.[25)] 이런 문제에 온 힘을 다해 나설 수 있는 주체가 존재하고 그들이 (계급)투쟁을 통해 자기 주장을 지속할 수 있어야 (행정)법은 만들어지고 발전할 수 있다. 농민적 농업혁명을 통해 소농민경제의 고전적인 나라가 된 프랑스는 그런 최적의 사회경제적 토대를 갖춘 국가였다.

부르주아 혁명기의 농민적 농업혁명은 그것을 추진하는 농민층의 역사적 성격으로 보아 철저하게 반(反)봉건적임과 동시에 또한 쁘띠 부르주아적이었다. 특히 반봉건적인 평등·민주주의의 이념이 절대적이면 절대적일수록 세분(細分)된 분할지소유제 체제의 유지에 매달리게 된다. 절대적 권리로서의 소유권을 기반으로 시민사회의

---

22) André Demichel, *Le Droit Administratif*, 1978, 13쪽.

23) 世界史小辞典, 山川出版社, 2011, Jacobinisme 항목.

24) 芝原拓自, 김홍식/이영훈 공역, 소유와 생산양식의 역사이론, 비봉출판사, 1990, 234쪽.

25) 1789년의 '인간과 시민의 권리선언' 제17조는 "소유권은 불가침의 신성한 권리이므로, 누구도 합법적으로 확인된 공공의 필요성이 명백히 요구하는 경우가 아니고서는, 그리고 정당한 사전 보상의 조건이 이루어지지 않고서는 그 소유권을 빼앗길 수 없다"고 명시했다. 영업의 자유 혹은 상공업의 자유(liberte du commerce et de l'industrie)는 1789년의 선언에는 직접적·명시적으로 나타나지 않았지만 혁명기(1791년 3월 2-17일)의 입법에서 실정법화되었다(Décret d'Allarde).

제 관계를 규정한 나폴레옹 법전은 평등원칙의 관철형태의 하나로 분할지의 균분상속제마저 법적으로 승인하고 고정하여, 점점 더 분할지적 토지소유가 고정화·세분화되는 데 기여했다. 이런 과정을 거쳐 근대 프랑스는 소농민경제의 고전적인 나라가 되었다.[26]

실제로 왕정복고기 당시 프랑스 자유주의자들은 콩세유 데타의 자의적 권한 행사와 행정법의 확장에 저항했지만, 부르봉 왕가의 축출 이후에도 - 비록 그 시도는 했지만 - 행정법원(the tribunaux administratifs)을 폐지하지도 않았고, 행정법을 완전히 지워버리지도 않았다.[27] 행정법에 대한 공격은 성공하지 못했고, 일반법원과 행정법원의 관할 분리는 그대로 유지되었다.[28] 왜 이런 결과가 나왔을까? 행정법상의 모든 특별한 내용(국가와 그 공복의 특권적 지위 인정 등), 행정법원에 내재한 제 결함에도 불구하고, 전체적으로 볼 때 자신들에게 유리하다고 생각한 이 체제를 프랑스인들이 수용하기로 마음 먹었기 때문이다.[29] 특히 '국유재산매각소송'에서 콩세유 데타가 취한 입장 - "콩세유 데타는 1789년과 1814년 사이에 단행된 국유지 매각을 확정하는 등 혁명기와 나폴레옹 제정기에 행정기관이 내린 결정을 무효화하려는 모든 시도에 저항하였다."[30] - 은 중소농민, 독립자영농민 및 자영업자들이 새롭게 등장한 행정법을 지지하는데 결정적으로 작용했다. 그러나 나폴레옹이 확립한 이 소유형태는 19세기 중반을 넘어가면서 대다수 프랑스 국민 대중에게 질곡으로 변하기 시작했다. 이런 토대의 변화는 위에서 말한 ①, ②단계를 지나 ③단계의 행정법과 논쟁이 발생할 조건을 형성했다.

> "제1차 프랑스 혁명이 농민을 반농노 상태에서 소규모의 토지 보유농으로 전환한 이래, 나폴레옹은 농민들이 이제 막 자신의 수중에 떨어진 토지를 평온히 이용할 수 있는 조건들을 강화하고 법령화함으로써 그들의 소유욕을 충족시켜 주었다. 그러나 지금 프랑스 농민을 파멸로 몰아넣고 있는 것이 다름 아닌 토지분할, 나폴레옹이 프랑스에 확립한 소유형태이다. 그것은 봉건적 소농을 분할지 소농으로 전환해준 물적 조건이자 나폴레옹을 황제로 만들어준 물적 조건이다. 농업의 계속된 황폐화와 경작자의 부채증가라는 경제적·물적 조건의 불가피한 결과가 생겨나는 데는 단지 두

26) 芝原拓自, 김홍식/이영훈 공역, 앞의 책, 237-238쪽.

27) Dicey, 373-375쪽; 다이시, 260-261쪽.

28) Dicey, 377쪽; 다이시, 263쪽.

29) Dicey, 377쪽; 다이시, 263쪽.

30) Dicey, 373쪽; 다이시, 260쪽.

세대만으로 충분했다. '나폴레옹이 확립한' 소유형태가 19세기 초반에는 프랑스 농민 대중의 해방과 그들을 부유하게 하는 조건이었으나 19세기를 경과하면서 농촌주민의 노예화와 궁핍화를 초래하는 법으로 발전했다. (…) 분할지 소유의 경제적 발전은 사회의 여타 계급들과 농민의 관계를 급격히 변화시켰다. (…) 프랑스 토양에 착근한 분할지 소유는 봉건제로부터 모든 영양분을 빼앗아버렸다. 분할지의 경계표시는 구(舊) 영주측의 어떠한 기습공격에 대해서도 부르주아지를 지켜주는 자연요새가 되었다. 19세기를 거치면서 봉건영주의 역할은 도시 고리대금업자의 그것으로 대체되었다. 토지에 수반된 봉건적 의무는 토지저당으로, 귀족적 도지소유는 부르주아지의 자본으로 대체되었다. (…) 그 발전과정에서 불가피하게 자본에 의한 노예상태로 전락할 수밖에 없는 분할지소유는 많은 프랑스 국민들을 혈거인(穴居人)으로 변화시켰다. 부인과 아이들을 포함한 1,600만 프랑스 농민들은 가축우리 같은 오두막에서 살고 있으며 대부분의 집은 겨우 한 개 혹은 두 개, 가장 나은 것이 기껏해야 세 개의 창문을 가지고 있을 뿐이다. (…) 19세기 초반 국가를 보초병으로 세워서 새롭게 부상한 분할지를 지키고 월계관으로 비료를 주었던 부르주아 질서는 지금은 분할지 농민의 피와 뇌수를 빨아내어 자본이라는 커다란 연금술 냄비에 집어넣는 흡혈귀가 되었다. 나폴레옹 법전은 이제 차압공매와 강제경매의 법전에 지나지 않는다."[31]

19세기 중후반기에 레옹 뒤기 등을 필두로 하는 공역무학파가 본격적으로 등장하는 배경은 칼 마르크스가 위에서 기록한 대로 자본의 승리와 함께 확인된 사회 유대(紐帶)의 해체이다. 분할지 소유는 평등한 사람들로 이루어진 사회의 승리를 보여주는 것 같았다. 그러나 대공업의 체제가 노동자의 유대와 전문지식을 점진적으로 파괴한 것과 꼭 마찬가지로 자유경쟁체제는 토지를 부르주아 자본이 '자신의 이권·이익을 위해 경쟁하는 장소'로 만들어버렸다.[32]

11.1.3. 레옹 뒤기의 공역무이론과 프랑스 행정법

프랑스 행정법을 설명하는 중심개념으로 공역무(le service public)라는 말이 있다. 처음 행정법을 공부할 때는 저 말을 왜 강조하는지, 이 개념이 어떤 맥락에서 프랑스 행정법을 특징짓는지 도통 알 수가 없다. 행정이 공공 서비스(공역무의 다른 표현)

31) 칼 마르크스, 최형익 옮김, 루이 보나파르트의 브뤼메르 18일, 비르투출판사, 2012, 143-145쪽.

32) 자크 동즐로, 주형일, 사회보장의 발명, 동문선, 2005, 57쪽. 이하 인용은 일본어번역본(真島一郎(訳), 社会的なものの発明: 政治的熱情の凋落をめぐる試論, インスクリプト, 2020)을 참고하여 필자가 적절히 수정한 것이다.

를 제공하는 것은 당연한 것 아닌가, 하는 느낌으로 지나가고 만다. 그러나 이 공역무라는 개념 혹은 공역무이론은 "제3공화국(1870-1940)의 사상적 지주로서 고안"[33] 되었다는 사실에 주목해야 한다. 레옹 뒤기는 이 공역무를 행정법의 중심에 놓는 공역무학파를 창시했다는 평가를 받는다.[34]

프랑스 행정법은 오랫동안 공권력(puissance publique)과 공역무(le service public)라는 두 중심개념을 두고 각축해왔다. 양자는 행정의 임무 영역, 즉 경찰행정과 급부행정을 지칭하는 것이기도 하지만,[35] 조금 깊이 있게 들여다보면 행정이 담당해야 할 국가 임무의 중점을 경찰작용에 놓을 것인지(공권력, 경찰국가) 아니면 사회(보장)행정작용(공역무, 사회국가)에 놓을지의 차이를 담고 있다.[36] 그러다보니 학파들은 양 개념 중 어느 하나를 행정법의 중심개념으로 만들기 위해 논쟁해왔다. 물론 오늘날 양자는 더 이상 두 개의 모순하는 개념으로 이해되지는 않는다. 공역무는 행정작용의 목적, 공권력은 그 목적을 실현하는 수단이라는 식으로 양 개념은 내적으로 결합되어 있다고 본다.[37] 그럼에도 불구하고 우리는 19세기 내내 프랑스 행정법의 핵심개념의 지위를 놓고 각축했던 두 개념 중 공역무에 관해 그리고 이 개념을 중심으로 행정법을 구축하려고 한 공역무학파에 관해 살펴볼 필요가 있다.

1789년 대혁명 이후 국가나 지방자치단체에 의한 공기업 경영, 모든 작위와 부작위, 모든 행위 및 계약이 일반법원의 관할에서 제외되고, 1800년 이후에는 위 영역에서의 분쟁도 콩세유 데타가 처리하게 되었다는 점은 이미 살펴보았다. 문제는 콩세유 데타가 설립되었고 이 기관에게 행정법 분쟁의 처리를 맡겼다고 해서 모든 사태가 종결된 것은 아니라는 점이다. 나폴레옹 시대가 끝난 뒤에는 왕정복고기를 거쳤고 루이 필립 '시민왕' 시대 이후 공화국이 들어섰다가 나폴레옹 3세의 제2제정이 재차 등장하는 식의 정치적 격변이 되풀이 되었고, 그럴 때마다 콩세유 데타의 권한과 권한행사 방식에 관한 논의와 논쟁이 되풀이 되었다. 즉, 콩세유 데타가 관할할

33) J.-M. Rainaud, *La crise du service public français*, coll. «Que sais-je?», PUF, 1999.

34) 반면 공권력을 중심개념으로 삼는 이들을 공권력 학파라고 한다. 모리스 오류가 그 대표자이다. 장윤영, 레옹 뒤기(Léon Duguit)의 공법 이론에 관한 연구: 객관주의 행정법을 중심으로, 경인문화사, 2021, 17-18쪽.

35) Hübner/Constantinesco, *Einführung in das französiche Recht*, 3. Aufl., C. H. Beck, 1994, 79쪽 참고.

36) Hübner/Constantinesco, 위의 책, 67쪽.

37) Hübner/Constantinesco, 위의 책, 68쪽.

수 있는 범위가 어디까지인지, 나아가 그런 기관이 재판업무까지 맡는 것이 정당한지, 콩세유 데타의 조직개편을 통한 행정재판의 독립성을 향상시켜야 하는 것은 아닌지에 관한 논쟁은 피할 수 없는 일이었다. 예컨대 왕정복고기(1815–1830)에는 대혁명 이후 귀족·사제로부터 몰수한 국유재산(biens nationaux)을 시민(대표적으로 농민)에게 매각한 행위들을 다투는 '국유재산매각소송'을 어느 법원의 재판관할권에 복속시켜야 하는가 하는 문제를 두고 해석상의 다툼이 벌어졌다.[38] 이 관할권 분쟁에서 중요한 역할을 한 것이 바로 공역무 개념이다. 공권력보다 훨씬 넓게 설정된 공역무는 당연히 행정법원, 즉 콩세유 데타의 관할을 확장하는 데 기여했다.

루소의 사회계약사상과 대혁명을 거친 프랑스에서는 행정이 추구하는 이익은 일반이익(l'intérêt général)이라는 점이 분명했다. 1789년 인권선언 제12조는 공권력(la force publique)은 "모두의 이익을 위해서 존재할 뿐, 그것을 위임받은 사람의 개별적인 이익을 위해 존재하지 않는다"고 규정하여, 공권력은 '일반이익'(l'intérêt général)을 위해서만 행사되어야 함을 분명히 하였다.[39] 따라서 어떤 형식을 동원하든, 즉 계약과 같은 민법상의 수단을 동원하더라도 그것이 일반이익과 관련된 경우라면 행정의 활동은 행정법의 대상이 된다. 공역무는 바로 이 일반이익의 목적을 갖는 활동이며, 일반이익을 충족하기 위하여 공역무가 발전하였다.

물론 행정법을 독일 행정법의 그것처럼 공권력의 관점에서 파악하려는 견해와 학파도 계속해서 프랑스 행정법학의 한축을 형성해왔지만,[40] 오늘날까지도 프랑스 행정법학을 주도하며 그 영향력을 행사하고 있는 것은 공역무학파의 공역무행정법이론이라고 평가할 수 있다. 특히 뒤기의 공역무이론은 19세기 중엽까지 유력했던 자유주의 사조 - 행정은 사적 영역이 감당하지 못하는 예외적 상황에서만 공권력을 사용해 개입해야 한다(공권력학파) - 를 극복하고 행정의 적극적 역할을 요구하던 시대적 상황에

38) 兼子仁, 앞의 논문, 7쪽.

39) 이철진, 프랑스의 공무원 파업권에 관한 공법적 연구, 서울대 대학원 법학과 박사학위논문, 2012, 14쪽. 프랑스에서 일반이익은 '공익'(l'intérêt public)과 동일한 개념으로 보는 것이 일반적인 견해인데, 양자를 구별하는 견해는 일반이익은 국가적 차원에서의 이익이고 공익은 지방적 공익도 포함하는 것이라고 한다. 이철진, 위의 논문, 147쪽

40) 오토 마이어가 프랑스 행정법학의 연구를 통해 독일 행정법학 체계의 기초를 닦은 것은 익히 알려져 있다. 그런데 오토 마이어는 프랑스 행정법학 내부의 논쟁, 즉 공권력학파와 공역무학파의 대립 중 전자에 집중하여 이를 독일 관헌국가 체제에 맞도록 절충하였다는 비판을 받는다. 兼子仁, 앞의 논문, 24쪽.

응답한 것이었다. 자본주의의 폐해가 본격적으로 가시화한 19세기 후반이 되자 국가는 더 이상 자유주의적 사회 및 경제질서의 보장자로만 남아 있을 수 없게 되었다. 국가는 개인이 제대로 해결하기 힘든 과제들을 적극적으로 떠안아야 했다.[41] 뒤기는 이런 상황이 국가를 "거대한 기업"으로 만든다고 보고, 이를 정당화했다. 즉, "국가는 제반 공역무를 행하는 공동경영체(coopération)이다. 국가는 은행, 운수(運輸), 조명, 우편·전신에 의한 커뮤니케이션 등 모든 종류의 작용을 행한다."[42]

그런데 국가의 이러한 역할 증대는 그냥 이루어지는 게 아니다. 공공시설의 정비는 그 전제로 토지수용 그리고 우발적 손해에 대한 행정의 의무와 책임 배분을 둘러싼 일련의 계쟁(係爭)문제를 발생시킨다. 이를 해결하려면 종래의 공법이나 사법 그 어디에서도 찾을 수 없었던, 명확한 원칙을 손에 넣는 것이 급선무였다. 특히 국가의 행정적·사회적 개입은 그 규모가 컸기 때문에 자유주의자들의 불신을 불러일으키고 있었다. 그러므로 이론(異論)의 여지가 없는 개입정책의 근거를 발견해는 일이 시급했다. 국가의 행동범위를 제한할 수 있는 원칙이 해당임무를 수행하는 행정에 의해 준수된다는 것을 과연 어떻게 논증하면 좋을 것인가? 행정기구의 발달이 서서히 부지불식간에 국가관리사회로 나아가는 포석이 되지 않게 하려면 어떻게 해야 할까?[43] 이것은 결국 국가의 사회개입, 국가권력의 확장에 충분히 용인할 수 있을 정도의 명확한 제한을 마련한 바탕 위에, 어떤 식으로 행정에게 법적으로 유효한 수단을 제공할 것인가 하는 문제로 귀결된다.[44]

바로 이러한 질문에 답하기 위해 두 명의 법이론가, 즉 레옹 뒤기와 모리스 오류가 '연대의 관념'[45]이라는 새로운 이론적 도구를 갖고 법철학 전반을 재정식화하는 길에 나섰다. 그러면서 그들은 공사(公私) 그 어느 차원에서건, 주체의 관념을 법의 기초로 삼는 관례를 더 이상 수용하지 않으려고 했다.[46] 쉽게 말해 주권의 주체(국

---

41) Hübner/Constantinesco, 앞의 책, 67쪽.

42) 레옹 뒤기, 이광윤 옮김, 일반 공법학 강의, 민음사, 1995, 258쪽.

43) 자크 동즐로, 주형일 옮김, 앞의 책, 78쪽.

44) 자크 동즐로, 주형일 옮김, 위의 책, 79-80쪽.

45) "혁명기부터 19세기 중반까지 우애가 맡아 하던 일을 연대가 이어받으면서 (…) 법의 공화국에서 법적 승인을 받게 되었다." 노서경, 의회의 조레스, 장의 조레스, 노동자의 조레스, 미농지, 311쪽. 동즐로에 의하면 1891년 푸르미(Fourmie) 학살(1891년 푸르미 지역에서 파업중인 노동자들에게 군대가 발포하여 9명을 숨지게 한 사건) 이후에 우애(박애, 형제애)는 입 밖에 내기 힘든 단어가 되었다고 한다. 자크 동즐로, 주형일 옮김, 위의 책, 77쪽.

가), 권리의 주체(개인)라는 개념을 배척하고, 양자의 대립으로 법관계를 설명하는 방식을 지양하려고 했다. 이 사실은 중요하다. 임노동자는 자기의 노동력을 자유롭게 구매하는 시장에 나타나고, 계약이라는 법적 형태에 의해 매개되어야 하므로, 주체라는 카테고리는 자본주의 사회에서 결정적 의의를 갖는다. 이 주체 개념을 관념적 법이론은 자유(G. F. Puchta, 1798－1846)와 인격(G. W. F. Hegel, 1770－1831)의 이념 일반으로부터 연역해내었다.[47] 그러나 자본주의 사회에서 주체, 즉 법－권리적(rechtlich)으로 평등하고 자유로운 사적 소유자라는 관념이 얼마나 기만적인지는 이미 살펴보았다(5장 생각해보기 2번). 또한 주권자로서의 국가는 언제든 전횡(專橫)을 휘두르는 권력으로 나타날 수 있다.[48]

바로 이 지점에서 두 사람은 연대라는 주제를 출발점 삼아, 한 사람은 공역무(service public)의 관념을 다른 한 사람은 제도의 관념을 기초로, 유사하면서도 대립하는 두 개의 사회철학을 전개해나갔다.[49] 당시 통용되던 주관적 법철학은 주체의 왕국, 즉 주체가 일종의 절대군주로 군림하는 체제를 만들어냈다. 이러한 세계에서는 국가와 개인 사이의 분쟁은 불가피하다. 이 분쟁/대립의 결과물은 무엇인가? 정치적 평등을 창조해냈지만 경제적 평등은 만들어내지 못했다. 정치적 특권은 제거했으나 경제적 특권은 폐기하지 못했다.[50] 이것이 마르크스가 비판한 '흡혈귀'와 같은 '부르주아 질서'이다.

국가는 지고의 주체가 아니다. 일개(一個)의 권력이다. 공역무로서의 자기실현에 전념하면 할수록 그에 따라 전횡도 감퇴해갈 것이다.[51] 개인도 마찬가지로 지고의 주체라고 보아서는 안 된다. 개인은 구체적인 인간집단이라는 틀 안에서 각자가 짊어질 실질적 역할의 수행을 통해서 고찰될 필요가 있다. 연대의 관점에서 볼 때 개

46) 자크 동즐로, 주형일 옮김, 위의 책, 80쪽. 뒤기와 오류 이론의 차이에 대해서는 여기서 더 설명하지 않는다. 다만 양자는 학문적 동료로서 서로를 존중하면서도 상대를 각각 '강단의 무정부주의자'(오류가 뒤기에게), '염치없는 유심론자'(뒤기가 오류에게)라고 비판했다. 자유주의적이고 전통적인 우파, 카톨릭 계층과 고용주들은 오류의 이론을 더 선호했다. 자크 동즐로, 주형일 옮김, 위의 책, 89, 92쪽.

47) 오이겐 파슈카니스, 박대원 옮김, 법의 일반이론과 맑스주의, 신서원, 2008 107쪽.

48) 자크 동즐로, 주형일 옮김, 위의 책, 84, 88쪽.

49) 자크 동즐로, 주형일 옮김, 위의 책, 80쪽.

50) 자크 동즐로, 주형일 옮김, 위의 책, 81-82쪽.

51) Léon Duguit, *Le Droit social, le droit individuel et la transformation de l'Etat: conférences faites à l'Ecole des hautes études sociales*, 1908. 자크 동즐로, 주형일 옮김, 위의 책, 84쪽.

인은 하나의 역할에 불과하다. 개인은 수행해야 할 임무를 갖고 있을 뿐 고유하게 갖는 권리 같은 것은 존재하지 않는다. 객관법의 관점에서 보면 가령 소유권은 그 자체로는 정당성을 갖지 않는다. 뒤기는 말한다. "자본가 계급에게는 해야 할 역할이 있다. 자본을 모으고 그것을 기업의 자유재량에 맡기는 것, 그것이 이 계급의 사회적 역할이므로. 그러나 나는 소유에 대한 이 계급의 주관적 권리는 부인한다. 그 사회적 의무만을 나는 긍정한다."[52] 따라서 "자본가계급은 그들에게 주어진 사명을 완수하는 한 존속할 것이다. 귀족과 성직자가 1789년에 소거(消去)되었듯이, 이 계급도 자기의 사명을 소홀히하는 날, 그날부터 소거될 것이다." 뒤기는 마르크스가 비판한 저 부르주아 질서를 '개혁'하지 않으면 자본가계급과 그들의 사회는 존속할 수 없을 것이라고 본 것이다. 그래서 뒤기와 같은 제3공화국의 부르주아계급은 경제적 불평등이 초래하는 공화국의 위기 - 이미 그들은 제3공화국 출범 직전에 파리코뮌을 경험했다 - 를 "사회적인 것의 발명"(L'Invention du Social)을 통해 넘어서보려고 했다. 이것이 비스마르크 체제(귀족계급과 부르주아계급의 타협체제)가 취했던 방식, 즉 사회적 위기를 위에서부터 아래로 '사회보장을 급부'하는 식으로 돌파하려고 했던 방식과 구별되는 점이다.[53]

뒤기의 법이론은 아주 수미일관하다. 사회적 연대(la solidarité sociale)의 법칙에 따른 객관적인 권한·의무만이 참된 법이라는 일종의 자연주의적 입장에서, 국가법인의 주권·공권력이든 개인의 권리든 둘다 주관적인 것이므로 법적으로 인정할 수 없다는 견해를 제시했다(공권력부인론 및 권리부인론). 이러한 그의 입장이 잘 정리되어 있는 문헌이 뒤기의 '행정법총론'으로 평가받는 『공법변천론』(*Les transformations du droit public*, 1913)이다.[54]

이 책에 따르면 "공법은 공역무의 법이다. (…) 공법도 이제는 국가의 권리 및 주권에 그 바탕을 두지 않고, 공역무의 조직 및 운영을 대상으로 하는 통치자의 사회적 작용이라는 관념에 기초해 있다(52-53)." 행정행위도 바로 "공역무의 목적으로 행해진 개별적 행위"(147)이며, 행정계약과 달리 "일방적 행위이다(158-159)." "행정

---

52) Léon Duguit, *L'État, le droit objectif et la loi positive*, 1901. 자크 동즐로, 주형일 옮김, 위의 책, 84-85쪽에서 재인용.

53) 자크 동즐로의 원저(Jacques Donzelot, *L'Invention du Social*, Fayard, 1984)를 우리말 번역은 "사회보장의 발명"으로 일본어번역은 "사회적인 것의 발명"으로 각각 옮겼다.

54) 兼子仁, 앞의 논문, 27쪽.

소송은 공역무의 운영(fontionnement d'un service public)에 관한 문제를 제시하는 모든 소송이다(167).” 행정행위는 대체로 개인의 주관적 법률상태가 아니라 “객관적 혹은 법정(法定)의 관계”(une situation objective ou légale)를 만들어내는 것에 불과하므로 그 것을 취소하는 월권소송(越權訴訟)도 “객관소송”(un contentieux objectif)의 성질을 갖고 (189－190), 원고국민은 이른바 권리를 원용할 필요 없이 특별한 이익(un intérêt spécial)만 갖고 있어도 된다(191). 또한 공역무의 운영이 개인에게 손해를 초래하는 “행정적 위험”에 대해 국가는 일반적으로 위험책임(responsabilité pour risque)을 져야 한다.[55] 뒤기의 이런 주장은 지금도 프랑스 행정법의 사상적, 제도적 기반으로 자리잡고 있다. 앞에서 신뢰보호원칙을 설명할 때 이런 점을 간략히 언급했다(7.1.1). 뒤의 공권 부분에서는 프랑스 월권소송(취소소송)의 객관법적 특징을 설명할 것이다(13.2.1.). ‘모든 사람의 이익, 사회의 이익을 위해 개인이 받는 손해를 개인이 부담해서는 안 되기에 그에 대해서는 단체, 특히 국가라는 단체의 회계(會計)로 배상해야 한다’[56]는 그의 위험책임 사상은 독일식 과실책임주의를 이른바 과실의 객관화론으로 수정하는 우리 판례와 학설에도 반영되어 있다(23.2.1.). ‘공적 부담 및 불행한 사건 앞에서의 만인의 평등 이념(22.1.2.)도 사회적 연대의 정신을 구현한다.’[57]

11.1.4. 레옹 뒤기 행정법학의 시사점

뒤기의 행정법학은 게르버, 라반트 그리고 그의 비판적 계승자인 게오르크 옐리네크 류의 국가학/국법학에 기초한 행정법학과는 확실히 다르다. 뒤기는 독일식 국가법인설을 배척한다. 그는 그런 식의 생각은 형이상학적이고 주관주의적인 허구, 관념에 불과할 뿐이고, 실제 현실에서 단체는 그저 사람들의 집합체일 뿐이고, 주관적 의사를 가질 수 없다고 보았다.[58] 그러나 당대의 독일 국법학자들은 이미 허구(의제, fiction)와 관념의 세계로 빠져들어간 상태였다. 왜 그랬겠는가? 사회혁명/정치혁명에 성공하지 못한 독일의 부르주아 계급은 법률학적 개념으로 재구성한 국가법인과 그 주체들이라는 허구의 세계에서만 현실의 ‘주체’가 될 수 있었기 때문이다. 물론 그들

---

55) 이상 兼子仁, 위의 논문, 28쪽에서 재인용.

56) 레옹 뒤기, 이광윤 옮김, 앞의 책, 257쪽.

57) 레옹 뒤기, 이광윤 옮김, 앞의 책, 270쪽 참고.

58) 장윤영, 앞의 책, 30쪽.

도 원래부터 그랬던 것은 아니다(그 점은 후술한다). 헤겔의 관념론과 사비니의 역사법학의 전통을 물려받은 독일 공법학이 이성으로서의 국가관념(헤겔)이나 법의 역사적 발전의 기초로서의 민족정신(사비니)에 무지했던 것은 아니다. 그러나 '학문은 현실을 반영하는 법이다.'[59] 구체제를 프랑스적 방식으로 돌파해내지 못한 독일 부르주아 계급의 지적 세계는, 칼 슈미트적으로 표현하자면, 오랫동안 '정치적 낭만주의'에 머물다가 19세기 중반이후 급격히 현실타협적 태도로 후퇴한다.[60] 역사법학파의 두 갈래인 로마니스텐과 게르마니스텐의 대립이 로마니스텐 우위의 구도로 수렴되고, '민중법(Volksrecht)에 의한 아래로부터의 변혁을 추구했던 자유주의자 게르마니스텐'도 - '로마니스텐은 법조법(Juristenrecht)에 의한 위로부터의 근대화를 추진한 관료주의자'로 평가되어 왔다 - 1848년 혁명 실패 이후 보수화되어가는 과정은 19세기 중후반이후 독일 공법학에도 영향을 미쳤다.[61] 그 결과 "게르버에 의해서 기초가 닦이고 라반트가 완성한 국법학, 법실증주의적으로 해석된 로마 사법학을 도구로 작업하는 국법학은 정치적－심리학적 무관심을 특징으로 하는 자연적 질서(ordre naturel)를 결국 일견 흠결없어 보이는 폐쇄적인 법체계 내에서 발견해냈다고 믿었다."[62] 헤르만 헬러는 사회학, 법률학, 철학이 자폐적으로 각자 도생하고 있는 상황에서, 19세기 독일 국가학이 오로지 법률학에만 의지했기에 현실문제에 완전히 무력한 모습을 보였다고 비판하기도 했다.[63] 필자는 이러한 평가가 지금에 와서는 다소 과도한 면이 있음을 인정하지만, 여전히 진실을 담고 있는 논지라고 생각한다.[64]

---

59) 칼 슈미트는 19세기 독일의 정치적 낭만주의를 비판하는 글에서 다음과 같이 말했다. "당시에는 자유주의, 반혁명주의 할 것 없이 모든 훌륭한 사상가들이 정치적-사회적 운동과 문학적-예술적 운동 간에 긴밀한 연관성이 존재한다는 점을 뚜렷이 인식하고 있었다." Carl Schmitt, *Politische Romantik*, Duncker & Humblot, 1925/1991, 12쪽; 칼 슈미트, 조효원 옮김, 정치적 낭만주의, 에디투스, 2020, 14-15쪽.

60) 칼 슈미트는 정치적 낭만주의자보다는 무모하더라도 돈키호테처럼 '돌파'하는 낭만적 정치가가 낫다고 생각한다. Carl Schmitt, 위의 책, 207쪽. 칼 슈미트, 조효원 옮김, 위의 책, 226쪽.

61) 가츠다 아리츠네 외 편저, 문준영 외 번역, 개설서양법제사, 민속원, 2020, 370-373쪽 참고.

62) 헤르만 헬러, 김효전 옮김, 바이마르 헌법과 정치사상, 산지니, 2016, 132쪽(번역은 필자 수정).

63) 헤르만 헬러, 김효전 옮김, 위의 책, 128쪽. 필자도 헬러의 문제의식/논지를 이어받아 국가법인설과 그것을 토대로 한 독일 행정법학의 규범주의적 한계를 비판하고, 그 대안을 행위중심적 행정법이론에서 찾은 바 있다. 이계수, "규범과 행위 - 국가법인설의 극복과 행위중심적 행정법이론의 구축을 위한 시론", 공법연구 제29집 제1호, 2000, 29-59쪽.

64) 니시무라 키요타카교수는 독일 공법학의 법실증주의에 덧씌워져 있는 전통적인 평가를 비판하는 독

물론 19세기 독일 부르주아계급도 '법'을 위한 투쟁(Kampf ums Recht)을 이어나갔다. 그러나 그 투쟁은 주관적 권리를 위한 투쟁의 성격이 강했고, 그러한 주관적-개인적 권리 투쟁이 동시에 객관법의 성취로 자연스럽게 발전할 것이라고 믿었다(예링).[65] 반면, 뒤기는 권리가 항상 주관적-개인적 투쟁을 통해서만 쟁취되어야 하는지 의문을 가졌다. 그렇다면 투쟁력이 없는 이들의 권리는 어떻게 되는가? 흑인, 여성, 장애인의 뒤처진 혹은 미완의 권리쟁취는 그들의 무능 때문인가? 예링식의 논리는 사회적 약자에게 '투쟁책임'을 전가함으로써 정의를 지연시키고 있는 것이 아닌가? 이처럼 '권리가 개인의 투쟁을 통해 쟁취되어 왔다'는 사실명제가 타당하다 해서 '권리가 개인의 투쟁을 통해 쟁취되어야 한다'는 규범명제까지 타당하다고 단언할 수는 없다.[66] 그래서 뒤기는 사회의 질서를 유지하고 모든 사람들이 사회 속에서 최소한의 삶을 보장받으려면 국가의 개입이 필요하고, 객관법은 이러한 국가적 개입을 뒷받침해야 한다고 생각했다.[67]

뒤기의 객관법론이 항상 명쾌한 것은 아니다. 오히려 그 반대이다.[68] 그럼에도 불구하고 그의 객관법론은 주관적 공권 중심의 독일 행정법학에 터잡고 있는 한국 행정법학에도 시사하는 바가 많다. 한국의 행정법 분쟁 - 꼭 행정소송의 형식으로 전개되지 않는다 하더라도 - 에서 권리의 이름으로 다투어지는 것은 더 이상 권리일반(객관법)이 아니다. 그것은 우리의 제(諸) 권리, 즉 사회적 분업 때문에 발생하는 것으로 간주되는 특이한 손해를 고려하면서, 이런 저런 사회계층에 부여된 종별적(種別的) 특권과 국소적(局所的) 보상을 내용으로 하는, 그러한 사회적 제 권리를 목표로 한 투쟁이 되고 있다.[69] 이러한 상황에서 우리는 '사회적 연대 규칙으로서의 법'의 재생 혹은 귀환을 위해 뒤기의 객관법론을 우리 현실에 맞게 새롭게 다듬고 발전시켜나갈 필요가 있다. 뒤기의 객관법론은 "사회라는 것은 하나의 거대한 공역무이고, 공무원이

일문헌을 검토하면서 게르버-라반트의 공법학을 새롭게 조명한다. 西村清貴, 近代ドイツの法と国制, 成文堂, 2017.

65) 로스코 파운드는 "사회적 공리주의의 창시자이자 지도적 인물인 예링은 넓은 의미의 공리주의자였다"고 평가한다. Roscoe Pound, *Jurisprudence*, 1권, West Publishing Company, 1959, 130쪽.

66) 김진수, "권리를 위한 투쟁은 저주인가 축복인가? - 투쟁 의무의 소수자 억압 정당화 메커니즘을 중심으로", 연세 공공거버넌스와 법 제12권 제1호, 2021, 119-120쪽.

67) 장윤영, 앞의 책, 69쪽 참고.

68) 장윤영, 위의 책, 85쪽 참고.

69) 자크 동즐로, 주형일 옮김, 앞의 책, 9쪽.

야말로 주역(主役)"[70]이라는 사실을 환기하므로 그의 논지를 매개로 행정법의 발전에서 공무원의 역할을 강조해나갈 수도 있다.

필자는 일본과 한국의 소시민적 행정법학의 기초에도 '평등주의적이고 법률주의적인 자코뱅 이데올로기'가 자리잡고 있다고 생각한다. 그리고 그 기원은 한국 자본주의의 본원적 축적기인 1945년 이후의 농지개혁에서 찾는다. 농지개혁은 소농, 즉 쁘띠 부르주아지라는 고전적 행정법의 주체를 탄생시켰고, 그들이 주장할 수 있는 가치(자유와 재산)를 형성했다('동아시아 소농사회와 한국 행정법').[71] 그러나 쁘띠 부르주아지의 주관적 권리 중심의 질서는 19세기 중후반 프랑스 공화국이 그러했듯 우리의 경우에도 그 한계를 고스란히 노정하고 있다. 19세기 말 뒤기가 사회적 연대를 기초로 한 객관법적 질서를 주장하고 이를 프랑스 행정법의 기초로 삼았듯이, 우리 행정법의 이론과 실무도 혁신이 필요하다. 나는 이 점이 프랑스 행정법에 대한 비교법적 고찰에서 반드시 고민해야 할 지점이라고 생각한다. 어렵게 생각할 것 없다. 앞에서 이미 버스공영제, 교육공공성, 주택 사회화에 관해 이야기했다(2장 생각해보기 2번). 이런 것을 정당화하는 법리가 뒤기의 공역무이론이다. 이와 관련하여 앞으로 더 깊은 논의가 이루어지면 좋겠다.

11.2. 국가법인설과 독일 행정법

11.2.1. 국가법인설과 독일 행정법학의 성립

프랑스와 비교했을 때 독일에서 행정법의 발전은 상대적으로 늦다. 이것을 설명하는 키워드는 '사회혁명/정치혁명'의 부재다. 프랑스는 봉건적 토지소유가 문자 그대로 아래로부터 혁명적으로 폐절(廢絶)되는 경험을 했는데, 이것은 부르주아적 사회변혁의 전 역사 가운데서도 유일한 것이다.[72] 반면, 프로이센 독일에서는 봉건적 토지소유, 즉 농노제가 부르주아 혁명에 의해 분쇄되는 것이 아니라 영주경영의 개조에

70) 자크 동즐로, 주형일 옮김, 위의 책, 91쪽.

71) 유용태 엮음, 동아시아의 농지개혁과 토지혁명, 서울대학교출판문화원, 2014 참고.

72) 芝原拓自, 김홍식/이영훈 공역, 앞의 책, 232쪽.

의해 서서히 자본주의에 적응해갔다. 이러한 경로에서는, 형성되는 자본주의 자체가 필연적으로 오랫동안 반(半)봉건적인 특징을 유지할 수밖에 없다. 오랜기간 융커의 경제적·사회적·정치적 지배가 지속되었던 것도 이 체제의 한 전형이었다.[73)]

실제로 독일의 자유주의－부르주아계급은 1848년의 부르주아 시민혁명이 실패하자, 프랑스보다 한창 뒤진 1850년대 이후에야, 그것도 현실의 가공이 아니라, "물질 속에 숨어있는 개념의 본질을 보다 더 신뢰하면서",[74)] 논리의 재구성을 통해 행정법 체계를 구축해나가기 시작했다. 공법사연구자인 슈톨라이스는 정치혁명의 실패가 헌법문제는 당분간 묻어두고 행정법에 집중하는 현상을 낳았다고 보기도 한다. 그는 1848년의 실패 이후 헌법문제가 교착상태에 빠져버렸기에 행정법문제가 상대적으로 전면에 등장할 수 있었다고 설명한다.[75)] 독일 법학은 1848년 이후 점차 "현실적인 것", "실증적으로 주어진 것"을 강조하는 외길로 나아갔다.[76)] 특히 행정법학은 국가와 헌법에 관한 실체적 질문을 점차 괄호 안에 넣어버리는 태도를 취했다. 그래서 필자는 19세기 말에 그 체계를 갖춘 독일 행정법학을 '국가의 객관적 실체에 대한 질문을 점차 뒷전으로 밀어내버린 행정법학'이라고 부르고 싶다. 이런 행정법학의 출발점에 독일식 국가법인설이 서 있다.

국가도 공법 내에서 법인격성(Rechtspersönlichkeit)을 갖고 등장한다는 생각은 이미 18세기에 그 단초가 등장하지만,[77)] 국가법인설은 알브레히트의 서평논문에서부터 시작된다는 것이 일반적 견해이다.[78)] 알브레히트가 마우렌브레허의 저서에 대한 짧은 서평을 쓴 해는 이른바 '괴팅겐 7교수 사건'(새롭게 하노버의 국왕으로 취임한 아우구스트의 헌법 파기에 항의하다 파면된 괴팅겐 대학 교수들 사건)이 일어났던 1837년이었다. 7교수 중 1인이었던 알브레히트는 이 서평논문에서 군주의 인격과 별개인 국가의

73) 芝原拓自, 김홍식/이영훈 공역, 위의 책, 226쪽.

74) 미하엘 슈톨라이스, 이종수 옮김, 독일 공법의 역사, 푸른역사, 2022, 108쪽.

75) Michael Stolleis, "Verwaltungslehre und Verwaltungsrechtswissenschaft 1803-1866", Kurt G. A. Jeserich et al. (Hrsg.), *Deutsche Verwaltungsgeschichte*, Bd. 2, Stuttgart, 1983, 62쪽.

76) 미하엘 슈톨라이스, 이종수 옮김, 앞의 책, 108쪽 참고.

77) 베르나치크(Bernatzik)는 퓌터(J. S. Pütter, 1725-1807)와 마이어(J. Chr. Majer)가 국가 인격성 사상의 직접적인 선구자였다고 평가한다. 헤르만 헬러, 김효전 옮김, 앞의 책, 549쪽.

78) Ernst Forsthoff, Lehrbuch, 49쪽 각주 1번. 알브레히트 서평논문의 서지사항은 다음과 같다. W. E. Albrecht, "Rezension über Maurenbrechers Grundsätze des heutigen deutschen Staatsrechts", *göttingische gelehrte Anzeigen*, 1837, 1492쪽.

인격을 인정했다. 그의 의도는 군주를 법으로 구속하기 위한 법학적 구성을 만들어 내는 것이었다.[79] 그런데 권리의 주체는 자연인에 한한다는 전제 아래 법인은 권리의 주체가 될 수 없으며, 법인이 권리와 의무의 주체가 될 수 있는 것은 단지 법률에 의하여 법인이 자연인으로 의제되었기 때문이라고 하는 법인의제설(Fiktionstheorie)이 19세기 중엽까지는 지배적 학설의 지위를 갖고 있었으므로,[80] 알브레히트의 논의도 이에 영향을 받았을 것이다.

라드부르흐는 법인의제설의 대표자로 사비니(F. C. v. Savigny, 1779-1861)를 지목하면서,[81] "법인 의제이론은 개인주의적 법이론의 표현이다. 이 이론에 따르면 오로지 개인적 목적만이 존재한다. 이 맥락에서 사비니는 기이하게도 자신의 낭만주의적-초개인주의적 태도에 반하는 모순을 범했다"고 비판했다.[82] 사비니의 법인론이 실제로 개인주의적 법이론의 표현인지는 논의의 여지가 있다. 다만, 중요한 것은 19세기 중반 이후 상당기간 동안 사비니의 법인의제설이 그렇게 이해되어 왔다는 점이다. 알브레히트의 제자인 게르버와 게르버의 '학문적 아들'인 라반트도 역사법학파 사니비의 영향을 받으면서 법인의 본질에 관한 그의 이론을 참고했다. 그러면서 공법학자로서 자신들이 어떤 주장을 펼쳐나가야 할지를 고민해야 했다. 제13장 공권론에서도 다시 설명하겠지만, 가령 게르버는 처음에는 사비니류의 사법적 인격개념과 그것에 기초한 법인개념을 달가워하지 않았다. 오히려 유기체적 국가관념을 더 선호하면서 주관적 공권마저도 공직과 단체를 위한 봉사의 관점에서 이해하려고 했다.[83] 또한 개별적 인간은 그가 공동체의 기관으로 고찰되는 한에서만 주체로 보았다.[84] 그러나 이런 관점은 점차 흔들리기 시작하여, 『독일헌법체계 강요』(*Grundzüge des Deutschen Staatsrechts*, 1865)에서는 국가를 윤리적 유기체로 파악하는 관점을 후퇴시키고, 국가를 법학적으로 파악하는 입장을 전면에 내세웠다.[85]

---

79) 자세히는 다음을 참고할 것. Ernst Rudolf Huber, *Deutsche Verfassungsgeschichte seit 1789*, Bd. 2, 3판, 1988, 84-106쪽.

80) 박의근, "법인본질론에 관한 소고", 비교사법 제22권 4호, 2015, 1754쪽.

81) 다만, 이런 주장에 대해서는 1980년대 이후 반론이 제기되었다. 박의근, 위의 논문, 1754쪽 각주 6번.

82) 구스타프 라드부르흐, 윤재왕 옮김, 법철학, 박영사, 2021, 217쪽.

83) 구스타프 라드부르흐, 윤재왕 옮김, 법철학, 박영사, 2021, 219쪽 참고.

84) 게르버는 개인적 공권은 자연적 인간으로서의 개인에게 주어지는 권리가 아니라 국가의 구성원으로서의 개인에게 주어지는 권리로 보았다. 정하중, "독일 공법학에있어서 권리의 개념", 행정법연구 제6호, 2000, 70쪽.

라반트도 유사한 이론적 여정을 보여주었다. 종래의 연구가 라반트의 국가론으로 거론한 것은 국가를 오로지 인격으로서, 즉 권리의무의 담당자로서 파악하는 국가법인설이었다.[86] 그러나 2004년에 베른트 슐뤼터가 편집하여 공간한 『국법강의』는 라반트가 국가의 주관적 고찰인 국가법인설과 나란히 국가의 객관적 고찰인 법질서로서의 국가라는 관점을 놓치지 않고 있었음을 보여준다.[87] 라반트는 이 '강의록'의 모두(冒頭)에서 "국가란 거주하는 민족의 공공체를 보존하는 법질서이다"(Der Staat ist die rechtliche Ordnung für das Gemeinwesen eines ansässigen Volkes)라고 정의하였다.[88] 라반트의 이와 같은 국가이해는 게르버와 마찬가지로 그도 공공체(公共体)로서의 국가라는 이념을 포기하지 않았음을 보여준다.[89] 재산적 교환관계를 원활히 하기 위한 목적을 가진 사법상의 법인 개념은 국가를 파악하기에 부족하다는 점을 게르버나 라반트 그리고 오토 마이어도 인정하고 있었다.[90] 그럼에도 불구하고 "게르버에 의해서 기초지워지고 라반트에 의해서 완성되고, 실증주의적으로 해석된 로마사법학을 수단으로 하여 전개된 국법학"이 "마침내 아래로 향해서도 위로 향해서도 실체도 없는 형식주의"로 전락한 이유는 무엇일까?[91]

19세기 당시 독일 주류 공법학자들("자유보수주의자들"[92])에게 국가법인설은 두

85) 小林孝輔(編), ドイツ公法の理論: その今日的意義, 一粒社, 1992, 55-57쪽.

86) 라반트는 게르버와는 달리 민법상 구축된 법개념을 대폭 수용하였다. 그의 '불가침투성이론'도 법인만을 권리능력을 가진 법주체로 인정하고, 법인 내부관계 안으로는 법이 침투할 수 없다고 보는 민법적 사고에 기초한다는 평가를 받아왔다. 우미형, Hans J. Wolff의 행정조직법 이론에 관한 연구, 서울대학교 법학과 박사학위논문, 2016, 109쪽 각주 379번.

87) Paul Laband, *Staatsrechtliche Vorlesungen*, Duncker & Humblot, 2004(Bearbeitet und herausgegeben von Bernd Schlüter). 니시무라 키요타카 교수의 평가이다. 西村清貴, 앞의 책, 93-96쪽.

88) Paul Laband, 위의 책, 56쪽. 西村清貴, 위의 책, 98쪽에서 재인용.

89) 게르버와 마찬가지로 라반트도 "법률법(Gesetzesrecht) 밖에 존재하는 실정적으로 타당한 법질서의 존재를 확신하고" 있었다. Michae Stolles, *Geschichte des offentlichon Rechts in Deutschland*, 제2권, C. H. Beck, 1992, 343-344쪽.

90) 우미형, 앞의 논문, 35쪽 참고.

91) 헤르만 헬러, 김효전 옮김, 앞의 책, 128, 132쪽.

92) "자유보수주의"는 자유주의적 부르주아 계급과 봉건계급 및 이 계급이 중심이 된 관헌국가와의 연대를 표현한다. 부르주아 계급이 그와 같은 연대를 추구한 것은 프로이센 군주제에서 노동자계급의 요구에 맞설 방호벽을 발견했기 때문이다. Reinhard Kuhnl, *Formen burgerlicher Herrschaft - Liberalismus-Faschismus*, Rowohlt, 1971, 59쪽 참고. 우베 베젤은 법률가이자 프로이센국 재

가지 관점에서 장점을 갖고 있었기 때문이다. 첫째, 독일의 각 란트에는 오랫동안 봉건적 유제(遺制)가 남아있었다. 그런 곳에서 국가법인이라는 개념은 통일적인 국가주권(Hoheitsgewalt)을 관념할 수 있게 해주고, 이 국가주권에 적절한 법적 형식을 부여하였다. 이 개념에 힘입어 이제는 과거처럼 사안별로 행사되는 개개의 영주적 고권들(Hoheitsrechte)의 다발이 아니라 하나의 국가주권을 이론적으로 기초지울 수 있었던 것이다.[93] 둘째, 나아가 이 이론은 국가와 국가주권에 복종하는 자의 관계를 사람과 사람의 관계, 즉 양면적인 법률관계로 파악하고, 이 관계에 기초하여 공법의 체계와 도그마틱을 구축할 수 있는 가능성을 열어주었다.[94] 그 점에서 국가법인설은 국가주의와 자유주의, 양자를 만족시킬 수 있는 이론적 틀이었다. 이것은 몰락하고 있지만 여전히 강력한 관헌세력과 성장하고 있지만 아직은 국정을 완전 장악하지 못한 자유주의적 부르주아 세력 사이의 타협형식으로 적합했다. 급속히 정치의 전면에 등장하기 시작한 노동자계급의 실체적 국가관에 맞서는 데도 당장에는 이만한 것이 없었다.

11.2.2. 행정주체란 무엇인가? (1) – 지방자치단체와 단체법론의 가능성

국가를 법질서에 복종하는 하나의 법인으로 보면, 국가를 권리와 의무의 주체로 관념하기(파악하기)가 쉬워진다. 법인이란 자연인 이외의 것으로서 법인격(권리능력)이 인정된 것, 즉 스스로 권리·의무의 주체가 될 수 있는 것을 말하기 때문이다. 실정법상 국가를 당사자로 하는 소송에서 국가는 직접 원고와 피고가 된다(다만 행정소송, 특히 그 중에서도 항고소송의 경우에는 소송수행의 편의를 위하여 행정청을 피고로 하고 있다). 이러한 국가를 행정법에서는 행정주체, 즉 행정법상의 권리·의무 주체라고 표현한다. 예전에는 행정주체에 대응하는 개념으로 행정객체라는 말을 썼다. 국가와 같은 행정주체가 행하는 행정작용의 대상·객체라는 의미에서 행정객체라는 표현을 사용했고, 이러한 용례는 일부 행정법 교과서에 지금도 남아 있다. 그러나 민주적 헌정

무부장관이었던 요하네스 폰 미쿠엘을 자유보수주의자로 칭한다. Uwe Wesel, Fast alles, was recht ist, 105쪽. 필자는 게르버, 라반트, 오토 마이어 등 19세기 독일 부르주아계급의 지적-법률적 대변인들이 자유보수주의적(liberalkonservativ) 세계관을 갖고 있었다고 평가한다.

93) Ernst Forsthoff, *Lehrbuch*, 49쪽.

94) Hans Heinrich Rupp, *Grundfragen der heutigen Verwaltungsrechtslehre*, 2. Aufl., Tübingen, 1991, 106쪽 참고.

국가에서 국민은 더 이상 국가행위의 단순한 객체가 아니다. 따라서 비록 편의상 행정객체라는 표현을 일부 교과서가 쓴다고 하더라도 그것을 “행정의 뜻대로 되는 존재라는 의미로 이해해서는 안 된다.”[95] 그렇다면 국가 이외에도 행정주체가 될 수 있는 존재가 있는가? 모든 교과서가 공공단체도 행정주체가 될 수 있다고 말한다. 그러면서 공공단체에는 지방자치단체와 좁은 의미의 공공단체가 포함된다고 한다.[96] 좁은 의미의 공공단체는 다시 ① 공법상 사단법인이라 할 수 있는 공공조합(예컨대, 농지개량조합, 대한변호사협회, 상공회의소, 농업협동조합, 재개발조합 등), ② 공법상 재단법인인 공재단(공법상의 재단, 예컨대 한국연구재단, 인천문화재단 등), ③ 서울대학교, 과학기술원 등과 같이 법인격을 취득한 영조물인 영조물법인 등으로 분류하기도 한다.[97]

국가 외에 지방자치단체도 행정주체가 된다는 점은 오늘날 더 이상 다투어지지 않지만 과거에는 사정이 달랐다. 특히 일찍이 통일된 국민국가를 수립한 프랑스와 달리 독일은 19세기 내내 분열적 상태를 유지했고(1871년 독일제국 수립으로 이 상태가 부분적으로 해소되었다고는 하나), 이것이 행정주체 논의에도 영향을 미쳤다. 다시말해 국가적 통일성을 달성하는 것이 지상의 과제였던 독일에서는 국가 이외의 존재들을 모두 상대화하는 생각이 오랫동안 영향력을 행사했다. 이런 사고를 대표하는 논자가 바로 칼 슈미트이다.

슈미트는 ‘원칙상 무한정의 자유를 향유하는 고립된 개인’과 ‘원칙상 한정된 권력을 가진 국가’만을 인정하고, 그 중간에 있는 단체의 헌법적 지위를 인정하지 않았다.[98] 즉, ‘프랑스혁명의 책’이라고 불리는 『헌법론』에서 그는 혁명 이후 만들어진 정치적 통일체로서의 프랑스 국민(Nation)국가와 달리 “중세적 이념과 상태가 여전히 살아있었던 독일”[99]을 끊임없이 비교한다.[100] 슈미트는 이상적 국가형태는 두 개의 정치적 형성원리, 즉 대표와 동일성의 원리에 기반해 있다고 보는데,[101] 그 중에서 “대표의 이념은 정치적 통일체로서 실존하는 인민이 어떤 식으로든 공동생활을 영

95) 塩野宏, 서원우/오세탁 공역, 일본 행정법론, 법문사, 1996, 261쪽; 또한 Susanne Baer, *“der Bürger” im Verwaltungsrecht*, Mohr Siebeck, 2006, 25쪽.

96) 김도창, 일반행정법론(상), 207쪽. 김동희/최계영, 행정법 I, 84쪽, 김유환, 2024, 62쪽.

97) 김유환, 2024, 62쪽.

98) Carl Schmitt, *Verfassungslehre*, 158, 164쪽 참고.

99) Carl Schmitt, *Verfassungslehre*, 51쪽.

100) Carl Schmitt, *Verfassungslehre*, 특히 49쪽 이하.

101) Carl Schmitt, *Verfassungslehre*, 204쪽 이하.

위하는 인간집단의 자연적 존재에 비해 더 고상하고 심도와 깊이에서 더 강력한 존재양식이라는 점에 기초해있다"고 한다.[102] 고립된 개인과 국가를 통합하려면 '정치적 대표자'가 완전한 국가권력(die Fülle der Staatsgewalt)을 한손에 장악해야 한다.[103] 그는 주권자의 자격에서, 국가위에 서서 어떠한 형태로든 주권적 결정을 대신하거나 저지하는 단체(교회, 노동조합)를 인정하지 않는다.[104] 슈미트는 "근대국가는 완결된 정치적 통일체이고, 그 본질상 상태이다. 즉 자기의 내부에 존재하는 다른 모든 상태를 상대화하는 그런 전체적인 상태이다."[105] 따라서 단체들은 "국가 내에서만 존재하는 (…) 법적으로 승인된 제도"일 뿐이라고 단언했다.[106]

이러한 슈미트의 이론이 19세기 이래의 국가주의의 전통을 계승하는 주류적 입장이었으므로 바로 이러한 독일적 사고 아래에서는 가령 지방자치단체를 국가와 맞설 수 있는 독자적인 행정주체로 인정한다는 생각은 쉽게 나올 수 없었다. 1789년에 지롱드파(Girondins)인 뚜레(Thouret)가 주장한 것으로 알려진 '지방권'(pouvoir municipal) 이론 같은 것은 독일에서는 관철될 수 없었다. 1848년 프랑크푸르트 헌법(안)은 '지방권'을 실정법으로 수용하려고 했지만 - "모든 게마인데는 자신의 조직화에 필요한 기본권으로서(als Grundrechte ihrer Verfassung)" "국가의 법률에 따른 지도감독 하에, 지방경찰을 포함한 게마인데 사무의 자치행정을 실시하는" 권리 등을 갖는다(제184조) - 실제 헌법으로 채택되지는 못했다. 19세기 이래 독일의 자치권은 고유권설이 아니라 '전래권설'의 관점에서 파악되었다.[107] 이를 방증하는 것이 1850년 프로이센 헌법 제105조, 바이마르 헌법 제127조, 현행 독일 기본법 제28조이다. 예컨대 바이마르 헌법 제127조는 "게마인데 및 게마인데조합은 법률의 범위 안에서(innerhalb der Schranken der Gesetze) 자치권을 갖는다"고 규정하였다. 이러한 이론적-역사적 맥락에서 간접국가행정(die mittelbare Staatsverwaltung) 같은 개념도 등장했다.

포르스토프는 자치행정과 간접국가행정의 대상이 거의 일치하지만, 그럼에도 불구하고 양 개념의 강조점이 다르다고 지적한다. 즉, 전자가 이 행정을 담당하는 주체

102) Carl Schmitt, *Verfassungslehre*, 210쪽.
103) Carl Schmitt, *Verfassungslehre*, 52쪽 참고.
104) Carl Schmitt, *Der Begriff des Politischen*, Duncker & Humblot, 1932(1996), 43쪽.
105) Carl Schmitt, *Verfassungslehre*, 173쪽.
106) Carl Schmitt, *Verfassungslehre*, 170-171쪽.
107) 김도창, 일반행정법론(하), 132쪽.

의 독자성을 강조한다면, 후자는 국가에 대한 원래적인 종속성을 부각시킨다.[108] 포르스토프가 '정리해낸' 이 간접국가행정개념에 대한 비판이 쇄도하자,[109] 그는 "이 개념을 사용한다고 해서 게마인데와 그 밖의 독자적 행정주체들에게는 고유한, 즉 국가에서 독립한 활동영역이 존재한다는 사실을 부정한다는 뜻은 아니다. 간접국가행정이라는 개념은 독립한 행정주체들에게 주관적 공권을 부여하는 것을 배제하지 않으며, 자치행정권한의 범위에 관하여 특정한 견해를 표명하는 것도 아니다"라고 서둘러 진화했다.[110] 독일 행정법교과서들은 여전히 간접국가행정이라는 개념을 사용하고 있는데,[111] 포르스토프가 그 가능성을 인정했듯이 실제로 독일 행정법원은 간접국가행정을 실시하는 한 주체인 게마인데에게도 항고소송의 원고적격을 인정하고 있음은 앞에서 다룬 저공비행금지소송을 통해서도 이미 살펴보았다(4.1.1.).

설명이 좀 길어졌다. 하고 싶은 얘기는 이거다. 무엇이든 그냥 외우지 말고, '지방자치단체가 행정주체다' 같은 말이 어떤 의미를 담고 있는가를 생각해보자는 것이다. 그 과정에서 현재의 이론의 연원을 알게 될 것이고, 그럼으로써 지금과는 다른 해석도 시도해볼 수 있는 것이다. 게마인데에게 지방권(pouvoir municipal)을 부여하고, 그것의 의미를 기본권이라고 했던 1848년 프랑크푸르트 헌법안에 대해서는 이미 소개했다. 이처럼 슈미트류의 국가주의 공법학 전통이 오랫동안 지배적이었던 독일에서도 다른 목소리가 오래전에 존재했었고, 또한 한동안 지속되었다는 사실을 아는 것은 지방자치권의 이해에 새로운 활력을 부여할 수 있다. 가령 19세기 후반에 기르케가 주장했고, 20세기 초 바이마르 공화국 탄생 시점에 기르케의 제자인 프로이스가 이어받은 단체법이론 같은 것을 생각해볼 수 있다.[112]

기르케에 따르면 게마인데(기초자치단체)에게는 본래적으로 독립된 지위가 있다.

---

108) Ernst Forsthoff, Lehrbuch, 478쪽.

109) 대표적으로 린켈만의 비판을 들 수 있다. 그는 "간접국가행정이라는 관념은 국가의 자치단체에 대한 관계를 무구속적인 것으로 해석함으로써 법치국가원리에 따른 자치제도의 보장과 모순된다. 국가가 자치행정을 아무런 구속없이 형성하는 것은 자치행정에 속하는 사람들의 존엄과 자유를 침해한다"고 비판했다. Karl Linckelmann, "Zum staatsrechtlichen Lehrbegriff der mittelbaren Staatsverwaltung", *DÖV* 1959, 568쪽.

110) Ernst Forsthoff, *Lehrbuch*, 478쪽 각주 2번.

111) 독일에서는 지금도 지방자치행정을 간접국가행정의 한 종류로 분류하고 있다. Maurer/Waldhoff, 628쪽(23장 1번).

112) Ernst Forsthoff, *Lehrbuch*, 475-476쪽 참고.

즉, "게마인데라는 인격은 (…) 지역을 지배하는 공법의 원천이며, 고유의 공권력 담당자"이고,[113] 다른 한편, "국가는 유일의 본래적인 중심점(Centralpunkt)이 아니고, 게마인데, 가족 등 특정의 생활권(Lebenskreis)을 구비하는 소여(所與)의 단위를 그 밑에 갖는" 하나의 유기체에 머무르고 있다.[114] 바이마르 공화국 초대 내무부장관이기도 했던 프로이스는 아래에서부터 위로, 시민공동체를 구축하는 단체법의 원리를 '라이히(Reich)에 이르기까지 관철시킴으로써, 군주정과 타협한 스승 기르케를 뛰어넘는 바이마르헌법초안을 기초하였다.[115]

기르케는 점차 확대되는 국가행정에 맞서 "마르지 않는 게르만 공동사회의 정신"을 다시 환기시켰다. 그는 "점점 더 촘촘해지는 국가에 의한 모든 포섭에 맞서 고유하고 독자적인 삶을 보존할 줄 아는" 정신이 필요하며, 이 정신은 "인간 생존의 가장 보편적이고도 개별적인 목적을 위해 아직은 속박되지 않은 민족의 힘이라는 기본원리에서 나오는 생명력 있는 단체, 즉, 위에서 명령해서 돌아가는 것이 아니라 엄청난 역량을 가진 내부로부터 나오는 에너지로 활동하는 단체를 만들어낼 힘"을 여전히 충분히 갖고 있다고 하였다.[116]

포르스토프는 기술-대중민주주의의 개막기에 이런 생각을 전파하는 것은 지나친 이상주의라고 비판했다. 게오르그 옐리네크도 "게마인데의 공권"을 논하는 곳에서 다음과 같이 말하고 있다. "이로써 프랑스인들의 지방권론(Theorie vom pouvoir municipal), 그리고 그것과 이론적 토대는 완전히 달리하지만 그 결론은 똑같은, 게노센샤프트의 자치적 통치권에 관한 독일이론도 무너지고 만다. 프랑스이론은 자연법에 그 근거를 둔다. 단체론은 풍부하고 다양한 모습의 중세 단체생활에 관한 역사적 고찰을 통해

---

113) Otto von Gierke, Das deutsche Genossenschaftrecht, Bd. Ⅰ, 1868, 759쪽. 薄井一成, "分権時代の地方自治(1)", 一橋法学 제3권 제2호, 2004, 185쪽에서 재인용.

114) Otto von Gierke, Die Grundbegriffe des Staatsrechts, 1915, 99-100쪽. 薄井一成, 위의 논문, 같은 곳에서 재인용. 기르케의 지방자치사상에 관한 국내문헌으로는 김석태/김선영, "기르케(O. Gierke)의 지방자치 사상 - 공동체로서의 지방자치단체와 국가", 한국지방자치학회보 32권 3호, 2020, 1-24쪽.

115) 薄井一成, 위의 논문, 185-186쪽. 칼 슈미트는 프로이스와는 정반대의 이론적 입장을 갖고 있었으므로 여러 곳에서 그를 비판하였다. Carl Schmitt, Hugo Preuß. Sein Staatsbegriff und seine Stellung in der deutschen Staatslehre, 1930. 우리말 번역으로는 카를 슈미트, 김효전 옮김, 헌법과 정치, 산지니, 2020, 231-248쪽.

116) Otto von Gierke, *Das deutsche Genossenschaftsrecht*, Bd. Ⅰ, 1868, 3쪽. Ernst Forsthoff, *Lehrbuch*, 475-476쪽에서 재인용.

다음과 같은 결론에 이르렀다. 즉, 시대가 흐르면서 단체의 본질이 국가에 의한 수정을 거친 것은 맞지만 그 본질은 변하지 않았다는 것이다. 단체론은 단체 안의 사회적 권력의 존재를 자세히 묘사함으로써, 이 권력은 결국 국가와 본질상 동일한 권력임을 주장할 수 있다고 믿었다. (…) 그러나 프랑스이론이나 독일이론이나 근대국가에 관한 인식과 조화될 수 없는 것은 똑같다. (…) 이런 중세적 국가관은 근대국가를 이해하는 데 있어 늘 '저러면 안 된다는 것을 보여주는 본보기'의 역할만 할 뿐이다. 따라서 그 어떤 법적 낭만주의도 이것에 새로운 생명을 불러넣는데 성공하지 못할 것이다."[117)]

'민족의 힘'이니 '정신'이니 하는 말들이 후세에 미친 부정적 영향(나치즘)을 우리는 알고 있다. 그러나 그것이 전부는 아니다. 공산주의(communism)와 공동체주의(communitarianism)의 차이에 대해서는 이미 설명했다(2.1.1.). 공동체의 개념에는 현재의 가능성을 무겁게 규정하는 벗어날 수 없는 과거의 결정(結晶)이 들어가 있다고도 했다. 이것을 털어내고, 국가－중앙정부 중심의 행정법을 기르케의 '단체법론'의 도움으로 쇄신할 길이 있을 것이다. 즉, 필자는 기르케의 연구는 커먼즈에 기반한 행정법학을 구축하는데 긴요한 힌트를 준다고 생각한다.

아무튼, 한국의 행정법교과서들은 더 이상 지방자치행정을 간접국가행정으로 보지 않는다. 개념적으로는 슈미트－포르스토프의 그늘에서 벗어나고 있는 것처럼 보인다.[118)] 그러면 지방자치의 법리도 그만큼 '진보'했는가? 꼭 그렇다고 볼 수는 없다. 예컨대 1880년대 독일학자가 제시한 주민자치, 단체자치라는 이분법을 여전히 지방자치를 설명하는 틀로 제시하면서,[119)] 한국의 지방자치는 "정치적 의미의 자치"인 주민자치와 달리 독일－일본에서 계수한 단체자치, "법률적 의미의 자치"를 그 기본으로 한다고 덧붙인다.[120)] 정치 아닌 자치는 없으며, 헌법과 법률에 기초를 두지 않

---

117) Georg Jellinek, *System der subjektiven öffentlichen Rechte*, 286-287쪽. '게노센샤프트'라는 번역어에 대해서는 후술한다.

118) 김유환, 2024, 461쪽; 홍준형, 행정법, 1051-1052쪽. 다만, 왜 이렇게 분류하는지에 대한 설명은 없다. 반면, 과거 김도창 교수는 이렇게 서술하였다. "자치행정도 결국 국가행정의 일부라는 성질이 있기 때문에 (…) 국가자신에 의한 직접국가행정과 달라서 독립법인에 의한 간접국가행정(mittelbare Staatsverwaltung)이라고 한다." 김도창, 일반행정법론(하), 132쪽.

119) 포르스토프에 의하면 이런 구분을 처음으로 제시한 이는 로진이다. Rosin, "Souveränität, Staat, Gemeinde, Selbstverwaltung", *AnnDR* 1883, 265쪽 이하. Ernst Forsthoff, *Lehrbuch*, 474쪽.

120) 문상덕, "제2편 지방자치법", 김철용(편), 특별행정법, 박영사, 2022, 24-27쪽.

은 자치 또한 존재하지 않는다는 의미에서 이런 대립적 구도는 이미 낡았다.[121] 지방자치행정에 간접국가행정이라는 명칭을 붙이지는 않는다고 해서 슈미트-포르스토프 류의 지방자치법론까지 극복했다고는 말하기 어렵다. 이런 현실을 상기해본다면, 기르케-프로이스의 관점은 혁신자치체론, 커먼즈론과 연계하여 지방자치법의 혁신을 가져올 수 있는 아이디어가 되기에 충분하다. 문제는 이것의 구체화이다.

11.2.3. 행정주체란 무엇인가? (2) - 좁은 의미의 공공단체와 조합주의 레짐

국가, 지방자치단체 외에 행정주체가 되는 것으로 좁은 의미의 공공단체가 있다. 앞에서도 보았듯이 공법상 사단법인(공공조합)과 공법상 재단법인, 영조물법인이 이에 해당한다. 이 협의의 공공단체는 독일법에서 말하는 공법상의 단체(Körperschaften des öffentlichen Rechts)와 구별해야 한다. '공법상의 단체'에는 공법상의 영조물, 공법상의 재단이 포함되지 않기 때문이다. 공법상의 단체는 사적 자치 행위가 아니라 법률로써 혹은 법률에 근거하여 설립되는 법인이다. 이들 단체는 구성원에 의해 조직된다. 즉, 자연인 혹은 법인이 구성원이지만, 구성원이 바뀌어도 단체로서 존속한다. 공법상 단체를 인정하는 기본사상은 공적 임무를 (이해)관계자에 의해 처리한다는 것이다(자치). 이로써 국가행정은 부담을 던다(분권). 한마디로 자치와 분권이다. 행정주체로서의 공법상의 단체는 당연히 고권적 권한을 행사한다.[122] 예를 하나 들어보자. 후술하듯이 조합주의 전통이 강한 독일에서는 우리의 근로복지공단(산업재해보상)과 산업안전보건공단(산업재해예방)의 역할을 동업조합(Berufsgenossenschaft)의 일종인 재해보험조합이 모두 맡는다.[123] 산업별로 구성된 이 조합에는 노동자가 사용자와 동수로 참여하는데 이는 재해예방에서의 현장성을 강화한다. 한국의 10분의 1 수준인 독일의 산재 사망률은 노동자의 동등한 참여와 자치를 빼고는 설명할 수 없다.[124]

---

121) Ernst Forsthoff, *Lehrbuch*, 474쪽.

122) Sodan/Ziekow, *Grundkurs*, 496쪽(60장 27-28번).

123) 독일 사회법전 제7편 제114조. 재해보험조합은 산업재해보험조합과 공공재해보험조합으로 크게 양분되어 있다가 2007년에 하나로 통합되었다.

124) [사설] "산재 예방, 노동자와 함께 현장에서 답을 찾아라", 인터넷한겨레, 2021. 6. 17.자. 한국의 산재사망률이 독일보다 10배 이상 높다는 통계는 2007년의 한국노동연구원 보고서에도 등장한다. 윤조덕/김영문/한충현, 산업안전보건과 근로자 참여 - 한국과 독일 비교, 한국노동연구원, 2007, 157쪽.

관료나 사용자가 쉽게 지나치는 위험 요소들을 노동자들은 볼 수 있기 때문이다. 독일 재해보험조합의 또 다른 특징은 자치다. 정부는 보편적인 지침을 만들고, 구체적인 수칙은 산업별 재해보험조합이 채워 넣는다.[125)]

그런데 분열된 중세적 질서가 오랫동안 남아있었고, 국가적 통일성을 달성하는 것이 지상과제였던 19세기 독일의 제(諸) 란트들이 행정주체로서의 공법상 단체를 쉽게 받아들일 수는 없는 노릇이었다. 그들은 신성로마제국의 해체(1806년) 및 세속화/교회재산의 국유화(Säkularisierung) 이후 공법상 사단의 지위를 획득한 교회 외에 공법상 (사지)단체의 등장에 부정적인 태도를 취했다.[126)] 그러다가 19세기 말 비스마르크의 사회보험과 조합주의적 사회행정이 시작되면서 비로소 그 태도가 조금씩 누그러지기 시작했다. 즉, 1897년 7월 26일자 개정 수공업자법을 통해 마지못해 수공업자단체들(동업자조합, 동업자조합위원회, 동업자조합단체)이 '공법상 단체'의 형식을 획득할 수 있음을(in die Form öffentlicher Korporationen) 인정했다.[127)] 이는 현재 '단체사회'라고 불릴 정도로 다수의 단체가 존재하며(물론 단체들 중 다수는 민법상의 법인이다), 이들이 행정업무(주로 사회보장행정업무)의 일부를 담당하는 것과는 대조적인 모습이다. 다만, 공법상 재단법인은 지금도 프로이센 문화재단(Stiftung Preußischer Kulturbesitz) 등 그 수는 몇 개 안 된다.[128)]

이러한 역사적 과정을 돌아보면, 독일식 행정주체 개념은 독일의 국가주의와 조합주의라는 전통 위에 서 있는 것임을 확인할 수 있다. 에스핑앤더슨이 복지국가를 유형화할 때 독일을 국가주의-조합주의 모델로 분류한 점을 생각해보라. 그러니 이러한 전통이 없는 우리의 경우에는 그간 공법상 사단법인이나 공법상 재단법인이 특별한 역할을 하지 못했던 것은 어쩌면 당연하다고 해야겠다. 더군다나 공공단체 중 중요한 조직인 국공립대학도 독일 등과 달리 공법상의 단체로 보지 않는다.[129)] 그런

---

125) 자세한 것은 독일 사회법전 제7권 산재보험법(SGB Ⅶ-Gesetzliche Unfallversicherung)을 참고할 것.

126) 공법상 사단으로서의 교회의 법적 지위에 관해서는 바이마르 헌법 제136-138조를 참고할 것. 이 바이마르 헌법의 종교 및 종교단체 조항들은 독일 기본법 제140조에 의해 일괄(en bloc) 계수되었으므로, 지금도 유효한 독일 헌법 규정이다.

127) Ernst Forsthoff, *Lehrbuch*, 475쪽.

128) Heiko Faber, *Verwaltungsrecht*, 56쪽.

129) 독일 대학제도의 기본원칙을 규정한 연방법이었던 고등교육기본법(Hochschulrahmengesetz) 제58조(법형식과 자치권) 제1항은 다음과 같다. "고등교육기관은 통상 공법상의 단체이자 동시에 국

데 최근 우리의 경우에도 행정주체로서의 공공단체의 중요성이 커지고 있지만, 그 방향성은 전통적인 독일이론이 전혀 예상하지 못한 것이었다. 바로 공법상 사단(법인)으로서의 정비조합(재개발조합과 재건축조합)의 등장이다.

사단은 단체가 그 구성원의 개성을 초월한 존재가 되어 개개의 구성원은 단체 속에 파묻혀 있는 것이다. 반면 조합은 구성원과 독립한 존재이므로 역시 단체이기는 하지만, 단체로서의 단일성보다는 구성원의 개성이 강하게 표면에 나타나고 있는 것이다. 다만 공법 혹은 특별법의 영역에서 조합이라는 이름이 붙은 것 중에는 그 실체가 조합이 아니라 오히려 사단으로서의 실체를 가지는 것이 있는데, 재개발조합, 재건축조합 등이 이에 해당한다.[130] 재개발, 재건축사업은 구청이나 한국토지주택공사 등이 사업시행자가 되어 실시할 수도 있지만, 토지 또는 건물을 소유하는 다수의 사람이 단체를 구성하여 이를 실시할 수도 있다. 구청 혹은 한국토지주택공사와 비교하면 정비조합은 사적인 이익을 추구하는 개인들로 구성된 단체이지만, 조합설립인가를 통해 공법인으로 승인되고 공법상의 권한과 의무를 갖게 된다.[131] 이들 '조합'도 협의의 공공단체에 해당한다.

도시화와 함께 자연 발생적으로 생겨난 도시빈민 거주지를 정비하는 사업을 한국사회에서 오랫동안 담당해 온 것은 구청과 같은 관(官)이었다. 그러다가 1976년 「도시재개발법」의 제정 이후 토지소유자도 조합을 결성하여 사업시행자가 될 수 있는 길이 열렸고 1980년대 초반에는 건설사업자를 공동시행자로 참여시키는 이른바 합동재개발 방식이 등장하였다. 이러한 과정을 겪으면서 현재 재개발사업은 재개발구역 내의 '토지등소유자'로 구성되는 조합이 원칙적으로 사업시행자가 되는 것으로 바뀌었다. 종래 국가나 지방자치단체가 수행하던 공적 임무가 정비조합에 상당수 이양되는 제도 개편이 이루어졌던 것이다. 이후 재개발조합과 재건축조합은 주택건설이라는 공적 임무를 수행하는 핵심 주체로서 막강한 권력을 행사했지만, 판례는 이들이 행정주체인지에 대해서조차 명확히 하지 않았다. 그러다가 1990년대 중반에 재

가의 기관이다. 대학은 다른 법적 형태로도 설치할 수 있다. 고등교육기관은 법률의 범위 내에서 자치권을 갖는다." 밑줄 친 부분은 1998년 8월 개정시 새로 들어왔다. 2006년의 연방제도 개혁으로 이제 고등교육에 관한 기본사항도 각 주가 정할 수 있게 되었다. 미국의 주립대학들도 주정부기관(Agency)인 일부를 제외하면 대부분 공법상의 단체(Public Corporation)이다.

130) 김종보, 건설법의 이해, 486쪽.

131) 김종보, 건설법의 이해, 475-476쪽.

개발조합은 "조합원에 대한 법률관계에서 적어도 특수한 존립목적을 부여받은 특수한 행정주체"라는 대법원 전원합의체 판결이 나왔고,[132] 이어 2009년에는 정비조합의 설립을 인가하는 처분을 행정주체로서의 지위를 부여하는 설권행위로 보는 대법원판결이 나오기에 이르렀다.[133]

【판례】 대법원 2009. 9. 24. 선고 2008다60568 판결 [재건축결의부존재확인]

행정청이 도시 및 주거환경정비법 등 관련 법령에 근거하여 행하는 조합설립인가처분은 단순히 사인들의 조합설립행위에 대한 보충행위로서의 성질을 갖는 것에 그치는 것이 아니라 법령상 요건을 갖출 경우 도시 및 주거환경정비법상 주택재건축사업을 시행할 수 있는 권한을 갖는 행정주체(공법인)로서의 지위를 부여하는 일종의 설권적 처분의 성격을 갖는다고 보아야 한다. 그리고 그와 같이 보는 이상 조합설립결의는 조합설립인가처분이라는 행정처분을 하는 데 필요한 요건 중 하나에 불과한 것이어서, 조합설립결의에 하자가 있다면 그 하자를 이유로 직접 항고소송의 방법으로 조합설립인가처분의 취소 또는 무효확인을 구하여야 하고, 이와는 별도로 조합설립결의 부분만을 따로 떼어내어 그 효력 유무를 다투는 확인의 소를 제기하는 것은 원고의 권리 또는 법률상의 지위에 현존하는 불안·위험을 제거하는 데 가장 유효·적절한 수단이라 할 수 없어 특별한 사정이 없는 한 확인의 이익은 인정되지 아니한다.

정비조합은 국가 또는 지방자치단체를 대신하여 정비사업과 관련한 각종의 권력적 행정처분권을 행사할 수 있는 행정주체이다. 사업시행자인 정비조합은 정비사업의 설계도면에 해당하는 사업시행계획, 실시계획을 작성하거나, 수용, 이전고시 등 행정처분을 한다.[134] 다만, 정비조합이 조합원에게 행정처분을 하는 경우, 그 행정처분을 위한 단체법상의 의사결정에 조합원이 직·간접적으로 참여하는데, 이것이 일반적인 행정처분의 경우와 다른 점이다.[135] 그러나 정비조합의 행정처분이 단체법적 의사결정의 형식을 취한다고 하더라도, 그 처분의 실질이 과연 공공성을 담보할 수 있느냐 하는 것은 극히 의문스럽다. "정비사업은 사인 간의 자유로운 합의를 통하여 달성하기 어려운 공공성, 즉 도시기능의 회복이라는 목적을 지향한다"[136]는 교

132) 대법원 1996. 2. 15. 선고 94다31235 전원합의체 판결.

133) 김종보, 행정법입문, 34-35쪽.

134) 김종보, 건설법의 이해, 487-488쪽.

135) 김종보, 건설법의 이해, 502-503쪽.

과서적 설명이 없는 것은 아니지만 말이다.

11.2.4. 행정기관과 기관소송의 법리

국가기관, 행정기관이라는 개념도 국가를 법인으로 생각할 때 쉽게 이해될 수 있다. 법인이란 사람과 같이 살아서 활동하는 자연의 생활체가 아니므로 법인이 독립한 인격자로서 사회적으로 활동하려면 법인의 의사를 결정하고, 그 의사에 의거하여 외부에 대하여 행동하며, 내부의 사무를 처리하는 일정한 조직을 필요로 한다. 이러한 조직을 기관이라고 하며, 공법학에서는 이를 국가기관, 입법기관, 행정기관, 사법기관 등으로 표현한다. 이 중 행정기관은 국가라는 공법인에서 행정임무를 수행하는 기관을 말한다.

기관과 기관구성원은 법인을 위해 그 자에 대하여 일정한 법률효과를 발생케 하는 행위를 할 수 있는 법률상의 자격을 갖게 되는데, 그 자격을 법에서는 권한이라고 표현한다. 권리와 구분되는 권한은 국가법인설의 관점에서 설 때 가장 잘 설명될 수 있는 개념이다. 일례로 대통령이 행하는 국법상의 행위들을 대통령의 권한행사라고 하지, 대통령의 권리행사라고 하지는 않는다. 대통령은 국가라는 공법인을 위해서 그리고 궁극적으로는 국가의 존재이유인 국민의 자유와 권리보장을 위해서 권한을 행사하는 존재이지, 자기 자신의 개인적인 목적을 위해서 국법상의 행위들을 하는 자가 아니기 때문이다.[137] 그러므로 권한 개념은 '일정한 행위를 할 수 있는 힘이라는 요소 외에 특별한 사정이 없는 한 힘을 행사할 의무까지 내포하고 있다'고 보아야 한다.[138] 알브레히트가 처음 국가법인설의 논리를 제시했을 때 하고 싶었던 말도 바로 이것이었다. 하노버 왕국의 아우구스트처럼 국왕은 자기 마음대로 행동하지 말고 국법의 범위 안에서 국가를 위하여 권한을 행사해야 한다. 이것은 다른 말로 독일식 입헌주의의 요구였다.

한편 「행정소송법」상 기관소송은 "국가 또는 공공단체의 기관상호 간에 있어서의 권한의 존부 또는 그 행사에 관한 다툼이 있을 때에 이에 대하여 제기하는 소송"으

---

136) 김종보, 건설법의 이해, 487쪽.

137) "권한이란 주관적 권리의무가 아니라 국가나 지방자치단체 등 공법인 또는 그 기관이 헌법 또는 법률에 의하여 부여되어 법적으로 유효한 행위를 할 수 있는 능력 또는 그 범위를 말한다." 헌법재판소 2010. 12. 28. 선고 2009헌라2 결정.

138) 홍준형, 행정법, 1096쪽 참고.

로서 "헌법재판소법 제2조의 규정에 의하여 헌법재판소의 관장사항으로 되는 소송"을 제외한 것을 말한다(제3조 제4호). 여기서 "국가 또는 공공단체의 기관상호 간"이라는 게 무엇을 의미하는지는 모호하다.

우선 기관의 법리상 기관과 국가 사이 혹은 기관상호 간에는 원칙적으로 권리의무관계 혹은 법률관계가 성립하지 않는다. 기관상호 간에 분쟁이 생기더라도 그것은 권리의무 혹은 법률관계에 관한 다툼이 아니라 '권한' 혹은 관할을 둘러싼 다툼이라고 하는 게 논리적이다.[139] 행정소송법상의 기관소송 정의도 이 점을 표현하고 있다. 왜 구체적인 권리의무 혹은 법률관계가 성립하시 않을까? 그 이유 혹은 논거로 두 개를 생각해볼 수 있다. 하나는 법인의 기관에는 권리능력 혹은 인격이 결여되어 있으므로 권리주체 혹은 법주체가 될 수 없다는 논리이다.[140] 다른 하나는 (가령 기관이 권리주체가 될 수 있다고 해도) 기관은 법인을 위하여 행위를 하므로 기관 그 자체에는 고유한 이익이 없다는 논리이다.[141] 그래서 기관 사이에 분쟁이 생기면 그것은 주관적 권리가 아니라 객관적 법(권한)을 둘러싼 다툼일 수밖에 없고, 그래서 이 소송은 객관소송이라는 것이 통설적 설명이다.

그렇다면 기관소송은 구체적으로 어떤 경우에 가능할까? 이것도 오늘날에는 상당히 논쟁적인 주제이다. 다만, 기관의 본질을 생각하면 기관소송을 '국가기관 대(對) 공공단체(지방자치단체)의 기관상호 간의 다툼 - 예컨대 중앙선거관리위원회와 A시의 시의회가 다투는 경우 - 으로 보기는 어려운 게 사실이다. 만약 그런 다툼이 있다면 그것은 법인격을 달리하는 별개의 법 주체 간의 분쟁일 것이므로 이를 굳이 '기관'소송이라고 부를 이유가 없다. 그래서 기관소송이라 하면 원래는 서로 다툴 이익이 없는 자기소송(Insichprozess)으로서 동일한 법 주체 내 기관 간의 소송으로 보는 것이 형식논리에는 맞다.[142] 현행 헌법 하에서는 헌법재판소가 권한쟁의심판을 담당하면서 기관소송의 범위는 더욱더 한정되어, 기관소송의 예로는 「지방자치법」상의 지방의회 의결에 대한 지방자치단체장의 제소에 따른 소송 정도가 거론되고 있다.[143]

---

139) 기관상호 간의 권한을 다툰다는 점에서 '기관'소송이나 '권한'쟁의심판이나 그 법적 의미는 동일하나. 다만 전자는 행정소송법에 다른 하나는 헌법재판소법에 규정되어 있다.

140) 이것이 전통적 견해였다. 반면 한스 볼프는 귀속 징표를 중심으로 공법 특유의 법주체 개념을 제안하고 국가의 기관을 법주체(Rechtssubjekt)로 본다. 자세한 것은 우미형, 앞의 박사학위논문, 94쪽 이하.

141) 門脇雄貴, "国家法人と機関人格(1)", 法学会雑誌 48, 2007, 271쪽.

142) 김철용, 2024, 653쪽 참고.

143) 김유환, 2024, 650쪽.

11.3. 행정상 법률관계

11.3.1. 행정법에서 법률관계론의 의의 - 유용성과 한계

국가를 하나의 법적 인격으로 보고, 국가작용의 하나인 행정을 법적으로 포착할 수 있게 되면서 민법에서와 마찬가지로 행정법에서도 법률관계론이 정착할 수 있는 실마리가 제공되었다. 법률관계란 "둘 혹은 그 이상의 법적 주체가 법규범에 기초하여 구체적인 사실관계(Sachverhalt)로부터 만들어낸 법적인 관계"를 말하며, "법률관계의 기초가 되는 법규범이 행정법일 때 이를 행정상 법률관계(Verwaltungsrechtverhältnis)"라 한다.[144] 국가와 국민의 관계가 법적 주체 간의 법률관계라는 것은 양자의 관계가 더 이상 지배자의 의사 및 자의에 의해서 좌우되는 관계가 아니라 권리와 의무를 중심으로 구체화될 수 있는 법 관계라고 설명할 수 있는 장점이 있다.

이른바 착취관계라 해도 노예제와 봉건제 하의 그것이 특수 법률적 형태를 취할 필요가 없었던 것에 비하면, 임노동자는 자기의 노동력을 자유롭게 구매하는 시장에 나타나고, 계약이라는 법적 형태에 매개되어야 하므로, 법률관계라는 카테고리는 자본주의 사회에서 결정적 의의를 갖는다[145] 자본주의적 사회관계에서 국가에 의한 인민의 착취는 더 이상 자의적(恣意的)인 명령이 아니라 '잘 정비된 행정법'의 명령으로 대체되어야 하며, 그것이 일상의 지배와 복종관계를 정형화할 수 있다. 이러한 요청의 법적 외투 혹은 표현이 법치국가이다(5.1.3.).

부르주아계급은 국가와 국민 간의 관계를 가능한 한 법률관계로 환원시키기를 원한다. 즉, 행정(작용)의 상대방의 입장에서는 자신의 (경제적) 생활에 개입하는 모든 권력적 요소들을 권리의무관계로 환원시키고 싶어한다. 권리의무관계로 표상되는 법률관계가 기본적으로 사인과 행정주체의 대등한 지위를 전제하고 있다는 점을 고려하면, "법률관계론은 자기책임 하에 생활을 형성해나갈 수 있는 능력을 수여받은 개인이 자신의 경제적 생활에 개입하는 모든 권력적 요소들을, 통제할 수 있는 법적 현상으로 환원시키는 시도라는 점에서 경제적 독립성을 가진 시민세력의 자유주의적 관심을 반영한다."[146] 이것은 자본주의 행정법학이 성립한 이래 하나의 일관된

144) Maurer/Waldhoff, 191쪽(8장 18번).

145) 오이겐 파슈카니스, 박대원 옮김, 앞의 책, 107쪽 참고.

관심사항이었다. 그러니 법률관계론이 특별할 건 없다. 특별한 것은 1980년대를 전후하여 한때 행정법학을 아예 행정행위 중심에서 행정상 법률관계 중심으로 재편하려고 했던 시도였다.[147] 다만, 독일의 주류 행정법학은 행정법관계론을 매개로 행정행위론 중심의 행정법학의 한계를 극복하려 했던 시도에 대해 대체로 회의적인 반응을 보였다. 혹자는 행정법관계론이 행정행위 중심의 기존의 행위형식론을 해체하는 것이 아니라 보완하려고 했던 것이고, 그렇게 하는 한에서 지지할 만하다고 말하기도 한다.[148]

행정법이 행정주체의 일회적이고 고권적 결정(예컨대 경찰관이 시민에게 발령하는, 특정 장소에서의 퇴거명령)에서 점차 계속적이면서도 협동적인 급부행정법 쪽으로 이동한다면 이런 지속적 관계의 규율에 법률관계론(권리의무관계론)이 유용할 수도 있다.[149] 채무불이행, 대리, 미성년자보호 그리고 무엇보다 청구권적 사고를 행정법 안으로 끌고 들어오는 것, 이런 사유와 실무는 사법(私法)의 장점인 경제적 유연성과 '이익(침해)에 대한 감수성'(Interessensensibilität)의 일부를 행정법에도 도입할 수 있어 일견 쓸모있어 보인다.[150]

그러나 과연 그럴까? 우선 모든 행정작용이 법률관계라는 틀로 포섭되는 것은 아니라는 사실에 유의해야 한다. 행정작용 중에는 직접적으로 권리의무관계를 발생·소멸·변경시키지 않는 것도 다수 존재한다. 이런 것들을 통틀어 사실행위라고 한다. 물론 사실행위라고 해서 법적으로 아무 의미가 없는 행위라고 생각해서는 안 된다. 왜냐하면 사실행위라도 현행법을 위반하면 안 되며(법률의 우위), 위법한 경우에는 (결과)제거청구권 및 손해배상청구권을 발생시키기기 때문이다.[151] 예컨대 행정지도는 법률에 근거해서 행해지는 것이 아니므로 행정지도를 둘러싼 관계 그 자체로는

---

146) Hartmut Bauer, *Geschichtliche Grundlage der Lehre vom subjektiven öffentlichen Recht*, Berlin, 1986, 167-168쪽.

147) 동경대 교수인 야마모토 류우지는 행정법상 법률관계론의 가능성을 모색하는 깊이 있는 연구를 내놓은 바 있다. 山本隆司, 行政上の主観法と法関係, 有斐閣, 2000, 특히 442쪽 이하.

148) Maurer/Waldhoff, 195쪽(8장 26번). 이 쟁점에 대한 간략한 소개는 서원우, "현대행정법학에 있어서의 법관계론", 고시연구 1993년 4월호, 39-56쪽을 참고할 것.

149) Michael Stolleis, "Verwaltungswissenschaft in der Bundesrepublik Deutschland", 243-244쪽 참고.

150) Heiko Faber, *Verwaltungsrecht*, 45쪽.

151) Maurer/Waldhoff, 463쪽(15장 3번).

직접적으로 권리·의무관계가 형성되지 아니한다. 다만, 잘못된 행정지도라는 사실행위로 인하여 상대방이 피해를 받게 될 때 그러한 행정지도에 대해 국가배상을 청구할 수는 있다.[152] 혹은 행정청의 내부행위는 행정행위가 아니지만, 내부협력을 의미하는 동의, 협의과정에서 직무상의 의무위반이 있으면 국가배상청구권이 발생한다.[153] 이런 식으로 사실행위도 간접적·우회적으로 행정상 법률관계로 포섭할 수는 있지만,[154] 사실행위에 대한 법적 통제를 꼭 법률관계론을 끌어들여 해결해야 하는가 하는 의문은 남는다.

더 심각한 건 법률관계라는 것은 원칙적으로 양자(兩者) 관계를 대상으로 하므로 오늘날 행정법에서 자주 쟁점이 되는 대량절차(Massenverfahren) – 예컨대 뮌헨/에어딩 공항 건설과 관련한 계획확정에 반대하는 수 천의 소송들 – 나 양자관계의 총합으로는 설명되지 않는 다자간 이해충돌상황 – 예컨대 지구상세계획(Bebauungsplan)은 개별 토지의 건축 허용성에 관한 조건을 전부 더한 것 그 이상이다 – 에 제대로 대처하기 어렵다는 점이다. 법률관계론이라는 접근은 집단적 이익과 권리주체가 없는 주관적 이익, 나아가 주체가 있어도 그 주체가 자기 이익의 주장에서 매우 취약한 그런 주관적 이익들을 논의에서 지워버린다. 소유권자는 자기 권리를 내세워 관청과 싸울 수 있다. 그러나 행정상 법률관계론은 죽은 자들의 경고나 태어나지 않은 자들의 희망에 부응하지 못한다. 비록 오늘날 우리가 행정에게 기대하는 것이 역사에서 배우고 미래를 담보하는 것이 되어야 하는 것임에도 불구하고 말이다.[155]

그래서 행정상 법률관계론은 소문은 무성하고 요란하나 먹을 것 없는 잔치가 되기 딱 좋다.[156] 그럼에도 불구하고 이하 제3편과 제4편에서는 행정상 법률관계, 그 중에서도 행정법관계를 중심으로 공권과 행정행위 같은 행정법 제도들을 설명하였

---

152) 행정지도는 상대방의 임의적 협력이나 동의를 전제로 한 것이므로 원칙적으로 국가배상책임이 성립하지 않는다. 동의는 위법성을 조각하기 때문이다. 그러나 사실상의 강제가 있다면 동의가 있었다고 볼 수 없으므로 국가배상책임이 인정될 수 있다. 김유환, 2024, 281쪽.

153) Sodan/Ziekow, 703쪽(86장 13번).

154) 비공식적 행정작용을 법률관계론에 힘입어 법적으로 파악하려는 시도에 대해서는 다음을 참고할 것. Hartmut Bauer, “Informelles Verwaltungshandeln im öffentlichen Wirtschaftsrecht”, *VerwArch* 78, 1987, 259-261쪽; Martin Schulte, “Informales Verwaltungshandeln als Mittel staatlicher Umwelt- und Gesundheitspflege”, *DVBl* 1988, 512-513쪽.

155) Heiko Faber, *Verwaltungsrecht*, 45-46쪽.

156) 유사한 평가로 Maurer/Waldhoff, 195-196쪽(8장 26번).

다. 그리고 이런 서술구조를 취하는 이유에 대해서는 앞에서도 이미 설명한 바 있다. 한마디로 이 교재는 법률관계론의 묘사적(descriptive) 기능을 잠시 빌려 쓰려고 한다.

11.3.2. 행정상 법률관계의 의의와 구분

법률관계 중에서도 당사자의 쌍방 또는 어느 일방이 행정주체인 법률관계가 행정상 법률관계이다. 행정상 법률관계는 공법관계와 사법관계로 구분할 수 있다. 공법과 사법을 나누는 학설 중 권력설에 따르면 공법관계는 행정주체의 일방적 의사에 의해 성립·변경·소멸된다. 행정상 법률관계의 가장 전형적인 사례들은 공권력의 담지자(Träger)인 행정주체가 공권력을 발동하여 일방적으로 명령하고 강제하는 권력행정을 통해 나타난다. 예컨대 국가는 상대방인 국민과 대등한 입장에서 합의 하에 납부세액을 확정짓지 않는다. 법에 규정된 대로 세법을 해석하고, 그것에 따라 일방적으로 세금을 부과할 뿐이다. 행정법이 권력행정을 축으로 돌아가던 과거에는 이런 연유로 일반 혹은 특별권력관계가 행정법의 중심 내용이었다. 행정법교과서들은 국가와 납세자의 관계는 일반권력관계로, 국가와 공무원의 관계는 특별권력관계로 설명하였다. 둘 다 국가의 일방적 의사에 의해 권리와 의무가 성립·변경된다는 점에서는 동일하였다.

권력관계라는 말을 처음 들으면 이것이 법관계(=법률관계)와 대립하는 개념이 아닌가 하는 인상을 받는다. 그러나 그렇지 않다. 권력관계라고 해서 권리의무관계가 부정되는 것은 아니다. 권력관계라는 개념은 권리의무관계가 성립·변경·소멸되는 방식이 권력적=일방적이라는 점을 지칭할 뿐이고, 국가와 국민의 관계가 권리의무관계라는 사실을 변경시키는 것은 아니다. 모든 법(률)관계가 권력관계인 것은 아니지만 법치국가에서 권력관계는 언제나 법적으로 규범 지워진 관계, 즉 법(률)관계이다. 많은 사람이 권력이라는 말을 가지고 곤봉을 가진 경찰관을 연상하지만, 오늘날 권력관계를 그런 식으로 이해해서는 안 된다.[157] 권력관계, 즉 일방적 의사에 의한 법률관계의 형성에서 가장 보편적으로 사용되는 수단이 행정행위이다. 행정행위가 공권과 함께 행정법의 양대 도구개념이라는 사실은 앞에서도 지적하였다. 아무튼 이러한 법률관계가 과거에는 전형적이었고, 그래서 이를 본래적 공법관계라고도 불렀

157) 서원우, 앞의 논문, 51쪽 각주 40번 참고.

다. 간단히 권력관계라고도 한다.

그러나 국가의 성격이 변하고 행정의 행위형식이 다양화되면서, 즉 공법상 계약이라든가 그 밖에 비권력적 행정작용들이 자주 이용되면서 행정주체의 일방적 의사력을 그 구성요소로 하는 권력관계가 행정법에서 차지하는 비중은 어느 정도 줄어들었다. 이 비권력행정을 규율하는 행정상 법률관계를 본래적 공법관계와 대비하여 전래적(傳來的) 공법관계라고 부른다. 단순고권관계라고도 한다.[158] 성질상 본래부터 공법관계라고 볼 수는 없지만, 예전부터 공법관계로 취급을 해왔으므로 공법관계라는 생각이 전래적 공법관계라는 개념의 배경에 깔려 있다.

그렇다면 이러한 단순고권관계를 예전부터 공법관계로 취급해 온 이유는 무엇일까? 이것은 단순고권관계가 수행하는 공익적 성격 때문이다. 그 점에서 이 관계는 공법과 사법을 구별하는 학설 중 이익설에 의거하여 공법관계로 포섭된다. 통설에 의하면 단순고권관계는 행정법규가 명문으로 사법관계와 다른 특별한 규율을 하고 있는 경우 또는 사법관계와는 구별하여 특별히 취급해야 할 공익상의 필요가 행정법규의 근거에서 인정되는 경우에 한하여 공법관계가 되며, 그에 관한 소송은 행정소송 중 주로 당사자소송(「행정소송법」 제3조 제2호)의 방법에 의하게 된다.[159]

종래의 통설은 공법관계라고 하면 통상 위의 둘, 즉 권력관계와 단순고권관계만을 의미하는 것으로 보았다. 그러나 공법과 사법을 이원적으로 나누는 통설을 비판하는 입장(=공사법 일원론)에 의하면 행정법을 반드시 공법과 국내법에 한정할 필요가 없으므로 이른바 행정사법도 행정법의 범주에 들어오며 행정법학의 연구대상이라고 본다. 이것은 행정활동이 사법적 형식에 의하여 행하여지는 경우에도 자의(恣意)가 허용되는 것은 아니고 당연히 법의 구속을 받을 수밖에 없는데, 이 관계를 구속하고 있는 법원리는 사인 상호 간의 사법적 원리와는 동일하지 아니한 법원리일 것이므로, 이러한 법원리의 탐구는 행정법학에서 다루어야 한다는 생각에 바탕을 두고 있다.

위 공사법 일원론에 의하면 종래의 통설인 행정법관계=공법관계라는 논리는 더 이상 유지할 수 없다. 즉, 행정법관계는 행정사법관계도 포함한다고 보므로 행정법관계를 반드시 공법관계에 한정하지 않는다.[160] 전통적인 공사법 이원론을 반박하는 이 견해는 공법관계에는 사법관계에서와는 다른 여러 특질이 있다는 식의 설명도

---

158) 일본에서는 이를 '관리관계'라고 부른다.

159) 김철용, 2024, 132쪽.

160) 김철용, 2024, 130쪽.

비판한다. 같은 맥락에서 불융통성이니 하는 공권의 특수성 같은 것도 수정하고,[161] 공익개념도 해체한다.

> "실정법에서 공법과 사법을 구별하고 있다는 것과 행정법의 범위를 공법에 한정한다는 것과는 별개의 문제이다. 행정기능이 늘어나면서 행정활동이 사인의 생활의 구석구석까지 스며들어 있기 때문에 행정에 관한 모든 법과 법 현상을 다루어야 할 필요성이 있다. 그러나 행정법의 범위를 공법에 한정하게 되면 많은 사인들과 밀접한 관련이 있는 행정에 관한 법과 법 현상의 일부를 제외하게 된다. (···) 지금까지의 통설이 행정법을 공법에 한정하였던 것은 공법에는 특수한 공법원리가 있다는 것을 전제로 하고 있었기 때문이다. 문제는 과연 특수한 공법원리가 존재하는가 여부이다. 행정규율의 특수성이라는 것이 개별 행정법규가 부여하고 있는 것에 불과한 것이라고 볼 수 있기 때문이다. 이에 의하면, 행정규율의 특수성은 개별 행정법규의 해석 문제로 귀결된다."[162]
>
> "공익은 시대와 더불어 변천 · 발전되어온 여러 의미를 가진 개념이다. 그래서 공익의 의미에 관하여 다투어지기도 한다. 그러나 공익이란 본래부터 있는 것이 아니라 국민들이 절차를 통하여 겉으로 나타내는 다양한 이익들이 형량되고 조정됨으로써 정립되는 것이다. 이와 같이 보는 것이 오늘날의 일반적인 견해이다."[163]

일면 타당한 논리이다. 그러나 이러한 상대화 논리에 대해서도 비판적 시각을 가져야 한다. '특수한 공법원리'를 쉽게 포기할 것은 아니고, 재구성할 필요가 있다. 과거 국가주의적–실체적 공익 개념이 문제가 많았다고 해서 실체적 공익 자체를 해체하는 것은 또 다른 문제를 낳을 수 있다. 위의 논리대로 하면 '공익을 결정하는 자'란 절차를 통해 자기의 이익을 관철시킬 수 있는 사람을 의미하게 될 것이다. 이것이야말로 신자유주의적 공익 개념이라고 할 수 있다. 이 점은 미국 행정법을 개관하는 곳에서 이미 지적한 바 있다(2.2.3).

---

161) 즉, 개인적 공권은 사권과 달리 이것을 사인이 향유할 수 있게 한 것은 공익을 위해서도 필요하기 때문이라고 하면서 채권적·경제적 성질의 것을 제외하고는 원칙적으로 양도·상속 등 이전이 금지·제한되거나, 압류가 금지(예: 「국가배상법」 제4조 배상받을 권리의 양도 및 압류금지, 「공무원연금법」 제39조 연금청구권의 양도 및 압류금지 등)되거나 포기가 제한된다고 하는 식의 전통적 견해를 아무 조건 없이 그대로 수용할 수는 없다고 한다. 김철용, 2024, 158-159쪽.

162) 김철용, 행정법입문, 고시계사, 2012, 9쪽.

163) 김철용, 행정법입문, 13쪽.

공권의 특수성이라는 게 마치 낡아빠진 논리처럼 들리지만, 사실 이것도 역사의 산물이다. 근대국가가 사적 소유권(dominium)과 공적 지배권능(imperium)이 통일되어 있었던 중세적 지배관념을 극복했기에 이런 것도 인정될 수 있었다.[164] 국왕 자신의 권리와 구별되는 근대국가의 고권(국가적 공권)은 중세에서처럼 양도되거나 매매될 수 없다. 국가권력의 기능은 양도할 수 없으며 분명한 권한체계에 구속된다. 공권의 불융통성은 양도가능한 고권의 체계를 극복한 근대국가의 성과이다.[165] 그런데 이를 다시 해체해버리면 자칫 '새로운 중세'로의 회귀라는, 사회의 재봉건화가 급격히 진행될 수 있다.

공익, 공권, 공적 권한에 대한 과도한 강조가 문제라고 해서 이를 정반대 쪽의 사익, 사권, 사적 주체의 이니셔티브로 돌릴 것이 아니다. 혹은 쉽게 공사협력(PPP)을 말할 것도 아니다. 오히려 지금 단계에서 필요한 것은 국가(公)냐, 시장(私)이냐 하는 이분법적 사고에서 벗어나 커먼즈로서의 공(共)을 재구성하는 일일 것이다.[166] 이것은 기르케의 논의를 참고하면서 커먼즈에 기반한 행정법학을 구성해야 한다는 문제의식과도 맞닿아 있는 주장이다.

주택문제를 생각해보자. 현행법과 제도상 주택을 부르는 다양한 명칭이 있지만, 이를 공급주체를 기준으로 분류하면 공공주택, 민간주택, 사회주택으로 크게 나눌 수 있다. 여기서 사회주택이 무엇인가는 아직 명확하게 정의하기 힘들지만, - 아직 사회주택에 관한 일반법이 만들어지지 않았다. 조례는 있다 - 대체로 국가나 자치단체, 공기업과 같은 공적 섹터나 시장과 같은 사적 섹터가 아닌 제3의 주체가 제공하는 주택을 의미한다고 이해되고 있다. 공적 영역의 관료주의, 시장영역의 영리주의를 모두 지양하고 시민사회와 그안의 연대체들이 주택문제의 주체로 등장한 것이 사회주택이다. 이 사회주택을 어떻게 발전시킬 것인가를 고민하는 것은 커먼즈로서의 공(共)의 재구성과도 깊이 연결되어 있다. 이에 이하에서는 행정법관계 = 공법관계로 보는 종래의 통설에 따라 서술을 진행하겠다.

---

164) 물론 독일에서는 도미니움과 임페리움의 결합인 영주지배권(Grundherrschaft)이 19세기에도 완전히 종식되지 못했다. Helmut Rittstieg, *Eigentums als Verfassungsproblem*, Darmstadt 1975, 3쪽.

165) Ernst Forsthoff, *Lehrbuch*, 191쪽.

166) 이 점은 법원론(6.1.4.)에서 그 방향성을 설명한 바 있다.

11.3.3. 행정법관계의 성립 · 변경 · 소멸

행정법의 주된 관심은 행정법관계를 해명하는 것이다. 구체적으로 행정법관계의 당사자는 누구이며, 행정법관계는 어떻게 성립 · 변경 · 소멸되며, 성립된 행정법관계는 어떠한 내용을 갖는가를 논한다. 또한 행정법관계의 성립 · 변경 · 소멸의 원인 중 가장 중요한 법률사실인 행정행위와 행정법관계의 내용인 권리와 의무(특히 공권의 문제)를 집중적으로 탐구한다.

행정법관계를 성립 · (변경 · 소멸)시키는 가장 중요한 요건은 행정주체의 우월한 의사표시이다. 반면 민법상 법률관계를 성립 · (변경 · 소멸)시키는 가장 중요한 요건은 대등한 의사의 합치이다. 행정법관계가 성립하면 우월적 의사표시대로 사인에게는 적법하게 영업을 할 권리 혹은 일정한 행위를 하지 말아야 할 의무 등이 발생한다. 같은 맥락에서 민법관계가 성립하면, 즉 의사의 합치가 있으면 합치된 내용 그대로 효력이 발생하는 것이 원칙이다. 합치된 의사대로 계약의 당사자들은 상호 권리를 갖게 되고 의무를 진다. 의사가 합치하면 원칙으로서 계약이 성립한다(성립요건). 더 이상 문제가 될 것은 없다. 이것이 보통의 사례이다. 그러나 당사자가 자신이 표시한 의사가 불완전했다거나 혹은 내용이 부당했다고 주장하는 경우에는 일단 성립한 것으로 된 계약의 효력이 뒤집어 진다(유효요건). 즉, 원칙적으로 성립요건을 만족하면 계약은 성립하지만, 예외적으로 유효요건을 흠결한 것이 주장 · 입증되면 효력은 발생하지 않는다.

행정법에서도 구조는 동일하다. 행정주체의 우월한 의사표시가 있으면 행정행위는 성립한다. 그러나 우월한 의사표시이므로 상대방 혹은 제3자가 그 의사표시를 다투고 싶을 때가 있을 것이다. 이때는 행정행위가 성립하지 않았다고 주장 · 입증하는 것이 아니라 - 물론 예외적으로 그러한 경우도 있을 수 있다. 예컨대 당해 행정주체에게는 우월한 의사표시로 행정법관계를 성립시킬 권한 자체가 없다고 주장하는 경우 - 대개는 우월한 의사표시가 있었지만, 그 의사표시가 불완전했다거나 그 의사표시의 내용이 정당하지 않다고 주장하여 행정행위의 효력을 부인한다.

참고로 행정주체의 의사가 우월하다는 것은 그 의사가 상대방인 시민의 그것보다 우월하다는 의미이다. '고권적이다, 권력적이다'라는 말로 바꿔 쓸 수 있다. 민법에서와 달리 행정청의 의사와 상대방의 의사는 결코 대등하지 않다. 또한 행정청의 우월한 의사는 대체로 일방적으로 표시된다. 즉, 행정법에서는 상대방의 의사를 묻지 않고 행정주체측의 일방적 의사표시로 일정한 권리의무관계가 발생하는 경우가 대부분이다. 물론 영업허가처럼 상대방의 신청이 먼저 있고, 그것에 대해 행정청이 허가를 한다는 구조로 되는 경우에는 쌍방적 행위가 되는 것이지만, 이런 경우에도 구체적인 법률관계는 사인의 의사(신청)와 행정청의 의사(행정행위)의 합치에 의해서가 아니라 허가라는 행정행위에 의해서 형성된다는 점에서(즉, 신청은 행정행위를 발령하기 위한 전제요건일 뿐이다) 계약의 경우와 다르다. 상대방이 신청을 하더라도 행정청은 그 신청에 대해 일부거부를 할 수도 있고 인허가를 하면서 부관을 붙일 수도 있으므로 법률관계의 형성은 어디까지나 행정청의 판단에 의해 일방적으로 결정된다.

행정법관계를 성립시키는 여러 원인 중에서 제일 중요한 것은 행정행위이지만, 행정법관계는 법률(형식적 법률, 법규명령, 조례), 공법상 계약, 사실행위에 의해서도 성립될 수 있다. 예컨대 게마인데(기초자치단체)의 시설에 출입하는 것만으로 (게마인데와 이용자 각각 권리와 의무가 갖는) 이용관계가 성립하는 경우라면 사실행위가 행정법관계를 성립시킨 것이다.[167] 또한 일단 성립한 행정법관계는 동일한 방식으로 변경·소멸될 수 있다. 변경·소멸에서도 중요한 법률사실은 행정행위로서의 취소 및 철회이지만, 법정부관(法定附款)에서 정한 기한이 도래한 경우라든가 공법상 계약의 해제·해지 등에 의해서도 소멸하며, 그 밖에 시효, 제척기간, 실권에 의해 행정법관계는 소멸한다.[168]

행정법관계의 성립·변경·소멸 중 행정행위와 관련된 부분 - 행정행위의 개념, 종류, 행정행위의 직권취소·철회 등 -, 공법상 계약과 사실행위 등은 제4편에서 다루기로 하고, 이하 제3편에서는 내부관계와 행정규칙의 법리, 행정법관계의 내용으로서의 공권에 관한 부분만 설명하겠다.

더공부해보기/생각해보기/토론하기

1. 본문에서는 "일찍이 통일된 국민국가를 수립한 프랑스와 달리 독일은 19세기 내내 분열적 상태를 유지했고, 이것이 지방자치권 논의에도 영향을 미쳤다. 다시말해 국가적 통일성을 달성하는 것이 지상의 과제였던 독일에서는 국가 이외의 존

167) Maurer/Waldhoff, 192-193쪽(8장 20번).

168) 김철용, 2024, 144-148쪽.

재들을 모두 상대화하는 생각이 오랫동안 영향력을 행사했다"고 설명했다. 칼 슈미트가 일관되게 기르케, 크라베(Krabbe), 프로이스의 게노센샤프트적 국가론 그리고 이를 더욱더 혁명적으로 발전시킨 볼첸도르프의 평의회사상을 비판하는 것도 이러한 맥락이다.[169] 반면, 프랑스에서는 그 강력한 중앙집권적 경향 때문에라도 이로부터 벗어나려는 코뮌주의가 끊임없이 주장되었다. 1789년 지롱드파인 뚜레가 주장한 '지방권'(pouvoir municipal) 이론과 1871년의 파리 코뮌의 혁명적 자치구상이 그 대표적인 예이다. 이 주장들의 의의를 각각 살펴보자. 특히 파리 코뮌의 헌법구상 중 지방자치 부분의 특징을 조사해보고, 그 내용의 역사적 의의를 '도시에 대한 권리'(the right to the city)와 연계하여 토론해보자.

1. 본격적인 논의를 하기 전에 독일어 Genossenschaft를 우리말로 어떻게 옮길 것인지에 관해 잠시 짚어보고 넘어가자. 본문에 등장하는 기르케는 단체론/단체법론의 창시자다.[170] Genossenschafts(rechts)theorie를 대체로 단체(법)론이라 번역하지만, 사실 Genossenschaft를 우리말로 정확히 옮기는 것은 불가능하다. 단체, 조합협동체, 협동조합, 협동사회라고 번역하는 예도 있다.[171] 마르크스는 『고타강령비판』에서 게노센샤프트라는 단어를 여러 번 사용한다. 특히 "alle Springquellen des <u>genossenschaftlichen</u> Reichtums voller fliessen"(MEW 19, 21, 밑줄은 필자)이라는 표현이 주목할 만하다. 종래 이 부분은 공산주의 사회의 더 높은 단계에서는 "조합적 부(富)의 모든 분천(噴泉)이 흘러 넘친다"고 해석하면서, 마르크스의 생산력주의를 표현하는 대목으로 이해해왔다. 중점을 부(富)에 둔 것이다. 그러나 이 문장의 중점은 genossenschaftlich에 있다고 보아, 'des genossenschaftlichen Reichtums'를 "동료들 간에 충분히 협의하여 납득(納得)한 부"로 번역하는 예도 있

169) Carl Schmitt, *Politische Theologie*, 1922(1993), 25-40쪽. "크라베 또한 중앙집권적 관헌국가에 반대하므로 그의 이론은 게노센샤프트론에 가깝다." (31/25) "프로이스는 게노센샤프트론의 논거를 동원해 주권개념을 관헌국가의 잔재로서 부정하였으며, 아래로부터 게노센샤프트적으로 구축되는 공동체에서 통치권을 독점할 필요도 따라서 주권이 없어도 되는 조직체를 발견해낸다." (32/26) "게노센샤프트론의 새로운 대표자들 중 볼첸도르프는 (…) 평의회사상에서(im Rätegedanken) 게노센샤프트적인 자치를 지향하는 (…) 모습을 발견한다." (32-33/26-27) 괄호안의 숫자는 순서대로 독일어판 및 한국어번역본(김효전 옮김, 헌법과 정치)의 쪽수이다. 다만, 번역은 필자가 적절히 수정하였다.

170) Carl Schmitt, *Politische Theologie*, 31쪽.

171) 퇴니스가 사용한 게노센샤프트 개념을 협동조합으로 번역한 예로는 최종태, "노사관계의 실체와 규범", 노사관계연구 제25권, 2014, 18쪽.

다. 탈생산력주의, 생태주의 시대에 부합한 새로운 해석이다. Genossenschaft의 어간인 'Genosse'는 동지, 동료라는 의미이다. 나아가 동사 genießen에는 '즐기다', '향수하다'라는 의미가 있다. 이 점에 착안하여 마르크스의 용어에서 Genossenschaft는 그가 새로운 사회를 그릴 때 자주 썼던 Assoziation과 동의어로 보는 견해도 있다.172) 아주 흥미로운 해석이다. 따라서 이런 의미를 살리려면 게노센샤프트라는 원어를 그대로 사용하는 것도 충분히 고려해볼 만하다고 생각한다.

2. 근대지방자치의 역사적 특수성을 이해하려면 전근대사회 및 근대사회의 구조와 권력, 전근대사회에서 근대사회로의 이행의 특수성을 알아야 한다. 간단히 말해 근대지방자치의 생성은 절대주의에서 입헌주의로의 이행, 봉건주의에서 자본주의로의 이행과정에서 발생하는 권력편성의 변화라는 관점에서 파악해야 한다. 이 과정에서 귀족계급이 배제되는지 여부는 중앙권력의 상대적 강도(強度), 부르주아계급의 성숙도, 봉건세력의 완강함 등의 여러 요인에 따라 달랐다. 이처럼 산업혁명 후 제기된 지방자치제도 개혁은 각 나라별로 그 성립의 계기를 달리하므로 영국, 독일, 프랑스에서 각각 다른 유형의 지방자치제도가 생성되었다고 말할 수 있다. 이것은 결국 각국 자본주의의 특별한 경로라고 말해야 한다.173) 칼 슈미트의 이론과 이를 따르는 입장이 독일 공법학계의 주류적 해석으로 오랫동안 정착해온 것도 이러한 역사적 맥락, 지방자치생성의 논리적 구조의 관점에서 설명할 수 있다. 독일의 정치경제적 기반은 그 곳에서 혁명적 자치사상(코뮌주의, 평의회민주주의)이 주장되고 관철되는 데 중대한 제약으로 작용했다. 반면, 프랑스 혁명 이후 지방 봉건귀족을 제압한 프랑스의 경우에는 중앙집권화의 경향과 함께 이로부터 벗어나려는 혁명적 코뮌사상이 동시에 발전할 수 있었다.

프랑스의 중앙집권화는 앙리 4세, 루이 13세를 거치며 그 기초가 마련되었고, 루이 14세 시대에 강고해졌다. 이런 나라를 개혁해보려고 지롱드파인 뚜레는 1789년 헌법제정회의에서 지방권 개념을 제시하였다. 지방권은 국가로부터 전래된 것이 아니라 지방자치단체의 기본권으로서 입법 · 행정 · 사법의 3권에 더하여 지방자치단체가 본래부터 향유하는 제4의 권력이라고 하였다. 그러나 뚜레의 지방권 주장은 프랑스 내에서도 관철되지 못했다. 지방분권과 연방주의 체제를 희망하였던 지롱드파와 단일한 중앙집권국가를 주장하였던 자코뱅파의 대결에서 후자가 이념적으로나 정치적으로 결국에는 승리하였기 때문이다. 자코뱅파의 승리로 '프랑스 공화국은 하나이

172) 田上孝一, "『ゴータ綱領批判』におけるGenossenschaft概念について", 東京電機大学総合文化研究 제14호, 2016, 235쪽. 마르크스의 어소시에이션(Assoziation) 개념에 관해서는 다음 논문을 참고할 것. 이득재, "마르크스와 어소시에이션", 마르크스주의연구 제15권 제4호, 2018, 76-104쪽.

173) 高橋洋, "「近代地方自治」の生成に関する一考察", 早稲田法学会誌 제32호, 1982, 201, 214쪽.

고 나누어질 수 없다'는 원칙이 확립되었다. 이 원칙은 뒤이어 집권한 나폴레옹에 의해 한층 더 강화되었다.[174] 이 과정을 조금 더 자세하게 부연해보면 다음과 같다.

프랑스혁명 초기에는 지방행정을 국왕권력의 지배에서 절연하여 재편하는 것이 과제였으므로 이를 위해 일정한 자치를 인정할 수 있었다. 그러나 국왕권력의 타도 후 지롱드파가 도(道)행정기관의 약 3/4을 장악하고 이를 거점으로 국민공회에 대항하는 연방주의적 운동을 전개했을 때 그 근거로 주장했던 것이 지방자치였다. 지방의 '자치'는 파리의 혁명에 대한 반혁명의 조건으로 전화(轉化)했다. 이 사태에 대응하기 위해 국민공회는 위원을 파견했다. 파견위원은 잠정입법권한도 가졌는데, 중앙의 공안위원회의 지휘를 받아 지방의 민중협회, 감사위원회(1793년 3월의 décret로 법적 승인을 얻음) 등과 연대하여 산악파(자코뱅파) 독재의 전국적 확장을 시도했다. 중앙권력의 지방행정 통제는 1790년대 내내 계속되었다. 이러한 대립은 나폴레옹 제정(帝政)이 지방행정기관을 다시 집행부에 종속시키면서 비로소 해소되었다(1800년 2월 17일 법률).[175]

3. 1871년 파리 코뮌은 역사상 처음 출현한 노동자 계급을 중심으로 한 민중권력이다. 파리 코뮌의 문서들은 '헌법', '기본법', '인권선언' 등의 명칭으로 발표되지는 않았다. 그러므로 인권, 민주주의, 평화주의에 관한 생각을 종합적이고 체계적으로 볼 수 있는 문서는 없다. 코뮌이 2달 남짓의 짧은 기간 동안 존속했다는 점, 정치혁명이기도 하였지만 사회혁명으로서의 성격도 띠었다는 점 등을 고려하면 헌법과 같은 체계적인 법문서를 만들 만한 여유가 없었을 것이다. 그러나 파리코뮌이 근대입헌주의 부르주아-시민헌법의 어두운 측면을 극복하고자 인권 보장과 민주주의, 군축 · 평화 문제에 대한 새로운 헌법구상을 가지고 있었음은 그들이 발표한 문서들을 종합해 보면 충분히 읽어낼 수 있다. 그중에서 여기서 주목하고 싶은 것은 '인민(peuple)주권의 원리와 충실한 지방자치' 구상이다.

파리 코뮌은 인권 보장을 충실히 할 것, 사회주의를 수립할 것, 군사적 대국화를 지양하고 군사소국화를 지향할 것을 선언하고, 이를 실현하기 위한 필수불가결한 수단적 원리로 인민주권 원리를 구체화하였다. 국가의 기초단위로서의 코뮌의 조직을 인민주권 원리에 따라 구성하고, 권력행사도 인민주권 원리에 부합하게 행사해야 한

---

174) "거버넌스 시대의 지방자치권론 - 고유권과 홈룰에 대한 재조명과 권한공유 모형 탐색", 한국지방자치학회보 31권 4호, 2019, 57-58쪽.

175) 天野和夫 外(編), マルクス主義法学講座④ - 国家·法の歴史理論, 日本評論社 , 1978, 105-106쪽. 중앙에서 파견된 위원들은 일종의 독재관(獨裁官)에 해당한다. 칼 슈미트는『독재론』제5장에서 '프랑스혁명기 동안의 인민위원의 실제'를 검토한다. 칼 슈미트, 김효전 옮김, 독재론, 법원사, 1996, 190-208쪽.

다는 것도 그 중 하나였다. 인민주권론은 상퀼로트 운동 이래 전통적으로 지방자치를 중시해왔고, 파리 코뮌은 이를 이어받았다.

인민주권 원리는 '인민의 인민에 의한 인민을 위한 정치'를 철저히 추구한다. 지방자치단체는 중앙정부와 달리 지역이 좁아서 주민 자신에 의한 정치도 가능할뿐더러, 주민의 작고 구체적인 요구에도 대응할 수 있는 정치가 가능하다. 이러한 인민주권 원리에 비추어 볼 때 다음의 세 가지가 보장되어야 한다. 첫째, 지방자치단체의 사무는 주민의 의사에 기초하여 주민을 위해 이루어져야 한다(주민자치). 둘째, 지방자치단체의 사무는 지방자치단체가 중앙정부의 간섭에서 독립하여 자주적으로 처리한다(단체자치). 셋째, 중앙정부와 지방자치단체 간의 사무 배분도 지방자치단체 우선의 원칙 하에 이루어져야 한다.[176)]

한편, 파리 코뮌은 도시권의 관점에서도 매우 중요하다. 프랑스의 도시사회학자 앙리 르페브르(H. Lefebvre)는 도시권의 역사에서 파리 코뮌의 중요성을 강조한다. 그는 구 체제를 무너뜨리고 지배계급으로 올라온 부르주아지가 어떻게 파리를 작품에서 제품/생산품으로 변모시키고, 도시를 교환가치로 만들었는지, 또한 구 노동자계급과 신흥 프롤레타리아트가 어떻게 도시의 중심부까지 치고들어 갔는지 그리고 그러한 '무질서'를 신흥 부르주아계급은 어떻게 받아들였는지(위협으로 느낌)를 설명하고, 파리 지사(知事) 오스만 남작을 앞세운 부르주아계급의 대반격을 소개한다. 르페브르는 1848년에서 오스만의 등장까지를 '파리지앵의 삶'이 아니라 수도에서의 도시적 삶이 가장 밀도 높게 전개된 때로 본다. 오스만의 파리 대개조는 이것을 깨는 계급전략이었고, 그것은 도시의 현실과 도시의 고유한 삶을 고려하지 않은 채 추진되었다. 이것은 또한 농민적 기원의 민주주의가 도시 민주주의로 진화하는 것을 막는 것이었다. 어떻게? 도시성의 파괴를 통해 프롤레타리아트를 도심과 도시 그 자체에서 추방함으로써. 코뮌은 이것을 전복하려 했다는 점에서 오늘날에도 여전히 역사적 의미가 있다.[177)]

2. 독일에서처럼 대학을 공법상의 사단법인으로 보는 경우와 우리처럼 영조물로 보는 경우, 법해석에서 어떠한 차이가 나는지 생각해보자. 또한 국공립대학을 법인화한다고 할 때, 그것의 방향은 어떠해야 하는지도 토론해보자.

---

176) 스기하라 야스오, 이경주 옮김, 헌법의 역사, 이론과 실천, 1999, 134-144쪽.

177) 르페브르의 도시권(도시에 대한 권리)에 관한 상세한 설명은 필자의 다음 글을 참고할 것. 이계수, 반란의 도시, 베를린, 스리체어스, 2023, 90-102쪽.

대학을 영조물로 보게 되면 국공립대학 학생은 영조물의 이용자 - 최근의 '소비자 독재' 시대의 관점에서 보면 소비자 - 가 된다. 영조물 이용자인 학생은 대학의 구성원이 아니다. 독일에서도 과거에는 이렇게 보았다. 그러나 2차 대전 이후에는 상황이 변했다. 대학을 공법상의 사단으로 해석하는 견해가 제시되고 이후 고등교육기본법(Hochschulrahmengesetz)이 그렇게 규정하였다. 이에 따라 학생은 대학시민(akademischer Bürger) 혹은 대학의 구성원(Mitglieder)이 된다. 사단은 구성원(사원)에 의해 상향적으로 운영되므로 민주적 조직체, 자치행정에 적합하다. 구성원은 통상 인원의 구성과 사단의 활동목표에 참여할 권한과 의무가 있다.[178]

그러나 이 경우에도 여전히 문제는 남는다. 왜냐하면 대학을 사단으로, 학생을 구성원으로 본다고 하더라도 전통적인 입장에서는 공법상 사단관계도 특별권력관계로 보기 때문이다. 따라서 다음 단계로 특별권력관계가 극복되어야 한다. 독일에서 특별권력관계가 사실상 해체되었음은 앞에서 이미 살펴보았다.

우리의 경우에도 국립대학의 법인화가 일부 진행되었다(서울대학교의 법인화). 그러나 그것이 대학이라는 사단법인을 구성하는 교원, 직원, 학생 모두에게 동등한 권리를 부여하는 방향의 법인화 논의는 아니었다. 국공립대학에 자율성을 부여하기 위한 방안의 하나로 법인화가 추진되어야 한다면, 대학 내에 사단법인적 실질에 부합하는 합의제적 의사결정기구를 두며, 효율적 연구와 교육을 가능하게 할 인사와 재정상의 자율을 보장하는 제도설계로 논의의 초점이 맞추어져야 할 것이다.

3. 국가, 지방자치단체, 좁은 의미의 공공단체 외에 공무수탁사인이라는 존재가 있다. 다수의 교과서는 이를 행정주체라 하지만, 일부는 행정기관(행정청)이라고 소개한다. 행정주체이면서 행정기관이라는 이중적 지위를 어떻게 이해해야 할까? 사인에 대해서 물리력/강제력을 행사하는 「경비업법」상의 경비원도 공무수탁사인에 해당하는가? 만약 그들이 공무수탁사인이 아니라면 용역폭력에 대해서는 (법적으로) 어떻게 대처해야 하는가?

1. 국가, 지방지치단체, 좁은 의미의 공공단체 외에 사인(자연인 혹은 사법상의 법인)도 법률에 의하여 혹은 법률에 근거하여, 자신의 이름과 책임으로 행정임무를 수행할 고권적 권한을 부여받고 있는 경우 행정주체가 될 수 있다고 본다.[179] 이러한 자들을 공무수탁사인(der Beliehene)이라고 한다.

---

178) Wolff/Bachof/Stober, *Verwaltungsrecht*, Band Ⅲ, 5. Aufl., 2004, 334쪽 이하.

179) Sodan/Ziekow, *Grundkurs*, 497쪽(60장 30번), 470쪽(58장 1번).

공무수탁사인에게 하는 공무위임(Beleihung)은 항상 개별적인 행정임무에만 한한다. 또한 "고권적 권한의 행사는, 항상적 임무로서, 통상은 공법상의 근무관계 및 충성관계에 있는 공무원에게 위임되어야 한다"(독일 기본법 제33조 제4항)는 것이 헌법적 명령이므로, 법률상의 근거 없는 공무위임은 허용되지 않는다. 공무위탁사인의 공법상 행위능력은 수임(授任)행위(Beleihungsakt)에 의해 그어진 한계 안에서만 인정된다. 이 한계를 지키는 한, 공무위탁사인은 국민에 대하여 공법상 행동하는, 행정절차법(독일 연방행정절차법 제1조 제4항)상의 행정청(Behörde)이다. 공무수탁사인은 따라서 행정행위를 교부하고 요금을 징수할 수 있다. 공무의 위임이 위법해도 그것이 예컨대 법률상의 근거를 완전히 결여하여 당초부터 무효인 경우가 아닌한 공무수탁사인은 행정행위를 발령할 수 있다. 물론 그 하자있는 행정행위는 사후에 직권혹은 쟁송취소될 수 있다.180)

2. 공무수탁사인이 행정주체냐 아니면 행정기관에 불과하냐 하는 논의가 있다. 행정주체로만 볼 수 없다는 견해는 행정조직법의 관점과 행정작용법이나 국가책임법의 관점을 구분한 뒤, 특히 후자에서 공무수탁사인은 행정주체가 아니라 행정청 혹은 공무원과 같은 직무담당자로 보아야 한다고 말한다.181) 이 문제는 특히 현행 국가배상법 제2조의 '공무원' 부분의 해석과 관련해서 다툼이 되고 있다.182) 행정주체설을 취하는 입장에서는 '권리능력의 주체로서 자기책임하에 공권력을 행사하는 자'를 공무수탁사인으로 본다면서, 그 자의 자기책임을 왜 제한하는가, 하는 질문을 던진다. 논리적으로는 타당한 반론이다.183)

다만, 공무수탁사인이 행정주체라고는 하나, 수탁받은 개별 행정임무를 수행할 때는 실질적으로 행정청으로 활동하므로 그 법적 지위는 이중적이라고 보아도 좋은 것이 아닐까? 그렇다면 그들을 국가책임법의 영역에서 공무원처럼 취급하는 것을 모순이라고까지 말할 것은 아니다. 또한 자기책임 운운할 것 없이 공무수탁사인은

---

180) Sodan/Ziekow, *Grundkurs*, 497쪽(60장 30번).

181) 김중권, 2025, 177쪽.

182) 「국가배상법」 제2조 제1항의 "공무원 또는 **공무를 위탁받은 사인**(이하 '공무원'이라 한다)" 중 강조한 부분 2009년 국가배상법 개정 때 새로 추가되었다.

183) 이런 반론을 제기하는 이들은 공무수탁사인을 여느 공무원과 다를바 없는 존재로 보게 되면, 공무수탁사인의 경과실에 대해서도 무제한적인 면책이 이루어지므로 '행정주체'의 자기책임원칙에 반한다고 본다. 다만, 이렇게만 보면 개정 「국가배상법」 제2조의 문언과 조화되기 힘들다는 점도 부인할 없으므로, '행정주체설'의 입장을 취하면서도 제2조에서 말하는 "공무를 위탁받은 사인"이란 공무수행권한을 위임받아 행정기관에 실질적으로 편입되었다고 볼 수 있는, 업무의 독자성이 강하지 아니한 공무수탁사인으로 한정해서 해석하자는 의견을 내놓기도 한다. 이상천, "국가배상법 제2조 제1항의 입법론상 문제점 - 공무수탁사인을 중심으로". 행정법연구 제26호, 2010, 250쪽 이하.

"사법상의 법주체이지만 아주 제한된 범위 내에서 기능상 고권적으로 행동할 수 있는 행정주체"[184] 정도로 정의하면 혼란도 줄어들 것이다.

혹은 공무수탁사인이 자기책임 하에 공권력을 행사한다고 하더라도 국가의 감독책임을 부정할 수 없다고 보면 국가배상법 제2조의 공무원에 공무수탁사인을 포함시켜도 무방할 것이다.[185] 즉, "예외적으로 사인도 국가적 공권을 수여받는 한도 안에서 행정주체의 지위에 설 때가 있음"을 인정하더라도, "이 경우에도 엄격히 말하면 행정주체는 사인이 아니라 공권을 수여한 국가 또는 공공단체 자신이라 하여야 할 것"[186]이므로 이들 '사인'도 행정작용법이나 국가책임법의 관점에서는 여느 행정청이나 직무담당자와 달리 볼 이유가 없다고 해석할 수 있는 것이다. 이것이 공무수탁은 특정한 행정임무에 한하여 법률에 의하여 혹은 법률에 근거하여 이루어진다는 점, 국가의 감독책임을 엄격히 물어야 한다는 점에 부합하는 해석이다. 독일법상 공무수탁사인의 예로 거론되는 굴뚝청소업자(Bezirksschornsteinfegermeister)를 생각해보자.[187] 굴뚝청소업자는 단지 굴뚝청소만이 아니라 개별 주택의 화재 예방 및 공기질 유지를 감독하는 일을 한다. 이런 일을 과거에는 개인과 개인 사이의 계약으로 해결했다. 그러나 현재 이 업무는 공무로 취급된다. 굴뚝청소업자는 이 공적 임무를 위탁받은 자이다.[188] 원래부터 이 일이 그들의 임무였는데, 국가는 이 업무의 공공적 성격을 고려하여, 이를 공법적 관계로 포섭한 것이다. 그 취지에 비추어보면 배상책임도 국가배상의 영역으로 들어오는 것이 맞다.

3. 그러므로 공무수탁사인의 존재를 두고 국가나 지방자치단체(게마인데)가 해야 할 공공적 업무의 민영화·사영화라고 비판만 할 일은 아니다. 그러나 공무수탁사인이 늘어나는 것은 분명히 문제가 있고, 특히 공무가 위탁되는 영역이 전통적으로 국가나 공적 주체의 고유한 영역으로 인식되어온 협의의 경찰행정이라면 문제는 더욱 더 심각해진다. 통상 이 영역의 위임은 금지되는 것으로 이해되어 왔기 때문이다. 그런데 현행 「경비업법」은 경비업무마저도 민간에 대폭 넘기고 있다. 다만, 모든 민간경비원이 공무수탁사인은 아니고, 특수경비업무를 수행하는 특수경비원(제2조 제3호 나목)만이 한정된 범위에서 공무수탁사인이라고 한다.[189] 그렇다면 재개발, 재건축 현장에 등장하는 이른바 '용역깡패' - 「경비업법」상 시설경비 혹은 신변보호 업

184) Maurer/Waldhoff, 667쪽(23장 63번) 참고.

185) Sodan/Ziekow, *Grundkurs*, 497쪽(60장 30번) 참고.

186) 김도창, 일반행정법론(상), 208쪽.

187) Sodan/Ziekow, *Grundkurs*, 497쪽(60장 30번).

188) Urteil vom 14.11.2018 - BVerwG 8 C 15.17.

189) 최선우, "민간경비원의 권한에 대한 연구", 경호경비연구 제21호, 2009, 180-181쪽 참고.

무를 수행하는 일반 경비원(제2조 제3호 가목) - 는 도대체 어떤 존재인가?[190] 아마도 기껏해야 행정보조인 정도로 이해해야 할 것이지만, 개발에 반대하는 세입자들을 폭력적으로 축출하는 업무를 맡은 이들에 대해 이런 정도의 평가로 끝낼 일은 아니다. 강제철거 과정 상의 불법행위에 대해서는 그 행위가 공무수탁사인으로서의 경비원에 의해서 발생한 것이건, 아니면 행정보조인으로서의 경비원이 자행한 것이건 이에 대해 철저하게 국가배상책임을 물을 수 있어야, '경비업무'를 민간에 위탁하고 국가는 빠지는 행태에 간접적으로나마 대치할 수 있다. 또한 국가배상책임을 묻는 과정에서 공무위탁의 법적 근거와 한계 같은 것도 따져볼 수 있을 것이다. 행정법교과서에서는 잘 다루지 않는 이런 현실까지 시야에 넣는다면, 공무수탁시인 문제는 사실 조금 더 깊이 들여다 보아야 할 주제임에 틀림없다.

4. 단순고권관계와 행정사법관계는 어떻게 다른지 설명하고, 행정사법이라는 개념의 유용성에 대해 토의해보자.

통상 단순고권관계=공법관계, 행정사법관계=사법관계라고 본다. 그러나 이에 대해서는 과연 양자를 구분할 수 있는가 하는 의문이 있다. 단순고권관계에서 행정주체는 사업 또는 재산의 관리주체이나, 사법관계에서 행정주체는 사법상의 재산권의 주체라고 하여 구분할 수 있다고 설명하는 견해도 있지만 명쾌하지 않다. 한마디로 단순고권관계와 행정사법관계의 구분은 쉽지 않다. 굳이 양자를 구분한다면, 단순고권관계는 기본적으로 사법규정의 적용이 배제되는 관계이지만 행정사법관계는 사법규정의 적용이 처음부터 배제되는 관계는 아니다. 다만, 이 후자는 이른바 '사법으로의 도피'(공법적 제약에서 벗어나 사법규정 형식으로 행정목적을 달성하려고 하는 현상)라는 폐단을 차단하기 위해 고안된 개념이므로, 사법관계의 외형을 갖고 있더라도 헌법(특히 자유권 · 평등권과 같은 기본권) 혹은 행정법(행정상 법의 일반원칙)에 의한 통제를 받는다.

그런데 한국 교과서들은 행정이 사법관계를 이용하는 유형을 ① 조달행정, ② 영

190) 용역폭력은 예전부터 있어 왔지만, 공공재인 안전마저 시장화·상품화하는 신자유주의 국가 현실에서 점차 그 사회적 해악이 커지고 있다. 2009년의 용산참사와 2010년 쌍용자동차 탄압, 2011년의 유성기업 사태는 용역폭력의 심각성을 새삼 일깨워 주었다. 용역폭력에 대해서는 그 현상(「경비업법」등 법 규정을 위반한 경비업자 및 경비원에 의한 사설폭력)은 물론 본질(소유권의 최대한 실현을 저지하거나 방해하는 행위들을 자본 스스로가 고용한 민간인을 통해 폭력적으로 제거하는 행위)의 측면에서 분석해야 하고, 이 폭력으로부터 자유로운 사회로 나아갈 방향을 탐색해야 한다. 자세한 것은 필자의 다음 글을 참고할 것. 이계수, "신자유주의 국가'권력'과 용역'폭력' - 소유·권력·폭력에 대한 법정치학적 고찰을 중심으로", 민주법학 48호, 2012, 13쪽 이하.

리 경제적 활동, ③ (지방자치단체의 수도공급과 같이 생존배려 영역에서 이루어지는) 공기업적 활동[191] 혹은 사법 형식에 의한 행정과제의 직접적 수행[192]으로 크게 나눈 뒤, ①과 ②는 국고작용, 즉 협의의 사법관계이나, ③은 행정사법관계라고 설명한다. 이에 대해서는 크게 두 가지 관점에서 비판을 해볼 수 있다.

첫째, 이 세 유형이 과연 상호 명확히 구분될 수 있는 것인가 하는 점이다. ②와 ③의 구분은 모호하다. 한국가스공사에 의한 가스공급은 ②의 유형으로 분류하지만,[193] 과연 그것은 ③과 어떻게 다른가? 구분이 가능하기는 한가? 또한, 구분이 가능하다고 하더라도 ③에 대해서는 공법적 규제를 하지만(행정사법), ①과 ②의 영역은 사적 자치에 맡긴다는 논리가 과연 타당한가 하는 점이다. ①번 조달행정 영역에서의 '공공계약'은 사법상 계약이고 사적 자치에 맡긴다고 하지만, 지역 중소기업을 위해 조달 상의 혜택을 주는 공법적 규제가 이 영역에서는 과연 가능하지 않을 것인가? ①이 행정사법에 의해 규율되지 못할 이유는 무엇인지 묻지 않을 수 없다.

둘째, 행정사법 개념의 실질적 유용성이다. 행정사법관계는 '사법관계'이므로 분쟁이 발생하면 민사소송으로 다투어야 한다.[194] 그런데 자유권·평등권 보장과 같은 헌법상 제약을 받거나 행정상 법의 일반원칙 등 행정법상의 제약이라는 공법적 규제를 아무리 얘기해본들, 민사소송의 수소법원이 행정사법관계의 특수성을 고려한 판결을 내리지 않으면 어떻게 할 것인가 하는 문제가 남는다. 현행 「헌법재판소법」 제68조 제1항은 "공권력의 행사 또는 불행사로 인하여 헌법상 보장된 기본권을 침해받은 자는 법원의 재판을 제외하고는 헌법재판소에 헌법소원심판을 청구할 수 있다"고 하여 재판을 헌법소원의 대상에서 제외하고 있으므로, 민사법원의 판결이 '헌법상' 보장된 기본권을 침해하더라도(종국적으로 1심 판결이 대법원에서 확정되었을 때), 이를 '행정사법적' 관점에서 다툴 수 있는 길은 없기 때문이다.

반면, 독일에서는 행정주체가 체결하는 사법적 형식의 계약이 기본권 구속과 같은 공법적 통제에서 벗어나고 있음에도 불구하고 이를 민사법원이 판결로 시정하지 않으면, 이에 대해서는 헌법소원을 제기할 수 있다(판결헌법소원). 법원도 행정사법이

---

191) 김유환, 2024, 8쪽.

192) 김남진/김연태, 행정법 I, 452쪽.

193) 정남철, 한국행정법론, 법문사, 2020, 234쪽.

194) 독일의 일부 견해는 행정이 사법적 형식으로 임무를 수행하는 경우 행정사법에 의해 공법적 구속을 받으며, 당해 공법적 구속을 받는 범위 내에서는 공법관계로 볼 수 있고, 이러한 관점에서 공법원칙이 적용되는 범위 내에서는 공법상 다툼으로 보아 행정소송을 제기하여야 한다고 주장하고 있으나, 대체로 "행정사법작용이 공법규정에 의해 구속된다 하더라도 그 자체가 공법작용으로 변질되는 것은 아니므로 사법형식의 행정작용에 대한 법적 분쟁은 특별한 규정이 없는한, 민사소송으로 권리구제를 받아야 한다"고 본다. 황선훈, "행정의 사법적 활동과 공법적 규율", 중앙법학 제18집 제2호, 2016, 221쪽.

론을 일정 정도 수용한다.[195] 그러나 우리는 사정이 다르다. 당사자는 민사법원이 민사재판을 하면서 기본권을 잘 고려해주기를 '부탁'하는 외에 달리 할 수 있는 게 없다. 판례도 행정사법이라는 독자적인 법개념을 사용하지 않는다.[196] 그래서 현재로서는 "국가권력의 원칙적인 헌법적 구속(헌법적 기본결단이나 기본권 구속)은 사법적 행정 전반에 당연히 통용되어야 한다"[197]라는 당연한 주장 정도로 만족해야 하는 실정이다.

195) 그럼에도 불구하고 행정사법에 대해서는 행정절차법이 적용되지 않는다고 본다. Maurer/Waldhoff, 116쪽(5장 11번).

196) 김철용, 2024, 403쪽.

197) 김중권, 2025, 546쪽.

12

내부관계와 행정규칙의 법리

12.1. 내부관계와 외부관계

12.1.1. 내부관계로의 불가침투성 이론

행정상 법률관계란 법주체 간의 권리·의무관계, 법적 인격 상호 간의 관계를 뜻한다. 그러므로 인격 내부에서는 원칙적으로 법률관계가 발생하지 않는다. 사법인의 예를 들어 보자. 사법인의 기관인 대표이사가 법인을 위해 대외적으로 계약을 체결하고 채무를 부담하는 경우, 이는 사법인과 타인과의 법률관계를 형성하게 되어 문제가 생기면 민사소송의 대상이 된다. 그러나 만약 그 대표이사가 특정 이사에게 특정한 일을 맡기거나 박탈하는 것, 이사의 보직을 변경하는 것 등은 법률관계를 형성하지 못하며 이에 대해 다툴 수 있는 길은 없다. 이를 두고 민법학자들은 "인격 내부에는 원칙적으로 법률관계가 생기지 않는다"고 표현한다.

법인으로서의 국가도 마찬가지다. 특수 민법적 설명을 배제하면 민법학의 방법론을 공법학에도 적절히 수용할 수 있다고 믿었던 라반트는 이를 국가의 내부(중핵)로 법이 침투해 들이길 수는 없다는 이론(Impermeabilitätslehre, 불가침투성이론)으로 개념화했다.[1] 특히 프로이센 독일과 같은 후발 자본주의 국가에서는 헤겔과 칼 슈미트

1) Paul Laband, *Staatsrecht des Deutschen Reiches*, Bd. 1, 5. Aufl., 1911, 433쪽 이하. 라반트의 이론을 이어받아 이를 행정법학에 정착시킨 사람은 오토 마이어다. Ernst Forsthoff, *Lehrbuch*, 126쪽 각주 2번. 또한 Otto Mayer, *Deutsches Verwaltungsrecht*, Bd. 1, 3. Aufl., 102쪽 각주 21번.

법철학의 중심 관념인 '행위하는 주체'로서의 국가가 아주 중요하였다.[2] 그런 국가를 지켜주려면 내부로 법이 침투해 들어가면 안 되는 것이다.

근대 입헌주의에는 미국처럼 헌법이 제정되고 그 후에 그 헌법에 기초하여 새로운 국가가 확립되는 방식이 있다. 반면, 프로이센과 그 밖의 후발국처럼 국가가 먼저고 이후 국가가 나서서 성문헌법을 도입하는 방식도 있다. 이 경우 국가는 세계화하는 자본주의 경제시스템 안에서 자국이 뒤지지 않게끔 해야 한다는 동기에서 성문헌법을 도입하기는 하지만, 그러나 동시에 국가권력의 제한 혹은 구속이 국가의 존속에 걸림돌이 되지 않도록 전략적 선택을 한다. 이 '위로부터의 헌법'은 국가의 중핵 부분(관료와 군대, 교도소와 학교)을 '침투불가능한 상태'(Impermeabilität)로 보존한다. 1848년 혁명 실패 후 1849년에 흠정헌법으로 공포된 프로이센 왕국의 헌법은 바로 이 외견적 입헌주의 헌법의 전형이었다.[3]

이러한 논리를 행정법의 영역에서 구체화한 것이 바로 라반트 류의 불가침투성이론이다. 무엇보다도 이 이론은 군주가 장악한 국가법인의 내부영역과 외부영역을 구별하여 국가법인의 내부영역에 입법 및 사법이 개입하는 것을 차단하고자 했다. 이로써 특별권력관계와 행정조직법의 핵심 부분이 법적 규율에서 제외된 채 군주의 손에 남겨졌다.[4] 이 법리는 19세기 후반부터 나치스 몰락기인 1945년까지 독일의 주류적 견해로 수용되었다.[5]

특별권력관계의 법리는 2차 대전 이후에 비로소 본격적인 비판의 대상이 되었고, 68혁명 직후인 1972년에 독일 연방헌법재판소에 의해 공식적으로 부인되었다(수용자 판결).[6] 행정조직 내부에 대한 규율 필요성도 진지하게 검토되기 시작했다. 일례로 1950년대 초에 이미 바호프(O. Bachof)는 특별권력관계에서의 행위라도 그것이 구성원의 권리와 의무를 규율하는 한, 외부적 효과를 갖는 행정행위라 보아야 하므로,

---

2) 安章浩, "近現代ドイツにおける国家と憲法の相剋関係", 尚美学園大学総合政策論集 24호, 2017, 161쪽.

3) 安章浩, 위의 논문, 153쪽.

4) David Roth-Isigkeit, *Verfassungsordnung und Verwaltungsorganisation*, Tübingen, 2023, 37쪽.

5) 그러나 2차 대전 이후 불가침투성이론이 극복되면서 내부관계에도 법관계가 성립한다는 이론이 등장하였다. 대표적으로 볼프 교수의 견해가 그러하다. 이에 대해서는 다음 논문을 참고할 것. 우미형, Hans J. Wolff의 행정조직법 이론에 관한 연구, 서울대학교 법학과 박사학위논문, 2016.

6) 이 당시는 '모든 권위주의에 저항하고, 민주주의를 확장하자'가 시대의 모토였다.

그에 대해서는 행정소송으로 다툴 수 있다고 보았다. 그는 공무원 관계에 초점을 맞추어 공무원이 행정조직의 일원으로서 행정주체와 관계를 맺고 있는 경우에는 내부관계로 보는 반면, 고유한 인격성을 가진 주체로서 행정주체와 관계를 맺고 있는 경우에는 외부관계로 파악하였다.[7] 이러한 이해에 따르면 상급자가 하급자에게 내린 지시가 행정행위가 되느냐 하는 문제는 그 지시가 행정조직의 한 구성부분으로서 직무담당자(Amtswalter)인 공무원을 향하고 있는지, 독립적인 법인격자로서 공무원을 향하고 있는지에 따라 그 답을 달리한다.

이런 식의 변화는 단지 낡은 법리의 파산만이 아니라 '행위하는 주체'로서의 국가(권력)의 퇴장으로 평가할 수 있는 측면이 분명이 있다. 다만, 칼 슈미트 같은 이들은 이를 분명하게 프로이센 독일식 '국가'시대의 종말로 보겠지만, 미셸 푸코와 질 들뢰즈의 관점에서 접근하면 그것은 규율사회(Disziplinargesellschaft)에서 통제사회(Kontrollgesellschaft)로의 이행,[8] 국가권력의 종말이라기 보다는 그 권력이 작동하는 양식의 변화, 새로운 권력 작용의 출현이라고 볼 수 있다. 푸코는 신체에 대한 형벌이 영혼에 대한 형벌로 이행한 것은 형벌의 진보라기보다는 그 양식의 변화, 새로운 권력 작용의 출현으로 이해한다.[9] 그 점에서 수용자 판결은 앞으로 다가올 전자감시, 정보공개, 위치추적, 가석방이 활용되는 새로운 권력작용의 도래를 예견하며, 기존의 낡은 방식과의 결별('규율적 권력의 종말')을 공식적으로 선언한 역사적 판단이었다고도 평가할 수 있다.

12.1.2. 법규논쟁과 행정규칙

"입법권은 국회에 속한다"(헌법 제40조). 혹은 "국회는 국가권력의 최고기관으로서 국가의 유일한 입법기관이다"(일본국 헌법 제41조). 지금이야 너무나 당연한 규정이지만, 이것이 언제나 당연한 것은 아니었다. "이 헌법에 의하여 부여되는 모든 입법권은 합중국 의회에 속하며"(미연방헌법 제1조 제1항)라는 문구로 시작하는 1789년 미국

7) Otto Bachof, Festschrift für Laforet, 1951, 285쪽. 정하중/김광수, 2023, 89쪽에서 재인용.

8) 백욱인, 들뢰즈의 통제사회 비판, 커뮤니케이션북스, 2023 참고.

9) "이 책의 목표는 근대적 정신과 새로운 사법(司法) 권력과의 상관적인 역사를 밝히는 것이다. 그것은 처벌을 관장하는 권력이 근거를 두고 있고, 정당성과 법칙을 받아들이고, 영향을 넓혀가면서 그 엄청난 기현상을 은폐하고 있는, 과학적이고 사법적인 복합실체의 계보학(系譜學)이다." 미셸 푸코, 오생근 옮김, 감시와 처벌, 나남, 2020, 59-60쪽.

연방헌법과 달리 19세기 내내 독일에서 입법권은 그것이 누구에게 속하는지가 다투어졌다.

그래서 복잡한 문제도 발생했다. 법규 개념을 둘러싼 논쟁도 이런 배경에서 생겨났다. 라반트 식으로 말하면 국가라는 법인 내부로 헌법이, 법률이 침투해갈 수 없다면 입법자의 일도 그만큼 제약될 터였다. 1871년 독일 제국헌법(비스마르크 헌법)은 제국, 즉 독일제국연방이 제정할 수 있는 입법사항을 열거함(제4조)과 동시에 "제국의 입법은 제국참의원 및 제국의회가 이를 행한다"(제5조 제1항)고 규정하여 의회에 입법권을 부여했지만, 독일제국의 2/3를 차지한 프로이센국 - 1781년 이후 독일황제는 제국의 황제이자 동시에 프로이센의 왕이었다 - 헌법(1850년)상으로 "입법권은 국왕과 양원에 의해 공동으로 행사"되는 권한이었다.[10)]

19세기 내내 각 개별 란트(영방)의 입법자는 물론이고 제국의 입법자조차 자신의 권한이 어디까지인지를 두고 고심했고, 그 권한의 확장을 위해 투쟁했다. 이것은 군주가 오랫동안 법률적 효력을 갖는 규범을 제정할 권한을 갖고 있었던 현실로부터 제기될 수밖에 없는 긴장 상황이라 할 것인데, 국가주권 하에 '타협한' 두 개의 권력, 즉 군주주권과 국민주권이 서로의 '입법' 권한을 확보하기 위해 투쟁했던 19세기 중후반기의 독일에서는 더욱 그러했다. 군주권력 측은 자신의 고유한 통치영역을 확보하려고 했고, 그 영역 내부로 의회 입법권이 치고 들어오는 것을 차단하려고 했다. 반면, 부르주아-의회세력으로서는 최소한 자신들이 확보해야 할 입법사항을 분명히 하고자 했다. 여기서 나온 하나의 타협안이 법인격 내부로의 불가침투성이론과 자유와 재산에 대한 침해에는 반드시 국왕의 재가(공동입법권의 의미) 형태로 만들어진 의회 제정법이 필요하다는 법률의 유보이론(침해유보설)이었다. 이 두 개의 타협안을 연결하는 고리가 되는 개념이 바로 법규(Rechtssatz)이다.[11)]

첫째, 불가침투성이론을 주장했던 라반트에 따르면 법규란 독립한 의사영역 혹은 법 주체 사이의 한계를 설정하는 일반적·추상적 규율이므로, 예산법률처럼 법인으

---

10) 1850년 프로이센국 헌법 제62조는 다음과 같다. "입법권은 국왕과 의회 양원이 공동으로 행사한다. 모든 법률에는 국왕과 의회 양원의 합치가 필요하다." 1850년 프로이센 헌법은 1920년 11월 30일자로 전면 폐지되기 전까지 효력을 유지했다. 프로이센 헌법의 우리말 번역은 양태건 번역/송석윤 감수, "1850년 프로이센 헌법", 서울대학교 법학 제54권 제2호, 2013, 205-248쪽.

11) 그 점에서 법규는 이른바 '방어적 법치국가론'의 핵심 개념이었다. 방어적 법치국가에 대한 필자의 비판으로는 다음 논문을 참고할 것. 이계수, "헌법의 개념", 민주법학 제12호, 1997, 432-433쪽.

로서의 국가의 내부 영역의 규율만으로 내용으로 하는 것은 법규가 아니다. 국가의 내부질서는 독립적인 법주체 사이의 한계 설정이 아니므로 정의상 법 바깥에 놓인다.[12)]

라반트에 따르면 예산법률(Haushaltsgesetz)은 국회가 법률의 형식으로 확정한다고 해도 실질적 의미의 법률에 해당하지 않는다. 라반트가 이런 주장을 한 것은 1870년이었다. 그때는 독일제국이 수립되기 전이다. 따라서 그의 논의는 프로이센국의 예산 분쟁과 관련한 것이었지만 예산법률에 관한 그의 주장은 제국의회의 예산법률에도 적용되었다. 프로이센국 헌법에 따르면 입법권은 어쨌건 군주와 의회가 '공동'으로 행사해야 한다. 그런데 양자 간의 의견 불일치로 예산법률이 성립하지 않으면 어떻게 되는가? 이것이 프로이센 예산법률 논쟁의 핵심 쟁점이었다. 라반트는 예산법률은 의회에서 법률의 '형식'으로 통과되더라도 '실질적' 의미의 법률은 아니어서(오히려 실질적 의미의 행정작용이므로), 실질적인 법적 효과는 없다고 보았다. 그런데 의회가 반드시 법률로 정해야 하는 것은 실질적 의미의 법률, 즉 법규이므로 예산의 경우 예산법률이 없더라도 행정부는 예산을 집행할 수 있다는게 라반트의 주장이었다.[13)]. 라반트의 이중적 법률개념은 의회의 권한을 명확히 하는 동시에 그 권한을 축소시키고 규범제정 권력으로서의 권위도 격하시키는 결과를 가져 왔다.[14)] 후술하듯이(14.1.2.) 라반트는 예산내용의 확정은 행정행위로 보았다.

둘째, 침해유보설의 관점에 서 있는 안쉬츠(Anschütz)에 따르면 법규란 시민의 자유와 재산을 건드리거나 침해하는 일반적·추상적 규율이므로, 국가 내부 영역 혹은 영조물의 사용에 관련한 규율은 법규가 아니다. 이 관점에 서더라도, 법률의 유보는 국가와 시민과의 관계인 외부관계에서만 실현되고 내부영역은 여전히 군주 혹은 행정부의 자율적인 규율영역으로 유보된다. 그렇다면 국가의 내부질서, 행정의 내부영역을 규율하는 것은 무엇인가? 그것이 바로 행정규칙이다. 국가 및 영조물 등 행정주체는 일방적으로 행정규칙을 정하고 그것을 통하여 행정 내부의 질서를 정돈하며 또한 이들을 변경하고 폐지할 수 있으나, 그러한 행위들에 대해서는 사법적 심사가

12) Hans-Uwe Erichsen(Hrsg.), *Allgemeines Vewaltungsrecht*, 11. Aufl., Walter de Gruyter, 1998, 131쪽(5장 8번).

13) 中里実, "議会の財政権 – 予算の議決と租税法律の立法", フィナンシャル・レビュー, 通巻 129号, 2017, 12-14쪽 참고,

14) 오향미, "19세기 후반 독일 대의제 입헌국가의 입법권력의 지위 – 법치와 권력분립의 관점에서", 법철학연구 제25권 제1호, 2022, 133-134쪽.

미치지 않는다고 보았다.

얼핏보면 적절한 타협처럼 보이기도 하지만 실상은 그렇지 않았다. 입헌군주정이라는 개념에서 무게중심은 형용사가 아니라 명사에 놓여 있었다. 프로이센의 군주는 독일 제국의 헤게모니 국가인 프로이센에서 절대주의의 세 지주인 군대, 관료제, 외교를 지배했을 뿐만 아니라 제국의 군주로서 신생제국의 행정기구, 군사조직, 외교정책을 통제했다. 제국의회는 이러한 '국가사의 가장 내밀하지만 최고로 중요한 통치영역'(arcana imperii) 내로 자신의 영향력을 침투시키는데 한번도 성공한 적이 없다. 절대주의 국가의 권력구조는 헌법으로 계속 보호되었으며, 그 본질은 달라지지 않았다.[15)]

부르주아 시민계급은 국민의 권리·의무와 관계된 규율은 국민의 대표기관인 의회가 만들어야 한다고 하면서도, 그것과 직접 관계가 없는 규율은 법규가 아니므로 의회의 관여를 필요로 하지 않는다고 호기롭게 말해버렸다. 그러나 실상 관여가 필요하지 않다고 본 영역이 막강한 힘을 가졌다는 것이 '통치의 비밀, 권력의 비밀'(arcana imperii)이었고, 그것을 그들이 몰랐을 리가 없다. 짐짓 모른척 했을 뿐이다. 그러다가 2차 대전 이후 19세기 독일적 입헌군주제가 사라지자 이 '역사적' 법규 개념(협의의 법규개념)은 일거에 낡은 개념 혹은 프레임이 되었다. 부르주아 법학자들은 언제 우리가 법규를 그렇게 이해했던가, 하며 역사를 지워버린 뒤, 법규란 말 그대로 '법을 담고 있는 명제' - 법규의 독일어 원어인 Rechtssatz는 Recht(법)와 Satz(명제)로 구성되어 있다 - 에 불과하다는 식으로 이 개념을 그저 이론적으로 접근하려 했다. 라드부르흐는 말한다. Rechtssatz란 법명제이며, 법명제는 반드시 규율을 그 내용으로 한다. 무엇을 규율하는가? 구성요건과 법적 효과이다.[16)] 구성요건과 법적 효과를 규율하는 법명제란 결국 법조문이다. 그렇다면 법규란 일반적·추상적인 규율이면 되는 것이다(광의의 법규개념). 이 '법이론적 법규개념'은 국민의 권리를 직접적으로 제약하거나 의무를 부과하는 것이 아니어도 그것이 일반적·추상적인 규율이면 법규라고 본다. 법규개념이 이렇게 확장되면 행정규칙도 법규라는 주장도 당연히 나올 수 있다.

실제로 이제 행정의 내부영역도 통치의 비밀장소(arcana imperii)가 아니니, 그 곳

15) Hans-Ulrich Wehler, *Das Deutsche Kaiserreich 1871-1918*, Vandenhoeck & Ruprecht, 1994, 62쪽. 한스-울리히 벨러, 이대헌 옮김, 독일 제2제국, 신서원, 119쪽(번역은 수정). 19세기 중반 이후 독일 법제사에서 중요한 해는 1848, 1850, 1862, 1871, 1890년이다.

16) Gustav Radbruch, *Rechtsphilosophie*, Studienausgabe, C. F. Müller, 1999, 35쪽.

에서 발령되어 나오는 규율을 달리 평가할 수 있지 않느냐 하는 견해도 제기되었다. 국민이 주권자임이 확실해진 마당에, 행정규칙이라고 해서 무조건 법규성을 부정하는 것이 맞느냐 하는 얘기다. 주권자인 국민은 의회를 통해 권력의 정당성을 부여하지만, 그 정당성의 사슬은 행정부로까지 이어지는 것 아닌가? 그렇다면 행정규칙도 독자적으로 대외적 효력을 가져야 하는 것 아닌가 하는 주장이다. 오센뷜(Ossenbühl) 같은 이가 이런 논리를 펼쳤다.[17] 이런 견해에 따르면 행정규칙도 행정법의 법원(法源)이 된다. 물론 역사적 법규 개념 뒤에 여전히 숨쉬고 있는 트라우마를 쉽게 떨쳐낼 수 없으므로 독일의 주류적 견해는 이를 정면으로 수용하지는 않는다. 다만, 후술하듯이 간접적, 우회적인 방법으로 행정규칙의 재판규범성을 인정하려고 시도한다. 오센뷜의 견해를 나는 일면 타당하다고 생각하지만, 이런 논리를 정치-행정체제가 다른 나라에 쉽게 적용할 것은 못된다.

행정규칙의 대외적 구속력 혹은 재판규범성과 관련하여 또 하나 고려해볼 것은 행정규칙의 제1차적 수범자인 공무원의 헌법적 지위 혹은 위상과 행정규칙의 법적 성질을 연결할 수 있지 않을까 하는 점이다. 행정규칙의 대외적 구속력을 부인하는 배경에는 공무원을 국왕의 손발 같은 존재로 생각하는 사고가 숨어 있다. 손발에 불과하니 공무원은 그 명령의 법적 성격이 무엇이든 기계적으로 집행만 하면 된다는 발상이다(복종의무). 그러나 위법한 명령이나 부당한 명령에 공무원이 불복하고 다투는 경우라든가, 직무수행과 관련하여 공무원은 '직무유기 등의 죄'로 형사처벌받을 수도 있는 현실을 생각할 때, 행정규칙의 대외적 구속력을 인정하는 편이 타당하지 않은지 생각해 볼 필요가 있다.[18] 물론 이런 논의를 모든 행정규칙에 적용할 수 없고 또한 할 필요도 없지만, 그게 필요한 행정규칙도 존재한다고 생각한다(예컨대 근무규칙). 혹은 행정규칙의 제정과 발령에 공무원노동조합이 의견을 제시할 수 있게 하고, 이런 절차적 보장이 이루어지는 직무명령 등에 일정한 법적 구속력을 인정할 수도 있을 것이다. 이런 거버넌스(조합주의 레짐)가 제대로 구현된다면 행정규칙의 효력론은 현재의 법 해석학과는 다르게 전개될 것이다.[19]

아무튼 법규(법규명령)는 대외적 구속력 있는 명령, 행정규칙은 대내적 효력만 있

---

17) 최정일, 행정법의 정석[행정법 I], 박영사, 2009. 143쪽 이하.

18) 특히 이 후자의 측면을 강조하는 것으로 Ernst Forsthoff, *Lehrbuch*, 132쪽.

19) Reiner Oppitz, Martin Weigele, *Soziale Marktwirtschaft statt Kapitalismus*, 2014, 313쪽 참고.

는 명령이라는 식의 이원주의적 규범론은 19세기 독일 입헌주의의 역사적 산물이기에, 미국처럼 다른 헌정체제에도 당연히 통용될 수 있는 논리는 아니다. 미국의 행정규칙론은 다르게 전개될 수 있다는 뜻이다. 누누이 강조하듯이, 이런 차이는 자본주의 발전에서의 상이성, 예컨대 국가주도 자본주의냐 시장주도 자본주의냐에 따른 차이를 반영한다.

12.2. 행정규칙의 법리

12.2.1. 행정규칙의 의의와 종류

행정규칙은 집행부가 발령한다. 이것은 상급기관이 행정내부에서 하급 행정청 혹은 직원에게 부과하는 일반 추상적 규율이다. 행정규칙은 행정의 조직과 행위를 상세하게 규정한다. 행정규칙을 발령하는 권한은 집행부의 조직 및 직무관리권력에서 나온다. 앞에서 설명한 법규명령과 같은 법원과 달리 행정규칙은 1차적으로 행정청의 직원을 수범자로 한다. 직원은 그 직무상의 복종의무가 있으므로 행정규칙을 준수해야 한다. 따라서 행정규칙이 법적 규율이라는 점에서는 이견이 없다. 다만 원칙적으로 이 규율은 행정내부에서만 의미를 가질 뿐, 국민에 대해 직접 권리와 의무를 기초짓지는 않는다.[20] 행정규칙은 공표하지 않아도 된다는 논리도 이로부터 나온다.[21] 행정규칙은 훈령, 예규, 고시 등의 형식으로 발령된다.

한편 법규명령과 행정규칙, 양자를 합쳐서 행정입법이라고 부르는 것이 일반적이다. 이런 호칭에 대해서는 크게 두 가지 관점에서 비판이 제기된다. 첫째, 행정규칙이 과연 행정'입법'인가라는 비판이다. "입법권은 국회에 속한다"고 명시한(헌법 제40조) 헌법에도 반하는 표현이다. 그래서 어떤 이들은 행정기준이라는 개념을 쓰면서 행정입법은 의회의 수권을 받은 행정기준, 즉 법규명령(=위임명령)만을 지칭하는 개념으로 한정하기도 한다.[22] 둘째, 법규명령과 행정규칙을 묶어 행정입법이라는 상위

---

20) Sodan/Ziekow, *Grundkurs*, 507-508쪽(64장 1번).

21) Ernst Forsthoff, *Lehrbuch*, 143쪽.

22) 大橋洋一, 行政法, 有斐閣, 2002, 286-287쪽.

개념 아래 두는 것이 적절한가 하는 비판이다. 양자는 전적으로 성질이 다른 것인데 이를 하나의 범주로 묶을 수 있는가 하는 의문은 당연히 제기해볼 수 있다. 또한 행정규칙 중에는 반드시 일반적·추상적 규율만 있는 것이 아니고 개별·구체적인 규율도 있으므로(직무명령 등), 행정규칙을 행정입법의 하위범주에 두는 것이 정확한 것은 아니다. 다만, 법규명령과 행정규칙의 구분에서의 상대화 현상도 나타나고 있으므로 여전히 양자를 행정입법의 범주 하에 고찰하는 것이 아직은 일반적이다.

행정규칙을 분류하는 기준은 여러 가지가 있으나, 앞에서 행정규칙을 행정의 조직과 행위를 상세하게 규정하는 규범으로 정의한 이상, 종류도 조직행정규칙(organisatorische Verwaltungsvorschriften)과 행위지도규칙(verhaltenslenkende Verwaltungsvorschriften)으로 크게 나눌 수 있다.

조직행정규칙에 해당하는 것으로 ① 행정기관의 설치·조직, 내부적 권한배분, 행정기관 상호 간의 관계 등을 정하기 위하여 발령하는 조직규칙을 들 수 있으나, ② 상급기관이 하급기관의 근무에 관한 사항을 계속적으로 규율하기 위하여 발령하는 근무규칙과 ③ 영조물(예 : 국립대학교, 국립도서관)의 관리청이 영조물의 조직·관리·사용 등을 규율하기 위하여 발령하는 영조물규칙도 넓게는 조직행정규칙으로 분류할 수 있다.[23]

그런데 전통적인 침해유보설의 관점을 취하는 한 ①, ②유형의 행정규칙을 제정하는 데 법률의 유보가 필요하다고 주장하는 것은 논리적이지 않다. 행정기관의 내부적 권한배분에 관한 규율만으로 상대방인 국민의 권리가 직접 침해된다고 보기는 어렵기 때문이다. 또한 특별권력관계이론이 지배하던 시절에는 국가 및 영조물 권력은 법률의 수권이 없어도 일방적으로 행정규칙을 정할 수 있다는 논리가 당연하게 받아들여졌다. 그러나 특별권력관계론이 부인되고, 행정기관의 내부적 권한배분이라도 그것이 국가의 운영 및 국민의 기본권과 관련하여 중요한 사항에 대한 결정에 해당하면 반드시 법률의 근거가 있어야 한다는 중요사항유보설(본질성설)이 지배적 견해로 등장한 이상 이런 식의 논리가 계속 유지되기는 어렵다. 전통적으로 행정규칙으로 규율되던 부분들도 점차 법률의 수권에 기한 법규명령으로 대체되고 있는 현상은 이러한 맥락에서 이해할 수 있는데, "국민의 기본권과 관련하여 중요한 사항"에 대한 해석 여하에 따라 그러한 대체는 더 늘어날 수 있다.

---

23) 이 세 행정규칙을 통상은 내용을 기준으로 한 행정규칙 분류로 설명한다. 예컨대 김철용, 2024, 235쪽.

행위지도규칙에는 규범해석규칙, 재량준칙(재량권 행사의 지침을 제시하는 행정규칙, ermessenslenkende Verwaltungsvorschriften), 규범구체화규칙(normkonkretisierende Verwaltungsvorschriften)이 포함된다.

규범해석규칙과 재량준칙은 법규정의 구성요건과 법률효과 부분에 각각 대응하는 행정규칙이다. 전자는 공무원이 법률규정에 등장하는 법개념을 어떻게 해석해야 하는가를 확정한다. 특히 문제가 되는 것이 불확정개념인데, 예컨대 공공복리 개념을 넓게 해석할 수도 있고 좁게 해석할 수도 있는 여지가 있을 때, 규범해석규칙은 모든 법집행 공무원들에게 하나의 통일된 기준을 제시한다.[24] 후자는 행정청이 재량권을 행사하는 경우에 그 방향을 제시하는 행정규칙이다. 사례를 하나 들어보자. 행정조직 내의 훈령(Erlass)에 따르면 건축법위반 시설이라도 20년을 경과하면 더 이상 개입하지 못하게 되어 있다. 권한있는 관청이 25년 전에 위법하게 자기 집을 건축한 X에게 철거를 명하자, X는 이를 소송을 통해 다투고자 한다. 행정규칙에 의하면 더 이상 철거명령이 발령될 수 없으므로 X는 승소할 수 있을까?[25]

법령은 건축법 위반 사항을 행정청이 어떻게 처리해야 하는가와 관련하여 통상 재량을 부여하고 있으므로, 행정청은 의무에 합당한 재량에 근거하여 건축법 위반 시설에 대응해야 한다. 그리고 그 구체적인 재량권 행사를 행정규칙으로 상세하게 규율하므로 이 사안은 재량준칙과 관련된다. 재량준칙인 위의 훈령에 따르면 행정청의 직원은 20년 지난 위법건축물에 개입할 수 없게 된다. 그런데 입법자가 행정에게 재량적 결정권을 수권하는 이유는 행정으로 하여금 각각의 개별 사안에 맞게 결정을 내릴 수 있게 하기 위함이다. 그러므로 건축법 위반 사항을 관할하는 행정청 혹은 행정청의 직원은 재량준칙에 절대적으로 구속되지는 않으며, 비전형적인 사안(in atypischen Fällen)에서는 오히려 그 준칙에서 이탈하는 것도 가능하다.[26]

재량은 오로지 효과부분에만 있다고 보는 독일의 학설이 여기에도 적용되어 법률요건 부분에 관한 해석을 담고 있는 해석규칙은 법원을 구속하는 힘, 즉 대외적 구속력이 없다고 본다. 따라서 독일에서 행정규칙의 대외적 구속력의 인정 여부는 주

24) Sodan/Ziekow, *Grundkurs*, 508-509쪽(64장 3번).

25) Sodan/Ziekow, *Grundkurs*, 507쪽(사례 49번).

26) Sodan/Ziekow, *Grundkurs*, 509쪽(64장 3번). 물론 당해 사안이 비전형적인 사례여서 재량준칙의 적용에서 이탈해야 하는지 여부는 객관적으로 검증되어야 할 것이다. 이것을 분명히 하려면 재량기준이탈의 이유를 제시해야 한다는 주장도 있다. 김철용, 2024, 238쪽.

로 재량준칙에서 문제가 된다. 그러나 우리 법원은 요건에도 재량을 인정하므로 해석준칙이니 재량준칙이니 하는 구분은 큰 의미가 없다. 다만, 우리 실무상 주로 문제가 되는 제재처분기준은 대체로 재량준칙으로 본다.[27)]

규범구체화규칙은 규범을 해석하는 행정규칙처럼 법률개념의 단순한 해석에 제한되지 않고, 오히려 법률구성요건의 내용을 구체화함으로써 비로소 법률의 집행을 가능하게 한다. 규범구체화규칙은 특히 환경법 영역에서 나타난다. 유명한 예가 대기환경을 유지하기 위한 기술적 지침(TA Luft)과 소음 방지를 위한 기술적 지침(TA Lärm)이다.[28)]

> 규범구체화(행정)규칙은 법령의 수권이 존재하지 아니하거나 법령의 수권이 명확하지 아니한데, 법령에는 일반조항이나 불확정개념과 같은 아주 추상적이고 기술적 개념이 포함되어 있어, 법령 집행이 가능하려면 행정기관이 그 개념들을 구체화해야 하는 경우에 문제가 된다.[29)] 독일에서는 일부 학설에 의해 주장되다가 연방행정법원의 뷜(Wyhl) 원자력발전소 판결(1985년 12월 19일)에 의해 부분적으로 수용되었다. 동 판결에서 연방행정법원은 방사선방호령(Strahlenschutzverordnung)에 대한 연방내무부장관의 지침("배출공기 또는 지표수를 통한 방사능유출량에 대한 일반적 산출기준")이 규범구체화 기능을 가지며 단순한 규범'해석'행정규칙과 달리 규범에 의하여 설정된 범위 내에서 행정법원을 구속한다고 판시하였다.[30)] 그러나 연방행정법원의 이런 해석은 환경법 영역의 극히 일부 사례에만 적용되었을 뿐, 연방헌법재판소 등 타 최고법원의 판결에서는 확고하게 거부되었다.[31)]

한편, 규범구체화규칙과 유사한 것으로 고시 등의 형식으로 발령되는 법령보충적 행정규칙(법령보충규칙)이 실무상 많이 이용되는데, 판례는 이를 행정규칙이 아니라 법규명령으로 본다.[32)] 아무튼 행정규칙의 유형을 분류하는 이유는 행정규칙의 내용과 쓸모(기능)가 행정규칙마다 다를 수 있어서 이것이 효력론의 전개 - 행정규칙은 그

---

27) 김유환, 2024, 131쪽.

28) Sodan/Ziekow, *Grundkurs*, 509쪽(64장 3번).

29) 김철용, 2024, 239-240쪽.

30) 김철용, 2024, 240쪽.

31) BVerfGE 78, 214(227); BverfGE 80, 257(265). Heiko Faber, *Verwaltungsrecht*, 71쪽.

32) "수권에 의하여 법령 등 상위규범을 구체화한 것이라면 이는 판례상 법규명령으로 분류되어야지 행정규칙으로 분류될 것은 아니다." 김철용, 2024, 239쪽.

유형에 따라 국민과 법원에 대한 구속력이 다르게 평가될 수 있다[33] – 에도 영향을 주기 때문이다. 예컨대 근무규칙이 행정내부의 근무관계만 규율하는 한 (원칙적으로) 대외적 효력이 논의될 여지는 없다.[34] 이런 점을 생각하면 행정규칙을 그 기능을 기준으로 구분하는 것은 의미가 있다. 이 부분은 행정규칙의 효력을 살피는 곳에서 다시 검토한다. 또한 행정규칙의 공개가 널리 이루어지고 있지만, 어떤 행정규칙은 공개하지 않는 것이 오히려 행정의 공익실현 작용에 더 맞을 수도 있다. '어떤 행정규칙이 그것에 해당하는가' 하는 질문에 답하려면 행정규칙의 유형을 잘 살펴보는 것이 중요하다.

12.2.2. 행정규칙의 효력론 – 딜레마

종래 행정법학은 행정입법을 법규명령과 행정규칙으로 양분하고, 양자의 법적 성격을 완전히 다르게 이해해왔다. 전자는 법률의 수권규정이 있어야 하고, 재판규범이 되며, 공포를 필요로 하지만, 후자는 그렇지 않다는 식이다.

그러나 이러한 이해는 「행정절차법」의 제정으로 근본적으로 변하고 있다는 견해가 있다. 예컨대 「행정절차법」 제20조에 의하면 행정기관은 처분기준을 설정·공표해야 할 의무를 지는데, 처분기준의 설정은 법률이나 대통령령·총리령·부령은 물론 고시·훈령·지시 등의 형식으로도 가능하고, 조례 등 자치입법의 형식으로도 가능하다.[35] 처분기준에 고시·훈령과 같은 행정규칙도 포함되므로 "행정규칙은 공표를 요하지 않는다"는 명제는 그 타당성을 상실했다는 주장이다. 물론 공표가 의무화된 행정규칙의 존재도 인정할 수 있고, 그러한 행정규칙이 늘어나는 것도 현실이다. 그러나 그렇다고 해서 행정규칙이 항상 공표된다고 말할 수는 없다.[36] 행정규칙의 공표가 언제나 선(善)인가 하는 질문도 해볼 수 있다.

행정규칙은 재판규범이 되지 않는다는 종래의 설명도 재고의 여지가 있다. 확실히 전통적 이론이 설명하는 것처럼 법률에 근거하지 않고 행정이 자체적으로 제정하는

---

33) Sodan/Ziekow, *Grundkurs*, 508쪽(64장 2번).

34) Maurer/Waldhoff, 694-695쪽(24장 42-43번).

35) 김철용, 2024, 470쪽.

36) Sodan/Ziekow, *Grundkurs*, 509쪽(64장 4번). 현행 「행정절차법」 제20조는 처분기준을 공표하도록 규정하고 있지만, 독일법에는 이런 규정이 없다. 김철용, 2024, 230쪽. 한편, 처분기준이 아닌 행정규칙도 당연히 존재하므로 이런 행정규칙을 공표해야 하는가는 해석의 영역으로 남아 있다.

행정규칙을 재판의 기준으로 삼는 것은 민주주의 원리에 부합하지 않을 위험이 있다. 또한 "법관은 헌법과 법률에 의하여 그 양심에 따라 독립하여 심판한다"고 규정한 헌법 제103조도 고려해야 한다. 법관은 헌법과 법률에 구속되는 것이지, 행정규칙에 구속되지는 않기 때문이다.

그렇다고 법관은 행정청의 행정규칙, 대표적으로 재량준칙이 존재해도 그것을 무시하고, 법원의 독자적인 법률해석에 따라 재판하면 된다고만 말하면 되는 것일까? 물론, 법원도 그렇게는 하지 않는다. 앞에서도 보았듯이(6.2.4.), 법원은 규율 내용이 합리적인 한 행정규칙을 사실상 재판의 기준으로 삼는다. '행정규칙은 재판규범'이라고 명시적으로 말하지는 않으면서도 사실상 이를 존중하는 것이다. 물론 행정규칙의 "규정 내용이 객관적 합리성을 결여"한다면 그런 존중은 언제든지 깨질 수 있다.[37] 위의 건축법 위반사례처럼 비전형적인 사안에서 행정규칙을 곧이 곧대로 적용하는 것은 오히려 객관적 합리성을 결여한 판단이 될 것이다.

행정규칙의 효력을 인정하는 또 다른 방식은 독일의 이론과 실무에서 유래한 간접적 효력설이다. 나치스 시대 행정입법의 공포를 경험한 독일은 행정규칙에 직접적인 구속력(효력)을 부여하는 데 신중하다.[38] 그래서 생각해낸 것이 평등원칙이나 신뢰보호원칙을 전환규범(Umschaltnorm)으로 삼아 행정규칙의 구속력을 인정하는 방식이다.[39] 처음에는 이 자기구속의 법리를 적용하려면 행정규칙에 의해 형성된 행정관행이 필요하다고 하다가 - 행정관행에 반하는 행정의 결정이 평등원칙 위반으로 위법한지 여부를 판단하는 데 행정규칙을 하나의 간접적인 증거로 이용하다가 - 나중에는 이것도 필요 없고 행정규칙만으로도 평등원칙 위반 여부를 판단할 수 있다고 보기에 이른다.[40]

평등원칙 등을 매개로 한 행정의 자기구속이라는 법리(행정규칙의 간접적 구속력)는 우리 학계와 실무에서도 수용되었다. 다만, 우리의 경우에도 행정관행의 필요성이 다투어졌는데, '신규건조저장시설사업자인정신청반려처분취소' 사건에서 원심과 대법

37) 법원은 "행정규칙이 이를 정한 행정기관의 재량에 속하는 사항에 관한 것인 때에는 그 규정 내용이 객관적 합리성을 결여하였다는 등의 특별한 사정이 없는 한" 이를 존중하지만, "행정규칙의 내용이 상위법령이나 법의 일반원칙에 반하는 것이라면" "해당 행정규칙이 법질서상 부존재하는 것으로 취급"한다. 대법원 2020. 5. 28. 선고 2017두66541 판결.

38) 김중권, 2025, 479쪽.

39) 헌법재판소(헌재 1990. 9. 3. 90헌마13 결정)에 이어 대법원(대법원 2009. 12. 24. 선고 2009두7967 판결)도 자기구속의 법리를 채택하였다.

40) 김철용, 2024, 238-239쪽.

원은 각각 다른 판단을 내렸다.

> 대법원은 "재량권 행사의 준칙인 행정규칙이 그 정한 바에 따라 되풀이 시행되어 행정관행이 이루어지게 되면 평등의 원칙이나 신뢰보호의 원칙에 따라 행정기관은 그 상대방에 대한 관계에서 그 규칙에 따라야 할 자기구속을 받게 되므로, 이러한 경우에는 특별한 사정이 없는 한 그를 위반하는 처분은 평등의 원칙이나 신뢰보호의 원칙에 위배되어 재량권을 일탈·남용한 위법한 처분이 된다"고 보았지만,[41] 원심법원은 행정의 자기구속은 행정청이 동종 사안에 대하여 동일한 처분을 하여야 하는 구속을 받는 것을 의미하므로, 일반적으로는 동종 사안에 있어 비교의 대상이 되는 행정선례가 존재함을 전제로 할 것이나, 다만 행정규칙이 대외적으로 공표되어 국민에게 법적으로 보호가치 있는 신뢰가 생긴 경우에는 법적 안정성의 견지에서 행정규칙 자체만으로 행정의 자기구속의 근거로 삼을 수 있다고 판시하였다.[42] 재량준칙이 공표된 것만으로도 자기구속의 법리가 적용된다고 판단함으로써 행정관행이 없어도 행정규칙의 (자기) 구속력을 인정할 수 있음을 분명히 했다.

이상, 재판규범으로서의 행정규칙을 논의하면서 양가적(ambivalent) 감정을 갖게 된다. 하나는 행정이 자체적으로 제정하는 행정규칙이 재판의 기준이 되는 것의 두려움이다. 이것이 민주주의에 어떤 영향을 미칠 것인지 걱정이 된다. 다른 하나는 행정규칙의 현실적 기능 증대를 앞에 놓고, 권리구제의 확대 - 앞의 위법 건축법 사례처럼 국민에게 유리한 행정규칙의 준수를 요구하는 '권리'의 보장 - 를 요구해야 하는 것 아닌가 하는 자유주의적 감정이다.[43] 한국 행정법학에서 행정규칙에 대한 논의는 이러한 민주주의와 자유주의의 갈등이 충분히 인식되지 못하고 있으며, 대체로 자유주의적 관점에서 행정규칙이라는 '규범'의 사안별 구속성 확대를 추구하고 있는 것으로 보인다. 반면, 공무원 노동조합의 행정규칙 제정 참여권 보장 등 거버넌스의 강화를 통한 재판규범성 인정과 같은 민주주의적 관점을 고민하는 지점은 약하다.

또한, 행정규칙을 시장의 독재를 견제할 일종의 필요악으로 보고 이것에 대해 무언가 규범적 효력을 부여하고 싶은 마음이 드는 한편으로,[44] 그렇다면 관료제의 독

41) 대법원 2009. 12. 24. 선고 2009두7967 판결.

42) 대전고등법원 2009. 4. 30. 선고 2008누3096 판결.

43) 平岡久, 行政法解釈の諸問題, 勁草書房, 2013, 224쪽 참고.

44) 긴급 '지침' 등을 통해 행정은 사적 자치의 남용을 견제할 수 있을 것이다.

재는 또 어떻게 통제할 것인가 하는 마음이 드는 것도 사실이다.

12.2.3. 이른바 법규명령 형식의 행정규칙

행정규칙은 행정의 조직과 행위를 상세하게 규정한다. 그리고 그 기능에 맞게 행정규칙이 만들어지고 분류된다. 그 중 실무상 주로 문제가 되는 것은 행위지도규칙이고, 그 중에서도 제재처분기준으로 불리는 재량준칙이다.

행정청에게 일정한 위법행위에 대한 제재처분 권한이 재량으로 주어져 있을 때 – 예: 「식품위생법」 제75조 제1항은 어떤 의무위반에 대해 영업허가를 취소할 것인가 아니면 단지 영업을 정지할 것인가, 영업정지처분을 하는 경우에도 6개월 이내의 범위 안에서 어느 정도의 기간으로 할 것인가 등을 행정청의 재량에 맡기고 있다 – 상급 행정청은 의무위반의 경중(輕重), 횟수 등을 중심으로 (취소·정지) 처분의 기준을 미리 정하여 하급 행정관청 및 직원의 재량권 행사가 합리적이고 통일적으로 행해지게끔 통제하고 싶어한다. 이 때 법령이 따로 정하고 있지 아니하는 한 그 기준을 행정규칙으로 정할 수 있다. 이렇게 해서 정해진 행정규칙을 제재처분기준이라고 한다.

이 제재처분기준이 행정 내부에서 구속력을 갖는다는 것은 분명하다. 그렇다면 대외적 구속력(외부효과)은 어떻게 되는가? 앞서 본 것처럼은 종래 판례는 행정규칙은 그것이 해석준칙이건 재량준칙이건 외부효과가 없다고 보았다. 양자 모두 행정 내부의 사무처리준칙에 불과하여 법원을 구속하지 못한다는 게 그 이유이다. 대법원은 특히 재량준칙과 관련하여 다수 학설과 헌법재판소가 '자기구속의 원칙'을 매개로 인정하고 있는 간접적·대외적 구속력도 '대법원 2009. 12. 24. 선고 2009두7967 판결'이 나오기 전까지 오랫동안 부인해왔다.

대법원 판례대로라면 행정규칙은 대외적 구속력이 없으므로 수명(受命)기관이 행정규칙에 위반하여도 위법이 되지 아니하며, 반대로 행정규칙에 따랐다는 사실만으로 수명기관의 행위가 적법하게 되는 것도 아니다. 물론 앞서 본 것처럼 "특별한 사유가 없는 한" 행정청은 행정규칙인 "처분기준에 따라 행정처분을 함이 보통"[45]일 것이고, 법원도 이를 존중하여 재판을 할 것이다. 다만, 그렇지 않은 경우도 얼마든지 생길 수 있다. 그런데 만약 이런 일이 빈번히 일어난다면 행정규칙을 발하는 발령기관이나 행정규칙을 내부적으로 준수해야 할 수명기관이나 모두 불만스러울 수밖에 없다.

---

45) 대법원 1993. 6. 29. 선고 93누5635 판결.

그래서 행정부는 행정규칙 형식에 담겨있던 제재처분기준을 부령이나 대통령령 형식으로 공포하여, 자신들이 만들어 놓은 기준의 대외적 구속력을 확실하게 확보하려고 했다. 부령이나 대통령령도 행정부가 만드는 행정입법인 점에서는 같으나 행정규칙과는 달리 대외적 구속력이 있는 법규명령의 대표적인 형식이기 때문에 제재처분기준 등이 대통령령이나 부령에 규정되어 있으면 법원도 그것의 대외적 구속력을 부인할 수 없지 않겠는가라는 생각에서였다. 그러나 법원은 대통령령, 부령의 형식에 담긴 이들 처분기준들도 그 실질은 행정규칙에 불과하다고 하여 그것의 대외적 구속력을 인정하지 않는 태도를 오랫동안 유지해 왔다.

판례에 나타나 있는 사실관계를 하나 정리해 보자. 대법원이 제재처분의 기준을 정한 훈령(행정규칙)에 대하여 대외적 구속력을 부인함에 따라 교통부장관은 훈령을 폐지하고 1982년 7월 31일에 교통부령 제724호로 「자동차운수사업법 제31조 등의 규정에 의한 사업면허의 취소 등의 처분에 관한 규칙」을 제정하였다. 그러나 '대법원 1984. 2. 28. 선고 83누551 판결'은 위 부령에 대해서도 그 대외적 구속력을 부인하였다. 위의 규칙이 비록 "부령의 형식으로 되어 있으나 그 규정의 성질과 내용이 자동차운수사업면허의 취소처분 등에 관한 사무처리기준과 처분절차 등 행정청 내의 사무처리준칙을 규정한 것에 불과한 것이므로 이는 교통부장관이 관계행정기관 및 직원에 대하여 그 직무권한행사의 지침을 정하여 주기 위하여 발한 행정조직 내부에 있어서의 행정명령의 성질을 가지는 것"에 불과하다는 것이 그 이유였다.[46)]

형식은 부령으로 되어 있으나 행정 내부사항을 규율하는 행정규칙으로서의 실질에는 변함이 없고, 그 부령의 제정에 상위 법령의 위임도 없으므로 일종의 형식 남용이 아니겠느냐는 것이었다. 행정부가 법률의 근거도 없이 그냥 자신들의 행정입법 제정권한에 의거하여 형식만 부령으로 만든 것을 법원이 그대로 승인할 수는 없다는 취지이기도 했다. 법원의 이러한 해석에 행정측이 불만을 가졌음은 당연하다. 행정부는 헌법에서 인정하고 있는 법규명령의 형식 중 하나인 부령의 대외적 구속력을 부인한다는 것은 타당하지 않다고 반박한다. 또한 법률의 근거 없이 부령으로 재량준칙의 내용을 정한 것이 문제라면 재량준칙의 내용을 담은 부령을 발령할 수 있다는 점을 '법률에 명시적으로 수권해 두면 되지 않겠는가'라는 생각에서, 예컨대 다음의 ②와 같은 법률규정을 신설하게 된다. "① 교통부장관은 6월 이내의 기간을 정하

46) 비교적 오래된 판례이다보니 이 판례는 행정규칙을 '행정명령'으로 표기하고 있다.

여 사업의 정지를 명하거나 면허 또는 등록의 일부 또는 전부를 취소할 수 있다. ② 제1항의 규정에 의한 처분의 기준과 절차, 기타 필요한 사항은 교통부령으로 정한다."

그러나 판례는 위와 같이 법률의 수권을 받아 제정된 제재처분기준에 대해서도 대외적 구속력을 부인해 버렸다.[47] 이러한 판례의 태도에 대해 비판이 없을 수 없었다. 대통령령, 총리령, 부령은 그 내용에 관계없이 헌법이 규정하는 법형식으로서 「법령 등 공포에 관한 법률」이 정하는 절차에 따라 제정된 법규명령이고, 대외적 법률관계를 규율하는 법규범으로서 효력을 가진다. 또한 판례가 부령형식으로 된 제재처분기준은 상위 법령의 위임을 받았건 받지 않았건 관계없이 대외적 구속력이 없다고 판단하는 까닭이야 나름 이해되는 바가 있지만,[48] 대부분의 제재적 처분기준에는 개별적 처분기준 외에 사정에 따라 제재의 정도를 가감할 수 있는 일반적 처분기준도 있어 행정이 위 처분기준에 따른다고 하더라도 기계적으로만 안건처리를 하는 것이 아니라는 점도 지적되고 있다.[49]

이런 비판을 의식하여 판례는 이후 부령형식이 아니라 대통령령의 형식으로 제정된 제재처분기준은 대외적 구속력이 있는 법규명령이라고 판시하였다.[50] 다만, 동일한 법규명령 형식 중에서 대통령령은 법규명령으로 보고 부령은 법규명령이 아니라고 보는 기준은 밝히지 않아 이 역시 논란이 되었다. '대법원 2006. 6. 22. 선고 2003두1684 전원합의체 판결'은 부령으로 정한 처분기준의 법적 성질에 대하여 침묵하였다.

---

47) 대법원 1995. 10. 17. 선고 94누14148 전원합의체 판결 참조.

48) 제재처분기준의 대외적 구속력을 인정하게 되면 그 기준에 따른 행정청이 처분에 대하여 법원이 통제를 할 수 없게 되므로(법원은 대외적 구속력 있는 법령에 따라 재판해야 하므로), 결과적으로 구체적 사안에서 형평을 도모할 수 없게 된다는 것이 법원의 생각인 듯하다. 즉, 법원이 위 기준에 구속된다면 처분기준에 따라 행한 처분이 너무 가혹하다고 주장하는 원고의 주장에 손을 들어 주기가 어렵게 된다.

49) 홍정선, 행정법원론(상), 박영사, 2010, 233쪽. 제재처분기준에 따라 기계적으로 행정처분을 하게 된다면, 위 처분기준은 재량을 부여한 법률의 취지와 달리 처분행정청으로부터 사실상 재량을 박탈하는 효과를 초래하게 된다.

50) 대법원 1997. 12. 26. 선고 97누15418 판결.

더공부해보기/생각해보기/토론하기

1. 일본 행정법학에서는 행정과정론이 한때 유행했다. 한국 행정법학에서도 이를 적극적으로 수용하는 논자가 있다. 행정과정론의 의의를 알아보고, 이런 접근이 여전히 유의미할 것인지 혹은 유의미하려면 어떤 조건이 갖추어져야 하는지를 토론해보자.

전통적인 행정법 이론은 행정주체와 시민과의 외부(법)관계에 초점을 맞추어 왔다. 그러나 이런 식의 부분적 고찰만으로 복잡한 행정의 전모를 충분히 법적으로 평가할 수 없다. 자동차운송사업면허가 내려지는 과정을 예로 들어 보자. 거기에는 시장의 교통계획 수립, 위원회의 자문, 이해관계인을 위한 공청회 개최, 노선결정의 방법, 사업의 내용 등에 대한 행정지도 등 사업면허라는 외부효를 가진 최종결정에 앞서는 많은 중간과정의 행정활동이 존재한다.[51] 구속력 있는 '대외적' 행정결정이 내려지기까지는 행정 '내부'의 다양한 기관이 연루되어 있다. 행정조직 내부의 조사-심의위원회의 자문-계획의 책정-내부기준의 설정-이해관계인의 청문-결정안의 작성-결재 등이 차례로 진행된다. 이해관계인 그리고 주민들 간의 의견의 조정 · 통합 · 합의를 목표로 하는 행정의 내부적인 정책조정과정도 필요하다. 이러한 부분들을 모두 행정법적 고찰에서 제외하는 것은 타당하지 않으며 어떤 방식으로든 그것들에 대한 규범적 평가가 필요하다는 인식이 공감을 얻게 되면서 일본에서는 그 '규범적 평가'를 위한 행정과정론이 등장하였다.[52]

행정과정론은 법률에 의한 행정의 원리를 보완한다는 측면이 있다. 이 이론은 행정청의 결정이라는 결과(이는 주로 종국적 결정인 행정행위로 나타난다)에만 주목하지 않고 그것이 이루어지는 과정, 특히 내부과정에 관심을 갖는다. 따라서 주민참여절차, 행정절차 등이 관심의 영역으로 들어오게 된다. 이러한 각 과정과 절차, 즉 의견조정의 절차는 의회민주주의의 결함을 보충하며, 행정의 법률적합성 원칙 못지않게 행정활동의 정당성의 근거로 기능한다. 그 점에서 행정과정론은 경직된 법치행정원리, 형해화한 의회민주주의를 어느 정도 보완할 수 있는 이론으로 평가된다.[53]

다만, 그 구체적인 내용을 채워나가는 것은 앞으로 「행정절차법」 등의 몫이라고

51) 박윤흔, 최신행정법강의(상), 50쪽.

52) 한국 행정법학에서는 김철용 교수가 행정과정론을 적극 수용한다. 그는 행정흐름론이라는 명명 아래 행정조사, 행정정보, 행정절차, 행정평가를 하나로 묶어 설명하고 있다. 김철용, 2024, 409쪽 이하.

53) 박윤흔, 최신행정법강의(상), 50쪽.

하겠다. 김철용 교수는 처분기준(특히 재량준칙)의 공표를 규정한 「행정절차법」 제20조의 의의를 강조하면서,[54] 이것이 "행정과정을 통제가능하게 함으로써 민주적인 행정과정의 창설에 기여한다"고 평가한다.[55] 그러면서 본문에서 본 2009두7967 판결의 원심인 대전고법의 2008누3096 판결을 지지한다. 이 판결이 처분기준의 공표에 방점을 찍고 있다고 보기 때문이다.

2. '대법원 2006. 6. 22. 선고 2003두1684 전원합의체 판결'은 사례문제로 자주 가공되어 출제되는 판례이다. 사실관계를 정리해보고 다수의견과 별개의견도 비교해보자. 특히 별개의견은 선행처분에서 정한 제재기간이 경과한 후에도 그 처분의 취소를 구할 법률상 이익이 있다고 보는 다수의견의 결론에는 찬성하지만 그 이유는 다르게 제시하고 있다. 어느 입장이 타당한지 토론해보자.

1. [사실관계] 설계감리전문업체인 X는 환경영향평가서를 부실하게 작성하였다는 이유로 Y(경인지방환경관리청장)으로부터 구 환경영향평가법에 의하여 환경영향평가대행 업무정지 1개월 처분을 받았다. X는 업무정지 기간동안 3건의 환경영향평가대행계약을 체결하였다. 환경영향평가법 제12조, 그 시행규칙 제10조 별표에 정해진 처분기준에 의하면 평가대행자가 업무처분기간 중 신규계약에 의하여 환경영향평가대행업무를 한 경우 1차 위반시 업무정지 6개월, 2차 위반시 등록취소를 각 명하도록 규정하고 있었다. X에 대한 업무정지 1개월의 기간이 경과한 후에 X는 업무정지 1개월 처분의 취소를 구하는 소송을 제기하였다.

2. [다수의견] 제재적 행정처분이 그 처분에서 정한 제재기간의 경과로 인하여 그 효과가 소멸되었으나, 부령인 시행규칙 또는 지방자치단체의 규칙(이하 이들을 '규칙'이라고 한다)의 형식으로 정한 처분기준에서 제재적 행정처분(이하 '선행처분'이라고 한다)을 받은 것을 가중사유나 전제요건으로 삼아 장래의 제재적 행정처분(이하 '후행처분'이라고 한다)을 하도록 정하고 있는 경우, 제재적 행정처분의 가중사유나 전제요건에 관한 규정이 법령이 아니라 규칙의 형식으로 되어 있다고 하더라도, 그러한 규칙이 법령에 근거를 두고 있는 이상 그 법적 성질이 대외적·일반적 구속력을 갖는 법규명령인지 여부와는 상관없이, 관할 행정청이나 담당공무원은 이를 준수할

54) 재량준칙이 공표되지 않으면 시민은 자신에 대한 처분이 불평등취급인가에 대해 확인할 수 있는 방법이 없다. 그러나 「행정절차법」에 의해 재량기준의 공표가 의무로 강제되고 있으므로 자기구속의 법리를 전개할 수 있는 기반이 정비된 셈이다.

55) 김철용, 2024, 239쪽.

의무가 있으므로 이들이 그 규칙에 정해진 바에 따라 행정작용을 할 것이 당연히 예견되고, 그 결과 행정작용의 상대방인 국민으로서는 그 규칙의 영향을 받을 수밖에 없다. (…) 규칙이 정한 바에 따라 선행처분을 가중사유 또는 전제요건으로 하는 후행처분을 받을 우려가 현실적으로 존재하는 경우에는, 선행처분을 받은 상대방은 비록 그 처분에서 정한 제재기간이 경과하였다 하더라도 그 처분의 취소소송을 통하여 그러한 불이익을 제거할 권리보호의 필요성이 충분히 인정된다고 할 것이므로, 선행처분의 취소를 구할 법률상 이익이 있다고 보아야 한다.

3. [대법관 이강국의 별개의견] 다수의견은, 제재적 행정처분의 기준을 정한 부령인 시행규칙의 법적 성질에 대하여는 구체적인 논급을 하지 않은 채, 시행규칙에서 선행처분을 받은 것을 가중사유나 전제요건으로 하여 장래 후행처분을 하도록 규정하고 있는 경우, 선행처분의 상대방이 그 처분의 존재로 인하여 장래에 받을 불이익은 구체적이고 현실적이라는 이유로, 선행처분에서 정한 제재기간이 경과한 후에도 그 처분의 취소를 구할 법률상 이익이 있다고 보고 있는바, 다수의견이 위와 같은 경우 선행처분의 취소를 구할 법률상 이익을 긍정하는 결론에는 찬성하지만, 그 이유에 있어서는 부령인 제재적 처분기준의 법규성을 인정하는 이론적 기초 위에서 그 법률상 이익을 긍정하는 것이 법리적으로는 더욱 합당하다고 생각한다. 상위법령의 위임에 따라 제재적 처분기준을 정한 부령인 시행규칙은 헌법 제95조에서 규정하고 있는 위임명령에 해당하고, 그 내용도 실질적으로 국민의 권리의무에 직접 영향을 미치는 사항에 관한 것이므로, 단순히 행정기관 내부의 사무처리준칙에 지나지 않는 것이 아니라 대외적으로 국민이나 법원을 구속하는 법규명령에 해당한다고 보아야 한다.

13

행정법관계의 내용 - 공권과 공의무

13.1. 공권을 둘러싼 논의들

13.1.1. "권리는 진보적 사회이념의 구현에 기여할 수 있는가?"[1)]

공권론에 본격적으로 들어가기에 앞서 행정상 법률관계, 그 중에서도 특히 행정법관계의 성립에서 가장 중요한 요건인 행정주체의 우월한 의사표시, 즉 행정행위를 먼저 언급하지 않고 곧바로 공권 부분부터 살펴보는 이유에 대해 언급해둘 필요가 있다. 행정법의 체계 혹은 논리적 구조를 설명하기 위해 제3장에서 설명한 사례를 다시 떠올려보자. 그 경우에도 설명은 처분(행정행위)과 법률상 이익(공권)으로 이어지는 순서를 따랐다. 행정법 사례 문제를 보더라도 대체로 대상적격(처분에 해당하는지 여부)을 묻고 이어서 원고적격을 질문하는 순으로 출제가 된다. 그래서 서술 순서는 행정법관계의 성립·변경·소멸의 원인으로서의 행정행위를 앞세우고, 이어서 그러한 원인에 의해 성립한 행정법관계의 내용으로서의 공권을 배치하는 것이 논리적이라는 생각을 할 수 있다. 쉽게 말해 공권력행사가 있어야 그것에 의해 주어지는 공권 혹은 그것에 대항하는 상대방의 권리도 있다는 식이다. 그러나 나는 공권의 지평을 꼭 이런 독일식 논리(특히 보호규범이론)의 프레임에 가두어둘 것은 아니라고 생각하기에 공권을 먼저 앞세웠다. 일단 이 점을 염두에 두고, 공권을 이해하는 출발점으로 다음의 글부터 읽어보자.

1) 알란 헌트, 이상수 옮김, "권리는 진보적 사회이념의 구현에 기여할 수 있는가", 민주법학 제7호, 1993, 309, 311쪽 참고.

“현대 행정활동은 전통적인 공권의 관념으로 파악된 실체법상의 권리 또는 이익을 가지는 자 이외의 자에게도 널리 영향을 미친다. 또한 시민의 권리의식이 성장하면서 시민운동, 주민운동이 고양되고 있어 행정에 대한 시민 · 주민의 관심도 커지고 있다. 이러한 상황을 행정법이 충분히 반영할 수 있으려면 공권관념과 이에 기초한 행정소송제도에도 변화가 일어나야 한다. 즉, 행정에 의해 직접적으로 자기이익이 침해되거나 영향을 받는 자에 한하지 않고 시민 일반과 공유하는 이익이라도 이를 개별 · 구체적으로 주장하여 자기 및 자기가 그 구성원으로 있는 집단을 위해 다투는 자에게도 ‘권리’가 주어지고 행정소송의 길이 열려야 한다. 만약 이러한 길이 트이지 않는다면 행정영역의 상당 부분은 시민들의 간섭과 통제로부터 자유로운 채 방치될 것이고, 그 당연한 결과로 법원의 판단으로부터도 자유롭게 될 것이다. 이는 현대 행정에 대한 법적 대응이라는 점에서는 실로 불만스러운 일이 아닐 수 없다.”[2)]

“현대 사회에서는 언론이 매우 중요한 역할을 하고 있다. 행정소송을 제기하면 그것에 내포된 중요한 문제가 세상 사람들의 이목을 집중시키고, 잠자는 여론을 일깨울 수 있다. 따라서 법원은 행정소송이 공익적 성격을 띠면 띨수록 제소자(提訴者)에게 더 개방적이 되어야 한다. 법원은 사회적 · 경제적 약자인 시민이 권력자인 행정기관과 대등한 입장에서 논의하는 것을 가능하게 해주는 거의 유일한 공적 장소(포럼)이다. 심리절차의 문제들 때문에 현실적으로 시민이 행정과 완전히 대등한 입장에서 다투는 것이 어렵긴 하지만, 앞으로 이러한 문제들을 해결해 간다면 법원에서의 ‘다툼’이 지금보다 더 중요한 의미를 갖게 될 것이다. 최근 주민의 권리의식이 고양되는 현상을 반영하여 시민에 의한 자치를 현대 행정의 중심관점으로 삼아야 한다는 주장도 나오고 있거니와, 행정소송에서 시민의 이니셔티브를 인정하여 더욱더 시민편의적인 행정이 가능해진다면 시민은 더 이상 행정객체가 아니라 행정의 한쪽 주체가 될 수 있을 것이다. 사법(司法)의 장을 통하여 단지 위법한 행정을 사후적으로 고치겠다는 생각만 할 것이 아니라, 행정의 독선을 배제하고 더욱더 적정하고 타당한 행정을 요구하는 절차로서의 예방통제적 기능을 사법심사에 부여하는 것도 가능하다고 생각해야 한다.”[3)]

자유주의 법이론가뿐만 아니라 자칭 진보적이고 급진적인 입장을 가진 사람들도 소송을 통해 법적인 권리를 요구하거나 권리실현을 모색하는 것은 진보적 사회운동에 기여할 수 있다고 본다.[4)] 위의 글도 이런 흐름에 동참하면서 ‘현대 행정’에 대한

2) 藤谷正博, アメリカ行政法の研究 – 当事者適格法理の発展, 御茶の水書房, 1986, 3-4쪽.

3) 藤谷正博, 위의 책, 6-7쪽.

4) 알란 헌트, 이상수 옮김, 앞의 논문, 301쪽.

법적 대응의 한 방안으로 공권의 확대와 법원의 역할 강화를 주문하고 있다.[5)]

그런데 실제로 사회변화를 향한 투쟁에서 주관적 권리에 기초한 전략이 명백히 긍정적인 역할을 하는 것일까? 그런 주장과 실천 그리고 그것에 기초한 성과는 권리에 대한 자유주의적 신념에서 기인한 환상에 불과한 것은 아닐까? 환경운동의 영역에서 환경소송전략은 여러 다양한 목소리와 입장을 지배적 권리 담론의 틀 안에 억지로 구겨넣음으로써 - 예컨대 원고적격이 인정될 수 있는 사안만을 소송으로 다투는 식으로 - 사회적 투쟁을 파편화시키지 않을까? 후지야 마사히로(藤谷正博)는 "법원은 사회적·경제적 약자인 시민이 권력자인 행정기관과 대등한 입장에서 논의하는 것을 가능하게 해주는 거의 유일한 공적 장소(포럼)이다"라고 기술하고 있지만, 권리전략과 소송과 그것의 무대로서의 법원이 왜 '하나의 방법과 장소'가 아니라 거의 '유일한 방법과 장소'로 제시되고 있는지도 문제삼아야 하지 않을까? 시민은 법원이 아닌 다른 공적 기관(예컨대 대체적 분쟁해결절차를 주재하는 기관)에서 행정과 맞설수 있고, 그 절차를 공적 포럼으로 만들 수도 있다. 나아가 집회시위는 시민을 권력자와 대등한 존재로 만든다. 거리와 광장은 아주 중요한 공적 포럼이다. 그것을 포기할 이유가 없는 것 아닌가?

권리를 사회진보를 위한 전략의 중심에 놓는 것에는 동의하지 못한다고 해도, 권리를 사회진보를 위한 하나의 수단으로 사용하는 것까지 부정할 것은 아니다. 다만, 이것이 가능하려면 권리와 소송을 동일시하는 기존의 자유주의적 권리담론을 비판해야 하며, 그것을 넘어서야 한다. 그람시적 용어로 표현하면 대항헤게모니의 구축(the construction of counterhegemony)이다. 대항헤게모니 혹은 역헤게모니의 구축에서 가장 중요한 단계는 여러 담론을 제시하는 것이다. 구체적으로 이것은 기존에 헤게모니를 갖고 있는 담론의 요소에 여전히 의존하면서도 그 담론을 초월하는 요소를 도입하는 일을 의미한다. 권리론으로 설명하자면 전통적인 개인적 권리에서 출발하여, 그것의 한계를 넘어서는 사회적이며 집단적인 권리를 권리담론 안에 집어넣는 것이다. 초월적 기도로서의 대항헤게모니를 강조하는 것은 존재하는 것을 부정하는 것이 아니다. 이것은 "상식"(common sense)을 "양식/분별지"(good sense)로 만들려는 것이고, 이렇게 해서 기존의 "상식"에 새로운 요소 혹은 특징이 우선적으로 정착할

5) 이 쟁점과 관련해서는 필자도 이미 다음 논문을 통해 간략히 의견을 밝혀놓았다. 이계수, "정부정책을 다투는 행정소송에서 법원의 역할 - '제주지방법원 2010. 12. 15. 선고, 2010구합34 등 판결'에 대한 비평을 중심으로", 일감법학 23호, 2012, 323-362쪽.

수 있도록 하는 것이다. 이러한 과정은 결국 한때 지배적이었던 요소가 약화되고 사그라지게 하는 효과를 낳는다.[6]

왜 이렇게까지 해야 하는가? 권리담론이 우리 사회에서 행사하는 주류 이데올로기로서의 헤게모니를 무시할 수 없기 때문이다. 모든 것을 권리로 전환하거나 끌어올리려는 시도가 횡행하는 현실에서 권리를 포기하고 법학을 전개할 수는 없다. 다만, 그 법학이 진보적 사회이념을 구현하는 데 기여하려면 주류 담론의 권리에서 출발하되 새로운 권리의 가능성을 드러내고 새롭게 대항헤게모니를 구축하는 일을 게을리하면 안 된다. '모든 권리는 부르주아적이다'라고 비판하는 것으로 논의를 끝내서는 안 된다는 얘기다.[7] 행정법학으로 돌아와보자. 이 곳에서 공권은 행정청의 처분(행정행위)에 의한 불이익한 결정과 그것을 다투는 상대방의 권리로서만 논의되어 온 측면이 강하다. 이것은 행정법상의 권리가 되려면 반드시 이를 다툴 수 있는 소송의 길이 열려 있어야 한다는 관념을 강화한다. 그러나 나는 권리와 소송을 분리해야 하고, 소송의 파급효과를 지나치게 과장하지 않는 것이 중요하다고 생각한다. 포르스토프도 "이론적으로는 주관적 공권 개념을 제소가능성(Einklagbarkeit)과 분리하는 것이 타당하다."[8]고 지적한 바 있다. 객관법으로서의 행정법규가 사회적 형성작용의 수단이라고 한다면, 주관법으로서의 권리 또한 그 목표와 전혀 무관해서는 안 된다. 물론 개인적 주관적 권리와 사회적 집단적 권리를 서로 대립시킬 필요는 없다. 그러나 지배적인 행정법 해석학 내에서 개인-주체와 권리 사이의 연계가 너무나 강력하기 때문에 사회적이며 집단적 권리를 상상하는 일이 결코 쉬운 일은 아니다. 그럼에도 불구하고 그러한 권리들을 사고하고 논리적으로 구축하며, 실천적으로 관철하는 것은 향후 행정법학의 중요한 과제가 되어야 한다. 이 대목에서 다시 한번 레옹 뒤기의 공역무론과 객관법사상을 생각하게 된다.

사회적이며 집단적인 권리를 상상하기 위해 구체적으로 어떤 사례를 생각해야 하는가? 나는 이를 '공물로서의 도시론'(이소베 츠토무; 磯部力[9]), '도시에 대한 권리'(앙리

---

6) 알란 헌트, 이상수 번역, 앞의 논문, 309쪽. 번역은 필자가 적절히 수정하였다. good sense를 이상수 교수는 선의라고 번역했으나, 보통은 양식(良識)으로 옮긴다. 필자는 이를 상식에 도전하는 '분별지'(分別智)로 번역하였다.

7) 알란 헌트, 이상수 번역, 위의 논문, 328쪽 참고.

8) Ernst Forsthoff, *Lehrbuch*, 187쪽.

9) 磯部力, "公物管理から環境管理へ - 現代行政法における「管理」の概念をめぐる一考察", 国際化時代の行政と法, 良書普及会, 1993, 46쪽 이하.

르페브르[10]) 그리고 이를 조금 더 행정법학적으로 가공한 개념인 '경관(景觀)에 대한 권리'(존 어리[11])로 풀어나갈 수 있다고 생각한다. 그리고 바로 이 도시에 대한 권리 담론이 레옹 뒤기의 객관법론 전통이 강한 프랑스 사회학에서 처음 등장했다는 사실에도 주목할 필요가 있다.[12]

13.1.2. 권리와 이익, 실체법과 절차법 - 청구권모델 대 소권(訴權)모델

공권이란 무엇인가? 행정법상의 권리이다. 실체법상의 공권개념은 흔히 소송법상의 법률상 이익과 거의 같은 개념으로 사용하는데, 그렇다면 실체법과 절차법의 관계는 어떠한가? 권리와 이익 개념은 얼마나 가깝고 먼가(가령 법률상 이익과 반사적 이익의 구별)? 그리고 공권과 기본권의 관계는 또 어떠한가? "기본권이 어떠한 내용적 방향성을 제시해주지도 않았고(제국헌법), 기본권의 직접적 효력이라는 것도 아직 없었던"[13] 19세기 말에 형성된, 독일 행정법에 고유한 권리개념인 공권이라는 카테고리를 앞으로도 계속 유지해야 할까?

앞에서 인용한 후지야마의 논의로 돌아가보자. 그의 논지는 미국 행정법, 그 중에서도 당사자적격(원고적격)의 법리를 검토하는 과정에서 나왔다. 미국법적 발상이라는 얘기다. 반면, 독일법에는 저런 생각이 낯설다. 당사자적격을 확대하려면 환경소송 등에서 법원의 역할이 강화되어야 한다. 독일법은 그것에 부정적이다. 실체적 권리/청구권이 없으면 소송은 가능하지 않다고 생각한다. 독일 행정법학자 부흐하임(J. Buchheim)은 이를 청구권모델(Anspruchsmodell)이라고 설명한다. 그리고 이와 다른 발상으로 실체행정법, 행정절차법 및 행정소송법의 상호관계에 관한 테제로 소권('악치오')모델(Aktionenmodell)을 대치(對峙)시킨다.[14] 이 모델은 행정소송법의 실체법에 대

10) 68혁명(1968년) 이후 프랑스 사회학자인 앙리 르페브르가 도시에 대한 권리를 주장했다. Henri Lefebvre/ Birgit Althaler(Übersetzung), *Das Recht auf Stadt*, Edition Nautilus, 2016.

11) 존 어리, 윤여일 옮김, 사회를 넘어선 사회학 - 이동과 하이브리드로 사유하는 열린 사회학, 휴머니스트, 2012.

12) '공물(公物)로서의 도시론', 르페브르의 도시에 대한 권리에 관한 자세한 사항은 필자의 다음 글들을 참고하라. 이계수, 반란의 도시, 베를린, 쓰리체어스, 2023. 이계수, "도시에 대한 권리와 주택 사회화를 위한 투쟁(1) - 베를린 사례를 중심으로", 일감부동산법학 제24, 2022, 185-251쪽.

13) 미하엘 슈톨라이스, 이종수 옮김, 독일 공법의 역사, 271쪽.

14) Johannes Buchheim, *Actio, Anspruch, subjektives Recht - Eine aktionenrechtliche Rekonstruktion des Verwaltungsrechts*, Mohr Siebeck, 2017.

한 강한 부종성(附從性)을 주장하는 독일의 지배적 학설(청구권모델)과 달리 어떤 특정 문제가 법질서 내에서 어떻게 규율될 것인지는 실체적인 제(諸) 기준, 행정절차법 및 행정소송법을 서로 결합한 형태로 고찰함으로써 비로소 밝혀진다고 주장한다. 지배적 견해는, 행정소송법의 역할이 이미 실체법에 정해져 있는 청구권들을 소송을 통해 관철하는 요건과 그 제한을 규정하는 것에 국한된다고 본다. 반면 소권모델은 실체행정법(실체법)과 행정소송법(소송법)을 동등하게 취급하며, 두 법 영역의 상호 결합을 강조한다.[15] 이 모델은 소송과 법원, 판사의 중요성과 역할을 강조할 수 있다는 점에서는 장점이 있지만, 법원의 재량적 개입(특히 편향적인)을 강화할 수 있다는 비판도 받고 있다.[16]

13.1.3. 독일 공권론의 역사 – 의의, 전개, 평가

그렇다면, 왜 독일법에서는 실체법을 중시하는 청구권모델이 지배적 견해로 자리잡은 것일까? 이것 또한 독일 헌정사와 연계해서 설명해야 이해가 쉽다. ① 다음 장에서 자세히 설명하겠지만(특히 더공부해보기 2번), 독일의 공권론은 독일의 행정재판제도와 밀접히 연결되어 있다. 독일의 란트들, 특히 19세기 프로이센국은 신민들이 영주의 고권에 맞서 '기득권'을 주장하던 봉건국가를 극복하려고 했고, 그 과정에서 주관적–개인적 공권에 대해 부정적 시각을 드러냈다. 이것이 행정재판제도 도입의 지체 및 행정재판 설계에서의 타협체제를 만들어냈다.[17]

② 이러한 타협체제 아래에서 공권은 입헌군주국가가 '실체법'적으로 허락한 범위까지만 인정될 수 있었다. 19세기 독일의 공권개념은 그 무엇이 되었건 19세기 독일 제 영방(Land)의 행정재판소법상의 권리침해 혹은 청구권 조항들과 밀접히 연결되어 있었다. 여러 란트의 행정재판소법이 권리침해, 청구권을 행정소송의 제소요건 중 하나로 도입하였고, 이를 명시하지 않은 란트도 행정재판소에 소를 제기하기 위한 요건으로 권리침해가 필요하다고 해석하였으므로,[18] 권리/공권의 탐색은 행정재

15) 신철순, "행정법의 '소권'(actio)중심적 이해에 관한 연구 – 소권과 청구권, 권리의 상호관계를 중심으로", 난송회(엮음), 행정법학의 도전과 과제, 경인문화사, 2023, 712쪽.

16) 신철순, 위의 글, 715쪽 참고.

17) Heiko Faber, *Verwaltungsrecht*, 220쪽 참고.

18) 작센주가 대표적이다. 김찬희, "주관적 공권론의 의의와 한계 – 오트마 뷜러의 이론을 중심으로 –", 행정법연구 제69호, 2022, 184쪽.

판에 출소할 수 있는 자격을 판정하는 의미가 있었다.

여러 란트의 행정재판소법 조문은 다음과 같았다(밑줄은 필자).[19]

(1) 프로이센 일반란트행정법 제127조 제3항 제1호(1883. 7. 30) –"계쟁결정이, 특히 행정청들이 그들의 관할 내에서 제정한 행정입법을 포함한, 실정법을 잘못 적용하거나 적용하지 않음으로써 원고의 권리가 침해된 경우" 소를 제기할 수 있다.

(2) 뷔르템베르크 행정재판법 제13조 제1항(1876. 12. 16) –"고등행정재판소는 (…) 여기에서 정하고 있는 예외를 제외하고는, (…) 누군가 공법에 근거하여 내려진 행정청의 결정 또는 처분이 법적으로 근거가 없다는 것과 이로써 자신의 권리를 침해당했거나 자신의 의무가 아닌 의무가 부과되었다는 것을 주장하는 경우에는 판결을 내린다."

(3) 바이에른 고등행정재판소법 제8조(1878. 8. 8) –"이 법에서 의미하는 행정사건은 다음의 사항에서의 모든 다툼이 있는 모든 법적 청구권 및 의무이다."

③ 그렇다면 바이마르 공화국 이후에도 이러한 상황이 달라지지 않은 이유는 무엇일까? 이것을 설명하려면 '실정법'과 실체법을 구분해야 한다. 청구권모델에서 원고적격을 근거짓는 주관적 공권 혹은 법률상 이익은 실체법에서 도출되는 것이지 실정법에서 도출되는 것은 아니다. 가령 바이마르 공화국헌법상의 각종 사회적 기본권은 실정법이었지만 실체법으로 대접받지는 못했다.[20] 그렇다면 실체법은 무엇인가? 그것은 후술할, 오트마 뷜러가 정리한, 자유주의적–개인주의적으로 이해된, 실정법에 의해 보호되거나 보호되는 것으로 해석되는 보호규범을 말한다.[21] 바이마르 공화국 이래 독일의 부르주아계급은 '법–권리'를 통한 사회주의적 혁명을 두려워한 나머지 권리개념의 확장을 시도하지 않은 채, 자신들의 욕망과 필요만큼만 법원에서 실체적 권리(부르주아적 재산과 영업의 자유)로 보장받으면 된다는 방어적 태도를 취했다. 이것이 독일 공권의 확장을 막았다. 이런 상황은 1949년 이후의 기본법 체제 하에서도 큰 틀의 변화 없이 유지되었다.

19) 김찬희, 위의 논문, 180, 182-183쪽에서 재인용.

20) 우리 헌법의 환경권조항이 실정법이지만 행정실체법으로 취급되지 않는 것도 같은 얘기다. 대법원 2006. 3. 16. 선고 2006두330 전원합의체 판결 참고.

21) 독일의 공권론을 두고 근대의 국가현실과는 잘 맞지 않는 극도의 개인주의의 표현라고 비판하는 견해에 대해서는 다음을 참고할 것. Ernst Forsthoff, *Lehrbuch*, 185쪽.

④ 그러면 독일에는 자유주의적-개인주의적 공권모델과는 다른 생각을 펼치는 흐름은 없었던가? 그렇지는 않다. 독일 공권론의 원조격인 게르버는 전혀 다른 공권 개념을 주장한 바 있다. 게르버의 공권론은 현재 독일과 한국 행정법학의 주류적 담론인 개인주의적 공권론과는 거리가 먼 것이었다.[22] 그가 처음 군주와 신민의 관계를 공권으로 파악했을 때, 공권의 의미는 공공체(Gemeinwesen)로서의 국가의 실현을 위한 수단에 불과했다.[23] 개인적 공권이 성립한다고 해도, 그것은 자연적 인간으로서의 개인에게 주어지는 권리가 아니라 국가의 구성원으로서의 개인에게 주어지는 권리였다. 이로써 게르버에게 공권은 전체와의 결합 속에서 개인에게 부여되는 권리임이 분명했다.[24]

게르버는 1865년의 『독일헌법체계 강요』에서 국가를 법학적으로 파악하는 입장을 전면적으로 내세웠는데, 그 이전 그의 초기 저술인 『공권론, 1852』 단계에서는 사뭇 다른 입장을 취하고 있었다. 그는 국가를 주관적 권리의무의 주체로 파악하는 국가인격론 사상과 국가를 객관적으로 자립한 기초 위에 정초하려는 공공체(혹은 유기체)로서의 국가사상 사이에는 강한 긴장관계가 있음을 자각했다.[25] 『공권론』을 집필할 당시 게르버는 이 점을 의식했기에 국가인격이라는 관념을 사용하는 것에 대해 우려하는 마음이 컸다. 국가유기체에 근거한 공권을 강조한 것도 이런 맥락이다. 거래생활의 법률학적 필요성에 도움을 주기위한 목적 밖에 없는 의제적 존재인 법인이라는 개념으로는 국가를 파악할 수 없으므로 국가를 유기체로 파악하고, 이로부터 공권을 논해야 한다는 입장이었다. 그러다가 『강요』를 출간하던 1860년대에는 국가법인설을 채택하는 쪽으로 선회했다. 이로써 공공체(公共体)로서의 국가라는 사상을 유지하기는 했지만, 공권에 근거한 공공체의 형성이라는 초기의 문제관심은 점차 잃어버리고 만다.[26]

왜 그랬을까? 게르버도 그러했고 라반트도 마찬가지였지만, 그들은 공권을 논할 때 어떤 식으로도 이를 사권과 결부시켰다. 가령 게르버는 공권을 군주의 권리, 관

22) Ernst Forsthoff, *Lehrbuch*, 185쪽 각주 3번.

23) 西村清貴, 近代ドイツの法と国制, 成文堂, 2017, 73-74쪽.

24) C. F. Gerber, *Über öffentliche Rechte*, 1852, 27-59쪽. 정하중, “독일 공법학에 있어서 권리의 개념”, 행정법연구 제6호, 2000, 27쪽에서 재인용.

25) 西村清貴, 앞의 책, 55-56쪽.

26) 西村清貴, 위의 책, 83-90쪽.

리의 권리, 신민의 권리로 나누고, 주로 의회구성원으로서 활동하는 것을 그 내용으로 하는 신민의 권리를 특정한 사법상의 지위의 취득(특정한 토지의 취득)과 결부하여 논의했다.[27] 이런 태도는 의미심장하다. 1860년대는 어떤 시기인가? 바야흐르 비스마르크가 주도한 프로이센 헌법갈등이 시작된 시기이다. 비스마르크는 집권시기 내내 자유주의자, 카톨릭주의자, 사회주의자와 투쟁했다. 그런 시기에 공공체(혹은 유기체)로서의 국가라는 사상을 계속해서 발전시켜나가기는 쉽지 않았을 것이다. 그리고 또 하나, 프로이센 선거법을 언급해야 한다.

1849년에 제정된 3등급 선거제도는 이전의 선거제도와는 달리 재산이나 소득이 없는 자들에게도 선거권을 부여하여 적어도 성인남성들에게는 보통선거의 원칙을 구현하였다. 하지만 이러한 보통선거는 실제로 큰 효과가 없었다. 엄격한 불평등선거제도였기 때문이다. 프로이센에서는 의원을 선거인단이 선출하는 방식을 취했는데 선거인을 선출하는 유권자를 납세액에 따라서 세 개의 집단으로 나누었다. 1850년을 기준으로 1등급에는 유권자의 4.7%인 15만 3천 명, 2등급에는 12.6%인 40만 9천 명, 3등급에는 82.7%인 2백 69만 1천 명이 속했고 각 등급은 해당선거구의 선거인을 3분의 1씩 선출하였다. 아직 농경사회의 성격이 강했던 1850년대 초반에는 3등급 선거제도가 보수주의에게 유리한 선거결과를 가져왔다. 하지만 1850년대를 지나면서 산업자본과 금융자본이 빠른 속도로 성장함에 따라 국민국가적 통일과 의회주의를 지향하는 시민계급이 1등급과 2등급에서 차지하는 비율이 늘어나면서 1860년대에는 오히려 상황이 역전되는 결과가 나타났다.[28] 이런 상황에서 게르버 같은 자유보수주의자가 계속해서 유기체적 국가론을 주장하고 공민(Staatsbürger)의 주체적 역할을 강조할 수는 없었을 것이다. 반면, 독일 민법전이 초래할 세상에 대한 어두운 예감 아래, 민법전에 "한 방울의 사회주의의 기름부음"이 필요하다고 말했던 (1.1.1.), 기르케는 19세기말과 20세기초에 걸쳐 유기체적 국가론과 실체적 단체인격에 관한 이론을 거리낌없이 계속해서 주장할 수 있었던 것이다.

⑤ 공공체에 대한 관심상실과 함께 1860년대에는 새로운 제도적 변화가 가세했다. 행정재판소의 설치이다. 1870년대에 독일의 제 란트에서 행정재판소가 본격적으로 설치·운영된 이래 독일의 공권론은 점점더 개인주의적 담론으로 기울었다. 그

27) 西村清貴, 위의 책, 59-74쪽.

28) 송석윤, "프로이센 헌법갈등 연구", 서울대학교 법학 45권 3호, 2004, 355쪽.

결정판이 1914년에 나온 뷜러의 공권론이었다. 이런 흐름을 뒤집으려는 극단적인 시도가 나치스 시기의 주관적-개인적 공권 부정론이었다.[29] 1935년에 헤르베르트 크뤼거는 "주관적 권리 대신에 인민공동체"를 주장했다.[30] 마운츠-뒤리히 『헌법주석서』의 저자이자, 기본법 제1조(인간의 존엄)를 해석하면서 '인간은 국가행위의 단순한 객체가 되어서는 안된다'는 이른바 객체공식을 제시했던 테오도르 마운츠의 전력은 아이러니하다.[31] 그는 1936년에 "주관적 공권의 종말"은 이미 사실이 되어버렸다고 공표해버렸다.[32] 공권 혹은 권리가 이런 식으로 소멸하는 것을 지지할 수는 없다. 다만, 자신의 권리를 끝까지 주장하는 일은 설령 불법은 아닐지라도 평화를 저해해 끔찍한 결과를 빚을 수 있음도 자각할 필요가 있다. 예컨대 하인리히 폰 클라이스트 소설의 주인공 '미하엘 콜하스'처럼 말이다.[33] 게르버처럼 공공체로서의 국가의 실현을 위한 수단인 공권을 주장한다고 하더라도, 이때의 공공체는 공동체주의(communitarianism)가 아니라 코뮤니즘(communism)의 관점에서 이해된 그것이어야 한다는 점도 분명히 해둘 필요가 있다(2.1.1.). 아무튼 뒤기처럼 주관적 공권 부인론까지 나아가지 않는다고 하더라도, 독일식의 이기주의적-개인주의적 권리로서의 공권론을 극복해야 한다. "사권과 달리 공권은 동시에 의무를 수반한다. 공권보유자는 공권이 존재하는 객관적 이유에 따라 공권을 행사해야 한다"[34]라고 명시적으로 말

---

29) 독일 공권론의 역사를 정리한 나카가와 교수는 뷜러의 공권이론 다음에 곧바로 나치스 시대 공권이론을 다루고, 그 서술의 중심에 '개인주의적 공권이론비판'을 배치하고 있다. 中川義朗, ドイツ公権理論の展開と課題 - 個人の公法的地位論とその権利保護を中心として, 法律文化社, 1993, 206-213쪽.

30) Herbert Krüger, in: *DV* 1935, 37쪽. Michael Stolleis, 위의 책, 364쪽에서 재인용.

31) 귄터 뒤리히는 1958년에 마운즈-뒤리히 기본법 주석서의 제1조 부분을 처음 집필할 때부터 이런 주장을 했다. 자세한 것은 필자의 다음 논문을 참고할 것. 이계수, "인간존엄과 민주법학 - 노동, 젠더, 장애", 민주법학 제63호, 2017, 12쪽 이하.

32) Theodor Maunz, "Das Ende des subjektiven öffentlichen Rechts", in: ZgStW 96, 1936, 71쪽 이하. Michael Stolleis, *Geschichte des öffentlichen Rechts in Deutschland*, 제3권, C. H. Beck, 1999, 364쪽에서 재인용. 나치스 시기 법률가들의 사고, 특히 개인주의적 공권이론 비판에 대해서는 다음 문헌도 참고할 것. 헤린더 파우어-스투더, 박경선 옮김, 히틀러의 법률가들 - 법은 어떻게 독재를 옹호하는가, 진실의 힘, 2024, 67-81쪽.

33) 니클라스 루만, 윤재왕 옮김, 사회의 법, 새물결, 2014, 579쪽. 루만은 클라이스트가 『미하엘 콜하스』의 첫 문장에서 주인공 콜하스를 '정직하면서도 동시에 끔찍하기 그지없는 사람'이라고 성격묘사한 대목에 주목한다.

34) Carl Friedrich v. Gerber, *Über öffentliche Rechte*, 1852, Neudruck 1912, 26쪽. 西村清貴, 앞의 논문, 38쪽에서 재인용.

한 게르버의 공권론을 변증법적으로 지양(Aufhebung)하는 것에 대한 위험성을 생각하는 이라면 먼저, 헌법 제24조의 재산권 조항을 다시 읽어보기를 권한다. 권리의 의무성, 즉 "재산권은 의무를 수반한다"(Eigentum verpflichtet, 기본법 제14조 제2항 제1문)는 것은 헌법적으로도 승인된 사고이다.

⑥ 민주주의적 헌정국가는 개인적으로 그리고 집단 안에서 전체에 영향을 미치는 인간들의 책임 있는 행동에 의해 존재하고 현실화한다. 인간들이 자신의 이기심만을 충족시키려 들면 민주주의는 불가능하다. 민주주의란 정치적 자유를 의미하고, 그것의 핵심은 개개인과 국민의 자기결정권 및 자기지배권이다. 시민들은 정치적 협력권을 행사할 권리는 물론 의무를 진다. 그들은 공동체에 대해 책임을 진다는 자세로, (경제적) 인간(homme)으로서, 나아가 공민·시민(citoyen)으로서 자신에게 주어진 역할을 감당해야 한다. 모든 공민이 공동체를 위한 정치적 참여의 권리를 갖는다는 것, 이 점이 민주주의 이론의 공유재산이다. 공익을 위해 헌신하는 것이 자기이익 혹은 집단이익을 추구하는 것보다 가치 있는 것으로 권고되고 평가되어야 한다. 또한 모든 국민은 평등하므로 국가의 조치에 의해 그러한 임무가 어떤 특정인이나 집단에 의해 독점되거나 과점되어서는 안 된다.[35)]

그러나 행정소송을 통해 개인의 이익도 관철시키고 동시에 공익도 옹호한다는 식의 관념은 독일에서는 생소했다. 정치혁명/사회혁명을 완수하지 못한 독일의 부르주아 계급은 정치적 공민(Bürger)으로서의 역할은 방기한채 경제적-개인적 인간(Bourgeois)으로서의 이익주장에 집중했다. 이러한 정치-법문화는 자신의 주관적-개인적 권리 그 이상을 법정에 가져오는 사람을 공익의 대변자·공중의 대리인(Sachwalter der Allgemeinheit)을 참칭하는 자로 보아 배척하였다. '공익은 행정이 알아서 한다.' 반면 자신의 고유한 이익을 주장하는 자, 나아가 그 이익을 공익이라고 생각되는 것에 반하여서까지 주장하려는 자에 대해 법원은 환영하는 자세를 취했다.[36)] 이것이 독일 행정법학과 실무가 처한 근본적인 한계였다.

---

35) Bernhard W. Wegener, "Rechtsschutz für gesetzlich geschüzte Gemeinwohlbelange als Forderung des Demokratieprinzips?" *Humboldt Forum Recht*, 2000/3, 출처: https://www.rewi.hu-berlin.de/de/lf/oe/hfr/deutsch/2000-03.pdf.

36) Bernhard W. Wegener, 위의 논문, 같은 곳 참고.

13.2. 공권과 반사적 이익에 관하여

13.2.1. 주관적 - 개인적 공권의 성립요건

그러면 이제 본격적으로 주관적-개인적 공권은 어떻게 성립하는지 검토해보자. 공권에는 국가적 공권과 개인적 공권이 있다. 그러나 오늘날 국가적 공권에 주목하는 교과서는 거의 없다. 고권주체에게 책무를 할당하더라도, 통상의 경우에는 그들에게 주관적 공권을 부여하지 않는다. 고권주체 혹은 그의 기관이 국가적 공권을 가질 수 있는 경우란, 이들 주체 혹은 기관에게, 필요하다면 재판을 통해 다른 고권주체를 상대로 주장할 수 있는 독립된 법적 지위가 부여된 경우로 한정된다. 이 경우 해당고권주체에게 보장된 법적 지위는 특별한 공공의 이익을 대변하기 위한 것으로 이해되고 있다.[37] 국가기관의 원고적격을 인정하는 독일에서나 원칙적으로 이를 인정하지 않는 한국에서나 행정법학이 아주 중요하게 다루는 공권은 국가적 공권이 아니라 주관적-개인적 공권이다. 그래서 공권이라고 하면 곧 이것을 지칭한다. 이 주관적-개인적 공권(이하 주관적 공권이라 함)은 독일 공법의 기본 카테고리(Grundkategorie) 중 하나이다.[38]

독일에서는 뷜러 이전에도 주관적 공권에 대한 논의와 연구가 이루어졌지만, 이 개념을 체계적으로 정의한 것은 오트마 뷜러(1884-1965)가 처음이었다. 주관적 공권에 대한 논의는 오랫동안 '주관적 공권이라는 개념이 성립 가능한 것인가'에 머물러 있었다. 게오르그 옐리네크(1851-1911)와 플라이너(Fritz Fleiner, 1867-1937)가 주관적 공권 개념을 자세하게 다루려고 노력은 했지만, 그것의 정의에는 이르지 못했다고 평가된다.[39] 뷜러는 선행연구를 기반으로 행정법 영역에서 주관적 공권의 성립을 3요

---

37) Sodan/Ziekow, 550쪽(71장 2a번).

38) Sodan/Ziekow, 549쪽(71장 1번).

39) 김찬희, 앞의 논문, 172쪽. 게오르그 옐리네크의 3지위론이라고 흔히 얘기되는 소극적 지위, 적극적 지위, 능동적 지위는 국가에 대한 국민의 종속적·수동적 지위를 전제로 하면서, 국가권력을 제한(완화)하는 역할을 했다. 그의 지위론이 개인주의적 공권론의 토대를 제공한 것은 틀림이 없다. Ernst Forsthoff, *Lehrbuch*, 186쪽 각주 1번 참고. 다만, 그의 지위론에서 보편적·일반적 지위 혹은 출발점은 수동적 지위(im passiven Status), 즉, 국가의 지배에 복종해야 할 지위(status subjectionis)라는 점에서 여전히 국가주의에 갇혀있는 공권론의 면모를 보여준다. Georg Jellinek, *System der subjektiven öffentlichen Rechte*, 2. Aufl., 1905, 86쪽.

소설을 통해 검토했다.[40)]

공권도 권리인 이상 그것의 성립요건을 따져보아야 한다. 그런데 권리는 공법과 사법에서 각각 다르게 성립한다. 민법에서는 A와 B가 법률관계를 형성하면 서로서로 권리를 보유하고 의무를 진다. 그러나 행정법에서는 이렇게 말할 수 없다. 국가가 과세권을 행사하면 상대방인 시민(사인)은 과세의무를 진다. 만약 시민이 이 의무를 이행하지 않으면 국가는 행정상 강제징수절차에 들어간다. 반면 국가가 행정법상 의무를 지고 있는 경우 시민에게는 어떤 권리가 발생할 것인가? 통상의 경우라면 국가가 의무를 지는 것이 특정 시민 C의 권리를 발생시키지는 않는다. 행정법규에 근거하여 국가(행정주체)가 일정한 의무를 지는 것은 공공의 이익을 보존하고 확보하는 데 있지 특정인의 권리를 보장하기 위한 것이 아니기 때문이다. 따라서 국가의 의무에 대응하는 것은 일반공중의 이익이 되고, 일반공중만이 의무의 이행에 대한 권리를 갖는다는 식으로 논리가 구성된다.

그러나 일반공중은 구체적으로 인식 가능하거나 개별적으로 특정 가능한 인적 범위가 아니다. 개별 시민(특정인)은 일반공중의 대리인 혹은 대표라고 할 수 없으므로 (소송상의) 대표자 혹은 공중의 한 부분으로서 의무이행에 대한 권리를 주장할 수도 없다. 따라서 특정인이 혹은 일정한 범위로 한정된 사람들이 국가에 대해 무엇인가를 요구할 수 있으려면 그들은 개인적 권리를 가져야 한다. 그렇다면 특정인이 국가를 상대로 개인적 권리를 주장할 수 있는 경우란 언제인가? 입법자가 법률에 권리를 명시하면 개인적 권리가 성립한다.

실제로 명시적으로 개인이 행정을 상대로 곧바로 권리를 주장할 수 있음을 법으로 정해둔 경우가 있다. 예컨대 「공공기관의 정보공개에 관한 법률」 제5조 제1항은 "모든 국민은 정보의 공개를 청구할 권리를 가진다"고 명시하고 있다. 「사회보장기본법」 제9조도 "모든 국민은 사회보장에 관한 관계법령이 정하는 바에 의하여 사회보장의 급여를 받을 권리(이하 "사회보장수급권"이라 한다)를 가진다"고 규정하고 있다. 이 조항은 「정보공개법」만큼 분명하게 국민 개개인의 권리를 확정하지는 않고 있으나 – 구체적인 권리내용의 확정이 관계 법령에 위임되어 있으므로 –, 개별법에서 사회보장급

40) Ottmar Bühler, *Die subjektiven öffentlichen Rechte und ihr Schutz in der deutschen Verwaltungsrechtsprechung*, Berlin · Stuttgart · Leipzig 1914, 21쪽 이하. 김찬희, 위의 논문, 172-176쪽.

여의 지급을 규정하고 있는 경우 그 사회보장급여는 국가가 사회보장행정을 의무적으로 집행한 덕에 얻는 반사적 이익이 아니라 개인이 국가에 대하여 갖고 있는 권리의 실현이라는 점을 분명히 하고 있다.[41] 이런 법조항들이 있으면 주관적 공권이 발생했는가에 대해 특별히 논의할 필요가 없다. 공권의 성립이 법률적으로 확정되어 있기 때문이다.

그러나 이런 식으로 권리를 법령에 명시하는 경우는 오히려 예외에 해당한다. 왜냐하면 법률은 일반의지의 표현이고, 그것은 기본적으로 공동체 전체의 이익을 향해 있기 때문이다. 따라서 통상의 경우에는 입법자가 일반공중 외에 특정인 또는 일정한 범위의 '국민'을 위해서도 국가에게 의무를 지우고 있는지를 먼저 조사해야 한다. 뷜러에 의하면, 이를 위해 검토해야 할 것은 우선 두 가지이다. 먼저, 국가에게 의무를 지우는 법규 - 뷜러는 이를 강행법규(der zwingende Rechtssatz)라고 불렀다 - 가 존재하는지를 밝혀내야 한다. 그런 다음에는 국가가 지는 그 의무가 일반공중이 아닌 특정인 혹은 일정한 범위의 국민을 대상으로 하는지가 검토되어야 한다. "공법은 본질적으로 공익을 위하여 제정되는 것이기 때문에",[42] 당해 법규가 공익 외에 사적 이익의 보호도 동시에 목적으로 하고 있는지를 밝혀내야 한다. 여기에 하나만 더 추가한다면 그런 국가의 의무를 강제할 수 있는 힘이 법규에 의해 상대방에게 주어져 있는가를 확인해야 한다.[43] 이 세 요소를 갖춘 법규가 있으면, 명시적으로 권리를 부여하는 규정이 없어도, 당해 법규로부터 공권을 도출해낼 수 있다. 이것이 주관적 공권의 근거인 법규의 3요소 혹은 줄여서 공권성립의 3요소라고 한다. 뷜러가 이 이론을 발표한 1914년이나 지금이나 3요소 중 가장 중요한 것은 두 번째 요소이다. 지금까지 공권성립 여부를 거의 '보호규범이론'(Schutznormtheorie)의 관점에서 설명해 온 배경도 이 때문이다. 보호규범이론은 뷜러의 공권 3요소설 중 제2의 요소에 집중하는 이론이기 때문이다.

---

41) 김철용, 행정법 II, 박영사, 2008, 394쪽.

42) 김찬희, 앞의 논문, 174쪽.

43) 이 세 번째 요소는 1949년 독일 기본법 제정 이후에는 사실상 그 의미를 상실했다고 평가된다. 기본법 제19조 제4항 제1문이 국민에게 포괄적 권리보호를 보장하였기 때문이다.

13.2.2. 주관적 공권과 반사적 이익의 구분

뷜러의 공권론 그리고 그것의 계승인 보호규범이론은 주관적 공권과 반사적 이익을 비교적 명확하게 구분한다. 반사적 이익은 법의 보호를 받을 수 없는 이익이어서 그것이 침해되어도 소송에 의해 구제를 받을 수 없다. 게오르그 옐리네크는 "법질서가 권리영역을 직접 개인에게까지 확장하는 것을 목적으로 하지 않은 경우에도 공익을 담당하는 공법상의 법규가 국가기관에게 일정한 작위 혹은 부작위를 명하고, 그에 따른 행위 혹은 불행위의 결과가 특정한 개인에게 이익이 될 수 있다. 이런 사안이라면 공법상의 반사효를 말할 수 있다"라고 하면서, 법적인 반사효 개념(Der Begriff der rechtlichen Reflexwirkung)을 처음으로 정식화한 이는 예링이라고 인정했다.[44] 19세기 독일 민법학에서의 권리 개념 논쟁, 즉 의사설과 이익설 중 후자를 대변했던 예링은 자신의 저서 『로마법의 정신』에서 다음과 같이 썼다.

> "모든 이익이 법적 보호를 필요로 하는 것은 아니다. 그리고 그럴 만한 능력을 갖고 있는 것도 아니다. 무언가 어떤 이익을 보호하는 법률이 있다고 해서 그 법률이 주관적 의미의 권리, 즉 (개인에게) 그러한 보호를 주장할 청구권을 부여하는 것도 아니다. 특정한 제조업 부문의 이익을 위해 보호관세를 도입하는 법률이 당해 공장주들에게는 이익을 준다. 즉, 그 법률은 공장주들의 사업부문을 지원하고 보호하지만, 그럼에도 불구하고 그들에게 어떠한 권리를 부여하는 것은 아니다. 그렇다면 이는 (권리에 대한) 앞의 정의와 모순되는 것이 아닌가? 권리란 법적으로 보호되는 이익이라고 하지 않았는가? 그 대답은 다음과 같다. 이 경우에는 단지 반사효과(Reflexwirkung)만이 존재한다. 물론 권리와 가장 유사하지만 그만큼 조심스럽게 권리와는 구분되어야 한다. 국가는 사실 자신의 이익을 위해 법률을 제정하지만 그것이 공장주의 이익과 상치되는 것이 아님은 물론이다. 즉, 갑이 자기의 조카딸인 을이 결혼하는 경우 지참금을 주겠다고 유증(遺贈)했을 때 을의 남편될 이가 유증재산의 지불을 법적으로 청구할 수 없듯이, 공장주도 보호관세법률이 집행을 법적으로 청구힐 수 없나. 그 법률의 적용은 공장주들의 의욕 혹은 비의욕과는 무관하며 단지 담당관청의 손에 달려 있다."[45]

44) Georg Jellinek, *System der subjektiven öffentlichen Rechte*, 2. Aufl., 1905, 69-70쪽.

45) Rudolf v. Jhering, *Geist des römischen Rechts auf den verschiedenen Stufen seiner Entwicklung*, Dritter Teil, 5. Aufl., 1906, 351-352쪽.

예링이 반사효를 설명하면서 보호관세 법률을 예로 든 것은 의미심장하다. 후발자본주의국가 독일의 입법자가 법규의 제정을 통해 자본가 계급을 보호할 수는 있지만, 그들이 그로 인해 언제나 권리자가 되는 것은 아님을 자각해야 한다는 메시지가 이 설명에서도 읽힌다. 자본주의 발전의 기관차는 국가와 행정관료들이지, 자본가계급은 그들의 직접적인 이해가 침해되는 경우에만 국가에 대항할 수 있다. 이것이 19세기 독일 공권론의 정치적 맥락이다. 그리고 이 독일적 공권 개념의 특수성을 생각한다면, 공권개념이 시대와 상황에 따라 유동적으로 변할 수 있는 것은 너무나 당연하다.[46] 나치스 시대에는 공권개념이 아예 종말을 맞이하기도 했지 않는가.

전후 사회보장법 영역에서 공권의 인정이 전향적으로 바뀐 것은 기존에 반사적 이익 혹은 권리가 아닌 것으로 보았던 것을 개인적 공권으로 인정해도 문제가 없을 정도로 독일 경제가 성장했기 때문이라는 지적도 있다.[47] 그러므로 법원이 사회적 급부와 관련한 사인들의 주장 및 요청에 대해 내리는 결론, 즉 그것을 공권으로 볼 것인지, 아니면 단순한 주장으로만 볼 것인지 - 행정의 입장에서 보면 사인들의 주장 및 요청에 응하는 것이 사인의 권리에 대한 대응인지, 아니면 단지 시혜적 조치에 불과한 것인지 - 에 대한 판단은 법 논리만이 아니고 사회경제적 논리의 영향을 받는다. 그 점에서 공권에 대한 해석에서는 공권의 규범적 이해와 함께 공권의 정치경제학적 의미도 분석할 필요가 있다.

13.2.3. 주관적 공권과 반사적 이익 - 사례

주관적 공권과 반사적 이익의 구분을 조금 더 쉽게 이해하려면 사례를 검토하는 것이 좋다. 뒤에서 다시 공부하게 될, 행정행위로서의 허가와 특허에 대해 설명한 교과서의 해당 부분을 읽다 보면 허가를 받은 자가 누리는 이익 혹은 지위는 반사적 이익인 데 반해, 특허를 받은 자가 누리는 이익 혹은 지위는 법률상 이익 혹은 공권이라는 식의 설명을 접하게 된다. 행정법을 처음 공부하는 학생들은 이 대목에서 다소간의 혼란을 일으킨다. 우선 다음의 사례들을 검토해 보자.[48]

---

46) Ernst Forsthoff, *Lehrbuch*, 187, 189쪽 참고.

47) Michael Stolleis, “Verwaltungsrechtswissenschaft in der Bundesrepublik Deutschland”, 242-243쪽.

48) 아래의 사례는 홍정선, 행정법연습, 2001, 신조사, 130쪽(사례 8)을 적절히 변형한 것이다.

【사례】 ① A는 적법하게 허가를 받아 유흥주점을 경영하던 중 권한있는 행정청으로부터 위법하게 허가를 취소당하였다. ② 인근지역에 동종 업종이 없어 사실상 독점적으로 유흥주점을 경영해 오던 기존업자 A의 점포 옆에서 B가 신규로 유흥주점 허가를 받아 영업을 하게 되었다. 그런데 B의 허가신청은 요건이 미비(未備)된 것이었다. ③ A는 적법하게 면허를 받아 여객자동차운수사업을 경영하던 중 권한있는 행정청으로부터 위법하게 면허를 취소당하였다. ④ 갑지역과 을지역 사이를 독점적으로 운행하는 기존업자인 A의 운행노선과 동일한 노선에 B가 신규로 여객자동차운송사업면허를 받아 영업을 하게 되었다. B의 면허신청은 요건이 미비된 것이었다. 각 사안에서 첫째, A는 자기 영업(사업)에 대한 취소처분을 항고소송(취소소송)으로 다툴 수 있는가? 둘째, A는 B에 대한 신규허가 혹은 신규면허를 항고소송(취소소송)으로 다툴 수 있는가?

통설의 설명에 따라 위의 사안을 설명해보자. 첫째, ①, ③에서 A가 침해받은 것은 적법하게 영업할 권리이다. 따라서 A는 이를 항고소송으로 다툴 수 있다. 이에 대해서는 이견이 없다. 그러나 둘째, ②에서 A가 받는 불이익은 반사적 이익이지만, ④에서 A가 받는 불이익은 법률상 이익 혹은 공권이라고 한다. ①, ③과 ②, ④의 차이가 무엇일까? ②, ④에는 ①, ③에 등장하지 않는 B가 나타난다. 이른바 삼각관계라고 할 수 있다. ②, ④에서 지금 허가를 받은 자는 B이다. 허가를 한 자는 관할 행정청이다. 이것을 지금 제3자인 기존업자 A가 문제 삼고 있다.

②에 대해서는 이렇게 설명한다. 기존업자 A가 사실상 독점적으로 유흥주점을 경영함으로써 얻는 이익은 단순히 반사적 이익에 불과하다. 유흥주점 허가와 관련한 법규는 식품위생과 식품거래안전 등 오로지 공적 질서유지에만 복무할 뿐 유흥주점 허가를 받은 개인의 사적 이익의 보호를 목적으로 한 것이 아니므로, 허가요건을 갖추지 못한 신청에 대하여 허가가 위법한가 여부는 행정이 알아서 판단할 터이니 그에 대해 말할 권리가 없는 A는 침묵해야 한다. 반면, ④에 대해서는 다르게 말한다. 특허를 받은 자가 누리는 이익 혹은 지위는 주관적 공권 혹은 법률상 이익이다. 관할 행정청이 B에게 한 신규 면허처분과 관련하여 A는 비록 제3자의 지위에 있기는 하지만 독점적 영업에서 나오는 이익은 반사적 이익이 아니라 권리 혹은 법률상 이익이므로 A는 침해된 그 법률상 이익의 회복을 위해 항고소송을 제기할 수 있다.

이처럼 먼저 허가를 받아 영업을 하고 있는 자가 누리는 이익이 제3자와의 관계에서 반사적 이익에 불과하다는 사실과, 허가받은 자가 국가를 상대로 자신의 허가

영업상 권리를 주장할 수 있다는 것은 차원이 다른 것이다.

여기서 우선 뷜러의 공권론으로 돌아가서, 1914년 당시 뷜러가 공권론을 전개하면서 발견해낸 공권의 실체가 무엇인가 하는 점을 생각해보자. 그는 공권론의 집필을 위해 19세기 말 20세기 초에 판시된 각 영방국가의 행정재판소 판결을 참고했는데, 그로부터 찾아낸 사실은 입헌군주제 하에서 주관적 공권 개념의 쓰임새였다.[49] 그는 이 개념이 신민의 소송가능성을 제한하는 역할을 수행했다는 것, 즉 표면적으로는 신민의 권익구제를 위한 개념이었지만, 실질적으로는 행정의 권한 범위 내지 행정재판소에 의한 통제범위를 조정하는 수단으로 기능하는 개념이었다는 사실을 밝혀내었다.[50] 즉, 주관적 공권은 제3자의 원고적격을 제한하는 기능에 충실한 개념이었다.[51]

13.2.4. 독일식 공권을 보완하는 제도로서의 건축부자유의 원칙

그런데 이 제3자의 원고적격이 쟁점으로 등장하는 사례의 상당수는 건축관련 분쟁과 연관되어 있다. 건축행정청이 甲의 건축안(建築案)이 건축법규에 위반됨에도 불구하고 건축을 허가하고 - 건축허가라는 말로 뭉뚱그려 말했지만, 이 건축허가에는 주택건설사업(아파트 건축) 계획 승인이라든가, 공장설립에 대한 허가 등을 모두 포함된다 - 이를 인근 주민 乙이나 마을 사람 丙이 다투는 케이스가 이에 해당한다. 이런 분쟁에서 법원은 乙, 丙과 같은 제3자의 원고적격을 엄격히 따져, 제3자의 주장이 자신의 법률상 이익을 넘는 것을 다투는 것이면 이를 허용하지 않는 식으로 판결을 해왔다. 법원이 이런 판단을 해온 이유에 대해서는 이미 설명한 바 있다. 독일 행정법과 한국 행정법은 이 점에서 별반 다를 바가 없지만, 양자 사이에는 무시할 수 없는 차이가 하나 있다. 바로 건축자유의 원칙과 건축부자유의 원칙이다.

각국의 토지이용제도는 그 나라의 토지이용에 관한 역사적 배경과 국민의 토지에 대한 관념 등에 따라 다양한 양상을 보이지만, 모든 나라가 토지이용규제의 원활화와 토지 관리의 효율화를 위해 토지이용 계획제도를 두고 있는 점은 같다. 토지이용

---

49) 참고로 독일의 행정법원은 2차 대전 이전과 이후 그 소속 및 독립성 등에서 차이를 보이므로 2차 대전 이전의 행정법원을 설명할 때는 이를 전부 '행정재판소'로 표기하였다.

50) 김찬희, 앞의 논문, 185-186쪽.

51) 김찬희, 위의 논문, 181쪽.

제도는 대체로 토지의 건축적 이용의 자유와 관련하여 건축자유를 바탕으로 하는 용도지역제와 건축부자유를 바탕으로 하는 계획적 토지이용제도(지구상세계획을 기본으로 하는 제도)로 구분되고 있다. 미국, 일본, 한국이 전자에 해당하고 독일과 영국의 토지이용제도가 후자에 해당한다.52) 특히 독일의 경우, 게마인데(기초자치단체)가 B-플랜(Bebauungsplan)53)을 수립해 놓지 않은 지역에서의 건축적 토지이용은 전혀 불가능하다.54) 이 독일식 방식을 건축부자유의 원칙이라고 한다. 한마디루 계획이 없으면 개발은 불가능하다. 여기서 개발이란 토지를 현재와 다른 형태로 이용하거나 건축한다는 것을 의미한다.

건축부자유의 원칙은 전국의 토지를 개발제한구역으로 간주하는 발상이다. 개인이 토지를 소유하고 있다고 해서 마음대로 사용하는 것이 아닌, 그야말로 전 국토가 그린벨트나 마찬가지인 것이다. 예컨대 어떤 토지가 그린벨트로 지정되면 그 땅에 대한 개발(=건축)은 원칙적으로 금지된다. 이로 인한 재산상의 손실은 소유자가 수인해야 하며, 수인한도를 넘지 않는 한 국가나 지방자치단체는 해당토지를 매수할 의무도 없다. 반면 한국에서는 이러한 원칙이 오랫동안 관철되지 못했다. 오히려 독일과는 반대로 계획이 없으면 개발은 자유롭다는 '건축자유의 원칙'이 당연한 듯이 통용되어 왔다.

이 얘기를 왜 하는가? 독일이나 우리나 제3자의 법적 지위와 관련하여 공권 개념을 협소하게 해석하는 것은 마찬가지여서 건축관련 분쟁에서 제3자가 해당 '건축허가'(공장설립허가 등을 포함)를 다툴 수 있는 가능성은 낮지만, 그래도 독일에서는 우리처럼 제3자(이웃주민 등)가 어떤 건축물이나 시설이 들어서는지도 알지 못하다가 뒤늦게 이를 다투어야겠다고 마음 먹는 식의 상황전개가 상대적으로 많지 않다는 얘기를 하고 싶어서다. 계획이 없으면 건축이 없고, 건축을 하려면 계획을 수립해야 하는데, 그 계획수립을 위해서는 조기의 주민참여가 보장되고 있기 때문이다. 예컨대 연방건설법전 제3조에 규정되어 있는 주민참가조항을 위시하여 개별 부문 건설-계

52) 류해웅, 부동산 공법론, 탑북스, 2011, 252-253쪽.

53) 우리말로는 지구상세계획으로 번역되는 경우가 많다. 그러나 지구상세계획은 현행법상의 용어가 아니다. '국토계획법'은 지구단위계획이라는 명칭을 사용한다. 현행법상의 지구단위계획이 독일의 B-플랜과 동일하지는 않으므로 B-플랜을 지구상세계획이라고 번역하는 것도 하나의 방법이겠으나, 이하에서는 일단 B-플랜으로 표기하였다. 김종보 교수는 B-플랜을 '독일의 지구단위계획'으로 번역하고 있다. 김종보, 건설법의 이해, 200쪽. 도시관리계획이라고 번역하는 예도 있다.

54) 류해웅, 앞의 책, 345쪽.

획법이 이해당사자 혹은 제3자인 주민의 참가를 규정하고 있다.

> 연방건설법전 제3조 제1항은 "공중(일반주민)은 계획의 일반적인 목적과 목표, 지역의 재설계 및 개발을 위해 검토될 수 있는 완전히 다른 해결책, 계획에 의해 생길 가능성이 있는 영향에 대해 가능한 한 조기(早期)에 공개적으로 보고받아야 한다. 공중(일반주민)에게는 의견표명의 기회(Gelegenheit zur Äußerung und Erörterung)가 주어져야 한다"고 규정하고 있다. 여기서 "조기에"란 "계획이 이미 기본적인 부분에서는 변경의 여지가 없고, 세부사안을 미세조정 하는 것 밖에는 달리 할 게 없는 것과 같은 단계에 달하지 않았을 때"를 의미한다고 해석된다. 공중(일반주민)의 개념도 반드시 토지의 권리자로만 한정되지 않고 넓게 해석되고 있다.[55]

물론 독일에서도 건축주에 대한 건축허가가 건축경찰법적으로 위법하여 혹은 계획확정절차상 하자가 있어 제3자가 다투어야 하는 상황은 존재할 것이지만, 도시계획법적 측면에서 들어서면 안 될 건축물이 들어서는 상황을 인근주민들이 전혀 모르고 있다가 사후에 이를 방어하기 위해 애써 취소소송을 제기해야 하는 상황이 한국처럼 비일비재하지는 않다는 얘기다.[56] 따라서 건축부자유의 원칙은 독일식 개인주의적 공권을 보충하는 중요한 제도로 작동한다.

---

55) 原田純孝, 日本の都市法Ⅱ, 東京大学出版會, 2001, 417쪽. 다만, 제3자 보호적 절차규정이 있다고 해도, 제3자의 원고적격을 인정하려면 다시 행정행위에 의한 실체적 권리의 침해가능성을 심사해야 한다고 보고 있으므로, 독일에서도 제3자의 법적 지위를 좁게 해석하는 공권해석이 취소소송의 제기에 장애가 되는 경우가 적지 않다. 즉, 도시계획법상의 절차적 규정에도 불구하고, 제3자의 법적 지위 보장이 실제로 취소소송을 제기하는 국면에서도 관철될 수 있는가는 사안별로 따져보아야 한다. Hermann Hill, *Das fehlerhafte Verfahren und seine Folgen im Verwaltungsrecht*, 1986, 406-407쪽 참고. 최근 판례로는 BVerwG, Urt. v. 24.11.2011-9 A 24/10-, *NuR* 2013, 184.

56) B-플랜, 즉 지구상세계획의 확정과 제3자 보호에 관한 일반적 설명으로는 Sodan/Ziekow, *Grundkurs*, 551-552쪽(71장 5번).

더공부해보기/생각해보기/토론하기

1. 비교법적 관점에서 볼 때 개인적 권리보호 중심의 독일식 공권론은 오늘날 점차 배척되는 분위기라고 한다. 왜 그런가?

프랑스는 행정소송을 행정작용에 대한 객관적 합법성 통제 중심으로 운영하는 대표적인 나라다. 그 결과 프랑스에서는 법에 의해 추구되고 보호된 공익을 행정소송으로 방어하는 일이 상대적으로 수월하다. 프랑스법상으로도 원고적격에 제한은 있지만 독일에 비하면 매우 완화되어 있다. 통상의 경우 단지 사실상의 이익을 주장하는 것으로 충분하다. 독일을 제외한 프랑스, 영국, 미국, 유럽연합 등 거의 모든 국가는 취소소송을 제기할 원고적격에 권리관념을 결합시키지 않고 '직접적이고 개인적인 이익'(intérêt direct et personnel)의 침해 또는 이익의 '사실상의 침해'(injury in fact)만을 요구하고 있을 뿐이다. 뿐만 아니라 최근 유럽연합법(EU-Recht) 하에서 독일의 공권이론은 점차 배척되는 추세이고, 프랑스식의 '직접적이고 개인적인 이익'이 원고적격의 판단기준으로 정립되고 있다.[57] 주관적 공권이 개인적 권리보호가 아니라, 무엇보다도 객관법을 관철하는 길을 여는 기능을 수행해야 한다는 생각, 즉 (유럽연합)법의 관철을 위해 '시민을 끌어들이는데'(die Mobilisierung des Bürgers) 주관적 공권이 하나의 수단이 되어야 한다는 생각 - 이를 "기능적 주관화"(funktionale Subjektivierung)라고 표현하기도 한다 - 은 유럽법과 대다수 유럽연합 회원국법의 주류적 사고가 되고 있다.[58]

반면 독일에서 행정소송은 여전히 주관적-개인적 공권의 보호수단이다.[59] 본문에서 살펴본 주관적 공권에 관한 이론들은 모두 독일에서 유래한다. 이를 다시 정리해 보면, 객관적인 법규는 그것의 내용이 공익만이 아니라 개인적 이익도 아울러 보호하고 있다고 해석될 때 주관적 권리의 근거가 될 수 있다. 반면 일차적으로 공익에

---

57) 김중권, 2025, 202쪽 참고.

58) Maurer/Waldhoff, 189-190쪽(8장 16번). 또한 독일 공권론의 변화, 기능적 주관화 등에 관한 독일법과 유럽법을 비교한 설명으로 다음의 논문도 참고할 것. Kolja Naumann, "Das subjektive Recht und seine prozessuale Geltendmachung in Deutschland und Europa", 사법 제1권 제22호, 2012, 340-388쪽.

59) 독일 행정법원법은 제42조 제2항과 제113조 제1항은 원고적격과 본안요건(승소요건)에서 모두 '권리침해'를 요구 - 전자에서는 '권리침해의 주장', 후자에서는 '권리가 침해되었을 것'을 요구 - 하고 있으므로 독일에서 공권 개념의 탐구는 여전히 중요하다. 그러나 이러한 독일의 입법례는 보편적이지 않다. 우리만 하더라도 취소소송의 원고적격에 "법률상 이익"만 요구하며, 승소요건은 위법성으로 족하다.

만 복무하는 법규는 개인적 공권을 성립시키지 못한다. 이처럼 공익과 사익을 본질적으로 구별하면 공공의 이해와 관심을 법정에서 방어하는 것이 원칙적으로 불가능해진다. 독일식 공권이론은 바로 이런 점을 노린 이론이라고 볼 수 있다. 원래부터 관료들의 힘이 셌던 독일에서는 공익에 대한 책임은 국가행정이 독점적으로 처리하면 된다는 생각이 강했다. 공익은 행정관료들이 알아서 잘 챙길 터이니 개별 국민들은 각자 자신의 사익이나 신경 쓰라는 논리이다. 그러나 이미 지적했듯이 이런 발상은 점차 설득력을 잃어가고 있다. 이것은 다수에게 분산되어 있는 이익들(diffused interests), 예컨대 환경보호 및 소비자보호와 관련된 이익들이 독일식 행정소송절차에서는 충분히 고려되지 못했다는 반성의 결과이기도 하다.

2. 공권과 기본권은 같은 개념인가, 다른 개념인가? '가장 대표적인 공권이 기본권이다'라고 말해지기도 하지만, 기본권이지만 공권이 아닌 사례도 등장한다. 우리의 경우는 환경권이 대표적인 예이다. 반면, 독일 기본법의 기본권 항목에는 사회적 기본권이 존재하지 않으므로 독일에서 기본권과 공권은 일치한다고 보기도 한다. 그러나 과연 그럴까? 독일에서도 기본권이지만 공권으로 취급받지 못하는 경우가 있다. 사례를 통해 설명해보자.

독일의 실무에서도 헌법상 기본권이지만 행정법상 공권으로 인정되지 않는 케이스들이 있다. '건설법'사례에서 이런 일이 발생한다. 건설법에서 항상 질문은 해당 규정이 인근주민보호적인가에 맞추어져 있으므로 인근주민이 누군지를 명확히 할 필요가 있다. 건설법규정에서 인근주민이란 건설안(건축설계, 주택건설사업계획 혹은 도로건설계획)의 영향에 의해 법적으로 보호받는 이익이 침해되는 모든 자를 말한다. 건설안의 내용에 따라 개별 사안에서 인근주민의 범위는 몇 안되는 사람으로 한정될 수도 있고 혹은 비교적 많은 수의 인근주민이 관련될 수도 있다.[60)]

문제는 건설법의 토지관련성 때문에 인근주민의 범위를 소유자 혹은 물권적 권리자로만 한정해야 할 것인가 하는 점이다. 이것을 긍정한다면 채권법상의 권리자, 예컨대 임차인(세입자) 및 용익임차인은 타인에게 발령된 건축허가를 직접 다툴 수 없게 된다. 기껏 할 수 있는 일은 토지를 대표하는 소유권자에게 부탁하는 수밖에 없다. 학설상 다수가 반대하고 있지만 실제로 독일 연방행정법원은 임차인 등의 공권을 인정하지 않는다. 여기서 주목할 점은 연방헌법재판소의 입장이다. 동 재판소는 1993년의 '임차권 재산권 판결'에서 임차권(Mietrecht) 및 용익임차권(Pachtrecht)

60) Sodan/Ziekow, *Grundkurs*, 550쪽(71장 4번).

을 독일 기본법 제14조 제1항에서 말하는 재산권, 즉 기본권이라고 판시한 바 있다.[61] 그런데 이 판결 이후에도 연방행정재판소는 자신의 입장을 계속 고수하고 있다.[62] 다만, 동 법원은 자동차전용도로의 신설을 위한 계획확정결정이 다투어진 사건에서, 주거의 임차인인 원고들이 건설안(사업계획)이 실현될 경우 발생할 임밋시온에 의한 건강상의 위험을 기본권 제2조 제2항에 근거하여 다툴 수 있다고 했다.[63] 이는 재산권으로서의 임차권에 근거하여 원고적격을 인정한 것이 아니다. 단지 개인인격과 관련한 방어권(personenbezogene Abwehrechte), 예컨대 생명 및 건강권에 기하여 이것이 침해되는 자가 취소소송으로 이를 방어할 수 있는 법적 지위를 인정한 것에 불과하다.[64]

두 연방재판소 사이의 불일치는 한국 행정법학계의 일반적 이해와는 달리 독일에서도 기본권이 곧 공권이 되는 것은 아님을 잘 보여준다. 만약 이런 논리라면 임차인의 권리를 고려하지 않고 발령된 건설안 혹은 주택건설사업계획을 행정소송을 통해 방어할 수 없다는 결론에 이르게 된다. 주민들의 참여하에 조례로 제정하는 B-플랜과 같은 도시계획적 장치뿐 아니라 도시계획확정절차와 같은 제도적 장치가 존재하는 독일에서도 세입자들의 방어권은 이렇게 형편 없는데, 이런 장치도 없는 한국이라면 상황은 더 나쁘게 전개될 수밖에 없다. 건설법상 행정소송을 제기할 수 있는 인근주민의 범위에서 세입자를 제외하는 것과 같은 소유적 개인주의에 의해 뒷받침되고 있는 독일식 공권이론을 계속해서 고집한다면 한국 행정법학의 쇄신은 기대하기 어렵다.

3. 독일 행정법의 이론과 실무에서 인정되어온 무하자재량행사청구권의 개념을 설명하고, 우리 행정소송 실무에도 이런 권리를 인정할 필요성이 있는지 토의해보자.

무하자재량행사청구권이란 재량권의 흠 없는 행사를 청구할 수 있는 공권이다. 행정법규가 행정청에게 재량권을 허용하고 있는 경우, 행정청이 취할 행위(작위 · 부작위)에 대한 사인의 권리가 성립할 여지는 원칙적으로 없다. 그러나 이 경우에도 행정청은 일정한 법적 의무(의무에 합당한 재량을 행사하여야 하는 법적 의무)를 지고

61) BVerfGE 89, 1ff. 이 판결에 대한 평석으로는 이계수, "주거권의 재산권적 재구성 - 강제퇴거금지법 제정운동에 붙여", 민주법학 제46호, 2011, 35-39쪽.

62) BVerwG, *NVwZ* 1998, 956; 또한 VGH Mannheim, *VBlBW* 2006, 394. Sodan/Ziekow, *Grundkurs*, 551쪽에서 재인용. 한편, 우리 대법원도 '대법원 2000. 10. 27 선고 98두8964 판결'에서 지하상가 임차인의 원고적격을 부인하였다.

63) BVerwG, Urt. v. 10.10.2012-9 A 20/11-, *NVwZ* 2013, 645.

64) Sodan/Ziekow, *Grundkurs*, 551쪽(71장 4번) 참고.

있다. 행정청이 재량권을 행사할 때 재량의 법적 한계를 준수해야 하는 '의무'를 진다면 그 한도 내에서 사인은 그러한 의무의 준수를 요구할 '권리'를 가질 수 있다고 보아 이를 개념화한 것이 무하자재량행사청구권이다. 그런데 행정청이 재량의 법적 한계를 준수하지 않았다는 것은 결국 재량의 위법한 행사를 의미하게 되므로, 위법한 재량행사를 바로 다투면 되지 굳이 무하자재량행사청구권을 인정할 필요는 없는 것이 아닐까? 그래서 이러한 청구권을 인정할 필요성 혹은 이 청구권의 유용성은 논란거리다.

이러한 논란을 피하기 위해 무하자재량행사청구권을 거부처분취소소송이나 부작위위법확인소송에서 필요한 권리의 하나로 인정하려는 견해도 있다. 즉, 행정청이 국민의 신청에 대하여 한 거부행위나 부작위가 항고소송의 대상이 되는 행정처분이 될 수 있으려면 국민이 그 신청에 따른 행정행위를 해 줄 것을 요구할 수 있는 법규상 또는 조리상의 권리가 있어야 하는데, 무하자재량행사 청구권을 여기서 말하는 조리상의 권리로 보려는 견해이다.[65] 그러나 그러한 권리를 굳이 무하자재량행사청구권이라는 어려운 개념으로 설명할 필요가 있는가 하는 점은 의문이다. 나아가 독일 행정법 실무에서 이러한 권리가 인정되기에 이른 것은 우리와 달리 독일에서는 항고소송의 본안판단에서 행정행위의 위법성과 권리침해가 함께 심사되기 때문이다. 즉, 다툼의 대상이 된 당해 처분이 위법하더라도 권리침해가 없으면 법원은 이를 취소할 수 없다(행정법원법 제113조 제1항).[66] 이러한 상황에서는 무하자재량행사청구권이라는 권리를 인정하여 권리침해 판정을 받는 것이 매우 중요하다. 그러나 우리의 경우에는 본안에서 행정처분의 위법성만 판단하면 되는 것이므로 무하자재량행사청구권을 굳이 인정할 실익이 없다.

4. 제3자로서의 지위를 허가와 특허에 따라 다르게 부여하는 (전통적인) 견해는 점차 비판의 대상이 되었다. 판례도 일부 영역에서 반사적 이익을 공권으로 격상시키는 노력을 해왔다. 그 결과가 취소소송에서의 원고적격 확대였다. 이러한 변화는 구체적으로 어떻게 나타나고 있는가? 그리고 이를 어떻게 평가해야 할까?

---

65) 김철용, 2024, 777쪽 참고.

66) 독일법에 관한 자세한 소개는 다음을 참고할 것. 최계영, "항고소송에서 본안판단의 범위 - 원고의 권리침해가 포함되는지 또는 원고의 법률상 이익과 관계없는 사유의 주장이 제한되는지의 문제를 중심으로", 행정법연구 제42호, 2015, 114-120쪽.

원고적격의 확대는 인인소송(隣人訴訟)에서 두드러진다. 인인소송의 고전적인 사례로 인근주민에게 연탄공장 설치허가의 취소를 구할 원고적격을 인정한 판결,[67] LPG 자동차 충전소 설치허가의 취소를 구할 원고적격을 인정한 판결을 들 수 있다.[68] 인근주민의 법적 지위는 앞으로 더욱더 확대되는 것이 바람직하다. 한편, 경쟁자(경업자, 경원자)소송에서도 원고적격의 확대 흐름이 나타난다. 이러한 해석의 밑바탕에는 경쟁적 회사들이 서로의 영업을 견제하는 것은 소비자에게 유익하다는 사고가 깔려 있다. 실제로 경쟁자들은 어떤 회사가 그 독점적 지위를 남용하고 있다고 느낄 때 반론을 제기하기에 유리한 입장에 있다.[69] 대법원은 경업자(競業者)와 관련하여 특허기업의 경우 기존업자가 특허로 받은 이익은 법률상 이익이라고 하여, 신규업자가 새로 받은 처분(예컨대 자동차운송사업의 노선연장 인가처분)을 기존업자가 다투는 경우 원고적격을 인정하였다.[70] 반면 허가영업의 경우 경업자의 원고적격을 인정하지 않는 것이 일반적이다.[71]

법원이 제3자의 보호문제에 적극적인 것은 일단 환영할 일이다. 다만, 인근주민과 경쟁업자를 모두 동일한 차원의 제3자로 보아 그들의 공권 혹은 원고적격 확대를 긍정하는 것은 문제라는 지적도 있다. 이에 따르면 전자의 경우 법이 보호하려는 이익은 주민의 생명 · 신체 · 보건 · 환경상의 중요한 법익인 반면,[72] 후자의 경우 법이 보호하려는 이익은 기존업자의 단순한 경제적 이익이라고 한다. 인근주민에게 LPG 자동차 충전소 설치허가의 취소를 구할 원고적격을 인정하는 것과 기존업자의 기득권, 경제적 이익을 보호하기 위해 공권을 확대하는 것을 똑같이 취급할 수는 없다는 논리다. 예컨대 법률의 취지가 시장지배적 세력의 등장을 견제하기 위해 새로운 업자를 선정할 수 있도록 하는 것임에도 불구하고 기존업자의 소 제기로 신규 허가가 취소된다면, 소비자 피해는 물론이고 신규업자의 직업의 자유를 침해할 가능성도 크므로(판례처럼 해석하면 실질적으로 특종 업종에의 진입장벽을 설정하는 결과가 되므로) 이 경우의 공권, 원고적격의 확대에는 신중한 접근이 요구된다는 지적이다.[73]

---

67) 대법원 1975. 5. 13. 선고 73누96 · 97 판결.

68) 대법원 1983. 7. 12. 선고 83누59 판결.

69) G. 팰러스트 외, 조택 옮김, 민주주의와 규제, 이화여자대학교출판부, 2004, 46-47쪽.

70) 대법원 2002. 10. 25. 선고 2001두4450 판결.

71) 김유환, 2024, 544쪽.

72) 환경권이 기본권이기는 하지만 공권은 아니어서 환경권을 근거로 바로 인근주민의 원고적격을 인정할 수는 없다는 것이 대법원의 입장이지만, 주민의 생명 · 신체 · 보건 · 환경상의 중요한 법익을 보호하는 것은 국가의 의무이기도 하므로(객관법으로서의 환경기본권), 이 영역에서의 원고적격 확대는 헌법적으로도 정당화된다. 제7장 더공부해보기/생각해보기/토론하기 2번 참고.

73) 김성수, "주관적 공권과 기본권", 한국행정판례연구회, 행정판례연구Ⅱ, 서울대학교출판부, 1996, 22쪽; 김성수, 일반행정법, 제9판, 법문사, 2019, 160쪽.

그러나 현실에서는 반대의 결과가 발생하고 있다. 대체로 부르주아적 재산과 자유의 이익이 공권으로 편입되는 반면, 인근주민의 이익, 환경권 등 공공성이 강한 이익들의 공권화는 거의 이루어지지 않았다.

5. 인근주민의 법적 지위는 취소소송의 원고적격 확장적 해석을 통해서만 아니라 제3자의 소송참가 보장을 통해서도 고양될 수 있다. 제3자의 소송참가는 어떠한 경우에 이루어질 수 있는지, 우리 행정소송 실무에서 이 제도가 어떻게 해석되고 또한 이용되고 있는지 살펴보자.

1. 「행정소송법」 제16조 제1항에 따르면 "법원은 소송의 결과에 따라 권리 또는 이익의 침해를 받을 제3자가 있는 경우에는 당사자 또는 제3자의 신청 또는 직권에 의하여 결정으로써 그 제3자를 소송에 참가시킬 수 있다." 취소소송의 확정판결의 효력은 제3자에게도 미치므로(제29조 제1항), 「행정소송법」은 제3자의 소송참가(제16조), 재심청구(제31조)를 인정하는 등 제3자 보호를 위한 규정을 두고 있다. 제3자의 소송참가의 요건은 두 가지이다. ① 타인 간의 취소소송이 적법하게 법원에 계속중이어야 한다. ② 소송의 결과에 따라 권리 또는 이익의 침해를 받을 제3자여야 한다. 권리 또는 이익의 침해를 받을 제3자란 취소판결의 형성력 그 자체에 의하여 권리 · 이익의 침해를 받을 제3자뿐만 아니라 판결의 기속(羈束)을 받는 행정청의 새로운 처분에 의하여 권리 · 이익의 침해를 받을 제3자도 포함된다.[74)]

가령 나주SRF발전소 분쟁에서의 제3자의 소송참가 사례를 예로 들어보자. 나주SRF발전소는 발전과 지역냉난방을 위해 건설된 광주 · 전남공동혁신도시(빛가람혁신도시)의 집단에너지시설이다. 발전소가동 에너지원인 SRF는 폐기물을 연료화한 고체연료이다. 고체(고형)연료는 2014년부터 SRF와 Bio-SRF 두 종류로 분류되는데, SRF는 폐합성 수지류 · 섬유류, 폐타이어, 폐고무류, 생활폐기물(음식물류폐기물 제외) 등을 원료로 이용한다. 전국 대부분의 SRF 시설이 민간에 의해 운영되는데 비해, 나주SRF발전소는 운영주체가 공공기관인 한국지역난방공사이다. 발전소 부지는 전라남도 나주시 신도일반산업단지이며 빛가람혁신도시와 1.5km 거리를 두고 있다. 발전소 가동에 필요한 행정절차는 완료되었고, 시운전 후 측정한 유해물질과 대기오염물질의 배출기준도 양호하였지만 지역사회는 유해성과 분배적 비형평성 문제를 제기하며 가동에 반대하였다.[75)] 이에 아랑곳하지 않고 한국지역난방공사가 SRF발전소

---

74) 김철용, 2024, 675쪽.

75) 사안정리는 다음을 참고하였다. 최성욱, "정책갈등모형(PCF)에 기반한 나주SRF발전소 갈등에피소드 분석과 협력 거버넌스 모색", 지방정부연구 제26권 제4호, 2023, 295쪽.

사업 개시신고를 나주시에 접수하자 나주시장은 이를 반려하였다. 이후 위 공사는 사업개시신고수리거부처분취소소송을 제기하였고 이 소송에서 승소했다. 1심 패소 후 피고 나주시장이 항소하자, 나주시민들이 나주시장과 한국지역난방공사 간의 위 취소소송에 피고 나주시장측에 제3자 소송참가를 하려고 한다. 가능할까? 소송의 결과에 따라 권리 또는 이익의 침해를 받을 제3자에 판결의 기속을 받는 행정청의 새로운 처분에 의하여 권리 · 이익의 침해를 받을 제3자도 포함된다고 했다. 그렇다면 나주시장이 만에 하나 항소심에서도 패소하고, 그 판결이 확정되면 나주시장은 판결의 기속력에 따라 새로운 처분을 하지 않을 수 없고(「행정소송법」 제30조 제2항), 이는 결국 사업개시신고수리로 이어질 수 있다. 그렇다면 나주시민들 중 SRF발전소 인근주민들은 제3자 소송참가를 통해서 자신의 권리 · 이익을 방어할 수 있다고 보아야 한다.

2. 그런데 「행정소송법」상의 제3자 소송참가가 있음에도 불구하고 일본과 한국의 행정소송 실무에서는 이 제도가 거의 이용되지 아니하고 「민사소송법」상의 보조참가제도가 주로 이용되어 왔다. 민사소송법상의 보조참가제도는 법원의 참가결정(소환)이 아니라 제3자의 신청만에 의하여 소송참가가 이루어지며, 참가인들의 지위가 매우 종속적이라는 특징이 있다. 「행정소송법」에 제3자 소송참가조항이 존재함에도 불구하고 보충적인 법원(法源)에 불과한 「민사소송법」상의 규정들이 소송참가에 적용되어 왔다는 것은 우리의 행정소송 실무가 「행정소송법」 특유의 공법적 취지를 파악하는데 철저하지 못했다는 방증이 된다.[76] 다른 한편, 「행정소송법」 제16조 제1항의 참가결정을 하기 전에 법원으로 하여금 미리 의무적으로 당사자 및 제3자의 의견을 듣도록 규정한 점이나(제16조 2항), 제3자의 참가신청을 법원이 각하한 경우 제3자가 즉시항고할 수 있도록 규정한 것(제16조 3항)에 비추어, 법원의 참가결정은 실제로 그 실시가 쉽지 않게 되어 있는 것도 사실이다.[77] 그럼에도 불구하고 제3자의 소송참여가 민사소송보다는 행정소송에서 훨씬 더 빈번하게 일어날 수밖에 없다는 사실을 인식할 필요가 있다. 왜냐하면 공법에서 소송은 제3자의 이해관계를 건드릴 수밖에 없고 이것은 예외가 아니라 이미 원칙이라고 보아야 하기 때문이다.[78]

3. 앞에서는 나주시민 전체가 아니라 나주시민 중 SRF발전소 인근주민들만이 제3자 소송참가가 가능하다는 취지로 설명했다. 왜 그런가? 「행정소송법」 제16조에 따른 소송참가는 "소송의 결과에 따라 권리 또는 이익의 침해를 받을 제3자"가 신

---

76) 선정원, "행정소송상 제3자보호와 소송참가에 관한 고찰", 행정법연구 창간호, 1997, 75쪽.

77) 선정원, 위의 논문, 75쪽.

78) Friedhelm Hufen, *Verwaltungsprozessrecht*, 12. Aufl., 2021, 184쪽(12장 3번).

청을 하고 이에 법원이 "결정으로써 그 제3자를 소송에 참가시킬" 때 비로소 가능하기 때문이다(동조 제1항). 여기서 말하는 '권리 · 이익의 침해'를 판례는 「행정소송법」 제12조의 법률상 이익과 동일한 의미로 해석한다.[79] 그런데 법조문이 분명히 "권리 또는 이익의 침해를 받을 제3자"라고 하고 있는 데 이것을 제12조의 "법률상 이익"과 같은 것으로 해석하는 것이 과연 타당한 것인지는 검토가 필요하다. 독일에서도 인근주민들의 소송참여가 문제가 되는 경우가 많은데, 학설과 판례는 인근주민들이 갖는 이익이 법적으로 의미 있는 것이면 널리 소송참여를 인정한다.

79) 대법원 2008. 5. 29. 선고 2007두23873 판결.

제4편

행정의 행위형식들 - 행정행위를 중심으로

14

행정행위와 행정의 행위형식론

14.1. 행정행위

14.1.1. 민법상 법률행위와 행정법상 행정행위

행정법관계를 형성 혹은 확인하는 가장 대표적인 행위형식은 행정행위이다. 행정행위는 행정법관계의 내용이 되는 권리와 의무를 형성하거나 확인하는 행위이다. 행정청이 건축허가라는 행정행위를 하면 상대방에게는 건축물을 신축·개축할 수 있는 권리가 확정된다. 반대로 법령이 정한 요건을 갖추어 건축허가를 신청했음에도 행정청이 건축허가를 반려(거부)한다면 이는 상대방의 건축의 자유를 침해하는 행위가 된다. 어느 경우이든 행정청의 행위는 일정한 법률효과를 발생시킨다.

행정행위 개념은 민법의 법률행위 개념과 비교될 수 있다. "법률행위는 일정한 법률효과의 발생을 목적으로 하는 하나 또는 여러 개의 의사표시를 없어서는 안 되는 꼭 필요한 요소로 하는 법률요건이다."[1] 반면 행정행위는 "행정청이 구체적 사실에 대한 법집행으로서 외부에 대하여 직접·구체적인 법적 효과를 발생시키는 권력적 단독행위인 공법행위"이다. 또한 "행정청의 의사표시"를 요소로 하는 행정행위를 법률행위적 행정행위라고 한다. 법률행위와 행정행위의 정의에는 법률효과/법적 효과와 의사표시라는 개념요소가 공통으로 들어있다. 둘은 상당히 닮았다.

1) 곽윤직/김재형, 민법총칙, 254쪽.

민법의 법률행위 개념에 준거하여 행정행위 개념을 정의하려고 한 이는 칼 코르만이었다. 그는 행정행위를 사법상의 법률행위(die privatrechtlichen Akte), 순수사실행위(die rein tatsächlichen Akte), 법률행위적 행정행위(die rechtsgeschäftlichen Verwaltungsakte), 준법률행위적 행정행위(die rechtshandlungsmäßigen Verwaltungsakte)로 크게 4그룹으로 나눈 뒤, 법률행위적 행정행위만이 고유한 의미의 행정행위라고 하였다. 또한 법률행위적 행정행위는 국가의 모든 의사표현으로서 법정립작용(법률, 법규명령 등)이 아닌 것이라고 정의했다.[2]

다만, 민법관계와 행정법관계의 차이를 반영하여 법률행위에서는 법률행위 자유의 원칙, 즉 사적 자치가, 행정행위에서는 법률 적합성의 원칙이 지배한다. 특히 법률행위적 행정행위에서는 법적 효과가 행정청의 효과의사의 내용에 따라 발생하지만, 그 효과의사는 입법자의 의사에 의해 제약된다. 또한 민법상의 법률행위와 달리 행정행위는 대등한 당사자 사이의 규율이 아니다. 다시 말해 당사자들이 법률행위를 통하여 상대방에 대해 권리를 주장하고 동시에 법률적 구속 혹은 의무를 지게 되는 근거는 '당사자들이 그것을 원했기 때문'이지만, 행정행위에서는 그렇지 않다. 행정행위는 공권력의 행사이다. 행정청은 일방적으로 국민에게 권리를 부여하거나 의무를 명하고, 또는 권리·의무관계를 규율·확정한다. 이것이 행정행위의 고권적(高權的) 측면이다. 행정행위를 권력적 단독행위라고 표현하는 것도 같은 말이다. 이러한 측면 때문에 공법적인 의사표시와 사법적인 의사표시에 아무리 공통점이 많아도 국가는 그 고권의 행사에서 법률행위를 하는 것은 아니라는 비판도 일찌감치 제기되었다.[3]

즉, 행정행위와 법률행위는 모두 의사표시를 그 요소로 하지만, 의사표시의 의미는 사뭇 다르다. 후술하듯이 행정행위에는 법과 의사(의지)의 요소 외에 일방성의 요소가 들어있다. 이러한 결정적 차이에도 불구하고, 행정행위는 민법상의 법률행위를 모델로 삼고 있다고 보아도 무방하다.[4] 물론 이러한 비교를 거부하는 견해도 유력하다. 포르스토프는 민법에서 말하는 법률행위적 의사(의지)를 가지고 행정행위를 재단(裁斷)하려는 모든 시도를 거부한다.[5] 그는 행정법과 민법을 짝짓는 이런 방식은

---

2) Karl Kormann, *System der rechtsgeschäftlichen Staatsakte*, 1910, 21, 26-30쪽; Markus Engert, *Die historische Entwicklumg des Rechtsinstituts Verwaltungsakt*, Peter Lang, 2002, 126-127쪽에서 재인용. 이하 독일어 Verwaltungsakt(e)(행정행위)는 VA로 표기하겠다.

3) 대표적으로 Ernst Forsthoff, *Lehrbuch*, 206-207쪽.

4) Otto Mayer, *Deutsches Verwaltungsrecht*, Bd. I, 3. Aufl., 101쪽 참고.

민법에서 개념적·체계적 준거를 찾아 행정법을 구축하려는 사법국가적(司法國家的) 관점일 뿐이며, 게다가 오늘날에는 이미 극복된 입장이라고 비판한다.[6] 그는 행정행위의 공법적 효과는 공법상의 의사표시에 의해 결정되는 것이 아니라, 국가 그 자체의 권위로부터 일방적으로 유출되는 것이므로 사법상의 법률행위를 유추하여 행정행위의 효과를 따지는 태도는 잘못이라고 한다.[7] 일찍이 칼 슈미트-포르스토프 라인을 충실히 계승하는 행정법교과서를 집필한 바 있는 한태연 교수도 다음과 같이 서술하였다.[8]

> "코르만(Kormann) 이후의 통설에 있어서는 행정행위와 민법상의 법률행위(Rechtsgeschäfte)를 비교하여 행정행위는 민법상의 법률행위에 해당하는 것으로 보고, 따라서 행정행위의 분류에 있어서도 이른바 법률행위적 행정행위와 준법률행위적 행정행위를 구별하여 왔다. (…) 그러나 이러한 민법과의 비교는 이미 그 출발점에 있어서 하나의 오해에 기인하고 있다. 즉 이러한 견해에 있어서는 민법에 있어서의 개인과 개인과의 관계와, 행정법에 있어서의 국가와 개인과의 관계를 똑같이 볼 때에만 그것이 가능하지만, 그러나 행정법에서 있어서는 철저한 사법국가(司法國家)의 관념에 입각하지 않는 한, 국가와 개인과의 지위를 평등하게 볼 수 없는 까닭에, 당사자의 의사에 의하여 모든 법률관계가 형성, 변경, 소멸되게 하는 의미의 법률행위의 개념은, 국가의 권위에 의한 일방적인 결정을 의미하는 행정행위에는 도저히 그것을 적용할 도리가 없다."[9]

법률행위와 행정행위의 관계를 어떻게 이해하든, 행정행위 개념이 민법상의 법률행위 개념을 모델로 한 것만은 분명하다. 그렇다면 행정행위가 법률행위 개념을 본뜬 이유는 무엇일까? 특히 독일의 행정행위 개념이 포괄하는 영역은 후술하듯이 비교법적으로 보아도 매우 협소한 데 그 까닭은 무엇일까? 그 답은 19세기 독일의 자

---

5) Ernst Forsthoff, *Lehrbuch*, 205쪽 각주 1번.

6) Ernst Forsthoff, *Lehrbuch*, 206쪽.

7) Ernst Forsthoff, *Lehrbuch*, 222, 224쪽.

8) 한태연 교수는 자신의 행정법교과서 서문에서 다음과 같이 적고 있다. "본서의 집필에 있어서는 포르스토오프(Forsthoff) 교수의 『行政法敎程』(*Lehrbuch des Verwaltungsrechts* Ⅰ. 7. Auflage, 1958)과 한스·J·볼프(Hans J. Wolff) 교수의 『행정법』(*Verwaltungsrechts*, Ⅰ. 2. Auflage, 1958)에 의존한바 많음을 부언하여 둔다." 한태연, 행정법학(상권), 법문사, 1960, 4쪽. 교정(敎程)은 교과서의 옛스러운 표현이다.

9) 한태연, 위의 책, 143-144쪽.

유주의-부르주아 세력의 이해 혹은 관심에서 찾아야 한다. 그들은 19세기 내내 법치국가적 질서의 수립을 위해 절대주의(Princeps legibus solutus est) 경찰국가와 대결·투쟁하면서 자신들의 '자유와 소유권'을 침해할 수 있는 경찰국가적 행정 활동을 법적인 형식 내로 묶어 두려고 했다. 그 이론적 노력이 현재의 행정행위 개념을 만들어냈다. 그렇다면 19세기 독일 부르주아계급의 관심사와 그것이 만들어낸 개념이 지금도 타당할 수 있을까?

14.1.2. 행정행위 개념의 역사 - 정치경제적 맥락

공권 개념에 독일적 특수성이 있듯이 행정행위 개념에도 유사한 역사적 맥락이 있다. 공권을 설명할 때도, 제 마음대로 공익의 대변자·공중의 대리인으로 자처하는 자를 배척하고, 공익은 행정이 알아서 처리한다는 발상이 독일 행정법의 지배적 사고라고 지적했다. 행정행위 개념을 파악할 때도 이런 전통에 대한 이해가 필요하다. 사실, 개론서 수준의 이 책에서 행정행위 개념사를 하나하나 다 정리할 수는 없다. 특히 19세기 이후 독일에서 전개된 행정행위 개념의 역사는 요약 자체가 쉽지 않다. 중앙집권국가였던 프랑스와 달리 독일은 분열된 국가상태를 19세기 내내 유지했고, 행정행위 개념 또한 개별 란트(領邦國家)별로 제 각각 발전해왔기 때문이다. 19세기 말이 되어서야 오토 마이어의 행정행위 개념이 여러 분기(分岐)하는 학설에 통일적 방향성을 부여하기 시작했을 뿐이다. 그러므로 우리가 알아야 할 것은 세부적인 내용이 아니라 독일 행정행위 개념의 정치경제적 맥락이다.

행정행위는 프랑스 행정법의 산물로 알려져 있다.[10] 현재 한국 행정법교과서에서 통용되는 행정행위는 프랑스혁명 이후 등장한 'acte administratif'(행정행위)를 Verwaltungsakt로 번역한 독일 행정법(학)에서 유래한다.[11] 그런데 독일의 행정행위 개념과 프랑스의 그것은 결이 상당히 다르다. 왜 그럴까?

---

10) "(행정행위) 개념은 종래 행정제도 특히 행정재판제도를 가지지 않고 행정권의 주체도 일반적으로 사인과 동일한 규율의 적용을 받고 보통사법재판소의 재판권의 관할에 속하도록 되어 있었던 영미법계의 국가에서는 극히 최근까지 찾아볼 수 없었던 개념"이었다. 서원우, 현대행정법론(상), 361쪽.

11) 독일권에서 Verwaltungsakt라는 말을 처음 쓴 이는 1821년의 안톤 쿠르츠(Anton Kurz) 그리고 1826년의 바일러 남작(Freiherr v. Weiler)이다. 이 두 사람이 이 개념을 사용하는 방식이나 논의하는 맥락을 보았을 때 Verwaltungsakt는 프랑스적 기원을 갖는 것임이 분명하다. Markus Engert, 앞의 책, 51쪽.

프랑스법상 행정행위는 행위시에 존재하고 있는 법률관계(rapports de droit)에 변화를 가져오는, 즉 기존의 법적 질서(ordonnancement juridique)에 변동을 야기하는 법률행위로 정의된다. 여기에는 일방적 행위와 둘 이상의 의사합치에 의하여 성립하는 쌍방적 또는 다변적 행위가 포함되므로 행정청의 일방적 행위뿐만 아니라 행정계약도 행정행위가 된다.[12] 또한 행정청의 일방적 행위에는 개별·구체적 결정에 해당하는 개별적 행위만이 아니라 행정입법에 해당하는 법규제정행위도 포함되므로 'acte administratif'는 행정의 모든 공법적 행위를 포괄한다.[13] 그러나 프랑스법상의 행정행위 개념을 계수한 독일은 현재 이 개념을 훨씬 좁게 설정하고 있다(최협의설). 물론 이 과정에서 여러 논의들이 있었다. 예전 행정법교과서들은 이것을 최광의설, 광의설, 협의설, 최협의설로 크게 4분하여 소개했다.[14]

> 김도창 교수는 라반트의 행정행위 개념을 광의설로 분류한다. 광의설은 행정이 하는 공법행위를 모두 행정행위로 본다. 행정상 입법행위, 행정상 사법(司法)행위(과거의 행정재판)도 행정행위라고 한다.[15] 라반트는 법률개념을 실질적 법률과 형식적 법률로 나누고, 예산법률을 후자로 분류한 것으로 유명하다. 그러면서 그는 예산법률을 통한 "예산내용의 확정은 행정행위"(die Feststellung desselben ist ein VA)라고 정의했다.[16] 그러나 라반트의 학설을 광의설로 분류하는 것은 정확한 설명이 아니다. 사실, 19세기 초 독일 법학문헌에 행정행위 개념이 처음 등장한 이래, 여러 용어들이 '현재의'(예컨대 연방행정절차법 제35조에 정의된) 행정행위를 지칭하는 말로 각각 사용되었다. 독일 연구자가 일일이 찾아낸 용어만 26개에 이른다. 여기에다 행정행위의 특정한 유형을 표현하는 용어까지 더하면, '행정행위'를 표현하는 단어는 수십 개가 된다.[17] 이 중에서 19세기 전반기와 후반기에 가장 많이 사용된 말이

12) 김동희, "프랑스 행정법상의 행정행위의 관념에 대한 일고", 서울대학교 법학 46권 2호, 2005, 240쪽.

13) 박정훈, 행정법의 체계와 방법론, 201쪽.

14) 대표적으로 김도창, 일반행정법론(상), 326-329쪽. 행정행위를 네 개의 그룹으로 나누는 건 칼 코르만의 유형론에서 유래하는 것으로 보인다. Karl Kormann, *System der rechtsgeschäftlichen Staatsakte*, 1910, 26쪽.

15) 김도창, 일반행정법론(상), 326쪽.

16) Paul Laband, "Das Budgetrecht nach den Bestimmungen der Preussischen Verfassungs-Urkunde unter Berücksichtigung der Verfassung des Norddeutschen Bundes", *Zeitschrift für Gesetzgebung und Rechtspflege in Preussen*, 4. Bd., 1870, 637쪽. "예산내용의 확정은 행정행위"라는 말은 라반트의 위 논문을 별쇄본으로 발행한 1871년의 소책자의 목차(Inhalts-Uebersicht)에 등장한다.

17) Markus Engert, 앞의 책, 26-28쪽.

각각 명령(Befehl)과 처분(Verfügung)이다. 즉, 1800년 무렵만 해도 '행정행위'를 지칭하는 말로 명령(Befehl)이라는 표현이 가장 많이 쓰였지만(물론 '명령'은 처분만이 아니라 법률이나 일반명령에도 사용되었다), 자유주의 헌정운동 및 법치국가에 대한 늘어난 요구에 힘입어 '경찰국가'를 떠올리게 하는 이 용어는 점차 사라지게 되고,[18] 처분이라는 말이 공법, 행정법 교재에 빈번히 등장했다. 따라서 라반트가 형식적 법률을 통한 예산확정을 포함하여 행정행위를 넓게 정의했다고 해서, 그의 견해를 광의설로 분류할 수는 없다. 라반트도 실제로 행정행위와 처분을 구분하면서, 후자만을 오늘날의 행정행위와 비교할 수 있는 개념으로 사용했기 때문이다.[19] 그는 '처분'을 "공법상의 일방적인 법률행위"라고 정의하면서 계약, 법률, 명령 및 사실행위와 구분했다.[20] 그 점에서 오토 마이어가 아니라 그의 스승인 라반트야말로 독일식 행정행위 개념의 창시자라는 평가도 있다.[21]

아무튼 4분설 같은 설명을 그냥 읽으면 마치 최광의설에서 최협의설로 이론과 실무가 자연스럽게 '발전'해간 것인양 오해할 수 있다. 그러나 그런 것은 없다. 넓게 설정된 프랑스의 행정행위 개념이 독일로 건너오면서 변형되는 과정, 혹은 선택적으로 수용되는 과정의 이면에는 반드시 그럴 만한 제도적·정치경제적 이유가 존재하기 마련이다. 이런 치열한 논쟁, 정치적 대립, 경제적 이해관계를 사상(捨象)하고 결론만 읽고 넘어가는 것은 위험하다. 19세기 중반 이래 독일 법학의 주류가 된 법실증주의는 이런 태도를 부추겼다. 법학은 연역적-논리적 방식을 자신의 학문성의 기초로 생각하는, '규범적용기술'(eine Technologie der Normanwednung)의 소임을 다하면 될뿐, 자신이 지지하는 공준(公準)의 배경이 되는 모든 질문은 입법자의 몫이라는 식으로 자기 방어에 몰두해왔다. 이런 태도가 정치와 법의 분리를 당연하게 받아들이게 한다.[22]

어떤 법 제도나 개념도 사회적 현실과 분리해서 등장하지 않는다. 행정행위도 그

---

18) Robert Blum(Hrsg.), *Volksthümliches Handbuch der Staatswissenschaften und Politik, Stichwort "Befehl"*, Leipzig 1848-1851, Neudruck Leipzig 1973, 122쪽; Markus Engert, 위의 책, 26쪽 각주 21번에서 재인용.

19) Markus Engert, 위의 책, 118-119쪽.

20) Paul Laband, *Das Staatsrecht des Deutschen Reich*es, Bd. 2, 1. Aufl., 217, 212쪽; Markus Engert, 위의 책, 119쪽에서 재인용.

21) Markus Engert, 위의 책, 119쪽.

22) Axel Görlitz, "Politische Funktionen der Lehre vom Verwaltungsakt", *Politische Vierteljahresschrift*, Vol. 12, No. 1, 1971, 71쪽.

렇다. "그것은 경험(Empirie und Erfahrung)에 기초한 개념이지, 추상적 숙고 끝에 얻어낼 수 있는 어떤 선험적인 개념이 아니다."[23] 그렇다면 행정행위 개념사 뒤에 숨어 있는 '경험'이 무엇이었는지를 밝혀내야 한다. 이것은 광의설이니 협의설이니 하는 중립적인 언어로 등장하는 교과서상의 학설들을 주어진 것으로 받아들이고 암기하는 것보다 훨씬 더 중요한 공부라고 생각한다. 그래서 다시 질문해보자. 왜 19세기 독일 행정법학은 프랑스의 행정행위 개념을 선택적으로 수용하여, 입헌군주의 지배를 용인하였는가? 혹은 용인할 수밖에 없었는가? 즉, 왜 입헌군주가 행하는 장관의 임용과 해임, 법률을 시행·보충하는 명령(Verordnungen)이나 포고령(Erlassen)을 동원하여 행정실무를 재단하는 일에 눈을 감거나 감을 수밖에 없었는가?[24] 프랑스 행정법을 연구한 오토 마이어가 프랑스와 달리 일반적 형식의 명령을 행정행위에서 제외한 이유는 무엇인가?

11.1.1.에서 프랑스 행정법의 역사를 간략히 살펴보면서 이런 설명을 했다. 대혁명 이후 프랑스에서는 법복귀족들이 장악한 고등법원의 권한을 제약하고 개혁적 행정활동을 구 체제의 사법부로부터 지켜내는 일이 중요했고, 이를 위해 콩세유 데타(행정재판소)의 관할에 들어갈 행정활동을 행정행위로 넓게 설정할 필요성이 인정되었다.[25] 물론 혁명적 조치의 옹호를 위해 행정행위를 넓게 설정할 필요성이 점차 줄어들면서 그에 따라 행정법원과 민사법원 사이의 관할도 점점 유동적으로 변했지만, 그 출발점과 기본적 아이디어는 그렇다는 얘기다.

반면, 프로이센 독일 등에서의 사정은 달랐다. 대략 1789년부터 1848년까지 독일 각 란트에서 벌어진 계급투쟁은 프랑스의 그것과 유사하면서도 다른 양상을 보였다. 이 점은 이미 독일 재량행위론의 역사를 설명하는 곳에서 간략히 서술한 바 있다(10.1.2). 나폴레옹 전쟁에서 패한 1800년대 초반에 프로이센에서 행정개혁이 이루어지던 때를 제외하면, 이 시기 독일 각지의 행정권력은 여전히 국왕과 귀족으로 구성된 구체제가 장악하고 있었고, 프랑스와 달리 법원은 부르주아 세력의 집결지였다. 국왕 등이 장악한 행정권력에는 행정내부의 관료사법(Administrativjustiz)이 포함되어 있었다. 따라서 독일의 부르주아계급은 귀족적-봉건적 법원이 아니라 여전히 막강한 권력을 가진 국왕세력과 싸워야 했고,[26] 영국모델에 따라 일반법원이 행정부를

23) Ernst Forsthoff, Lehrbuch, 196쪽.

24) Axel Görlitz, 앞의 논문, 76쪽.

25) Otto Mayer, *Deutsches Verwaltungsrecht*, Bd. Ⅰ, 3.Aufl., 59쪽.

통제할 권한을 가져야 한다고 주장했지만, 19세기 내내 이를 관철하지 못했다.

이런 현실에서 그들은 헤겔 법철학의 영향 아래, 국가의 정복, 행정권력의 전면적 통제는 포기하고, 대신 영조물적 국가(den anstaltlichen Staat)와 자율적 부르주아 사회의 경계를 정하는데 몰두했다.[27] 그 점에서 그들이 1848년 혁명의 실패 이후 정치권력과 관련한 헌법적 문제는 제쳐두고, 본격적으로 행정법 문제에 집중하면서,[28] 재산과 자유만 보장된다면 그 외의 행정권력, 예컨대 입헌군주의 지배도구들인 관료주의적 비밀권력, 행정내부의 의사형성, 조직적 조치 등 이른바 정치적 고권행위 영역에 대한 통제는 포기할 수 있다는 쪽으로 나아간 것은 어쩌면 자연스러운 과정이었다.[29]

제도적으로는 사법사항(Justizsachen)과 행정사항(Verwaltungssachen)을 분리했던 1808년의 칙령이 분기점이었다. 신성로마제국의 두 강대국인 프로이센국과 오스트리아는 이미 18세기 중엽부터 사법과 행정을 분리하는 개혁에 착수했다. 그러나 18세기 당시 미완에 그친 이 개혁과제는 프랑스 혁명 이후 각 란트가 법치국가적 헌법을 제정함으로써 비로소 실현되기 시작했다.[30] 프로이센은 1808년에 처음으로 행정과 사법을 명확히 구분하는 개혁을 단행했다(10.1.2. 참고).[31] 다만, 그것은 사적 이익은 일반법원이, 신민의 "정치경제적 지위"(status oeconomicus et politicus)는 관료사법이 담당한다는 분리원칙을 고수한 어정쩡한 '개혁'이었다.[32] 그리고 이러한 분리의 연장선

---

26) 독일에서 갈등은 개혁적 행정부 대 보수적 사법부가 아니라 보수적-관헌적 행정부 대 자유주의적 사법부의 대립으로 나타났으며, 그조차도 프랑스만큼 첨예하지 않았다. 塩野宏, オットーマイヤー行政法学の構造, 1962, 124쪽.

27) Axel Görlitz, 앞의 논문, 72쪽 참고. 19세기 프로이센-독일에서 Anstalt는 근거지움이 필요 없는, 신의 은총에 따라 만들어진 조직을 말한다. 대표적으로 교회를 생각하면 된다. 국가를 이런 Anstalt로 보는 것은 마틴 루터 이래 프로이센-독일의 국가사상을 형성해왔으며, 19세기 당시에는 프리드리히 율리우스 슈탈이 이 사상을 대표했다. Karl Larenz, *Richtiges Recht - Grundzüge einer Rechtsethik*, C. H. Beck, 1979, 119-120쪽. 또한 빌프리드 뢰리히, 이남복 옮김, 정치사상의 사회사, 신지평, 1992, 160쪽 참고.

28) 독일에서 행정법이 독자적 학문분야로 정립되기 시작한 1850년대부터라고 한다. Hans-Joachim Feist, *Die Entstehung des Verwaltungsrechts als Rechtsdisziplin*, München, 1967, 105쪽 이하. 왜 이 시기인지, 그 이유에 대해서는 이미 앞에서도 설명하였다(11.2.1.).

29) Axel Görlitz, 앞의 논문, 76-78쪽 참고.

30) Hans Maier, *Die ältere deutsche Staats- und Verwaltungslehre*, 2. Aufl., 1980, 156쪽.

31) 1808년 12월 16의 공시(Publikandum) 및 같은 달 26일의 칙령(Verordnung)에 의거 양자의 확고한 소관사항이 정해졌다. Ernst Forsthoff, *Lehrbuch*, 42쪽.

32) Axel Görlitz, 앞의 논문, 73쪽 참고.

상에서 19세기 후반, 독일 각 란트는 행정재판소를 설치하게 된다. 바덴공국(1863년)에 이어 프로이센국이 결국 행정부 소속이지만 행정과는 분리된 행정재판소를 설립(1872/1875년)하기에 이른 것도 그 한 결과물이었다.[33)]

행정재판소의 설치는 군주의 관료사법인 행정사법(行政司法)을 극복했다는 점에서는 개혁이었지만, 1849년 프랑크푸르트 헌법(바울교회 헌법) 제182조 제1항이 제시했고 - "행정사법은 폐지한다. 모든 권리침해에 관해서는 재판소가 심판한다." 1848년 당시의 이해에 따르면, 제1문의 행정사법(Verwaltungsrechtspflege)은 과거 영주의 관할 아래 설치된 행정내부의 관료사법(Administrativjustiz), "행정청이 행하는 모든 '심판적'(streitentscheidende) 활동"(프리드리히 클라인)을, 제2문의 재판소는 통상재판소(일반법원), 배심원과 시민참가라는 일반인 참가의 요소에 열려 있는 재판소를 의미했다. 근대적 행정재판제도의 기원으로 평가되는 이 헌법은 시행되지 못했다[34)] - , 오토 배어(Otto Bähr)가 주장했던, '모든 권리침해는 일반법원이 재판한다는 요구'에는 이르지 못한 불완전한 개혁이었다. 이것은 19세기 독일 입헌주의/법치국가를 특징짓는 '타협' 중 하나였다. 신민들 상호 간의 관계는 일반법원이 판단한다. 사법사항에는 행정이 개입하지 않는다. 반면 행정사항에 관한 관할은 여전히 군주가 갖는다. 행정청도 직무를 불편부당하게 집행하므로 재판소와 다를 바가 없다. 다만, 일반법원을 통한 권리구제를 주장하는 목소리도 있으므로, 일정한 사안에 한해서는(열기주의) 통상의 결정절차와 쟁송절차를 구분하여 후자를 행정재판소의 관할로 넘긴다.[35)] 이러한 제도적 설계가 행정행위 개념 형성에 영향을 주었음은 분명하다.[36)]

---

33) 바덴과 프로이센에 이어 헤센(1875), 뷔르템베르크(1876), 바이에른(1879)에서도 행정재판소가 설립되었다. 프로이센은 1875년의 '행정재판소구성법'에 의거 3심 구조의 행정재판소를 설립했다. 1심기관은 행정관청의 임무와 및 재판사무를 동시에 수행했다. 전적으로 재판업무만 담당한 것은 2, 3심 기관이었다. 행정청과 행정재판소의 관할에 관한 규정은 1년 후 제정된 법률이 규정했다. 관할에 관한 이 1876년 법 제12조는 특정한 결정만 '열기주의'에 의거 행정재판절차에 따라 판단하고 나머지는 행정관청의 결정절차에 따르도록 했다. Markus Engert, 앞의 책, 164쪽.

34) Friedhelm Hufen, *Verwaltungsprozessrecht*, 12. Aufl., 2021, 26쪽(2장 5번). 또한 Friedrich Klein, "Tragweit der Generalklausel im Art. 19 Abs. 4 des Bonner Grundgesetzes", *VVDStRL* 8, 1950, 72쪽.

35) Ulrich Stump, *Preußische Verwaltungsgerichtsbarkeit 1875-1914*, Duncker & Humblot, 1980, 130쪽 이하 참고.

36) 루만도 19세기 행정법학자인 게오르그 마이어의 저작을 인용하면서 "결과적으로 19세기에 독일에서 진행된 거대한 법치국가 논쟁은 행정활동에 대한 법적 통제를 민사법원에 맡겨야 하는지 아니면 별

그러므로 독일에서 행정행위가 좁은 의미의 개념으로 '쪼그라드는' 혹은 정착하는 과정은 이러한 정치적-제도적 프로세스의 한 결과로 보아야 한다. 또한 독일 부르주아계급의 '타협적 태도'는 프랑스의 그것과 달리 행정행위 개념으로부터 투쟁적 혹은 정치적 성격을 제거하였다.

독일 행정행위 개념사에서 주목해야 할 점은 행정행위 개념이 프랑스의 그것보다 넓은 것이었는지 아닌지 혹은 좁은 행정행위 개념이 행정권력의 재판적 통제에 부정적으로 작용했는지 아닌지 하는 것이 아니다. 여기서 눈여겨 보아야 할 것은 독일의 (쁘띠) 부르주아계급이 행정행위 개념을 다듬고 형성해나가는 과정에서 일관되게 유지해나간, 재산과 자유의 방어라는 지극히 개인주의적이고 비정치적인 관심이다. 이것이 그때나 지금이나 독일 행정법 - 그리고 이를 이어받은 일본과 한국 행정법 - 을 관통하는 핵심이다. 그 결과 독일에서 행정법과 행정행위론은 국왕권력으로 대표되는 행정부의 정치적·정책적 결정을 사법적으로 통제하는데 실패해왔다는 것이 필자의 일관된 생각이다.

행정법을 처음 공부하는 입장에서는 행정행위 개념을 좁게 혹은 넓게 파악할 경우 각각의 내용이 어떻게 달라질 것인가 하는 부분도 놓치지 말아야겠지만, 왜 그렇게 개념이 다르게 형성되었는지를 이해하려는 노력도 게을리하지 않아야 한다. 또한 행정행위 개념 자체가 이런 역사적-정치적 환경 아래 성립한 것이라면 - 누누이 말하지만 행정법은 (쁘띠) 부르주아의 이해관심이 중심적 역할을 하는 법이므로 각국의 부르주아지의 지위와 투쟁역량, 그로부터 만들어지는 제도, 그리고 이를 뒷받침하는 입헌주의의 구조로부터 지대한 영향을 받는다 - 현재 통설적으로 통용되는 행정행위도 당연히 역사적-한정적, 경험적 개념일 수밖에 없음을 깨닫는 게 중요하다. 예컨대 입헌군주제 하에서 군주권력과 대결할 필요가 없었던 미국의 경우 독일과는 정치적 상황이 달랐기 때문에, 영조물적 국가와 자율적 부르주아 사회 사이의 경계설정을 위해, 독일식의 행정행위 개념을 '발명'해낼 필요가 없었다. 미국에서도 행정청(die Möglichkeit der Behörden)은 비공식(informal administrative process), 공식 행정절차(formal adjudication) 영역에서 개별 명령들(주로 orders)을 발령할 권한을 갖고 있다. 독일이라면 이런 명령

도의 행정재판소에 맡겨야 하는지를 둘러싸고 이루어졌을 뿐이다"라고 서술한다. 니클라스 루만, 윤재왕 옮김, 사회의 법, 새물결, 2014, 561쪽 각주 33번. 실제로 민사법원(일반법원)과 행정재판소를 두고 벌어진 오토 배어와 루돌프 그나이스트의 논쟁을 담은 두 책자의 제목도 각각 『법치국가』였다. 이에 대해서는 후술하는 더공부해보기/생각해보기 2번을 참고할 것.

들은 원칙적으로 행정행위로 발령할 것이다. 그런데 이런 명령들(orders)은 법적 요건들(형식적, 실질적) 및 법적 효과에서 독일의 행정행위와 아예 달라서 이 둘을 동일한 법제라고 볼 여지는 전혀 없다.[37)]

14.1.3. 행정행위의 의의 및 중요 개념징표

오토 마이어는 1895년 자신의 『독일 행정법』 초판에서 행정행위란 "행정에 속하는 관헌적 선언으로, 신민에게 개별적 사안에 대해, 무엇이 그에게 법이어야 하는지를 규정하는 것"이라고 정의했다.[38)] 그의 정의는 현행 연방행정절차법 제35조 제1문 – "행정행위란 공법의 영역에서 개별 사안들을 규율하기 위해 행정청이 내리는, 외부에 대한 직접적 법적 효과의 발생을 목적으로 하는 모든 처분, 결정 또는 기타의 고권적 조치를 말한다"[39)] – 의 기초가 된다고 평가된다.

오토 마이어의 행정행위 개념을 실제로 최협의설로 분류할 수 있는지는 논란이 있다.[40)] 다만, 이 얘기는 이 정도로 하자. 중요한 것은 독일과 일본 그리고 한국 행정법학이 그의 행정행위 개념을 최협의설로 분류하면서 이것을 기초로 행정소송의 대상을 확정하는 일을 오랫동안 해왔다는 사실이다. 물론 독일에서 이런 논의는 현재 큰 의미가 없다. 기본법과 행정법원법이 행정의 거의 모든 작용에 대해 행정소송의 길을 열어두고 있기 때문이다. 기본법에 따르면 "누구라도 공권력에 의해 자신의 권리가 침해되면, 그에게는 출소의 길이 열려 있다"(제19조 제4항). 이 조항을 받아, 행정법원법(Verwaltungsgerichtsordnung)은 모든 행정작용에 대한 행정소송의 길을 열어두고 있다(제42조 제1항). 이제 행정행위 개념은 행정법상 권리구제의 가능성을 제한하는 역할을 하는 것이 아니라 행정소송의 종류를 결정하는 역할을 할 뿐이다.

---

37) Markus Engert, 앞의 책, 235-236쪽. 한편, 김도창 교수는 "미합중국 행정절차법(APA) 제551조 제13항은 행정행위(agency action)를 정의하여 '행정청의 규칙·처분·인가·제제·구제 기타 이에 상응하는 행위니 그를 거부하는 행위·부작위의 전부 또는 일부를 말한다'고 하였는 바 이는 입법적·사법적 행위도 포함하고 있다는 의미에서 우리의 광의의 행정행위에 가깝다고 하겠다"고 적고 있다. 김도창, 일반행정법론(상), 1989, 329쪽 각주 8번. 이 진술을 나는 'agency action이라는 게 독일이나 한국식으로 굳이 풀이하자면 광의의 행정행위에 가까운 것이다'라는 정도의 의미로 이해한다.

38) Otto Mayer, *Deutsches Verwaltungsrecht*, Bd. I, 1. Aufl., 1895, 95쪽.

39) 조세기본법(Abgabenordnung) 제118조, 사회법전 제10권 제31조 또한 이 정의와 완전히 동일하게 행정행위 개념을 정의하고 있다.

40) Markus Engert, 앞의 책, 122-123쪽.

다만, 어떤 행정작용이 행정행위에 해당한다면, 소 제기를 통해 곧바로 집행정지라는 상대방에게 대단히 유리한 임시적 권리구제조치를 얻어낼 수 있으므로(행정법원법 제80조), 이 개념의 효용은 여전히 남아 있다. 특히 다단계 행정절차와 같은 복잡한 절차에서는 가장 중요한 쟁점에 관한 판단이 몇 년이고 미뤄지고, 이해관계인들도 이러한 상황을 원치 않으므로 임시적 권리구제가 점점 더 그 중요성이 커지고 있다. 오늘날 독일에서 행정행위가 갖는 가장 중요한 유용성은 바로 이 행정법원법 제80조와 연계되어 있다.[41]

독일과 달리 우리나라와 일본에서 행정행위는 학문상의 용어이다. 현행법은 행정행위 대신에 처분이라는 용어를 쓴다. 그 정의도 독일식 최협의의 행정행위와 같지 않다. 즉 "처분"이란 "행정청이 행하는 구체적 사실에 관한 법집행으로서의 공권력의 행사 또는 그 거부와 기타 이에 준하는 행정작용을 말한다." 그래서 양자의 관계를 둘러싸고는 후술하듯이 학설상 다툼이 있지만, 어쨌건 현행 처분개념의 중핵을 이루는 것이 독일에서 유래한 강학상의 행정행위 개념이다.

이 강학상의 행정행위의 개념징표로 대개 네 가지 정도를 든다. 이를 정리하면 다음과 같다. ① 행정청의 행위이다. ② 구체적 사실에 관한 법집행행위이다. ③ 외부에 대하여 직접적인 법적 효과를 발생시키는 행위이다. ④ 권력적 단독행위이다. 이 중 그 개념해석을 둘러싸고 논란이 되어 온 것은 ③번과 ②번 항목이다. 이들은 행정행위가 그 본질에서 법률행위라는 점을 드러낸다. 이하 차례로 ③과 ②를 중심으로 행정행위의 개념을 정리해 보자.

첫째, 행정행위를 다른 행정작용과 구별하는 가장 중요한 특징은 그것이 외부에 대하여 직접적인 법적 효과를 발생시키는 행위라는 점에 있다. 대법원은 이러한 특징을 "처분성 인정의 보편적인 기준으로 적용하는 때가 많다."[42]

행정행위는 민법상의 법률행위와 마찬가지로 규율이다. 규율(Regelung)이란 법적 구속력이 있는 행위, 법적 효과의 발생을 향한 의사표시를 말한다. 따라서 규율은 행정행위 개념 요소에서 가장 중요한 부분이다. 이 '(법적) 구속력'은 후술하듯이 행정행위의 효력이기도 하다.[43] 민법에서는 갑 소유의 물건을 을이 일정 가격으로 사

41) Heiko Faber, *Verwaltungsrecht*, 174쪽.

42) 김유환, 2024, 509쪽.

43) 후술하듯이 규율(Regelung)의 의미를 풀이할 때 통상은 일방성이 그 개념요소라고 보지만, 다른 견해도 있다. 그에 따르면 두 개의 서로 다른 조율된 의사표시로 성립된 계약도 마찬가지로 규율로 볼

겠다는 의사표시를 하고, 갑이 그 가격으로 팔겠다는 의사표시를 하면 매매라는 법률행위가 성립하여 일정한 법률효과가 발생하게 된다. 이때 을의 의사표시를 청약이라 하고, 갑의 의사표시를 승낙이라고 한다. 양자의 의사표시는 그것이 합의에 이르면 서로에 대해서 법적 구속력이 있는 행위가 된다. 행정행위도 규율이라고 한다면 그것이 성립된 이후에는 일정한 법적 효과를 발생시킨다. 권리 및/혹은 의무가 성립, 변경, 폐지 혹은 구속적으로 확정되면 법적 효과가 발생했다고 본다. 규율의 성격이 없으면 행정행위 개념을 인정할 수 없다.

규율에는 세 개의 개념 요소가 있다. 법의 요소(법적 효력), 의사의 요소, 일방성의 요소이다. 법의 요소와 의사의 요소가 결합하여 행정행위를 사법상의 의사표시에 대한 공법상의 대립물로 만든다. 따라서 모든 인식의 표현(Wissensäußerugen), 즉 의사표시와 구분이 때때로 헷갈리는 지시, 통지, 경고 등은 규율에서 제외된다. 또한 법의 요소는 취해진 조치의 종국성을 포함하므로, 결정에 선행하는 준비행위들은 규율이 되지 못한다. 이런 준비행위들은 순수한 사실행위일 수 있다. 그렇다면 의사의 요소가 없다. 혹은 의사표현이기는 하지만 종국적 결과를 확정하지 않는 규율의 전(前)단계에 불과하므로 규율이 아니라고 본다.

규율의 전 단계를 행정행위 개념과 구분하는 것은 일단은 절차경제 및 소송경제상의 이유 때문인데, 상대방 혹은 이해관계자는 행정청이 실제로 침해를 결정하여 사안이 확정되기까지 권리구제 절차를 개시하지 못하고 기다려야 한다. 이것은 다른 한편, 잠정적 수범자가 행정 내부적 의사 형성을 방해하는 공작을 펼치는 것을 막기 위한 취지도 있다. 이런 취지는 외견적 입헌주의—반민주주의적 사고로 비판받아 왔지만 - 행정 내부에는 법이 침투하지 못한다는 관념을 생각하라 - 오늘날에는 행정의 효율성이라는 '공익'의 측면에서 충분히 허용될 수 있는 것 아니냐 하는 인식도 있다.[44]

그러나 반대로, 내부적 판단을 통해 결정을 다 내려놓고도, 그 판단이 정치적으로 문제가 되면 아직 결정 전(前)이라고 하면서, 행정이 결정을 무르는 방식으로 책임을 다하지 않는 상황이 연출될 수도 있다. 특히 「행정절차법」의 제정으로 이런 일은 더 빈번해질 수 있다. 이와 관련하여, 청문을 거치지 않은 단계에서의 행정의 제재 결정의 법적 성격도 검토해보아야 한다.

수 있다고 한다. Maurer/Waldhoff, 208쪽(9장 6번).

44) Heiko Faber, *Verwaltungsrecht*, 175쪽.

【판례】 대법원 2019. 7. 11. 선고 2017두38874 판결 [사증발급거부처분취소]

[1] 일반적으로 처분이 주체·내용·절차와 형식의 요건을 모두 갖추고 외부에 표시된 경우에는 처분의 존재가 인정된다. 행정의사가 외부에 표시되어 행정청이 자유롭게 취소·철회할 수 없는 구속을 받게 되는 시점에 처분이 성립하고, 그 성립 여부는 행정청이 행정의사를 공식적인 방법으로 외부에 표시하였는지를 기준으로 판단해야 한다.

[2] 병무청장이 법무부장관에게 '가수 갑이 공연을 위하여 국외여행허가를 받고 출국한 후 미국 시민권을 취득함으로써 사실상 병역의무를 면탈하였으므로 재외동포 자격으로 재입국하고자 하는 경우 국내에서 취업, 가수활동 등 영리활동을 할 수 없도록 하고, 불가능할 경우 입국 자체를 금지해 달라'고 요청함에 따라 **법무부장관이 갑의 입국을 금지하는 결정을 하고, 그 정보를 내부전산망인 '출입국관리정보시스템'에 입력하였으나, 갑에게는 통보하지 않은 사안에서, 행정청이 행정의사를 외부에 표시하여 행정청이 자유롭게 취소·철회할 수 없는 구속을 받기 전에는 '처분'이 성립하지 않으므로** 법무부장관이 출입국관리법 제11조 제1항 제3호 또는 제4호, 출입국관리법 시행령 제14조 제1항, 제2항에 따라 위 입국금지결정을 했다고 해서 '처분'이 성립한다고 볼 수는 없고, 위 입국금지결정은 법무부장관의 의사가 공식적인 방법으로 외부에 표시된 것이 아니라 단지 그 정보를 내부전산망인 '출입국관리정보시스템'에 입력하여 관리한 것에 지나지 않으므로, 위 입국금지결정은 항고소송의 대상이 될 수 있는 '처분'에 해당하지 않는데도, 위 입국금지결정이 처분에 해당하여 공정력과 불가쟁력이 있다고 본 원심판단에 법리를 오해한 잘못이 있다.

법의 요소와 의사의 요소는 행정법상의 계약을 체결하는 행정청의 의사표현에도 등장한다. 따라서 일방성의 요소가 추가적으로 필요하다고 본다. 일방적-고권적으로 법적 효과를 만들어내는 권한의 사용, 이것이 행정청의 의사표시를 규율로 만든다는 설명이다.[45] 연방행정절차법 제35조의 정의에 등장하는 "행정청이 내리는"이라는 표현도 이 견해를 뒷받침한다.[46] 다만, 법률행위와 행정행위를 비교하는 관점을 강조한다면, 규율(Regelung)의 의미를 법적 구속력이 있는 행위, 법적 효과의 발생을 향한 의사표시 정도로 이해해도 무방하겠다. 따라서 그러한 법적 구속력이 없는 행위, 즉 사실행위, 행정내부의 준비행위 등은 행정행위가 될 수 없다.

외부에 대한 법적 효력과 관련하여 자주 검토되는 것으로 다른 행정기관의 동의

45) Heiko Faber, *Verwaltungsrecht*, 176쪽.

46) Maurer/Waldhoff, 208쪽(9장 6번).

나 승인 등이 있다. 상급자가 하급자에게 내린 지시·명령·승인·동의 등은 내부적 행위로서 행정행위가 되지 않는다는 점에 대해서는 대체로 의견이 일치한다. 그런데 그러한 내부행위(준비행위)가 조직을 달리하는 행정기관 사이에서, 또는 같은 조직이라고 하더라도 상하관계가 분명하지 않은 조직 사이에서 일어난다면 어떻게 될까? 다시 말해 행정행위 중에는 다른 행정청 또는 행정주체의 동의(승인·협의 등)가 내려진 경우에 비로소 발령될 수 있는 것들도 있는데, 이 경우 타행정관청이나 행정주체의 동의는 그 자체로 행정행위가 되느냐 하는 문제이다.

일반론적으로 말하면 동의는 그것이 시민에 대하여 독자적이고 직접적인 법적 효과를 갖는 경우에만 행정행위가 된다. 즉, 동의 및 협의권한을 가진 행정청이 특정한 행정업무를 배타적으로 수행하고 있고 자신의 업무와 관련한 독자적인 판단권을 주장할 수 있다면, 그러한 행정청 등에 의한 승인·협의 등은 일단 행정행위로 볼 수 있다. 그러나 대개의 경우 승인은 협의 등을 요하는 행정행위를 발령할 관청에 대해 행하는 행정 내부적 의사표시에 불과하다. 이러한 결론도 전통적인 내부-외부 구별론에 기초해 있다.

【사례】 B는 외부지역(Außenbereich, 건설법전 제35조)에 건축물을 건축하기 위해 허가를 신청하였다. 관할 건축허가청인 군청(Landratsamt)은 위 건축부지가 위치한 게마인데에 건설법전 제36조에 따라 허가에 대한 승낙의 발급을 요청하는 신청서를 보냈다. (그러나) 게마인데는 승낙을 거부했다. 그러자 군청은 게마인데의 승낙거절을 이유로 건축허가를 거부하였다. B는 게마인데의 승낙거절을 위법하다고 생각하여, 누구를 상대로 소를 제기해야 하는지 알고 싶어한다. 게마인데의 승낙(동의와 같은 의미)은 행정행위가 아니라 행정의 내부행위(ein Verwaltungsinternum)이다(판례와 통설). 이것은 다음과 같은 이유 때문이다. 건축허가절차는 건축허가청 - 이 경우는 군청 - 의 소관사항이다. 이 관청만이 대외적으로 특히 건축주를 상대로 소관부서로 등장한다. 그러나 게마인데는 자신에게 주어진 계획고권에 근거하여 참여의 권리(Mitwirkungsrecht)를 갖는다. 게마인데는 이 권리를 사용하여, (아직) 계획이 수립되지 않은 게마인데 구역에서, 자신의 도시계획이념에 부합하지 않는 건축구상이 실현되는 것을 막을 수 있다. 승낙 및 거부는 건축관청을 상대로한 의사표현이므로 이것들은 행정내부에서만 오고간다. 따라서 B는 게마인데를 상대로 승낙의 발급을 구하는 소를 제기할 수 없다. 군청을 상대로 건축허가의 발급을 구하는 소를 제기해야 한다(군청이 건축허가를 발급할 준비는 되어있었지만, 게마인데의 승낙이 없기 때문에 이를 할 수 없는 상황이라고 생각하고 있다고 하더라도 말이다). (이런

상황이라면-필자 추가) 행정법원은 승낙의 거절이 적법했었는지 여부도 '더 꼼꼼히 부수적으로'(inzidenter) 심사해야 한다. 심사결과 그 적법성이 부인되고, 추가적인 법적 걸림돌이 없으면 행정법원은 군청으로 하여금 건축허가를 발급하게끔 명하는 판결을 해야 한다. 받지 못한 승낙은 행정법원의 판결로 대체된다. 게마인데가 2개월 이내에 의사표시를 하지 않으면, 건설법전 제36조 제2항 제2문에 따라 승낙은 발급된 것으로 간주된다(의제승낙). 게마인데는 승낙을 거부할 수는 있지만, 그 사유는 건축계획법상의 이유로 제한된다(건설법전 제31, 33, 34, 35조). 위법한 거부는 관할 직근상급관청에 의해 대체될 수 있다(건설법전 제36조 제2항 제3문). 나아가 위법한 거부는 직무책임(국가배상책임) 그리고 수용유사침해에서 기인하는 청구권을 발생시킬 수 있다.[47]

【보충설명】 이 사례는 독일 도시계획법의 절차와 내용에 관한 여러 정보를 포함하고 있다. 독일에서는 건축허가 여부가 내부지역(Innenbereich)이냐 외부지역(Außenbereich)이냐에 따라 결정된다. 내부지역은 지구상세계획인 B플랜(Bebauungsplan)이 책정되어 있는 지역, 그리고 기성시가지 지역으로 구성된다. 독일 건설법전은 계획없으면 건축없다는 생각(건축부자유원칙)에 기초해 있으므로 건축행위가 허용되는 것은 원칙적으로 B플랜 책정지역에 한정된다. 또한 B플랜이 책정되어 있지 않더라도 기성시가지에서는 "이웃하고 있는 주변과 동떨어져 있지 않고, 지구의 시설정비가 충분한 경우"(in die Eigenart der näheren Umgebung einfügt und die Erschließung gesichert ist) 건축행위가 허용된다(건설법전 제34조 제1항). 한마디로 그 시가지의 구조와 조화를 이루고 기반시설이 정비되어 있는 경우에는 B플랜이 없어도 건축이 가능하다는 의미이다. 이처럼 건축행위가 허용되는 이 양 지역을 합하여 내부지역이라고 한다. 그 이외는 외부지역이고 이 곳에서의 건축은 원칙적으로 허용되지 않는다(건설법전 제35조). 외부지역은 '건축억제지구'라고 할 수 있다.

경우에 따라서는 이러한 협의가 다단계 행정절차의 한 부분을 이룰 수가 있는데, 이 경우 협의는 그 자체로 독자적인 규율이 된다. 오늘날에는 여러 단계의 과정을 거쳐 행정기관의 최종 결정이 내려지는 사례들이 종종 있다. 이를 다단계 행정(결정)절차라고 하는데, 신중한 결정을 위해 전체 행정절차를 주요단계별로 세분화하여 각 단계마다 법적인 평가를 하다 보니 이러한 형식들이 나타났다. 예컨대 원자력발전소 건설에 대한 허가에서처럼 특정 시설의 건설이나 특정 사업의 허가 등에 소요되는 시간이나 비용이 막대하고, 허가가 미치는 효과가 중대하여 어느 한 기관의 독자적

47) Maurer/Waldhoff, 223-224(9장 29번).

인 판단만으로는 허가 여부를 결정하기 어려울 때 독자적 판단권을 가진 여러 행정기관을 각각의 결정 단계에 개입시키는 것이다. 다단계 행정절차 중의 개별 결정으로는 사전결정(예비결정)과 부분허가가 있다.

둘째, 행정행위는 구체적 사실에 대한 법집행행위이므로 일반적·추상적 규범 정립 작용인 (행정) 입법행위와 구별된다. 행정이 하는 법의 집행은 그 성질상 개별사안(Einzelfall)을 규율하는 것이다. 반면 다수사안의 규율은 법률에 의하거나 법률에 근거한 법규명령으로 해야 한다. 이 '개별사안'이라는 징표는 궁극적으로 의회의 입법대권(大權)과 행정의 침해권한 사이의 권력분립을 보장해준다.[48] 불특정의 다수 사안과 관련되면 국민의 대표자인 국회가 이를 정하고, 개별사안은 국회가 정한 그 기준에 따라 행정부가 규율해야 하므로 이를 위반하여 행정부가 다수 사안에 대해 규율하면 입법권을 침해하는 것이 된다는 논리이다. 그러나 개별사안이라는 징표를 내세운다고 하더라도, 행정행위와 실질적 법률 사이에 다수의 서로 겹치는 것들(轉移現象)이 존재한다는 사실을 부인하기 어렵다. 즉, 법집행행위와 법규범 사이에 구별이 쉽지 않은 행위형식들이 있음을 인정해야 한다.[49] 이러한 곤란함을 해소하기 위해 독일의 판례와 학설 그리고 입법자는 일반처분(Allgemeinverfügung)이라는 개념을 인정하기에 이르렀다.[50]

개별사안이라는 개념도 - 규율이 그러했듯이 - 세 개의 요소로 구성되어 있다. 개별사안은 개별 대상(이를 구체적이라고 함) 및 개별 사람(이를 '개별적'[51]이라고 함)과 관련된다. 그래서 행정행위란 일반적-추상적 규율인 법률에 대응하여 구체적-개별적 규율이라고 불린다. 여기에 하나만 더 추가하면, 상대적으로 긴 시간을 규율하는 법률에 비해 진정한 행정행위의 시간은 짧다. 전형적인 사례에서 행정행위는 구체적이고 개별적으로 규율할 뿐만 아니라 '특정 시점'(punktuell)을 규율한다. 그러므로 계속적

---

48) Heiko Faber, *Verwaltungsrecht*, 176쪽.

49) 이것은 집권당의 의회와 행정부가 서로 결탁하는 상황과도 연결되어 있다.

50) 법집행행위(행정행위)와 법규범의 구분은 바이마르 공화국 시기에도 이미 여러 차례 난제로 등장했던 문제였다. 일례로 당시 논쟁되었던 사례 중에는 '단체협약에 대한 일반적 구속력 선언'(die Allgemeinverbindlicherklärung von Tarifverträgen)이 있다. 1933년 이전에는 이것을 규범적 행위로 보는 견해가 우세했다. 이후 다수설(노동법)은 이를 쟁송취소의 대상이 되는 행정행위로 보았지만, 행정판례는 규범적 성격에 손을 들어주었다. Forsthoff, *Lehrbuch*, 201-202쪽.

51) '개별적'에 해당하는 독일어는 individuell이다. 따라서 이는 개인적이라는 말로도 번역할 수 있다. 개인적이므로 '개별적'이라는 개념 요소가 지칭하는 것은 사안이 아니라 사람이다.

효력을 갖는 행정행위(VA mit Dauerwirkung)는 전형적 사례에 딱 들어맞는 경우는 아니다.[52)]

14.2. 일반처분의 문제

14.2.1. 일반처분의 개념 및 유형

위에서 언급한 일반처분에 대해 조금 더 부연해보자. 연방행정절차법 제35조 제2문은 이를 다음과 같이 정의하고 있다.

> 일반처분이란 일반적 표지에 따라 특정되거나 특정될 수 있는 사람에 향해져 있는 행정행위, 사물의 공법적 성질에 관한 행정행위, 또는 일반공중에 의한 그 사물의 이용과 관련된 행정행위를 말한다(연방행정절차법 제35조 제2문).

이것은 어떤 독자적인 법적 행위가 아니라 제35조 제1문에 정의되어 있는 행정행위의 일 유형(ein Unterfall)에 해당한다. 일반처분은 행정행위와 마찬가지로 행정청이 행하는 외부효가 있는, 개별사안에 대한 고권적 규율이다. 일반처분의 특수성은 규율의 수범자와 규율의 대상에 있다.

연방행정절차법의 제정이전 독일의 통설은 행정행위가 한 개인이 아니라 특정된 혹은 특정가능한 인적 범위(Personenkreis)를 향하면 일반처분이 된다고 보았다. 결정적인 것은 수범자 범위가 규율의 발령시에 객관적으로 확정되어 있고 개별화가 가능했는가 하는 점이었다(반면 법규범은 아직은 확정이 안 된 인적 범위를 대상으로 한다). 집회의 해산명령이 전형적인 예이다. 아무리 대규모 집회라고 해도 참여자의 범위는 개별적으로 특정되거나 특정가능하므로, 이 명령을 받는 자는 처분의 시점에 집회에 참여한 사람이다. 그런데 연방행정절차법 제35조 제2문은 이전부터 통용되어오던 이 개념을 대폭 확대했다.[53)]

이에 따르면 세 개의 유형화가 가능하다. 일반적 징표에 의해 특정되거나 특정가능한

52) Heiko Faber, *Verwaltungsrecht*, 176쪽.

53) Maurer/Waldhoff, 224-225쪽(9장 30번).

인적 범위와 관련되는 것(die adressatenbezogene Allgemeinverfügung), 물의 공법적 성격과 관련되는 것(die sachbezogene Allgemeinverfügung) 그리고 이용규율(Benutzungsregelung)이 그것이다.[54] 간단히 인에 관한 일반처분, 물에 관한 일반처분, 이용규율이라고 한다.

특히 연방행정절차법에 의해 명시적으로 일반처분의 범주로 포섭된 두 번째와 세 번째 유형의 경우, 이것들이 일반처분인 것은 향후 어떤 개인이 그 규율의 적용을 받게 될지가 전혀 확정되어 있지 않기 때문이다. 이 유형들에서는 개별 사람이라는 요소가 빠져 있고, 여기에 더해, 시간적 개방성(장래를 향해 개방되어 있음), 즉 특정 시점이라는 요소를 결여하고 있다. 그러나 이것을 상쇄할 정도로 공물, 공공시설과 관련하여 인정할 수 있는 구체성(구체적 규율)이 있으므로 독일의 입법자는 명시적으로 이를 행정행위의 범주에 집어넣었다.[55]

우리 행정법교과서들은 경부고속도로 서울－수원 하행선 구간에서 판교방면으로 차량진출하는 것을 무기한 금지하는 명령이라든가, 특정 물건을 문화재로 지정하는 행위, 「국토의 계획 및 이용에 관한 법률」상의 용도지역·지구 및 구역의 지정행위, 교통표지판을 통한 도로의 사용규율(주차금지, 속도제한, 일방통행, 통행금지),[56] 민방위경보, 「자동차관리법」 제30조에 의한 자동차형식 승인,[57] 등을 일반처분의 예로 들고 있다.

이런 사례들을 자세히 들여다보면 어떤 공통점을 발견해낼 수 있다. 그것은 위의 명령이나 지정행위들이 구체적인 침익적 효과를 발생시켜서 행정행위로 볼 수 있는 것이긴 하지만, "사회 인프라를 구축하고 운영하는 제도로서의 성격"(infrastruktueller Charakter)을 공유하고 있다는 점이다.[58] 그래서 이제 논의는 일반처분이 행정행위 혹은 처분이냐 아니냐 하는 문제로 제한하지 말고, 일반처분을 널리 허용하는 '현대' 자본주의 행정법의 특징을 포함하여, 일반처분의 민주주의적 정당성 - 사회 인프라의 구축 및 운영에서 입법자의 역할 축소 - 문제도 진지하게 검토해야 한다. 일반처분으로 사물의 성질이 변화하면 현 소유자만이 아니라 장래의 소유자에게 영향을 미친다는

54) Maurer/Waldhoff, 225-226쪽(9장 31-33번).

55) Heiko Faber, *Verwaltungsrecht*, 177쪽.

56) 정하중/김광수, 2023, 160쪽. 횡단보도설치행위의 처분성을 인정한 것으로 대법원 2000. 10. 27 선고 98두8964 판결.

57) 홍준형, 행정법, 111쪽.

58) Heiko Faber, *Verwaltungsrecht*, 177쪽.

사실에 유의해야 한다.

일반처분은 원래부터가 법규명령과 구분하기가 쉽지 않은, 법이론적으로 보면 법규명령쪽으로 분류하는 것이 오히려 더 타당한 존재였다. 그럼에도 불구하고 실용적·현실적 고려에서 이를 행정행위로 성격지어 왔던 것인데 – 후술하듯이 교통표지판의 설치에 법규명령 형식을 이용해야 한다면 헌법적·법적 제약이 따른다.[59] 또한 일반처분 중 세 번째 유형인 이용규율의 경우 "특별권력관계론이 그 종말을 맞아 이른바 특별명령(Sonderverordnung)이 더는 통용될 수 없는 상황에서 그 틈새를 비집고 들어온 것"[60]이다. 이로써 시립 수영장, 도서관 등의 영조물 기타 공공시설의 이용규율은 일반처분이라는 법적 성격이 부여되었다 – 이에 대해서는 이론적인 반론 혹은 불만이 항상 잠재해 있었다. 그것이 크게 한번 분출된 계기가 되었던 것이 코로나19 사태이다.

예컨대 독일의 경우 바이에른주 정부가 코로나19 확산 방지를 목적으로 해당 주에 거주·체류하는 사람들을 대상으로 타인과의 물리적 접촉을 최소화하고, 1.5미터 이상의 거리를 유지할 것을 내용으로 하는 일반처분을 내렸을 때, 뮌헨 행정법원은 이것은 불특정다수인을 대상으로 하는 일반적·추상적 규율로서 일반처분이 아닌 법규명령의 형식으로 발령했어야 한다고 결정하였다. 동 법원은 특히 일반처분을 "행정행위라는 복장으로 감쪽같이 위장한 법규범"(in das Gewand eines Verwaltungsaktes gekleidete, beinahe verkleidete Rechtsnorm)이라고 비판하였다.[61]

우리의 경우에도 「감염병 예방 및 관리에 관한 법률」 제49조 제1항 제2호에 근거하여 발령된 집합금지명령을 일반처분으로 해석하는 견해가 있다.[62] 독일처럼 인구가 작은 기초자치단체에서 발령하는 명령과 달리, 서울시나 경기도와 같은 엄청난 인구를 가진 자치단체의 장이 집합금지명령 등을 발하면서 이를 일반처분 형식을 선택할 수 있게 하는 현행 「감염병의 예방 및 관리에 관한 법률」은 위헌의 소지가 다분하다. 대통령령이나 부령으로 발령하기 적절하지 않다면, 법령의 위임을 받아

---

59) 자세한 것은 다음을 참고할 것. Maurer/Waldhoff, 228쪽(9장 36번).

60) Maurer/Waldhoff, 226쪽(9장 33번). 2차 대전 이후 독일에서는 법률의 수권 없이 제정되는 행정규칙 중에서 '특별명령'(Sonderverordnung)을 협의의 행정규칙과 구별하여 그에 대해 법규성을 인정하기도 했다. 그러나 이제는 학교법영역, 대학법영역, 교정시설법 영역에서도, 즉 전통적 특별권력관계에서도 법률의 유보 원칙이 지배한다고 보므로 특별명령 같은 것을 인정할 실익은 없다.

61) VG München, Beschluss v. 24.03.2020-M 26 S 20.1255, Rn. 23. 박원규, "감염병예방법상 이동제한조치에 대한 법적 검토", 경찰법연구 18권 2호, 2020, 133쪽에서 재인용.

62) 이기춘, "코로나-19에 따른 행정명령에 관한 시론적 소고", 국가법연구 17권 1호, 2021, 2쪽.

장관이나 자치단체장이 고시나 훈령 등으로 발령하는 법령보충규칙 혹은 (경우에 따라서는) 조례가 집합금지명령의 행위형식이 되어야 할 것이다.

우리 교과서들이 일반처분의 예로 들고 있는 '용도지역·지구 및 구역의 지정행위' 같은 것은 독일에서는 게마인데의 조례(B-플랜)로 정해진다는 점을 생각하면, 이런 문제의식을 갖는 것이 대단히 중요함을 방증한다. 이와 같은 도시계획법적 수법들은 앞으로 주민참여 하에 자치입법으로 규율해야 할 것인데, 당연히 '행정행위'의 일종으로 분류해버리면, 공물에 대한 규율은 앞으로도 계속 행정의 일방적 규율 - 일반처분의 경우 통상의 행정절차법적 통제도 이루어지지 않는다 - 대상으로 남을 수 있기 때문이다.

14.2.2. 기후생태위기 시대 교통규율과 시민의 역할

독일에서 '일반처분'에 대한 불만 혹은 의문을 둘러싸고 특별히 논쟁이 된 소재는 교통표지였다. 교차로에 서 있는 개별 교통경찰의 수신호나 자동 혹은 수동으로 조작하는 신호등의 신호는 교통이용자의 교통행동을 그때그때 바로 규율하기 때문에 일반처분의 형태로 이루어지는 행정행위로 볼 수 있다. 이것은 특별히 문제가 되지 않는다. 문제는 교통표지였다. 이것이 일반처분인지 아니면 법규명령인지가 오랫동안 불확실했고, 논쟁의 대상이었다.

쉽게 생각해보자. 고속도로나 일반도로를 자동차로 운행하는 자는 교통표지가 없다고 하더라도 통행속도의 최고한도가 얼마인지는 규범적으로 이미 알고 있다. 행정행위에 의해서 통행속도 제한을 명령받는 것이 아니라는 얘기다.[63] 이렇게 보면 교통표지는 확실히 법규명령의 성격을 갖는다고 생각할 수 있다. 그러나 통행속도 60킬로미터가 적용되는 '주거지역·상업지역 및 공업지역 외의 일반도로'라 하더라도, 해당구간이 과거 사고가 다발하여 위험한 장소이고, 이것을 (특히 초행인) 개별 운전자가 알기 어렵다는 생각에, 주의를 요구하거나 경우에 따라서는 '구간감속'을 지시하는 교통표지를 위 장소에 세운다면, 이 교통표지는 행정행위로서의 성격을 띨 수 있다. 특히 감속지시는 해당운전자가 그 구간을 지날 때 비로소 구체적 명령으로서 발령되는 것이라고 논리구성을 할 수 있다.

다만, 독일에서는 교통표지가 연방행정절차법 제35조 제2문의 제정취지 및 해석론상 일반처분이라는 데 의견이 거의 일치한다. 교통표지가 제2문의 3유형 중 어느 것

63) 「도로교통법」 제17조 제1항 및 「도로교통법 시행규칙」 제19조 제1항 참고.

에 해당하는지에 관해서는 논의의 여지가 있으나 실익은 없다. 어느 것이든 일반처분이기 때문이다. 대체로 세 번째 유형인 이용규율로 본다. 독일의 판례는 한때 법규명령설을 지지했으나 연방행정절차법 제정 이전에 이미 그 입장을 바꾸기 시작했는데, 여기에는 실용적·현실적 고려가 중요한 역할을 했다. 학설은 거의 일치된 의견으로 판례의 입장을 수용했다.[64] 교통표지를 일반처분으로 본다고 하더라도 문제는 남는다. 특히 이런 행정행위를 고지하는 문제 및 이와 연계되어 있는 효력발생과 취소소송의 제소기간 같은 문제가 실무에서는 다투어진다.[65] 교통표지를 다투는 자의 원고적격 인정 여부도 중요한 쟁점이다.[66]

【사례】 원고(선정당사자인 주식회사 광주지하상가)는 1980. 2. 14. 소외 광주시장과 다음과 같은 내용의 지하도시설공사투자협약을 체결하였다. 이에 따르면 원고는 자비로 광주시 충장로 3가 소재 도로 지하에 상가점포를 포함한 지하도공사를 완공하고 그 시설물 일체를 광주시에 기부채납하되, 광주시장은 원고 회사에게 준공된 지하시설물 중 상가부분의 무상사용을 허가하고 이를 타인에게 임대할 수 있는 권리를 부여한다고 되어 있다. 원고는 1980. 8. 20. 지하도공사를 완공하여 이를 광주시에 기증하였으며, 1980. 7. 31. 광주시장으로부터는 지하도중 상가부분 717.28평에 대하여 1980. 7. 31.부터 2000. 7. 30.까지의 기한으로 도로점용허가를 받았다. 원고는 위 상가를 한○석 등 선정당사자에게 임대하였다. 그런데 그후 충장로상가번영회 등 단체가 위 충금지하도 지상에 횡단보도를 설치하여 달라는 민원을 피고(전라남도 지방경찰청장)에게 제출하였고, 국민고충처리위원회도 같은 취지의 권고를 피고에게 하였다. 이에 피고는 1997. 11. 1. 위 장소에 횡단보도와 신호기 등 교통안전시설물의 설치를 완료하였다. 이에 원고는 이 사건 횡단보도설치행위 취소소송을 제기하였다.[67]

이 사건의 원심은 위 설치행위를 사실행위로 보았다. 대법원은 설치행위 자체가 아니라, 횡단보도를 설치하여 "보행자의 통행방법 등을 규제"하는 부분에서 처분성을 인정하였다(일반처분이라고 명시적으로 밝히지는 않았다). 아무튼 판례가 처분성을 인정한 이상 취소소송의 대상적격 문제는 해결된 셈이다. 그렇다면 일반처분의 경우 원고적격은 어떻게 되는가? 앞서 보았듯이 일반처분에는 3유형이 있다. ① 인

64) Maurer/Waldhoff, 227-228쪽(9장 35번).

65) Maurer/Waldhoff, 228-231쪽(9장 36번).

66) 자세한 것은 高田実宗, "交通規律に対する権利保護", 一橋法学 제14권 제1호, 2015, 239-278쪽.

67) 대법원 2000. 10. 27. 선고 98두8964 판결.

(人)에 관한 일반처분, ② 물에 관한 일반처분, ③ 이용규율이 그것이다. 같은 일반처분이어도 인에 관한 일반처분에는 상대방이론을 적용할 수 있지만, 물에 관한 일반처분에는 이 이론을 적용할 수 없으므로 공물의 사용폐지(Entwidmung)처럼 물에 관한 일반처분에 의해 영향을 받는 자의 원고적격에 관해서는 제3자의 원고적격 문제와 같은 방식으로 논의를 해야 한다는 해석이 일반적이다. 그렇다면 ③유형의 일반처분(예컨대 교통표지)의 경우에는 어떻게 될까? 대물적 측면과 대인적 측면 중 어느 것이 강조되느냐에 따라 원고적격의 유무가 판정된다고 본다. 다만, 독일의 재판실무는 교통이용자의 원고적격을 상대방이론에서 도출해내려고 하며, 교통규율에 대한 소송에서 교통이용자에게 권리구제의 문을 넓히는 경향을 보이고 있다.[68] 이 사안의 횡단보도설치행위는 도로표지에 의한 도로규율로서 일반처분 중 이용규율에 해당한다고 볼 수 있는데, 대법원은 횡단보도 인근 지하상가 운영회사와 상인들의 원고적격을 부인하였다.

이것은 또 이것대로 논의를 해야겠지만, 앞서 언급했듯이 일반처분이 "사회 인프라를 구축하고 운영하는 제도로서의 성격"을 갖고 있다는 점을 상기하면, 재차 교통표지를 "일반처분의 모습을 지닌 행정행위라는 법 형식"(die Rechtsform des Verwaltungsakt in Gestalt der Allgemeinverfügung)으로 보는 것이 타당한지, 이런 법적 평가가 일반 시민들에게 어떤 의미가 있는 것인지를 따져볼 필요가 있다고 생각한다.

다른 한편, 특히 교통규율 자체를 다투는 소송이 아주 빈번한 '아우토반'의 나라 독일과 달리 - 교통표지를 일반처분 형식의 행정행위로 볼 뿐만 아니라 교통이용자에게 널리 이를 다툴 취소소송의 원고적격을 인정해온 독일과 달리 - 교통규율 자체를 다투는 소송을 거의 찾아볼 수 없는 우리의 경우, 독일식의 법리가 얼마나 실효성이 있을지도 고민해보아야 한다. 이것은 우리의 삶에서 교통이 차지하는 의미 그리고 그 교통표지를 설치하는 일의 의미가 향후 더욱더 중요해질 것이라는 진단과도 연결되어 있다. 어느 특정 지역을 자동차 통행 금지구역으로 지정한다든지, 자동차의 속도를 제한한다든지, 혹은 SUV 자동차의 두심주차를 금지한다든지 하는 문제는 행정의 일방적 규율에만 맡겨둘 사안은 아니라고 생각한다. 혹은 보행자 보호를 위한 각종 교통표지의 설치는 물론이고, 도로를 자동차가 독점하는 장소에서 자동차와 보행자, 그리고 자전거 등 친환경운송수단이 공존하는 공물(res publica)로 탈바꿈시키려면 교통표지의 설치와 유지에 시민들의 개입이 반드시 필요하다. 도로표지를 일반처분으로 보아

68) 자세한 것은 다음을 참고할 것. 高田実宗, 앞의 논문, 251-263쪽.

온 기존의 판례와 학설은 취소소송의 법리에는 유용할지 모르겠으나, 기후위기 시대에, 생태적으로 지속가능한 교통환경규율을 만들어 나가기에는 역시 역부족이다. 낡은 경찰법적 사고에 충실한 행정청의 관점이 아니라, 기후정의를 생각하는 시민의 관점에 서서, 사람과 사람의 '교통'(Verkehr) 장소로, "마주침의 정치"[69]가 실현되는 공간으로 도로와 광장을 재규정해나가려면, 행정법학도 더 깊은 고민을 해야 한다.

14.3. 행정행위와 처분 그리고 행정의 행위형식론

14.3.1. 행정행위와 처분

이미 지적했듯이 독일에서는 학설과 판례에 이어 법률(연방행정절차법)이 행정행위를 정의하고 있으므로, 행정행위는 실정법상의 개념이다. 그러나 우리의 경우는 사정이 다르다. 1984년 「행정심판법」이 제정되고 「행정소송법」이 전면 개정되기 이전에는 행정행위나 혹은 그와 유사한 개념을 규정하고 정의해 둔 실정법은 아예 존재하지 않았다. 그러다가 위의 양 법이 제정 혹은 개정되면서 처분개념이 정의되었다. 이 개념은 처음에는 독일식 행정행위 개념을 염두에 둔 것으로 평가받았지만, 점차 그 해석을 둘러싸고 학설은 크게 둘로 나뉘었다.

하나는 가능한 한 많은 종류의 행정작용이 처분에 해당할 수 있도록 처분개념을 독일식 행정행위 개념과 구분하고, 법에 정의된 처분개념을 확대해석하여 궁극적으로는 취소소송의 대상을 넓히려는 입장이다. 이를 쟁송법적 처분개념설(이원설)이라고 한다. 다른 하나는 행정행위와 처분을 일원적으로 파악하는 입장을 유지하되, 처분에 해당하지 않는 행정작용에 대해서는 당사자소송을 널리 활용하여 그를 통해 다투게 한다는 입장이다. 이를 실체법적 처분개념설(일원설)이라고 한다.

14.3.2. 행정행위·처분 논쟁과 행위형식론

이원설과 일원설의 대립은 현재에도 여전히 진행형이다. 두 학설에 대한 평가 및 판례의 입장 등은 여기서 더 다루지는 않겠다. 다만, 이 장을 마무리하면서 마지막

69) 앤디 메리필드, 김병화 옮김, 마주침의 정치, 이후, 2015.

으로 짚고 넘어가야 할 것이 하나 남아 있다. 그것은 행정행위와 처분개념을 일치시킬 것인가, 아니면 별개로 볼 것인가 하는 논쟁을 그렇게 치열하게 하는 이유가 무엇인가 하는 점이다.

행정의 행위형식론이라는 것이 있다. 행정의 작용형식론이라고도 한다. 이것도 독일 행정법학에서 유래한 것인데, 행정이 시민을 상대로 '법적으로 의미있는 행위'를 할 때 빈번하게 이용하는 수법들을 유형별로 구분한 것이다. 행정'법'에서 사용하는 형식이므로 엄밀하게 말하면 법형식(Rechtsform)이라는 개념이 적합하다. 그러나 행정은 행정행위, 행정계약 등 외에도 행정규칙, 사실행위와 같은 비법적 행정활동도 동원하고 있고, 실제로 이런 것들이 점점 더 늘어나고 있으므로 행정법 교과서들은 '법'형식이 아니라 '행위'형식(Handlungsform)이라는 개념을 자연스럽게 쓰고 있다.[70]

행위형식론의 존재의의는 무엇일까? 한마디로 의의－요건－효과로 이어지는 개념법학의 틀을 만드는 데 있다. 형식에 따라 실질적 법적 효과가 달라지고, 어느 형식에 해당하느냐에 따라 요건과 효과가 달라진다. 영어문장해석을 위한 5형식이 있으면 영문해석이 한결 쉬워지는 것처럼 행위형식론이 있으면 복잡한 행정법적 문제를 푸는 일이 상당히 용이해질 것이다. 정리하자면 행위형식론은 의의, 요건, 효과 법학의 형식적 틀을 제공한다. 행위형식론이 구축되어 있다면 어떤 작용을 어떤 행위형식에 대입할 것인가 하는 부분만 판단하면 된다. 이런 것을 도그마틱〔教義學〕이라고 한다. 즉, 행정의 행위형식론은 "구체적으로 각각의 행위에 어떠한 법적 요건과 효과, 쟁송수단 등을 결부시킬 것인가 하는 문제를 해결하는 데 기여한다."[71] 가령 각각의 행위에 하자가 있을 때, 규범(법규명령)과 계약의 경우에는 위법하면 원칙적으로 무효가 되지만, 행정행위의 경우는 다르다. 위법한 행정행위는 반드시 무효가 되는 것은 아니어서, 행정행위의 적법성과 유효성은 명확히 구분해야 한다.[72] 이 점이 행정행위가 대부분의 다른 법적 행위와 다른 점이다.

통상의 행정법 교과서들은 행정법상의 행위형식으로 행정입법, 행정행위, 확약, 공법상 계약, 공법상 합동행위, 사실행위, 행정계획 등을 들고 있다. 이들 행위형식 중 대표적인 행위형식이 행정입법, 행정행위, 공법상 계약, 사실행위이고, 그 중에서도 가장 중요한 것이 행정행위이다. 행정행위는 중요할 뿐만 아니라 행정의 우월적 지

70) 김철용, 2024, 193-194쪽.

71) 홍준형, 행정법, 108쪽.

72) Maurer/Waldhoff, 260-261쪽(10장 1번).

위를 드러내는 가장 전형적인 행위형식이기도 하다.

행정행위는 위법한 경우에도 효력을 (잠정적으로) 유지하고 행정행위만으로도 집행이 가능하다. 이러한 행위형식으로 인해 시민이 받는 부담과 고충을 고려하여, 학설과 판례는 법률의 유보 법리를 그 내용만이 아니라 형식에까지 확장하고 있다(행정행위를 발령할 권한, 행정행위의 허용성). 즉, 예전에는 이러이러한 내용을 규제하려면 법률의 수권이 필요하다고만 하면 될 뿐, 그 규제를 어떤 행위형식으로 해야 하는가 하는 점은 행정에 맡겨져 있다고 해석했지만, 이제는 이 후자부분까지도 수권이 필요하다고 본다. 다만, 그 수권은 반드시 명시적일 필요는 없고 수권규정의 해석으로 행정행위라는 행위형식을 사용할 수 있는 권한이 도출될 수 있으면 족하다.[73]

위에서 열거한 행위형식들은 추후 하나하나 설명할 것이다. 다만, 별도로 언급하지 않을 확약에 대해서만 간략히 부연해둔다. 확약은 권한 있는 행정청이 어떤 특정한 행정조치를 취하겠다고, 혹은 하지 않겠다고 구속력 있게 약속하는 것을 말한다. 이런 약속이 행정행위의 발령 혹은 불발령에 대한 것일 때 이를 특히 '확약'(Zusicherung)이라고 한다. 행정행위를 대상으로 하지 않으면 그냥 확언(Zusage)이라고 부른다. 확약은 확언의 하위범주(Unterfall)이다.[74] 다수설은 확약은 법적 구속력 등에서 불완전하지만 행정행위의 개념요소를 모두 갖추었다고 보아 행정행위로 본다. 반면, "사안에 대한 종국적인 결정은 약속된 행정행위에 의하여 행하여지며 확약은 단지 그러한 행정행위의 발급에 대한 보증에 지나지 않기 때문에 행정법상의 독자적인 행위형식이라고 보는 것이 타당"하다고 보는 견해도 있다.[75]

위법한 수익적 행정행위라도 신뢰보호의 관점에서 취소가 제한된다는 법리에 따르면 위법한 확약도 그 존속력 혹은 구속력을 인정받을 수 있을 것인가? 이를 긍정하는 견해도 있다.[76] 반면 현행 「행정절차법」 제40조의2 제4항 제2호는 "확약이 위법한 경우" 행정청은 "확약에 기속되지 아니한다"고 하여 위법한 확약의 구속력(효력)을 명시적으로 부정한다. 이 입장이 타당하다. 독일에서도 사실관계와 법적 상황

---

73) Maurer/Waldhoff, 270-271쪽(10장 29-30번).

74) Maurer/Waldhoff, 245쪽(9장 60번). 다만, 「행정절차법」 제40조의2 제1항이 정의하고 있는 확약은 "당사자가 신청할 수 있는 처분"으로 한정되어 있다. 확약의 대상을 이렇게 좁히는 것에 대한 비판으로는 김유환, 2024, 250쪽.

75) 정하중/김광수, 2023, 303쪽.

76) 1950-60년대 독일 행정법원의 입장이었다. Ernst Forsthoff, *Lehrbuch*, 172쪽 각주 1번 참고.

이 변경되는 경우 사전결정(Vorbescheid)의 구속력은 인정하지만, 확약은 다르게 본다. 그 점에서 확약의 존속에 대한 보호는 일반행정행위보다는 현격히 낮다.[77] 다만, 신뢰보호원칙의 요건이 충족되고, 확약으로 인해 상대방이 참을 수 있는 한도를 넘는 손실을 입었다면 이에 대해서 보상 여부를 검토할 수 있을 것이다.

공법상 합동행위는 그동안 거의 주목받지 못했으나, 개인주의 행정법을 넘어서려면 이 행위형식에 관한 연구도 많이 해야 한다. 한편, 이 교재에서는 행정입법을 의도적으로 행위형식론에서 다루지 않았다. 행정입법, 특히 법규명령에 대해서는 법원(法源)의 관점에서 접근하면서 그것의 헌법적 허용성과 한계를 따지는 것이 맞다고 보았기 때문이다. 행정이 행정입법을, 특히 행정규칙을 자신의 목적을 위해 언제든지 끌어다 사용할 수 있는 행위형식 혹은 작용형식으로 생각한다는 사실이 확인된다고 해서, 혹은 "행정입법을 의회의 입법작용의 연장으로서가 아니라 행정의 규칙제정행위라는 행정작용으로 파악하는" 것이 "현대행정법학의 기본적 태도"임이 확인된다고 해서,[78] 이런 입장을 당연히 승인해야 할 것은 아니라고 생각한다.

이런 점까지 유의하면서 행위형식론의 실익을 잠시 검토해보자. 행위형식론과 같은 유형론의 덕목은 개별 행정작용들이 행위형식에 따라 실체적 규제, 사전절차, 사후구제방법(쟁송방법) 등에서 각각 다르게 규율된다는 사실을 잘 드러내준다는 데 있다.[79]

첫째, 개별 행정작용들은 행위 자체를 실체적으로 규제하고, 권한을 부여하기 위한 규정에서 차이가 있다. 행정행위의 경우는 법률에 근거가 필요하다. 법률이 없으면 행정행위도 없다. 반면 행정지도의 경우에는 법률의 근거가 필요 없다는 것이 다수의 견해이다. 예컨대 규제적 행정지도의 경우에도 법률의 근거는 필요 없다고 본다. 행정행위의 경우에는 재량을 한정한다는 견지에서 행정행위의 근거가 되는 법률규정에서 그 요건과 효과를 상세하게 정하는 것이 일반적이다. 그러나 행정지도의 경우에는 특별히 실체적인 규정을 두는 경우가 없다.

둘째, 개별 행정작용들은 사전절차에서 차이가 있다. 행정행위에는 공정력이 인정

77) Heiko Faber, *Verwaltungsrecht*, 298쪽. 또한 독일 연방행정절차법 제38조 제2항, 제3항 참조. 다만, 대법원은 주택건설사업계획에 대한 사전결정의 구속력도 부인하였다. 대법원 1995. 5. 25. 선고 99두1052 판결.

78) 박정훈, "법규명령 형식의 행정규칙과 행정규칙 형식의 법규명령 - '법규'개념 및 형식/실질 이원론의 극복을 위하여", 행정법학 제5호, 2013, 64쪽.

79) 서원우 교수는 유사한 내용을 법률에 의한 행정, 행정절차, 행정소송으로 나누어 고찰한다. 서원우, 현대행정법론(상), 327-333쪽.

되므로 행정행위에 하자가 있어도 그 하자가 무효가 아닌 한 잠정적으로 통용된다. 이것은 상대방에게 불의의 타격이 될 수 있으므로, 행정행위의 성립 이전에 일정한 절차를 거치게 함으로써 그와 같은 사태를 미리 차단할 수 있는 기회를 제공하는 것이 중요하다. 이에 「행정절차법」은 사전절차에 관한 규정 등을 두고 있다. 즉, 행정은 “당사자에게 의무를 부과하거나 권익을 제한하는 처분을 하는 경우” 미리 사전통지를 해야 하며(제21조), 청문, 공청회, 의견제출 방식으로 의견청취(제22조)를 해야 한다. 현행법상 행정행위 이외의 행위형식에 대해서는 제대로 된 사전절차가 마련되어 있지 않다. 가령 행정계획에도 사전절차가 있으나 그것은 어디까지나 행정내부 절차이지 행정 외부, 특히 국민의 관여를 허용하는 절차는 아니다. 이 후자의 절차에 관한 일반법은 없고 개별법에서 예외적으로 허용하고 있을 뿐이다. 그나마도 단순의견청취 수준에 그치고 있다.[80] 독일법에는 행정계획확정절차가 마련되어 있다. 한편, 같은 행정행위라도 일반처분과 통상의 행정행위는 사전절차에서 차이가 난다. 일반처분은 처분의 상대방을 특정할 수 없으므로 ‘처분의 성질상 의견청취가 현저히 곤란’한 경우에 해당한다. 따라서 「행정절차법」상 사전통지 및 의견청취절차가 생략된다(제21조 제4항 제3호, 제22조 제4항).[81]

셋째, 개별 행정작용들은 사후구제절차에서도 차이가 있다. 위법한 행정행위는 쟁송취소의 대상이 되고, 직권취소될 수 있으나 위법한 법규명령은 처음부터 무효이다. 소송수단에서 전자는 취소소송이 이용되나 후자는 원칙적으로 이것이 가능하지 않다. 독일의 경우 몇몇 주에서만 법규명령에 대해 연방행정법원법 제47조상의 규범통제절차를 인정한다. 행정지도는 ‘처분’이 아니므로 원칙적으로 행정쟁송의 대상이 되지 않는다. 다만, 국가배상청구는 가능하나, 행정지도와 손해발생 사이에 인과관계가 부정되기가 쉬워 청구가 기각될 가능성이 높다.

이처럼 행위형식론이라는 것은 권한, 실체, 절차, 쟁송, 국가보상 등에서의 상위(相違)를 유형적으로 명확하게 한 것이므로 어느 구체적인 행위가 어느 행위형식에 해당하는가라는 판단에 의해 그 행위에 대한 법적 취급이 대체적으로 결정된다. 물론 논란이 되는 사안에서는 개별 법령의 규정을 살펴보아야겠지만, 일반적·개괄적 분

80) 계획확정절차는 현행 「행정절차법」에 포함되어 있지 않다. 독일식 계획확정제도는 1987년 행정절차법안에는 포함되었으나 우여곡절 끝에 최종안에서 누락되었다.

81) 정하중/김광수, 2023, 160. 일반처분의 경우 제소기간 산정에서도 예외가 인정되며, 행정심판의 고지에서도 특별한 취급이 인정된다(「행정심판법」 제58조 참조).

류기능은 하는 셈이다. 그런데 독일식 행정법학의 특징은 이런 행위형식론에 입각하여 모든 행정작용을 분류하고, 그 중심에 행정행위를 둔다는 데 있다. 그리고 행정행위에는 다른 행정작용에서는 볼 수 없는 특질(공정력, 불가쟁력, 불가변력)이 인정된다고 보아왔다. 이러한 행위형식론이 있음으로 해서 행정법의 체계적인 이해가 가능했는데, 지금에 와서 소송상의 필요성 때문에 행정행위와 별개로 (행정) 처분이라는 개념을 인정하고 이를 계속 확장하게 되면 행정법의 체계적 이해는 불가능해진다는 것이 이른바 일원설을 주장하는 이들의 논시이다. 행정행위와 별개로 처분이라는 범주(카테고리)를 설정하면 행정행위의 특질을 이들 처분에도 인정할 수 있는가 하는 문제 등 여러 복잡한 논란이 발생할 수밖에 없다는 논리이다. 예컨대 권력적 사실행위에 처분성을 인정하면 사실행위에도 공정력 혹은 존속력을 부여해야 하는 문제가 발생할 수 있고 이는 원래의 행정행위와 사실행위의 구분을 어렵게 만들어 실체법상의 행정작용을 구분하고 행위형식을 분류해온 학문적 노력을 무위로 만들 염려가 있다고 한다.[82] 그래서 일원설을 주장하는 이들은 전염병환자의 강제격리 및 강제입원과 같은 권력적 사실행위를 판례가 처분이라고 보는 이유는 그것이 사실행위이지만 권력적이어서가 아니라, 그것이 수인하명이라는 강학상의 행정행위와 사실행위가 결합된 이른바 합성행위에 해당하기에 처분성이 인정되는 것이라고 설명한다.[83] 반면 이원설을 주장하는 이들은 논리의 완결성보다도 중요한 것은 실질이고, 현행 실정법의 범위 내에서 국민의 권익구제에 더욱더 유리한 해석을 최대한 찾아내는 것이 법해석자의 역할이라고 한다.

어느 쪽이 타당한가? 사실 이 질문에 답을 하려면 행위형식론의 실존적 의미를 따져보아야 한다. 형식은 그것을 필요로 하는 실체(내용)와 불가분적으로 연결되어 있다. 도그마틱의 체계적 서술이 어떤 형식을 빌려 표현되는지를 생각해보라.[84] 앞에서 한 번 인용한 적이 있는 칼 슈미트의 말을 다시 한번 상기해보면(6.2.1), 체계란 이미 전제되어 있는 통일된 의지를 전제로 하지 않으면 자의적인 것이 된다. 행위형식론이 전제로 하는 통일된 의지란 무엇일까? 나는 이것을 행정행위의 중심성이라고 생각한다. 행위형식론은 이를 전제로 그 중심성에서 멀어지려는 작용들을 행정

82) 정하중/김광수, 2023, 161쪽 등.

83) 정하중/김광수, 2023, 161쪽.

84) Thomas Groß, "Die Beziehungen zwischen dem Allgemeinen und dem Besonderen Verwaltungsrecht", *Die Verwaltung, Sonderheft*, 1999, 58쪽 참고.

행위 쪽으로 끌어들이는 구심력을 발휘한다. 그렇다면 위 질문에 대한 답은 우리가 이 행정행위의 중심성을 앞으로 어떻게 평가해나갈 것인가에 달려 있다.

더공부해보기/생각해보기/토론하기

1. 행정의 행위형식 체계에서 '행정행위'는 앞으로도 특별한 지위를 차지하게 될 것인가? 혹은 차지해야 하는가? 그렇다는 견해와 그렇지 않다는 견해로 갈린다. 양 견해를 살펴보고 그에 대한 여러분 각자의 생각을 동료와 나누어보자.

행정행위의 의의와 기능을 인정하는 견해부터 살펴보자.[85] 이 견해에 따르면 독일의 행정행위 개념을 모범으로 한 유럽공동체법 – 유럽공동체 조약 제249조 4항에 의거한 결정(Entscheidung) – 이 보여주듯이 행정행위라는 제도 혹은 개념이 이용되는 영역은 감소하기는커녕 증가하고 있다고 한다. 이 견해는 행정행위 개념이 수행하는 실체법적, 절차법적, 집행법적 및 소송법적 기능에 주목한다. 행정행위가 가진 고권적 성격, 규율(Regelung)의 일방성이 '협력적 법치국가'의 행정스타일과 맞지 않다는 비판도 있으나, 그 규율이 부담적 내용을 담고 있는 한 법률의 유보에 의해 체크된다는 점을 간과해서는 안 된다. 또한 신청의 요건, 청문권, 이유제시의무 등의 내용을 포함하고 있는 행정절차법이 보여주듯, 행정행위는 커뮤니케이션 관계의 네트워크로부터 형성되는 것이고, 그 네트워크에 절차법관계가 법적 틀을 부여한다.

이와 달리 행정행위의 종말을 지지하는 견해도 있다.[86] 만약 행정기관이 법률에 기하여 어떤 의사를 표시하였지만 사인이 그것에 따르지 않는 경우에, 행정측이 소(訴)를 제기하여 승소하여 비로소 그 명령이 확정되고 집행할 수 있는 제도를 둔다면 행정기관의 행위도 민사상의 행위이고 사인의 행위와 똑같아 진다. 본문에서 한태연 교수는 "행정법에서 있어서는 철저한 사법국가(司法國家)의 관념에 입각하지 않는 한, 국가와 개인과의 지위를 평등하게 볼 수 없(다")고 서술하고 있다. 이 말을 뒤집으면 철저한 사법국가의 관념에 입각한다면 국가와 개인의 지위는 평등하고, 미국 행정법이 취하는 사법적 집행(judicial enforcement) 방식도 행정상 의무이행을 관철하는 방법으로 채택될 수 있다는 의미로 해석할 수 있다.

미국은 독점규제의 오랜 역사와 전통을 가진 나라인데, 법무부와 연방거래위원회

---

85) Eberhard Schmidt-Assmann, *Das Allgemeine Verwaltungsrecht als Ordnungsidee*, 335쪽 이하.

86) 阿部泰隆, 行政法解釈学 I – 実質的法治国家を創造する変革の法理論, 有斐閣, 2008, 305-306쪽.

(Federal Tade Commission, FTC)가 각 소관법률에 의거한 반독점법 집행업무를 분담한다.[87] 우선 법무부의 경우 미국 최초의 독점규제 성문법인 '셔먼법' 및 후속 제정법인 '클레이튼법'을 기본법으로 하여 불공정거래에 관한 집행을 실시한다. 법무부는 주로 사법적 집행방식을 채택하여 셔먼법 또는 클레이튼법 위반자를 상대로 ① 위법행위를 중지할 것을 명령해 달라는 취지의 민사소송을 연방지방법원에 제기하거나, ② 연방수사국(FBI)과 공조하여 대배심 등을 진행한 후 기소 및 형사절차를 진행하기도 한다. 한편 연방거래위원회의 경우 '셔먼법' 및 '클레이튼법' 이외에도 '연방거래위원회법'에 따라 규제를 실시하며, 사법적 집행방식 외에 행정적 집행방식(administrative enforcement), 즉 우리나라의 행정심판 제도에 대응하는 절차를 활용하여 행정규제를 부과하기도 한다.[88]

그러나 현행법은 원칙적으로 이와 같은 사법적 집행방식을 채택하지 않고 있다. 즉, 우리 법제는 행정법상 의무 불이행의 경우에 의무이행 확보를 위하여 법원의 판결을 매개로 하지 않는 행정주체의 자력구제를 인정한다. 상대방이 따라야 할 의무가 대체적 작위의무라면 개별 법령에 근거하여 이를 행할 것을 명하고, 「행정대집행법」에 의해 대집행하는 집행력이 행정측에 부여되어 있다. 세금이라면 체납처분으로 강제징수할 수 있다.[89] 대법원은 "조세는 국가존립의 기초인 재정의 근간으로서, 세법은 공권력 행사의 주체인 과세관청에 부과권이나 우선권 및 자력집행권 등 세액의 납부와 징수를 위한 상당한 권한을 부여하여 공익성과 공공성을 담보하고 있다. 따라서 조세채권자는 세법이 부여한 부과권 및 자력집행권 등에 기하여 조세채권을 실현할 수 있어 특별한 사정이 없는 한 납세자를 상대로 소를 제기할 이익을 인정하기 어렵다"고 설시하였다.[90]

현행법과 달리 사법적 집행방식이 미국에 정착한 데는 이유가 있다. 미국에는 고권적으로 결정하는 국가권력(행정권력)이 존재하지 않았다. 다만, 특별한 행정위원회들에게 개별적 수권으로 일정한 전제 하에 행정적 특권을 인정했을 뿐이다. 이 점은 제2장에서도 이미 살펴본 바 있다. 반면, 독일식 제도를 정당화하는 이론적 근거로 공익성을 실현하는 비용과 시간적 긴급성을 든다. 예컨대 영업정지 명령도 행정이 법원에서 승소할 때까지는 효력이 생기지 않는다고 한다면 그 실효성이 떨어질 것이다. 이를 막기 위해 행정기관의 행위는 그 자체로 실효성을 갖게 하고, 그것에 불

87) 미국의 독점금지법(반트러스트법)은 단일 법률이 아니고, 몇 개의 법률의 총칭이다. 반트러스트법은 주로 이하의 세 법률 및 그것들의 수정법으로 구성되어 있다. ① 셔먼법(1890년 제정), ② 클레이튼법(1914년 제정), ③ 연방거래위원회법(1914년 제정)이 그것이다.

88) 황현준, "빅테크기업 독점규제 글로벌 동향리포트", 해외규제 모니터링 제3호, 2024년 7월, 1-2쪽.

89) 阿部泰隆, 앞의 책, 305쪽.

90) 대법원 2020. 3. 2. 선고 2017두41771 판결.

복하는 피처분자가 다투게 해야 한다는 것이 독일식 발상이다. 사인은 집행력을 배경으로 하는 행정기관의 권한 행사에 대해 위법이라고 생각하면 다투어야 하고, 다투지 않으면 그것이 위법해도 불이익을 받게 된다. 이러한 집행력을 배경으로 하는 특수성이 행정행위의 특수성이라고 불려온 것의 실체이다.[91)]

그렇다면 우리도 이제는 미국식 사법적 집행방식을 채택해야 할 것인가? 행정의 모든 영역에 대해 이를 긍정하기는 어려울 것이다. 다만, 국민의 생활과 관련하여 중요한 결정들, 예컨대 그린벨트 해제 같은 것을 일방적으로 결정하고, 이를 곧바로 집행해버리는 행정의 관행을 막아서려면 이런 발상도 필요하다고 생각한다.[92)]

2. 칼 슈미트는 『헌법학』에서 남부독일형과 프로이센형으로 나뉜 19세기 독일의 행정재판제도를 비판적으로 검토하고 있다. 그 내용을 찾아서 읽어보고, 슈미트가 이렇게 평가한 이유에 대해서도 토론해보자.

1. 칼 슈미트는 『헌법학』 제12장 Ⅱ. 3. c.에서 다음과 같이 서술한다.[93)]

부르주아 법치국가[94)]의 특히 중요한 조직상의 개별적 (개념)징표로 법관의 독립(예컨대 바이마르 헌법 제102조가 보장하고 있는 그런 류의)이 거론된다. 그러나 그 독립을 사인 간의 쟁송 및 형사사건에 대해 보장하는 것만으로는 충분하지 않다. 이것만 가지고는 결코 특별하다고 할 수 없다. 제대로 기능하는 모든 군주제도 그 정도는 다하기 때문이다. 법치국가를 쟁취하기 위해 싸우는 자유주의적 부르주아계급의 이해관심은 특히 국왕정부(königliche Regierung)의 본래적 권력수단, 즉 행정관료도 아울러 통제하는 쪽에 향해 있었다. 그러므로 행정을 법관이 통제하는 국가만을 법치국가라는 식의 말들이 유행하는 것도 이해되는 면이 있다. 이런 말을 하는 사람들은 "전능의 관료제"에 반대하는 열정이 넘쳐, 한때 모든 행정을 민사법원 판결의 지배 하에 두도록 요구하기에 이르렀다. "법과 법률은 그것들의 실현을 위해 판결이 대기하고 있는 곳에서만 진정한 의미와 힘을 가질 수 있다." 법치국가 사상을 표현하는 이런 기본 명제는 헤센 항소재판소의 참사관인 배어(Bähr)의 유명한

91) 阿部泰隆, 앞의 책, 306쪽. 다만, 이 특수성을 과거에는 행정행위의 본성에서 나오는 성질로 보았지만, 오늘날 행정상 강제집행은 반드시 별도의 법적 근거를 필요로 한다는 것이 통설이다. 「행정기본법」 제30조도 이를 명문화하고 있다.

92) 사법적 집행에 대해서는 21.1.2.에서 다시 자세히 다룰 것이다.

93) Carl Schmitt, *Verfassungslehre*, 131-132쪽.

94) das bürgerliche Rechtsstaat를 보통은 시민적 법치국가라고 번역하지만 나는 그 의미를 살리기 위해 부르주아적 법치국가로 번역해왔다. 슈미트 『헌법학』의 영어번역본도 이를 'The Bourgeois Rechtsstaat'로 번역한다.

저서(Der Rechtsstaat, Cassel 1864)에서 발견할 수 있다. 그의 특색있는 저작의 독자성은 보통의 민사법원만이 여기서 말하는 재판기관으로 간주될 수 있고, 또한 이렇게 해야 모든 국가생활을 군(郡)법원과 항소법원 판사의 통제에 복종시킬 수 있다고 말하는 점에 있다. 그래서 법치국가는 이른바 사법국가(Justizstaat)가 된다. 이와 달리 (규모와 위상 면에서) 정치적으로 더 중요한 국가들, 특히 프로이센에서 사람들은 특별한 행정재판소가 필요하다는 것을 늘 잘 알고 있었다. 로렌츠 폰 슈타인이 그의 행정학(Stuttgart 1865)에서 위에서 말한 사법적(私法的) 이론구성에 반대하고 집행 권력의 특성을 강조한 이후, 무엇보다 루돌프 그나이스트도 자주 언급되는 법치국가에 관한 그의 저작(1872년)에서 특별한 행정재판의 필요성을 주장하였다. 이렇게 해서 행정재판은 법치국가의 조직적 표식이 되었다. 그나이스트는 여기서 독특하게도 재산과 교양을 지닌 공민의 명예직적 활동으로서의 자신의 자치행정개념을 법치국가개념과 결합했다. 그의 생각에서 기본사상은 사회(즉 재산과 교양이 있는 부르주아계급)를 국가 속으로 통합해가는 것의 필연성이었는데, 이런 사상의 체계적 제 전제는 (이미) 로렌츠 폰 슈타인이 구축해 놓은 것이다. 그나이스트가 무엇을 생각했는가는 다음 문장에 가장 잘 표현되어 있다. “입헌주의 국가에서는 행정재판 기관이 더 이상 직업관료로만 구성될 수는 없다. 더 정확히 말하면, 사회의 모태에서 나온 사람들이 이 기관의 구성에 조직적으로 참여할 필요가 있다(이것은 관료가 아닌 교양있는 공민의 명예직으로서의 활동을 염두에 둔 것이다). 이 새로운 구성이야말로 지금의 법치국가의 아르키메데스 점이다”(S. 159/160).[95] 부르주아 법치국가를 판단하는 조직적 기준은 이런 방식으로 계속해서 자세한 내용을 채워나갔다(spezialisiert sich). 행정법의 영역을 위해, 독립한 재판관을 두고 사법형식의 절차(in justizförmigem Verfahren)로 결정하는 특별한 재판소가 행정재판소로 조직되어 있다면 (부르주아적 법치국가가 되는데) 충분하다는 게 요즘의 전반적 견해라고 말할 수 있다. 1883년 7월 30일의 프로이센 란트행정법은 민사재판방식의 일반적 제소를 인정하지 않고, 이른바 열기주의를 취하며, 즉 법률이 명시적으로 허용하고 있는 사항만을 행정재판소에 가져올 수 있다(자주 actio법 체계라 불린다)고 규정하고 있지만, 그럼에도 불구하고 이 정도면 법치국가성의 최저한을 충족한 것이라고 볼 수 있다

2. 독일에서 행정재판권의 역사는 독립적인 행정재판소가 등장한 1863년 이전과 이후로 나눌 수 있다는 평가가 나온다. 물론 이 과정에서 행정사건을 일반법원의 관할로 할 것인지 아니면 별도의 재판소를 설치할 것인지를 두고 논쟁이 벌어졌다. 그러므로 독립적인 행정재판소가 탄생한 1863년은 독일이 후자의 길을 선택한 해로

95) 아르키메데스의 점이란 모든 지식을 떠받치고 있는 근본적인 토대를 말한다.

받아들여진다. 이 과정을 조금 더 자세히 살펴보자.

중세의 기본세계관에는 '모든 법은 하나라는 생각'(der Gedanke der Einheit und Einartigkeit)이 뿌리깊이 자리잡고 있다. 법원의 관할을 내용별로 제한하는 일은 일어나지 않았으므로, 권리보호=재판에 의한 보호(Rechts- und Gerichtsschutz)는 분리될 수 없는 개념이었다. 그래서 민사사건에 관한 재판권과 공법상 분쟁에 관한 재판권은 구분되지 않았다. 앵글로색슨법에서는 이것이 오늘날까지 유지되고 있지만, 독일, 그리고 다른 유럽대륙국가에서의 상황 전개는 달랐다. 이 곳에서는 17, 18세기에 절대군주제가 등장한 이래 사실상 그리고 계몽절대주의 이후로는 법적으로도 일정 수준의 재판권 독립이 보장되었다. 다만 그 독립은 민사분쟁과 형사사안에만 한정된 것이었다. 반면, 행정법상의 다툼은 행정관청에 의해 그리고 최종적으로 란트의 영주(領主)들에 의해 판정되었다. 무제한의 군주지배가 관철된 이래로는 행정과 사법의 관할상의 경계가 점점 더 명확히 그어지게 되어, 사법이 작동하는 영역(Wirkungsbereich der Justiz), 즉 일반법원의 관할은 행정사안(Verwaltungssachen)에 미치지 못한다는 점이 원칙적으로 승인되었다. 따라서 사인(私人)은 경찰, 군대, 과세담당 관청 혹은 그 밖의 행정관청과의 분쟁을 정규의 권리구제절차, 즉 독립적이며 불편부당하게 판결하는 심급인 일반법원을 통해 다툴 수 없고 처분관청보다 더 상급의 기관에게 소원(訴願)을 제기하는 수밖에 없었다. 이는 행정사안에서는 그 어떤 현실적인 권리구제도 존재하지 않았음을 의미했다.[96]

유일한 예외는 영주들의 절대주의가 신성로마제국의 재판소 앞에서 좌절되는 경우이다. 제국(帝國)이 존속하던 동안에는 신민들도 영주들을 제국왕실재판소(Reichskammergericht, 1498년 설립)와 제국궁정법원(Reichshofrat, 1498년 설립)에 고권(高權) 남용을 사유로 제소할 수 있었다. 란트의 영주도 그들의 신민과 마찬가지로 제국의 권력에 복종했으며 란트의 고권도 제국의 법에 따라 행사해야 했으므로 고권남용은 제국법원들에서 다투어질 수 있었다. 제국법원들은 행정쟁송사안(Verwaltungsstreitsachen)을 심판했다. 그래서 영주들은 자신들이 가진 권한들의 다발인 란트 고권을 점차 통일적인 국가권력으로 고양시키려고 했는데, 그렇게 하면 할수록 그들은, 등족의회(Stände) 및 그밖의 신민들이 특권, 자유 및 기득의 권리를 내세워 자신들의 활동에 제한을 가하고, 그 제한위반을 언제든지 제국법원에 제소하는 일을 받아들이기 힘들어했다. 영주들은 어떤 식으로든 이 제한을 제거하려고 노력했다. 그러던 중 신성로마제국이 해체되었다(1806년). 영주들은 주권자가 되었고 그들의 법/권리(Recht)를 박탈할 수도 있었던 제국법원들도 더 이상 존재하지 않는다. 신민의 권리를 보호할 재판권은 소멸하였다.[97]

---

96) Friedrich Klein, 앞의 논문, 67-68쪽.

97) Friedrich Klein, 위의 논문, 68-69쪽.

입헌적 국가질서가 독일에 도입된 19세기 전반기에(1818년부터 1820년 사이에 바이에른, 바덴, 뷔르템베르크, 헤센, 1831년에 작센, 1848년에 프로이센) 경찰국가에서 법치국가로의 전환이 선언되었지만 실질적인 권리보호의 제도설계가 결여되어 있었기 때문에 행정과 개인 사이의 관계는 전혀 개선되지 않았다. 이 상황을 게르하르트 안쉬츠는 이렇게 평하기도 했다. “법치국가는 선언되었다. 그러나 경찰국가는 계속된다.”[98] 자유주의 부르주아 계급은 이런 상황을 받아들일 수 없었다. 이에 행정재판제도를 어떻게 재설계할 것인가를 두고 논쟁이 벌어졌다. 크게 3개의 입장이 각축했다. ① 일반법원의 관할을 공법상의 분쟁에도 확장하며 민사소송과 똑같은 절차에 따라 위 분쟁을 판단한다. ② 일반법원의 관할을 인정하되 민사소송절차를 그대로 적용하지는 않고 행정쟁송에 적합한 절차에 따르게 한다. ③ 행정내부에 특별한 행정재판소를 설치하되 적어도 상급심만큼은 독립적 지위를 부여한다. 당시 학설의 압도적 다수는 행정사건도 일반법원이 관할하는 것이 타당하다고 보았다. 즉 법치국가를 사법국가(Justizstaat)의 형태로 실현하자는 입장이었으므로 ①과 ② 중 하나를 지지했다. ③은 법치국가를 행정재판소를 가진 국가라는 형태, 즉 행정재판소국가의 형태로 실현하자는 입장이었는데 극히 소수가 이 견해를 지지했다. ①과 ②의 입장이 결실을 본 것이 바로 프랑크푸르트 헌법안 제182조 제1항이었다.[99]

1864년에는 ②의 입장을 채택한 오토 배어가 『법치국가』라는 제목의 저작을 출판하여 일반법원만이 재판기관이므로 모든 국가생활을 일반법원의 통제에 복속시켜야 한다고 주장했다. 다만, 행정상의 분쟁을 다룰 절차는 통상의 민사소송절차와 달라도 된다고 보았다.[100] 배어는 자유주의 부르주아 계급의 세력이 강한 헤센 선제후국(Kurhessen) 항소재판소의 참사관이었다. 반면, 왕권과 지방귀족(융커)이 강하였던 프로이센에서 교수로 활동한 그나이스트는 국가와 사회의 분리를 다시 결합하는 역할로서의 지방명망가 자치구상을 구체화하고 행정재판소의 하급심에 명망가를 참가시키는 참심원제를 도입하려고 하였다. 이 경우 행정재판소는 행정권에 속하는 것으로 고려되고 있었다.[101] 공법학자들 사이에서는 이 그나이스트의 주장이 점차 세력을 얻기 시작했다. 그나이스트의 주장에 동조하는 이들은 사법국가는 법치국가의 여러 가능한 형태 중의 하나일 뿐이며, 그 구성원들이 일반법원의 판사와 똑같이 독립성을 갖고 있다면 특별재판소라도 법치국가를 실현할 수 있다는 논리를 펼쳤다.[102] 이 그나이스트의 사상이 승리하면서 독일의 거의 전역에서 그의 조직적 제

98) Friedrich Klein, 위의 논문, 69쪽.

99) Friedrich Klein, 위의 논문, 70-72쪽.

100) Friedrich Klein, 위의 논문, 71-72쪽.

101) 가츠다 아리츠네 외 편저, 문준영 외 번역, 개설서양법제사, 민속원, 2020, 402쪽.

102) Friedrich Klein, 앞의 논문, 72-73쪽.

안이 실현되었다.[103)]

오토 마이어는 "행정사법(Verwaltungsrechtspflege)은 당사자절차를 이용하여 행정행위를 발령하기 위한 행정청의 작용"이고 "행정판결은 당사자절차를 거쳐 나오는 행정행위"라고 정리하면서,[104)] "독일 법치국가의 본질"은 "전체행정이 가능한 한 최대한 사법형식성(in der möglichsten Justizförmigkeit)"[105)]을 갖추도록 하는데 있다고 말했다. 이로부터 우리는 행정재판소에 대한 당시 대표적 프로이센 행정법학자의 기대를 읽어낼 수 있다.[106)]

3. 국가법인설이 행정법학의 출발점을 제공한다면 행정의 행위형식론은 개념법학으로서 행정법학을 완성하는 역할을 한다. 그 점에서 행위형식론은 독일식 행정법학을 위해 매우 유용한 도구임에 틀림없다. 그러나 문제점도 있다. 무엇보다도 행위형식론은 행정법의 생생한 현실을 행위형식이라는 주어진 틀 안에 가두어버리는 난점이 있다. 이것이 왜 행정법의 발전에 장애가 될 수 있는지를 보셀만이라는 환경법학자가 독일 환경법의 초기 국면에서 쓴 아래의 글들을 읽으면서 생각해보자. 또한 법의 생태주의적 전환이 가능하려면 (로스쿨에서의) 법학교육은 어떻게 달라져야 하는지도 함께 토론해보자.

1. 오늘날 환경법은 강의 및 연구분야로도 인정되고 있다. 그 법적인 토대는 확고해져서 계속 늘어나는 수의 전문가들이 경제법학자 및 건축법·계획법 전문가 곁에 자신의 독자적인 자리를 요구하고 있다. 법학교육에서도 환경법은 건축법과 경찰법 사이에 낀 형태이기는 하나 새로운 시험과목으로 되었다. 환경법은 대부분이 공법에 속하는 특별법과 특별 규정의 집합으로 이루어진다. 물론 그러한 특별법과 특별규정 중에는 사법(상린관계법) 및 형법(환경형법)도 포함되어 있다.

공법 내에서도 환경법은 건축법, 경찰법, 영업규제법 및 경제행정법과 같은 전통적인 특별행정법과 구별된다. 그러나 이들과는 구조적 특징에서 본질적으로 다르지 않다. 발전사적으로 볼 때 환경법에도 그 고유한 연원을 확인할 수 있다. 즉, 1970

103) Friedrich Klein, 위의 논문, 74쪽.

104) Otto Mayer, *Deutsches Verwaltungsrecht*, Bd. Ⅰ, 3. Aufl., 138쪽.

105) Otto Mayer, *Deutsches Verwaltungsrecht*, Bd. Ⅰ, 3. Aufl., 131쪽.

106) 오토 마이어의 행정행위론을 연구한 논자에 의하면 그의 이론에서 행정행위와 행정판결(Verwaltungsurteil)을 내용적-실질적으로 구분할 수 있는 기준은 존재하지 않으며 후자는 전자의 특별한 하위범주(Unterfall)일 뿐이라고 한다. Reimund Schmidt-De Caluwe, *Der Verwaltungsakt in der Lehre Otto Mayers*, Mohr Siebeck, 1999, 224쪽.

년대에 환경법이라는 개념이 나타나기 훨씬 전에도 수자원보호법, 대기오염 및 소음방지법 등이 존재했다. 그러나 환경법상의 규제수단 중 대부분은 기존 법제로부터 차용된 것이다. 건축법, 영업규제법, 경찰법 등의 수단이 없었다면 환경법의 형성은 생각도 할 수 없었을 것이다. 특히 임미시온방지법은 아직도 "경찰법의 껍질"을 벗지 못하고 있다.107)

환경정책적으로 특히 의미 있는 환경법은 환경행정법이다. 그리고 환경위해적 경제활동에 대한 국가 감독에 관한 법에 대해서 어느 정도 깊이 있게 검토해본 사람이라면 국가의 환경정책적인 행위수단이 원래 환경법적인 것이 아니라 경제행정법 혹은 경제헌법의 성질을 띤다는 점을 곧바로 깨달게 될 것이다. 따라서 국가개입적인 법으로서 환경법은 경제행정법 교과서 내에서 통합적으로 서술되고 있고 그것이 당연한 것으로 받아들여진다.

법학 내에서 환경법을 어디에 소속시킬 것인지에 대해서는 논란이 끊이지 않는다. 환경법학은 개념적으로 독자적인 법학과 행정법 · 사법 및 형법이라는 고전적 법학의 대략 중간쯤에 위치해 있다. 환경법을 어디에 소속시킬 것인지가 논란이 되는 상황에서도 확인되듯이, 사회문제를 법적으로 파악하는 일은 기존의 익숙한 도그마틱에 사회문제를 끼어 맞춰 넣는 것으로 끝난다. 이것이 법학 내의 지배적인 사고틀이다. 새로운 것이 익숙한 것에 의해 재단된다. 하나의 법 영역의 구축(構築)은 기존의 익숙한 행위 틀(Handlungsmuster)에 아직 규율되지 않은 영역을 딱 집어넣는 순간 완성된다고 보는 것이다. 법이 현실에 적응하는 것이 아니라, 현실이 법에 적응한다. 15년 동안의 환경인식과 환경정책은 법의 생태화가 아니라 생태계의 법화를 초래하였다.108)

2. 현행법의 형이상학적 사고 중 하나는 인간만이 권리를 가질 수 있다는 가정이다. 지난 300년 간 모든 윤리는 그 본질에서 인간중심적이었다. 자연은 그 어떠한 권원(Rechtstitel)도 가질 수 없고, 따라서 인간에 대해 그 어떤 도덕적 청구권도 주장할 수 없다. 이제 생태위기의 시대를 맞아 이러한 기본원리들은 흔들리기 시작한다. 점차 강력해지는 환경윤리는 인간과 환경의 관계에 대한 질문을 새롭게 던진다. 특히 자연이 계속해서 법체계로부터 배제되어야만 하는가 하는 점이 논란이다. 윤리학은 이 주제를 깊이있게 토론한다. 자연과학자들과 과학이론가들의 총체적 관

---

107) 「토양환경보전법」의 예로 들어보자. 이 법률은 아주 중요한 토양오염문제를 규율하지만, 이 법률의 핵심적 부분인 오염토양의 정화책임이라는 쟁점은 철저히 경찰행정법의 관점(특히 상태책임의 법리)에서 풀어나가고 있다. 이와 다른 환경법 특유의 책임법리를 만들어낼 수는 없는 것일까? 이런 고민이 필요하다는 얘기이다.

108) Klaus Bosselmann, "Wendezeit im Umweltrecht", *Kritische Justiz*, 1985, 345-346쪽.

점들도 점차 강화된 논의들을 이끌어내고 있다. 그런데 법률가들은? 그들은 전적으로 무관심한 것처럼 보인다.

법윤리상의 강조점 변경 및 자연의 법적 주체성 인정 같은 것을 우리는 법의 생태적 재정립이라고 말할 수 있다. 이 재정립은 법률의 개정으로 그리고 무엇보다 변화된 법해석으로 이어지게 될 것이다. 따라서 우리는 실질적이고, 이미 현행 실정법 하에서도 가능한 법의 변경에 대해 고민해야 한다. (법의) 생태화 문제는 법의 모든 국면에 걸쳐 있다. 이 문제는 법학의 자기 이해와도 관련된다. 바로 이제까지의 법학의 발전 및 법률가 양성이 생태적 기본문제와 거의 아무 관련 없이 진행되어 왔기에, 세계 전체를 파악하는 법학의 인식이 당장에라도 변화해야 한다는 점을 우선 지적해야겠다. 지난 1960년대와 1970년대에 법학은 법의 사회적 의미성(gesellschaftliche Relevanz)을 제대로 인식하지 못했다는 비판을 받았다. 이제는 이것에 추가해 생태학적 무지가 지적되어야 한다. 이 점에 관한 한 법학의 전 분야는 지금까지 완전한 실패를 보여준다. 생태적 관점에서 본 법학이란 결국 환경으로부터 인풋(정보들)을 수용하여 아웃풋(이론 등)으로 전환하는 열린 체계를 말한다. 그와 같은 생태적 관점을 수용할 수 있는 정도에 따라 법학은 환경 윤리 문제를 자기 주제로 끌어들이고, 이를 법적으로도 처리할 수 있게 된다.[109)]

3. 근대에 들어 신의 자리를 대신한 것은 '인간'의 '진보'에 대한 믿음이다. 헤겔은 "세계사는 자유의 의식에서의 진보다. 우리는 이 진보의 필연성을 인식해야만 한다"고 말했다. 헤겔에게서 자유는 "자기를 아는 것"이어서 이 자유의 개념 안에는 "자기를 의식하고 실현하는 무한한 필연성"이 포함된다.[110)] 그 진보가 풍족한 우리들의 삶을 가능하게 했지만, 이 세상을 또한 망치고 있다. 진보의 관념은 근대적 에피스테메다. 원자력발전, 핵 발전을 시작하는 것도 진보라고 생각했다. 진보에 대한 무한한 신뢰는 자연을 대규모로 파괴하고, 인간을 어떤 맹목으로 몰아넣었다. 2차 대전 이후 사람들은 원자력의 평화적 이용이라는 말에 쉽게 현혹되었다. 우리는 '진보'의 이름으로 이루어진 파괴의 사례들을 알고 있다.[111)]

지구온난화를 넘어 기후변화, 급기야 기후위기가 말해지는 시대다. 그에 맞게 행정법학의 에피스테메도 달라져야 한다. 행정법의 지(知)가 변해야 하는 시대가 되었

109) Klaus Bosselmann, "Eigene Rechte der Natur? Ansätze einer ökologischen Rechtsauffassung", *Kritische Justiz*, 1986, 1-2쪽.

110) G. W. F. Hegel, *Gesammelte Werke, Bd. 18, Vorlesungsmanuskripte II (1816-1831)*, Hamburg, 1995, 153-154쪽. 곤자 다케시, 이신철 옮김, 헤겔과 그의 시대, 도서출판b, 2014, 145쪽에서 재인용.

111) 이계수, "『지식의 고고학』과 행정법학의 '에피스테메'", 행정법학 제20호, 2021, 42쪽.

다. 법학전문대학원을 만든 '시대정신'이 있다면 그것은 법학에서의 새로운 지의 모색이 아니었을까? 학부에서 문리(文理) 양 방향의 학문적 배경을 가진 학생들이 대학원 수준에서 새로운 법학의 지를 만들어가는 길, 그것을 로스쿨의 법학이 제공하려면 어떤 개혁이 필요한가? 원전소송, 가습기살균제 소송을 비롯하여 '과학재판'의 상당수는 행정법적 분쟁이라는 점을 고려할 때 행정법학자의 한 사람으로서 이 점을 계속해서 고민하지 않을 수 없다.

15

행정행위의 종류 - 자본주의 행정법에서 행정행위의 역할

15.1. 행정행위의 종류

15.1.1. 복지자본주의의 세 유형과 행정행위의 위상

14장에서는 현재 통설적으로 통용되는 행정행위는 역사적-한정적 개념이라는 것, 독일과 프랑스 그리고 미국의 각각 다른 정치적 상황이 각각 다른 (행정)행위 개념의 형성으로 이어졌다는 설명을 했다. 이제, 이런 이해에 기초하여, 자본주의 국가에서 행정행위가 나라별로 각각 어떠한 위상을 갖고 있는지를 복지자본주의의 유형론에 입각하여 개괄적으로 살펴보고자 한다. 이미 앞부분에서 에스핑앤더슨의 복지자본주의의 세 가지 세계를 개관한 바 있다(2.2.2.). 나는 그의 복지자본주의 레짐론이 독일 그리고 한국의 행정행위론을 이해하는데도 참고가 될 것으로 본다. 한마디로 행정행위는 왜 독일 (행정법)에서 그토록 중요한 의미와 위상을 획득했는가 하는 질문이다. 행정행위도 이 세 개의 세계에서 각각 다른 위상을 갖는다

첫째, 자유주의 레짐에서의 '행정행위'이다. 대표적으로 미국 사례를 들 수 있다. 행정법의 운영과 관련하여 행정국가형과 사법국가형으로 나눌 때 미국은 후자다. 법원의 역할이 상대적으로 크다. 행정은 법원의 판결, 결정을 매개로 일정한 행위를 할 때가 많다. 미국에서 법원이나 판사의 행태와 관련한 경험적 연구 같은 것이 풍

부하게 이루어지는 것도 독일이라면 행정이 할 일을 법원이 하는 경우도 많기 때문이다. 법원의 역할이 그만큼 크기 때문에 법원이나 판사의 행태도 깊이 분석하는 것 아니겠는가.[1] 아무튼 반독점행정의 집행시, 위법행위의 중지를 위해 민사소송을 연방 지방법원에 제기한다든지 하는 것은 앞에서도 살펴본 바 있다. 또한 행정은 직접 규제하지 않고 시장의 자율적 규제, 사적 자치에 맡기는 경향이 강하다. 다만, 문제가 발생하면 사후적으로 철저히 제재한다. 때로는 이 제재의 강도가 높아서 이른바 징벌적 손해배상제도 같은 것도 등장한다. 한마디로 자율적으로 행동하되, 문제가 생기면 철저하게 책임을 지라는 체제다. 자기책임주의라고도 한다. 자기책임주의는 오늘날 신자유주의의 덕목으로도 거론된다. 사전규제가 아니라 사후제재다. 따라서 미국에는 독일식 행정행위 같은 것은 존재하지 않음을 이미 살펴보았다.

둘째, 사회민주주의 레짐에서의 행정행위이다. 대표적으로 스웨덴 사례를 들 수 있다. 의식주, 특히 주거의 공급에서 시장의 역할이 상대적으로 약하다. 주거문제를 예로 들면 국가와 같은 공적주체가 주택을 공급하는 비중이 높다. 이런 곳에서도 행정행위의 역할은 크지 않으며, 미국과는 또 다른 의미에서 법원의 역할이 상대적으로 크다. 미국에서는 독일식 행정법 모델이라면 행정이 내려야 할 결정을 시장에게 맡기거나, 아니면 법원의 판단에 맡기기 때문에 법원의 역할이 크다면, 스웨덴에서는 입법의 단계에서 이미 기본결정이 세밀하게 내려져 있으므로 행정의 역할은 줄어들고, 그 역할마저도 입법의 취지에 맞는 것인지를 법원이 적극적으로 심사하는 프레임이 만들어져 있다.[2]

스웨덴에서는 행정이나 사법이나 법률을 집행하는 행위라는 점에서 동질적이라는

---

1) 리처드 포스너는 법관은 그 법적 사고에서 "판결이 당면 사건의 당사자들에게 어떤 결과를 가져올 것인가에만 관심을 가져서는 안 된다. 합리적인 법실용주의자라면 당면 사건의 판결이 가져올 결과뿐 아니라 제도상의 결과를 포함한 체계상의 결과도 고려해야 한다"고 하여 법실용주의(legal pragmatism)로의 전환을 촉구하였다. 그는 이런 당위가 미국법의 특수성에 그 근거를 두고 있다고 설명한다. 리처드 포스너, 백계문/박종현 옮김, 법관은 어떻게 사고하는가, 한울, 2016, 347, 363, 370, 382쪽. 필자는 그가 말하는 미국법의 특수성 중 하나가 '사법적 집행의 원칙'이 아닐까 생각한다. 독일이라면 행정청이 주도해야 할 행정상 강제집행 중 일부를 법원이 책임지고 판단해야 한다면, 그들(법원과 판사)은 '실용주의적'으로 생각해야 한다는 압박을 더 강하게 받을 수밖에 없을 것이다. 비록 모든 영역에서 그러한 실용주의적 사고에 따라 판단할 수는 없겠지만 말이다.

2) 같은 사회민주주의 복지국가여도 덴마크와 노르웨이의 행정법과 스웨덴의 행정법 사이에는 무시할 수 없는 차이가 존재한다. 본문의 서술은 스웨덴 행정법을 기초로 한 것임을 밝혀둔다. 交告尚史, スウェーデン行政法の研究, 有斐閣, 2020, 41쪽 참고.

관념이 존재한다. 행정이 재판을 하는 경우도 있고, 반대로 법원이 허가처분을 하는 경우도 있다.[3] 예컨대 원자력발전소를 설치하는 경우 3개의 허가가 필요하다. 하나는 원자력활동법에 근거한 것으로 우리의 원자로설치허가에 해당하는 것이다. 이 허가사무를 담당하는 것은 방사선안전청이다. 남은 두 개는 토지법원·환경법원의 허가이다. 이것은 환경법전에 기초한 허가이고, 원자력법 영역의 허가는 아니다. 환경법전(Miljöbalken) 제22장 제1조는 환경에 악영향을 미치는 사업에 관련된 허가의 사무를 위 법원이 행하도록 규정하고 있다.[4]

행정법의 진수는 재량이고, 이 재량이 가장 중요하게 나타나는 영역이 바로 행정행위이다. 그런데 법률로 복지의 전달 체계를 이미 구축하고 있다면, 행정은 입법자의 의사를 정확히 적용하면 된다. 그래서 스웨덴에서는 "법률의 적용에서 일반적으로 입법자의 의사가 크게 중시된다."[5] 또한 재량행위에 대한 심사에서도 법원의 역할이 다르다. 적법성 심사에 그쳐야 하는 소송유형이 존재하는 지방자치법 분야를 제외하면, 일반적으로 행정소송에서 법원은 최초로 결정을 행한 행정기관과 동일한 권능을 갖는다. 따라서 재판의 장에서 위법 혹은 부적절하다고 판단된 결정은 단지 취소로 끝나는 것이 아니라, 법원이 새롭게 그 내용을 결정할 수도 있다고 한다. 요약하자면 법원이 행정청과 동일한 기초에 서서 결정을 행하므로, 행정결정이 재량권의 범위를 일탈했는지 여부만을 심사한다는 식의 태도는 취하지 않는다. 우리와는 아주 다른 방식의 재량심사이다.

셋째, 조합주의-보수주의 레짐에서의 행정행위이다. 에스핑 앤더슨은 프랑스와 독일을 이 레짐에 속하는 나라로 거론하지만 여기서는 독일의 사례에 초점을 맞추어보자. 독일은 미국처럼 모든 것을 시장에 맡기는 나라도, 그렇다고 스웨덴처럼 복지를 국가와 공적 주체가 책임지는 나라도 아니다. 사회적 시장경제에서 핵심은 수식어가 아니라 명사인 시장경제에 있다. 그래서 시장의 자율에 맡기지만, 그것의 교정을 위해 국가가 개입한다. 물론 그 개입의 강도는 정권에 따라서 달라진다. 사회

---

3) 交告尚史, 위의 책, 39쪽.

4) 交告尚史, 위의 책, 175쪽.

5) 交告尚史, 위의 책, 39쪽. 이상 두 개의 특징 외에 스웨덴법의 또 다른 특징으로는 행정집행기관의 독립성의 원칙이 있다. 이에 따르면 집행기관과 정책형성기관은 분리되며, 개별 안건에 대한 법률의 집행에서 각 집행기관은 정책형성기관 및 다른 집행기관의 지휘를 받지 않고 자율적으로 행동해야 한다. 交告尚史, 위의 책, 39-40쪽. 자세히는 19-38쪽.

민주당 계열의 정당이 집권할 때는 개입의 강도가 세지지만, 그렇지 않았을 때는 개입의 강도가 약화되기도 한다.

특히 1949년 이후의 독일연방공화국은 처음부터 사회적 개입국가를 자처했다. 이것은 당시의 경제상황에도 부합했지만, 국가에 대한 시민들의 기대와도 잘 맞았다. 비스마르크 이래 하나의 전통이기도 하다. 국가가 신민과 시민의 삶 속으로 가부장적-생존배려적으로 개입해들어가는 것은 독일 국가사상의 일관된 흐름이라는 평가를 받는다. 독일인들에게는 수공업(직인), 학문의 자유에 속하는 직업들, 교회, 사회보장, 학교 및 대학제도, 라디오 및 텔레비전 방송국의 자율을 보장하되, 그들의 활동을 공법적으로 규율하는 일, 농업생산, 풍속영업의 법정폐점시각(Polizeistunde) 및 영업점 폐점시각을 공법적으로 규제하는 일 혹은 국가가 문화예술시설 및 박물관을 진흥하는 일이 자연스러운 삶의 한 부분으로 여겨지고 있다. 그래서 앞에서도 보았듯이 포르스토프가 급부행정이라는 말을 만들어내기 전에 이미 칼 야스퍼스는 국가는 생존배려의 임무를 다해야 한다고 주장하였던 것이다.[6] 이런 곳에서 행정행위는 매우 중요하다. 독일에서 행정행위의 종류에 대한 논의가 많은 것도, 새로운 행정행위 유형에 대한 논의가 추가적으로 나오는 것도 이런 까닭이다. 따라서 앞으로는 행정행위의 종류 혹은 유형론도 바로 이러한 거시적 시각 아래 논의를 전개할 필요가 있다.

예컨대 독일의 경우 자본과 노동을 법의 테두리 안으로 끌어들인 다음에 그 둘의 관계를 협력체제로 전환시켜 노사관계를 공법적으로 통제하려는 메카니즘(공동결정, 경영평의회, 경제평의회)을 일찍이 바이마르 헌법 체제 하에서 발전시켰는데,[7] 이것의 구체적 실현은 행정행위(특히 일반처분 형식)를 통할 수밖에 없다.[8] 또한 2차 대전 직후의 현안이었던 행정법적 쟁점이 주택통제경제 하에서의 주택배정이었는데, 이런

6) Michael Stolleis, "Verwaltungsrechtswissenschaft in der Bundesrepublik Deutschland", Dieter Simon(Hrsg.), *Rechtswissenschaft in der Bonner Republik*, Suhrkamp Verlag, 1994, 245쪽.

7) 국순옥 엮음, 자본주의와 헌법, 까치, 1987, 93쪽.

8) '단체협약에 대한 일반적 구속력 선언'(die Allgemeinverbindlicherklärung von Tarifverträgen)은 단체협약 당사자에 대해서는 행정행위의 성격을, 제3자에 대해서는 규범정립(Normsetzung)의 성격을 갖는다. Forsthoff, *Lehrbuch*, 202쪽. 독일 노동법상 단체협약의 당사자가 공동의 제안을 한 경우, 연방노동사회부는 당해 단체협약의 일반적 구속력 선언을 할 수 있다. 이 경우 단체협약상의 노동조건은 그 적용범위 내에 있는 사용자 및 비조합원 노동자에 대해서도 확장적용된다.

정책을 수행하는 데도 행정행위는 아주 중요한 수단으로 등장할 수밖에 없다.

여기까지의 설명이 여전히 막연하게 느껴지면 이런 건 어떨까? '학교폭력과 행정법'에 관해서는 앞부분에서도 잠시 언급한 적이 있는데(3.3.1.), 이 문제의 처리 혹은 해결을 위에서 말한 세 개의 레짐의 관점에서 접근해보는 것이다. 이 경우 학교폭력 가해학생에 대한 각각의 행정조치가 중심이 되는 레짐을 생각해볼 수 있고, 행정행위의 역할은 뒤로 물리고 공동체 기반의 예방과 개입(핀란드 키바 프로그램)이나 혹은 학교 문화와 가정, 지역사회의 협력(노르웨이 올베우스 프로그램)이 중심이 되는 레짐을 생각해 볼 수도 있다.[9] 또한 행정행위의 역할이 중심이 된다고 하더라도 이것을 풀어가는 방식에서 학부모회, 학생회, 교사협의회, 학교협의회 등 중간조직의 참여와 관여를 강조하는 레짐(독일 헤센주)도 가능한 방식일 것이다.[10] 현행 「학교폭력예방 및 대책에 관한 법률」의 학교폭력대처행정이 취하는 레짐은 앞에서 검토한 셋 중 어디에 속할까? 사회민주주의레짐이나 독일식 보수주의레짐에 속하지 않는 것은 분명한데, 그렇다고 자유주의레짐에 해당한다고 단정할 수도 없다. 다만, 최근의 학교폭력 처리 절차 등을 들여다보면 철저하게 절차중심이라는 점에서 비교적 자유주의레짐에 가까워보인다.[11]

아무튼, 만약 현행법과 행정의 접근방식이 교육적 맥락을 놓치고 있고, 갈등조정자로서의 학교와 교사(협의회)의 역할을 간과하고 있다면, 외국에서는 이렇게 한다는 얘기에 앞서 우리의 행정법과 행정행위 체계가 어떻게 구성되어 있는지, 그것에 입각해서 또한 국회입법자와 행정공무원들은 어떤 생각을 하고 있는지 하는 문제까지 거시적 시각에서 바라볼 수 있어야 하고, 이런 바탕 위에서 새로운 대책도 강구해볼 수 있지 않을까 생각한다.

15.1.2. 행정행위의 종류 – 낡은 구분(학설)과 실용적 판단(판례)으로 가득한 유형론

행정행위의 종류를 논하기 전에 이런 얘기부터 해보자. 처음에 누군가가 법개념의 유형화를 시도했을 때는 거기엔 반드시 그럴 만한 이유가 있기 마련이다. 법학은 구

9) 정용주, "학교폭력 예방과 대응의 새로운 경로를 상상하기", 오늘의교육 85권, 2025, 87-89쪽.

10) 김성보, "안전하게 다툴 권리를 빼앗겼다", 오늘의교육 85권, 2025, 36-37쪽.

11) 김성보, 위의 논문, 29-30쪽.

분을 좋아한다. 잘 나누고 분류해야, 각각의 유형에 합당한 법적 효과를 부여할 수 있기 때문이다. 그러므로 지금은 교과서 한 귀퉁이에 밋밋하게 자리잡고 있는 종류 혹은 유형론도 그것이 처음 등장했을 때에는 논쟁의 대상이었음을 잊지 말자. 이 말은 교과서의 유형론에 등장하는 설명을 '도그마틱적'으로 움직일 수 없는 사실로 받아들이지 말고, 얼마든지 새로운 해석도 가능한 잠정적 결론으로 받아들일 줄 알아야 한다는 뜻이기도 하다. 칼 슈미트는 『정치적인 것의 개념』에서 다음과 같이 말한 바 있다. "모든 정치적인 개념, 표상 및 용어는 논쟁적인 의미를 가지고 있으며 (…) 구체적인 대립관계에 주목하고 있어, 그러한 정세가 사라지면 그것들은 공허하고도 유령과 같은 추상적인 것으로 되고 만다."[12]

한때 행정법교과서들이 너도나도 소개했던 법률행위적 행정행위와 준법률행위적 행정행위의 구분도 재량행위에 대한 재판적 통제가 강화되면서 그 논쟁적 의의를 상실한 것을 생각해보면 이 점은 충분히 이해가 될 것이다. 혹은 오토 마이어가 공무원임용을 공법상 계약으로 보던 당시의 통설과 달리 '수락(受諾)에 기초한 행정행위'(VAe auf Unterwerfung)[13]로 본 것도 그 당시의 맥락에서 이해되는 측면이 있다. 이론적으로만 보면, 마이어는 공법상 계약 자체를 인정하지 않았으므로 공무원임용을 계약이라고 볼 수 없었을 것이다. 그는 또한 과거 봉건제 하에서의 봉신(封臣)계약을 연상시키는 임용계약 관념에 거부감을 가졌을 것이다. 그러나 실무적으로는 상대방의 신청(동의) 없는 공무원임용행위를, 하자가 있지만 효력이 있는 것으로 설명하기 위해 이런 논리를 전개했다고 보는 게 맞을 것이다. 행정행위와 달리 공법상 계약은 상대방의 동의가 없으면 성립하지 않거나 무효이기 때문이다.[14] 다만, 그것은 그 시대의 고민과 조건 하에서 나온 결론이고 - 마이어는 대중 공무원시대를 맞이하여

12) Carl Schmitt, *Der Begriff des Poltischen*, Duncker & Humblot, 1932(1996), 31쪽.

13) Otto Mayer, *Deutsches Verwaltungsrecht*, 1895, Bd. 1, 98쪽, Bd. 2, 221쪽 이하. Ernst Forsthoff, *Lehrbuch*, 212쪽에서 재인용. 김도창 교수는 VA auf Unterwerfung을 '복종에 의거한 행정행위'라고 번역한다. 김도창, 일반행정법론(상), 345쪽. 마이어의 견해는 당시 판례와 주류적 학설의 비판을 받았기 때문에 발터 옐리네크는 공무원임용을 쌍방적 행정행위(zweiseitiger VA)라고 개념규정하면서, 신청이 결여된 쌍방적 행정행위는 무효라고 보았다. 옐리네크의 견해는 폭넓은 지지를 받았다. Walter Jellinek, *Verwaltungsrecht*, 249쪽 이하. 포르스토프는 옐리네크의 결론에는 동의하면서도 '쌍방적'이라는 수식어가 행정행위 앞에 붙는 것은 오해의 소지가 있다고 보아 '협력을 요하는 행정행위'(die mitwirkungsbedürfigen VAe)라는 표현을 사용한다. Ernst Forsthoff, *Lehrbuch*, 213쪽.

14) Ernst Forsthoff, *Lehrbuch*, 212쪽 참고.

상대방의 동의없는 공무원임용이 대량으로 무효가 되는 사태는 막아야 한다는 현실적인 고민을 했을 것이다 - 현재는 다른 해석, 즉 공무원관계의 설정도 얼마든지 공법상 계약의 형식을 취할 수 있다.[15] 아무튼, 독일에서는 행정행위가 행정법에서 중요한 사유 모델(Denkfigur)인 만큼 행정의 역할 변화에 따라 행정행위의 종류(유형) 혹은 특정 행정행위의 위상도 그때그때 달랐다. 오토 마이어의 행정행위 개념이 지나치게 좁았기 때문에 이미 20세기 초반에 행정행위 개념의 확장론이 전개되었지만 - 대표적으로 코르만에 의한 준법률행위적 행정행위론 - 그때에도 다단계 행정(결정)절차에서의 행정행위 같은 것은 논의되지 않았다.

이 후자에 속하는 것에 사전결정/예비결정(Vorbescheid)과 부분허가(Teilgenehmigung) 같은 것이 있다. 예컨대 사전결정으로 공항의 입지 장소만 결정하고, 그 후 부분허가에 의해 공항의 일부 시설 건설 허가를 부여하고, 이어서 나머지 공사에 대한 허가, 그리고 최종적으로 비행기 출발과 도착 시간을 허가해주는 식의 프로세스다.

> 각기 다른 공적 및 사적 이익의 고려하에, 또한 서로 다른 행정청 및 다수의 이해관계인의 참여 하에 복잡하고 광범위한 다수의 쟁점사항을 판단 및 결정을 해야 하는 대규모사업(발전소, 산업시설, 공항 등) 관련 허가절차에서는 먼저 해명되어야 할 특정한 문제들(예컨대 입지문제, 특정한 기술의 허용성)이나 전체시설 중 특정 부분(예컨대 개별 건축시설)을 미리 그리고 모든 참여자를 상대로 존속력을 갖는 행정행위로 구속력있게 결정해두는 것이 절차경제의 관점에서 합목적적일 수 있다.[16]
>
> 사전결정에서 행정청은 대규모사업의 개별적 허용요건 및 허가요건을 완결적이고 구속적으로 결정한다. 건축안이 모든 면에서 공법상의 규정과 합치해야 발부되는 건축허가와 달리, 건축사전결정은 연방건설법전 제35조에 의거 계획법상의 허용성의 측면만 구속적으로 결정한다. 그 점에서 건축사전결정은 계획법에 적합하다는 확인을 포함할 뿐, 건설안(건축설계, 주택건설사업계획 혹은 도로건설계획)의 허가를 결정하지는 않는다.[17] 독일에서는 이 건축사전결정이 실무상 중요한 역할을 한다. 현행 「건축법」에도 사전결정제도가 있지만 독일의 그것만큼 실무적 의의가 있는 것은 아니다. 두 가지 이유가 있다. 첫째, 건축사전결정 같은 것은 건축부자유의 원칙을 채택하고 있으며, B-플랜, 즉 지구상세계획이 건축의 허용성에 대한 계획법상의 판

15) 서울특별시 시립무용단 단원의 위촉(대법원 1995. 12. 22. 선고 95누4636 판결). 읍·면장에 의한 이장 임면행위(대법원 2012. 10. 25. 선고 2010두18963 판결) 등.

16) Maurer/Waldhoff, 532-533쪽(19장 10번).

17) Sodan/Ziekow, *Grundkurs*, 618쪽(77장 8번).

단을 장악하고 있는 독일에서나 실무적 의미가 있기 때문이다. 우리의 경우는 앞서도 보았듯이 건축자유의 원칙이 지배한다. 둘째, 우리의 경우 독일의 건축사전결정이 수행하는 역할을 「국토의 계획 및 이용에 관한 법률」상 개발행위허가가 사실상 수행하기 때문이다.[18]

부분허가에서는 개별 허용요건만을 결정하는 사전결정과 달리 어떤 사업계획안의 일부분이 미리 구속적으로 결정된다. 부분허가는 상대방이 허가된 부분을 곧바로 실행에 옮기는 것을 허용한다. 독일의 경우 연방 임밋시온방지법(대기, 소음 · 진동 통합환경관리법) 제8조에 의거, 신청에 의해, 임미시온방지법상 허가를 받을 의무가 있는 시설 일부의 설치와 조업을 위한 허가가 교부된다. 이런 허가가 발부되려면 전체사안에 대한 잠정적이지만 긍정적인 판단이 서야 한다. 이 잠정적 판단 이후에는 허가요건의 측면에서 전체 시설을 설치하고 조업하는데 있어 처음부터 극복할 수 없는 장애가 남아 있어서는 안 된다. 즉, 그런 장애가 남아 있으면 부분허가의 발령은 불가하다.[19]

이런 유형의 행정행위는 1950년대 이후 전후 개발주의 시대가 되어서야 비로소 본격적으로 검토되었다. 이렇게 절차를 단계적으로 만들어 놓는 이유가 무엇일까? 행정법의 기초를 배울 때는 이것부터 알아 나가는 것이 중요하다. 이러한 개념(사전결정 등) 혹은 제도(다단계 행정절차)를 고안해 내는 것이 누구에게 – 결정을 내리는 행정청에게 유리한지 아니면 상대방인 인근 주민들에게 – 유리한지도 생각해 보아야 한다. 어떤 교과서는 "다단계 절차는 대규모의 기획사업이 준비의 후반부에 가서 백지화되는 것과 같은 기업자의 투자위험을 감경할 필요 때문에 고안된 제도로서 사전에 부분결정이 행하여지게 되면 행정과정에 대한 개관가능성(Übersichtlichkeit)이 높아지며 절차의 조기단계에서 중요한 쟁점이 확정될 수 있기 때문에 이해관계인에게 조기에 권리보호의 기회를 부여할 수 있게 된다."[20]고 하여 다단계 절차가 기업자와 이해관계인 모두에게 유리한 제도라고 소개한다. 과연 그런지는 엄정한 평가가 필요하다. 또다른 교과서는 "다단계 행정절차는 절차경제에도 기여할 뿐 아니라 사업자의 투자위험을 축소시키고 새로운 기술의 반영 등 유연성을 제고한다"[21]고 하여 사업자에게 유리한 제도임을 숨기지 않는다.

18) 후자에 관해서는 다음을 참고할 것. 김종보, 건설법의 이해, 123쪽.

19) Sodan/Ziekow, *Grundkurs*, 618쪽(77장 8번).

20) 김철용, 2024, 294쪽.

21) 정하중/김광수, 2023, 187쪽.

【판례】 대법원 1998. 9. 4. 선고 97누19588 판결 [부지사전승인처분취소]

원자력법 제11조 제3항 소정의 부지사전승인제도는 원자로 및 관계 시설을 건설하고자 하는 자가 그 계획중인 건설부지가 원자력법에 의하여 원자로 및 관계 시설의 **부지로 적법한지 여부** 및 굴착공사 등 **일정한 범위의 공사(이하 '사전공사'라 한다)를 할 수 있는지 여부**에 대하여 건설허가 전에 미리 승인을 받는 제도로서, 원자로 및 관계 시설의 건설에는 장기간의 준비 · 공사가 필요하기 때문에 필요한 모든 준비를 갖추어 건설허가신청을 하였다가 부지의 부적법성을 이유로 불허가될 경우 그 불이익이 매우 크고 또한 원자로 및 관계 시설 건설의 이와 같은 특성상 미리 사전공사를 할 필요가 있을 수도 있어 건설허가 전에 미리 그 부지의 적법성 및 사전공사의 허용 여부에 대한 승인을 받을 수 있게 함으로써 그의 경제적 · 시간적 부담을 덜어 주고 유효 · 적절한 건설공사를 행할 수 있도록 배려하려는 데 그 취지가 있다.

행정행위의 종류를 나누는 일의 중요성에 대해 하나만 덧붙이면, 후술하듯이 같은 '허가'여도 경제행위에 대한 허가와 언론 · 출판 · 집회 · 결사에 대한 '허가'는 다르게 분류하고 다르게 평가해야 한다. 그런데 교과서 상의 행정행위의 유형론을 보면 이런 관심을 반영한 논의는 없다. 일단 여기서는 행정행위를 통한 국가 개입의 성질, 인권과의 관계를 고려한 행정행위 종류론을 재구성해야 한다는 필요성만 언급해두겠다.[22] 아무튼 교과서들은 여러 방식으로 행정행위의 종류를 나누고 있지만, 행정행위의 분류에서 여전히 중요한 것은 행정행위의 법적 효과, 법의 구속 정도에 따른 구분, 효과의사 및 행정행위의 내용에 따른 유형화이다.

행정행위는 법적 효과에 따라 수익적 행정행위와 침익적 행정행위로 나뉜다는 것은 앞에서도 간단히 살펴보았다.[23] 이 구분은 법률의 유보, 행정행위의 취소와 철회, 재량행위, 행정절차 등의 문제를 고찰할 때 나름의 판단기준을 제공한다. 또한 행정행위 중에는 상대방뿐 아니라 제3자와의 관계에 주의하지 않으면 안 되는 것이

22) 大浜啓吉, 行政法総論, 岩波書店, 2006, 166-167쪽 참고.

23) 수익적이냐 침익적이냐 하는 것은 비단 행정법 분야에서만 문제가 되는 것은 아니다. 어쩌면 이것은 법의 기본적 사고일 수도 있다. 예컨대 우리와 달리 독일에서는 이른바 '불이익 재심'의 허용을 둘러싸고 논쟁이 벌어졌다. 현재는 2021년에 개정된 형사소송법에 따라 피고인에게 불이익한 형사사건 재심이 허용된다(동법 제362조 제5호). 그에 따르면 새로운 사실 또는 증거가 알려짐으로써 단독 또는 이전에 수집된 증거와 결합하여 무죄판결을 받은 피고인이 살인(형법 제211조)이나 특정한 국제형법상 범죄로 유죄로 인정될 수 있는 유력한 사유를 형성하는 경우 재심이 가능하다.

있다. 건축법상의 건축허가가 그 전형적인 예이다. 건축허가는 상대방에 대해서는 수익적 행정행위이나 인근주민에게는 침익적 효과를 갖는다. 이것을 복효적 행정행위라고 한다. 복효적 행정행위에서는 행정과정에서 제3자의 지위(행정절차법상의 문제), 혹은 취소소송의 원고적격(행정쟁송법상의 문제) 등이 문제가 된다.

법의 구속 정도에 따라 행정행위는 재량행위와 기속행위로 구분된다는 점도 재량 부분에서 다룬 바 있다. 또한 행정행위의 효과의사에 따라 법률행위적 행정행위와 준법률행위적 행정행위로 나누고, 법률행위적 행정행위는 다시 그 내용에 따라 명령행위와 형성행위로 나눈다. 전통적 견해는 이 명령행위를 하명, 허가, 면제로 구별하고, 형성행위는 특허, 인가, 대리로 구별해왔다. 이것들 중에서 양자를 대표하는 것은 각각 경찰허가와 공기업특허이다.

이상의 구분에서 두드러지는 것은 개인 이익, 권리 중심의 19세기적 사고이다. 복효적 행정행위에서 침익적이라고 할 때의 침해되는 이익도 제3자의 주관적-개인적 이익이다. 그런데 오늘날과 같은 사회적 법치국가에서 이런 식의 유형화가 여전히 유효한가 하는 의문을 제기해볼만하다. '복효적' 행정행위라는 개념 자체가 이미 이익 상황의 복합성을 드러내고 있거니와 행정은 여러 이익을 조율하고 사회를 형성해야 할 책무를 지는데(사회형성작용으로서의 행정), 그저 침익과 수익이라는 발상으로 현실을 설명하려고 한다면, 행정법이 관심을 가져야 할 문제의 상당수는 그 시야에서 사라질 수 있다. 대통령과 행정부 정책결정관료와 여당 국회의원이 합작하여 내린 '기후위기대응댐' 건설이라는 '행정'행위에 대해 수익적인지 침익적인지를 따지는 것이 무슨 의미가 있는가? 혹은 이런 구분이 그런 결정을 통제할 수 있는 도구를 제공하는가?

자유와 재산의 보호는 19세기 이래 독일 부르주아 행정법의 최대 관심사이지만, 오늘날에는 형식적 자유가 아니라 그 자유를 행사할 수 있는 조건을 만들어내는 것이 더 중요해지고 있다. 행정법은 공적 주체에 의해 사적 자치가 침해되지 않도록 방어하는 역할에서 '한걸음' 더나아가 실질적인 사적 자치 자체가 가능하도록 만들어야 한다.[24] 그러려면 행정행위의 종류를 검토할 때도 사법관계 형성적 행정행위(privatrechtsgestaltender VA) 같은 것들에 더많은 주의를 기울여야 한다.[25] 독일 교과

24) Axel Görlitz, "Politische Funktionen der Lehre vom Verwaltungsakt", 83쪽.

25) 김중권 교수는 이를 사권형성적 행정행위라고 번역한다.

서들은 이런 행정행위의 대표적인 사례로 연방건설법전 제24조 이하에 따른 선매권(Vorkaufsrecht)의 행사를 든다.[26] 게마인데가 연방건설법전의 규정에 따라 '도시계획법'상의 선매권을 행사하는 것이 공법적 조치인지 아니면 사법적 조치인지가 과거에는 논란이 되었다. 그러자 입법자는 "선매권의 행사는 매매계약의 통지를 받은 후 3월 안에만 매도인을 상대로 행정행위로써 할 수 있다"(연방건설법전 제28조 제2항 제1문)라고 법률을 개정하여 이 쟁점을 정리하였다. 이처럼 공법관계인지 사법관계인지가 불분명할 때 국회입법자의 법적 대응은 논쟁을 조기에 종식시킨다.[27]

그런데 우리 교과서들은 이런 유형의 행정행위를 진지하게 검토하지 않는다. 행정행위의 종류를 논할 때도 판례에 자주 등장하는 유형들만 관심을 갖는다. 판례를 그대로 가져와 교과서에서 설명하는 연구 혹은 서술태도는 '수험용'으로는 적합할지 모르겠으나, 독자들이 행정법의 사회형성적 기능을 실현할 방법을 궁리하게 하지는 못한다. 판례는 철저히 실용주의적 태도를 취하므로, 판례의 논리에 익숙해져버리면 자본주의 행정법의 대안을 향한 상상력은 위축되고 만다. 우리 판례에서 자주 등장하는 이른바 대인적 행정행위, 대물적 행정행위의 예를 생각해보자.

교과서들은 행정행위는 그 심사대상 사항이 대인적 요소인지 대물적 요소인지, 아니면 양 요소가 혼합되어 있는지에 따라 대인적 행정행위, 대물적 행정행위, 혼합적 행정행위로 나눌 수 있다고 하고, 행정행위를 이렇게 분류할 실익은 행정행위의 효과를 이전하거나 상속할 수 있는지와 관련이 있다고 설명한다.[28] 이와 관련하여 리딩 케이스에 해당하는 판례가 석유판매업허가취소처분취소사건이다.[29] 이 사건의 원심은 부정하게 휘발유를 팔다가 적발된 양도인의 귀책사유는 양수인에게 미치지 않는다고 보았지만, 대법원은 "양도인에게 그 허가를 취소할 위법사유가 있다면 허가관청은 이를 이유로 양수인에게 응분의 제재조치를 취할 수 있다"고 판시하였다.

표면적으로는 대인적 허가, 대물적 허가인가에 관한 논의가 쟁점이지만, 이 사안은 결국 상대방인 국민을 어떻게 보느냐 하는 문제와 연결되어 있다. 제재처분을 하는 행정부나, 그 처분을 다투는 사건에서의 법원의 생각은 동일하다. 처분의 상대방을 믿어서는 안 된다. 형식적으로는 영업의 양도양수라고는 하나 그 실질은 '바지사

---

26) Wolff/Bachof/Stober/Kluth, *Verwaltungsrecht I*, 224쪽(22장 66번).

27) Maurer/Waldhoff, 49쪽(3장 16번).

28) 김유환, 2024, 145쪽.

29) 대법원 1986. 7. 22. 선고 86누203 판결.

장'을 내세워 제재를 회피하고자 하는 시도(공모에 의한 제재회피 시도)이므로 이를 막으려면 양도인의 잘못이라는 대인적 요소가 존재해도 양수인에게 공법상 책임이 승계(제재사유의 승계)되는 쪽으로 판단을 할 수밖에 없다고 보는 것 같다.[30)]

그런데 문제는 이러한 판단이 항상 유지되는 것은 아니라는 점이다. 대법원은 부당한 방법으로 보험자에게 요양급여비용을 부담하게 하였기에 업무정지처분을 받은 요양기관이 다툰 사건에서 "요양기관이 속임수나 그 밖의 부당한 방법으로 보험자에게 요양급여비용을 부담하게 한 때에 구 국민건강보험법 제85조 제1항 제1호에 의해 받게 되는 요양기관 업무정지처분은 의료인 개인의 자격에 대한 제재가 아니라 요양기관의 업무 자체에 대한 것으로서 대물적 처분의 성격"을 가지므로 "그 요양기관 및 폐업 후 그 요양기관의 개설자가 새로 개설한 요양기관에 대하여 업무정지처분을 할 수는 없다"고 판단했다.[31)]

주유소 사건과 요양기관 사건은 왜 이렇게 다른 결론을 맞았을까? 그에 대한 정확한 이론적 답은 없다. 따져 물으면 그저 판결은 개별 구체적 타당성을 추구하므로 사건 마다 다른 판단도 가능하다는 답변만 주어질 것이다. 그러나 더 따지고 들어가면 주유소에 비해 요양기관의 자본규모가 훨씬 크기 때문에 이런 판단을 한 것이라는 답을 얻을 수 있을 지도 모르겠다. 행정법을 공부할 때 판례 공부를 열심히 해야 하는 것은 맞지만, 그것에만 매몰되지 말아야 할 이유를 이런 사건 처리에서도 발견하게 된다. 법원은 사법의 속성상 미래형성적 작용보다는 현상유지(status quo)에 관심이 있다.

이처럼 행정행위를 개념정의하고 분류하는 경우, 판례를 참고하되, 판례의 논리만 추종해서는 안 되며, 또한 재산과 자유를 방어하는 19세기 '방어적 법치국가'적 발상에서 벗어나 사회형성작용이라는 사회국가적 행정 관념에 부합하게 행정행위론을 전개해야 한다. 그점에서 행정행위를 내용의 관점에서 명령행위와 형성행위로 나누어온 전통적 분류도 재검토가 필요하다.

행정행위란 기본적으로 법률관계의 형성이라는 측면을 갖고 있으므로 더는 명령행위와 형성행위를 구분할 실익이 거의 없다고 보는 견해가 있는가 하면,[32)] 명령행

---

30) 대법원은 속인적 성격을 가진 법령위반행위에 해당하는 음주운전의 경우에도 택시운송사업의 양도에 따라 책임사유가 승계된다고 하여 사업면허를 취소한 바 있다. 대법원 2010. 4. 8. 선고 2009두17018 판결. 김유환, 2024, 77쪽.

31) 대법원 2022. 1. 27. 선고 2020두39365 판결.

위와 형성행위의 구분을 유지하면서도 종래 명령행위로 보아 왔던 허가 등을 형성행위로 이해하는 견해도 제시된다. 이 견해에 의하면 경찰허가도 단순히 자연적 자유를 회복시켜 주는 것이 아니고 허가요건에 해당하는 경우에는 그에 대한 일반적 금지를 해제하여 헌법상 기본권을 적법하게 행사할 수 있는 법적 지위를 설정해주는 행위라는 점에서 오히려 형성행위의 성질을 갖는다고 한다.[33] 이런 설명들은 독일에서의 논의에 영향을 받은 것으로 보인다. 예컨대 발터 옐리네크는 허가와 특허(정확히는 설권적, 탈권적 행위)를 모두 형성행위로 분류하였고,[34] 현재 독일의 주류적 견해도 허가와 예외적 허가(예외적 승인)를 모두 형성행위로 본다.[35]

그러나 나는 이상의 견해들과는 또 다른 관점에서 명령행위와 형성행위의 구분 혹은 허가와 특허의 구분을 더 이상 유지할 수 없는 것으로 생각한다. 우선, 경찰허가도 형성행위의 성질을 갖는 것으로 보는 견해는 허가에 의해 주어지는 법적 지위를 헌법상의 기본권으로까지 끌어올리는 매우 자유주의적인 해석이다. 이러한 해석이 타당한 경찰허가도 있겠지만, 공익적 관점에서 달리 보아야 할 경찰허가도 있을 것이다. 쉽지 않지만 잘 구분해서 판단해야 한다. 국민의 기본적 생존권과 관련한 경찰허가로 인해 향수하는 법적 지위는 기본권으로 보는 것이 타당하겠지만, 그렇지 않은 경우는 달리 판단할 수 있다. 필자는 특허에 의해 주어지는 권리 혹은 법적 지위에 "재산권적 성질"을 부여하는 통설적인 견해[36]도 동의하지 않는다. 그와 같은 '권리'도 재산권적 성질을 갖는 기본권과 같은 것이 아니라 입법자에 의해 변경될 수 있는 단순한 법적 지위로 해석할 수 있다면, 허가받은 자의 지위와 특허받은 자의 지위 사이에 본질적인 차이는 없다.[37] 이 점에 대해서는 허가와 특허를 검토하는 곳에서 다시 살펴보기로 한다. 이제, 행정행위의 분류 중 중요한 구분기준으로 남은 것은 효과의사에 따른 구분이다. 이 부분은 항을 달리해서 살펴보자.

---

32) 김철용, 2024, 251쪽 참고.

33) 김동희/최계영, 행정법 I, 287쪽.

34) Walter Jellinek, *Verwaltungsrecht*, 256-259쪽; 또한 Ernst Forsthoff, *Lehrbuch*, 209쪽.

35) Maurer/Waldhoff, 236쪽(9장 46번).

36) 김철용, 2024, 251쪽.

37) 이러한 해석의 타당성 여부는 '설립되고 가동중에 있는 영업에 대한 권리'(das Recht am eingerichteten und ausgeübten Gewerbebetrieb)에 관한 필자의 해석과도 연계해서 생각해 볼 것. 이에 대해서는 이미 제2장 더공부해보기/생각해보기/토론하기 2번과 제13장(13.1.4.)에서 설명하였다. 또한 이 장의 더공부해보기/생각해보기/토론하기 2번에서도 추가로 검토한다.

15.1.3. 효과의사의 관점에 따른 분류 및 그에 대한 비판

오토 마이어에 의해 확립된 최협의의 행정행위 개념은 당시에도 이미 너무 좁다고 여겨졌다.[38] 곧 이 개념을 확장하려는 시도가 이루어졌고, 그의 제자인 코르만 등이 창안한 준법률행위적 행정행위 개념이 등장한 것도 그 일환이었다.[39] 그는 행정행위를 법률행위적 행정행위와 준법률행위적 행정행위로 나누고, 후자를 다시 통지, 공증, 수리로 세분했다. 전자는 행정청의 의사표시(효과의사의 표시)를 요소로 하는 행정행위이고, 후자는 의사표시 이외의 정신작용(판단·인식·관념 등)의 표시를 요소로 하는 행정행위이다.

통지(Mitteilung)는 특정인 또는 불특정 다수인에게 특정사실을 알리는 행위이다. 통지가 항상 행정행위가 되는 것은 아니고, 관념의 통지(Vorstellungsmitteilung)인 사실행위도 있다. 법률의 규정에 의해 통지 자체에 어떠한 법률효과가 부여되는 경우에, 준법률행위적 행정행위가 된다. 그러므로 행정행위로서의 통지는 행정행위의 효력발생요건으로서의 교부행위나 송달행위 또는 공고행위와는 구별된다.[40] 공증(Beurkundung)은 특정한 사실관계나 법률관계의 존부 또는 정부를 공적으로 증명하는 행위이다. 행정청의 인식의 표시이다. 수리(受理, Annahme)는 행정청이 신청, 출원, 신고 등 사인의 공법행위를 유효한 행위로 수령하는 행위이다.

문제는 확인이다. 전통적으로 이것도 준법률행위적 행정행위로 분류해왔지만, 후술하듯이 현재는 이견이 존재한다. 독일행정법학은 이를 법률행위적 행정행위에 포함시킨다. 확인(Feststellung)은 특정한 사실 또는 법률관계의 존부(존재 여부) 또는 정부(옳고 그름)에 대하여 의문이나 다툼이 있는 경우 그에 대해 행정청의 판단을 표시하는 행위를 말한다.[41] 확인은 법률행위를 확정하는 행위이며, 행정청의 판단의 표

---

38) 대표적으로 Walter Jellinek, *Verwaltungsrecht*, 246쪽.

39) 선정원, "독일 행정법상 행정행위 확장이론등의 등장과 발전", 공법연구 제27집 제2호, 1999, 특히 522쪽.

40) '대법원 2003. 11. 14. 선고 2001두8742 판결'에서 원심은 "농지처분의무통지는 단순한 사실의 통지에 불과한 것이므로 항고소송의 대상이 되는 처분이라고 할 수 없다"고 하였으나 대법원은 법정사유가 인정되는 경우 반드시 농지처분의무통지를 하여야 한다는 점, 통지를 전제로 농지처분명령 및 이행강제금부과 등의 일련의 절차가 진행되는 점 등을 들어 "농지처분의무통지는 단순한 관념의 통지에 불과하다고 볼 수는 없고, 상대방인 농지소유자의 의무에 직접 관계되는 독립한 행정처분으로서 항고소송의 대상이 된다"고 보았다.

41) 김유환, 2024, 172쪽.

시이다. 대법원은 친일재산국가귀속결정을 준법률행위적 행정행위인 확인행위라고 판단하였다.[42)]

확인, 공증, 통지, 수리는 이들 행위에 법률상 일정한 법적 효과가 결부되어 있을 때 (준법률행위적) 행정행위가 된다. 예컨대 대집행의 계고를 받고도 의무자가 의무를 이행하지 않으면 대집행이 가능하게 되는 것과 같다. 이 경우 계고는 행정청의 의사통지이지만, 상대방에게 계고장에 표시된 대로의 의무를 새롭게 발생시키는 것이 아니라(이미 철거명령에 의해 의무는 발생하였다), 계고된 사항을 기일 내에 이행하지 않을 때에는 행정대집행을 실시할 권한을 행정청에게 발생시킨다고 하는 법정(法定)의 효과를 초래하므로 민법에서 말하는 준법률행위의 성격을 갖는다. 어떤 법적 효과가 발생하는가(또는 발생하지 않는가)는 전적으로 근거법규에 의해 정해지는 것이고 의사표시에 의하는 것이 아니라는 점에서 준법률행위적 행정행위라고 한다. 이들 행위에서는 법규가 행정행위의 효과를 직접 정하는 것이므로 행정청은 행정행위의 법효과를 좌우할 수 있는 부관을 붙일 수 없다는 것이 전통적인 견해였다.

그러나 행정행위를 효과의사의 관점에서 분류하는 견해에 대해서는 오래전부터 다음과 같은 비판이 제기되었다. 첫째, 사법상의 법률행위에서의 효과의사와 법률의 수권에 따라 구체적인 결정을 하는 행정청의 기관의사를 같은 차원에서 놓고 평가할 수 없다. 앞에서도 지적하였듯이 포르스토프처럼 행정행위의 공법적 성격을 특별히 더 강조하는 이들이 이런 비판에 동조했다. 이런 구분에 회의적인 견해들은 준법률행위적 행정행위에서도 재량의 여지가 있는 것이 있고, 부관을 붙일 수 있는지 여부도 재량성과의 관계에서 파악하는 것이 적절하다고 본다.

둘째, 확인의 경우, 그 확정된 바에 공정력이 생긴다고 하면 이것은 법률관계 등의 확정이라는 내용을 가진 행정행위가 되는 것이므로 효과의사에 따른 구분이 아니라 행정행위의 내용적 분류라 해야 옳다. 게다가 이미 지적했듯이 우리와 달리 독일에서는 확인을 법률행위적 행정행위로 본다.[43)] 즉, 확인적 행정행위(feststellende VAe)는 해석상(de lege lata) 이미 법으로 통용되고 있는 것에만 의미를 부여하지만, 동시에 이 행위가 법적 상황을 구속적으로 확정하는 이상 규율의 성격을 갖고 있기

42) 대법원 2008. 11. 13. 선고 2008두13491 판결.

43) 준법률행위적 행정행위 개념을 체계화한 코르만은 적극적 행정행위로 통지, 공증, 소극적 행정행위로 수리만을 열거할 뿐 처음부터 확인은 제외했다. 코르만은 확인은 법률행위적 행정행위라고 했다. 선정원, “독일 행정법상 행정행위 확대이론”, 523-524쪽.

에 (법률행위적) 행정행위가 되는 것이다.[44] 그래서 법률행위적 행정행위와 준법률행위적 행정행위로 나누는 대신에 독일의 예처럼 행정행위를 판결의 유형분류(이행판결, 형성판결, 확인판결)와 유사하게 명령적 행정행위, 형성적 행정행위, 확인적 행정행위로 분류해야 한다는 견해도 있다.[45]

셋째, 공증의 경우, 반증을 허용하는 공적인 증명력만으로는 행정행위로서의 자격을 주지 않는 것이 (기존) 판례였다.[46] 또한 통지와 수리의 경우 그것에 구체적인 법 효과가 부여되는 경우(즉, 사실행위가 아닌 경우)는 명령행위 혹은 형성행위 중 어느 하나로 포섭될 수 있다. 그렇다면 이런 것들을 묶어 하나의 카테고리로 유지하는 것은 가능하지 않다.

이에 대해 행정청의 권한의 광협(廣狹) - 예컨대 기존 통설에 의하면 준법률행위적 행정행위에는 행정행위의 법 효과를 좌우할 수 있는 부관을 붙일 수 없다 - 에서 준법률행위적 행정행위 개념이 어느 정도의 유용성은 있다는 반론도 있지만, 준법률행위적 행정행위 개념의 효용은 크지 않다. 준법률행위적 행정행위도 '행정행위'이고 '처분'이라고 보는 이상, 이를 법률행위적 행정행위와 굳이 구분할 이유는 없다. 즉, 처분성을 논증하는 본안전 단계에서는 실익이 없는 구분이다. 그럼에도 판례가 이런 구분을 전제로 판단을 이어온 것은 그렇게 함으로써 본안판단 단계에서 행정청의 재량을 인정할지 여부를 판단할 수 있다고 보았기 때문인데, 학설은 예컨대 재량이 없음을 논증하기 위해 준법률행위적 행정행위인 확인 개념을 사용할 필요가 있는가에 대해서도 회의적이다.[47]

---

44) Maurer/Waldhoff, 236-237쪽(9장 47번)

45) 김중권, 2025, 250쪽. 최계영 교수는 독일에서 말하는 확인적 행정행위와 우리 교과서상의 준법률행위적 행정행위로서의 확인은 다른 개념임에도 불구하고, 두 개념의 차이에 대한 명확한 인식 없이 우리 판례가 이를 혼용하고 있는 것으로 보인다고 비판한다. 즉, 대법원은 확인적 행정행위라거나 법적 지위, 법률관계 등을 확인하는 행정행위라는 논거를 두 가지 서로 다른 맥락에서 사용한다. 하나는 소송요건 단계에서 처분성 인정 여부와 관련해서이고, 다른 하나는 본안판단 단계에서 행정청의 재량이 있는지와 관련해서이다. 그런데 처분성에 관한 판례는 효과 측면의 확인적 행정행위 개념을, 재량에 관한 판례는 준법률행위적 행정행위의 하위유형인 확인 개념을 전제로 판단한다. 두 개념이 다름에도, 그 차이를 명확히 인식함이 없이 이를 혼용하는 것이다. 최계영, "하자의 승계와 쟁송법적 처분", 행정판례연구 27권 1호, 2022, 74, 76쪽.

46) 반면 공적 증거력의 발생만으로 공증행위의 행정행위성이 인정된다는 견해도 있다. 박균성, 2021, 243-244쪽.

47) 최계영, 앞의 논문, 76쪽.

15.1.4. 공증과 수리의 법리

준법률행위적 행정행위에서 특별히 주목할 것은 공증과 수리이다. 「공직선거법」 제37조에 의하면 구청장 등이 직권으로 선거권자의 성명·주소·성별 및 생년월일 기타 필요한 사항 등을 선거인명부에 등재하면 그 등재된 자는 투표할 수 있다. 반면 선거인명부에 등재되지 않은 자는 투표할 수가 없다. 이러한 법적 효과는 행정청의 의사가 아니라 법령에 의해 곧바로 정해진다. 이 경우의 등재(등록)는 공증행위의 예이다.[48]

그런데 종래 판례는 지적도, 임야도, 건축물대장, 토지대장 등의 기재 및 기재변경행위는 권리의 변동을 가져오지 않으므로 행정행위가 아니며, 행정사무집행의 편의와 사실증명의 자료로 삼기 위한 목적으로 행하여지는 행정의 내부행위에 불과하다고 보아 왔다. 이러한 판례의 태도는 공적인 증명력(증거력)만으로는 행정행위로서 자격을 얻는데 충분하지 않다는 취지로 이해된다. 즉, 공적 증명력이 반증에 의하여 변경가능한 것이라면 공증행위에 행정행위의 개념적 징표인 "법률적 관계의 변경을 가져오는 효과의사"가 존재한다고 보기는 어렵다는 것이다. 이에 따라 대법원은 위에서 예시한 것과 같은 일정한 유형의 공증행위에 대해 그 처분성을 부정해왔다. 그러나 헌법재판소가 지적공부[49]상의 지목변경신청 거부행위를 거부처분으로 판단[50]한 이후, 대법원도 판례를 변경하여[51] 공부(公簿)에 등재하는 행위가 토지소유권 등 재산권 행사의 전제요건이 된다면 그 처분성을 인정하고 있다. 반대로 실질을 보았

48) 그러나 이러한 것과 달리 허가제에 가까운 역할을 하는 등록제도 있다.

49) 「공간정보의 구축 및 관리 등에 관한 법률」 제2조 제19호가 정의하는 바에 의하면 "지적공부"란 토지대장, 임야대장, 공유지연명부, 대지권등록부, 지적도, 임야도 및 경계점좌표등록부 등 지적측량 등을 통하여 조사된 토지의 표시와 해당 토지의 소유자 등을 기록한 대장 및 도면(정보처리시스템을 통하여 기록·저장된 것을 포함한다)을 말한다. 지적공부는 원래 「지적법」에서 규율했다. 이후 「지적법」은 「측량법」 등과 통합되어 「측량 수로조사 및 지적에 관한 법률」이 되었다가 2015년에 지금의 명칭으로 변경되었다.

50) 헌법재판소 1999. 6. 24. 선고 97헌마315 결정. 현행 헌법 하에서 1989년에 헌법재판소가 업무를 개시한 이래 동 재판소는 토지재산권과 관련하여 판단을 해야 할 경우가 많았다. 토지공개념 3법 사건, 그린벨트 사건을 위시하여, 도시공원일몰제 등에서 헌재는 토지재산권을 두텁게 보호하는 판결을 해왔다. 위 지목변경신청서반려처분취소사건 판결도 이러한 흐름 안에 있다. 이 사건에서 세 명의 재판관이 반대의견을 냈다. 반대의견 부분을 일독해보기 바란다.

51) 대법원 2004. 4. 22. 선고 2003두9015 전원합의체 판결.

을 때 법적으로 무의미한 대장 등재 및 변경행위에 대해서는 처분성을 인정하지 않고 있다. 예컨대 무허가 건물관리대장에서의 삭제는 처분이 아니라고 보았다.[52] 무허가 건물대장에서 삭제된다고 하여 무허가 건물의 실체적 법률관계가 달라지지 않기 때문에 법원이 이런 판단을 하였다는 해설도 있지만,[53] 오해의 소지가 있는 설명이다. '2008두11525 판결'에서도 설시하고 있듯이 "무허가건물관리대장에 등재되어 있는 등재 무허가건물 소유자에 대하여는 분양아파트 입주권"이 이주대책으로 주어질 수 있으므로 실체적 법률관계는 사법상의 그것이 아니라 널리 공법적 의미로 확장해서 해석해야 할 것이다.

다음으로 수리이다. 앞서 보았듯이 수리란 타인의 행위를 유효한 행위로 받아들이는 행정행위이다. 수리에도 사실행위인 수리와 행정행위인 수리가 있다. 이 중 법령이 정하는 일정한 법적 효과가 발생하는 수리만이 준법률행위적 행정행위로서의 수리에 해당한다. 아무런 법적 효과가 발생하지 않는 사실행위로서의 접수는 행정행위로서의 수리가 아니다. 수리와 관련하여 특히 구별해야 할 것은 자족적 신고의 접수이다. 자족적 신고는 형식적 요건을 갖추고 있는 한 신고서가 접수기관에 도달한 때에 그 효력을 발생하므로(「행정절차법」 제40조), 행정청의 수리를 필요로 하지 않는다.[54]

법률에 의해 신고의무가 부여된 경우, 신고를 하는 것으로 신고의무가 해소되는 경우를 자족적 신고(자기완결적 신고)라 한다. 반면, 행정청이 적법하게 수리해야 신고의무가 해소되면 이 신고는 수리부 신고(수리를 요하는 신고)가 된다. 자족적 신고는 수리하고 말고가 없으므로 이 경우 신고를 수령하는 것을 접수라고 부르든 수리라고 부르든 그것은 사실행위에 불과하고 실체법적 효과는 없다. 건축법상 철거신고 등이 이에 해당한다. 자족적 신고에 대해서는 수리를 거부할 수 없고 거부한 경우에도 신고의무는 해소되므로 상대방인 국민은 신고대상인 행위를 하는 데 아무런 지장이 없다. 반면에 수리부 신고는 행정청의 수리가 없으면 신고의무가 해소되지 않고 신고 이후 할 수 있는 행위도 수리 전에는 금지되는 것이 원칙이다. 영업신고 등이 이에 해당한다. 만약 신고거부에도 불구하고 신고대상인 행위를 하면 형사처벌 등이 뒤따르게 된다.[55]

---

52) 대법원 2009. 3. 12. 선고 2008두11525 판결.

53) 김유환, 2024, 174쪽.

54) 정하중/김광수, 2023, 211쪽.

55) 김종보, 행정법입문, 150-151쪽.

수리부 신고의 경우, 행정청의 심사범위는 형식적 요건에 한정되지 않는다. 행정청의 수리가 있어야 상대방은 신고한 행위를 적법하게 할 수 있으므로 수리와 수리거부는 법적 효과 발생에 영향을 미친다. 따라서 수리거부는 원칙적으로 처분성이 인정된다.[56]

신고는 전통적으로 사인의 공법행위 항목에서 다루어져 왔다. 신고 중 수리를 요하는 신고는 사실상 허가제 혹은 "완화된 허가제"[57]로 기능해왔음에도, 신고를 사인의 공법행위에서 다룸으로써 사인의 주도권(이니셔티브) 같은 것을 강조하는 의미가 있었다고 생각한다. 아무튼 이 '완화된 허가'와 관련하여 빈번히 문제가 된 것이 건축신고이다.[58] 한쪽에서는 완화된 허가제라는 비판과 함께 건축 자유의 원칙을 강조하지만, 건축물의 공익성과 안정성을 생각하면, 또한 현행 「건축법」이 수행하는 도시계획법적 기능을 고려하면, 소규모 건축물이라고 하더라도, 건축신고는 모두 수리부 신고로 보는 것이 옳다. 의제조항이 없어도 항상 건축신고는 수리를 요하는 신고로 보아야 한다. 그런데 대법원이 초기에 건축신고를 자족적 신고로 오해함으로써 문제가 생겼다.[59]

자족적 신고라면 신고만 하면 실체법상으로 건축행위가 가능하다고 해야 한다. 그런데 행정청은 건축신고를 자족적 신고가 아니라 수리부 신고라고 생각하므로 당연히 요건을 심사한 뒤, 그것이 충족되지 않았다고 판단하면 수리를 거부한다. 또한 신고인이 신고가 거부된 상태에서 건축을 하면 공사중지명령을 발령하고 형사고발 등의 조치를 취할 수 있다. 사태가 이러한데 법원이 계속해서 건축신고는 자족적 신고이므로 수리거부행위가 있더라도 건축행위를 하면 된다고만 말할 수는 없게 되었다. 여기서 대법원은 "건축신고 반려행위가 이루어진 단계에서 당사자로 하여금 반려행위의 적법성을 다투어 그 법적 불안을 해소한 다음 건축행위에 나아가도록 함

---

56) 김철용, 2024, 184쪽.

57) "최근 들어 행정규제의 완화책으로서 종래의 허가사항이 다수 신고사항으로 된 바 있다. 그러나 근거법상 허가제가 신고제로 되기는 하였으나, 종래의 허가의 요건이 그대로 신고의 요건으로 남아 있는 경우도 없지 않다. 이러한 경우 사인의 신고가 근거법상의 신고요건을 충족하지 않는 경우에는 행정청이 당해 신고의 수리를 거부하고 있는바, 이 경우의 신고제는 실질적으로는 완화된 허가제와 같은 의미를 가진다고 할 것이다. 이것은 판례의 입장이기도 하다." 김동희/최계영, 행정법 I, 129쪽.

58) 완화된 허가제로 기능하는 건축신고에 대한 비판으로는 대법 2011. 1. 20. 선고 2010두14954 전원합의체 판결에서 박시환, 이홍훈 대법관의 반대의견을 참고할 것.

59) 김종보, 행정법입문, 153쪽. 대법원 1999. 10. 22. 선고 98두18435 판결.

으로써 장차 있을지도 모르는 위험에서 미리 벗어날 수 있도록 길을 열어 주고, 위법한 건축물의 양산과 그 철거를 둘러싼 분쟁을 조기에 근본적으로 해결할 수 있게" 하기 위해 건축신고는 여전히 자족적 신고이나, 그러한 신고의 반려행위 또는 수리거부행위는 항고소송의 대상이 되는 처분이라고 하였다.[60] 또한 이 판결 이후 얼마 지나지 않아 건축신고 중 의제조항이 포함된 것은 수리를 요하는 신고라고 입장을 변경했다.[61]

이러한 판례의 태도에 대해서는 소송법과 실체법의 괴리를 가져올 뿐 아니라 실체법 내의 구별기준에 대해서도 이해하기 힘든 기교적인 구분기준을 사용하고 있다는 비판이 제기된다.[62]

15.2. 허가, 특허, 인가의 법리

15.2.1. 영업의 자유와 행정법

행정행위의 종류 혹은 내용은 신고, 허가, 특허, 인가 등 행정의 제반 규제 수단이라는 관점에서 구분해 볼 수도 있다. 여기서 규제의 의미는 (시민사회의) 자유와 재산에 대한 (국가의) 개입이라고 풀어 쓸 수 있다. 행정법의 역사는 규제의 역사다. 어떤 이는 자유방임 혹은 소극적 규제 – 적극적 규제 – 다시 규제완화라는 역사를 이야기하면서 자본주의 사회에서 규제법의 역사는 상승과 하강의 곡선을 반복해서 그린다고 말한다. 또 어떤 이는 시장은 항상 국가에 의해 지탱되어 왔다. 빅토리아 시대의 영국이 자유방임주의를 표방했지만, 실상은 국가가 시장의 형성과 규제에 계속해서 관여해왔다고 주장하기도 한다.[63] 어느 경우든 자유에 대한 자본주의 국가의 개입은 대체로 시장과의 관계 속에서 실현되었다. 시장 자체를 규제하기도 하고, 시장으로의 진입을 규제하기도 한다. 여기에 사용되는 수단들이 신고, 허가, 인가, 특

60) 대법원 2010. 11. 18. 선고 2008두167 전원합의체 판결.

61) 대법원 2011. 1. 20. 선고 2010두14954 전원합의체 판결. 이 전원합의체 판결 중 다수의견에 대한 보충의견은 자족적 신고와 수리를 요하는 신고를 구분하는 기준을 요약·정리하고 있다.

62) 김종보, 행정법입문, 152쪽.

63) 칼 폴라니, 홍기빈 옮김, 거대한 전환, 도서출판 길, 2009, 237쪽 이하.

허 등이다. 물론 여기서 말하는 허가, 인가, 특허는 강학상의 개념이고 실정법에서는 다르게 쓰고 있다.

허가, 신고, 특허 등은 경제학적으로 보면 시장으로의 '진입규제'에 해당한다. (정부)규제는 경제적 규제와 사회적 규제로 나눌 수 있다. 경제적 규제는 "기업의 본원적 활동에 대한 정부규제"를 뜻하는데, 통상 진입규제, 가격규제, 그 밖에 품질, 생산량, 공급대상·조건·방법에 대한 규제 등이 있다. 사회적 규제는 "기업의 사회적 행동에 대한 규제"를 말한다. 경제적 규제 중에서 진입규제는 어떤 산업 또는 직종에 참여하여 사업을 할 수 있는 영업의 자유를 제약하는 규제를 말하고, 경제적 규제의 가장 전형적이고 원초적인 유형이라 할 수 있다.[64] 진입규제를 널리 '허가제도'라고 부를 수 있다.

허가제도와 허가 자체는 구별해야 한다. 허가는 행정행위의 하나로서, 일반적 금지를 개별적으로 해제한다고 하는 행정청의 의사표시이지만, 그것만으로 독립하여 존재하는 것이 아니라 다른 여러 수단 및 행위와 짝을 이루어서 비로소 규제의 효과를 발휘한다. 예컨대 옥외광고물 허가제도의 경우 옥외광고물 허가라는 행정행위를 중심으로 해서 그 전후로 허가기준의 설정, 신청절차, 위반행위의 감시, 출입검사, 표시·설치의 금지, 철거명령, 대집행의 공시, 허가의 취소, 벌칙 등을 포함하게 된다. 즉 허가제도는 허가라는 하나의 행정행위만으로 구성되어 있는 것이 아니고, 복수의 행정행위, 사실행위, 신청행위 등의 절차상의 행위 등을 포괄하고 있다.[65]

시장진입 제한-허가제도를 이해하기 위해서는 영업의 자유에 대한 기초적인 설명이 필요하다. 산업혁명 이후 지배계급으로 올라서던 부르주아계급은 자기 재산에 대한 보장과 함께 영업의 자유를 허용해줄 것을 요구하였다. 1808년 슈타인-하르덴베르크 개혁 당시의 정부포고(Instruktion)는 부르주아 계급의 자유주의적 요구를 수용한 대표적 사례로 평가된다. 그에 따르면 "영업은 언제나 자연스럽게 진행되도록 맡겨두는 편이 국가와 그 내부의 개개 지체들(seinen einzelnen Glideren)에게 가장 유익하다. 즉, 어떤 영업도 특별한 지원에 의해 특별히 보호되는 일은 없어야 하며, 그 어느 것도 창업, 경영 및 확장에서 제한을 받아서는 안 된다."[66] 국가가 위로부터의 개혁의 일환으로 영업의 자유를 보장하기 시작한 것은 프로이센 융커들의 특

64) 최병선, 정부규제론, 법문사, 2008, 29, 39, 241쪽.

65) 畠山武道 外, はじめての行政法, 三省堂, 2009, 70쪽.

66) Geschäftsinstruktion für die Regierungen vom 26. 12. 1808.

권들(특히 국내관세 징수권)이 국가경제 발전에 걸림돌로 인식되고 있었기 때문이다. 1810년 9월에 출간된 하인리히 폰 클라이스트의『미하엘 콜하스』의 쟁점 중 하나도 영업의 자유이다. 이 작품 첫머리에서 말장수 콜하스는 길을 가로막는 융커의 '차단기'와 맞닥뜨리고 통행료지급을 요구받는다. 콜하스는 자기 말이 약탈당하고 불법적으로 이용당하는 것에도 분개하지만, 개인의 권리로서의 영업의 자유가 근본적으로 침해받고 있는 점을 견디기 어려워한다.[67)]

그러나 프랑스 공화국의 군대(이후에는 나폴레옹의 군대)에 의해서 독일에도 전달된 새로운 자유주의의 정신(슈타인-하르덴베르크 '개혁')은 봉건적 특권을 폐지하고 자유주의적 법치국가의 기초를 닦는 초기의 성과에도 불구하고, 1814-1815년 프랑스 혁명 세력의 퇴각과 함께 급격히 후퇴한다. 나아가 1848-49년 혁명의 패배로 독일의 자유주의는 완전히 파산했다. 그들의 자유주의 이념은 프로이센 군사국가의 독일통일(1866-1871) 이후에야 관료제적 지배에 대한 승인과 복종을 전제로 비로소 (부분적으로) 실현될 수 있었다.[68)] 일례로 영업의 자유는 북독일연맹의 영업령(1869년)을 통해서도 보장되다가, 이후 전 독일 제국으로 확대되었고, 그 보장 형식도 법률로 격상되었다. 바이마르 헌법 제151조 제3항을 통해서는 기본권의 지위로까지 올라갔다.[69)]

연혁적으로 영업의 자유는 직업의 자유-현행 헌법의 표현으로는 직업선택의 자유-의 선구적 형태로 이해되고 있지만, 법리적으로는 직업의 자유에 자신이 종사할 직업을 결정할 자유 외에 그 직업을 수행할 자유로서의 영업의 자유가 포함되는지가 논쟁이 될 수 있다. 논쟁이 될 수 있다고 표현한 까닭은 현재 우리의 학설과 판례는 거의 예외 없이 영업의 자유를 직업의 자유에 포함시키고 있지만, 필자를 포함한 아주 소수의 견해는 이것을 포함시키는 것이 당연하다고 보지는 않기 때문이다.[70)] 이 논쟁은 매우 중요하다. 우리와 달리 일본학계는 이 문제를 두고 1970년대에 격렬한 논쟁을 벌였다. 이른바 '법학-경제학논쟁'의 최초의 문제제기자인 오카다 코모요시(영국경제사)는 특정직업을 강제적으로 배정하는 것을 부정함으로써 모든 개인에게 이

67) 노태한, "하인리히 폰 클라이스트의 「미하엘 콜하스」와 프로이센 개혁운동", 독일언어문학 제73집, 2016, 121-123쪽.『미하엘 콜하스』의 우리말 번역으로는 하인리히 폰 클라이스트, 황종민, 미하엘 콜하스, 창비, 2013.

68) Reinhard Kühnl, *Formen bürgerlicher Herrschaft*, 66-68쪽.

69) Ekkehart Stein, *Staatsrecht*, 361쪽.

70) 예컨대 오승철은 영업의 자유와 기업의 자유를 직업의 자유에 포함시키는 다수설과 판례를 비판하고 있다. 오승철, 헌법이야기, 태윤당, 2011, 428-429쪽.

떤 직업이든 가질 수 있게 기회를 부여한다는 의미에서의 직업선택의 자유와 모든 직업 그 자체의 폐쇄성·배타성의 부인에 의해 그 직업들을 사회 전체 구성원에게 개방한다는 의미에서의 영업의 자유는 구별해야 한다고 주장하였다. 전자의 자유가 기본권인데 반하여, 후자의 자유는 자유로운 제 개인이 형성하는 '사회관계의 자본제적 규제원리', 즉 공서(公序)로서 추구되어온 것이라고 보았다.[71] 영업행위 혹은 기업활동에 인권적－기본권적 지위를 부여하게 되면, 예컨대 대기업과의 관계에서 중소기업, 자영업자, 노동자, 소비자의 지위는 쪼그라들 수밖에 없고, 이로써 경제민주화를 향한 입법적 조치도 현격히 제약받을 수 있기 때문이다. 다수학설과 판례처럼 해석하는 것은 우리 헌법제정권자의 의지에도 부합하지 않는다는 점도 지적해둔다.[72]

실제로 영업의 자유가 이후 직업의 자유로 확대되고, 이 자유가 기본권적 지위를 얻은 것은 사실이지만, 영업의 자유 자체는 원래 자영업자의 자유였다.[73] 이런 자유를 버스회사와 같은 자본 규모가 큰 기업의 자유로까지 (당연히) 확대하고, 그것을 그런 회사들의 기본권적 지위까지 보장하는 근거로 삼을 수 있을 것인가는 충분한 논의가 필요하다. 그래서 영업의 자유가 현행 헌법 제15조에 의해 보호되는 기본권이 아니라고 해석할 수 있다면, 공기업(특허기업)이 특허로 인해 받는 권리는 기본권이 아니라 입법자에 의해 변경될 수 있는 단순한 법적 권리에 불과하다는 주장도 얼마든지 해볼 수 있다고 생각한다. 이런 해석이 가능하다면 경찰허가와 공기업(특허기업)의 특허는 더 이상 카테고리적으로 구분되지 않고, 입법자의 입법 여하에 따라 얼마든지 서로 넘나들 수 있는 법적 개념들이 될 것이다. 이제 이런 점을 염두에 두면서 허가와 특허에 대해 살펴보자.

15.2.2. 허가와 특허

허가제도를 구성하는 개별 행정제도 중 가장 중심이 되는 것은 허가와 특허라는 행정행위이다. 과거에는 허가를 금지된 자유에 대한 회복으로 보았다. 즉, 아무나 의사나 변호사가 되지 못하게끔 금지한 뒤, 요건충족 여부를 확인하여 자격이 있는 사

---

71) 本間重紀, "書評 - 岡田与好著「独占と営業の自由」", 法律時報 48권 1호, 1976, 93쪽. 오카다 교수가 논쟁과정에서 발표한 4편의 논문을 한 권의 책으로 묶은 것이 岡田与好, 独占と営業の自由-ひとつの論争的研究, 木鐸社, 1975이다.

72) 같은 견해로 오승철, 앞의 책, 429쪽.

73) Ekkehart Stein, *Staatsrecht*, 362쪽.

람에게만 직업의 자유를 인정해 주는 것이다(대인적 허가). 또한 건축물의 경우 당해 계획된 건축물이 안정성 등 일정한 요건을 갖추었을 경우 허가를 얻어 건축을 하게 하였다(대물적 허가). 만약 이러한 장치가 없다면 큰 혼란이 일어날 수 있다. 이런 것을 사전억제라고 한다.

이처럼 직업선택의 자유, 재산권 등에서는 사전규제가 원칙이지만 그 반대인 경우도 있다. 즉, 정치적·정신적 자유에 대한 제한에서는 사전억제금지가 원칙이다. 예컨대 언론의 자유에서는 원래 사전억제금지가 상식이다. 다만, 이에 대해서도 예외가 있다. 홈스판사에 의해 만들어진 명백하고 현존하는 위험의 원칙이 그것이다. 언론에 대한 사전억제는 명백하고 현존하는 위험이 있을 때에만 예외적으로 가능하다. 그러나 이는 언론·출판에 관한 것이므로 다른 기본권에 쉽게 적용하기 어렵다.

사전억제 혹은 사전규제라고 하나 그 의미는 기본권행사에 대한 절대적 금지가 아니라 사전예방적 허가유보부 금지(Verbot mit Erlaubnisvorbehalt), 즉 상대적 금지로 이해된다.[74] 사전규제는 위험 예방을 위한 일종의 차단기 역할을 한다. 이를테면 검문소의 차단기 앞에서 검문을 한 결과 별다른 이상이 없으면 차단기를 올려 통과시키는 것과 같다.[75] 허가유보부 금지의 경우 행정청은 별다른 이상이 없으면 누구든지 검문소를 통과시켜야 한다는 점에서 행정청의 점검행위는 기속행위라고 보는 것이 일반적이다. 사전예방적 허가유보부 금지를 해제하는 것이 통상의 허가이다. 통제허가(Kontrollerlaubnis)라고도 한다. 그런데 독일에서는 이것과 구별하여 똑같이 상대적 금지를 해제하지만, 그 해제가 아주 예외적으로만 가능한 것으로서 예외적 허가(Ausnahmebewilligung) 개념을 사용하고 있다.

예외적 허가의 법적 성질을 무엇으로 볼 것인가? 독일의 경우 오래전부터 종래의 허가와 특허 등을 모두 형성행위(형성적 행정행위)라 하여, 동일한 성질을 갖는 것으로 보고, 이를 포괄하여 넓은 의미의 허가로 본다. 이렇게 파악한 넓은 의미의 허가 혹은 금지의 해제를 금지의 목적을 기준으로 예방적 금지의 해제와 억제적 금지의 해제로 구별할 뿐이다. 반면 우리의 경우는 여전히 허가와 특허를 구분하므로, 한때 예외적 허가의 법적 성질에 대한 논란이 있었다. 예외적 허가는 통제허가와 달리 재량행위라는 점 그리고 특허와 달리 사회적으로 유해하거나 바람직하지 않은 행위를

74) 절대적 금지는 해제될 수 없다. 따라서 허가는 그것이 예외적 허가이든 통제적 허가이든 상대적으로 금지되어있는 것에 대해서만 가능하다.

75) Maurer/Waldhoff, 239쪽(9장 52번).

예외적으로 허용하는 것이며, 제3자와의 관계에서 독점적 지위도 없어서 그 성격이 모호했기 때문이다.

그러나 사회적으로 유해하다거나 바람직하지 않은 행위라는 개념은 상대적인 것이고 통제허가의 발급에도 재량이 인정될 수 있는 점, 예외적 허가로 부여받는 권리도 독점적 성격을 가지는 경우가 많다는 점 등을 고려할 때 이들 3자(허가·특허·예외적 허가)의 개념구분은 매우 도식적이라는 비판도 있다.76) 다만, 교과서에서 인정하고 있는 예외적 허가 사안들은 대체로 사회적으로 유해하거나 바람직하지 않은 행위를 예외적으로 해제해주는 것들이다. 예컨대 자연공원 구역 안에서의 행위허가, 「국토의 계획 및 이용에 관한 법률」상 토지의 형질변경을 목적으로 한 것을 제외한 토석채취허가, 「교육환경 보호에 관한 법률」상 교육환경보호구역에서의 유흥주점허가, 「유해화학물질관리법」상의 유독물 영업의 등록 등이 이에 해당한다.77) 의료용 마약류 취급승인도 「마약류관리에 관한 법률」에 따른 예외적 허가로 볼 수 있다.78)

한편, 독일의 주택 전용(轉用)금지법에 따르면 주택을 '지속적 거주' 이외의 목적으로 전용하고자 하는 자는 허가권자의 허가를 받아야 하는데, 이때의 허가도 '예외적 허가'로 본다.79) 이런 예외적 허가는 우리에게는 더욱더 절실하다. "한국의 젠트리피케이션은 영국이나 미국처럼 주거지가 고급화되는 것보다 상업지역으로 변하기 때문에 독특하다. 월세의 상승에 그치지 않고 공간이 사라지거나 성격이 완전히 달라지기 때문이다. 서민이나 어렵게 사는 사람들이 쫓겨나 열악한 주택으로 가고 공동체가 분산된다."80) 이런 현실을 감안할 때 우리도 통상의 주택을 초단기 임대차인 비앤비 주택으로 전용한다든가, 주거용 집을 힙한 카페로 만드는 것을 예외적 허가의 대상으로 삼아야 한다. 다만, 이러한 법제가 정착하는 데는 이루 말할 수 없는 장벽들이 존재한다. "조물주 위에 건물주"라는 말이 나돌 정도의 극도의 소유적 개

76) 이원우, 경제규제법론, 홍문당, 2010, 458쪽. 이원우 교수는 예외적 허가를 특허로 본다. 김동희 교수도 이를 특허로 보았으나, 현재는 판단을 유보하고 있다. 김동희/최계영, 행정법 I, 293-294. 이처럼 한국행정법학자들은 이 예외적 허가를 허가와 특허 중 어느 것으로 분류해야 하는지를 논의했으나 현재는 허가의 일종으로 본다. 김철용, 2024, 254쪽.

77) 김철용, 2024, 254쪽.

78) 반면, 대마가 합법화된 나라(스위스 2022년, 독일 2024년 등)에서는 마약류 중 대마에 관한 한 예외적 허가의 대상이 아니라고 보아야 한다.

79) 이계수, 반란의 도시, 베를린, 쓰리체어스, 2023, 75쪽.

80) 『도시독법』의 저자인 로버트 파우저 교수가 "상냥한 폭력의 도시" 제작비 후원 인터뷰에서 한 말이다.

인주의를 극복해야 하는 것은 두말 할 것도 없지만, 주택전용 실태를 항상적으로 체크하고 통제할 지방자치단체의 행정력을 어떻게 구축할 것인가 하는 디테일한 측면까지 고민해야 하기 때문이다.

【판례】 대법원 2001. 2. 9. 선고 98두17593 판결 [건축물용도변경신청거부처분취소]

구 도시계획법 제21조와 같은법시행령 제20조 제1, 2항 및 같은법시행규칙 제7조 제1항 제6호 (다)목 등의 규정을 살펴보면, 도시의 무질서한 확산을 방지하고 도시주변의 자연환경을 보전하여 도시민의 건전한 생활환경을 확보하기 위하여 지정되는 개발제한구역 내에서는 구역 지정의 목적상 건축물의 건축이나 그 **용도변경은 원칙적으로 금지**되고, 다만 구체적인 경우에 위와 같은 구역 지정의 목적에 위배되지 아니할 경우 **예외적으로 허가에 의하여 그러한 행위를 할 수 있게** 되어 있음이 위와 같은 관련 규정의 체재와 문언상 분명한 한편, 이러한 **건축물의 용도변경에 대한 예외적인 허가**는 그 상대방에게 수익적인 것에 틀림이 없으므로, 이는 그 법률적 성질이 재량행위 내지 자유재량행위에 속하는 것이라고 할 것이고, 따라서 그 위법 여부에 대한 심사는 재량권 일탈 · 남용의 유무를 그 대상으로 한다.

(구 도시계획법상의 개발제한구역 내의 주택에 대하여 농업종사 등의 목적으로 이축허가를 받아 이를 신축한 후 취사용 가스판매장으로 용도변경신청을 하자 행정청이 당시 추진하여 온 엘피지(LPG) 판매업소 외곽이전 공동화사업과 그 주택에 대한 당초의 이축허가 목적 등에 적합하지 아니하다는 사유로 불허가처분을 한 경우, 재량권의 일탈 · 남용의 위법한 처분으로 단정하기 어렵다고 한 사례)

이상의 허가와 달리 특허는 상대방에게 법률관계의 발생, 변경, 소멸을 가져오는 일체의 행정행위를 말한다. 이를 광의의 특허라고 한다. 여기에는 ① 광업허가, 어업면허 등과 같은 권리설정행위(협의의 특허), ② 공법인의 설립과 같은 능력설정행위, ③ 공무원의 임명이나 국공립학교 입학허가, 귀화허가와 같은 포괄적 법률관계 설정행위 등이 있다. 교과서들은 허가와 달리 특허는 반드시 신청을 필요로 하고, 특정인에 대해서만 할 수 있고, 신청에 따른 금지의 해제를 넘어 일정한 특권을 부여받는다는 차이가 있다고 설명한다.[81] 특허가 신청이라는 상대방의 협력을 요하는 행정행위인 이유는 그것이 상대방에게 권리만이 아니라 의무도 부여하기 때문이다.

---

81) 김철용, 2024, 257쪽.

귀화허가나 공무원의 임용을 예를 들어보면, 전자의 경우 '국민'이라면 누구나가 져야 할 의무(명예직이나 후견인직을 수락해야 할 의무 등), 후자의 경우 성실의무, 품위유지의무 등을 진다.[82)]

그런데 종래의 통설이 유형화해온 10가지 행정행위(하명, 허가, 면제; 특허, 인가, 대리; 확인, 공증, 통지, 수리) 중 개념적인 외연이 가장 불분명한 것이 특허이다.[83)] 권리의 발생, 변경, 소멸을 대상으로 하는 것이 협의의 특허이다. 공기업특허, 공물사용권의 특허, 광업허가, 어업면허 등은 협의의 특허에 해당하고, 공법인의 설립행위, 공무원의 임명, 귀화허가 등은 광의의 특허에 해당한다. 언뜻 보기에도 그 본질이 서로 달라 보이는 어업면허, 공물사용권의 특허, 공무원의 임명을 다 같이 특허라고 불러주는 이유는 무엇이고 그 실익은 무엇일까?[84)]

공무원의 임명을 특허로 설명해왔다는 것은 무엇을 뜻하는가? 공무원이 된다는 것은 국민이 통상으로 취득할 수 없는 특별한 능력 내지 권리를 새롭게 얻는다는 것을 의미하므로 공무원의 임명은 민간에서의 고용과 법률상 성질을 달리한다. 이런 설명을 위해 공무원 임명을 특허로 보아온 것이라면, 이런 식의 법리구성을 앞으로도 계속 고집할 수는 없다.[85)] 그래서 이제는 광의의 특허 개념을 버릴 필요가 있다. 나아가 협의 특허 개념 중에서도 광업허가나 어업면허와 같은 것은 그 효과가 순수하게 사법적인 것이라는 점에서 이 또한 배제하는 것이 타당하다. 그러면 남는 것은 오토 마이어가 특허라고 명명한 공기업특허와 공물사용특허 뿐이다.[86)] 이 중에서 이하에서는 공기업특허를 중심으로 이를 허가와 비교해보자.

원래, 허가와 특허의 이분법적 대비는 국가와 사회의 이분론을 전제로 한 것이다. 즉, 19세기 당시에는 한 사회가 갖는 경제적 재화는 국왕의 몫(=국가의 몫)과 시민

82) Ernst Forsthoff, *Lehrbuch*, 211-212쪽.

83) 송시강 교수는 "기존의 10가지 행정행위 유형을 완결적인 것으로 보고, 모든 행정행위를 이에 맞추어 분류하는 기존의 방법론은 그 실익에 대한 진지한 검토를 거쳐 이제 지양할 필요가 있다"고 본다. 송시강, "행정행위 유형론에 대한 재검토 - 허가와 특허, 인가 개념을 중심으로", 홍익법학 12권 1호, 2011, 524쪽.

84) 송시강, "행정법상 특허에 관한 연구 - 유형론적 고찰을 중심으로", 난송회(엮음), 행정법학의 도전과 과제, 경인문화사, 2023, 48쪽.

85) 小早川光郎, 行政法講義(上), 弘文堂, 1999, 199쪽.

86) 송시강, "행정법상 특허에 관한 연구", 51쪽. 통설적 견해에 의하면 허가의 효과는 언제나 공법적인 것(금지의 해제)임에 반하여 특허의 효과는 공법적인 것(공권의 설정)과 사법적인 것(사권의 설정)이 있다. 김철용, 2024, 257쪽.

사회의 몫으로 나누어질 수 있다는 관념이 존재했다. 그래서 원래부터 국가의 것 - 이를 레갈리엔(Regalien)이라고 불렀다 - 이었던 것은 국가가 양여(혹은 허여)하는 형식으로 시민사회에 넘겨줄 수 있다고 하여 그것을 특허라고 불렀고, 원래 시민사회의 시민들이 갖고 있었던 자연적 자유(혹은 자연적 자유 영업행위)를 행사할 수 있게 하는 것은 허가라고 불렀다.

그러나 국가와 사회를 도식적으로 구분하는 것이 가능한지, 이러한 이분법이 현재에도 여전히 타당한지 하는 부분에 대해서는 오늘날 의문이 제기되고 있다. 가스·전기 등의 공익적 성격이 강한 사업과 음식점영업에 대해 법률이 각각 규제하는 방식에 차이가 있는 것은 사실이다. 전자의 경우 자연독점을 전제로 하여 시장진입이 제한되고 동시에 '공공복리'의 관점에서 독점의 폐해를 방지하기 위한 조치(요금 등의 인가제)가 취해지는 데 비해, 후자는 질서유지의 관점에서 기준을 설정하지만, 시장진입을 제한하는 규정은 없다. 그러나 이러한 구별은 어디까지나 상대적이다. 그래서 일부 논자는 공기업(특허기업)의 특허라는 개념을 더는 사용하지 않고 '공익사업허가'로 부르자고 주장하기도 한다.[87)]

특히 최근에는 전기사업·가스사업 등의 '공익사업허가'에 관한 규제완화가 진행 중이다. 이때 취해지는 방법 중에 종래 불가분의 일체로 생각되어온 영업 형태 중, 자유 경쟁에 적합한 조건이 갖추어진 부분을 분리해내는 것이 있다. 예컨대 법을 개정하여 발전과 송배전(송전과 배전)을 분리하고 전자(도매공급사업)에 대해 자유로운 진입과 경쟁을 용인한다든가, 일정 규모 이상의 소매공급을 자유화하는 식이다. 전기는 발전소에서 생산되어 소비에 이르기까지 크게 발전, 송전, 배전, 판매의 단계를 거친다. 이 프로세스 중 발전과 송배전을 분리하는 것은 재생가능한 에너지를 생산하는 소규모 발전사업(예컨대 태양광 발전)의 진흥에 큰 도움이 된다. 다만 발전, 송전, 배전, 판매라는 프로세스 중에서 송전과 배전만큼은 공적 영역이 장악 혹은 관리해야 한다. 이런 방향성이 재생에너지의 확대와 에너지법의 발전이라는 측면에서 바람직하다. 이처럼 보편적 서비스를 유지하면서 동시에 자유화를 진행해 나가는 방법을 고안해내는 것은 허가·특허론의 핵심적 과제가 되고 있다.

또한, 종래 독점 혹은 과점 기업이 영업했던 부분에 유의미한 경쟁을 도입하는 다양한 조건 정비가 요구되기도 한다. 예를 들어, 1995년 일본 전기사업법 개정은 전

---

87) 小早川光郎, 行政法講義(上), 弘文堂, 1999, 203쪽.

력매입을 위한 입찰제도를 창설했고, 1999년 개정은 신규 사업자가 기존의 송배전 네트워크를 통해 전력을 판매할 수 있도록 탁송제도를 마련했다.[88] 이러한 영역에서는 자유 경쟁의 현실적 조건(예를 들어 소규모 발전소의 기술적 가능성)에 대한 상황 판단이나 경쟁을 의미 있게 만드는 제도형성에 관한 입법자의 재량의 폭이 넓다.[89]

이러한 재량을 명령행위니 형성행위니, 강학상 허가니 특허니 하는 도그마틱으로 부당하게 제한하는 것은 타당하지 않다는 얘기다. 그래서 이제는 특허 대상 사업과 허가 대상 사업 사이에 법 본질적인 차이가 있다고 볼 필요가 없다. 실제로 과거에는 특허사업이었던 것이 사회경제적 변화로 인하여 허가사업으로 변하는 경우도 드물지 않다. 이러한 변화는 대상사업에 대한 입법정책이 달라진 것으로 이해하면 족하다.

행정행위를 그 내용면에서 허가와 특허로 양분하는 것보다는 각각의 행정행위가 갖는 개별 구체적인 내용 혹은 실질에 주목하는 편이 낫다는 주장은 충분히 수용할 만하다. 특히 특허를 통해 받은 지위를 재산권화하여 국가의 입법정책적 개입을 높은 보상요구로 차단하는 식의 논리에 대해서는 경계해야 한다.

한편, 허가와 특허의 구별의 상대화로 허가는 기속행위, 특허는 재량행위라는 식으로 획일적으로 말하기도 어려워졌다. 기속행위·재량행위라는 구분 자체가 상대화되고 있는 점, 기속행위·재량행위라는 것도 하나의 이념형일 뿐이며 실제 현실에서는 양자가 혼합되어 있다는 점, 성질상 기속행위로 보아야 할 허가의 경우라고 하더라도 때로는 허가를 발급하는 행정청에 재량을 부여할 수밖에 없는 경우가 있다는 점 등을 고려할 때 양자의 구별도 상대화되고 있다고 보아야 한다. 실제로 대법원은 강학상 허가에 해당하는 전형적인 행위인 건축허가는 법률이 정하는 요건을 충족하는 한 반드시 발급되어야 하는 기속행위로 보아왔지만,[90] 건축허가의 경우에도 공

---

88) 한국의 경우에는 2001년 전력산업구조개편으로 한국전력공사(한전)에서 발전 부문이 완전 분리되어 다수의 발전사업자가 전력시장 안에서 분할 경쟁하고 있다. 당시의 전력산업구조 개편에 대한 비판적 연구로는 다음을 참고할 것. 김상곤/김균/김윤자 공편저, 21세기 한국의 전력산업: 바람직한 발전방향과 정책 제안, 전국교수공공부문연구회, 2004.

89) 安藤高行編, 憲法II 基本的人権, 法律文化社, 2001, 213-250쪽(제5장).

90) 대법원 2004. 6. 24. 선고 2002두3263 판결; 대법원 2003. 4. 25. 선고 2002두3201 판결; 대법원 1996. 3. 8. 선고 95누7451 판결; 대법원 1995. 6. 13. 선고 94다56883 판결; 대법원 1995. 12. 12. 선고 95누9051 판결; 대법원 1992. 6. 9. 선고 91누11766 판결 등 대법원의 일관된 견해이다. 이와 달리 주택법상의 사업승인은 재량행위로 해석된다. 대법원 1997. 9. 5. 선고

익상 필요가 있을 때에는 행정청이 재량을 행사하여 당해 허가를 거부할 수 있음을 인정하고 있다.[91)]

15.2.3. 허가와 인가의 이념형 – 토지거래허가 사례

근대 사법상의 기본원리들을 수정하는 행정법규가 가장 빈번히 사용되고 있는 것이 허가제도이다. 이 제도의 실효성을 담보하기 위해 행정법은 두 개의 이념형을 준비해 두고 있다. 하나의 방법은 행정의 규제를 상대방이 무시했을 때 행정제재를 가하는 방식이다. 제재의 방법으로 행정벌(행정형벌과 행정질서벌)을 이용하기도 한다. 예컨대 영업을 일률적으로 금지하고 행정이 승인한 경우에 한하여 영업을 할 수 있도록 하되, 이런 규제의 담보 수단으로 당해 행위를 시민이 무허가로 영업한 경우 행정제재를 가한다. 이 경우 영업행위의 민사법상 효력까지 부정하는 것은 아니므로 무허가 영업행위라도 예컨대 대금의 청구는 가능하다. 이런 것을 행정법학에서는 강학상 허가라고 한다.

> 【판례】 대법원 2012. 1. 12. 선고 2010다79947 판결 [손해배상(기)]
>
> 법령이 특정한 사업을 영위하거나 특정한 행위를 하는 데에 면허, 허가 등을 받거나 신고 등을 하도록 요구하면서 그러한 절차를 위반하여 사업 또는 행위를 한 경우에는 위반행위와 관련된 물건의 소지와 판매 등을 금지하고 있다고 하더라도, 그러한 사정만을 들어 물건의 멸실 또는 훼손으로 인하여 입게 된 손해의 배상을 구할 수 없는 것이라고 볼 수는 없고, 그와 같은 경우에 물건의 멸실 또는 훼손으로 인한 손해의 배상을 구할 수 있는지는 법령의 입법 취지와 행위에 대한 비난가능성의 정도 특히 위반행위가 가지는 위법성의 강도 등을 종합하여 구체적, 개별적으로 판단하여야 할 것이다.
>
> (甲이 수산업법에 규정된 허가를 받지 아니한 양식장에서 장어를 양식하였는데 乙 주식회사의 공사로 인하여 장어가 폐사한 사안에서, 甲이 수산업법에 규정된 허가를 받지 아니한 채 양식장에서 장어를 양식하였다고 하더라도 乙 회사의 공사로 인하여 폐사한 장어에 대한 손해배상을 구할 수 있다고 본 원심판단을 수긍한 사례)

96누10256 판결 등. 김종보, 건설법입문, 43-44쪽. 한국의 자유주의 행정법학은 영업의 자유, 건축의 자유에 대한 행정규제를 '기속행위'로 묶어두려는 경향이 강하다.

91) 대법원 2002. 10. 25. 선고 2002두7043 판결 등.

다른 하나의 방법은 행정의 규제를 상대방이 무시했을 때 규제를 무시하고 체결한 법률행위의 사법상 효력을 부정하는 것이다. 이는 민사법상의 제재를 이용하여 행정규제의 실효성을 담보하는 방식이다. 따라서 규제에 반하는 영업을 한 경우에도 원칙적으로 행정강제나 행정제재의 문제는 생기지 않고 다만 민사거래만 무효가 된다. 예컨대 거래행위로 인해 발생한 대금의 청구를 할 수 없다. 이것을 행정법학에서는 강학상 인가라고 한다.

전통적으로 강학상 허가는 명령행위, 강학상 인가는 형성행위로 보아 왔다. 허가는 대상이 되는 법률행위 또는 사실행위를 금지(금지하명)한뒤 일정한 요건이 되면 이를 해제시켜 주는 것인데, 여기서 금지하명에 주목하여 이를 명령행위로 보아 왔다. 반면, 인가의 경우는 행정청의 인가를 얻어야 당해 법률행위의 효력이 완성된다는 점에서 '특허'와 유사한 형성행위로 분류해왔다.

어떤 규제시스템이 강학상 허가인가, 강학상 인가인가는 실정 법률에서 쓰고 있는 명칭이 아니라 위에서 말한 기준에 따라 판단해야 한다. 즉, 민사법상의 효력을 부정하는 조문의 유무에 따라 강학상 인가인지 강학상 허가인지를 판단해야 한다. 다만, 현실적으로는 민사법상의 효력을 부정하는 취지인지가 불분명한 경우도 많으므로 최종적 판단은 법원 등의 법률해석에 맡겨져 있다. 이에 대해서는 앞에서도 살펴본 바 있다.[92] 한편 이 두 가지의 방법은 이념형이므로 입법자가 원하면 양자를 조합해서 강력한 규제시스템을 만들어 낼 수도 있다. 즉, 행정의 사전승인을 거치지 않은 상대방의 행위에 대하여 행정벌을 부과하는 외에 민사법상의 효력까지 부정하는 것도 가능하다.[93]

이 혼합형 규제와 관련하여 흔히 예시로 거론되는 사례가 토지거래허가이다. 학설상으로는 토지거래허가가 강학상 인가와 강학상 허가의 성격을 모두 가지고 있다고 보기도 하고,[94] 인가의 성질을 가지지만, 다만 그 실효성을 담보하기 위하여 그 위반에 대하여 형사벌을 과하고 있다고 보기도 한다.[95] 어느 쪽으로 보든 토지거래허가를 받지 않고 토지거래계약을 하면 그 계약은 무효이며(「부동산거래 신고 등에 관한 법률」 제11조 제6항) 당사자는 처벌을 받는다(같은 법 제15조 제1항)는 점에 초점을 맞추고 있다.

---

92) 4.2.2. '행정법규와 민사거래' 부분 참고.

93) 大橋洋一, 行政法, 有斐閣, 2002, 318쪽.

94) 김유환, 2024, 933쪽.

95) 정하중/김광수, 2023, 1250쪽.

【판례】 대법원 1991. 12. 24. 선고 90다12243 전원합의체판결 [토지소유권이전등기]

같은 법 제21조의3 제1항 ① 소정의 허가가 규제지역 내의 모든 국민에게 전반적으로 토지거래의 자유를 금지하고 일정한 요건을 갖춘 경우에만 금지를 해제하여 계약체결의 자유를 회복시켜 주는 성질의 것이라고 보는 것은 위 법의 입법취지를 넘어선 지나친 해석이라고 할 것이고, ② 규제지역 내에서도 토지거래의 자유가 인정되나 다만 위 허가를 허가 전의 유동적 무효 상태에 있는 법률행위의 효력을 완성시켜 주는 인가적 성질을 띤 것이라고 보는 것이 타당하다. (…) 규제지역 내의 토지에 대하여 거래계약이 체결된 경우에 ③ 계약을 체결한 당사자 사이에 있어서는 그 계약이 효력 있는 것으로 완성될 수 있도록 서로 협력할 의무가 있음이 당연하므로, 계약의 쌍방 당사자는 공동으로 관할 관청의 허가를 신청할 의무가 있고, 이러한 의무에 위배하여 허가신청절차에 협력하지 않는 당사자에 대하여 상대방은 협력의무의 이행을 소송으로써 구할 이익이 있다.[96]

그런데 이 논의를 보면서 무언가 이상한 느낌을 들지 않는가? 토지거래허가를 인가로 보는 이들은 자유주의 법학을 신봉하는 민법학자, 행정법학자들이다. 이념형으로만 보면 허가와 인가 중 인가가 더 강력한 규제 수단인데, 인가설을 주장한다는 것은 무언가 아귀가 맞지 않는다. 통상 법률행위를 하는 상대방은 비록 행정제재를 받더라도 '허가'의 대상이 된 법률행위의 효력은 건드리지 않는 걸 원한다. 그런데 강학상 인가는 이걸 건드린다.

강학상 인가는 민사적 관점에서 보면 강력한 힘을 가진 행정행위이다. 허가나 특허는 매매계약에 효력 자체를 부여하는 것이 아니므로 민사적인 문제와 상대적으로 독립해서 운영된다. 그런데 강학상 인가는 보충행위라는 지위를 갖지만 이에 의해 기본행위의 효력이 좌우되므로 민사적 거래당사자의 입장에서 인가의 효력은 매우 강력한 것이다.[97] 인가를 사법관계 형성적 법률행위의 예로 설명하는 이유도 여기에 있다(강한 규제로서의 인가).[98]

인가라는 방법을 통해 국가는 계약의 보호자로 등장한다. 국가는 계약의 자유를 제한하는 인가를 통해 사적 거래당사자들 간의 제 이익을 조정한다. 자본주의 법질

96) 원괄호는 필자가 붙인 것이다.

97) 김종보, 행정법입문, 125쪽.

98) 김중권, 2025, 236-237쪽 참고.

서의 기초인 계약이 그 법적 의미를 얻으려면 국가에 의해 그것이 최종적으로 승인될 수 있어야 한다. 인가법리의 바탕에는 이런 생각이 깔려 있다. 사정이 이러한데도 토지거래'허가'를 강학상 인가로 주장한다는 것이 이상하다는 이야기다. 그래서 이 논의에는 허가와 인가에 대한 특정한 관념이 전제되어있는 것이 아닌가 하는 추론이 가능하다. 그리고 그 특정한 관념이 무엇인가는 위의 전원합의체 판결의 판시사항이 힌트를 주고 있다. 나는 위에서 인용한 판결(①)이 염두에 두고 있는 허가는 일반적인 허가가 아니라 예외적 허가라고 생각한다. 예외적 허가로 해석해야 인가설이 기를 쓰고 이것은 허가가 아니라고 주장하는 게 이해가 된다.

그렇다면 인가설이 생각하는 인가로서의 토지거래'허가'의 실체는 무엇일까? 일단 우리 행정법해석에서 강학상 인가이론은 충분한 논리적 검토 없이 판례가 실무적 필요에 따라 그때그때 발전시켜온 것이라는 평가를 받는다.[99] 이런 평가를 염두에 두고 ②를 읽어 보자. 대법원은 "규제지역 내에서도 토지거래의 자유가 인정"된다고 말한다. 과연 이렇게 말해도 좋은가? 그러면서 "유동적 무효"라고 판시한다. 그런데 '무효'라면서 토지거래 허가 전에 "협력의무"가 있다(③)는 건 또 무슨 얘기인가?

이상의 내용을 종합해보면, 법원이 여기서 말하는 인가로서의 토지거래'허가'는 원칙적으로 금지된 토지거래를 특정 사안에서 예외적으로 허용하는 예외적 허가가 아니라, 원칙적인 토지거래의 자유를 전제로 하면서("허가를 받을 것을 전제로"), "기본행위 전반이 아니라 특정한 공익적 관점에 한정하여 심사하고, 기본행위가 이에 저촉되지 않으면 발급하는"[100] 약한 규제로서의 인가를 의미하는 것으로 해석된다.[101] 이렇게 이해해야 토지거래'허가'를 인가라고 주장하는 자유주의 민법학, 행정법학의 인가설이 납득이 간다.

이처럼 토지거래허가를 약한 규제로서의 인가로 보는 이상, 토지거래 부자유의 원칙에 입각하여 적극적으로 토지규제를 하는 것은 불가능하다. 토지거래허가에 있어 행정청은 기껏해야 "투기적 토지거래목적(거래가격)을 심사하는 것으로 충분하고 사인 간의 매매계약 성립요건 전반에 관하여 검토할 의무는 없다"[102]는 해석으로 만

99) 김종보, 행정법입문, 127쪽.

100) 김종보, 위의 책, 128쪽.

101) "강학상 인가의 심사범위는 넓지 않고 행정청의 재량도 거의 없는 것이라 이해하는 것이 옳다." 김종보, 위의 책, 128쪽.

102) 김종보, 위의 책, 128쪽.

족하게 된다. 그러나 이러한 해석은 토지거래허가의 근거법령인 「부동산 거래신고 등에 관한 법률」 제12조에 부합하지 않는다.

인가는 거래를 사법에만 맡기는 것이 아니고 공공적 관점에서 규제하는 것이다. 따라서 인가의 사유는 공공적인 관점이다.[103] 문제는 이 공공적인 관점을 '어느 범위까지 전개하는가'이다. 앞에서 시대에 따라 하나의 법 규정을 단속법규(단속규정)로 볼 것인지 아니면 강행법규(효력규정)로 볼 것인지에 관한 판단이 달라졌음을 지적한 바 있다. 인가의 법리도 그와 유사한 운명을 겪어왔고 앞으로도 겪을 것이라고 생각한다.

15.2.4. 인가와 특허 - 이른바 주택재건축조합설립인가 문제

인가와 특허의 구별도 쉽지 않다. 양자는 매우 가까운 위치에 있다. 둘다 형성적 행위로 분류되어 왔다. 특허가 형성적 행정행위인 이유는 알만하다. 특허는 설권적 행위이기 때문이다. 반면 인가는 사인 상호 간의 법률행위의 효과를 완성시켜주는 행위이므로 상대방에게 직접 권리를 부여하는 것은 아니다. 그런데도 왜 형성적 행위라고 할까? 인가를 받지 않은 행위는 원칙적으로 효력이 생기지 않는다. 즉, 무효이다. 그러니 인가는 법률행위의 효력을 '보충해서 완성시켜준다.' 그래서 인가는 사법관계 '형성적' 행정행위(사권형성적 행정행위; 15.1.2.)의 대표적 사례로 이해되고 있다.[104]

그런데 이렇게만 보면 인가는 사인 간 법률행위에 대한 아주 강력한 규제 같지만, 인가의 대상이 되는 법률행위(이를 기본행위라고 한다)를 바라보는 시각에 따라 인가의 시장규제적 의미가 강화되거나 혹은 약화될 수 있다. 즉, 기본행위를 하는 것은 어디까지나 사적 자치에 맡겨져 있다고 보는 자유주의적 해석은 인가를 기속행위로 해석하고 싶어한다. 기속행위라는 것은 법에 따라서 해야 하는 행위라는 의미이다. 이로부터 법률의 근거가 없으면 인가라는 수법을 통해 기본행위의 효력을 좌우할 수 없다는 결론이 도출될 수 있다. 즉, 기본행위의 사법상의 효력을 부정하는 것은 권리의무를 좌우하는 것이 되므로, 이것이 가능하려면 법률의 근거가 필요하다는 식의 논리전개를 하는 것이다.[105] 반면, 인가의 규제적 성격을 강화하려는 입장에서는

103) 阿部泰隆, 行政法解釈学 I, 339쪽.

104) 김중권, 2025, 286쪽.

105) 실무적으로는 법령상 인가라고 표현되어 있지만, 인가받지 않은 기본행위의 법적 효력에 관해 법령

특별한 규정이 없어도 인가는 재량행위이며, 수정인가도 가능하다고 해석하는 쪽을 택하려 할 것이다.[106] 다만, 이런 견해는 크게 지지받지 못한다. 이것은 행정이 사권관계에 적극적으로 개입하지 않는 현실을 반영하는 것이기도 하다. 다만, 인가를 원칙적으로 기속행위로 이해하려고만 하면 특별한 규제수단으로서의 인가의 의미는 상당부분 상실되고 만다.

이를 잘 보여주는 것이 주택재건축조합설립인가의 법리였다. 주택재건축조합설립에 대한 행정청의 개입이 인가인 이상, 행정청은 주택공급에서의 정비조합의 주도권을 인정하고 뒷짐주고 물러서 있을 수 있었다. 조합추진위원회 혹은 조합의 주도권 아래 진행되는 주택재건축과 관련한 분쟁은 사적 당사자들이 알아서 해결하면 될 일이지 행정이 개입하지 않는다는 태도를 취했다. 당연히 기본행위와 관련한 소송도 민사소송으로 해결했다.[107] 주택건설과 공급이 거의 묻지마 수준으로 이루어지던 「주택건설촉진법」 시대의 일이었다. 그러다가 2008년 금융위기를 전후하여 그 흐름이 바뀌기 시작한다. 2000년대 중반 서울시 전역에서 벌어진 뉴타운 광풍을 생각해 보라. 그 사이 법도 「도시 및 주거환경정비법」, 「주택법」으로 변경되어 있었다. 국가 혹은 행정은 재건축조합설립'인가'에 개입해야 한다는 필요성을 느끼고 있었는데, 인가의 개입수준은 아주 낮다는 법리가 유지되어 왔으므로, 새로운 모색이 요구되었다. 이 시점에서 대법원은 이 '인가'를 "설권적 처분", 즉 재량행위인 특허로 해석하는 판례변경을 감행했다.[108] 그러나 이것은 또다른 문제를 낳는다. 조합에게 "주택재건축사업을 시행할 수 있는 권한을 갖는 행정주체로서의 지위"를 공식적으로 인정하기 때문이다. 이 얘기는 이 정도로 해두자. 아무튼, 판례의 변경을 통해서 확인할 수 있는 사실이 있다. 법원의 해석변경은 단순한 이론적 성찰의 결과가 아니라 사회경제적 현실의 변화를 반영한다는 사실이다.

이 침묵하고 있으면, 이 사안은 허가로 해석해야 한다는 식의 결론을 내리게 될 것이다.

106) 최근의 판례는 강학상 인가에 대해서도 재량이 존재할 수 있다고 본다. 김종보, 행정법입문, 130쪽.

107) 대법원이 강학상 인가의 법리를 발전시킨 이유가 바로 여기에 있기도 하다. 특정한 행정행위가 강학상 인가로 해석되면, 기본행위의 하자를 이유로 그 인가행위의 취소를 구하는 취소소송이 허용되지 않는다. 다만, 인가 자체의 하자가 있다면 취소소송은 예외적으로 허용되는데, 인가 행정청의 무권한 등 행정행위에 하자가 있는 경우를 말한다. 김종보, 행정법입문, 129쪽.

108) 대법원 2009. 9. 24. 선고 2008다60568 판결.

더공부해보기/생각해보기/토론하기

1. 사법관계 형성적 행정행위의 예인 독일 건설법전(Baugesetzbuch)상의 선매권의 행사에 대하여 자세히 알아보자.

독일은 임차인(세입자)의 나라라는 말이 있을 정도이지만, 특히 베를린은 예전부터 임차인의 도시라는 말을 들어왔다. 독일법상 임차인의 지위 보장과 관련해서는 제1장 더공부해보기/생각해보기/토론하기 1번에서 이미 간략히 설명했다. 중요한 것은 사회적 임대차 조항이라고 했다. 그에 따르면 임대인이라면 누구라도 지켜야 하는 해약 고지 사유, 임차인이라면 누구라도 주장할 수 있는 '가혹사유 항변'이라는 이중의 존속 보장이 이루어지지만, 이것만으로 세입자의 지위가 완전하게 보장되지는 못한다. 독일의 법제에는 여기서 더 나아가 세입자의 주거권을 보장하는 방향으로 작동할 수 있는 추가적인 공법상의 제도들이 존재한다. 그것이 우리의 「국토의 계획 및 이용에 관한 법률」에 해당하는 건설법전상의 '주민-지구(地區) 유지 구역' 및 선매권 제도다.

건설법전 제172조는 "구역의 건축물 및 특성의 유지(유지 조례)"(Erhaltung baulicher Anlagen und der Eigenart von Gebieten(Erhaltungssatzung))라는 표제를 달고 있는데, 도시계획적 관점에서 유지해야 할 건축물과 주민 구성 등에 대해 규율한다. 특히 주민 구성을 유지하기 위해 구역을 설정하는 식의 규제에 주목할 필요가 있다. 주민-지구 유지 구역은 다른 말로 '사회 유지 구역'이라고도 한다. 가난한 세입자들이 살던 임대주택 집중 지역이 리모델링, 대수선 등으로 갑자기 중산층 자가주택 단지로 바뀌는 것을 방지하고자 하는 공법적 개입 장치라고 보면 된다. 주거 건물이 상업 공간으로 탈바꿈하는 것도 차단하는 수단이다. 나아가, 주민-지구 유지 구역의 주택이 매매되는 과정에서 임대료가 폭등할 조짐이 보이면 게마인데가 그 매매에 개입해 해당주택을 매입하고, 향후 이를 공영 주택으로 운영하는 조치를 취할 수 있다. 이를 건설법전상의 선매권이라고 한다(제24조-제28조).

당연히 이런 규제들은 집주인인 소유권자의 반발을 불러 왔다. 이로 인한 갈등과 분쟁의 결론은 독일 연방행정법원의 판례에 축적돼 있다. 그런데 이 영역에서도 법원의 보수화가 관측되고 있다. 최근 사례로는 게마인데의 선매권 행사에 제동을 건 2021년 연방행정법원의 판례를 들 수 있다.[109] 동 법원은 선매권을 행사함으로써 부동산 금융 자본의 침탈로부터 주민을 지켜온 기존의 게마인데 정치에 새로운 빗

109) BVerwG 4 C 1.20, Urteil vom 09. November 2021.

장을 걸었다. 즉, 연방행정법원은 주택을 매입한 소유자가 향후 기존 세입자들을 축출하는 등, 주민-지구 유지 구역 제도의 취지에 반하는 행동을 할 것이 예상된다는 판단만으로는 선매권 행사가 불가능하다고 봤다. 이로써 게마인데의 선매권 행사는 더 어려워졌지만, 그렇다고 지역 정치가 여기서 중단되지는 않을 것이다. 법 조항과 그것에 대한 해석은 사회 경제적 대립과 (이데올로기) 투쟁을 반영한다. 독일 주택임대차법과 도시계획법의 이론과 실무는 이를 잘 보여 준다. 이 분야에서 법원의 법 해석과 행정부의 법 집행, 나아가 국회의 입법행위의 향방은 도시민의 투쟁이 얼마나 효과적으로 전개되느냐에 달려 있다.

2. 개인택시, 버스회사의 운송면허는 특허로 이해되고 있다. 특허로 받은 지위를 재산권으로 보는 견해에 부합하게 시중에서는 이 운송면허를 사고파는 관행이 정착해 있다. 이를 어떻게 평가해야 할까? 영업권, 노선권을 인정하여 이를 마치 면허권자의 사유재산처럼 취급하고 큰 어려움 없이 양도 양수하게 하는 것은 바람직한가? (제2장의 '더공부해보기/생각해보기/토론하기' 2번에서도 이 부분을 잠시 논의한 바 있다.)

1. 개인택시 운송면허를 받으려면 일정한 자격(일정기간의 운전경력, 무사고, 무법규위반 등)을 갖추는 외에 시험을 치러야 하지만, 각 자치단체는 신규면허는 거의 내주지 않는다. 그래서 실제로는 기존면허업자가 폐업을 할 때 양수인이 사업양도를 받으면 구청장 등이 그 양도 · 양수에 대한 인가를 하는 식으로 면허제도가 운영된다.[110] 무사고 3년이면 사업을 양도받을 자격이 있는 것이 보통이다. 이러다보니 사업을 양도할 때 택시 등의 가격 외에 수천만 원의 돈이 영업권 명목으로 붙어 매매가 이루어진다.[111]

여객자동차운수사업에 대해 면허를 줄 때 행정청은 공공의 이익적합성의 관점에서 심사를 한다. 영업자는 이때 국가나 지방자치단체로부터 영업권을 사는 것도 아니고 자본을 투자하는 것도 아니므로 '영업권'이 면허권자의 사유재산이 되는 것은

110) 참고판례: 개인택시운송사업의 양도·양수가 있고 그에 대한 인가가 있은 후 그 양도·양수 이전에 있었던 양도인에 대한 제재사유를 들어 양도인의 운송사업면허를 취소한 것은 정당하다고 한 판례. 대법원 1998. 6. 26. 선고 96누18960 판결.

111) "개인택시제도는 당초 택시회사에 종사한 운전자들에 대한 복지적 고려가 강하게 작용하여 양도와 상속을 가능하도록 하였지만, 모든 노동자의 복지는 타인의 기본권을 침해하지 않는 한도에서만 고려할 수 있다는 것이 헌법적인 원칙"이므로 운전자 복지는 "노동자와 택시회사 사이에서 해결"해야 한다. 송기춘, "개인택시운송사업면허제도의 헌법적 문제점", 민주법학 제22호, 2002, 206쪽.

불합리하다. 따라서 기존업자가 폐업하면 신규로 공모해 면허를 내주어야 하고 면허 양도제도는 폐지해야 한다. 자격자가 많으면 입찰제도도 고려해야 한다.[112] 이렇게 해석하는 것이 행정법의 공공적 성격에 부합한다. 운송면허를 통해 받은 권리는 순수하게 사적인 것(사권적인 것)이 아니다. 여객을 상대로 운수사업을 한다는 점에서 그것은 '공적인 것'의 성격을 강하게 띤 권리라고 보아야 한다. 그리고 이 공권 혹은 공적인 것은 사권과 달리 단순히 개인적 이익만을 위하여 존재하는 것이 아니다. 개인이 공권을 향유하는 것은 국가적 · 공익적 견지에서 필요하기 때문에 이를 인정하는 것이다.[113] 공권을 융통할 수 없게 한 것, 양도 · 상속 등 이전성을 제한한 것은 이런 성격에 맞는 제도설계라고 보아야 한다. 다만, 공권 중에도 경제적 가치를 내용으로 하는 것은 일반 재산권과 같이 이전성이 인정될 수도 있다고 하나,[114] 이를 결정하는 것은 최종적으로는 입법자가 되어야 할 것이다.

그러므로 현실적으로 개인택시 운송면허가 오랫동안 거래의 대상이 되어왔고 현재의 법률이 이를 인정하다고 해서 언제까지나 그래야 하는 것은 아니라고 생각한다. 입법자는 공권의 사권화 혹은 '공공적인 것'(res publica)의 재산권화를 승인하는 관행과 입법에 대해 이를 계속 유지하는 것이 우리 헌법의 경제질서에 부합하는지를 비판적으로 검토해야 할 것이다.

2. 버스회사들이 특허로 받은 노선권을 공공재가 아니라 회사의 사적 '재산권'으로 보는 법제와 해석은 더더욱 문제이다. 「여객자동차운수사업법」은 시내버스 운송사업면허를 포함해 개인택시 면허가 양도 · 양수, 합병, 상속을 통해 이전될 수 있도록 규정하고 있다. 여기에 "자동차운수사업법에 의한 자동차운송사업면허는 특정인에게 특정한 권리를 설정하여 주는 행위"라는 대법원 판례를 근거로 행정실무는 시내버스 면허와 면허에 포함된 노선권을 시내버스 회사의 재산권처럼 취급해주고 있다. 이러한 환경에서 버스회사들이 회사를 매각하면서 버스면허와 함께 노선권까지 묶어서 거래하는 관행도 생겼다. 자동차운송사업면허는 특허라는 대법원 판례로부터, 면허와 면허에 포함된 노선권이 재산권이라는 결론이 당연히 도출되는가? 그것은 아니다. 설권적 처분 혹은 특허를 받은 자는 단순한 반사적 이익이 아니라 법상 보호되는 이익 혹은 특정한 권리를 갖는 것은 맞다. 특허가 특정인에게 어떤 법상의 힘을 설정한다고 해서 그것을 당연히 실체법상의 권리, 특히 기본권(재산권)으로 해석해서는 안 된다는 점은 이미 검토했다. 허가 혹은 특허로 인해 상대방이 누리는 법적 지위는 상대적인 것이다. 특허영업자는 허가영업자와 비교할 때 상대적으로 더

---

112) 阿部泰隆, 行政の法システム(上), 149쪽.

113) 김도창, 일반행정법론(상), 221쪽.

114) 김도창, 일반행정법론(상), 222쪽.

두터운 법적 보호를 받지만, 그것이 특허영업자의 지위를 헌법상 재산권의 주체로까지 당연히 격상시키는 것은 아니라는 사실을 다시 한번 강조하고 싶다(13.1.4.). 한국 사회는 그간 공적 임무를 사적 주체들이 상당부분 담당하는 경우가 많았다(사학재단에 의한 공교육 등). 초기의 공공재정 부족이 그 원인 중 하나로 지목된다. 그 중에서도 공공교통은 그 정도가 아주 심하다. 시내버스와 같은 공공교통(대중교통)은 거의 민간자본이 그 서비스를 제공해왔다. 그러다보니 이들 자본의 이익을 최대한 보장하는 쪽으로 「여객자동차운수사업법」이 제정되고 개정되어 왔다. 그러나 이제 버스 운영은 재정 지원 없이 존속할 수 없을 만큼 공공성이 커졌기 때문에 「여객자동차운수사업법」이 보장하는 면허권, 노선권을 재해석하거나 동법을 개정해야 할 시점이 되었다고 생각한다.

3. 개인택시의 영업권 혹은 시내버스의 노선권 매매는 공법상 영업양도에 따른 권리의무의 승계 문제로 접근할 수도 있다. 행정청은 영업의 양수와 양도가 있을 때 대개는 양수 · 양도 신고로 이를 간단히 처리하기도 하지만, 허가나 면허(특허)의 부여 등 엄격한 심사를 하기도 한다. 즉, 권리의무의 승계에 대한 행정의 개입정도는 승계되는 영업의 성질에 따라서 다를 수밖에 없다. 예컨대 공공성이 아주 강한 영업이 양도되어야 할 경우 소관행정청은 매각 조건에 개입할 수 있어야 하고, 그러한 개입으로 사적 당사자 사이의 영업의 양수양도가 무산될 경우에는 해당영업을 '사회화'(Vergesellschaftung)할 수 있어야 한다. 또한 필요하다면 선매권을 행사하여, 공공이 해당영업을 인수할 수 있는 권한도 가져야 한다. 사회화와 선매권 행사 시 매입가격은 독일 헌법 제15조를 참조하여 시장가격보다 낮게 책정할 수 있다. 이러한 접근은 독일에서는 이른바 영업권, 즉 '설립되고 가동 중에 있는 영업'(der eingerichtete und ausgeübte Gewerbebetrieb)에 대한 권리를 헌법상의 재산권으로 볼 것인지에 대해 여전히 회의적인 독일 연방헌법재판소의 판결의 취지를 생각하더라도 충분히 정당화될 수 있다고 생각한다. 특허를 통해 얻은 법적 지위를 무조건 헌법에 의해 보호되는 재산권이라고 이해하는 법리와 결별해야 한다. 이런 생각에서 벗어날 수 있다면 이 '영업권'에 대한 보호의 최대한은 사회화 조항에 따른 (시장가격보다 낮은) 보상 수준에서 정해지게 될 것이다.

3. 대법원은 '주민등록전입신고수리거부처분취소' 사건에서, 「주민등록법」의 입법 목적을 고려해 보면 전입신고를 받은 시장 등의 심사 대상은 전입신고자가 30일 이상 생활의 근거로서 거주할 목적으로 거주지를 옮기는지 여부만으로 제한된다고 보아야 한다고 판시하였다.[115] 이 판결이 나오게 된 배경, 관련 법리, 판결 이

후의 변화에 관해 더 깊이 공부해보자. 아울러 이 판결이 주거권 운동에서 갖는 의미도 함께 토론해보자.

1. 부유층의 상징인 도곡동 타워팰리스에서 대모산 방향으로 양재천을 건너 약 2km 떨어진 곳에 구룡마을이 있다. 타워팰리스에서 양재시민의 숲쪽으로 약 5km 떨어진 곳에는 잔디마을이 있다. 구룡마을과 잔디마을은 모두 판자촌이다. 잔디마을이 형성되어 있는 부지는 정확히 서울시 서초구 양재2동 212번지 일대로, 서울시의 시유지이다. 이 곳에 빈민들이나 철거민들이 비닐하우스를 짓고 거주하기 시작한 것은 1984년부터이다.

2007년 4월경 잔디마을에 살고 있는 거주자 서씨가 관할행정청인 서울 서초구 양재 제2동 동사무소에 주민등록 전입신고를 했다. 물론 서씨는 1994년 9월 무렵부터 잔디마을에 들어와 살고 있었다. 하지만 10여 년 넘게 전입신고를 못한 채 인근 지역에 소위 '위장전입'했다. 공법상의 주소는 주민등록지로 보고, 주민등록신고는 이중으로 할 수 없으므로(「주민등록법」 제10조 제2항), 공법상 주소는 민법과 달리 복수의 주소가 인정되지 않는다. 이런 연유로 '위장전입' 문제가 발생한다. 즉, 공법상 주소를 복수로 인정하면 위장전입의 문제는 생기지 않는다. 그렇다면 학군 사이의 불균등이 심하지 않거나 부동산 투기 수요가 커지 않은 나라라면 공법상 주소를 복수로 인정해도 큰 문제는 발생하지 않는다는 추론도 가능하다. 실제로 독일의 연방등록법(Bundesmeldegesetz)은 주민이 여러 곳의 주거지를 가질 수 있으며, 이 중에서 한 개의 주 거주지를 선정할 수 있다고 규정하고 있다(제21조, 제22조 등). 오스트리아와 스위스에도 유사한 규정이 있다. 우리나라에서도 지역소멸 대책의 일환으로 전북특별자치도가 복수주소제의 도입을 검토하고 있다.

아무튼 서씨는 자신이 사는 곳에 주민등록을 하지 못해 살아가면서 불편한 일을 무수히 겪어야 했다. 초등학교에 다니는 딸은 몇 달간 등교거부를 당하는 등 그림자 인간취급을 받았고, 치매에 걸린 모친은 길을 잃을 때마다 집으로 돌아오지 못했다. 주소가 달랐기 때문이다. 본인도 예비군 훈련 소집통지서를 전달받지 못해 훈련에 불참 처리되었고 결국 「예비군법」에 따라 벌금까지 내야했다. 2000년부터 시행된 「국민기초생활보장법」상 기초생활수급권자임에도 전입신고가 이루어지지 않았다는 이유로 수급 혜택도 제대로 받지 못하고 있다.[116] 투표도 제대로 할 수 없었다(다

115) 대법원 2009.6.18. 선고 2008두10997 전원합의체 판결.

116) 2014년 2월의 이른바 송파 세 모녀 사건 이후 「국민기초생활보장법」이 개정(맞춤형 개별지원 강화)되었고, 「사회보장급여의 이용·제공 및 수급권자 발굴에 관한 법률」이 제정(복지 대상자 적극 발굴)되는 등 위기가구의 안전망의 강화되었지만, 주민등록지와 실거주지가 달라 복지 혜택을 받지 못하는 일은 여전히 끊이지 않는다.

만, 현재는 사전투표 제도 등 부분적 보완이 이루어져 있다). 이런 상황을 참다못한 서씨는 안 되는 줄 알면서도 항의 차원에서 주민등록 전입신고를 했고, 이것이 이후 소송으로 이어졌다.[117] 당시만 해도 대법원은 이런 경우 주민등록을 담당하는 행정청은 등록을 거부할 수 있다고 보았다. 그러나 이런 판단은 제1심부터 뒤집어지기 시작했고, 1심 판결은 2심을 거쳐 대법원에서도 수용되었다.

대법원은 이 판결문에서 "주민등록지는 각종의 공법관계에서 주소로 되고(제17조의7 제1항), 주민등록전입신고를 한 때에는 병역법, 민방위기본법, 인감증명법, 국민기초생활 보장법, 국민건강보험법 및 장애인복지법에 의한 거주지 이동의 전출신고와 전입신고를 한 것으로 간주되어(제14조의2) 주민등록지는 공법관계뿐만 아니라 주민의 일상생활에도 중요한 영향을" 미친다고 적었다. 이것은 시유지 혹은 불법점거 중인 사유지의 판자촌 주민이라고 주민등록을 수리하지 않는 차별적 행동이 여러 다른 일상생활의 차별로도 이어진다는 점(이른바 중층차별)을 분명히 한 것이다. 이런 사회적 배제(social exclusion), 차별을 없애려면 주민등록지는 "전입신고자의 실제 거주지와 일치되어야" 한다고 본 것이다.

2. 그렇다면 위 전원합의체 판결의 판시사항이 서울역 앞의 노숙자들에게도 적용될 수 있을까? 대부분의 홈리스[118]는 법적인 의미에서 주민 대접을 받지 못하므로 '주민'등록이 가능할지는 회의적이다. 일본에서는 이 쟁점이 노숙인주민등록전입신고사건에서 다투어진 적이 있다. 오사카시 북구 오우기마치(扇町) 공원 내 텐트에서 4년 간 거주하면서 깡통수집, 교통체증조사, 일용노동으로 생계를 꾸려온 노숙인이 당해 텐트 소재지를 주소로 하여 주민등록전입신고를 구청장에게 제출했으나 수리가 거부당했다. 이에 위 노숙인은 수리거부에 대해 거부처분취소소송을 제기하였다.

오사카 지방법원은 주민기본대장법(住民基本臺帳法) 제4조에서 말하는 주소는 지방자치법 제10조 제1항에서 말하는 주소와 마찬가지로 "생활의 본거, 즉 그 자의 생활에 가장 관계가 깊은 일반적 생활, 전생활의 중심을 지칭하는 것으로 일정한 장소가 있는 자의 주소인가 아닌가는 객관적으로 생활의 본거인 실체를 구비하고 있는지 여부에 의거 결정해야 할 것"이라고 해석한 뒤, "원고가 동 소재지에 대해 점유권원을 갖고 있다고는 인정할 수 없다고 하더라도 동 소재지는 객관적으로 보아 원고의 생활에 가장 관계가 깊은 일반적 생활, 전생활의 중심으로서 생활의 본거인 실체를 구비하고 있다고 인정된다"고 하였다. 따라서 시정촌장(市町村長)은 "전입신

117) 이상의 사안은 박경신 외 지음, 호모 레지스탕스 - 저항하는 인간, 법체계를 전복하다, 해피스토리, 2011, 13-18쪽을 참고하여 요약 정리한 것이다.

118) 홈리스라고 하면 노숙자를 떠올리기 쉬우나 홈리스는 그것보다 넓은 개념이다. 고시원, 쪽방, 비닐하우스 거주자 등 극단적인 주거 빈곤 상황을 경험하는 비주택거주자들도 홈리스 개념에 포섭된다.

고가 있는 경우, 그 자가 당해 시정촌(市町村)의 구역 내에서 주소를 변경한 사실이 있다면, 법정의 신고사항 이외의 사유를 이유로 하여 전입신고를 수리하지 않는 것은 허용되지 않는다"고 판시하였다.

그러나 오사카 고등법원은 "'생활의 본거로서의 실체'가 있다고 인정되기 위해서는 (…) 단지 일정한 장소에서 일상생활이 영위되고 있다는 것만으로는 부족하고, 그 형태가 건전한 사회통념에 의해 기초지어진 주소로서의 정형성을 구비하고 있는 것을 요구하는 것이라고 해석하는 것이 상당"하다고 보아, "본건 텐트에서의 피항소인의 생활의 형태는 동 장소에서 계속적으로 일상생활이 영위되고 있다는 것은 가능하다고 하더라도, 그것 이상으로 건전한 사회통념에 의해 기초 지어진 주소로서의 정형성을 구비하고 있다고 평가하는 것은 가능하지 않다고 해야 할 것이므로, 또한 '생활의 본거로서의 실체'가 있다고 인정하기에 부족하고, 따라서 피항소인이 본건 텐트의 소재지에 주소를 가지는 것은 가능하지 않다"고 하여 노숙자인 주장을 배척했다. 최고재판소도 또한 "원심이 적법하게 확정한 사실관계 하에서는 사회통념상, 상기 텐트의 소재지가 객관적으로 생활의 본거로서의 실체를 구비하고 있다고 볼 수 없다"고 하여 상고를 기각하였다.[119]

우리도 이런 행정소송을 한 번 시도해볼 수 있을까? 다만, 위 소송의 문제의식은 존중하더라도 주민등록이라는 관료주의적 주민관리수단에 의존해서만 문제를 풀어나갈 것이 아니라 더욱더 근본적인 생각 혹은 발상의 전환도 시도해볼 일이다. 예컨대 복지전달을 주소와 연계하지 않고 시행하는 방법 같은 것이다. 독일은 2023년부터 시민수당제도를 도입하면서, 수당의 지급을 주소와 연계하지 않았다. 이로써 주소지가 없는 노숙인도 복지의 전달에서 배제되지 않게 했다.

3. 이 대법원 전원합의체 판결은 그냥 나온 것이 아니다. 오사카 지방법원의 판결도 마찬가지다. 오랜 저항과 불복종의 결과이다. 주거권 운동을 하는 시민인권단체들이 이 사안에 결합한 것도 큰 도움이 되었다. 주거권 운동은 2000년대 들어 철거반대투쟁에 국한되지 않고 취약한 주건환경에 놓인 다양한 집단을 아우르면서 다원화되었다. 무엇보다 쪽방, 비닐하우스, 고시원 등 '비주택' 거주민이 주거취약계층 당사자로 새롭게 주목받았다. 2000년 참여연대, 주거연합, 강동·송파 지역 시민단체가 전개한 비닐하우스 주소지찾기운동은 '주소지를 갖는다는 것', 즉 거주 중인 집이 있다는 사실로부터 얻게 되는 권리를 새롭게 조명했다. 철거반대투쟁이 강

119) 大阪地判平 18·1·27, 大阪高判平 19·1·23, 最二小判平 20·10·3. 아울러 이 사건과 판결을 사회적 배제(social exclusion)의 관점에서 분석한 다음 논문을 참고할 것. 長谷川貴陽史, "居住における包摂と排除 - 野宿者の住所の剥奪と住宅困窮者の居住確保の事例から", 法社会学 74호, 2011, 64-77쪽.

제철거에 맞서 물리적 공간으로서의 집을 지키고 철거에 따른 정당한 보상을 얻기 위한 싸움이었다면, 공익소송을 통한 비닐하우스 주소지찾기운동은 비주택인 집을 제도적 보장을 받을 수 있는 공간으로 인정받기 위한 시도로서, 주거권 개념의 범위를 확장하는 계기가 되었다. 제도적 보장에 필요한 주소지를 제시할 수 없는 홈리스 상태는 주거권운동에 급진적인 전환을 가져왔다. 살던 곳에서 쫓겨나는 데 대항해 투쟁하던 사후적 성격의 철거투쟁방식에서 한발 더 나아가, 사람이라면 누구나 사람답게 살 곳을 요구할 수 있다는 인식의 전환을 추동한 것이다.[120]

4. 한국과 일본에서 교과서 검정(檢定)은 아주 뜨거운 사안이다. 주로 한국사 혹은 일본사 교과서의 현대사 서술부분이 논란의 대상이다. 한국과 일본의 역사 교과서 저자들은 과거를 지배했던 '이념'의 힘으로부터 여전히 자유롭지 못한 형국이다. 아무튼 국가가 저작권을 갖는 국정(國定) 교과서와 교육과학기술부장관이 검정한 검정교과서가 초·중등학교에서 사용되는 대표적인 교과서들인데, 법학에서는 이 후자와 관련하여 검정의 법적 성질이 종종 문제가 된다. 이와 관련하여 검정처분의 법적 성질을 각각 사전허가, 특허로 본 서울고등법원 판결과 헌법재판소 결정의 의의를 생각해보자. 또한 한국 행정법교과서들은 교과서 검정을 왜 준법률행위적 행정행위의 하나인 확인행위로 설명하는지에 대해서도 토론해 보자.

1. 서울고등법원은 교과서 검정행위가 "사전허가적 성격을 띠므로 (…) 이는 사법심사의 대상이 되는 기속재량행위에 해당한다"고 하였고, 검정의 심사범위와 관련해서는 "심사는 오기, 오식 등 명백한 객관적 오류, 제본 등 기술적 사항에 그쳐야 하고, 저자의 교육적 견해의 당부(當否)는 국민, 교사들에 의하여 평가되어야 하며 행정당국의 판단에 맡겨져서는 안 되며 특히 교사용 지도서에 있어서는 교과서보다 폭넓은 집필의 자유가 보장되어야 하며 이에 대한 검정심사는 공적 교육을 유지하는 데 필요(한) 최소한에 그쳐야 한다"고 판시하였다.[121] 동 법원의 판결은 교과서 검정의 재량을 엄격히 제한하여, 교육적 견해에 대한 심사를 허용하지 않는다는 취지여서 많은 주목을 받았다.[122] 그러나 서울고법의 판결은 상고심판결에서 번복되었다. 이 판결에서 대법원은 교과서 검정에서의 심사는 기술적 사항에 그쳐야 한다고 한 위 고등법원의 견해를 정면 반박하면서 "그 처분이 현저히 부당하거나 또는

120) 조문영 엮음, 빈곤의 인류학 연구팀 지음, 동자동, 당신이 살 권리, 글항아리, 2023, 85-86쪽.

121) 서울고법 1986. 8. 12. 선고 83구910 판결.

122) 김유환, "교과서 국정 및 검·인정제도의 법적 문제", 교육법연구 제8집 제1호, 2005, 11쪽.

재량권의 남용에 해당된다고 볼 수밖에 없는 특별한 사정이 있는 때가 아니면 동 처분을 취소할 수 없다"고 하여 검 · 인정에 대한 (당시 문교부) 장관의 재량을 확대하였다.[123]

이러한 해석은 '대법원 1992. 4. 24. 선고 91누6634 판결'에서 재확인되었고 그 내용도 보다 더 구체화되었다. 즉, 위 판결에서 대법원은 "교과용 도서를 검정함에 있어서 법령과 심사기준에 따라서 심사위원회의 심사를 거치고, 또 검정상 판단이 사실적 기초가 없다거나 사회통념상 현저히 부당하다는 등 현저히 재량권의 범위를 일탈한 것이 아닌 이상 그 검정을 위법하다고 할 수 없다"고 하였다. 교과서 검정에서는 기술적인 사항만 심사해야 한다는 서울고등법원의 판단을 뒤집고 "사회통념"이라는 지극히 추상적인 기준을 끌어들여, 사회통념(이는 결국 당대의 지배적 이데올로기 혹은 정부시책방향이 될 것임)에 반하는 저술을 교과서로 쓰지 못하도록 차단할 수 있는 재량권을 교육행정당국에게 부여한 셈이다.

'헌법재판소 1992. 11. 12. 선고 89헌마88 결정'은 위 대법원 판결의 연장선에서 있다. 헌법재판소는 대법원에 의해 뒤집어진 서울고등법원의 견해를 염두에 두면서 교과서 검정처분은 허가가 아닌 특허라고 보았다. 즉, "교과서에 관련된 국정 또는 검 · 인정제도의 법적 성질은 인간의 자연적 자유의 제한에 대한 해제인 허가의 성질을 갖는다기보다는 어떠한 책자에 대하여 교과서라는 특수한 지위를 부여하거나 인정하는 제도이기 때문에 가치창설적인 형성적 행위로서 특허의 성질을 갖는 것으로 보아야 할 것이며, 그렇게 본다면 국가가 그에 대한 재량권을 갖는 것은 당연"하다고 하였다.

2. "교과서라는 특수한 지위"라니? 이것은 마치 "공무원이 된다는 것은 국민이 통상으로 취득할 수 없는 특별한 능력 내지 권리를 새롭게 얻는다는 것을 의미하므로"(15.2.2.) 공무원 임명은 특허라고 했던 것과 일맥상통하는 낡은 논리가 아닌가? 우리의 자유민주적 기본질서가 여전히 교과서라는 특수한 지위를 부여받는 교재를 필요로 하는가? 검 · 인정교과서는 물론 국정교과서에 대해서도 이런 비판을 충분히 해볼 수 있다고 생각한다.

역사교과서 검정문제를 둘러싸고 벌어진 한국과 일본에서의 논란을 지켜보노라면 민주주의 국가에서 교과서 검정이라는 제도가 과연 필요한 것인가 하는 근본적인 의문을 갖게 된다. 또한 검정을 필요한 제도라고 인정한다고 하더라도, 국가에 의한 교과서 검정이 허용되는 범위는 필요최소한에 그쳐야 한다고 보는 것이 '자유민주적 기본질서', '비례원칙'에 맞는다고 생각한다. 그 점에서 1986년 서울고등법원의 판결은 교과서 검정에 관한 올바른 방향을 제시하고 있을 뿐만 아니라 교과서 검정을

123) 대법원 1988. 11. 8. 선고 86누618 판결.

준법률행위적 행정행위의 하위유형인 확인의 예로 분류해온 - 그럼으로써 재량을 엄격히 제한하고자 하는 - 우리 행정법학계의 일반적인 설명과도 부합한다고 생각한다.[124)]

5. 허가의 전제가 되는 일반적 금지 혹은 상대적 금지는 법령에 근거가 있는 것인가? 국민들의 자유가 일반적으로 금지되어 있다고 전제하는 발상은 헌법에 반한다는 지적이 있다. 이러한 견해에 의하면 전통적인 허가개념은 수정될 수밖에 없다. 이러한 견해의 타당성에 대해 검토해보자.

과거의 통설은 허가를 부작위하명(상대적 금지) 혹은 일반적 금지를 특정한 경우에 해제하는 것으로 이해하면서 일반적 금지를 다시 절대적 금지와 상대적 금지로 나누었다. 일반적 금지 중 절대적 금지는 법령에 의해 금지되고 있다. 예컨대 일본의 경우 미성년자 음주금지법이 있다. 미성년자의 음주는 법령에 의해 절대적으로 금지되고 있다.[125)] 반면, 상대적 금지의 경우에는 법령이 특정한 활동을 일반적으로 금지한다는 규정을 두고 있지는 않다. 그럼에도 불구하고 대체로 일반적 금지를 전제로 해서 허가의 법리를 전개하고 있다.

그런데 이런 설명을 비판하면서 민주적 법치국가에서는 헌법에 보장되어있는 일반적 행동 자유권, 직업선택의 자유, 영업의 자유, 건축의 자유, 집회·시위의 자유 등을 논의의 출발점으로 해야 하는 것이지, 위의 자유 혹은 활동들이 일반적으로 금지되고 있다는 것을 전제로 해서 이론 전개를 할 것은 아니라는 견해가 있다.[126)] 일반적 금지가 아니라 일반적 자유를 출발점으로 해야 한다는 지적인 셈이다. 이렇게 본다면 허가는 사전에 일정한 행위가 실정법에 합치하고 있는지 여부를 심사하여, 적법하게 일정한 행위를 하게 하는 행정행위라고 정의할 수 있다. 따라서 허가는 일정한 행위를 법적으로 문제가 없는 것으로 확인하는 사전의 단순한 확인 내지 통제에 불과하다. 이러한 통제허가의 경우에는 허가를 받는 것에 의해 상대방인 국민은 이미 존재하는 권리 및 자유의 행사를 아무런 문제없이 적법하게 행사할 수 있다.[127)] 독일에서 통상의 통제허가를 차단기에 비유하는 것도 이러한 맥락이다.

---

124) 김도창, 일반행정법론(상), 385쪽. 이 부분에 대한 자세한 설명은 김유환, 앞의 논문, 10-11쪽을 참고하라.

125) 반면 한국의 경우에는 「청소년보호법」이 19세 미만의 사람에게 담배나 주류를 제공하는 것을 절대적으로 금하고 있지만 정작 청소년 자신은 유해한 행위를 했다고 처벌받지도 않고, 청소년은 흡연 음주를 하지 말아야 한다는 포괄적인 의무조항도 없다.

126) 宮田三郎, 行政法の基礎知識 2-行政作用法を学ぶ, 信山社, 2004, 24쪽.

127) 宮田三郎, 위의 책, 같은 곳.

매우 타당한 비판이다. 다만, 영업의 자유와 집회·시위의 자유를 같은 평면에 놓고 일반적 자유를 말할 수 있는가 하는 점은 차치하더라도, 이런 비판이 행정법을 지나치게 자유주의적으로 해석하는 결과를 낳을 수도 있음을 유의해야 한다.

16

행정행위의 부관 - 행정규제권한의 '편의적' 사용

16.1. 행정행위의 부관의 의의

16.1.1. 행정행위의 부관의 개념을 둘러싼 논의와 그 실익

행정행위란 기본적으로 행정법관계의 성립·변경·소멸을 목적으로 한 규율임을 행정행위의 개념과 종류를 설명하는 곳에서 여러 번 강조하였다. 모든 행정행위는 개념 본질상 어떤 규율(eine Regelung)이다. 그런데 이 주된 규율(Hauptregelung)은 추가적인 규정(eine zusätzliche Bestimmung)인 부관(Nebenbestimmung)을 통해 보충되거나 제한될 수 있다. 이런 부관에는 기한, 조건, 철회권의 유보, 부담이 있다. 행정행위의 부관을 이렇게 네 개로 처음 유형화한 이는 칼 코르만이다.[1] 그는 민법의 법률행위론에서 차용하여 행정행위론을 전개하였으므로, 법률행위의 부관론은 자연스럽게 행정행위의 부관론으로 연결되었다.

행정행위의 부관과 관련해서는 우선 그 개념 정의가 쟁점이다. 이른바 전통적 견해는 부관을 행정행위의 효과를 제한하기 위해 주된 의사표시에 부가된 종된 의사표시라고 정의한다.[2] 행정행위의 부관이 법률행위의 부관에서 유래했다는 말을 증

1) Karl Kormann, *System der rechtsgeschäftlichen Staatsakte*, 1910, 135쪽 이하.

2) 김도창, 일반행정법론(상), 389쪽.

명이나 하듯, 전통적 견해는 "의사표시"를 부각시킨다. 반면 '새로운' 견해는 부관을 행정행위의 효과를 제한 또는 보충하거나 별도의 의무를 부과하기 위해 주된 규율에 부가된 종된 규율이라고 정의한다.[3)]

이 두 정의가 빚어내는 차이는 무엇일까? 첫째, '의사표시 대 규율'이라는 도식에서 알 수 있듯이 준법률행위적 행정행위에 부관을 붙일 수 있는가 하는 문제가 있다. 전통적 견해는 부관도 행정청의 의사표시이므로 법률행위적 행정행위에만 이를 붙일 수 있다고 했다. 둘째, 행정행위의 효과를 제한만 하는가, 아니면 제한 외에 보충 또는 별도의 의무 부과도 가능한가 하는 문제가 있다. 후자라면 기속행위에도 이른바 법률요건 충족적 부관(행정행위의 효과를 보충)을 붙일 수 있다.

종래, 재량행위와 기속행위의 구별 실익을 말할 때 행정소송 사항과의 관계, 공권의 성립과의 관계와 함께 부관을 붙일 수 있느냐 하는 문제가 거론되었다. 통설과 판례는 재량행위의 경우에는 명시적인 법적 근거가 없어도 행정청은 필요하다고 생각하는 한 재량의 범위 안에서 부관을 붙일 수 있으나, 기속행위에는 특별한 규정이 없는 한 부관을 붙일 수 없다고 보았다. 「행정기본법」 제17조 제2항은 이 점을 명문화했다. 그러나 이 정도의 논의를 위해서 새로운 부관 개념이 필요했던 것일까? 그건 아니라고 생각한다. 이미 말했듯이 원래 부관은 민법에서 유래한 개념이다. 민법상 법률행위의 부관은, 조건, 기한, 부담, 이 세 가지이고, 이 중에서도 중심은 조건과 기한이다.[4)] 반면 행정행위의 부관에서 중심은 부담이다. 이 점에서 이미 민법과 행정법에서 부관의 의미와 기능이 다름을 눈치챌 수 있다. 사적 자치의 수단인 법률행위와 고권적 결정의 수단인 행정행위의 차이라고 생각해도 좋다.

민법에서 계약 내용은 원칙적으로 당사자의 자유에 맡기고 단지 법률행위의 내용 일반의 제한과 관련하여 조건, 기한 등의 규정을 두고 있을 뿐이다. 그런 의미에서 민법상의 부관은 모두 계약 내용의 일부라 할 수 있으며, 굳이 부관이라는 개념을 쓸 필요도 없다.[5)] 반면 행정법에서 부관은 아주 중요하다. 행정법 연구자들이 행징

---

3) 김철용, 2024, 296쪽.

4) "법률행위의 부관에는 조건·기한·부담의 세 가지가 있다. 민법은 이들 세 가지 가운데, 조건과 기한에 관해서만 일반적 규정을 두고 있다. 민법은 부담부 증여와 부담부 유증에 관한 특별규정을 두고 있지만(561조·1088조), 부담을 법률행위의 부관이라는 생각에서 규정하고 있지는 않다." 곽윤직/김재형, 민법총칙, 399쪽.

5) 서원우, 전환기의 행정법이론, 박영사, 1997, 665쪽.

법 특유의 부관 개념을 새롭게 다듬는 일에 몰두하는 데는 이런 연유가 있다. 부관의 개념을 민법에서의 그것과 다르게 구성해야 하는 까닭은 부관의 기능이 민법과 행정법에서 다르다는 것, 따라서 관련 법리도 다를 수밖에 없기 때문이다. 행정행위의 부관을 법률행위의 구성요소로 이해하지 않고 종(從)이 되지만, 독자적 규율, 즉 "주된 행위에 부가된 종된 규율"로 바라보는 의미가 그래서 중요하다. 주가 아니라 종이라 하더라도 규율은 규율이다. 그리고 이 '규율성'이 행정행위 개념에서 핵심임은 앞에서도 본 바이다.

이런 논의를 굳이 하는 이유는 무엇일까? 독일의 학설을 참고하여 행정행위의 부관 개념을 위와 같이 새롭게 정의한다면, 이 개념 정의로부터 실무적으로도 다른 결론을 도출해낼 수 있어야 한다고 주장하고 싶어서다. '기껏해야 준법률행위적 행정행위에도 부관을 붙일 수 있는지를 논의하기 위해서 이런 개념 정의를 시도한 것인가'라고 묻고 싶다는 뜻이다. 부관을 종된 "규율"이라고 한 이상, 그 규율을 독자적으로 다툴 수 있어야 한다고 보는 게 논리적이다. 종된 규율도 행정행위라면 이것을 독자적으로 다투지 못할 이유는 없다. 그러나 우리의 지배적 학설은 행정행위의 부관 개념을 위와 같이 새롭게 정의하면서도 부담을 제외한 나머지 부관에 대해서는 독립쟁송가능성을 부인한다. 앞뒤가 안 맞는 주장이다. 부관개념은 수정하면서 부관의 독립쟁송가능성에 관한 예전의 법리는 그대로 두었기 때문에 이런 일이 벌어진다.

부관의 독립쟁송가능성은 독일에서 특히 치열하게 다투어졌다. 그 이유는 집행정지제도와 밀접한 관련이 있다. 독일의 경우 행정소송을 제기하면 행정행위의 집행은 자동적으로 정지된다(원칙).[6] 따라서 부관에 대하여 만일 취소소송이 인정된다면, 즉 독립적으로 쟁송을 제기할 수 있다면 부관은 집행이 정지가 되고, 이에 따라 원고는 잠정적으로 완전한 (수익적) 행정행위를 얻게 되는데, 이는 행정청에게 상당히 불리하다. 즉, 행정청이 바라지 않는 상황 - 부관 없는 나머지만의 행정행위라면 행정행위 자체를 발령하지 않았을 것 - 이 발생한다.

행정청은 부관을 설정할 수 없었다면 '아니오'(즉, 신청의 거부 등)라고 했을 사안에서 '예'라고 하는 대신 부관을 붙이는 것이므로 부관이 취소된다면 당연히 본체인 행정행위도 취소되기를 바랄 것이다. 따라서 부관만 다투어지고, 부관만 취소되는

6) 반대로 우리는 집행부정지가 원칙이다. "취소소송의 제기는 처분 등의 효력이나 그 집행 또는 절차의 속행에 영향을 주지 아니한다." 행정소송법 제23조 제1항.

사태는 처음부터 원치 않았다고 할 수 있다. 만약 사후에 부관만 집행정지되고, 부관만 취소되는 사태를 행정청이 방어할 수 없다면 행정은 자신에게 주어진 '규제 권한'을 상당 부분 제약당하게 될 것이기 때문이다. 이러한 사정은 행정행위의 부관이 주로 수익적 행정행위에서 문제가 된다는 사실을 상기하면 더욱 더 분명해진다.

16.1.2. 자본주의와 행정행위의 부관

"부관은 행정실무에서 중요한 역할을 한다. 특히 영업허가와 건축허가에서 그러하다. 부관은 주로 제한없는 허가에 대한 법적·사실적 장애를 제거하는 목적을 갖고 있다. 행정청은 제한 없이 허가하는 것에 대해 이의가 있는 경우에 신청된 허가를 반드시 거부해야는 것은 아니며, 일정한 유보를 붙여 이를 허가할 수 있다. 거부라고 하는 엄격한 '부정' 대신에 부관을 붙인 허가인, 제한된 '좋아 그러나 이렇게 할 것'이라는 처분을 발령할 수 있는 것이다. 그리하여 부관은 탄력적 행정을 가능케 하며 시민의 이익에도 봉사한다. 그러나 장점만 있는 것은 아니다. 부관은 행정이 자기 마음대로 사안을 핸들링하는 위험(die Gefahr der Reglementierung und Bevormundung)을 숨기는 역할도 한다."[7] 포르스토프는 급부행정이 정비되면서 수익적 행정행위가 양적으로 그리고 그 중요성도 크게 증대하는 반면, 행정이 '실질적인 관련이 없거나'(sachfremd) 법률대로만 하면 도달할 수 없는 목적의 관철을 위해 부관, 특히 부담을 남용할 위험도 그만큼 커졌다고 지적한다.[8] 따라서 예컨대 법률상 인정되지 않는 재정적 이익을 국가에게 부여하려는 목적을 가진 부담, 즉 재정상의 고려에 따라 부과하는 부담은 위법하다고 보아야 한다.[9] 한편 이런 설명을 조금 더 일반화하면 행정상 법의 일반원칙의 하나로서 부당결부금지원칙을 말할 수 있다.

이처럼 행정행위 부관은 법의 불비(不備)를 보충하고 형평성의 보장 혹은 이해관계의 조절에 기여하는 제도로 기능할 수 있지만, 자칫하면 재량권의 일탈·남용을 조장할 수 있다. 예를 들어 보자. 행정청은 수택건설사업계획을 승인하면서 공공시설의 기부채납(寄附採納)을 부관(부담)으로 붙일 수 있다.[10] 주택건설사업계획승인은

---

7) Maurer/Waldhoff, 379쪽(12장 2번).

8) Ernst Forsthoff, *Lehrbuch*, 216쪽.

9) Ernst Forsthoff, *Lehrbuch*, 같은 곳.

10) 기부채납이란 기부(donation)와 채납으로 구성된 말이다. 『표준국어대사전』에 따를 때 채납(採納, Acceptance)이란 어떤 의견을 받아들이는 것을 말한다. 이러한 채납은 계약의 성립에 관한 청약과

재량행위이므로 법적 근거가 없어도 위와 같은 부관을 붙일 수 있다. 주택단지조성시 도로, 공원 등 공공시설은 주택단지조성자 혹은 주택단지입주자의 부담으로 하는 것이 형평의 원칙에 합당한데 - 그렇게 하지 않으면 결국은 국가나 지방자치단체가 부담하게 되고 이는 궁극적으로 주민 부담으로 된다 - 현행법에는 이에 관한 규정이 미비하다. 행정청은 기부채납이라는 부관을 붙임으로써 이와 같은 입법의 불비를 메우고 형평을 도모하려고 한다.[11]

그러나 이것은 이론상 그렇다는 것이고, 행정청이 특정인에게는 기부채납을 요구하고 다른 특정인에게는 이를 요구하지 않을 수도 있고, 요구내용도 행정청과 사업시행자 둘만의 협의로 정할 수 있다. 이런 식의 행정이 과연 투명할 수 있을까? 법치행정 원리에 적합한 것일까?

【판례】 대법원 2009. 2. 12. 선고 2005다65500 판결 [약정금]

수익적 행정처분에 있어서는 법령에 특별한 근거규정이 없다고 하더라도 그 부관으로서 부담을 붙일 수 있고, 그와 같은 부담은 행정청이 행정처분을 하면서 일방적으로 부가할 수도 있지만 부담을 부가하기 이전에 상대방과 협의하여 부담의 내용을 협약의 형식으로 미리 정한 다음 행정처분을 하면서 이를 부가할 수도 있다.

위 판결은 "부담을 부가하기 이전에 상대방과 협의하여 부담의 내용을 협약의 형식으로 미리 정한 다음 행정처분을 하면서" 부담을 부가한 것이므로 부당결부금지 원칙에 반하지 않는다는 취지이지만, '승낙(동의)은 침해를 조각(阻却)한다'(volenti non fit injuria)는 명제가 이 사안에 적용될 수 있을지는 검토가 필요하다.[12]

한편, 독일에서라면 기부채납이나 위와 같은 사례는 대체로 부담금/분담금(Beitrag)으로 해결한다.[13] 기반시설정비분담금/부담금(Erschließungsbeitrag) 제도가 법적으로 마련되어 있으므로,[14] 우리처럼 기부채납의 부관을 붙여 문제를 해결할 필요는 없

승낙의 법리에 비추어보면, 기부상대방의 승낙에 해당한다. 최종권, "정비사업에서 기부채납제도의 기능과 법적 규율", 중앙법학 25권 4호, 2023, 301쪽.

11) 박균성, 2021, 252쪽.

12) Ernst Forsthoff, *Lehrbuch*, 216쪽 참고.

13) 독일의 공과금은 조세(Steuer), 사용료·수수료(Gebühr), 부담금·분담금(Beitrag)으로 크게 3분 된다.

14) 건설법전 제6편 제1장(총칙규정; 제123-제126조), 제2장(지구시설정비분담금; 제127조-제135조). 한편 Erschließungsbeitrag을 현행 국토계획법상의 "기반시설" 개념에 의거해 기반시설정비분담금

다. 우리도 분담금을 조세에 버금가는 중요한 공과금 제도로 정비한다면 행정청이 사업계획을 승인하면서 기부채납 부관을 붙이는 관행 같은 것은 상당수 사라지게 될 것이다. 우리법에도 분담금/부담금에 해당하는 것이 아예 없는 것은 아니다. 「수도법」상의 원인자부담금이라든가 「지방자치법」 및 이에 근거한 조례로 정한 시설분담금이 일부 존재하지만, 독일처럼 일반적 성격의 분담금/부담금이 아니라 개별 법령에서 사안별로 별도로 인정하는 '인적 공용부담'에 그치고 있다.[15] 그래서 법 혹은 제도의 불비가 행성행위의 부관의 활용을 조장하는 것은 아닌지 검토해볼 필요가 있다. 구체적으로 독일의 건축부자유의 원칙과 한국의 건축자유의 원칙 하에서 각각 행정행위의 부관 활용 실태를 조사·비교해는 것도 의미 있을 것이다.

앞서도 지적했듯이 행정행위의 부관은 탄력적 행정을 가능하게 하는 수법임에 틀림없으나, 반면 행정으로 하여금 행정규제를 자기 마음대로 정할 수 있게 해주는 위험한 수단이기도 하므로 그에 대해서는 적정한 견제가 필요하다. 물론 그러한 수단의 활용이 재량하자를 구성해 사후적으로 쟁송취소될 수 있지만, 문제가 되는 사안 중 소송으로 다투어지는 것은 많지 않다는 것이 문제다.[16] 그래서 사전적인 규제, 사전적인 제도 설계가 중요하다.

법사회학의 분석에 따르면 부관과 같은 법 제도가 행정법의 영역에서 널리 사용되는 것이 바로 자본주의 현대법의 특징이다. 즉, 후기 산업사회에서 법률의 체계는 보편성의 이념을 외견적으로 유지하면서, 동시에 상황적응성을 확보해야 하는 임무를 적절히 수행해야 한다.[17] 국민 모두로부터의 지지를 받기 위해 형식적으로는 법률의 일반성·보편성을 유지하지만, 내용적으로는 자본가계급 혹은 계급 내 특정 분파의 이익을 관철하고자 하는 것이 자본주의 법의 본질 혹은 특징이다. 이를 위해 법률규정의 원칙을 내용적으로 제한하는 예외 및 단서조항도 곳곳에 배치한다. 또한 법령 자체에는 표현되어 있지 않은 숨어 있는 단서조항이 만들어진다. 이 숨어 있는 단서조항, 예외조항이 바로 행정행위의 부관 같은 것이다.[18]

이라고 번역했지만, 독일 건설법전에 따른 정확한 역어(譯語)는 지구(地區)시설정비분담금이라고 하는 게 맞다.

15) 관련 판례로는 대법 2022. 4. 14. 선고 2020두58427 판결. 이 판결에 대한 평석으로는 허이훈, "수도시설 분담금의 법적 성격 및 지방자치법상 주민의 개념", 행정판례연구 제28-1권, 2023, 279-334쪽.

16) 행정과의 계속적 관계 유지를 의식해서 위법한 부관이라도 수용하는 경우가 더 많을 것이다.

17) 로저 코터렐, 김광수 옮김, 법사회학입문, 터, 1992 참고.

이런 장치들을 이용할 수 있기에 국가는 탄력적인 행정규제를 시행할 수 있게 된다. 행정법에서는 행정행위의 부관을 이른바 법정부관(행정법령이 직접 부가하는 부관)과 구별하지만, 양자가 자본주의 행정법 체제 내에서 수행하는 기능은 크게 다르지 않다. 후자가 명시적 단서조항인데 반해 전자는 숨어 있는 단서조항이라는 점이 다를 뿐이다. 한국과 같은 후발 자본주의 국가는 개발주의 행정을 펼쳐나가는 과정에서 이런 숨어 있는 단서조항을 지나치게 많이 이용해왔다. 한국의 기부채납 부관 사례 같은 것이 이를 방증한다.

16.2. 행정행위의 부관의 법리

16.2.1. 행정행위의 부관의 유형

행정행위의 부관으로는 조건, 기한, 부담, 철회권의 유보가 있다. 「행정기본법」 제17조 제1항도 이 네 개를 부관의 예로 들고 있다. 그 밖에 법률효과의 일부 배제도 예전에는 부관의 유형으로 예시되었으나, 법령의 근거 없이 이러한 부관을 붙일 수도 없거니와, 개인택시 영업면허를 발부하면서 부제(部制) 운행을 부관으로 붙이면 이것은 조건이나 부담으로 보면 될 뿐 별도 유형의 부관으로 볼 필요는 없다고 보는 것이 일반적이다.[19] 이른바 수정부담(modifizierende Auflage)도 부관의 한 유형인지가 논의되지만 대체로 부담이 아니라 수정허가로 본다. 통상의 부담처럼 추가적으로 이행의무를 부과하는 것이 아니라 행정행위의 내용, '원래의 허가'를 성질상 변경, 즉 수정하기 때문이다. 수정부담은 부담이 아닌 이상 독립적으로 이를 직권취소하거나 취소청구할 수 없다.[20]

행정행위 부관으로 흔히 거론되는 네 유형에 대해 살펴보자. 먼저 조건이다. 조건은 행정행위의 효력의 발생 또는 소멸을 장래의 불확실한 사실의 성취 여부에 의존케 하는 부관이다. 장래 사실의 성취에 의하여 행정행위의 효력이 발생하는 것을 정

18) "행정의 실제에 있어서는 부관은 주가 되는 행위에 부대하여 '단서'의 형식으로써 행하여진다." 한태연, 행정법학(상권), 1960, 161쪽.

19) 정남철, 한국행정법론, 법문사, 2020, 142쪽.

20) Maurer/Waldhoff, 386쪽(12장 16번).

지조건이라 하고, 사실의 성취에 의하여 행정행위의 효력이 소멸하는 것을 해제조건이라고 한다. 그런데 오랫동안 행정행위의 효력을 불확정한 상태에 두는 것은 행정법관계의 안정성이라는 면에서 적절치 않다고 하여 조건이 행정행위의 부관으로 사용되는 경우는 많지 않으며, 부관으로 조건이라는 용어를 사용하고 있는 경우에도 그 실질은 부담인 경우가 적지 않다.[21] 또한 당해 부관을 정지조건이나 해제조건이 아닌 부담으로 해석하는 것이 상대방 입장에서는 유리하므로 조건이라는 용어에도 불구하고 이를 부담으로 보는 경향이 있다. 따라서 행정청이 의무이행 확보를 확실히 하려면 당해 부관이 조건이라는 뜻을 분명히 해야 한다.

다음은 기한이다. 기한은 행정행위 효력의 발생 또는 소멸이 장래 도래하는 것이 확실한 사실에 의존케 하는 부관이다. 기한에도 정지기한과 해제기한이 있다. A에게 건축허가를 내주면서 즉시 건축에 착수하지는 못하지만 10월 1일자로 건축안 실현에 착수할 수 있게 했다면 이는 정지기한이 붙은 건축허가에 해당한다. B에게 특정의 장소에 대규모 광고판의 설치를 허가하면서 그 기한은 박람회 기간이 종료할 때까지라고 제한하게 되면 이는 해제기한이 붙은 건축허가가 된다.[22] 기한에는 시기와 종기가 있다. 이 둘을 합쳐 기간이라고 한다. 기한과 관련한 특별한 쟁점은 이른바 존속기간과 갱신기간의 해석 문제이다. 즉, 본래 그 효과가 장기계속성이 예상되는 허가 및 특허에 그에 맞지 않는 기한(종기)이 붙어 있는 경우 기한의 도래로 허가 및 특허가 당연히 실효되는 것인가 하는 문제가 그것이다. 학설은 이런 경우의 기한은 행정행위 효력의 존속기간이 아니라 조건의 존속기간을 정한 것이며, 그 기한이 도래하면 위 조건의 개정을 고려한다는 뜻으로 해석해야 할 것이라고 한다. 판례도 같은 취지이다.[23]

부담은 행정행위에 부가하여 그 효력을 받는 상대방에 대하여 특정한 의무(작위·부작위·급부·수인 등)를 명하는 부관이다. 부관 중에서 가장 실례가 많은 것인데, 특히 경제행정의 도구로 필요불가결하다.[24] 기한, 조건 그리고 철회권의 유보와 달리 부담은 행정행위 형식의 독자적이고, 추가적인 의무부과를 포함한다. 그럼에도 불구하고 이것은 부관이다. 왜냐하면 부담의 존속은 기본행정행위에 의존하고 있기 때문

21) 김철용, 2024, 299쪽.

22) Sodan/Ziekow, *Grundkurs*, 620쪽(78장 2번).

23) 대법원 1995. 11. 10. 선고 94누11866 판결 등.

24) 김철용, 2024, 301쪽.

이다.[25] 앞서 본 것처럼 행정행위의 부관에 조건이라는 용어가 사용되어도 자유주의 행정법학은 가급적 이를 부담으로 해석한다. 조건과 부담 중 어느 것에 해당할지가 의문스러울 때는 상대방에게 덜 침해적인 부관으로 해석해야 한다고 말한다. 이것이 상대방에게 '대체로' 유리하기 때문이다. 대체로라는 한정을 한 이유는 항상 유리하지는 않기 때문이다.

건축부지와 공공교통에 이용되는 도로 사이에 길을 낼 것을 (진정한) 조건으로 하여 갑에게 건축허가가 내려진 경우를 가정해보자. 이 사안에서 甲이 이 조건을 이유로 하여 전체 건축계획을 실행하지 않는다면 행정청은 이를 못하게 할 수 없다. 또한 행정청은 甲이 건축을 시작하지 않는 이상 그에게 길내기를 강제할 방법도 없다. 이런 사례도 생각해볼 수 있다. 레스토랑을 운영하려는 乙에게 허가심사시 지적된 영업점 건물상의 하자를 업소개장 이전에 제거할 것을 '조건으로' 한 술집영업허가가 났다. 乙이 이 조건을 충족하려고 공사를 하는 바람에 개업이 몇 달 지연되었지만, 영업허가가 나자마자 乙에게 영업세가 곧바로 부과되었다. 을은 영업허가가 건축적 변경이라는 정지조건 하에서 내려진 것이므로 허가는 이 조건이 충족되었을 때 비로소 효력을 생긴다고 항변하였지만, 법원은 이 조건은 부담이라고 한 행정의 손을 들어주었다.[26] 조건은 기본행정행위의 효력의 발생 또는 소멸을 장래의 불확실한 사실의 성취 여부에 의존케 하므로 조건인 사실의 성취 여부가 미정인 동안은 기본행정행위의 효력 그 자체가 불확정한 상태에 놓이게 된다. 그래서 사비니가 제시한 공식이 지금도 타당하다. 즉, "조건은 연기시키나 강제하지않고, 부담은 강제하나 연기시키지 않는다."

반면 기본행정행위의 법적 효력이 부담의 이행에 의해 좌우되지 않는 점에서 부담은 조건과 구별된다. 부담이 이행되지 않아도 기본행정행위는 유효하다. 이 경우 행정은 두 개의 대응책 중에서 어느 하나를 선택할 수 있다. 즉, 부담이 이행되지 않으면 행정은 기본행정행위를 철회할 수 있다. 혹은 행정은 부담에 포함되어 있는 명령 혹은 금지를 강제집행의 방법을 동원하여 강제적으로 실행할 수 있다.[27]

마지막으로 철회권의 유보이다. 이것은 행정행위에 부가하여 특정한 경우에 행정행위를 철회할 수 있는 권리를 유보하는 부관이다. 하천점용허가를 하면서 "공익상

25) Sodan/Ziekow, *Grundkurs*, 620쪽(78장 3번).

26) PrOVG vom 6. Januar 1910, Reger 31, 447. Ernst Forsthoff, *Lehrbuch*, 215쪽.

27) Sodan/Ziekow, *Grundkurs*, 621쪽(78장 3번).

의 필요가 있다고 인정되는 때에는 취소(정확히는 철회)할 수 있다"는 점을 부가하는 경우를 예로 들 수 있다. 후술하는 바와 같이(18.1.1.), 철회의 성질상 별도의 법적 근거가 없더라도 철회권을 행사할 수 있다는 종래의 통설에 따르면 철회권을 유보하는 것이 무슨 실익이 있는가 하는 의문이 들 수 있다.[28] 이와 관련해서는 상대방에게 사후 행정행위가 철회될 수 있음을 암시함으로써 보호가치 있는 신뢰의 발생을 저지할 수 있는 실익이 있다는 설명이 있지만,[29] 철회권의 유보에 관한 독일법의 설명을 읽어보면 이 분야에서도 상대방 보호의 관점에서 매우 자유주의적 해석이 축적되고 있음을 알 수 있다.

즉, 독일 연방행정절차법 제49조 제2항 제1호에 따르면 행정행위의 철회는 철회사유가 법으로 정해져 있을 때 혹은 행정행위에 철회권의 유보가 붙어 있을 때 할 수 있는데, 철회권의 유보가 붙어있는 경우라해도 행정청은 행정행위를 자유롭게 철회할 수 있는 것이 아니라, 적절한 합리적 이유가 있을 때에만 철회할 수 있다고 한다. 또한 철회권의 유보에 제약이 없다면, 즉 특정한 상황조건에 따른 제약이 없다면, 철회권의 유보를 사용하는데 합리적인 이유만 있으면 충분하지만, 그러한 제약이 있는지 여부는 직접 철회권유보의 문언을 보고 판단해야 하는 것이지, 행정행위에 붙은 이유제시가 기준이 되어서는 안 된다는 식의 설명도 덧붙인다. 나아가, 행정이 행정행위에 위법하게 철회권의 유보를 붙였지만, 상대방이 이에 대해 아무런 조치를 취하지 않고 있다가 존속력이 발생한 경우에 어떻게 할 것인가 하는 문제에서 일부 학설은 부관의 위법성을 재량행사의 위법 여부를 판단할 때 고려하거나 아니면 아예 철회가능성을 전면적으로 부정하는 쪽을 택한다.[30]

16.2.2. 부관의 한계, 하자 있는 부관과 그에 대한 쟁송

부관을 붙일 수 있다고 하더라도 부관을 붙이는 데에는 한계가 있다. 법령에 저촉되어서는 안 되고, 법률이 정하는 목적을 일탈해서도 안 된다. 또한 행정행위 본체의 목적에 비추어 필요한 한도를 넘어서는 안 된다.

부관의 한계와 관련하여 사후부관의 가능성도 문제가 된다. 부관의 시간적 한계이

28) 김철용, 2024, 302쪽.

29) Maurer/Waldhoff, 382(12장 9번).

30) Sodan/Ziekow, *Grundkurs*, 661쪽(82장 19번).

기도 하다. 학설과 판례는 원칙적으로 이를 부정하지만, 법령이 명시적으로 이를 허용하거나 행정행위를 할 당시에 사후부관을 미리 유보한 경우 그리고 상대방의 동의가 있는 경우에는 허용된다고 본다. 「행정기본법」 제17조 제3항은 이런 다수설과 판례의 입장을 명문화했다.

부관이 그 한계를 넘으면 하자 있는 부관이 된다. 부관에 하자가 있는 경우, 즉 위법한 경우에는 그 부관의 효력은 행정행위의 하자이론에 따라 무효이거나 취소할 수 있는 부관이 된다. 부관의 하자가 중대·명백하지 아니하여 취소할 수 있는 정도에 그칠 때에는(단순위법), 부관이 취소될 때까지는 이 하자는 본체인 행정행위에 아무런 법적 영향이 없다.[31] 문제는 부관의 하자가 중대·명백한 경우이다. 다음과 같은 세 가지 설명이 가능하다. ① 부관이 없는 행정행위로서 유효하다. ② 행정행위 전체가 무효로 된다. ③ 부관이 행정행위의 본질적 요소가 되는 경우에만 행정행위 전체가 무효로 된다. 제3설이 통설이다. ①은 상대방에게 유리한 해석이고, ②는 행정청에 유리한 해석이다. 본질적 (구성) 요소 혹은 중요 요소의 판단에서는 행정청의 의사가 중요한 의미를 갖지만(주관설), 관계법규의 취지나 당해 행위의 성격이나 내용 등도 동시에 고려해야 한다.[32]

다음, 부관에 대한 독립쟁송가능성, 독립취소가능성 문제를 살펴보자. 이 쟁점은 부관인 하자가 단순위법에 그칠 때, 하자 있는 부관에 대한 행정쟁송을 어떻게 할 것인가에 대한 논의이다.

판례는 부담 외의 부관에 대해서는 독립된 쟁송 제기를 인정하지 않는다. 그러면 나머지 부관, 즉 조건, 기한, 철회권의 유보 등에 대해서는 어떻게 다투어야 하는가? 참고로 이러한 경우 학설은 이른바 부진정 일부 취소소송을 제기하면 된다고 보나, 판례는 그러한 청구도 허용하지 않는다. 즉, 학설은 부담 이외의 경우에 형식적으로는 부관이 붙은 행정행위 전체를 취소소송의 대상으로 하되, 내용적으로는 행정행위의 일부취소로서 부관만의 취소를 구하는 소송을 제기하면 된다고 하나(행정소송법 제4조 제1호 참조), 판례는 이를 수용하지 않는다. 예컨대 어업면허처분 중 그 유효기간만의 취소를 구한 것을 부적법하다고 각하하였고,[33] 행정재산의 사용·수익 허가기간의 취소를 구한 사건에서 행정행위의 부관은 부담인 경우를 제외하고는 독립하

31) 김유환, 2024, 203.

32) 김동희/최계영, 행정법 I, 310.

33) 대법원 1986. 8. 1. 선고 86누202 판결.

여 행정소송의 대상이 될 수 없으므로" 사용·수익 허가기간만 독립해서 다툴 수 없다고 하여 소를 각하하였다.[34] 그러면 어떻게 해야 하나? 대법원은 그냥 '유효기간이 붙은 어업면허처분 전체의 취소를 구한다'는 방식으로 소송을 제기하라고 하며(예비적 청구로라도), 그렇게 했을 때 법원은 부관부 행정행위 전체를 심사하여 위법하면 전체를 다 취소해야 한다고 한다. 즉, 부관만의 독립취소가능성을 부인한다. 다만, 부관부 행정행위 전체를 심사하여 위법한 부관 부분이 부담이라면 부담만의 일부취소는 인정한다.

부담만의 독립쟁송가능성이 인정된다고 해서 부담의 경우에는 항상 부담만의 독립쟁송이 이루어질 것이라고 생각해서는 안 된다. 앞에서 배웠듯이 부관 중 '조건'이라고 되어 있는 것이 조건인지 부담인지 모호할 경우도 있으므로, 부담이 붙은 부관부 행정행위 전체를 쟁송의 대상으로 삼는 경우도 얼마든지 있을 수 있다. 또한 부담은 독립해서 다투어지는 경우는 물론, 부담이 붙은 부관부 행정행위로 전체가 다투어지는 경우에도 독립취소가 가능하다. 그런데 부담의 독립취소가능성을 인정하는 입장이라면 (부담이 붙은 전체행정행위를 심판대상으로 하더라도 부담만 일부 취소해줄 수 있는데) 굳이 부담만의 독립쟁송가능성을 인정할 실익이 있는지가 논의될 수 있으나 독립쟁송가능성이 인정되면 집행정지 등의 가구제 제도를 활용하는 데 편리하다는 장점이 있다.[35]

이런 방식을 취하지 않고, 부관부 행정행위를 부관 없는 행정행위 또는 다른 내용의 부관이 부가된 행정행위로 변경해줄 것을 신청한 후 이에 대한 불허가처분을 기다려 그 처분을 다투는 취소소송을 제기하는 방법도 있다.[36] 이런 우회적인 방법을 거쳐야 부담 외의 부관을 다툴 수 있는 셈이다.[37]

그렇다면 법원은 왜 이렇게 판단할까? 법원은 부관을 독립해서 다투게 하고 그리고 법원이 나서서 부관만을 독립해서 취소하게 되면, 주된 행정행위가 이제는 실정법의 내용에 비추어 위법한 상태가 되거나, 공익에 반하는 결과가 발생하지 않을까

34) 대법원 2001. 6. 15. 선고 99두509 판결.

35) 학설 중에는 부담을 독립해서 다툴 수 있다고 해서 언제나 독립해서 취소할 수 있는 것은 아니라고 보는 견해도 있다. 이에 따르면 부담이 행정행위의 본질적 요소인 경우에는 부담 이외의 부관과 마찬가지로 부담만의 취소는 인정하지 않는다. 그러나 판례는 본문에서 보았듯이 취소소송의 대상이 부담에 대한 것이든 전체 처분에 대한 것이든 부담만의 취소를 인정한다.

36) 대법원 1990. 4. 27. 선고 89누6808 판결.

37) 김철용, 2024, 309쪽 참고.

우려하는 듯하다.[38] 공익에 반하다는 건 이런 의미다. 행정행위와 부관은 행정청의 단일한 재량결정에 터잡아 이루어진 것인데, 당해 부관만 독립해서 재판상 취소해버리면 행정청의 통합적인 공익적 판단은 어그러지고 만다. 재판 이후의 이러한 상태를 시정하기 위해 행정기관 스스로 “부관이 떨어져 나가 위법하게 된 본 행정행위”를 철회하거나 새로이 적법한 부관을 부가하여 전체 행정작용의 적법성을 회복해야 하는데, 행정기관이 그렇게 하지 않고 방치하면 법원의 판결 결과로 인해 또 다른 불법이 발생한다는 점을 생각하지 않을 수 없으므로 이런 법리가 만들어졌다고 설명한다. 반면 “잔여행정행위가 행정청이 의도한 것이 아니라거나 위법이라거나 하는 문제는” 법원이 “터치할 수 없다. 청구취지를 벗어난 것이다. 취소판결이 내려진 후 행정청이 다시금 알맞은 부관을 부가하거나 아니면 잔여행정행위를 폐지(취소·철회)하면 된다”는 견해도 있다.[39]

더공부해보기/생각해보기/토론하기

1. 현행법상 기부채납이 가장 많이 활용되는 영역은 주택건설사업, 특히 도시정비사업이다. 그러나 이 영역에서의 기부채납제도는 그 정체가 불분명하였고, 법적 규율도 제대로 이루어지지 못했다. 기부채납의 의의, 법적 근거, 현황과 문제점에 대해 조금 더 깊이 들여다보자. 아울러 기부채납을 통해 표현되는, 관(官)과 토건업자(그리고 금융)가 맺은 개발연대가 한국 자본주의의 어떤 특수성을 드러내는지도 토론해보자.

본문에서는 주택단지조성시 도로, 공원 등 공공시설의 설치를 주택단지조성자 혹은 주택단지입주자의 부담으로 지우고 싶어도 현행법에는 이에 관한 규정이 없어서 주택단지건설사업승인을 하면서 행정행위의 부관으로 기부채납을 이용한다고 설명했다. 그러나 현재의 법률 규정을 보면 ‘현행법에 규정이 없다’는 말은 다소 수정이 필요하다. 「국유재산법」은 기부채납을 “국가 외의 자가 제5조 제1항 각 호에 해당하는 재산의 소유권을 무상으로 국가에 이전하여 국가가 이를 취득하는 것”으로 정의하고 있다(제2조 제2호).[40] 그런데 「국유재산법」은 기부채납을 받을 수 있는 경우

38) 芝池義一, 行政法總論講義, 有斐閣, 2001, 194쪽 참고.

39) 김중권, 2025, 440-441쪽.

와 받아서는 안 되는 경우 그리고 기부채납 절차 등을 규정할 뿐(제13조 제1항 및 제2항),[41] 기부채납을 요구할 수 있는 법적 근거는 아니다. 그렇다면 기부채납을 요구할 수 있는 법적 근거는 정말 없는가?

우선 「국토의 계획 및 이용에 관한 법률」은 개발행위를 허가할 때(제57조 제4항)[42]와 도시 · 군계획시설사업에 대한 실시계획을 인가할 때(제88조 제3항 제2문)[43] 개발사업자에게 기반시설의 설치 등을 요구할 수 있다고 규정하는데, 이 조문들을 기부채납을 요구할 수 있는 근거조문으로 보기도 한다. 그 밖에 사업과 무관하거나 과도한 기부채납을 원칙적으로 금지한 「주택법」 제17조라든가 「도시 및 주거환경정비법」 제51조 등이 기부채납의 근거조문들로 거론된다. 다만, 법적 근거의 측면에서 모호한 이들 조문이 없다고 하더라도 개발행위허가나 실시계획인가는 전형적인 재량행위이므로 이런 처분을 하면서 기반시설의 설치라는 조건을 기부채납의 형식으로 붙이는 것은 부관의 법리상 법적 근거가 없어도 가능한 것은 사실이다.

한편, 주택단지를 조성하면서 도로, 공원 등 공공시설을 주택단지조성자 혹은 주택단지입주자의 부담으로 지우기 위해 기반시설의 설치를 요구하는 것은 주민의 입장에서 보면 형평의 원칙에 부합한다고 생각할 것이다. 그렇게 하지 않으면 결국은 국가나 지방자치단체가 부담하게 되고 이는 궁극적으로 주민 부담으로 되기 때문이다.[44] 그래서 기부채납 실무를 지지하는 입장에서는 법적 근거가 있건 없건 이런 식의 '적극행정'은 필요하다는 주장을 할 것이다. 반면 개발사업자는 이에 동의하지 않는다. "국가의 존재 이유 중 하나는 도로, 공원, 학교 등의 기반시설 공급"이다. "국가는 이를 위해 개인, 기업 등 타 경제주체로부터 세금을 징수"하는 것이므로 "재정만으로 대규모 개발사업에 따른 기반시설 수요급증을 감당하기 힘들 경우에만 원인자 부담원칙에 따라 민간에 기반시설을 요구하는 것이 타당"하다고 생각한다.[45] 이들 입장에서는 기부채납 형식의 기반시설의 설치요구는 원칙적으로 법적 근거를 요한다고 본다.[46] 실제로 전경련 보고서는 기부채납의 개선방향을 "협상(사람)에 의

---

40) 「공유재산 및 물품관리법」, 즉 공유재산법도 동일한 정의조항을 두고 있다(제2조 제3호).

41) 「공유재산 및 물품관리법」 제7조 제1항 및 제2항도 같은 내용이다.

42) "특별시장 · (…) · 시장 또는 군수는 개발행위허가를 하는 경우에는 대통령령으로 정하는 바에 따라 그 개발행위에 따른 기반시설의 설치 또는 그에 필요한 용지의 확보, 위해 방지, 환경오염 방지, 경관, 조경 등에 관한 조치를 할 것을 조건으로 개발행위허가를 할 수 있다."

43) "이 경우 국토교통부장관, 시 · 도지사 또는 대도시 시장은 기반시설의 설치나 그에 필요한 용지의 확보, 위해 방지, 환경오염 방지, 경관 조성, 조경 등의 조치를 할 것을 조건으로 개발행위허가를 할 수 있다."

44) 박균성, 2021, 252쪽.

45) 박병준, 기부채납 제도의 문제점과 개선방안(규제개혁 시리즈 16-05), 전국경제인연합회, 2016, 1쪽.

46) 배병호/양은영, "국내외 기부채납제도의 비교법적 검토", 토지공법연구 제76집, 2016, 288쪽 이하.

한 기부채납을 기준(시스템)에 의한 기부채납으로 전환"하는 쪽으로 잡으면서 "① 기부채납 수준에 대한 기준명확화", "② 개발사업단계별 추가적 기부채납 요구 금지" 등을 구체적으로 요구하고 있다.[47] 그리고 실제로 ①의 요구에 포함되어 있던 과도한 기부채납 금지 규정이 「도시 및 주거환경정비법」 전부개정 시 새로 도입되었다.

행정이 재량을 발휘하여 기부채납 형식으로 개발사업을 진행하는 것은 공공재를 자의적으로 '매각'하는 결과를 빚을 수 있어 문제인 것은 사실이다. 이런 점 때문에 본문에서는 기반시설부담금 형식의 행정이 필요하다고 지적한 것이다. 그런데 개혁의 방향이 이런 식으로 명확한 제도화가 아니라 기부채납의 법적 근거 제시 및 과도한 기부채납 금지와 같은 식으로 흘러가면, 또한 이런 식으로 법치행정의 강화만을 주장하면 이는 자칫하면 개발연대의 주도권만 관에서 개발업자 · 기업으로 넘기는 결과를 빚을 수 있음도 유의해야 한다.

2. 본문에서는 기부채납 부관 같은 것이 법의 불비를 보충하고 행정을 할 때 형평성을 보장하고 이해관계를 조절할 수 있지만, 과연 현실에서 이런 기능이 제대로 실현될 수 있을지 의문을 제기했다. 이 점에 대해 조금 더 따져보자.

박균성 교수는 부관의 기능을 구체적으로 예시한다. 이런 서술은 추상적으로 느껴지는 제도를 이해하는 데 도움을 준다. 박교수는 부관이 '긍정적'으로 기능하는 또다른 사례로 본문에서 설명한 기부채납 외에 공유수면매립시 기성 매립지를 연고자에게 분양하라는 부관이라든가 개발에 관한 허가를 하면서 환경보호를 조건으로 붙이는 것 등을 들고 있다.[48] 그런데 본문에서도 비판했듯이 이런 부관이 제대로 작동할지도 의문이지만, 설사 작동한다고 하더라도 개발사업을 허가하고 승인하는 행정청에게 그와 같은 권한(권력)을 주는 것이 타당한지, 나아가 그런 부관들이 개발사업을 빠르게 진행하기 위한 하나의 알리바이 혹은 촉진 기능을 수행하는 것은 아닌지 깊이 따져보아야 한다.

중요한 것은 개발사업에 대한 승인과 그에 따른 이해조정을 행정의 재량적 판단에 맡겨서는 안 된다는 사실이다. 그와 같은 권한은 분명한 법적 근거와 (주민) 참여절차에 의해 행사되고 통제되어야 한다. 현재 법원은 기부채납의 경우 행정청과 사업시행자 둘만의 협의로도 정할 수 있다고 판시하고 있으므로 이런 통제는 더욱 더 중요하다. 행정이 재량을 행사한 결과 개별 사안에서는 "형평성이 보장되고 이해관계의 조절"이 이루어질 수도 있을 것이다. 그러나 행정법 해석에서는 항상 객관적

---

47) 박병준, 앞의 보고서, 14쪽 이하.

48) 박균성, 2021, 252쪽.

제도보장의 중요성을 간과해서는 안 된다. 제15장의 주민등록신고수리거부처분취소 소송 사례를 다시 거론해보자. 이 판례를 보면서 나는 노숙인이 이런 소송을 제기한다면 어떻게 될 것인가 하는 질문을 던졌다. 노숙인에게도 복지를 전달할 수 있게 하기 위해서였다. 이것은 주관적 권리구제의 길이다. 그런데 이와 전혀 다른 발상을 하는 사례도 있다. 2023년 1월 1일부터 독일은 기존의 실업급여 제도('하르츠 Ⅳ')를 대신할 시민수당 제도를 실시하고 있다. 노숙인들도 이 수당을 수령할 수 있다. 주소가 없어도 실업급여의 수령이 가능하다. 제도를 그렇게 설계했다. 독일의 시민수당 제도는 우리가 주관적 권리구제를 추구하더라도 늘 객관적 제도보장의 시각을 놓치면 안 된다는 교훈을 준다.

3. 甲은 A광장 앞 집회와 집회 이후의 시위행진을 미리 경찰 乙에 신고하였으나, 乙은 시위행진의 노선을 변경하여 이를 '교통질서 유지를 위한 조건 통보서'라는 서식으로 甲에게 통보하였다. 갑은 이에 대해 어떻게 다투어야 하는가? 노선변경은 행정행위의 부관으로 볼 수 있는가? 이 경찰행정법적 쟁점의 판단에서 헌법상의 기본권은 어떤 역할을 하는가?

행정행위의 부관의 개념 및 종류와 관련하여 유사개념과의 구분을 둘러싼 논의들이 있다. 예컨대 법률효과의 일부배제가 행정행위의 부관인가 하는 물음에서부터 부담유보(Auflagenvorbehalt)[49]를 부관으로 볼 것인지, 수정부담(sog. modifizierende Auflage)도 허용되는지 하는 질문에 이르기까지 여러 쟁점들이 있다. 부담유보는 행정행위의 효과(예컨대 인근주민에 대한 소음공해)를 행정행위의 발령 시점에서는 아직 완전히 알 수 없고, 그렇기 때문에 나중에 행정행위를 수정할 가능성을 남겨놓고 싶을 때 사용한다. 부담유보는 독일 연방행정절차법 제36조 제2항 제5호가 인정하는 부관이지만, 우리의 경우에는 이를 부관으로 볼 것인지, 본다면 어떤 부관인지에 관한 논의가 있다.[50] 수정부담은 행정행위의 내용 자체를 수정 · 변경하는 것을 내용으로 하므로 부관이 아니라고 보는 것이 일반적이다.[51]

이처럼 무엇을 부관으로 보느냐 아니냐 혹은 A라는 부관을 무엇으로 해석할 것이냐는 행정법 도그마틱이 꼼꼼히 따지는 문제이기도 하지만, 조건과 부담의 구분에서도 언급했듯이 이것은 행정법 도그마틱만의 문제는 아니고 행정법을 해석하는 자세, 나아가 기본권과의 관계까지 모두 고려해야 하는 문제이기도 하다.

49) 사후변경의 유보, 사후부담의 유보, 부담권유보라고도 번역된다.

50) 김동희/최계영, 행정법Ⅰ, 305쪽.

51) 김동희/최계영, 행정법Ⅰ, 305쪽.

설문에 든 시위행진의 노선을 변경하여 이를 통보하는 행위는 일본 행정법학 내에서 실제로 다투어진 사례였다. 일본국 헌법 제21조는 우리 헌법 제21조와 그 문언이 다르다. 즉, 동조 제1항은 "집회, 결사 및 언론, 출판, 그 밖에 모든 표현의 자유는 보장된다"고 하고 제2항에서 "검열을 하여서는 아니된다. 통신의 비밀을 침해하여서는 아니된다"고만 하여, "언론 · 출판에 대한 허가나 검열과 집회 · 결사에 대한 허가는 인정되지 아니한다"고 규정한 현행 헌법 제21조 제2항과는 차이를 보인다. 그래서 우리 헌법해석상으로는 집회에 대한 허가가 인정되지 않는다고 보지만, 일본 행정법교과서에는 가령, "집회행진을 '허가'할 때 진로변경의 부관을 붙이는 사례가 등장한다. 집회행진을 허가처분이라고 생각하면 진로변경의 부관은 일부거부처분으로 보아 부관부분만의 집행정지가 가능하게 된다.[52] 그러나 이 경우 허가 없는 집회는 가능하지 않으므로 (부관부문만 집행정지되어도-필자 추가) 거부처분 이전의 상태와 다를 바 없어 원래의 집회코스를 행진하는 것은 가능하지 않다. 여기서 통설은 이 부관을 부담부 신고수리라고 해석하여 부담부분에 대한 법원의 집행정지가 나오면 신청자는 당초의 노선대로 행진할 자유가 회복된다고 해석하기도 한다"[53]라는 설명이 등장한다. 시오노 교수는 이런 통설을 비판하며, 노선변경을 '부담'이라고 해석할 것이 아니라 바로 본체의 문제로 생각해야 한다는 견해를 피력한다. 집회시위행진에서 진로는 신고부분의 중심, 행정행위의 가장 중요한 내용에 해당하므로 이것은 부담이 아니다. 신청을 행정청이 변경하여 처분한 것이므로 변경처분으로 보는 것이 옳다. 따라서 노선변경은 '변경허가'로 보아야 하고, 이 변경허가를 신청거부처분과 신청변경을 전제로 하는 허가처분으로 분해하여 거부처분의 취소소송을 제기하는 것이 가능하다고 한다.[54]

집회 · 결사에 대한 허가가 가능한가 하는 논점은 일단 유보해두면, 기본권의 관점에서 보면 시오노 교수의 해석이 타당하다. 왜냐하면 집회의 자유란 집회의 장소와 시간, 방법을 선택할 자유를 의미하기 때문이다. 집회의 장소로 도로를 선택하고 행진의 방향을 정하는 것은 집회의 자유의 본질적인 내용인데, 이것을 변경하여 통보하는 것을 부관으로 보는 것은 맞지 않다. 그러므로 논리적으로는 노선변경통지는 부관으로 다툴 것이 아니라 일종의 수정부담으로 보아야 한다. 이상의 설명을 통해 알 수 있듯이 부관이냐 아니면 수정부담이냐 하는 것도 행정법 도그마틱만으로는 해결할 수 없고, 기본권 해석론과 연계해야 비로소 답이 나오는 것이다.

---

52) 우리의 경우에는 거부처분에 대해 집행정지가 가능한가에 대해 논란이 있고 학설과 판례는 대체로 부정설의 입장을 취한다.

53) 大浜啓吉, 行政法総論, 岩波書店, 2006, 229쪽.

54) 塩野宏, 서원우/오세탁 공역, 일본행정법론, 법문사, 1996, 145쪽 각주 22번. 또한 大浜啓吉, 위의 책, 229쪽.

일본에서의 논의는 이 정도로 해두고, 다시 우리 헌법해석으로 돌아와보면, 집회신고는 앞서 지적했듯이 허가의 대상이 아니다. 그래서 乙이 시위행진의 노선을 변경하여 이를 '교통질서 유지를 위한 조건 통보서'라는 서식으로 甲에게 통보하였다면 법적으로는 어떻게 대응할 수 있을까? 이것은 행정행위의 부관론으로 접근할 것이 아니라 신고와 수리의 법리로 바로 설명해야 한다.

집회 · 시위의 자유의 헌법적 가치와 기능 및 헌법상 집회허가제의 금지를 감안하면, 집회시위신고는 수리를 요하는 신고가 아니라 정보제공적 신고로 보아야 한다.[55] 따라서 신고가 행해진 이상 집회 · 시위의 자유의 견지에서, 별도의 법적 쟁송 없이 곧바로 집회 · 시위에 나서면 되며, 시위행진의 노선도 원래 집회개최자가 신고한 대로 진행하면 된다. 노선변경을 내용으로 하는 조건 통보는 집회신고에 대한 부분적 반려(거부)에 해당하지만, 이 또한 집회금지의 효과를 직접적으로 발생시키지 않는 사실행위로 보아야 한다.[56]

55) 같은 취지로 김중권, 2025, 317쪽.

56) 김중권 교수는 "집회금지통고가 내려지지 않는 한, 집회신고의 반려는 집회금지의 효과를 직접적으로 발생시키지 않는다. 사실행위에 불과하다"고 한다. 김중권, 2025, 317-318쪽.

17

행정행위의 하자

17.1. 행정행위의 성립과 발효, 적법성과 유효성

17.1.1. 행정행위의 성립요건과 발효요건

행정행위는 일정한 법률관계를 규율하는 것을 목적으로 하므로, 개개의 행정행위가 그와 같은 규율을 낳을 수 있는 상태에 도달하는 것을 '행정행위의 효력이 발생했다' 혹은 '행정행위가 발효했다'라고 말한다. 행정행위가 효력을 발하려면, 즉 발효하려면 그전에 먼저 행정행위가 적법하게 성립해야 한다.[1] 물론 행정행위 중에는 성립과 동시에 효력이 발생하는 것도 있지만, 성립 이후에 발효를 위해 통지를 해야 하는 경우가 오히려 일반적이다. 행정행위가 적법하게 성립하려면 행정청이 해당 안건을 검토한 뒤 - 주체, 내용, 형식에 관한 적법요건을 전부 검토하고 절차를 거친 뒤 - , 일정한 '처분' 등을 결정하는 것만으로는 안 되고, 이를 대외적으로 표시해야 한다.[2] 법률은 공포되어야 법률로 성립하는 것과 같은 이치다.[3]

행정행위의 표시에 요식주의 원칙이 적용되는 것은 아니므로, 표시는 구두로 한다

---

1) 행정행위의 성립요건과 적법요건은 구분해야 한다는 견해도 있다. 논리적으로는 성립해야 적법·위법 여부를 따져볼 수 있으므로 이 말도 크게 틀린 것은 아니다. 행정행위의 성립요건을 결여하면 행정행위는 부존재한다고 말할 수 있다. 그러나 현행 행정소송법상 무효 등 확인소송에는 무효확인소송과 함께 부존재확인소송도 명시하고 있으므로 성립요건(결여하면 부존재)과 적법요건(결여하면 취소 혹은 무효)을 구분할 실익은 크게 없다.

2) 小早川光郎, 行政法講義(上), 弘文堂, 1999, 282쪽.

3) Maurer/Waldhoff, 254쪽(9장 71번). 또한 헌법 제53조 제7항 참조.

든지 사람이나 기계의 동작(예컨대 교통신호등에 의한 신호)으로 하기도 한다. 그러나 법률에서 행정행위의 표시를 문서의 작성 및 공부(公簿)상의 등재와 같은 일정한 방식을 요구하는 경우도 드물지 않다. 문서에 의한 행정행위라면 그 행정행위는 행정행위의 상대방(처분의 상대방) 혹은 그 밖의 관계자에게 통지한다든지 일반대중을 상대로 공고해야 성립하는 것이 원칙이다. 이처럼 행정행위는 결정되고, 또한 대외적으로 표시되는 것에 의해 성립한다. 한편, 문서에 의한 행정행위의 경우, 아직 대외적으로 표시되시 않은 행정행위지만 결정은 되고 문서가 갖추어진 단계를 행정행위의 내부적 성립이라고 한다.

행정행위가 내부적으로 결정되고(내부적 성립), 외부적으로 표시되었다면(외부적 성립), 다음은 효력발생단계로 넘어간다.[4] 통지나 공고를 한 행정행위는 그 통지나 공고가 효력을 발생해야 비로소 효력이 발생한다. 통지는 보통은 문서나 문서의 내용을 상대방에게 송달하는 방식으로 이루어진다. 그러므로 송달은 통지의 특별한 형식인 셈이다.[5] 이 송달이 적법하게 이루어지지 않으면 행정행위는 효력을 발생하지 않는다. 그래서 「행정절차법」도 이 송달에 관해 규정하지만(동법 제14조) - 우편송달, 교부송달, 정보통신망 이용 등의 방법(이메일 송달)에 의하여 함이 원칙이고 예외적으로 공시송달을 할 수도 있다 - 이와 관련한 대법원 판례도 꽤 있다. 예컨대 우편송달을 했는데 상대방이 부당하게 우편물의 수취를 거부함으로써 그 우편물의 내용을 알 수 있는 객관적 상태의 형성을 방해하는 것은 신의성실의 원칙에 반하여 허용되지 아니하므로 원칙적으로 수취 거부 시에 의사표시의 효력이 발생한다고 하거나,[6] 아르바이트 직원에게 한 송달은 피용자에 대한 송달로 적법하지만,[7] 아파트경비원에게 한 송달은 교부송달의 대상자가 아닌 자에 대한 송달로서 적법하지 않다고 하는 식이다.[8]

4) 행정행위의 성립과 효력발생을 구분할 수 있는 대부분의 경우 이렇다는 것이고, 성립과 동시에 효력이 발생하는 예외적인 경우는 이런 단계적 구분이 불가능하다.

5) Maurer/Waldhoff, 256쪽(9장 76번).

6) 대법원 2020. 8. 20. 선고 2019두34630 판결.

7) 대법원 1999. 12. 28. 선고 99두9742 판결.

8) 대법원 1995. 11. 24. 선고 95누11535 판결.

송달과 관련한 독일의 흥미로운 사례로는 이런 것이 있다. 베를린을 흔히 다양성의 도시라고 한다. 그런데 이렇게 된 데에는 독일 분단 이후 베를린의 특수한 지위가 한 역할을 했다. 그 중에서도 특히 병역의무가 중요했다. 서독은 1955년에 헌법개정으로 재무장하며 병역의무를 재차 도입했다. 그러나 서독의 병역법(1956년)은 베를린에 적용되지 않았으므로 만 18세에 베를린에 생활의 근거지인 주소를 둔 자는 병역의무가 없었다. 문제는 18세 이후에 베를린으로 주소 이전한 사람의 지위였다. 1965년까지는 이런 자들에 대해서도 병역의무를 면제했다. 이런 결론은 1956년 병역법 제1조의 반대해석으로부터 도출되었다.[9] 그에 따르면 병역의무는 "만 18세이상의, 기본법에서 말하는 독일인"이며, "이 법률이 적용되는 지역에 생활의 근거를 둔 자"가 진다. 패전 이후 베를린의 특수한 지위 때문에 베를린에는 서독의 병역법이 적용되지 않았다.

그러다가 1965년에서부터 1969년까지는 병역소집통지가 송달되기 전에 주소를 이전한 사람에게만 병역의무를 면제했고,[10] 1969년 이후로는 허가없이 주소를 이전한 경우에는 병역의무를 면제하지 않는다고 재차 병역법을 개정했다.[11] 그러나 연합국베를린관리청(베를린을 관할하는 4연합국 공동의 최고관리기구)의 규정에 따라, 송달 전에 주소 이전을 한 경우라면, 더 이상 베를린 주소지로 병역통지서를 송달할 수 없다고 하여, 1969년 이후에도 1965년 개정법률의 조항이 그대로 적용되었다.[12] 연방행정법원은 "병역통지가 발령되기 이전에 병역법 적용지역에서 베를린으로 이주한 베를린 거주 병역대상자에 대한 병역통지의 송달은 3개국(미, 영, 프)에 의해 승인되지 않았으므로 베를린 유보조항에 반한다. 따라서 병역통지의 송달 및 병역통지의 발령은 무효"라고 판시했다.[13] 결국 1969년 이후에도 '무단으로' 생활의 근거지를 베를린으로 옮긴 자들도 군대를 가지 않았다. 송달이 불가능했기 때문이다. 결국 베를린으로 이주한 '청년'들은 사실상 군대를 안 갔다. 그래서 어떤 결과가 발생했는가? 분단시대 베를린에는 일자리가 많지 않았다. 인구가 늘어날 유인이 없었다. 대신 예술가, 성소수자, 정치적 급진파들이 여기로 몰려들었다. 베를린이 어떻게 해서 무지개 도시가 되고 주택점거운동의 본거지가 되었는지를 알 수 있게 하는 역사적 사실이다.[14] 송달이 이렇게나 중요하다!

---

9) BGBl. I S. 651; BT-Drs. II/2303.

10) 제3차 병역법개정법률(1965. 3. 26, BGBl. I S. 162; BT-Drs. IV/2346) 제1조 제3항. BVerwG, Urteil vom 24. Mai 1967, VIII C 77.67 = BVerwGE 27, 123.

11) 제7차 병역법개정법률(1969. 9. 3, BGBl. I S. 1567; BT-Drs. V/3770) 제1조 제3항 제2호; BVerwG, Urteil vom 13. Februar 1974, VIII C 38.73.

12) BK/L (69) 29 vom 8. August 1969, Nr. 6b.

13) BVerwG, Urteil vom 27. Juni 1973, VIII C 167/69.

고시에 의한 행정처분의 경우에는 이해관계를 갖는 자가 고시가 있었다는 사실을 현실적으로 알았는지 여부에 관계없이 고시가 효력을 발생한 날에 행정처분이 있음을 알았다고 보아야 한다.[15] 고시·공고 등 행정기관이 일정한 사항을 일반에 알리기 위한 공고문서의 경우에는 그 문서에서 효력발생시기를 구체적으로 밝히고 있지 않으면 그 고시 또는 공고가 있은 후 5일이 경과한 때에 효력이 발생한다(「행정효율과 협업촉진에 관한 규정」 제6조 제3항).[16] 다만 「행정절차법」 제15조 제3항은 "공고일부터 14일 시난 때" 송달의 효력이 발생한다고 규정하고 있다. 이것은 불특정 다수인에 대한 고시·공고와 달리 "송달받을 자의 주소등을 통상적인 방법으로 확인할 수 없는 경우" 그리고 "송달이 불가능한 경우", 특정인에게 하는 공시송달과 관련한 내용이어서 앞에서 설명한 "고시 또는 공고가 있은 후 5일이 경과한 때"에 효력을 발생한다는 것과는 구분해야 한다.

한편, 위에서 말한 적법요건을 제대로 검토하지 않거나 거치지 않고 – 예컨대 「행정절차법」상 사전통지와 의견청취가 필요한 사안인데 이를 거치지 않고 – 대외적으로 표시하고, 이를 상대방에게 통지한 경우라면 그 행정행위는 위법하다. 그렇다면 위법한 행정행위는 무효가 되는가? 이제 이 문제를 적법성과 유효성의 문제로 다루어보자.

17.1.2. 하자론의 중심적 과제 – 법률행위와 행정행위의 차이

행정행위가 적법하게 성립하지 못하면 그 행정행위의 '운명'은 어떻게 되는가? 법률효과가 발생하지 않는 무효인가 아니면 불완전하게 발생하는 취소할 수 있는 행위에 그치는가? 이에 대해서는 법령에 일반적인 규정이 있는 것은 아니어서 예전부터 논쟁이 있었다. 행정행위가 적법하게 성립하지 못하면 이를 두고 '행정행위가 위법하다'라고 말한다.[17] 위법한 행정행위의 효력에 관해 논의하는 것이 행정행위의 하자론인데, 종래 이를 행정행위의 무효와 취소로 나누어 설명해왔다. 원래 행정행위의 무효와 취소 법리는 민법상 법률행위의 무효와 취소 법리에서 유래한다. 이미

---

14) 베를린 주택점거운동에 관해서는 필자의 다음 책을 참고할 것. 이계수, 반란의 도시, 베를린, 쓰리체어스, 2023, 106-125쪽.

15) 대법원 2006. 4. 14. 선고 2004두3847 판결.

16) 김유환, 2024, 179쪽.

17) 행정행위의 하자에는 위법 외에 (행정심판의 대상인) 부당이 포함될 수는 있지만, 중요한 것은 행정에 대한 법적 통제이므로 하자라고 하면 곧 위법한 행정행위를 의미한다고 보아도 무방하다.

행정행위와 법률행위의 성질상의 차이는 누누이 설명하였다. 그에 맞게 무효와 취소의 법리도 양자에서 본질적으로 다르다. 그렇다면 왜 통일적이어야 할 하나의 법질서 내에서 이러한 차이가 발생하는가?

하자론의 중심과제가 다르기 때문이다. 민법상 법률행위의 하자론은 의사자유의 원칙에 입각하여, 의사표시자 보호의 요건과 정도를 검토하는 데 중점을 둔다. 반면, 행정행위의 하자론은 행정의 법적 구속 원칙에 입각하되 법적 안정성, 행정행위의 상대방 보호도 아울러 고려해야 한다.[18] 의사무능력자의 법률행위, 강행규정을 위반하는 법률행위, 반사회질서의 법률행위, 불공정한 법률행위, 비진의표시(非眞意表示), 허위표시 등은 모두 무효이다. 다만, 제한능력자의 행위, 착오에 의한 의사표시, 사기·강박에 의한 의사표시 등은 취소할 수 있다.[19] 이처럼 민법에서는 법률행위가 (강행)법규에 위반하면 무효가 원칙이다. 법에 위반한 법률행위에 대해서는 그 효력을 인정하지 않겠다는 뜻이다. 그러나 행정행위에서는 반드시 그렇다고 할 수 없다. 오히려 위법해도 무효가 되지 않는 것이 원칙이다. 다음 두 판례를 비교해보자.

사직할 의사가 없으면서 사직서를 제출한 사례들이다. 이른바 의원면직 사건이다. 이 두 판결은 서로 다른 해결책을 제시한다. 민법관계에서는 비진의표시를 무효로 보지만, 공법관계에서는 이를 무효로 보지 않는다. 사실관계를 살펴보면 둘다 전두환 신군부에 의해 사실상 강제해직을 당한 경우에 해당한다. 판례1은 부산공동어시장 임직원이 원고이고, 판례2는 인천광역시 중구청 공무원이 원고이다. 공무원의 본질이 '공무노동자'화한 현대 공무원제도 하에서도 이런 서로 다른 결론이 타당할까?

【판례1】 대법원 1992. 5. 26. 선고 92다3670 판결 [해고무효]

근로자들이 의원면직의 형식을 빌렸을 뿐 실제로는 사용자의 지시에 따라 진의 아닌 사직의 의사표시를 하였고 사용자가 이러한 사정을 알면서 위 사직의 의사표시를 수리하였다면 위 사직의 의사표시는 민법 제107조에 해당하여 무효라 할 것이고 사용자가 사직의 의사 없는 근로자로 하여금 어쩔 수 없이 사직서를 작성 제출케 하여 그 중 일부만을 선별수리하여 이들을 의원면직처리한 것은 정당한 이유나 정당한 절차를 거치지 아니한 해고조치로서 근로기준법 제27조 등의 강행법규에 위배되어 당연무효이다.

18) 高柳信一, "公法, 行政行爲, 抗告訴訟", 公法研究 三一号, 1969, 128쪽 참고.

19) 곽윤직/김재형, 민법총칙, 380쪽.

【판례2】 대법원 2001. 8. 24. 선고 99두9971 판결 [면직무효확인등]

이른바 1980년의 공직자숙정계획의 일환으로 일괄사표의 제출과 선별수리의 형식으로 공무원에 대한 의원면직처분이 이루어진 경우, 사직원 제출행위가 강압에 의하여 의사결정의 자유를 박탈당한 상태에서 이루어진 것이라고 할 수 없고 민법상 비진의 의사표시의 무효에 관한 규정은 사인의 공법행위에 적용되지 않는다는 등의 이유로 그 의원면직처분을 당연무효라고 할 수 없다.

사인 간 법률행위는 (강행)법규가 없더라도 의사표시에 의해서 성립하고 그 효력을 인정받을 수 있으며, 실제로 법규는 법률행위의 보충적 근거이므로, 예외적으로 '강행' 법규가 존재하는 한 그에 따르도록 하는 게 옳다. 반면, 법치국가에서 행정의 법률행위는 법률의 유보를 충실히 따르는 한, 반드시 법적 근거를 필요로 한다. 법규는 행정행위의 보충적 근거가 아니라 필수적 근거이므로 만약 민법에서의 논리를 그대로 밀고가면 하자 있는 행정행위가 모두 무효가 된다는 결론이 나올 수 있다. 이를 막으려면 판결2처럼 판단해야 한다고 말한다. 이것이 통설적 견해이다.

그러나 다른 결론을 지지하는 입장도 있다. 법질서 전체에서 보면 어떠한 법적 행위에 대해 특정한 법적 요건이 요구되고 있고, 그 법적 행위가 당해 요구를 충족하지 못하는 경우의 효력은, "의심스러울 때는 자유의 이익으로"라는 법리에 따라 무효가 원칙이다. 위법한 법규범(예컨대 위헌법률, 위법한 법규명령) 및 위법한 공법상 계약은 원칙적으로 무효이다. 행정행위라고 다를 이유가 없다.[20] 그러나 대량으로 일상적으로 발령되는 행정행위에도 똑같은 결론을 내리는 것이 과연 타당한가? '활동하는' 행정을 가능하게 하려면 위법해도 효력은 유지해야 하는 경우를 인정하지 않을 수 없는 것 아닌가?

이런 반문(反問)은 우리법의 해석에도 중요한 참고가 되는 독일 연방행정절차법 제43조(행정행위의 유효성)[21], 제44조(행정행위의 무효)의 기반이 되고 있다. 이 조문들

20) 순수법학파는 행정행위의 하자의 효과로 무효만을 인정하는 것이 논리적이라고 한다(Kelsen, Merkl). 즉, 행정행위가 국가의 행위로서 국가에 법적으로 귀속(rechtliche Zurechnung)되려면 그 행위가 형식과 내용에서 모두 법규가 정하고 있는 제 요건을 충족해야 하고, 이런 요건을 결(缺)한 행위는 국가에 귀속될 수 없기 때문에 실정법상의 특별한 규정이 없는 한, 언제나 행정행위의 하자는 당연히 그 행정행위를 무효로 한다고 본다. 서원우, 현대행정법론(상), 467쪽. 이러한 해석은 자유주의 법학으로서의 순수법학의 철학에 부합한다.

21) 행정행위는 상대방 또는 관계인에게 통지된 때에 효력을 발생한다. 행정행위는 통지된 내용에 따라 효력을 발한다(제1항). 행정행위는 취소·철회 그 밖의 방법에 의해 폐지 또는 기간만료나 기타의 방

을 전체적으로 조망해보면, 행정행위의 유효성(혹은 잠정적 유효성)은 행정행위의 적법성이 아니라, 행정행위의 통지(Bekanntgabe) 및 '명백하고 중대한 법적 흠결 없음'만을 그 전제로 하고 있음을 알 수 있다. 이로써 독일의 입법자는 법적 안정성이라는 이익을 위해 유효성의 발생을 방금 말한 이 두 개의 확실한 조건과 결부시켰다고 평가받는다.[22] 이 말은 행정행위가 위법해도 위의 두 개의 조건 - 즉 통지를 하지 않았고, 명백하고 중대한 법적 흠결이 있다 - 에 해당하지 않는 한 무효가 되지는 않는다는 뜻이다. 이와 같은 입법자의 결단은 오토 마이어 이래 독일 행정법에 오랫동안 뿌리박고 있던 생각에 기초해 있다.

17.1.3. 행정법에서 위법성과 유효성의 분리 - 이른바 존속력과 공정력에 대하여

비법률가들은 다소 혼란스럽게 느끼겠지만, 위법(ungültig) · 적법(rechtsmässig)과 유효(wirksam) · 무효(unwirksam)를 구분하는 것은 법학에서는 흔히 있는 일이다. 국법행위, 행정행위가 적법하다 혹은 위법하다는 존재의 문제(합법성)와 그러한 국법행위, 행정행위에 대해 효력을 인정해 주는 당위의 문제(정당성)는 별개일 수 있다. 헌법재판소의 탄핵결정을 보면 '헌법과 법률 위반에 해당하지만, 파면을 정당화할 정도로 중대한 위법은 아니라'라는 식의 논리가 등장한다. 공법의 세계에서도 합법성의 문제와 효력 · 정당성의 문제를 일치시키는 것이 바람직하나, 그렇게 할 수 없는 상황도 충분히 있을 수 있다. 위법한데 정당성을 인정해야 하는 경우도 있고, 반대로 합법적인데 정당성은 없는 경우도 있을 수 있다. 이제 이 문제를 행정행위의 존속력 혹은 공정력이라는 쟁점을 통해 검토해보자.

오토 마이어는 민사재판의 판결과 행정행위를 비교하면서, 사인의 법률행위는 위법하면 효력을 잃지만(wirkungslos), 행정행위의 효력은 그것이 보다 더 높은 차원의 권한에 의해 부정되지 않는 한 그 효력을 유지한다고 말했다.[23] 이러한 위법성과 유효성의 분리는 오토 마이어 이래 독일 행정법학에서 100년 이상 주장되어온 것이다.[24]

법으로 제거되지 아니하는 한 유효한 것으로 존속한다(제2항). 무효인 행정행위는 효력을 발생하지 않는다(제3항).

22) Maurer/Waldhoff, 262-263쪽(10장 7번).

23) Otto Mayer, *Deutsches Verwaltungsrecht*, Bd. Ⅰ, 3. Aufl., 93쪽.

24) 홍강훈, "독자적 행정행위 효력론에 근거한 행정행위 효력의 새로운 재구성", 공법연구 제49집 제1

"법률에 위반한 판결은 위법(ungültig)해서 취소되어야 한다. (그러나) 취소되기까지 판결은 유효(wirksam)한 것으로 취급되어야 한다. 판결에 나타나 있는 관헌적 권력은 항상 무엇보다도 적법(rechtsmässig)한 것으로 스스로를 확인/증명한다(bezeugen sich). 똑같은 논리가 행정행위에도 그대로 적용된다. 위법성(Ungültigkeit)은 무효선언의 이유(Grund der unwirksamkeiterklärung)에 불과할 뿐, 무효사유(Grund der Unwirksamkeit)는 결코 아니다."[25]

가령 포르스토프는 행정행위의 공법적 효과는 공법상의 의사표시에 의해 결정되는 것이 아니라, 국가 그 자체의 권위로부터 일방적으로 유출되는 것이므로 사법상의 법률행위를 유추하여 행정행위의 효과를 따지는 태도는 잘못이라고 하면서,[26] "행정행위는 - 그것이 적법한가 아니면 흠이 있는가와 무관하게 - 모든 경우 국가권위의 공적 표명이며 그 자체로 존중될 것을 요청할 수" 있다고 말하였다.[27] 이런 설명은 그의 스승인 칼 슈미트의 다음과 같은 문장을 떠올리게 한다.

"결정은 그 순간 논증적 근거지움에 얽매임이 없이 독자적인 가치를 가지게 된다. 바로 이러한 논리는 흠있는 국가행위에 관한 이론에서 그 이론적·실제적 의미를 완전히 드러낸다. 잘못된 흠있는 결정에 법적 효과가 주어진다. 잘못된 결정은 그것이 **잘못 결정되었다**는 바로 그 사실 때문에 일종의 구성적 요소를 갖게 된다."[28] (강조는 필자)

또한 칼 슈미트는 『합법성과 정당성』에서 행정행위가 국가권위의 공적 표명으로써 그 자체로 존중될 것을 요청할 수 있는 것, 이것은 국가권력을 보유하는 자의 정치적 프리미엄의 한 내용이라고 주장하기도 했다.

호, 2020, 125쪽. 입센에 따르면 오토 마이어가 100여 년 전 명확한 명칭의 부여없이 주장한 행정행위의 적법성과 유효성(잠정적 유효성)의 분리는 현재 독일에서 존속력(Bestandskraft)으로 불리고 있다고 한다. Jörn Ipsen, *Rechtsfolgen der Verfassungswidrigkeit von Norm und Einzelakt*, Baden-Baden, 1980, 97쪽 이하. 홍강훈, 위의 논문, 126쪽에서 재인용.

25) Otto Mayer, *Deutsches Verwaltungsrecht*, Bd. Ⅰ, 1. Aufl., 100쪽.

26) Ernst Forsthoff, *Lehrbuch*, 222쪽.

27) Ernst Forsthoff, *Lehrbuch*, 224쪽.

28) Carl Schmitt, *Politische Theologie*, 37쪽.

입법국가가 스스로와 법 적용(기관들)을 기속하는 규범 수립 작용의 범위가 대단히 좁고 제한적일 수는 있겠지만 오토 마이어가 일찍이 말한 바처럼, 국가에는 "수립된 규범들 배후에 제한되지 않는 어떤 것이 존재하고 이것은 언제나 현현하기 마련이다." 그 결과, 국가권력을 단순히 보유하는 것만으로도 그저 규범주의적이고 법적일 뿐이었을 권력에 추가의 정치적 잉여가치가, 즉 다수파를 장악한 것 위에 그리고 (합)법적 권력을 (합)법적으로 보유한 것 위에 부가되는 초법적인 프리미엄(über-legale Prämie)이 생겨난다. 이 정치적 프리미엄은 평온하고 정상적인 시기에는 비교적 계산 가능하지만, 비정상화적 상황에서는 그야말로 계산 불가능하고 예측 불가능하다. 이 정치적 프리미엄에는 항상 세 가지 종류가 있다. 첫 번째는 가령 "공공의 안녕과 질서", "위험", "긴급상황", "필요한 조치", "국가 및 헌법에 대한 적대", "평화적 성향", "생존에 중대한 이익" 등과 같은 불확정개념과 재량 개념의 해석 및 집행에서 나오는 정치적 프리미엄이다. (…) 정치적 프리미엄의 두 번째 종류는 정치적으로 어려운 상황일 때 그러한 불확정 개념들에 언제나 당연히 발생하기 마련인 모호한 사안과 관련하여 국가권력을 법적으로 보유하고 있는 자는 일단 합법성을 가지는 것으로 추정되는 정치적 프리미엄이다. 마지막 세 번째 프리미엄은 국가권력을 법적으로 보유하고 있는 자가 발한 명령의 합법성이 의심스러울 때도, 심지어는 이 명령에 이의를 신청할 가능성이 있고 재판상 이의신청이 인정될 것으로 예상될 때조차 그 명령은 일단 즉각 집행될 수 있다는 것이다.[29]

이 프리미엄(세 번째)을 일본과 한국의 행정법학은 오랫동안 '행정행위의 특수한 효력'으로서의 공정력이라고 표현해왔다.[30] 과거에는 이를 칼 슈미트나 포르스토프식으로 어떤 실체적 힘, 정치적 프리미엄으로 설명하다가 점차 이를 절차법적 효력으로 완화시키기는 했지만 - 예컨대 '취소소송의 배타적 관할의 반사적 효과설'은 행정행위를 계기로 발생한 분쟁은 민사관계와 같이 권리관계의 존부(存否)를 다투는 것이 아니라, 원인행위인 행정행위를 다투게 하고 그 취소는 취소소송에 의하여만 할 수 있도록 제도설계가 되어 있음에 주목하여 이를 취소소송의 배타적 관할이라고 설명하고, 공정력은 바로 이러한 제도의 반사적 효과로 보는 식이다. 절차(법)적 효력설이라고도 한다. 공정력은 무언가 실체적인 힘이 아니라, 특별한 취소절차가 존재하기 때문에 인정되는 효력이라는 뜻이다.[31] 이런 설명을 논리적으로 일관하면 취소소송제도를 폐지하여 행정행위의 효력을 문제 삼을 것 없이 자유롭게 민사

---

29) 카를 슈미트, 김도균 옮김, 합법성과 정당성, 도서출판 길, 2016, 59-60쪽.

30) 김유환, 2024, 183쪽.

31) 김동희/최계영, 행정법Ⅰ, 322쪽 참고.

소송을 제기할 수 있게 하는 제도를 채택하면 공정력과 같은 것도 인정할 여지가 없게 된다. 미국행정법의 기본구조가 이렇다고 하는 점은 이미 지적하였다 - 행정행위는 그것이 위법할지라도 단순위법의 하자를 가짐에 불과한 경우라면 취소될 때까지는 유효한 효력이 있다고 보아왔다.

그러나 오늘날 공정력 이론은 심각하게 흔들리고 있다. 최근에는 공정력이라는 개념 대신 독일이론에 따라 존속력(Bestandskraft)이라는 개념을 사용해야 한다는 견해도 제시되고 있다.[32] 「행정기본법」 제15조가 "처분은 권한이 있는 기관이 취소 또는 철회하거나 기간의 경과 등으로 소멸되기 전까지는 유효한 것으로 통용된다. 다만, 무효인 처분은 처음부터 그 효력이 발생하지 아니한다"고 규정하였는데, 이것을 공정력을 조문화한 것이라고 해야 할지, 아니면 독일식의 존속력을 조문화한 것인지는 논란이 된다.[33]

행정행위에 정치적 프리미엄을 부여하던 전전(戰前)의 상황이 어느 정도 정리되고, 행정행위의 중심이 급부행정 영역으로 급격히 이동하였고(독일), 또한 이동하고 있는(한국) 상황이므로, 행정법에서 '합법성과 정당성'을 새롭게 논의해야 할 시기가 되었다는 지적도 새겨 들을 필요가 있다. 즉, 오늘날 행정행위의 발령에는 상대방인 시민의 참여권이 보장되고(사전), 효과적인 권리구제절차가 존재하며(사후), 나아가 수익적 행정행위의 경우, 즉 널리 급부행정에서는 '하자와 무관한 행정행위의 유효성'(fehlerunabhängige Rechtswirksamkeit) 및 존속력이 시민에게 오히려 유리하게 작용할 수 있다.[34] 이런 점을 고려하여 공정력 혹은 존속력을 새롭게 평가할 것인지 따져볼 필요가 있다.

우리 학설과 판례가 채택해온 하자승계 문제를 독일식으로 선행행정행위의 후행행정행위에 대한 실질적 존속력 문제로 대체해야 한다고 주장하는 견해를 수용할 것인지 여부도 '하자와 무관한 행정행위의 유효성' 및 존속력이 현실에서 수행하는 역할을 고려해야 어떤 결론을 내릴 수 있을 것이다. 가령 다음과 같은 주장은 어떠한가?

---

32) 홍강훈, 앞의 논문, 117쪽 이하.

33) 김유환, 2024, 184쪽.

34) Maurer/Waldhoff, 235쪽(9장 42번). 위법하게 지급된 사회복지급여라도, 공정력/존속력이 인정되기 때문에, 그것이 취소되기 전까지는 효력을 유지할 수 있다. 사실, 급부행정에서는 이런 일이 빈번히 일어난다(7.4.1. 참고).

"행정행위의 존속력(기결력)을 인정한다는 것은 마치 판결에서 기판력을 인정하는 것과 같이 행정청의 한 번 내려진 결정에 구속력을 인정한다는 것이다. 그런데 행정공무원의 다수를 법률가들이 차지하고 있어서 행정공무원에 의한 법적 판단의 정확성에 대한 기대가 높은 독일과는 상황조건이 다른 우리나라에서 이런 관념을 적용하는 것이 반드시 적절한지 의문이며, 행정의 상황탄력성이 독일보다 강하게 요구되는 우리나라에서 이러한 개념의 적용이 역기능을 나타낼 것은 아닌지에 대하여 심각한 우려가 있다."[35]

이런 행정법사회학적 고려도 중요한 포인트이다. 그러나 더 중요하게 생각해야 할 것은 선행행정행위가 후행행정행위에 대해 행하는 존속력(구속력)이 어떤 상황에서 주로 문제가 되는가 하는 점이다. 독일은 행정프로세스가 느린 나라였다. 이런 상황을 타개하는 데 이 이론이 동원되고 있는 것은 아닌지, 주가 연방법률의 집행책임까지 지며, 행정의 집행제계가 상당히 복합적인 상황에서 결정의 일사불란한 집행을 도모하기 위해 이런 이론이 동원되는 것은 아닌지도 검토해야 한다(2.3.2. 참조). 만약 후자의 지적이 타당한 면이 있다면, 이런 이론은 안 그래도 지나치게 일사분란하고 중앙집권적인 한국의 개발행정체제를 더욱더 강화하는 부정적 효과를 가져올 수 있다.

17.2. 행정행위의 무효와 취소

17.2.1. 무효인 행정행위와 취소할 수 있는 행정행위 - 구별실익과 기준

행정행위는 위법해도 무효가 되지 않는 것이 원칙이라고 했다. 무효인 행정행위는 말그대로 효력이 없으므로 누구도 그에 구속되지 않는다. 이에 반해 취소할 수 있는 행정행위는 성립 당시에는 하자가 있었지만 그 정도가 상대적으로 가볍기 때문에 일단 무효로 되지는 않으므로, 당해 행정행위를 한 행정청과 그 밖에 다른 국가기관, 그리고 국민도 이러한 행정행위를 무시할 수 없다. 즉, 시민과 행정청은 (일단) 행정행위를 존중해야 한다. 비록 적법성에 대한 의심이 있거나 나아가 그것을 부인해야 하는 경우라도 말이다.

35) 김유환, 2024, 229쪽.

취소원인이 있는 행정행위는 행정청이 이를 직권으로 취소하거나 혹은 상대방의 소송제기 등에 의해 법원이 이를 쟁송취소할 때 그 효력을 잃는다. 이것을 우리 행정법학에서는 행정행위의 공정력 문제로 다룬다. 이 공정력을 배제하려면 행정청이 직권취소해주면 좋겠지만, 그럴 일은 많지 않으므로 행정행위의 상대방은 제소기간 내에 '위법하나 무효는 아닌 행정행위'를 취소소송으로 다투어야 한다(쟁송기간의 문제). 그리고 취소소송을 관할하는 법원이 판단하기 전에는 민사법원이나 형사법원도 그 행정행위의 효력을 미리 판단할 수 없다(선결문제 판단권). 이것이 무효인 행정행위와 취소할 수 있는 행정행위를 구별함으로써 얻을 수 있는 실익으로 가장 중요하게 얘기되는 부분이다.

무효인 행정행위와 취소할 수 있는 행정행위의 구별실익으로는 그 밖에 하자의 승계, 사정판결(事情判決) 인정 등이 거론된다.[36] 또한 종래의 통설은 그 밖에 하자의 치유·전환과 관련해서도 양자의 차이를 지적한다. 취소할 수 있는 행정행위는 치유, 무효인 행정행위는 전환만 가능하다고 보았다. 이에 관해서는 현재 반론이 있다.[37] 한편, 독일의 주류적 입장은 무효인 행정행위를 전환하는 행위를 행정행위로 보지 않는다. 따라서 전환은 행정행위를 발령한 기관만이 아니라 행정심판기관, 나아가 행정법원도 할 수 있다고 하며, 전환과 관련하여 다투어진 사례도 적지 않다.[38] 반면, 우리의 학설과 실무는 행정행위의 전환에 부정적이다. 이를 인정하면 행정절차 특유의 이유제시와 사전통지·의견청취의 의의가 반감될 것으로 보기 때문이다.[39] (이런 평가가 타당하다는 전제 하에) 행정행위의 전환의 법리에 투영되어 있는 절차법을 대하는 양국 법문화의 차이를 확인할 수 있다.

그렇다면 양자를 구별하는 기준은 어떠한가? 예전부터 여러 학설이 제기되어 왔으나 통설은 중대명백설이다. 이에 따르면 위법한 행정행위는 그 위법성의 정도에 따라 두 가지로 구분된다. 즉, 통상의 위법성을 갖는 경우에는 취소할 수 있는 행정행위라 하고, 위법성이 중대하고 (그리고 또한) 명백하면 무효인 행정행위라고 한다. 무

36) 계쟁 중인 행정처분이 무효인 경우에는 존치시킬 효력이 있는 행정행위가 없기 때문에 사정판결(행정소송법 제28조)을 할 수 없다. 대법원 1991. 10. 11. 선고 90누9926 판결.

37) 김철용, 2024, 335-336쪽.

38) Maurer/Waldhoff, 307쪽(10장 96번).

39) 박정훈, "처분사유의 추가·변경과 행정행위의 전환 - 제재철회와 공익상 철회", 행정판례연구 7권, 254, 266쪽 참고.

효인 행정행위의 위법성은 취소할 수 있는 행정행위의 그것보다 그 정도 면에서 중(重)할 것이 요구된다. 이 점에 대해서는 다툼이 없다. 중대한 위법은 행정행위에 정말로 참을 수 없을 정도로 결함이 있는 것으로 보일 때 인정된다. 가령 행정행위가 핵심적인 헌법원리나 법질서에 내재한 중요한 가치관념과 맞지 않는 경우이다. 어쨌건 이건 분명하다.

반면, 해석상 다툼이 되어 온 것은, 그렇다면 어느 정도로 명백해야 그것이 무효가 되는가 하는 점이다. 명백성을 상대방의 주관적 관념이나 교육받은 법률가의 인식능력에 따라 판단할 건 아닌 건 분명하다. 주의력, 분별력 있는 시민이 볼 때 명백하면 명백한 것이다.[40] 관건이 명백성 요건이기 때문에 어느 나라나 이를 완화하는 해석이 선호되었다. 최근에는 무효의 인정에 명백성이 꼭 필요한 것은 아니라는 견해까지 등장하였다. 이에 따르면 행정행위의 존재를 신뢰한 제3자를 보호할 필요가 있는 경우에만 무효의 인정에서 명백성 요건을 요구하면 된다고 한다. 이런 경우는 법적 안정성이 중요하므로 쉽게 무효인정을 하면 안 되지만, 반면 당해 행정행위가 직접 상대방의 이해에만 관련된 것일 때에는 명백성 요건이 필요하지 않다고 본다. 이를 절충설 혹은 명백성 보충요건설이라고 부른다.

법원이 무효와 취소의 기준으로 중대명백설이라는 엄격한 기준을 설정하고 이를 유지하는 이유는 무효인 행정행위를 쉽게 인정하지 않기 위함이다. 현행 행정소송법이 취소소송 중심으로 되어 있고, 제소기간이 엄연히 존재하는 현실에서 무효를 쉽게 인정하면 취소소송이 본래의 구제수단이고 무효 등 확인소송은 예외적 구제수단이라는 기본 구조가 흔들릴 수 있기 때문이다.[41] 우리 판례도 이러한 원칙적 입장을 고수하면서 아주 예외적 경우에만 예외를 인정한다. 즉, 중대명백설을 고수하는 것이 현저하게 부당하다고 볼 만한 특별한 사정이 있는 경우에는 예외를 인정한다.[42]

일반적으로 말하면, 통상의 취소절차, 즉 행정심판 및 취소소송 제도가 정비되고, 그것에 의해 관계자의 보호가 충실해진다면, 무효의 개념을 써서 특별한 구제를 도모할 필요성은 그만큼 감소하므로 무효의 인정기준도 덩달아 엄격해진다. 반면 그러

---

40) Maurer/Waldhoff, 303쪽(10장 90번).

41) 畠山武道 外, はじめての行政法, 三省堂, 2009, 122쪽.

42) 대법원 2009. 2. 12. 2008두11716 판결 등. 헌법재판소도 그 행정처분을 무효로 하더라도 법적 안정성을 크게 해치지 않는 반면에 그 하자가 중대하여 그 구제가 필요한 경우에는 예외적으로 무효를 인정할 수 있다고 한다. 헌법재판소 1994. 6. 30. 선고 92헌바 23 결정.

한 제도적 정비가 제대로 되어 있지 않다면 무효 인정에서 조금 더 유연한 태도를 취해도 좋을 것이다. 최근의 우리 학설과 판례가 처분의 하자 그 자체의 중대·명백성만이 아니라 당해 처분을 둘러싼 제반의 사정을 종합적으로 형량하여, 공정력을 근거로 권리주장을 제한하는 것이 구체적으로 타당한지 어떤지를 따져 문제를 처리하려는 경향을 보이는 것은 현행 취소소송제도의 불비 혹은 한계를 더욱더 절감하기 때문이라고 평가할 수 있다.[43]

17.2.2. 무효사유와 취소사유 구분의 어려움

민법에서는 법률의 규정에 의하여 어떠한 행위가 각각 무효 혹은 취소할 수 있는 행위가 되는지를 명문으로 규정하고 있으므로 무효와 취소의 구분은 이론적으로 큰 어려움이 없다. 그러나 행정법에는 무효와 취소에 관해 법률에 일반적으로 정해 둔 바가 없거니와 개별법에 규정이 있는 경우도 드물다(예외적으로 개별 법률에 규정을 둔 경우로는 「국가공무원법」 제13조 제2항 참조).[44] 따라서 어떠한 하자가 무효원인이 되고 어떠한 하자가 취소원인이 되느냐 하는 문제는 법 해석에 맡겨져 있다. 학설은 이를 예전부터 주체, 내용, 절차, 형식에 관한 하자로 각각 나누어 고찰해 왔다. 다만, 독일 연방행정절차법은 다음과 같은 명문의 규정을 두고 있다.

> 제44조 행정행위의 무효
>
> (1) 행정행위는 특별히 중대한 하자가 있고 또한 모든 사정을 합리적으로 고려해 보아도 이 하자가 명백할 때에는 무효이다.
>
> (2) 행정행위가 다음 각 호에 해당하는 경우에는 제1항의 요건을 검토할 것도 없이 무효이다.
>
> 1. 문서 혹은 전자문서로 발령되었지만, 발령한 행정청이 불명한 경우
> 2. 법규정상 문서를 교부하는 방식으로만 발령할 수 있는데, 이러한 형식을 지키지 않은 경우
> 3. 행정청이 수권도 없이, 제3조 제1항 제1호에 근거하여 주어진 관할 범위를 벗어나 행정행위를 발령한 경우

---

43) 小早川光郎, 行政法講義(上), 弘文堂, 1999, 296-297쪽 참고.

44) “제13조(소청인의 진술권) ① 소청심사위원회가 소청 사건을 심사할 때에는 대통령령등으로 정하는 바에 따라 소청인 또는 제76조제1항 후단에 따른 대리인에게 진술 기회를 주어야 한다. ② 제1항에 따른 진술 기회를 주지 아니한 결정은 무효로 한다.”

4. 사실상의 이유로 누구도 실행할 수 없는 경우
5. 형벌 혹은 질서벌의 구성요건을 충족하는 불법적인 행위를 요구하는 경우
6. 공서양속에 반하는 경우
(3) 행정행위는 다음 각호에 해당하는 것만으로 무효가 되지는 않는다.
1. 제2항 제3호의 경우를 제외한 토지관할에 관한 규정을 위반한 경우
2. 제20조 제1항 제1문 제2호부터 제6호까지의 제척사유가 있는 자가 참여한 경우
3. 법규정상 참여해야할 위원회가 행정행위의 발령에 필요한 의결을 하지 않았거나 혹은 할 수 없었던 경우
4. 법규정상 필요한 다른 행정청의 참여/협력이 결여된 경우

이 조문의 적용순서는 다음과 같다. 당해 사안이 제44조 제2항 혹은 제3항에 해당하는지를 검토한다. 무효를 근거짓는 사유(제2항)도, 무효를 배제하는 사유(제3항)도 인정되지 않을 때, 다음 순서는 제1항의 일반조항에 따라 다투어지고 있는 행정행위에 명백하고 중대한 위법이 있는지를 따져보게 된다.[45] 그런데 문제는 이렇게 법률로 무효사유와 비무효사유를 명확히 규정해 두어도 무효사유와 취소사유를 구분하기 쉽지 않은데, 이런 규정 조차도 없는 경우에는 이런 해명 혹은 평가가 훨씬 더 어려울 것이라는 점이다. 이를 증명하는 예는 많다.

예컨대 법령상 다른 행정청의 협력이 필요한 경우, 그 협력을 결여한 채 행해진 행정청의 행위는 무효가 되는가? 우리 학설은 일단 이런 것은 원칙적으로 무효라고 보아왔다. 다만, 그 이유는 명확하지 않으나 "일정한 행위가 행정기관의 단독적 권한에 속하지 아니하고, 다른 기관의 의결·협의·인가 등 협력을 받을 것을 법적요건으로"하기 때문이라고 설명하는 듯하다.[46]

반면, 독일 연방행정절차법은 반드시 무효가 되는 것은 아니라고 한다(위 제44조 제3항 제4호). 우리 판례의 입장도 취소사유설로 보인다. 예컨대 건설교통부장관이 택지개발 예정지구를 지정하면서 미리 관계중앙행정기관의 장과 협의를 하라고 규정한 의미는 그의 자문을 구하라는 것이지 그의 의견을 따라 처분을 하라는 의미는 아니라 할 것이므로, 이러한 협의를 거치지 아니하였다고 하더라도 이는 위 지정처분을 취소할 수 있는 원인이 되는 하자 정도에 불과하고 위 지정처분이 당연무효가

45) Maurer/Waldhoff, 302쪽(10장 87번).

46) 김도창, 일반행정법론(상), 432쪽.

되는 하자는 아니라고 하였다.[47] 다만, 사안이 다르기에 무효판단을 한 경우도 있다.

아무튼, 위의 사안 외에도 행정행위의 무효와 취소사유가 명확하지 않은 경우는 적지 않다. 그래서 상대방인 국민으로서는 행정행위에 하자가 있으면 그것이 무효인 듯이 보여도 일단은 제소기간 내에 법원에 소송을 제기하는 수밖에 없다. 제소기간이 경과한 뒤라도 무효사유가 존재하면 여전히 다툴 수 있지만, 당해 행정행위의 하자가 취소사유에 불과하다면 더 이상 행정소송으로 다툴 수 없다는 상황에 처할 수 있기 때문이다.

한편, 행정행위의 무효와 취소가 명확한 기준에 의해 구별될 수 없는 상황으로 인해 법원은 무효인지 취소인지에 관한 일종의 재량적 판단권을 행사할 수 있게 된다. 법원으로서는 위법한 당해 행정행위를 제소기간이 지났다고 하여 더 이상 다툴 수 없게 하는 것이 과연 상대방에게 수인가능한 일일 것인가를 일단 판단해 볼 것이다. 그 판단에서 부정적인 답이 내려지면 어떻게 하든 소송을 적법하게 계속(係屬)시키기 위해 당해 행정행위는 하자가 중대하고 명백하여 무효이므로 제소기간에 구애받지 않고 다툴 수 있다는 식으로 논리 구성을 할 가능성이 있다. 법원이 무효와 취소판단에서 이른바 이익형량을 하는 셈이다. 이렇게 되면 행정행위의 하자에 대한 판단은 선험적·논리적인 것이라기보다는 구체적인 목적을 전제로 한 가치평가적 활동이 된다. 이렇게 무효와 취소사유를 학설과 판례에 일임하고, 그때그때의 해석과 판례에 따라 무효와 취소를 구분하는 것이 과연 행정법관계의 안정화를 위해서 타당할까? 무효와 취소의 구분과 관련하여, 독일의 입법례처럼 무효사유와 비(非)무효사유를 「행정절차법」에 명시하는 식의 입법론적 해결이 필요하다는 비판이 나오는 것도 이런 맥락이다.[48]

17.2.3. 위헌법률에 근거한 '행정처분'의 효력

무효인 행정행위와 취소할 수 있는 행정행위의 구별기준인 중대명백설과 관련하여 논의되기도 하고, 행정행위의 하자 중 내용에 관한 하자로 논의되기도 하는 또다른 쟁점이 있다. 이른바 위헌법률에 근거한 행정처분의 효력 문제이다. 행정행위는 내용상 적법해야 한다. 이것에 위반하면 하자 있는 것이 된다. 내용상 적법해야 한

47) 대법원 2000. 10. 13. 선고 99두653 판결.

48) 김성수, 일반행정법, 제9판, 2021, 311쪽.

다는 것은 법률의 우위, 법률의 유보 원칙에 적합해야 한다는 뜻이다. 행정행위는 법을 구체화하는 행위이므로 법률의 내용에 반하면 안 되고, 법률에서 수권 받은대로 해야 한다. 그런데 그 법률이 위헌이 되면 어떻게 되는가?

법률에 근거하여 행정처분이 발하여진 후에 헌법재판소가 그 행정처분의 근거가 된 법률을 위헌으로 결정한 경우 결과적으로 행정처분은 법률의 근거 없이 행하여진 것과 마찬가지가 된다. 하자가 중대하다는 점은 분명하다. 그렇다면 이 하자는 명백하기도 한가? 대법원과 헌법재판소는 일반적으로 법률이 헌법에 위반된다는 사정은 헌법재판소의 위헌결정이 있기 전에는 객관적으로 명백하지 않으므로 위 행정처분은 무효가 아니라고 본다.

한편, 위헌으로 결정된 법률 또는 법률의 조항은 형벌에 관한 것이 아닌 한 원칙적으로 장래에 향하여 효력이 상실된다고 보아야 하지만, 헌법재판소의 위헌결정의 효력은 위헌제청을 한 당해사건(위헌제청을 한 사건), 동종사건(위헌결정이 있기 전에 이와 동종의 위헌 여부에 관하여 헌법재판소에 위헌여부심판제청을 하였거나 법원에 위헌여부심판제청신청을 한 사건)[49]과 병행사건(따로 위헌제청신청은 하지 않았지만 당해 법률 또는 법률조항이 재판의 전제가 되어 법원에 계속 중인 사건)뿐만 아니라 위헌결정 이후 같은 이유로 제소된 일반사건에도 미친다.[50]

당해사건, 동종사건, 병행사건은 모두 이미 당해 위헌인 법률 또는 법률조항에 근거하여 행해진 처분에 대해 불복이 이루어진 사건이다. 아직 사건의 결론이 내려지지 않았으니 위헌이라는 헌법재판소의 결론을 이들 사건에 (소급해서) 적용하면 원고들은 승소할 수 있기 때문에 위헌결정의 소급효를 이들 사건에 미치도록 한 것은 문제가 없다. 문제는 일반사건이다. 일반사건이란 위 세 개의 사건과 달리 "위헌결정 이후 같은 이유로 제소된" 사건이다. 그동안 '권리 위에 잠자고 있던 이들'이 헌법재판소에서 위헌결정이 나온 것을 보고 이제야 일종의 무임승차를 하기 위해 자기에게 내려진 처분의 위법을 다투는 사건이 바로 일반사건이다. 일반사건이라고 하더라도 어쨌건 입법자가 법률을 잘못 만든 것이니까 권리구제의 가능성을 전부 배제할 수는 없다. 따라서 위헌결정이 나온 후라도 제소기간을 준수하여 적법하게 소

---

49) 헌법재판소법 제42조(재판의 정지 등) ① 법원이 법률의 위헌 여부 심판을 헌법재판소에 제청한 때에는 당해 소송사건의 재판은 헌법재판소의 위헌 여부의 결정이 있을 때까지 정지된다. 다만, 법원이 긴급하다고 인정하는 경우에는 종국재판 외의 소송절차를 진행할 수 있다.

50) 대법원 2017. 3. 9. 선고 2015다233982 판결.

를 제기한 사람은 구제를 받을 수 있다.

문제는 바로 이미 제소기간이 지나 불가쟁력이 발생한 처분의 당사자(甲)가 낸 소송이다. 이 사건들을 어떻게 처리해야 할까? '제소기간이 지나도록 불복을 하지 않았으니 당신(甲)은 해당처분을 수용한 것 아니냐'라고 말할 수 있을까? 그럴 수도 있고 아닐 수도 있다. 다만, 대법원은 어떤 경우든 甲이 제기한 사건에 대해 위헌결정의 소급효를 부여하지 않는다.[51] 소급효를 인정해주어도 의미가 없기 때문이다. 왜 그런가? 위헌인 법률에 근거한 처분의 하자는 취소사유에 불과하고 그래서 취소소송을 제기하려면 제소기간의 제한을 받는데, 위헌결정의 소급효를 인정해주어도, 어차피 甲은 취소소송 자체를 제기할 수 없기 때문이다. 결국 甲에게 소급효를 인정하는 것이 아무런 소용이 없으므로 소급효를 제한하겠다는 것이다. 그 결과 위헌인 법률에 근거한 조세부과처분에 따라 세금을 납부하였고, 당해 조세부과처분에 불가쟁력이 발생했다면 이미 낸 세금의 반환청구는 인정되지 않는다.[52]

그렇다면 위헌인 법률에 근거한 처분에 불가쟁력이 발생한 경우 집행력을 부여할 수 있을까? 판례는 부정설을 취한다. 위헌법률에 근거한 행정처분의 집행은 위헌결정의 기속력에 위반되어 허용되지 않는다고 하거나[53], 새로운 위헌적 법률관계를 생성·확대하는 경우라면 이를 허용할 수 없다고 한다.[54] 반면 기존의 하자승계론의 관점에서 과세처분의 하자는 후속절차인 체납처분에 승계되지 않는다고 보아 이를 긍정하는 견해도 있다.[55] 긍정설의 취지는 이런 것이다. 만약 부정설로 본다면 체납하지 않은 성실한 납세자와 그렇지 않음에도 법의 혜택을 입는 납세자 간의 형평이 깨어질 수 있다. 乙은 언론이 종합부동산세를 비판하면서 성실납세에 대한 저항 분위기를 띄우자 이에 동조하는 마음에 조세납부를 미루고 있다가 결국 체납처분을

51) 대법원 2002. 11. 8. 선고 2001두3181 판결.

52) 박균성, 2021, 294쪽.

53) 대법원 2002. 8. 23. 선고 2001두2959 판결.

54) 대법원 2012. 2. 16. 선고 2010두10907 전원합의체 판결의 다수의견. 이 다수의견의 논증처럼 새로운 위헌적 법률관계의 생성·확대가 저지되어야 한다면 기왕의 위헌적 법률관계의 문제는 어떻게 대처해야 하는가 하는 당연한 물음이 제기될 수 있다. 체납하지 않은 성실한 납세자와 그렇지 않음에도 불구하고 법의 혜택을 입은 납세자 간의 형평이 문제가 된다. 김중권, 2025, 352쪽.

55) 대법원 2012. 2. 16. 선고 2010두10907 전원합의체 판결의 반대의견은 "외국의 일부 입법례와 같이 위헌법률의 집행력을 배제하는 명문의 규정이 없는 이상, 과세처분의 근거규정에 대한 헌법재판소의 위헌결정이 있었다는 이유만으로 체납처분이 위법하다고 보는 다수의견에는 찬성할 수 없다"고 그 이유를 제시한다.

받아야 할 처지가 되었다. 그런데 때마침 부자감세를 지지한 헌법재판소가 해당 과세의 근거법률을 위헌으로 결정했을 때 부정설대로 하자면 체납처분을 더 이상 할 수 없다는 결론에 이른다. 과연 이것이 옳은가 하는 반론이다.

17.3. 선결문제와 하자의 승계

17.3.1. 선결문제 혹은 공정력의 한계

민사소송, 형사소송 등에서 본안판단의 전제로서 제기되는 행정행위의 위법성 또는 유효여부에 관한 문제를 선결문제(Vorfrage)라고 한다. 다수설과 판례는 이러한 선결문제의 심판권을 공정력과 관련시켜 설명한다.[56] 대법원은 민사사건이든 형사사건이든 처분이 무효이면 수소법원은 이에 관해 심리·판단할 수 있다고 본다. 무효인 행정행위에는 취소소송의 배타적 관할이 미치지 않는다고 보기 때문이다. 반면, 처분에 취소사유의 하자가 있는 경우에, 위법 여부가 선결문제면 수소법원(민사법원)이 판단할 수 있으나, 수소법원이 그 하자를 이유로 처분의 효력을 소멸시키는 것까지는 할 수 없다. 이것은 취소소송을 관할하는 법원이 해야 할 사항으로 본다.[57]

예컨대 국가배상소송에서는 처분의 위법 여부만이 문제가 될 뿐 처분의 효력을 부정해야 하는 것은 아니므로, 국가배상소송의 수소법원인 민사법원은 선결문제로 처분의 위법판단을 할 수 있다.[58] 이것을 통상은 공정력의 한계 혹은 민사소송에서의 선결문제와 공정력(구성요건적 효력)의 문제로 논의한다. 동일한 문제가 부당이득반환청구소송에서도 발생한다.

【판례】 대법원 1994. 11. 11. 선고 94다28000 판결 [부당이득금]

조세의 과오납이 부당이득이 되기 위하여는 납세 또는 조세의 징수가 실체법적으로나 절차법적으로 전혀 법률상의 근거가 없거나 과세처분의 하자가 중대하고 명백

56) 홍준형, 행정법, 191쪽.

57) 김유환, 2024, 186쪽; 김철용, 2024, 319쪽.

58) 학계에서는 국가배상청구사건을 공법상 당사자소송으로 다룰 것을 요구하고 있으나 실무에서는 여전히 민사소송절차로 처리하고 있다.

하여 당연무효이어야 하고, **과세처분의 하자가 단지 취소할 수 있는 정도에 불과할 때에는 과세관청이 이를 스스로 취소하거나 항고소송절차에 의하여 취소되지 않는 한 그로 인한 조세의 납부가 부당이득이 된다고 할 수 없다**. 행정처분이 아무리 위법하다고 하여도 그 하자가 중대하고 명백하여 당연무효라고 보아야 할 사유가 있는 경우를 제외하고는 아무도 그 하자를 이유로 무단히 그 효과를 부정하지 못하는 것으로, 이러한 행정행위의 공정력은 판결의 기판력과 같은 효력은 아니지만 그 공정력의 객관적 범위에 속하는 행정행위의 하자가 취소사유에 불과한 때에는 그 처분이 취소되지 않는 한 처분의 효력을 부정하여 그로 인한 이득을 법률상 원인 없는 이득이라고 말할 수 없는 것이다.

부당이득반환청구소송이 민사법원에 제기되었을 경우, 위의 과세처분에 취소할 수 있는 하자가 있다면 수소법원은 이를 심리할 수 없다. 위 사안에서 선결문제로 다루어지는 대상은 과세처분의 위법성이 아니라 과세처분의 효력인데, 이에 대해 민사법원이 판단할 수는 없기 때문이다.

【사례】 K는 게마인데 G에 있는, V가 보유한 토지를 매입하고자 V와 매매계약을 체결하였다. 게마인데는 V를 상대로 행정행위로써(건설법전 제28조 제2항 제1문 참조) 건설법전 제24조 제1항 제2호에 따라 선매권을 행사하였다. 이로써 V와 K 사이에 체결된 계약은 V와 게마인데 사이의 계약으로 변환된다(건설법전 제2항 제2문, 민법 제464조 제2항 참조). 이에 대해 V는 아무런 이의도 제기하지 않았지만, 그러나 이후 선매권이 위법하게 행사되었음을 이유로 '토지소유권 양도합의에 대한 동의'(Zustimmung zur Auflassung)를 거부하였다. 게마인데는 동의를 구하는 소를 제기하였다. 이 사안에 대해 어떻게 판단해야 할까? 관할민사법원은 행정행위의 형식을 취한 선매권의 행사가 유효인지 혹은 무효인지에 대해서만 부수적으로(inzident, 선결문제로) 심사해야 한다. 심사결과 무효사유가 확인되지 않으면 선매권의 행사는, 민사법원이 심사할 수 없는 취소사유의 위법이 있다고 하더라도, 유효하며 따라서 V에게는 토지소유권 양도합의에 동의하라는 판결이 내려지게 된다.[59]

선결문제는 형사소송(형사벌)에서도 발생한다. 이 문제의 해결을 위해서는 형법교의학(Dogmatik)에 대한 이해도 필요하다. 깊이 들어가면 쉽지 않은 논의들이 등장한다. 법질서의 통일성이라는 관점에서 행정형벌의 행정법 종속성을 강조할지, 아니면

59) Maurer/Waldhoff, 304쪽(10장 92번).

각 법 영역에서의 서로 다른 임무와 역할을 인정할지도 생각해보아야 한다. 후자의 입장에 선다면 형사소송절차에서의 선결문제는 구체적 형사사건에서 범죄구성요건을 형법의 입장에서 해석하는 문제이지 행정행위의 공정력과는 무관하다고 주장할 수 있다.[60]

다만, 이 쟁점의 해결에서는 두 개의 서로 다른 방향의 관심, 즉 행정법률의 다수가 의무불이행에 대한 제재 수단으로 행정형벌을 과용(過用)하고 있는 한국 행정법 실무에서 행정행위에 대한 복종의무의 확보를 위해 어떠한 해석이 필요한가 하는 고민을 한편으로 하면서도, '형사사건에서 시민에게 형벌을 과하는 기초에 행정행위가 있는 경우에는 행정행위의 적법성을 법원은 엄격하게 심사해야 하고, 그것이 죄형법정주의의 요청에 부합하는 것이 아닌가',[61] 혹은 '피고인의 방어권을 보장하고, 피고인에게 가장 유리한 결과를 도출해내려면 어떤 해석이 타당한가'라는 자유주의적 고민을 다른 한편으로 해가면서 해석의 방향을 잡아나갈 필요가 있다고 생각한다.

【판례】 대법원 2017. 9. 21. 선고 2017도7321 판결 [개발제한구역의지정및관리에관한특별조치법위반 · 폐기물관리법위반]

피고인 갑 주식회사의 대표이사 피고인 을이 개발제한구역 내에 무단으로 고철을 쌓아 놓은 행위 등에 대하여 관할관청으로부터 원상복구를 명하는 시정명령을 받고도 이행하지 아니하였다고 하여 개발제한구역의 지정 및 관리에 관한 특별조치법(이하 '개발제한구역법'이라 한다) 위반으로 기소된 사안에서, 관할관청이 침해적 행정처분인 시정명령을 하면서 피고인 을에게 행정절차법 제21조, 제22조에 따른 적법한 사전통지를 하거나 의견제출 기회를 부여하지 않았고 이를 정당화할 사유도 없으므로 시정명령은 절차적 하자가 있어 위법하고, 시정명령이 당연무효가 아니더라도 위법한 것으로 인정되는 이상 피고인 을이 시정명령을 이행하지 아니하였더라도 피고인 을에 대하여 개발제한구역법 제32조 제2호 위반죄가 성립하지 아니함에도, 이와 달리 보아 피고인들에게 유죄를 인정한 원심판단에 행정행위의 공정력과 선결문제, 개발제한구역법 제32조의 시정명령위반죄에 관한 법리오해의 위법이 있다.

---

60) 예컨대 塩野宏, 서원우/오세탁 공역, 일본행정법론, 법문사, 1996, 117-118쪽.

61) 이러한 자유주의적 해석에서는 이 문제를 다음과 같이 설명한다. 공정력의 원천은 취소소송제도의 이용을 현행법이 강제한 점에 있다. 그러나 행정법관계의 안정성을 목적으로 한 취소소송의 이용강제를 형사사건에까지 미치게 하고 처벌의 기초로 삼게 하는 것은 행정의 편의성을 과대평가한 것이라고 보아야 한다. 大橋洋一, 行政法, 有斐閣, 2002, 325쪽.

17.3.2. 행정행위의 하자의 승계

하자의 승계(위법성의 승계)란 두 개 이상의 행정행위가 연속하여 단계적으로 행하여지는 경우에, 후행 행정행위 자체에 하자가 없어도 선행 행정행위의 하자를 이유로 후행 행정행위를 다툴 수 있는 것을 말한다.[62] 행정행위의 하자 또는 효력은 당해 행정행위 별로 판단되는 것이 원칙이다. 따라서 행정행위의 상대방이나 이해관계인은 선행 행정행위의 위법을 후행 행정행위를 다투면서 주장할 수 없는 것이 원칙이다. 그러나 국민의 권리를 보호하기 위하여 하자의 승계를 인정할 필요가 있다. 그리하여 학설과 판례는 일정한 경우에 선행 행정행위의 위법이 후행 행정행위에 승계된다고 본다.[63]

하자, 즉 위법성이 승계되면 이미 불가쟁력이 발생하여 더 이상 다툴 수 없는 선행 행정행위가 있다고 하더라도 후행 행정행위를 - 그것 자체에는 하자가 없지만 - 다투는 가운데 그 위법성을 새삼 다툴 수 있다. 다만, 역시 이 경우에도 선행행위에 취소할 수 있는 위법이 있을 때 위법성의 승계 가능성이 논해지며, 선행행위가 무효인 경우에는 후행행위도 당연히 무효이므로 하자의 승계가 문제되지 않는다.

하자의 승계가 인정되기 위해서는 선행행위와 후행행위가 모두 항고소송의 대상이 되는 처분이어야 한다. 선행행위가 처분이 아닌 경우 선행행위의 위법은 당연히 후행처분의 위법이 되는데, 이는 하자의 승계와 구분하여야 한다.[64] 또한 다수설은 선행 행정행위와 후행 행정행위가 서로 결합하여 하나의 법적 효과를 완성하는 경우여야 하자의 승계를 인정한다. 반면, 소수설은 독일의 일부 주장을 수용하여 하자 승계의 문제를 선행 행정행위의 후행 행정행위에 대한 구속력(실질적 존속력[65])의 범위(한계)의 문제로 파악한다.[66] 판례는 종래 다수설의 입장에 따라 판단해오다가 최

62) 김철용, 2024, 340쪽.

63) 박균성, 2021, 298쪽.

64) "이 사건 기본계획은 4대강 정비사업에 관한 기본계획으로서 정책방향 및 향후계획과 기대효과를 제시하여 4대강 정비사업에 관한 계획 입안시 기본지침을 제공하는 장기적·종합적 개발계획이다. 따라서 이 사건 기본계획은 비구속적 행정계획에 해당한다 할 것이므로 일반 국민들에 대한 대외적·직접적 구속력이 없어 행정처분이라 할 수 없다. 이에 따라 이 사건 기본계획의 위법사유는 동 계획을 전제로 한 이 사건 시행계획의 위법사유로 흡수된다." 수원지방법원 2011. 2. 15. 선고 2010구합10427.

65) 행정행위의 실질적 존속력을 판결의 기판력과 구별하기 위하여 기결력(旣決力)이라고 표현하기도 한다.

66) 김남진/김연태, 행정법 I, 359쪽 이하.

근에는 추가적으로 선행 행정행위의 하자의 주장을 인정해 주어야 할 개별적 사정 등 절차법적 고려도 하고 있다.[67]

【판례】 대법원 1994. 1. 25. 선고 93누8542 판결 [양도소득세등부과처분취소]

선행처분과 후행처분이 서로 독립하여 별개의 법률효과를 목적으로 하는 때에는 선행처분에 불가쟁력이 생겨 그 효력을 다툴 수 없게 된 경우에는 선행처분의 하자가 중대하고 명백하여 당연무효인 경우를 제외하고는 선행처분의 하자를 이유로 후행처분의 효력을 다툴 수 없는 것이 원칙이나 선행처분과 후행처분이 서로 독립하여 별개의 효과를 목적으로 하는 경우에도 선행처분의 불가쟁력이나 **구속력**이 그로 인하여 불이익을 입게 되는 자에게 **수인한도를 넘는 가혹함을 가져오며, 그 결과가 당사자에게 예측가능한 것이 아닌 경우**에는 국민의 재판받을 권리를 보장하고 있는 헌법의 이념에 비추어 선행처분의 후행처분에 대한 구속력은 인정될 수 없다.

판례는 하명처분(예. 철거명령, 부과처분)과 집행처분(예. 대집행처분, 징수처분) 사이에는 하자승계를 인정하지 않으나, 집행처분(계고, 통지, 비용납부명령)이나 징수처분(납세고지, 압류처분, 공매처분, 환가처분) 내에서는 하자승계를 인정한다.[68] 이러한 기준에 따르면 조세의 부과처분과 체납처분, 건물철거명령과 대집행계고처분 사이에서는 하자의 승계가 부정된다. 선행 행정행위와 후행 행정행위가 서로 결합하여 하나의 법적 효과를 완성하는 경우에 해당하지 않는다고 보기 때문이다. 그러나 철거의무를 부과하는 철거명령이나 이의 실효성을 확보하는 대집행의 계고의 경우에도 위법 건축물의 제거라는 점에서 하나의 법적 효과의 완성을 지향하고 있는 것이 아닌가 하는 비판이 제기된다.

판례는 직위해제와 직권면직 사이의 하자승계를 부인하는데,[69] 이에 대해서는 어떠한 비판이 가능한가? 직위해제를 당한 자는 다시 직위를 부여받게 될 것을 기대하여 자중하는 상태이기 때문에 기간 내에 소청이나 행정소송을 제기하여 직위해제를 다투는 것은 기대가능성이 없다. 항명으로 보일 수 있기 때문이다. 그런데도 후행 행정행위인 직권면직을 다투는 단계에서 직위해제의 위법성을 주장할 수 없게 한다

---

67) 참고로 어떠한 결정에 대한 (제3자의) 절차적 보장이 충분하지 않으면 하자의 승계를 인정할 여지가 커진다.

68) 박균성, 2021, 299쪽.

69) 대법원 1984. 9. 11. 선고 84누191 판결.

면 이는 수인한도를 넘는 것이다.[70)]

더공부해보기/생각해보기/토론하기

1. 공정력은 오토 마이어의 이론을 배경으로 일본 학자들이 만들어 낸 개념이다. 공정력론의 이론사를 정리해보자. 특히 공정력을 실체적인 힘으로 보는 전통적 견해를 비판해온 자유주의 행정법학의 입장이 계속 타당할 수 있을지 토론해보자. 권위주의적 행정권력이 사라지고 행정이 민주주의적 법치국가의 토대 위에서 작동하는 경우에도 '공정력이란 절차법적 효력'이라는 학설을 유지해야 하는가 하는 질문이다.

1. 공정력은 오토 마이어의 이론을 배경으로 일본 학자들이 만들어 낸 개념이다. 이 개념을 처음 만든 이가 미노베 타쯔키치(美濃部達吉)이다.[71)] 그는 1912년에 간행된 『일본행정법 제1권』에서 처음으로 이 말을 썼다. 미노베는 오토 마이어의 저서 『독일행정법』을 번역(1903년)하면서 민사재판과 행정행위에 관한 오토 마이어의 이론에서 배워 - 미노베는 오토 마이어가 말한 Rechtskraft를 공정력으로 이해했다 - 독자적으로 공정력 개념의 착상을 얻었다고 한다(오토 마이어는 이 개념을 사용하지 않았다).[72)] 이후 『일본행정법 상권, 1936년』에서 이 개념을 다음과 같이 명확히 규정하였다.

"행정행위의 공정력(Rechtskraft)이란 특히 그것에 대하여 쟁송을 제기하거나 그것을 취소할 수 있는 권능을 가진 자가 그것을 다투거나 혹은 그것을 취소하는 외에는 누구라도 그 효력을 부정할 수 없는 힘을 말한다. 그것은 앞에서 서술한 의의(意義)에서의 구속력과는 구별해야 하는 것으로, 구속력이란 일정한 법률적 효과를 만드는 힘을 말하고, 그 힘은 그 효과를 받는 자에 대하여 생기는 것이지만, 공정력이란 그와 같은 구속력 있는 것의 승인을 강요하는 힘으로, 그것은 모든 관청 및 인민에 대하여 발생하는 것이다."[73)]

---

70) 박윤흔, 최신행정법강의(상), 425쪽.

71) 김도창, 일반 행정법론(상), 1989, 403쪽 각주 2번 참조.

72) 宮崎良夫, 行政争訟と行政法学, 弘文堂, 2004, 209쪽.

73) 美濃部達吉, 日本行政法 上巻, 有斐閣, 1936, 257쪽.

그는 이렇게 공정력을 정의한 후 이어서 행정에는 실체법 및 절차법과는 무관계하게 당연히 그 공정력인 추상적인 "힘(力)"이 갖추어져 있고, 모든 인민은 그 힘에 따를 "의무를 진다"라는 생각을 명확히 하였다. 그리고 이 힘의 효과에 의해 행정에게는 자력집행이 인정되고 있다는 것, 취소소송이 제기되어도 강제집행을 정지할 필요가 없다는 것, 행정행위의 위법성의 입증책임을 원고가 진다는 것이 정당화된다고 보았다. 미노베의 이론은 실체적인 "힘" 개념과 그 배후에 있는 실체적인 국가의 개념을 전제로 하고 있다. '실재'로서의 국가와 그 '우월한 힘'이야말로 미노베의 공정력 이론의 근저에 있는 것이다. 미노베의 이론은 그의 제자인 타가미 죠우지(田上穰治)와 다나카 지로(田中二郞)에 의해 계승되어 1945년 이후 통설로서의 지위를 누리게 되었다. 특히 타가미 죠우지는 1952년의 『행정법원론』에서 다음과 같이 말했다.

"행정행위의 공정력(Selbstbezeugung)이란 행정행위의 적법성이 법률상 추정(Präsumption der Rechtmässigkeit)되어, 그 결과 쟁송의 제기에 의거 재판으로서 취소되거나 직권에 의해 취소되는 경우를 제외하고는 행정행위의 효력을 부정할 수 없는 것을 말한다."[74]

2. 공정력 개념은 1957년 타나카 지로(田中二郞)의 『행정법총론』에 의해 이론적으로 정리된 것을 계기로 널리 사용되었고 통설로서 정착하기에 이른다. 그러나 1960년대에 들어서면서 가네코 마사시(兼子仁)나 타카야나기 신이치(高柳信一) 등이 통설을 비판하기 시작했다. 통설의 실체화한 공정력론의 배후에는 국가의 우월성에 기초한 공법과 사법의 구별론이 있다고 비판하면서 새로운 모색이 시작되었다. 이들 비판에 공통적인 것은 공정력이란 '행정행위 속에 본래 내재하고 있어서, 위법한 행정행위에도 법적인 효력을 주는 힘'이라고 하는 점에서 하나의 '실체'라고 하는 견해를 수용하지 않는다는 점이다. 이와 달리 공정력이란 오히려 항고소송 제도라든가 자력집행 규정 등 실정법상 마련되어 있는 행정행위에 관한 다양한 법 제도의 적용에서 생기는 일종의 반사적 효과에 지나지 않는 것이라고 보았다. '반사적 효과'란 제도의 결과로서 생기는 사실상의 효력을 가리키기 위해서 1960년대 중반 무렵부터 사용되기 시작한 상징적인 말이다.

공정력에 관한 현재의 일본학설은 공정력이라는 말의 사용을 의도적으로 회피하거나 공정력이 실체적인 힘이 아니라는 것을 강조하고 있다.[75] 나아가 일부 논자는

74) 田上穰治, 行政法原論, 春秋社, 1952, 49쪽.

75) 예컨대 시오노 교수의 다음과 같은 설명을 참고할 것. "행정행위의 특색으로서 가장 중요한 것 중 하나는 행정행위의 효력의 문제이다. 그리고 그 효력으로서 공정력·집행력·불가쟁력·불가변력 등이 거론된다. 물론 력(力)이라고 하면 무엇인가 물리적인 것을 연상시키지만, 지금부터의 고찰에서 밝혀

공정력 개념의 존재의의를 아예 부정하고 그 개념의 사용을 중지해야 한다고 주장하기도 한다.

"(취소소송의) '배타적 관할'이란 행정처분에는 취소소송만이 적용된다는 의미 이상이 아니다. 배타적 관할의 규정으로부터 실체적 공정력 개념을 끌어낼 수 없다. 기껏해야 절차법적 효력 밖에 가질 수 없다. 의사자치 원칙으로부터 끌어낸 '법률에 근거한 행정'의 원리아래에서는 공정력의 개념은 단호히 부정해야 한다. 행정처분에는 취소소송의 배타적 관할이 미친다고 해석하면 충분하다."[76)]

3. 국가주의 행정법학에서 자유주의 행정법학으로의 이행 과정에서 치열하게 전개되었던 일본에서의 논의는 한국 행정법학에도 영향을 주었다. 문제는 이런 역사적 논쟁을 거쳐 현재에 이른 공정력 개념을 이제는 어떻게 이해해야 할 것인가 하는 점이다. 국가권력, 특히 행정권력의 민주적 정당성이 강화된 민주주의적 법치국가 시대에도 여전히 위와 같은 논의를 해야 하는가 하는 점이다. 즉, 공정력을 절차적 차원의 효력으로 보면서, 취소소송의 성격도 통설과 달리 확인소송으로 파악하는 아래와 같은 견해에 대해 어떤 판단을 해야 할까?

"위법한 처분이라도 처음부터 실체적으로 효력을 발생·유지하다가 취소판결에 의해 비로소 소급적으로 소멸한다고 하는 독일식의 공정력은 우리 실정법상 명문의 규정이 없기 때문에 인정할 수 없다고 할 것이다. 그 대신 행정의 효율성 확보를 위한 최소한의 (불문법적) 장치로서, 프랑스의 '예선적 특권'과 유사한 관념으로서, 처분은 적법·유효한 것으로 사실상 추정되는 것으로 이해하여야 할 것이다. 그렇다면 우리의 취소소송은 실체적 공정력을 제거함으로써 현재의 법률관계를 변경시키는 형성소송이 아니라, 위법성을 확인함으로써 사실상의 적법·유효의 추정을 깨뜨려 처음부터 무효이었던 것으로 확정하는 확인소송으로 파악하는 것이 옳다고 본다."[77)]

혹은 그 반대로 「행정기본법」 제15조처럼 공정력을 규정하는 실정법적 근거도 마련된 이상 절차적 공정력과는 이제 결별해야 한다는 견해를 어떻게 받아들여야 할까?

지는 바와 같이 특별한 법 효과라는 의미일 뿐 력(力)이라고 하는 점에 구애받을 필요는 없다. 또한 이 력(力) 혹은 효과라고 하는 것도 행정행위에 당연히 깃들어져 있는 것이라고 처음부터 전제하는 것도 정당하지 못하다. 塩野宏/ 서원우, 윤세탁 공역, 일본행정법론, 110쪽.

76) 大浜啓吉, 行政法総論, 2006, 岩波書店, 2006, 198쪽.

77) 박정훈, 행정법의 구조와 기능, 168쪽.

“공정력은 그 본질이 ‘하자(또는 적법성)와 무관한 행정행위의 효력’의 문제이다. 궁극적으로 그것은 상대방이 위법하다고 여길 법한 (부담적) 행정행위에 대한 복종 의무의 문제이다. 따라서 당연히 공정력은 그 자체가 실체적 성격을 지닐 수밖에 없다. 대부분의 문헌이 공정력을 취소쟁송제도의 반사적 효과라고 강조하더라도, 이는 그것의 실정법적 근거를 찾기 위한 모색의 일환이지, 그것의 본질이 절차적 차원에 그친다는 점을 내세운 것은 아니다. 그리고 이제 공정력에 관한 실정법적 근거가 마련된 이상, 절차적 공정력으로 접근하는 것은 설득력이 없다. 공정력에 대한 개념부터 수정하고, 나아가 이상의 일련의 판례로 인한 난맥상황에 관한 문제 인식이 시급하다.”[78]

4. 오토 마이어가 행정행위의 효력으로서 구속력(bindende Kraft)을 말할 때 그것은 법률관계의 확정이라는 의미를 갖고 있었음을 상기하면, 이 문제를 절차적 공정력으로 접근하는 데는 한계가 있는 것이 아닌가 하는 의문이 제기되는 것도 사실이다.

가령, 독일의 판결 중에는 “단순 위법의 행정행위에 대하여도 복종의무가 발생하고 이에 불응하여 범죄가 성립되면 나중에 그 행정행위가 소급하여 취소되더라도 범죄성립이 소멸되지 않는다(BGHSt 23, 86)”고 한 것이 있다. 주차금지표지(일반처분)를 무시하여 주차하였기 때문에 도로교통법 위반으로 처벌받게 된 피고인이 형사재판에서, 위 행정처분에 대하여 취소소송을 제기하였으므로 집행정지원칙에 의거 처분의 효력은 소급적으로 소멸하였고, 따라서 자기는 주차금지로 처벌되지 않는다고 주장한 사안의 판결인데, 위 연방통상법원(형사)은 교통표지에 대한 행정심판 혹은 취소소송의 제기는 집행정지효가 없고, 또한 사후적으로 주차금지조치가 위법하다고 하여 취소된다고 하더라도 이미 범한 위법행위 대한 가벌성은 사라지지 않는다고 하였다. 만약 공정력 혹은 독일식으로 하자(또는 적법성)와 무관한 행정행위의 효력(fehlerunabhängige Wirksamkeit)이 절차적 공정력에 불과한 것이라면 위의 형사판결에서 피고인의 위법행위를 논증할 실체법적 근거는 없는 셈이 된다.

2. 대법원은 ‘대법원 1993. 6. 29. 선고 91누2342 판결’에서 사업인정과 수용재결 사이의 하자 승계를 부인했다. 이 판결 이전에도 이미 ‘대법원 1987. 9. 8. 선고 87누395 판결’, ‘대법원 1988. 12. 27. 선고 87누1141 판결’에서 같은 취지의 판단을 했다. 그런데 사업인정은 토지수용이라는 궁극적 목적을 달성하기 위한 준비행위로 볼 수도 있으니 승계를 인정해야 하는 것이 아닌가?

78) 김중권, 2025, 355쪽.

"사업인정은 행정처분이므로 독립하여 행정심판 및 행정소송의 대상이 된다 할 것이다. 사업인정절차는 토지수용절차에 있어서 가장 기본이 되는 절차이다. 따라서 토지소유자 등의 재산권을 보장하기 위하여는 사업인정절차를 통하여 토지소유자 등이 자기 토지가 공공사업에 편입되는 사실을 인지할 수 있어야 하고, 또한 사업인정절차에 참여할 수 있어야 할 것이다. 그런데 (…) 공익사업을 위한 토지 등의 취득 및 보상법의 규정에 따라 건설교통부장관에 의한 사업인정이 독자적으로 행하여지는 경우는 오히려 예외적이며, 대부분의 경우는 당해 공공사업의 실시계획인가 등을 사업인정으로 의제하고 있어서 사업인정단계에서는 토지소유자가 자기 토지가 공공사업에 편입되는지 조차도 알지 못하여 사업인정절차에 참여할 수도 없고, 또한 사업인정에 대하여 행정쟁송을 제기할 기회를 잃고 있다. 그리하여 토지수용위원회의 수용재결절차에서 사업인정의 위법성을 주장하는 경우가 많으나, 대법원 판례는 사업인정의 흠은 수용재결절차에 승계되지 않는다는 입장을 취하고 있어서 수용재결단계에서도 사업인정의 흠을 다툴 수 없게 되고, 결국 행정쟁송의 기회도 상실하게 되는 경우가 허다하게 발생되고 있다. 이러한 문제점을 해결하기 위하여서는 사업인정으로 의제되는 각종 사업계획의 수립절차를 표준화하여 토지소유자 등이 계획수립단계에서부터 이를 인지하고 참여할 수 있도록 하고, 또한 이에 대하여 행정쟁송을 제기할 수 있도록 하여야 할 것이다."[79]

참고로 일본의 재판실무는 사업인정에 존재하는 하자는 수용재결에 승계된다는 입장이다. 다만, 2001년 토지수용법 개정으로 제3자의 절차적 보장이 상당 정도 충실해졌으므로 위법성의 승계가 예전처럼 인정될 것인가는 다소 미묘하다는 평가가 있다.[80] 개정된 법 내용에 따르면 사업자(起業者)는 사업인정을 받기 전에 설명회 등을 개최할 의무가 있고, 또한 국토교통성대신(大臣), 도도부현지사는 사업인정처분을 하는 경우 미리 사회자본정비심의회 및 기타 합의제 기관의 의견을 청취해야 하며, 사업인정의 이유를 고시해야 한다.

---

79) 박윤흔, 최신행정법강의(하), 박영사, 2004, 603쪽.

80) 大浜啓吉, 行政法総論, 岩波書店, 2006, 204쪽.

18

행정행위의 폐지

18.1. 행정행위의 폐지와 그 체계적 관계

18.1.1. 행정행위의 폐지 – 개념 및 유형화 방식

행정행위의 폐지(Aufhebung)란 행정청 또는 행정심판기관과 법원의 특별한 결정으로 행정행위의 (잠정적) 유효성을 제거하는 것을 말한다.[1] 직권취소(Rücknahme), 쟁송취소(Aufhebung innerhalb eines Rechtsmittelverfahren)와 철회(Widerruf)가 행정행위의 폐지에 해당한다. 쟁송취소는 행정쟁송절차를 거쳐 행하는 취소(행정심판에 의한 취소와 법원의 소송에 의한 취소)를 말한다.

과거에는 직권취소와 쟁송취소를 하나로 묶고, 철회를 다른 하나로 분류하여, 전자는 본래 하자가 있는 행정행위를, 후자는 본래 하자가 없는 행정행위를 대상으로 한다는 식으로 정리해왔다. 그런데 최근에는 쟁송취소와 직권취소를 분리한 뒤, 직권취소와 철회를 하나로 묶어 취소와 철회의 제한법리를 논하는 것이 일반적이다. 취소권의 행사에서 직권취소는 제한을 받지만 쟁송취소는 취소원인이 있으면 원칙적으로 취소해야 하는 등 기능상 차이가 있으므로,[2] 차라리 직권취소와 철회를 하나로 묶는 것이 타당하다고 보는 것이다.[3] 직권취소와 철회는 결국 행정청이 직권

1) Maurer/Waldhoff, 316쪽(11장 4번).

2) 그렇다면 처분청에 불복을 제기하는 절차인 이의신청에 따른 취소는 쟁송취소에 해당할까 아니면 직권취소에 해당할까? 양자는 취소권 제한 법리의 적용에서 차이가 나므로 구분해야 할 실익이 있다. 이의신청에 관한 판례의 법리도 검토해야 하지만, 원칙적으로 직권취소로 해석하는 게 옳다고 본다.

으로 행정행위를 폐지하는 것이고, 이것은 특히 수익적 행정행위에서 상대방에게 불리한 결과를 초래하므로, 이 둘을 함께 묶어 신뢰보호의 관점에서 들여다 볼 필요가 있다는 생각이 강화되었기 때문이다. 이는 직권취소와 철회의 법리를 취소·철회 자유의 법리에서 직권취소와 철회 제한의 법리로 옮긴, 독일에서의 지배적 입장을 수용한 것인데, 우리 행정법학에서도 1970년 중반 이래 유력하게 등장하였다.[4]

> 행정청이 처분을 직권으로 취소 혹은 철회할 수 있는 권한을 갖고 있고, 행정청이 그 권한을 의무에 합당한 재량에 따라 행사해야 한다고 해서, 상대방 등이 행정청에 대해 취소 혹은 철회를 요구할 신청권을 갖는 것은 아니다. 특히 불가쟁력이 발생한 처분에 대한 취소 혹은 철회의 신청권은 더욱 제한적이다. 이에 「행정기본법」제37조는 새로이 "처분의 재심사" 조항을 도입하였다. 이것은 행정쟁송의 제소기간이 도과되었거나 쟁송절차를 모두 거친 경우라고 하더라도 추후에 처분의 기초가 된 사실관계 또는 법률관계가 변경되어 당초 처분의 근거가 된 사실관계와 법률관계가 사회적 관념이나 헌법질서와 충돌하는 때에는 처분을 다툴 수 있도록 하여 당사자의 권리를 보호할 필요를 인정한 것이다. 이 조항은 비교법적으로 볼 때 독일 연방행정절차법 제51조 "절차의 재개"(Wiederaufgreifen des Verfahrens) 규정과 거의 동일하다.[5]

자유주의 행정법학은 행정의 결정, 판단이 상대방인 시민에게 어떤 효과를 발휘하느냐에 초점을 맞추므로, 행정행위가 원래 적법했는지 혹은 위법했는지는 – 직권취소란 일단 성립하고 효력을 발생한 행정행위에 대하여 취소원인인 하자를 이유로 권한 있는 기관이 그 효력의 전부 또는 일부를 상실시키기 위하여 직권으로 행하는 독립된 행정행위이고, 철회란 하자 없이 성립된 행정행위를 사후에 그 효력을 존속시킬 수 없는 새로운 사정의 발생을 이유로 장래에 향하여 그 효력을 소멸시키는 독립된 행정행위이다 – 크게 중요하게 생각하지 않는다. 이 관점이 유심히 살피는 것은 과연 직권취소와 철회가, 처음부터 위법했건 아니면 사후적으로 위법하게 되었건, 의무위반자에 대한 불이익제재로서 어떤 효과를 발휘하느냐 라는 측면이며,[6] 또한 행정청에 의한 행정행위의 폐지를 어떻게 제

3) 김철용, 2024, 356쪽.

4) 서원우, 현대행정법론(상), 485쪽 참고.

5) 조성규, "행정기본법상 '처분의 재심사' 규정의 법적 쟁점", 행정법학 제21호, 2021, 74-75쪽.

6) "행정행위의 직권취소와 철회는 체계상 행정행위의 하자이론에 속하는 것으로 분류되지만, 다른 한편 의무위반자에 대한 불이익제재라는 측면도 공유한다. 실무적으로는 후자의 비중이 더 높다고 보아야

어하고 통제할 것이냐 하는 점이다.

방금 지적한 "의무위반자에 대한 불이익제재라는 측면"은 특히 행정행위의 철회에서 두드러진다. 확실히 제재의 측면을 갖고 있기 때문에 철회의 경우는 그것의 법적 근거 필요성이 다투어지기도 한다. 종래는 근거불요설이 통설이었으나, 법적 근거가 필요하다는 견해도 늘어나고 있다. 그러나 후술하듯이 철회사유는 다양하므로, 이 문제는 철회사유 별로 검토해야지, 일률적으로 법적 근거가 필요하다 혹은 필요 없다고 단정할 것은 아니다.[7] 예컨대, 제재철회와 공익상 철회는 다르게 보아야 한다는 얘기다. 김철용 교수는 법적 근거가 없어도 철회가 가능한 경우와 그렇지 않은 경우를 구분해서 보는 견해를 제시하면서, 특히 철회가 법정 의무위반에 대한 제재(제재철회)로서의 성격을 갖는데도, 원행정행위의 법적 근거는 동시에 당해 행정행위의 철회의 근거도 된다는 식으로 주장하는 것은 의무를 명하는 법률과, 그 의무를 이행하지 않은 것에 대처하는 법률은 각각 별개로 존재해야 한다는 법리(행정상 강제집행과 법률유보원칙)에 반한다고 주장한다.[8] 최근 대법원이 '소급효가 있는 철회를 하기 위해서는' 별도의 법적 근거가 필요하다고 한 것도 이런 주장을 뒷받침한다.[9]

18.1.2. 직권취소와 철회의 상대화 논의 비판

아무튼, 직권취소와 철회를 하나로 묶고, 이들 행정행위의 폐지를 제한하려는 관심방향이 급부행정작용에서의 신뢰보호 증진으로 나타나면 그나마 수용가능한 측면이 있지만, 모든 행정작용을 대상으로 한 일반법리로 자리잡아도 괜찮은지는 검토가 필요하다. 쉽게 말해, 상대방에게 수익적 효과를 부여하는 행정행위는 함부로 취소하거나 철회하지 못한다면, 자칫 행정의 위법시정의무라든가, 장래를 향한 사회형성작용 같은 것이 제대로 실천되지 못할 수 있는 것이다. 가령 예전에는 감독청도 취소권을 행사할 수 있다고 보았지만, 최근에는 법률에 특별한 규정이 있는 경우를 제외하면 감독청이 취소권을 행사할 수는 없다는 견해가 오히려 다수의 지지를 받고 있다.

(한다.)" 김종보, 행정법입문, 203쪽.

7) 「행정기본법」 제19조 제1항의 취지도 이와 같은 것으로 볼 수 있다. 다만 교과서들은 이 조문을 근거불요설 관점에서 인용하기도 하고(김유환, 2024, 236쪽), 근거필요설의 관점에서 인용하기도 한다(정하중/김광수, 2023, 294쪽. 김철용, 2024, 366쪽).

8) 김철용, 2024, 365-366쪽.

9) 대법원 2018. 6. 28. 선고 2015두58195 판결.

그런데 그 논거를 보면, ① 지휘명령권과 감독권은 별개의 개념인데, ② 감독권 속에 취소권이 당연히 포함되는 것은 아니라는 것 외에 ③ '직권취소의 대상이 주로 수익적 행정행위이므로'[10] 이렇게 본다고 한다. 감독청이 철회권을 행사할 수 없듯이 취소권의 행사도 법률적 근거가 있을 때만 이를 허용해야 한다는 주장에는 일견 타당한 면이 있다. 다만, 문제삼고 싶은 것은 상대방에 대한 법적 효과에 논의를 집중하여 취소권의 법리를 이렇게 상대화해버리고, 유동화시켜도 좋을 것인가 하는 점이다.

독일에서의 논의를 참고하여, 직권취소와 철회의 구분을 새로운 사정의 발생을 원인으로 하느냐, 아니면 성립 당시부터 있던 하자를 원인으로 하느냐는 절대적인 기준은 아니며, 사정변경 하에서 이전의 처분을 유지하는 것이 위법하다고 볼 수 있다면 사후적으로 위법해진 행정행위라는 개념을 인정할 수 있고, 그것의 폐지는 취소로 볼 수 있다는 견해도 있다.[11] 이른바 "위법하게 된"(rechtswidrig geworden) 행정행위는 일회납부로 종결되는 수수료부과와 같은 행정행위와 달리, 계속적 효과를 갖는 행정행위에서 주로 문제가 된다. 독일 연방행정법원은 이런 행정행위라면 위법판단의 기준시점은 처분시가 아니라 재판시며, 따라서 위법하게 된 행정행위는 철회가 아니라 취소대상이라고 한다.[12] 이것을 따지는 이유는 결국 소급효와 관련된다.

그러나 이런 식의 접근도 일반화할 것은 아니다. 독일이나 우리법원의 판례에서 주로 문제가 되는 사례들은 적법한 행정행위에 기하여 승인되고 지급된 보조금 급부를 그 수령인이 목적에 합당하게 사용하지 않아 위법하게 된 케이스들이다. 이런 사안에서 행정행위를 '폐지'할 때 소급효를 인정하기 위해서는 '철회'가 아니라 '직권취소'의 법리를 끌어올 필요가 있다. 그런데 독일은 이런 경우에는 철회를 해도 소급효를 인정할 수 있다고 명문화하고 있다.[13] 그러므로 직권취소와 철회의 구분을 유지하면서, 예외적으로 소급효 혹은 장래효를 인정할 수 있는 사안을 법으로 명문

10) 김철용, 2024, 358쪽.

11) 김병기, "수익적 행정행위의 철회의 법적 성질과 철회 사유", 행정판례연구 제9호, 2004, 95쪽 이하.

12) BVerwGE 143, 230. 이에 대해서는 여전히 철회의 법리를 적용해야 한다는 반론도 있다. Maurer/Waldhoff, 268쪽(10장 24번).

13) 비교법적으로 볼 때, 독일은 연방행정절차법 제49조 제3항에서 부담부 보조금지급결정에 대해 당사자가 사기나 뇌물 등 귀책사유로 그 부담을 이행하지 않은 때에는 과거로 소급하여 철회의 효력을 상실시킬 수 있도록 하고 있다. 또, 프랑스 행정절차법 제242-2조 제1항에서는 부관의 불이행으로 행정행위를 철회할 때에는 기간제한없이 철회가 허용되도록 규정하고 있다. 선정원, "행정행위 철회의 장래효원칙과 그 예외", 법조 71권 1호, 2022, 284-288쪽.

화하면 되는 것이지,[14] 직권취소와 철회의 상대화를 쉽게 말할 것은 아니라고 생각한다. 직권취소와 철회의 차이가 상대적인 측면이 있는 것은 부인할 수 없으나, 행정청이 일단 형성한 권리·의무관계를 새로운 사정의 발생을 이유로 일방적으로 소멸시키는 철회와 법치행정의 원리상 애초부터 그 존재가 승인될 수 없는 하자 있는 행정행위의 취소는 규범논리적 차이가 있음을 과연 부정할 수 있을지 의문이 드는 것이다.[15]

정말 필요하다면 보조금 사례처럼, 적법하게 급부받은 금원을 처분에서 정한 목적과 달리 사용한다면 이를 철회하되 소급효를 인정하는 식으로 사안별로 특별한 규정을 두면 되는 것이고,[16] 더 나아가 중요한 사안에서는 아예 개별 법령으로 규율하면 되는 것이다. 예컨대 독일 국적법(Staatsangehörigkeitsgesetz) 제35조는 종래 논쟁이 되었던 귀화결정(Einbürgerung)의 취소를 법률적으로 규율하여, 그 취소권을 제한하였다.[17] 이하에서는 이 점을 조금 더 분명하게 드러내기 위해 우리의 실무와 학설에 영향을 주고 있는 독일의 연방행정절차법 제48조와 제49조를 개략적으로 소개하였다.

18.2. 직권취소와 철회의 법리

18.2.1. 위법한 행정행위의 취소 – 독일 연방행정절차법 제48조를 중심으로

(1) 독일 연방행정절차법 제48조 제1항에 의하면 위법한 행정행위는 불가쟁력이 발생한 후에도 그 전부 또는 일부를 장래효 혹은 소급효를 갖고 취소될 수 있다고 하는 이른바 '자유로운 취소의 원칙'(Grundsatz der freien Rücknahmbarkeit)을 분명히 한다. 다만, 위법한 행정행위가 권리나 법적으로 중요한 이익을 근거짓거나 확정하

14) 「행정기본법」 제19조 제1항은 철회의 장래효원칙을 선언하고 있을 뿐, 철회의 장래효원칙의 예외로서 소급효를 인정하는 규정은 두고 있지 않다. 장래에는 「행정기본법」에 철회의 장래효원칙의 예외로서 소급효가 인정되는 경우를 명시해야 한다는 주장으로 선정원, 위의 논문, 307쪽.

15) 김철용, 2024, 364쪽 참고.

16) 독일 연방행정절차법 제49조 제3항(후술함). 독일법에는 그 밖에 원자력법(AtomG), 총기법/무기법(Waffengesetz), 공무원법(연방공무원법, 주공무원지위법) 등에 직권취소에 관한 특별규정이 마련되어 있다. Maurer/Waldhoff, 316쪽(11장 3번).

17) 그 내용은 연방행정절차법 제48조 제2항에 따른 금전급부, 현물급부의 취소법리와 대체로 일치한다.

는 수익적 행정행위일 경우 다음에 열거하는 제2항－제4항의 제한하에서만 그 취소가 인정된다고 하여 종래의 학설·판례상의 원칙을 명문화하고 있다.

신뢰보호원칙을 설명한 곳에서도 보았듯이(7.4.1.) 1950년대 중반 이래 독일법원은 신뢰보호원칙을 수용하여, 위법하면 취소한다는 기존의 법리로부터 이탈하여, 취소권 행사를 판단할 때는 합법률성만이 아니라 신뢰보호의 관점도 아울러 고려해야 한다는 점을 분명히 했다.[18] 물론 위법한 행정행위라도 신뢰보호를 이유로 취소할 수 없다는 견해를 비판하는 목소리도 만만치 않았다. 특히 포르스토프는 “신뢰보호원칙을 강조하면 취소는 법률에 명시되어 있거나 법률이 허용하는 경우에만 인정되고, 이렇게 되면 행정의 법률적합성은 관계인의 신뢰보호 뒤로 밀리게 되는 결과를 초래한다. 이것은 법치국가적 헌법의 핵심에까지 효력을 미치는 중차대한 문제이다. 이러한 과정은 고권적 기능의 엄격한 법치국가적 형식성을 개인의 권리 또는 사회권에서 도출한 실질적 원칙으로 약화시키는 일련의 (잘못된) 노력이라고 보아야 한다”고 평가하였다.[19] 그는 수익적 행정행위와 침익적 행정행위에서 취소의 법리를 각각 다르게 구성하는 것, 즉 전자에 중점을 두고 취소권 제한의 법리를 관철시키는 것도 받아들일 수 없다고 하였다.[20] 그러나 그의 견해는 신뢰보호원칙은 이미 헌법적으로 정착되었으며, 또한 요구되기도 한다는 반론에 직면했다.[21]

(2) 제48조 제2항에 의하면 위법한 행정행위의 취소가 제한되는 경우로는 첫째, 행정행위가 일회 혹은 계속적인 금전급부나 분할 현물급부를 부여하거나 그것의 근거인 경우, 수익자가 행정행위의 존속에 대한 신뢰를 가지고 있고, 그 신뢰를 취소로 인한 공익과 형량했을 때 보호가치가 있으면 취소는 금지된다. 특히 수익자가 제공된 급부를 소비했거나 재산을 처분했고, 그 소비나 처분을 원상회복할 수 없거나 원상회복하면 수익자가 수인불가능한 손해를 받게 되는 경우라면 신뢰는 원칙적으로 보호가치가 있는 것으로 인정된다.

독일법의 취지는 신뢰보호원칙의 이념적 근거로도 제시되는 사회국가원리를 생각

18) 이후 연방행정법원은 사안별로 적용할 수 있는 판례를 발전시켜 직권취소의 법리를 완성했다. 1976년의 연방행정절차법 제48조가 입법화되면서 판례의 현재적 중요성(Aktualität)은 상당히 상실되었지만, 그럼에도 불구하고, 제48조가 적용되지 않거나, 특별규정이 없는 경우, 판례의 법리는 여전히 유용하다. Maurer/Waldhoff, 325-326쪽(11장 21-22번).

19) Ernst Forsthoff, *Lehrbuch*, 262-263쪽.

20) Ernst Forsthoff, *Lehrbuch*, 264쪽.

21) Maurer/Waldhoff, 327-328쪽(11장 25번).

해 보면 잘 알 수 있다. 금전급부는 대개 경제적 약자에 대한 사회보장급부인 경우가 많다. 분할 현물급부도 마찬가지이다. 경제적 약자에게 금전이나 현물을 급부한 뒤, 나중에 와서 잘못된(위법한) 급부이므로 부당이득으로 반환하라고 청구한다면 상대방은 그 돈을 저축해 놓지도 않았을 것이고, 현물은 이미 소비해버렸을 것이므로 굉장히 어려운 처지에 놓이게 될 것이다. 그래서 취소권의 행사를 제한한다.

다만, 다음과 같은 사유가 있는 행정행위라면 수익자는 신뢰를 주장할 수 없다. 즉, 사기, 협박 혹은 매수를 통해 행정행위를 발급받은 경우(제3문 제1호), 중대한 부분에서 부정확하거나 불완전한 신고를 하여 행정행위를 발급받은 경우(제3문 제2호), 혹은 행정행위의 위법성을 알았거나 혹은 중대한 과실로 알지 못한 경우(제3문 제3호)에는 신뢰를 주장하지 못한다. 그리고 이상과 같은 세 가지 사유 중 어느 하나에 해당하는 경우는 당해 행정행위는 원칙적으로 과거로 소급하여 취소된다(제4문). 이 조항을 뒤집어 해석하면 스스로 부정한 행위를 하지 않는 급부행정의 상대방을 대상으로 한 취소에는 예외적으로 소급효를 인정하지 않는다는 뜻이 된다.

(3) 제48조 제2항에 해당하지 않는 행정행위, 즉 금전급부 또는 현물급부 이외의 수익적 행정행위가 취소되는 경우에는 행정청은 행정행위의 존속을 신뢰함으로써 손해를 입은 관계인에게, 신청이 있으면 취소로 말미암은 재산상의 불이익을 보상해야 한다. 물론 이 경우의 신뢰성도 공익과의 비교형량에 의하여 보호할만한 가치가 있는 경우에 한한다(제3항 제1문). 그리고 위에서 열거한 제48조 제2항 제3문 1－3호에 해당하는 경우로서 수익자가 그 신뢰를 주장할 수 없는 사유는 이 경우에도 준용된다(제3항 제2문).

여기서 말하는 재산상의 불이익은 관계인이 행정행위의 존속에 의하여 얻게 되는 이익의 가액을 초과하여 보상될 수 없다(제3항 제3문). 보상의 대상이 되는 재산상의 불이익은 행정청에 의해 결정되며 보상청구는 1년 이내에 해야 한다. 그 기간은 행정청이 관계인에게 그에 관하여 언급한 때부터 개시한다(제3항 제4문, 제5문). 제4항은 이른바 실권을 법리를 규정한다. 그에 따라 “행정청이 위법한 행정행위의 취소를 정당화하는 사유를 인식한 경우, 취소는 그것을 인식한 시점부터 1년 이내에만 할 수 있다. 이 규정은 위 제2항 제3문 제1호(사기, 협박, 매수를 통한 행정행위의 발급)의 경우에는 적용되지 않는다.”

이상에서 본 것처럼 연방행정절차법은 ‘자유로운 취소의 원칙’에 기반하면서도, 급전급부, 현물급부를 내용으로 하는 수익적 행정행위의 취소는 일찍이 연방행정법원이 발전시켜온 신뢰보호원칙이 존재하는 한, 이를 허용하지 않는다. 또한 그 밖의 수익적 행정행위에 대해서는 취소는 허용하지만, 관계인이 취소와 관련하여 당해 행정행위의 존속을 신뢰함으로써 재산상의 손실을 입었다면, 그 신뢰가 보호할 만한 가치가 있는 것인 때에만 보상을 한다는 해결방법을 채용하고 있다. 예컨대 건축이 원칙적으로 금지되는 외부지역(Außenbereich)이나 자연보호구역 내에서의 위법한 건축허가 등과 같이 공익상의 이유로 위법한 행정행위를 그대로 존속시킬 수 없고 폐지하지 않으면 아니되는 경우에 취소권 그 자체를 제한하지 않는 대신 손실보상청구권을 인정하는 식이다.[22)]

18.2.2. 적법한 행정행위의 철회 – 독일 연방행정절차법 제49조를 중심으로

적법한 행정행위의 철회는 독일 연방행정절차법 제49조가 규율한다. 그 내용은 거의 1950년대 이래 축적되어온 판례와 이를 지지해온 학설에 따른 것이다. 그러나 그 이전의 판례와 학설은 정반대였다. 프로이센 고등행정재판소는 원칙적으로 행정은 모든 행정행위를 자유롭게 철회할 수 있다고 판결했고(1877년), 오토 마이어 이래 학설도 이를 지지해왔다.[23)] 행정이 질서행정(경찰행정), 침익적 행정을 중심으로 운영되던 20세기 초만 하더라도 이런 원칙을 유지하는 것이 큰 문제가 되지는 않았다. 철회 자체가 상대방에게 불리하지 않았다는 사정도 감안이 되었을 것이다. 그러나 2차 대전 이후 전체 행정에서 급부행정, 수익적 행정의 비중이 점차 높아지면서 사정이 달라졌다. 철회 자유의 원칙(Grundsatz freier Widerruflichkeit)을 제한없이 인정하다 보면 행정법관계의 안정성을 해칠 뿐만 아니라 행정으로부터 일정한 급부 등을 받는 상대방의 법적 지위도 불안해질 수 있기 때문이다. 행정의 사회형성작용을 강조하며, 철회자유의 원칙을 누구보다도 지지했던 포르스토프도 자신의 행정법교과서 제6판부터는 그 입장을 변경하여, "행정청은 자신이 발령한 하자없는 행정행위가 이제는 (행정목적실현에) 방해가 된다거나, 혹은 자신이 재량을 행사할 때 검토했던 점을

22) Volkmar Götz, "Vermögensschutz oder Bestandschutz bei der Rücknahme von Verwaltungsakten", *DVBl*, 1976, 281-283쪽. 서원우, 현대행정법론(상), 508쪽 재인용.

23) 1877년 프로이센 고등행정재판소 판결 및 1950년대 연방행정법원의 판결례는 다음 문헌을 참고할 것. Ernst Forsthoff, *Lehrbuch*, 265쪽.

더 이상 유지할 수 없다는 이유를 내세워 이를 철회할 수는 없다. 또한 사실관계의 변경이 있다고 해서 이를 이유로 곧바로 철회권을 행사할 수 없다. 반면 행정청이 상당한 신빙성을 갖고 주장하는, 설득력 있는 공익이 철회를 불가피하게 명할 때에는 의무에 합당한 재량을 행사하여 철회를 할 수 있다"고 설명한다.[24]

그럼, 이제 현행 연방행정절차법 제49조를 살펴보자. 동조는 적법한 행정행위의 철회요건을 비수익적 행정행위와 수익적 행정행위, 이렇게 두 경우로 나누어 규정한다.

(1) 제49조 제1항은 비수익적 행정행위에서는 불가쟁력이 생긴 뒤에도 자유롭게 그 효력의 전부 또는 일부를 장래에 향하여 철회할 수 있다. 다만 동일 내용의 행정행위를 다시 발령하여야 하는 경우 또는 다른 이유로 철회가 허용되지 않을 경우에는 그러하지 아니한다.

제49조 제1항은 비수익적 행정행위(부담적 행정행위)를 전부 또는 단지 부분적으로만 취소할 것인지 여부를 행정의 '의무에 합당한 재량'에 맡기고 있다. 이 경우 행정은 그때그때의 개별 사안에서 충돌하는 이익들을 상호 형량하여야 한다. 또한 제1항은 행정이 재차 동일한 내용의 행정행위를 발해야 하거나 혹은 철회가 다른 이유로 허용되지 않는 경우, 그 철회를 금한다. 따라서 행정행위의 발급요건이 충족되어 있고 달리 행정행위를 발하지 않을 사유가 존재하지 않는 기속행위에서는 철회를 할 수 없다. 행정행위의 취소에서와 달리 비수익적 행정행위는 장래에 향해서만 철회할 수 있다.[25]

(2) 제49조 제2항에 따르면 수익적 행정행위의 철회가 허용되는 경우는 다음과 같은 다섯 가지 경우에 한한다. 즉, ① 철회가 법규정에 의하여 허용되거나 또는 행정행위에 유보되어 있는 경우, ② 행정행위에 부담이 붙어 있으며, 이를 수익자가 정해진 바에 따라 혹은 소정의 기간 내에 이행하지 않은 경우, ③ 사후적으로 발생한 사실에 의하여 행정청이 당해 행정행위를 발하지 않는 것이 정당한 경우, 또는 철회하지 않으면 공익을 해치는 경우, ④ 법규정의 개정으로 인해 행정청이 당해 행

24) Ernst Forsthoff, *Lehrbuch*, 265쪽. 그러나 제6판 이전의 서술은 다음과 같았다. "행정은 변화하는 상황에 직면해 있으며, 그런 상황에 적응해야만 한다는 사실로부터 (철회자유의) 원칙이 도출된다." Ernst Forsthoff, *Lehrbuch*, 3. Aufl., 1953, 216쪽. 포르스토프 교과서의 서술은 제6판(1956년)을 기점으로 여러 대목에서 변화가 나타난다. 라인강의 기적이라 불린 전후 경제의 자신감과 진척된 사회보장급여의 증대가 서술/견해의 변화를 촉발한 것으로 평가할 수 있다. 이 점에 대해서는 21.1.1. 부분의 서술도 참고할 것.

25) Sodan/Ziekow, *Grundkurs*, 660쪽(82장 18번).

정행위를 발하지 않는 것이 정당한 경우, 다만 수익자가 아직 그 이익을 누리지 않았거나 행정행위에 의거 그 어떤 급부도 수령하지 않아야 하고, 또한 철회하지 않으면 공익이 해쳐지는 경우, ⑤ 공익에 대한 중대한 불이익을 예방하거나 배제하기 위해 필요한 경우가 그것이다.

제49조 제2항은 수익적 행정행위의 철회요건을 종합적으로 규율한다. 위에 열거된 철회사유 중 어느 하나라도 존재하면 처분을 폐지할 수 있다. 제49조 제2항에서 말하는 철회사유가 존재한다면, 행정청은 의무에 합당한 재량에 기초하여 행정행위를 철회할지 혹은 철회를 할 경우 어느 범위까지 할지를 결정한다. 그러나 비례원칙이 여기서도 통용되기 때문에, (법원은) 구체적 사유를 살펴볼 때 철회가 가능한 경우에도, 행정행위의 폐지가 아닌 다른 방식, 예컨대 행정행위의 부관을 붙이는 방식으로 문제를 해결할 수 있는 상황이었는지도 심사한다. 철회는 장래에 향해서만 할 수 있다. 그 밖에 제49조 제2항 제2문에 의해, 제48조 제4항의 제척기간(실권)이 준용된다.[26]

이상의 다섯 가지 철회사유 중 ①호 및 ②호는 상대방이 철회의 가능성을 알고 있으므로 당해 행정행위의 존속에 대한 신뢰보호는 처음부터 문제가 되지 않는다. 특히 ②호는 부담의 불이행이 상대방의 귀책 때문이므로 신뢰가 해쳐졌다고 말할 수 없다.[27] 반면, ③–⑤호의 경우에는 고권적 침해의 예측가능성이라는 측면에서 우려가 있을 수 있다. ③–⑤호의 사유는 국민이 그에 대해 예측하지 못했던 경우에도 행정은 행정행위를 폐지할 수 있다고 수권한다. 따라서 이 경우에는 제49조 제6항에 따라, 신청에 기하여, 행정행위의 존속에 대해 가졌던 보호가치 있는 신뢰로 인해 상대방이 받은 재산상의 손실을 보상해야 한다.[28]

(3) 일회적 혹은 계속적인 금전급부 혹은 특정한 목적의 실현을 위한 분할가능한 현물급부를 하는 행정행위의 철회에 적용되는 제49조 제3항은 특히 보조금을 타겟으로 하며, 제49조 제2항과는 역으로 처분의 효력을 과거를 향해서도 철회할 수 있는 권한을 행정에게 부여한다. 행정행정의 폐지에 소급효를 붙이면, 제49a조에 따라

---

26) 연방행정법원의 판결에 의하면 이 기간(제척기간의 기산)은 행정청이 부담위반을 인식하고, 또한 철회결정을 하는데 중요한 그 밖의 사실이 행정청에게 완전히 알려진 시점에 비로소 시작된다. BVerwG, *NJW* 2001, 1440(1441)쪽.

27) 제49조 제2항 ①호의 철회권이 유보된 경우의 철회권 행사에 관한 독일 학설상의 자유주의적 해석에 관해서는 이미 살펴보았다(16.2.1.).

28) Sodan/Ziekow, *Grundkurs*, 660-662쪽(82장 19-20번).

이미 제공된 급부의 반환청구가 가능하므로, 이 규정은 그 중요성을 인정받는다. 조문규정상 제49조 제3항의 철회도 행정청의 재량에 맡겨져 있다.[29)]

더공부해보기/생각해보기/토론하기

1. 행정법의 주관화 혹은 개인화(Subjektivierung oder Individualisierung des Verwaltungsrechts)라는 표현이 있다. 자유주의 행정법 덕에 개인은 국가와 대등한 주관적 권리의 주체가 되었음을 지칭하는 개념이다. 그러나 행정법의 주관화·개인화라는 긍정적 현상에는 그로 인해 행정법의 공공성 담보기능이 훼손되는 현상도 함께 따라오고 있다. 이 점을 염두에 두면서 행정법의 주관화를 어떻게 평가해야 할지를 철회제한의 법리 등을 소재로 토론해 보자.

제7장의 더공부해보기/생각해보기/토론하기 2번에서 독일어 Recht라는 단어를 깊이 들여다 본 적이 있다. 즉 이것은 객관적 법(objektives Recht)과 (주관적) 권리(subjektives Recht)라는 두 개의 의미를 갖고 있다는 것, Grundrecht도 마찬가지여서 주관적 기본권과 객관법 법질서라는 두 가지 의미를 다 내포하고 있다고 설명했다. 특히 후자와 관련하여 기본권은 일차적으로 주관적 권리이지만, 그렇다고 권리로서의 주관성만을 강조하면 공동체의 기초가 되는 객관적 법질서 자체가 훼손될 수 있으므로 이런 점에 유의하는 기본권 보장이 필요하다는 식의 설명도 덧붙였다.

행정법의 주관화와 행정법의 개인화에 대해서도 같은 얘기를 할 수 있다. 행정법, 즉 Verwaltungs'recht'는 일차적으로 객관법인데, 이것이 과도하게 주관화 · 개인화의 방향으로 나아가게 되면 행정법의 공익실현작용은 중대하게 제약될 수밖에 없다.[30)] 행정행위의 철회를 제재철회와 공익상의 철회로 구분하고, 전자에게는 엄격한 법적 근거를 요구한다든가, 수익적 행정행위에서의 철회제한을 강조하는 이론들, 「행정기본법」 제정과 함께 새롭게 도입된 "처분의 재심사"제도는 이러한 경향을 강화시킨다.

수익적 행정행위의 철회제한을 정당화하는 이론적 논거로 신뢰보호원칙을 살펴보았지만, 신뢰보호는 결국 기득권 보호로 귀결되기가 쉽다. 그런데 기득권 보호를 지나치게 강조할 경우 새로운 행정작용 · 정책은 추진되기 어렵다. 그래서 행정법학 앞

---

29) Sodan/Ziekow, *Grundkurs*, 662-663쪽(82장 21-22번).

30) H. J. Wolff/O. Bachof/R. Stober, *Verwaltungsrecht I*, 560쪽(43장 1번).

에는 취소나 철회의 제한을 통해서 보호되는 상대방의 '신뢰이익'이 기득권 보호로 기울지 않도록 세심한 법리를 개발해내야 하는 과제가 놓여 있다. 사회급부행정법의 주관화 자체는 긍정적으로 볼 수 있는 측면이 많다. 그러나 현재 진행되고 있는 주관화는 꼭 그런 것이라기보다는 오히려 재산과 영업의 자유를 중심으로 한 기득권 보호에는 적극적인 반면, 행정의 자율성, 행정의 적극적인 공익형성작용은 제약하는 방향으로 나아가고 있어 문제인 것이다. 사회적 법치국가에서 이기주의적 권리자보호국가로의 이행[31]에 대해 비판적으로 들여다보아야 하는 것도 같은 맥락이다. 이 점에서 대해서는 이 책에서 여러번 강조했다. 특히 공권론(13.1.5.)에서도 이런 논의를 했다.

2. 행정은 행정행위의 폐지권(직권취소권, 철회권)의 행사에서 상대방의 '신뢰이익'이나 '기득권'을 점차 더 두텁게 보호하는 방향으로 나아가고 있다. 그러나 다른 한편, 행정행위의 폐지를 인권 등의 관점에서 제한해야 할 분야에서는 거리낌없이 이를 취소·철회하거나(사례 1), 반대로 철회권을 행사해야 할 때에도 이를 잘 하지 않는 현상도 나타난다(사례 2, 3). 특히 행정행위의 철회권 행사를 통해 보호하고자 하는 이익이 어느 한쪽으로 심각하게 치우쳐 있다면 행정의 공정성은 확보되지 않는다. 구체적인 사례들을 통해 자본주의 행정법의 실상을 더 깊이 있게 들여다보고 관련 쟁점들을 토론해보자.

사례 1. 난민법 개정을 통해 합법체류 난민에게도 난민인정을 철회하려고 한 사례

법무부는 난민법 개정을 위해 2023. 12. 13.에서 2024. 1. 3.까지 입법예고(법무부공고제2023-443호)를 했다. 입법예고한 대로 법률이 개정되면 이미 난민으로 인정되어 합법적으로 체류 중인 난민에 대해서도 난민 인정을 철회하고 추방할 수 있다. 현행 「난민법」 제22조(난민인정결정의 취소 등) 제2항은 "법무부장관은 난민인정자가 다음 각 호의 어느 하나에 해당하는 경우에는 난민인정결정을 철회할 수 있다"고 하여 법정 철회사유를 규정하고 있는데, 현재는 1-6호의 사유가 있다. 여기에 제7호 사유를 추가하려는 게 위 입법예고의 핵심이었다. 즉 "7. 제19조에 따른 난민불인정결정 대상에 해당하게 된 경우" 난민인정을 철회할 수 있으며, 이 개정조항에 연동하여 제19조에 제5호를 다음과 같이 신설하려고 했다: "5. 국가안전보장, 질서유지 또는 공공복리를 해쳤거나 해칠 우려가 있는 경우"[32]

31) Rolf Stober, "Vom sozialen Rechtsstaat zum egoistischen Rechtshaberschutzstaat? - Plädoyer für eine Renaissannce des Gemeinwohls", *DÖV*, 1998, 775쪽 이하.

사례 2. 염전 강제노동 사례 - 제재철회권의 미행사

한겨레신문이 심층 보도한 "소금이 오는 길" 기사는 염전에서 벌어지고 있는 강제노동사례를 깊이 있게 다루었다. 여기에는 지적장애인 노동자 등을 소금 생산에 강제로 동원한 악덕 업주들이 「소금산업진흥법」에 의거 해양수산부로부터 매년 지원금을 받고 있는 실태도 포함되어 있다. 동법에 따르면 염전주들에게 천일염 생산·유통 시설을 지원할 수 있게 되어 있다. A는 2013년부터 2022년까지 천일염 바닥재 개선과 채염 자동화 등의 명목으로 1억 2,200만 원을 지원받았다. B도 2014년부터 2022년까지 1억 2,430만 원을 받았다. 그런데 법에는 "염전근로자의 자유의사에 어긋나는 근로 강요행위가 적발된 경우 해수부 장관은 지원된 자금을 환수할 수 있다"(제49조의2)고 규정돼 있지만, 국정감사기간에 C 국회의원실이 자료를 요구하기 전까지 해양수산부는 염주별 지원 내역조차 파악하지 못하고 있었다.[33] 지원금 지급결정을 철회하고 자금을 환수해야 하는데, 상황 파악조차 못하고 있었다는 얘기다.

사례 3. 수도권 불법운영 지역의대 사례 - 제재철회권의 미행사

2024년 3월 행정부가 의과대학 정원을 2,000명 늘리는 정책을 발표하면서 "서울은 0명, 비수도권에 82% 배정"이라고 말했지만, 서울 0명 정원 배정이라는 말은 거의 '사기'에 가깝다. 왜냐하면 이미 무늬만 지역의대인 의과대학들이 여럿 있기 때문이다. 울산의대 등 이름만 지역의대일뿐 서울에 불법 미인가 교육시설을 운영하는 이들 의과대학에 대해 지역 시민단체는 오래전부터 지역 의대를 지역으로 완전히 환원하고, 수도권에서 불법 운영하는 의대는 인가를 취소(실제 의미는 철회)해야 한다고 요구했다.[34] 그러나 교육부장관이 인가를 취소했다는 말은 들어본 적도 없다.

행정 혹은 집행공무원이 행정행위의 철회권을 잘 행사하지 않는 이유는 무엇일까? 권한을 행사할 수 있다는 사실을 몰라서 그럴 수도 있고, 알지만 철회권 행사를 위한 전 단계로서의 기초적인 조사 및 점검활동을 할 여력이 없어서 그럴 수도 있다. 철회사유가 있다고 해서 무조건 철회해야 하는 것은 아니고 상대방의 신뢰보호도 고려해야 한다는 철회제한사유를 고려했을 수도 있다. 나아가 철회권의 행사가 사후적으로 법원에 의해 취소될 수 있다는 불안이 있어서 그럴 수도 있다.

---

32) 정부의 「난민법」 개정안은 2024년 5월 29일 21대 국회가 종료하면서 자동폐기되었다. 이 개정안에 대한 비판적 논문으로 다음을 참고할 것. 임보미/김치정, "난민 정책과 난민법 개정에 대한 비판적 고찰", 현대사회와 다문화 14권 3호, 2024, 1-26쪽.

33) 이문영, "소금이 오는 길", 한겨레신문, 2023. 11. 18.자. 5면.

34) 전진한, "의대 증원 '서울 0명 배정'은 거짓말이다", 한겨레신문, 2024. 4. 2.자. 25면.

신자유주의 행정법 체제 아래에서 벌어지는 공무원들의 복지부동에는 여러 이유가 있지만, 무엇보다 그들이 “무엇이 법이어야 하는지를 규정하는” “관헌적 선언”을 할 역량과 자신감을 잃고 있는 것은 문제다. 개인의 자유를 존중한다고 말하는 신자유주의 자본주의는 실상 구조의 문제에는 눈감게 하고 개인에게만 책임을 다 지우는 체제가 되고 있다. 공무원, 아니 정확히 말해 공무노동자들도 그런 ‘자기책임’의 사고에 점점 더 갇히고 있다. 이 문제를 앞으로 어떻게 해결해나갈 것인가는 공익실현자로서의 행정과 공익실현장치로서의 철회권의 행사의 향방에 중요한 부분이다.

3. 국유재산이나 공유재산인 정부청사 혹은 시군청사의 지하층이나 유휴공간에 매점이나 식당 등 편의시설이 영업하고 있는 경우가 종종 있다. 이러한 이용형태는 국유재산이나 공유재산이 본래 예정한 것은 아니기 때문에 「국유재산법」 등은 원칙적으로 그런 식의 사용을 허용하지 않는다. 다만, 예외적으로 행정재산의 용도 혹은 목적을 방해하지 않는 한도 내에서 목적 외 사용으로서 특별히 사용 또는 수익을 허가할 수 있는 규정을 두고 있다(예컨대 「국유재산법」 제30조). 그런데 당해 관청의 사무량이 증가했기 때문에 지하층이나 유휴공간에도 사무실을 두어야 할 필요가 생긴 경우라면 그 사용허가를 철회하는 것이 가능한가? 철회를 한다면 그에 따른 보상이 필요한가?

이런 사안을 행정재산의 목적외 사용이라고 한다. 다수설은 이때의 사용허가를 행정처분으로 본다. 대법원도 이를 행정처분으로 본다. 구체적으로는 사용허가라는 명칭에도 불구하고 특허라고 본다.[35] 이처럼 행정재산의 목적 외 사용을 처분으로 보고, 그 사용관계를 공법관계로 구성하려는 주된 목적의 하나는 사용허가를 취소 또는 철회한 경우 상대방이 행정재산의 점유를 이전하지 아니할 때에 행정대집행으로 신속하게 점유를 이전할 수 있게 하기 위함이다. 후술하듯이 행정대집행은 공법상 의무에 한하여 할 수 있다고 보는 것이 학설과 판례이기 때문이다(21.2.1.). 즉, 사법관계에서 의무의 불이행에 대처하기 위해 행정대집행을 할 수는 없다고 본다.[36]

---

35) 대법원 1998. 2. 27. 선고 97누1105 판결.

36) 다만, 일부 견해에 따르면 현행 「국유재산법」에는 허가취소·철회된 경우 점유이전의무를 정한 규정이 없고, 이를 명할 수 있는 근거규정도 없으므로, 사용허가의 취소·철회를 행정처분으로 본다고 하더라도 그것이 취소·철회된 경우 점유이전을 대집행으로 강제실현하기 어렵다고 본다. 따라서 불법 국유재산 점유 등에 「행정대집행법」을 준용하도록 한 「국유재산법」 제74조는 사용허가의 취소·철회 사안에는 적용되지 않는다고 본다. 박윤흔, 최신행정법강의(하), 박영사, 2004, 510쪽.

설문의 사례는 행정재산의 목적외 사용허가의 철회에 해당한다. 당해 청사가 직접 행정상의 목적에 제공된 재산이고, 사무실이라는 본래의 용도로 사용해야 할 필요가 생긴 것이므로 사용허가를 한 당초에는 적법하지만, 그 후의 사정의 변화에 의해 당해 사용허가를 유지하는 것이 적절하지 않은 경우이다.

사용허가를 철회해야 할 공익상의 필요가 있으므로 철회 그 자체는 허용된다. 철회에 별도의 법적 근거가 필요한 것도 아니다(근거불요설).[37] 단, 이 경우 철회의 상대방인 점포영업자는 갑작스러운 철회에 의하여 예측하지 못한 경제적 불이익을 입게 되므로 그에 대해서는 보상을 해주어야 한다. 즉, 상대방의 귀책사유 없는 수익적 행정행위의 철회로 인한 손실은 그것이 특별한 희생인 한 이를 보상해 주는 것이 정의와 공평의 원칙에 합당하다. 다만, 구체적으로 보상을 규정한 법률이 있을 때에만 손실보상청구가 가능한가에 관하여는 견해가 나뉘지만, 개별적인 법률의 규정이 있을 때에만 손실보상청구가 가능하다고 보아야 한다.[38] 「국유재산법」은 철회로 인하여 당해 허가를 받은 자에게 손실이 발생한 때에는 그 재산을 사용할 기관은 대통령령이 정하는 바에 의하여 이를 보상한다(동법 제36조 제3항)고 규정하고 있다. 이에 따라 「국유재산법 시행령」은 보상의 범위를 기본적으로 시설의 이전비용 등 통상 손실로 한정하고 있다(동법 시행령 제35조).

점포영업자에게 인정되고 있는 국유재산의 사용권은 국유재산 본래의 용도에 장애를 주지 않는 범위 내에서 예외적으로 인정되는 것이어서 공익상 필요가 생긴 때에는 그것을 주장할 수 없다는 제약을 본질적으로 안고 있다. 따라서 사용권 그 자체에 대해 보상을 할 필요는 없고 이전비용 등 통상 손실에 대한 보상만으로 족하다고 보는 것이다.[39]

---

37) 그러나 「국유재산법」 제36조 제2항은 별도로 철회의 법적 근거를 두고 있다. "중앙관서의 장은 사용허가한 행정재산을 국가나 지방자치단체가 직접 공용이나 공공용으로 사용하기 위하여 필요하게 된 경우에는 그 허가를 철회할 수 있다."

38) 櫻井敬子/橋本博之, 現代行政法, 有斐閣, 2004, 97쪽.

39) 櫻井敬子/橋本博之, 위의 책, 98쪽.

19

행정행위 이외의 행위형식

19.1. 공법상 계약

19.1.1. 공법상 계약의 의의 - 그 위험성과 가능성을 중심으로

행정법관계는 행정행위 외에도 계약이라는 행위형식에 의해서도 형성될 수 있다. 공법상 계약은 공법적 효과의 발생을 목적으로 하는 복수의 당사자 사이의 반대방향의 의사표시의 합치로 성립하는 공법행위를 말한다.[1]

독일법에서 공법상 계약은 양가적 감정을 불러일으키는 존재이다. 토대만 보면 이것이 널리 이용될 수 있는 기반이 있지만, 그럴수록 공법상 계약에 대한 경계도 늘 함께 존재해왔다는 점을 지적할 수 있다. 부르주아 시민혁명을 통해 구체제를 청산하고 자본주의적 관계를 빠르게 구축한 프랑스와 달리, 독일에서는 19세기 내내, 청산되지 못한 중세적 계약관념에 대한 의구심이 공법학자들의 뇌리에 남았다. 영방군주가 공적 권력을 계약으로 '처분'해버리는 일을 통제하려면 공법영역에서 계약이라는 행위형식을 인정할 수 있는지를 신중히 검토해야 한다는 입장이었다.[2] 그래서 널리 행정계약이라는 용어 대신에 공법상 계약이라고 하여, 행정법 영역에서 계약이 성립할 수 있는 범위를 좁히고 그 가능성을 엄격히 검토해야 한다는 태도를 취해왔다. 특히 대등관계가 아니라 상하관계에 있는 자들 사이의 공법상 계약은 제한된다고 보았다.[3]

1) 김도창, 일반행정법론(상), 468쪽.

2) Ernst Forsthoff, *Lehrbuch*, 275쪽 참고.

반면에 현실에서는 (공법상) 계약이라는 수법이 늘 독일 공법학의 중심에 있었다. 국가와 가톨릭교회가 체결하는 계약(정교조약, Konkordat)도 많았고, 늦게 잡아도 1917년 전쟁 말기에 성립한 연정협약(Koalitionsvertrag)을 그 기원으로 하는 연립정부 구성을 위한 정당 간 협약 같은 것도 널리 이용되었다.[4] 행정법의 영역에서 공법상 계약의 빈번한 사용은 독일의 행정구조에서 찾아야 한다. 행정의 임무가 다수의, 상대적으로 독자적인 주체에 분산되어 있는 상황에서, 이 주체들이 그 임무의 수행을 위해 대등한 지위에서 계약을 체결한다는 것은 자연스러운 일이다. 나아가 꼭 대등한 관계가 아니어도, 상하관계에 있는 단체들 상호 간에 계약이 체결되는 사례도 적지 않다(독일 행정법이 조합주의 레짐에 토대해 있다는 점은 이미 설명한 바 있다; 2.2.2, 11.2.3, 15.1.1.). 포르스토프는 상황이 이러한데도 "행정법이 계약의 본토법임을 계속해서 부인하는 것"(dem Vertrag das Heimatrecht im Verwaltungsrecht abzusprechen)은 현실과의 접점을 상실해서는 안 되는 법학이 기존의 '관례적 생각'에 붙들려 있는 것에 다름아니라고 비판한다.[5]

포르스토프가 비판했듯이 실제로 프랑스법상의 행정계약(contrat administratif)이라든가 영미법상의 정부계약(governmental contract)의 관념이 '계약을 통한 행정'이라는 기능적 측면을 강하게 드러내고 있는 반면, 독일법상의 공법상 계약은 현실에서의 그 실질적인 기능과는 별도로, 오토 마이어 이래 역사적－이데올로기적 회의(懷疑)의 껍질 안에 오랫동안 갇혀 있었다.[6] 이것이 행정법상의 계약법리의 발전에 장애로 작

---

3) Maurer/Waldhoff, 432쪽(14장 27번).

4) '연립정부(구성)협약'(Koalitionsvertrag), 줄여서 '연정협약'이라 부르는 계약의 법적 성질을 둘러싸고 과거에는 사법상 계약설, 행정법상 계약설 등이 주장되었으나 현재는 헌법상 계약으로 보는 것이 다수설이라고 한다. 이종수, "협치를 위한 규범적 조건에 관한 비교법적 연구 -독일의 사례를 중심으로", 헌법학연구 23권 4호, 2017, 57-63쪽.

5) Ernst Forsthoff, *Lehrbuch*, 275쪽.

6) 물론 이런 평가는 상대적인 것이다. 프랑스와 미국에서도 당연히 계약수법을 통한 공적 임무의 처리에 대한 비판이 나온다. 미국의 정부계약을 염두에 두고 행해진 비판이긴 하나, "계약을 통한 통치"(government by contract)의 위험을 지적하는 논자는 다음과 같은 문제점도 거론하였다. ① 사기·낭비가 발생한다. ② 감독이 불충분하게 된다. ③ 사적 행위자가 공적 제재에서 벗어나 위법하고 권한남용적인 행위를 한다. ④ 투명성, 합리성, 책임성, 참가적 가치라는 민주주의적 규범을 손상한다. ⑤ 아웃소싱으로 고립적·개별적 사례가 증대하면서 정부의 통치능력이 저하된다. Jody Freeman/Martha Minow, *Government by contract-Outsourcing and american democracy*, Harvard Univ. Press, 2009, 3쪽, 9쪽 이하; 吉田邦彦, 民法学と公共政策講義録, 信山社, 2018, 46쪽에서 재인용.

용해온 것도 사실이다.

다만, 이미 지적했듯이 독일에서도 공법상 계약은 늘 활용되고 있었고, 지금도 그 실태는 변함이 없다. 오히려 특정영역에서는 더욱더 적극적으로 활용되는 모습도 나타난다. 대표적으로 도시계획계약(städtebauliche Verträge)의 예를 들 수 있다. 이런 계약유형은 1990년에 '건설법전 조치법'(Maßnahmengesetz zum Baugesetzbuch) 제6조로 처음 도입되었고, 1997년 개정 건설법전 제11조에 정착했다. 이런 제도를 두는 것이 도시계획법 영역에서의 협력적 행정의 발전에 부합한다는 설명이다. 이른바 공사(公私)협력론(Public Private Partnership)이다.[7] 당연히 이에 대해서는 독일 특유의 회의감이 개진된다. 의심 혹은 반대의 핵심은 평등원칙위반이다.[8] 확실히 이런 의심은 근거가 있다.

오늘날 많은 이들이 '관료국가에서 계약국가'로의 이행, 협력적 법치국가, 협상민주주의를 얘기하고 있다. 계약적 합의, 협상 등이 전통적인 국가의 규제를 대체·보충함으로써 모든 이에게 더욱더 큰 자유와 '혁신'을 위한 증대된 능력을 부여하고자 하는 것이 협상민주주의 이론이다. 그러나 협력, 협상, 교섭을 모든 법 영역에 관철할 수 있는 것은 아니다. "현행 외국인법 및 난민법을 협력국가라는 구상(mit dem Konzept des kooperativen Staates)으로 파악하는 것은 거의 불가능하다."[9] 반면, 기업의 자유를 신장하는 방향으로 법치국가를 수정하는 일은 충분히 가능해지고 있다. 법정립과 법집행에서의 편파성, 불평등성이 계약을 매개로 확산할 수 있다. 공법상 계약은 관료와 자본의 '결탁' 방식상의 변주(variation)를 보여줄 뿐이라는 비판을 무시할 수 없는 사례는 차고도 넘친다. 그럼에도 불구하고 우리는 공법상 계약의 가능성을 전적으로 무시해서는 안 된다. 또한 현실에서 기능하고 있는 공법상 계약에서 눈을 돌려서도 안 된다.

1970년대에 일본 혁신자치체들은 공법상 계약을 자치행정에 유용하게 활용했다. 그들이 기업과 체결했던 공해방지협정이 대표적이다. 공해방지협정(환경보전협정)은 공해규제법령의 규제를 강화하고(국가의 법률과 동일한 대상에 대하여 배출기준을 올린다든지 신고제를 허가제로 한다든지 하여 규제를 조례로 강화하는 것), 규제대상을 확장하기(국

7) Maurer/Waldhoff, 415쪽(14장 7번).

8) Ernst Forsthoff, *Lehrbuch*, 276쪽.

9) Thomas Groß, "Die Beziehungen zwischen dem Allgemeinen und dem Besonderen Verwaltungsrecht", *Die Verwaltung, Sonderheft*, 1999, 78쪽.

가의 법률과 동일한 목적에서, 법률이 규제하고 있지 않은 항목에 대해 규제의 폭을 확대하는 것) 위해 지방자치단체가 기업과 직접 체결하거나 지방자치단체의 관여하에 기업과 인근 주민·자치회가 체결하는 협정을 말한다.[10] "혁신자치체와 자주조례의 독자적 규제 가능성"(6.1.3)을 설명한 부분에서도 이와 유사한 제도적 구상을 설명한 바 있다.

이런 협정은 공해규제법령의 불비(不備)와 조례제정권의 한계 때문에 등장했다. 공법상 계약의 체결에 법적 근거가 반드시 있어야 하는 것은 아니라고 보지만(법률의 유보의 미적용 혹은 제한적 적용), 공법상 계약이 법률의 우위원칙도 피해갈 수 있는가?, 즉 공법상 계약의 체결이 법률의 근거없이 가능하다고 하더라도, 법령에 반하는 내용까지 계약에 담을 수 있는지가 다투어졌다. 그래서 이런 논란을 피해가려고 공해방지협정의 내용은 행정지도에 불과하다고 이해하는 견해도 있으나, 일본 행정법학의 주류는 공해방지협정의 체결은 자유로운 의사에 기하여 기업활동의 자유 중 일부를 포기한 것으로 보아 계약으로서의 효력을 인정한다.[11]

우리의 경우에도 이런 해석이 관철될 수 있을 것인가? 현행 「행정기본법」 제27조 제1항은 "법령등을 위반하지 아니하는 범위에서" 공법상 계약을 체결할 수 있다고 하고 있으므로, 공해방지협정 혹은 환경보전협정 등을 통해 규제기준을 강화하거나 규제대상을 확장하는 것은 쉽지 않을 것으로 보인다. 다만, "법률의 우위원칙이 행정계약에도 타당하다는 데에는 이견이 없"지만, "문제는 공법상 계약의 내용이 어떤 경우에 이 원칙에 위반되는가 하는 것"인데 "개별적으로 검토되어야 할 문제"[12]라는 견해도 있다. 개별적 검토가 오로지 기업의 자유를 신장하는 쪽으로만 결론나지 않으려면 공법상 계약과 법률의 우위에 관한 적극적인 법리개발이 필요하다. 그렇지 않고 공법상 계약이 공해기업에 대한 규제강화는 최대한 저지하면서, 이들 기업의 환경과 생태침해적 생산활동은 얼마든지 촉진해줄 수 있는 도구로 자리잡는다면, 오토 마이어 시대로 돌아가 이런 행위형식에 대해 부정적 판단을 내릴 수밖에 없을 것이다.

10) 黑川哲志/下山憲治 (編集), 確認行政法用語230, 成文堂, 2010, 42쪽은 통설적 견해라고 한다.

11) 黑川哲志/下山憲治 (編集), 確認行政法用語230, 成文堂, 2010, 42쪽.

12) 김철용, 2024, 377쪽.

19.1.2. 공법상 계약의 법리 – 성립가능성, 종류, 특질

공법상 계약은 일견 형용모순(contradictio in adiecto)이다. 공법상 행위는 고권적인 것인 데 반해, 계약에서는 통상 대등한 관계가 지배하기 때문이다. 그래서 예전에는 행정상의 행위들은 법률적으로 확정되는 것이어서 계약에 의해 규율될 여지가 없다고 보았다. 시민이든 행정청이든 입법자의 강행적 명령을 계약을 통해 변경할 권한이 없다는 것이 전통적인 생각이었다.[13] 특히 오토 마이어는 행정법관계의 형성은 개인에 대하여 우월적 지위를 가진 국가의 일방적 행위에 의해서만 가능하므로 그 지위가 대등하지 않은 국가와 개인 간에는 공법상 계약이 성립할 수 없다고 하였다.[14]

그러나 오늘날 이런 식으로 주장하는 이는 없다. 실무상으로도 공법상 계약이 보편적으로 인정되고 있다. 가령 독일 연방행정절차법은 제3편 행정행위에 이어 제4편에서 '공법상 계약'(öffentlich–rechtlicher Vertrag)을 규율하여 양자를 대등하게 취급한다. 동법 제9조는 행정절차를 행정행위의 요건심사, 준비 및 발령만이 아니라, 공법상 계약의 체결을 향한, 대외적 절차로서의 행정청의 활동으로 정의하고 있다. 또한 동법 제54조는 "공법영역에서의 법률관계는 법규정에 위반하지 않는 계약에 의해 성립·변경 또는 취소될 수 있다. 특히 행정청은 행정행위를 갈음하여 당사자와 공법상 계약을 체결할 수 있다"고 규정하여 공법상 계약의 성립가능성과 자유성을 명문화했다. 위 조항에 의하면 공법상 계약은 원칙적으로 법률의 근거 없이도 체결이 가능하다. 견해에 따라서는 행정행위에 갈음하여 공법상 계약이 체결될 수 있는 분야는 그 행정행위가 수익적 효과를 수반하는 경우로 한정한다고 해석하면서, 조세의 부과 등 침익적·부담적 효과가 수반되는 행정작용은 국민에게 공평부담의 원칙이 실현되어야 하므로 반드시 행정행위라는 법적 형식에 의거해야 한다고 보기도 한다.[15]

공법상 계약의 종류와 관련하여 우리 교과서들은 예전부터 이를 당사자(주체)를 기준으로 행정주체 상호 간 체결되는 계약, 행정주체와 사인 간 체결되는 계약, 사인 상호 간 체결되는 계약으로 유형화해왔다.[16] ① 행정주체 상호 간 공법상 계약의 예로는 공공단체 상호 간의 사무위탁이나 지방자치단체 상호 간의 도로·하천의

13) Günter Püttner, *Allgemeines Verwaltungsrecht*, 1983, 103쪽.

14) 한태연, 행정법학(상권), 1960, 194쪽.

15) 홍준형·김성수·김유환, 행정절차법 제정연구, 법문사, 1996, 377쪽.

16) 김도창, 일반행정법론(상), 472-475쪽.

경비부담에 관한 협의 등이 있다.

② 행정주체와 사인 간의 공법상 계약으로는 사인에 대한 행정사무의 위탁, 임의적 공용부담, 환경보전협정,[17] 공무원관계설정계약(예: 계약직 공무원의 채용계약) 등이 있다. 대법원은 읍·면장에 의한 이장 임면행위를 공법상 계약으로 보고 있다.[18] 이장의 면직행위는 공권력행사로서의 행정행위의 개념요소를 모두 갖추고 있으므로 계약상의 행위라기보다는 행정행위 또는 처분으로 보는 것이 자연스럽다고 보는 견해도 있다.[19] 마을정치에서 이장이 행사하는 막강한 권력을 고려하고, 관공서권력이 주도하는 '짬짬이 임용'의 효력을 부정하려면 공법상 계약설을 취하는 것이 풀뿌리 민주주의를 강화하는데 기여할 수 있다고 생각한다. 민간투자사업이 늘어나면서 국가·지방자치단체와 민간투자사업자 간의 실시협약도 중요해졌는데, 이 협약의 법적 성질에 관해 견해가 갈리나 대법원은 공법상 계약으로 보고 있다.[20]

③ 사인 상호 간의 계약이라도 일방당사자가 국가적 공권을 수여받은 사인인 경우 공법상 계약이 성립한다.[21] 그 예로 거론되는 것이 공익사업을 위한 토지의 취득에서 사업시행자와 토지소유자 간의 협의(「공익사업을 위한 토지 등의 취득 및 보상에 관한 법률」 제26조)이다. 다수설은 이 협의를 공법상 계약으로 본다.[22] 반면 사업인정 이전의 사전협의에 의한 취득은 사법상 계약으로 본다.[23] 다수설은 이처럼 사업인정 전과 후로 나누어 토지취득을 위한 협의를 각각 사법상 계약과 공법상 계약으로 구분해서 보고 있지만, 판례는 양자를 모두 사법상 계약으로 이해한다.[24]

---

17) 환경보전협정(환경관리협정)의 법적 성질과 관련하여 우리 교과서들은 일률적으로 행정주체와 사인 간의 공법상 계약의 예로 들고 있으나, 앞서 보았듯이 일본에서는 그 법적 성질을 행정지도설(또는 신사협정설), 공법계약설, 사법계약설로 보는 견해들이 제시되었다. 大橋洋一, 現代行政の行為形式論, 弘文堂, 1993, 218쪽 이하.

18) 대법원 2012. 10. 25. 선고 2010두18963 판결.

19) 김유환, "이장에 대한 면직처분의 법적 성격", 행정판례연구 제18권 제2호, 2013, 89-120쪽.

20) 임선지, "공법상 계약과 쌍방미이행 쌍무계약의 해지권", 법제논단 통권 700호, 2023년 3월, 103쪽. 또한 '대법원 2021. 5. 6. 선고 2017다273441 전원합의체 판결'과 이에 대한 평석으로 김대인, "채무자회생법의 공법상 계약에의 적용에 대한 고찰 - 대법원 2021. 5. 6. 선고 2017다273441 전원합의체 판결에 대한 평석", 법학논집 26권 1호, 2021, 227-257쪽 참고.

21) 김도창, 일반행정법론(상), 475쪽.

22) 참고로 포르스토프는 일단 수용절차가 개시되면 사법은 적용되지 않는다는 이유로 공법상 계약설의 입장을 취한다. Ernst Forsthoff, *Lehrbuch*, 276쪽.

23) 사업인정 이전의 협의를 행정사법상의 계약으로 보는 견해도 있다. 김철용, 2024, 1158쪽.

아무튼, 이상의 분류는 공법상 계약의 성립가능성(허용성)이 다투어지던 초기의 논의를 반영한 것이다. 행정법 영역에도 계약과 같은 행정작용이 가능한지가 논란이 되었으므로, 하나하나 공법상 계약이 성립할 수 있는 경우의 수를 따지는 과정에서 이런 식의 유형화가 성립한 것으로 볼 수 있다. 아주 예전에는 의미가 있는 논의였을 수 있다. 그러나 공법상 계약이 성립 가능하다는 데에는 이론의 여지가 없는 현재도 이런 식의 설명으로 일관하는 게 맞는지는 의문이다. 행정법 영역에 등장한 다양한 유형의 계약을 검토하는데 이런 논의가 어떤 도움이 될 것 같지도 않다. 예컨대 계약당사자가 모두 행정주체라는 사정만으로 어떤 계약을 공법계약으로 만드는 것은 아니다. 공법상 계약과 사법상 계약의 구분은 계약당사자가 아니라 계약의 대상을 기준으로 판명할 문제이기 때문이다.[25] 따라서 행정현실에서 사용되고 있는 계약들에 대한 (행정)법적 통제가 체계적으로 이루어지려면 공법상 계약의 허용성, 요건(형식적, 내용적 요건), 하자 있는 공법상계약의 효력 등을 계약유형별로 세심하게 검토할 필요가 있다.

> 연방행정절차법 제54조에 제1문에 따르면 법규정에 계약에 의해, 공법의 영역에서, 법률관계가 근거지워지거나, 변경되거나 혹은 폐지될 때에 공법상 계약이 존재한다. 공법상 계약은 ① 계약을 체결하는 당사자의 관계를 기준으로 대등계약과 종속계약으로 구분된다. ② 종속계약의 하위유형으로 연방행정절차법은 화해계약과 교환계약을 별도로 명시하고 있다. ③ 마지막으로 계약의 효력에 따라 의무부담계약과 처분계약의 구분이 가능하다. 물론 이외의 새로운 유형의 계약도 등장하고 있다. 근래에는 협력계약이 강조되고 있다.[26]
>
> 종속계약이라는 개념에는 불명확성이 있다. 연방행정절차법 제54조 제2문에 의하면 종속계약은 행정청이 행정행위의 발부에 갈음하여 계약을 체결한 경우를 지칭한다. 그러나 종속계약을 이 경우에만 한정하면 행정청과 사인 간의 실질적인 상하관계를 충분히 반영하지 못한다는 문제점이 있다. 이에 종속계약의 범위를 어디까지 확장하여 인정할 것인지를 두고 견해가 나뉜다. 결국 종속관계를 어떻게 해석할 것인가가 문제인데, 독일의 통설과 판례는 행정청이 계약상대방에게 계약 내용과 관련하여 행정행위를 할 수 있는 권한이 있는 경우와 계약이 체결된 해당 법 영역에서 일반적으로 고권적 상하관계가 존재하는 경우에 종속관계가 인정된다고 본다.[27] 종

24) 김철용, 2024, 1167-1168쪽. 대법원 1992. 10. 27. 선고 91누3871 판결.

25) Sodan/Ziekow, *Grundkurs*, 670쪽(83장 3번).

26) Maurer/Waldhoff, 424-429쪽(14장 17-23번).

속계약의 대표적 사례로 독일 건설법전 제1조 제5항의 "사회적으로 공정한 토지이용"(sozialgerechte Bodennutzung, SoBoN)을 구현하기 위하여, 동법 제11조에 의거하여 뮌헨시 등이 적극적으로 체결하는 도시계획계약(städtebauliche Verträge) 같은 것이 거론된다.[28] '건설기준계획'으로 추진하고자 하는 목표의 촉진 및 보전도 도시계획계약의 대상이 된다. 여기에는 토지이용, 건축문화적 사항의 고려, 주택공급면에서 특정한 문제를 안고 있는 인구집단이 가진 주택수요의 충족, 지역주민 중 소득이 낮고 재산이 적은 사람들의 적절한 주거공간 취득 등이 포함된다(건설법전 제11조 제1항 제2문 제2호).[29]

반면, 게마인데로 하여금 건설기준계획을 수립할 것을 의무지우는 계약은 허용되지 않으며, 이를 체결하더라도 무효이다(건설법전 제1조 제3항). 예컨대 B-플랜을 발령하거나 변경하는 것을 계약으로 의무지우면 도시계획의 수립에서 실천해야 하는 이익형량(건설법전 제1조 제7항), 시민 및 관계 행정청 및 행정주체의 참여권(건설법전 제3조, 제4조)이 사실상 형해화되기 때문이다.[30] 그러나 건설기준계획과 그것의 실행과 관련하여 게마인데와 사인이 체결한 계약은 법률에 의해 명시적으로 인정되고 있다. 구체적으로 건설기준계획이 추구하는 목표를 촉진·보장하는 것을 내용으로 하는 계약(계획실현계약)이나 도시개발상의 조치의 결과 게마인데의 부담으로 되는 비용 혹은 그 밖의 경비의 인수계약(비용부담계약) 같은 것이 있다.[31] 또한, 앞에서(16.1.2.) 언급한 기반시설정비부담금의 징수와 달리 시설정비를 게마인데 스스로 하지 않고 게마인데가 사업자와 시설정비의 실시를 내용으로 하는 계약을 체결하여 사업자의 손으로 시설정비를 실시해나가는 방법도 있다. 이것이 도시계획계약의 일종인 기반시설정비계약(Erschließungsvertrag)이다(건설법전 제124조).

도시계획계약은 일견 매우 유용한 수단처럼 보인다. 그러나 이러한 '종속계약'이 현실에서 제대로 기능할 수 있으려면 전제조건이 있다. 그것은 계약의 체결에서 행정이 확실하게 이니셔티브를 쥐어야 한다는 점이다. 독일에서 이것을 가능하게 하는 것은 건축부자유의 원칙이다. 이 원칙이 "사회적으로 공정한 토지이용"(SoBoN)과

---

27) 정의석, 독일 공법상 계약에 관한 연구, 경인문화사, 2025, 37-38쪽.

28) Maurer/Waldhoff, 414-416쪽(14장 7번).

29) 정의석, 앞의 책, 63-64쪽. 게마인데가 건설법전에 따라 토지의 건축 또는 기타 사용을 준비하고 지도하는 것을 건설기준계획책정(Bauleitplanung)이라고 하며(제1조 제1항), 그 결과물이 건설기준계획(Bauleitplan)이다. 건설기준계획은 건설관리계획으로 번역되기도 한다. 건설기준계획은 토지이용계획(Flächennutzungsplan, 통상 F-플랜이라고 함) 및 지구상세계획(Bebauungsplan, 통상 B-플랜이라고 함)으로 구성되어 있다(제1조 제2항).

30) Maurer/Waldhoff, 442쪽(14장 42번).

31) Maurer/Waldhoff, 415쪽(14장 17번).

결합하여 도시계획계약의 정당성과 합리적 운용을 담보한다. 물론 이런 조건 하에서도 사회적 공정의 관점에서 비판이 나온다. '조본'모델의 원조인 뮌헨시의 사례를 보더라도, 이 모델에 따라 협상한 결과 새롭게 건축의 자유와 권리를 확보한 건축주가 실제로 사회적으로 공정한 토지이용을 실현하고 있는지에 대한 의문과 비판이 제기되고 있다. 조본 모델에 따른 협상 권한은 뮌헨시 의회의 다수당과 시장(다수당 소속)에게 주어져 있는데, 이들이 투자촉진을 생각해서 제대로 협상하지 않는다는 비판이 녹색당 등 야당측으로부터 나왔다. 2017년의 한 협상에 대해 좌파당 의원은 "호랑이로 시작해 하룻강아지로 끝났다"고 비판한 바 있다.[32)]

반면, 우리처럼 건축자유의 원칙이 지배하는 법제 하에서는 도시계획계약을 사회적으로 공정한 토지이용수단으로 이용하는 것 자체가 거의 불가능하다. 건축부자유가 원칙이어야 이런 건축행위를 풀어주면서 '협상'으로 사회적으로 공정한 토지이용을 강제할 수 있는데, 그런 전제조건이 결여되어 있기 때문이다.[33)]

공법상 계약은 공법에 의하여 규율되기 때문에 사법상 계약과는 다른 어떤 실체법적·절차법적 특질을 갖고 있다. 다만, 그 특질이 무엇인가에 관해서는 아직 확립된 법리가 없다. 예컨대 공법상 계약의 해제와 해지가 사법상 계약의 그것과 같은가 다른가 하는 것이 문제가 될 수 있다. 민법에서도 사정변경을 이유로 한 계약해제를 인정할 것인가에 대해서는 논란이 있다. 다만, 판례는 계속적 계약에서는 사정변경에 따른 계약해지 및 계약변경을 인정해야 한다고 본다.[34)] 반면 그 계약이 공법적 사항에 관한 것일 때, 그 계약의 구속력은 사법상의 계약에서보다는 조금 더 경직적이라고 보아 사정변경에 따른 계약해지는 원칙적으로 인정되지 않는다는 것이 전통적인 견해였다.[35)] 그러나 최근에는 사정변경원칙에 헌법원리적 성격을 인정하여 법률의 규정이 없는 경우라도 공법상 계약의 변경이나 해지가 가능하다는 주장이 제기되고 있다.[36)]

한편, 공법상 계약은 행정행위와 다른 실체법적 특질을 갖는다. 예컨대 공법상 계약에는 공정력 등의 효력이 인정되지 않는다.[37)] 공법상 계약에 따른 채무를 상대방

---

32) 자세한 것은 이계수, 사회적 가치 실현을 위한 주거권 보장, 한국법제연구원, 2020, 40-42쪽.

33) 독일의 도시계획계약에 비교되는 우리나라 제도로 건축법상 '건축협정'이 거론된다(동법 제77조의4 내지 제77조의14).

34) 이은영, 민법총칙, 박영사, 2004, 96-98쪽.

35) 한태연, 행정법학(상권), 법문사, 199쪽.

36) 김대인, 행정계약법의 이해, 경인문화사, 2007, 189쪽.

이 원만하게 이행하지 않는다고 해도 행정청은 원칙적으로 이를 자력으로 강제집행할 수 없다. 따라서 계약을 체결한 기업이 공해방지협정을 준수하지 않는 경우, 행정주체가 행정상 의무이행수단을 사용하는 것은 인정되지 않고, 사인 상호 간과 동일한 수단을 써서 실효성을 담보해야 한다.

공법상 계약의 하자의 효과는 어떻게 될까? 공법상 계약은 행정행위가 아니므로 원칙적으로 계약에 하자가 있으면 무효라고 보아야 한다. 다만 의사표시상의 하자가 있는 경우에는 취소할 수 있는 경우도 있을 수 있다.[38] 독일 연방행정절차법 제59조는 "공법상 계약의 무효"라는 표제 아래 무효사유를 열거하고 있고, 이 조항의 해석과 관련해서는 학설과 판례가 축적되어 있다.

19.1.3. 공법상 계약과 행정처분

이상 공법상 계약의 법리적인 부분을 설명했지만, 사실 이 주제와 관련하여 이론적으로 검토해야 할 부분은 앞서도 지적했듯이 공법상 계약의 요건 및 효과론이다. 그러나 판례가 집중되어 있는 부분은 따로 있다. 현행 행정소송법의 특징상 행정재판에서 다투어지는 행정작용이 처분이냐 아니냐가 제일 중요한데, 공법상 계약도 예외가 아니다. 공법상 계약이라는 형식을 띠고 등장해도, 법원은 이것의 실질을 행정처분으로 보는 경우가 자주 있다.

즉, 다수의 판결이 공법상 계약의 체결 여부의 결정이나 계약 상대방의 결정을 처분이라고 보았다.[39] 이러한 판례는 1960년 행정법원법 제정 이전 시기 독일에서 형성된 2단계 이론을 연상시킨다.[40] 2단계 이론은 계약의 체결 여부를 행정행위로 보려고 했다. 그 이유는 행정행위에 대해서만 행정소송이 가능했기 때문이다. 또한 단순히 계약상의 규정에 근거한 것이 아니라 (계약규정과 중첩적일지라도) 법령상의 규정에 근거한 행위에 대해서는 공권력성을 인정하여 이를 처분으로 인정하는 경우가 있다.[41] 공법상 계약인지 아니면 처분인지가 다투어지는 사례들을 가만히 들여다보

---

37) 김철용, 2024, 379쪽.

38) 김유환, 2024, 293쪽.

39) 김유환, 2024, 289쪽.

40) 독일에서 2단계이론이 등장한 배경에 대해서는 Heiko Faber, *Verwaltungsrecht*, 155-156쪽. 또한 이 이론이 한국 행정법에서 수행할 수 있는 역할과 가능성에 대한 평가로는 다음 글을 참고할 것. 배정범, "독일 이단계이론의 현대적 적용가능성", 동아법학 제91호, 2021, 169-205쪽.

고 있으면, 계약이라는 형식을 동원하는 경우에도 확실히 관료는 권력을 놓지 않으려 한다는 것을 간파해낼 수 있다.

【판례】 대법원 2015. 12. 24. 선고 2015두264 판결 [환경기술개발사업중단처분취소]

한국환경산업기술원장이 환경기술개발사업 협약을 체결한 甲 주식회사 등에게 연차평가 실시 결과 절대평가 60점 미만으로 평가되었다는 이유로 연구개발 중단 조치 및 연구비 집행중지 조치(이하 '각 조치'라 한다)를 한 사안에서, 각 조치는 甲 회사 등에게 연구개발을 중단하고 이미 지급된 연구비를 더 이상 사용하지 말아야 할 공법상 의무를 부과하는 것이고, 연구개발 중단 조치는 협약의 해약 요건에도 해당하며, 조치가 있은 후에는 주관연구기관이 연구개발을 계속하더라도 그에 사용된 연구비는 환수 또는 반환 대상이 되므로, 각 조치는 甲 회사 등의 권리·의무에 직접적인 영향을 미치는 행위로서 항고소송의 대상이 되는 행정처분에 해당한다.

19.2. 사실행위와 행정지도

19.2.1. 사실행위의 '규범적' 힘

사실행위란 표시된 의식내용을 문제로 하지 아니하고 단지 행위가 행하여지고 있다는 사실 또는 그 행위에 의하여 생긴 결과만에 대하여 법률효과가 부여된 행정주체의 행위이다.[42] 사실행위 혹은 '행정상의 사실행위'(Verwaltungsrealakte)는 행정행위라든가 의사표시와는 달리 종국적으로 특정의 법적 효과를 지향하지 않고 직접적으로 단지 사실상의 결과만을 가져오는 행위형식이다.[43] 사실행위는 법적 효과를 결

41) 김유환, 2024, 289쪽. '대법원 2015. 12. 24. 선고 2015두264 판결'과 '대법원 2015. 8. 27. 선고 2015두41449 판결'을 비교해볼 것. 특히 2015두264 판결의 경우, 한국환경산업기술원장이 행한 연구개발중단 조치 및 연구비 집행중지 조치의 근거가 훈령이었는데, 이 훈령의 법적 성격 평가가 원심과 대법원에서 달라졌고, 이는 위 조치의 처분성 논증에도 직접 연결되었다. 대법원은 위 훈령을 이른바 법령보충규칙으로 보았다. 따라서 이 판결은 사례형 시험문제를 내기에도 아주 적합한 쟁점을 담고 있다.

42) 김철용, 2024, 384쪽.

43) 사실행위에 대한 법적 판단을 하려면 사실행위가 공법과 사법 중 어느 쪽에 속하는지를 먼저 해명해

한다는 점에서 행정행위나 공법상 계약과는 다르다. 교과서에서는 사실행위를 이런 저런 분류기준에 따라 구분하지만 – 예컨대 물리적 사실행위와 정신적 사실행위, 집행적 사실행위와 독자적 사실행위 등[44] – 법적으로 특별한 의미는 없다. 여러 사실행위 중에서 우리 이론과 실무의 관심은 권력적 사실행위에 집중되어 있다.

그간 사실행위는 행정법교과서에서 서자취급을 받아왔다. 사실행위 그 자체는 어떠한 법적 효과를 초래하지 않으나, 사실행위로부터 비롯되는 간접적인 법적 효과는 종종 행정구제법의 문제를 발생시키므로,[45] 행정법학의 관심은 그 한도 내에서만 머물렀다. 예컨대 잘못된 행정지도라는 사실행위로 인하여 상대방이 피해를 받게 될 때, 그러한 행정지도에 대해 국가배상청구권을 주장할 수 있는지를 검토한다든가,[46] 혹은 사실행위 중에서도 예외적으로 처분성을 인정할 수 있는 것이 있으면 이를 행정소송으로 다툰다든가 하는 식이다(권력적 사실행위).

사실, 소유적 개인주의를 신봉하는 쁘띠 부르주아지의 입장에서는 자신들의 자유와 재산에 직접적인 법적 효과를 미치지 않는 행위들은 법적으로도 특별한 의미가 없다. 그건 대체로 내가 알 바가 아니다. 그러나 악마는 디테일에 있고 현실은 규범보다 오래되었다. 법의 바깥에서 혹은 법을 뛰어넘는 영역에서 행정작용을 하는 일은 이미 예전부터 있었다. 19세기 당시 공장감독관들은 직접적인 강제권한 없이도 최대의 성과를 거두었는데 법이 아니라 법외의 혹은 법위의 수단들을 동원했기에 가능한 일이었다. 자치기관장이자 군주의 관리였던 프로이센의 군수들(Landräte)이 대토지소유주들의 조세회피를 조장한 사례도 있다.[47]

그러므로 현실에서 사실행위가 행사하는 '규범적' 힘 – 그것이 긍정적이든 부정적이든 – 을 무시하면 안 된다. 정권의 나팔수가 되어 행하는 국정홍보(public speech)가 얼마나 끈질기게 주권자들의 의식을 마비시킬 수 있는지, 반면에 정부의 정보제공 혹은 '경고적 공표'가 얼마나 강력하게 기업활동을 규제할 수 있는지 '우리'는 익히 보아

야 한다. 행정법, 즉 공법에 속하는 사실행위를 '행정상의 사실행위'라고 한다. Maurer/Waldhoff, 463쪽(15장 4번).

44) 김동희/최계형, 201쪽.

45) 김용섭, "행정상 사실행위", 행정작용법(중범 김동희 교수 정년기념논문집), 2005, 729쪽.

46) "행정지도가 강제성을 띠지 않은 비권력적 작용으로서 행정지도의 한계를 일탈하지 아니하였다면, 그로 인하여 상대방에게 어떤 손해가 발생하였다 하더라도 행정기관은 그에 대한 손해배상책임이 없다." 대법원 2008. 9. 25. 선고 2006다18228 판결.

47) Heiko Faber, *Verwaltungsrecht*, 46쪽.

왔다. 2022년 법개정으로 '위반사실 등의 공표'를 「행정절차법」 제40조의3에 새로 신설한 것도 이런 사실적 규범력을 어느 정도 절차적으로 통제하기 위해서였다. 그러나 이 정도의 대응으로는 부족하다. 앞으로 더 많은 행정법적 관심이 사실행위에 집중되어야 한다.[48)]

19.2.2. 행정지도의 의의, 법적 근거, 규범적 유용성

사실행위 중 그나마 주목을 받아온 것은 행정지도다. 행정지도는 비권력적 사실행위이다. 행정지도란 행정기관이 그 소관사무의 범위 안에서 일정한 행정목적을 실현하기 위하여 특정인에게 일정한 행위를 하거나 하지 아니하도록 지도·권고·조언 등을 하는 행정작용을 말한다(「행정절차법」 제2조). 행정지도는 일본 행정법 특유의 제도인데, 부분적으로 우리 행정실무에도 수용되었다. 현재는 「행정절차법」이 행정지도의 원칙과 방식 등, 아주 간단한 내용만 규율하고 있다(제48－제51조).

행정지도는 그 기능에 따라 조성적 행정지도, 규제적 행정지도, 조정적 행정지도로 나뉜다. 조성적 행정지도는 행정기관이 일정한 정책목적을 실현하기 위하여 사인에게 정보 등을 제공함으로써 사인의 활동을 조성해주려는 행정지도이다. 규제적 행정지도는 행정기관이 사인의 활동을 규제할 목적으로 행하는 행정지도이다. 요금인상을 억제하기 위한 행정지도 등이 그 예이다. 헌법재판소는 '교육인적자원부장관이 국·공립대학총장들에게 한 학칙시정요구',[49)] 금융위원회위원장이 시중은행을 상대로 '투기지역·투기과열지구 내 초고가 아파트(시가 15억 원 초과)에 대한 주택구입용 주택담보대출을 금지한 조치'[50)]를 규제적 행정지도로서 헌법소원의 대상이 되는 공권력 행사에 해당한다고 보았다. 조정적 행정지도는 행정기관이 사인 간의 이해대립을 조정하여 분쟁을 해결하기 위하여 행하는 행정지도이다.[51)]

종래 통설은 이 세 가지 행정지도 모두 특별히 행정작용법적 근거가 없어도 할 수 있는 것으로 보았다. 행정지도에 일일이 행정작용법적 근거를 요구하면 행정지도

48) 한국 자본주의의 중요한 토대 중 하나가 통계관리주의이다. 통계를 통해 관리하지만 근본적인 문제를 해결하지 않는 통계 관리주의의 주요수단은 통계처리라는 사실행위이다. 행정법은 이 통계처리에 관심이 없었다.

49) 헌법재판소 2003. 6. 26. 선고 2002헌마337, 2003헌마7·8(병합) 결정.

50) 헌법재판소 2023. 3. 23. 선고 2019헌마1399 결정.

51) 김철용, 2024, 389쪽.

자체가 불가능해진다는 이유에서였다. 그러나 적어도 규제적 행정지도의 경우에는 행정작용법적 근거가 필요하다는 견해도 있다.[52] 상대방에게 무언가 불리한 결과가 빚어질 수 있으면 가능한 한 법적 근거를 요구하는, 자유주의적 행정법해석이 행정지도의 법적 근거 논의에서도 나타나고 있는 셈이다.

방금 지적했듯이 행정지도는 일본 행정법 특유의 제도이다. 그렇다면 일본에는 왜 행정지도가 많을까? 독일 연구자 중에는 이것을 일본 사회와 일본 사회의 법의식에서 그 이유를 찾는 이도 있고, 이에 동조하는 일본학자도 있다.[53] 서양 사회－서양 법문화와 동양 사회－동양 법문화를 비교하는 접근인데 이런 식의 이분법이 오늘날 통할 리가 없다. 필자는 일본의 행정지도에서 주목해야 할 것은 자본주의적－개인주의적 법적 방식에 의하지 않더라도 자본주의가 작동할 수 있는 가능성이라고 생각한다. 예를 들면 이런 것이다. 통상이라면 영업정지나 영업취소로 대응해야 할 사안을 일본에서는 행정청 혹은 지방자치단체장이 관할구역의 영업자단체에 행정지도를 하고, 해당단체가 회원인 개별 영업자를 자율규제하는 방식을 취하는 경우가 많은데, 이것이 영업정지와 같은 직접적 규제방식보다도 식품위생법, 공중위생법 등의 집행에 더 효과적이라면 이것은 길드(Zunft)적 규제가 자본주의 사회에서도 여전히 작동가능함을 보여주려는 사례가 아닐까? 마치 오스트롬이 일본의 입회권 사례에서 자원(공동자원) 관리의 또다른 방식을 찾아냈듯이,[54] 행정지도도 그와 유사한 맥락의 제도적 장치로 볼 수 있다.

나는 한국의 그것과도 다른 일본만의 독특한 행정지도를 일본식 '생산양식'을 논증하는 하나의 사례로 보아, 일본 자본주의 법 제도로서의 행정지도의 고유성을 밝히는 작업을 해볼 필요가 있다고 생각한다.[55] 나아가 행정지도가 "전통적 가치를 따

---

52) 김원주, "행정지도의 법적 근거에 관한 사례연구", 법대논총 제13권, 1975, 73-74쪽. 변재옥, 행정법강의Ⅰ, 박영사, 1990, 422쪽.

53) 김남진/김연태, 행정법Ⅰ, 442-443쪽 참고.

54) 엘리너 오스트롬, 윤홍근 옮김, 공유의 비극을 넘어－공유자원관리를 위한 제도의 진화, 랜덤하우스코리아, 2010.

55) 유진식 교수는 자신의 박사학위 논문에서 행정지도는 행정기능의 확대 등을 계기로 일시적, 임기응변적으로 나타난 것이 아니라 역사적으로 형성된 구조 속에서 창출된 것이라고 한다. 兪珍式, "官民協調体制｢法｣の歴史的展開(一)", 国家学会雑誌 제112권 11·12호, 17-20쪽. 그 구조라는 것은 '관민협조체제'이다. 유진식, "행정지도의 법률학", 공법연구 제28집 제1호, 1999, 199-200쪽. 이 체제의 구체적인 모습을 규명하려면 일본 자본주의의 특수성, 봉건제에서 자본주의로의 이행에 관한 일본 경제사학계의 논쟁들을 참고할 필요가 있다.

라야 하고, 낯선자와 타자를 배제해야 한다는 식"의 공동체주의가 아니라 "전통적 가치라는 본질에서 해방된, 계속되는 우연적 사건과 급진적 변혁에 열려있는" 코뮤니즘에 근거한 공동체적 규제가 될 수 있다면(2.1.1.참고), 그 방식을 마냥 전근대적, 봉건적이라고 비판만 할 것은 아니라고 생각한다. 일본식 행정지도에서 자본주의적 법관계의 새로운 규율 방식을 발견해낼 수 있다면 행정지도는 더는 낡은 세계의 낡은 규제에 머무르지 않을 것이다.[56)]

우리는 이미 "관습법의 현대적 의의"(6.1.4.)을 설명하는 곳에서 행정지도의 '미덕'에 대해서 얘기한 바 있다. 어떤 자치단체(A)가 자신의 의무라고 생각하는 행정과제를 집행하려고 하지만, 마땅히 적용할 법률은 없고 게다가 조례로 규율할 수 있을지 없을지도 의심스러운 상황에 처해있다고 가정해보자. 이 상황에서 A는 어떻게 행동해야 하는가? 법령이 없어서 아무 것도 할 수 없다 하고 두 손을 놓고 있을 것인가 - 사실은 이런 일이 적지 않게 발생한다 - 아니면 행정지도라도 시도해야 할 것인가? 후쿠오카(福岡) 지방법원은 '스몬소송' 1심 재판에서 어느 행정업무에 관하여 법적 불비 때문에 행정이 적절한 조치를 취할 수 없는 경우에, 행정청의 임무수행과 국민의 권익 보호를 위해 다른 적절한 수단이 존재하지 않는다면 적극적으로 행정지도를 해야 한다고 판결했다.[57)] 무질서한 택지개발을 방지하기 위해 행정지도를 하는 경우는, 의무까지는 아니라고 하더라도, 행정지도를 통한 적극적 문제해결이 바람직한 사례라는 것은 인정할 수 있다. 아무튼 행정지도가 그저 '악'이라면 행정지도와 같은 행위형식은 없어지는 게 옳다.

19.2.3. 권력적 사실행위의 '취소'와 협의의 소의 이익

사실행위는 직접적인 법적 효과가 없으므로 그것을 다툰다는 것은 의미가 없다. 그럼에도 불구하고 사실행위도 종종 행정소송이나 헌법소원의 대상이 된다. 특히 권력적 사실행위가 취소소송의 대상이 되는 경우가 많은데, 이때 '취소'의 의미는 무엇일까? 우선 권력적 사실행위는 행정행위가 아니지만, 예외적으로 행정소송의 대상이

56) 요시다 요시아키 교수(헌법)는 "민중의 생존적 이익옹호로서 생겨난 '지도요강(指導要綱)'이 이미 시민의 생활권옹호의 법적 관습"이 되었다고 보면서 "전국 835개의 도시에서도 유사한 것을 채용하고 있는 오늘날 법적 구속력이 없는 것으로 부정해 버릴 수 없다"고 주장한 바 있다. 吉田善明, "要綱行政の意義と展望 - 武蔵野市を中心に", 法律時報 51巻 7号, 1979, 31쪽.

57) 유진식, "행정지도의 법률학", 203-204쪽.

되는 행정처분이 될 수 있다. 그렇다면 권력적 사실행위를 항고소송의 대상으로 삼는 것을 어떻게 이론적으로 합리화할 것인가? 이것이 권력적 사실행위의 첫 번째 쟁점인데, 이에 대해서는 두 가지 방식의 설명이 존재한다.[58)]

① 권력적 사실행위는 단순한 사실행위가 아니다. 수인의무를 발생시키는 수인하명과 사실행위가 결합되어 있는 처분이다. 권력적 사실행위에 대한 항고소송은 수인하명이라는 그 처분을 다투는 소송이다.[59)] ② 권력적 사실행위는 「행정소송법」상의 처분개념 - "행정청이 행하는 구체적 사실에 관한 법집행으로서의 공권력의 행사 또는 그 거부와 그밖에 이에 준하는 행정작용" - 중 "그 밖에 이에 준하는 행정작용"에 해당한다. ②번이 다수설이다. 그런데 "이와 같은 다수설에 의하는 경우에도 사실상 권력적 사실행위가 항고쟁송으로 다투어지는 경우는 단기간에 집행이 종료되지 아니하는 계속적인 권력적 사실행위에 한정될 것이다."[60)]

논리적으로는 다수설의 입장이 타당하다. 사실행위는 그 자체로는 아무런 법적 효력을 발생시키지 않는 것이라고 말하면서도, '사실은' 그 사실행위를 인수분해 했더니 상대방의 수인의무를 발생시키는 권력적이고 비밀적인 요소가 있더라, 라고 하며 이런 것도 사실행위라고 분류하면 앞뒤가 맞지 않는 얘기가 되기 때문이다. 수인하명과 사실행위를 결합한다는 논리도 기교적이다. 따라서 권력적 사실행위란 '법률에 의거하여, 사람의 자유와 재산을 제한하는 공법상의 사실적 행위로서 계속적 성질을 갖는 것'(사람의 수용, 물건의 유치 등)으로서 '그 밖에 이에 준하는 행정작용'에 해당하여 행정처분이 되는 것이라고 정의하는 것이 깔끔하다. 사실행위를 이렇게 정의한다면, 사실행위의 취소란 당해 사실행위가 위법해서, 계속하는 것이 허용되지 않는다는 취지의 선언으로 해석할 수 있다.[61)]

그런데 사실 권력적 사실행위는 비교적 단기간에 종료하는 경우가 대부분이어서 권력적 사실행위를 다투는 항고소송은 협의의 소의 이익(권리보호의 필요)이 없어서 각하될 가능성이 크다. 그래서 권력적 사실행위가 단기간에 종료하는 경우에도 협의의 소의 이익을 인정할 수 있는지가 다투어지는데, 이것이 권력적 사실행위의 두 번

58) 김유환, 2024, 271쪽.

59) 김남진/김연태, 행정법 I, 430쪽; 정하중/김광수, 337쪽. 이러한 이론구성은 독일 행정법학자들의 논증방식에 따른 것이다. Ernst Forsthoff, *Lehrbuch*, 199쪽 참고.

60) 김철용, 2024, 385쪽.

61) 김철용, 2024, 385-386쪽 참고.

째 쟁점이다. 예컨대 '유치장 내 개방적 구조를 가진 화장실 사용강제사건과 같은 사안'에서 침해되는 정신적 이익(인격권, 명예권 등)은 권력적 사실행위의 집행과 동시에 종료되는 것이 일반적이다. 권력적 사실행위를 처분 개념의 확대를 통해 취소소송으로 포착한다고 하더라도 협의의 소의 이익을 긍정할 수 없다면 권리구제는 어렵게 된다.[62] 위 사안은 헌법소원으로 제기되었는데, 헌법재판소는 어떻게 판단했을까? 아래의 결정문을 읽어보자.

> 【판례】 헌법재판소 2001. 7. 19. 선고 2000헌마546 전원재판부 [유치장내 화장실 설치 및 관리행위 위헌확인]
>
> "청구인들에 대한 침해행위는 이미 종료되어 이 사건 심판대상행위에 대하여 위헌확인을 하더라도 청구인들에 대한 권리구제는 불가능한 상태이어서 주관적 권리보호의 이익은 소멸되었다고 할 것이다. 그러나 전국의 다수 유치장 화장실의 구조와 사용실태가 이 사건에서의 그것과 유사하여 청구인들에 대한 이 사건 심판대상행위와 동종의 조치로 인한 **기본권침해행위는 여러 사람에 대하여, 그리고 반복하여 일어날 위험이 있다고 보여지므로**, 심판청구의 이익이 인정된다."

대법원도 동일한 소송 당사자 사이에서 동일한 사유로 위법처분이 반복될 위험성이 있는 경우에는 기간경과로 행정처분의 효력이 이미 소멸되었다고 하더라도 권리보호의 필요를 인정하므로,[63] 동일한 당사자 사이에 동일한 사유로 권력적 사실행위가 반복될 위험이 있는 경우에는 권력적 사실행위가 이미 종료하였더라도 취소소송을 제기할 수 있다고 할 것이다.[64]

62) 박정훈, 323-324쪽.

63) 대법원 2007. 7. 19. 선고 2006두19297 전원합의체 판결.

64) 김유환, 2024, 271-272쪽.

19.3. 행정계획

19.3.1. 기술관료의 행정계획을 넘어 대중의 민주적 계획으로

계획이라고 하면 행정계획을 떠올리기 쉽지만, 사실 국가계획의 중점은 행정이 아니라 입법과 정부의 영역(정치적 계획, 정부계획)에 있다. 독일 기본법이 언급하는 계획임무들, 예컨대 재정계획(제109조 제4항), 예산(Haushaltsplan, 제110조), 교육계획(구 기본법 제91b조)을 결정하는 것은 입법부와 정부다. 그러나 사실, 정치적 계획과 행정계획을 분명하게 구분하는 것은 불가능하다. 왜냐하면 계획이란 것 자체가 여러 차원에 걸쳐 서로 연계되어 있기 때문이다. 예산이 대표적인 예이다.[65]

자본주의 국가도 계획을 필요로 하는가? 그렇다. 많은 이들이 사회주의 계획경제라면 몰라도 자본주의는 규제 없는 자유시장을 의미한다고 생각한다. 그러나 이제껏 그런 자본주의 경제는 존재하지 않았다. 혹은 "자유시장, 경쟁자본주의라는 것이 실존했는지는 모르겠지만 이제는 확실히 사라졌다."[66] "우리는 계획경제 속에서 살고 있다."[67] 자본주의를 작동하게 만드는 계획이 없다면 자본주의 체제는 돌아가지 않는다. "다만 그 계획은 민주적이지 않다. 계획은 중앙은행가, 고위 정치인 그리고 기업 및 금융 영역에 포진한 저들의 자문역들에 의해 실행된다."[68] 이들을 (지배) 엘리트라고 하자. 물론 이 엘리트들이 시스템 전체를 통제하지는 않는다. 그러나 그들은 시스템 내에서 계획을 수립할 수 있다. 이 계획으로 사실상의 중요한 정치적 결정은 내려지게 된다. 결정된 내용은 결국 부르주아적 소유 및 자본권력, 영업의 자유가 보장되는 시스템과 관련된다.

독일에서 이 엘리트 중 중심역할을 담당했던 것은 전통관료들이었다. 그러다가 20세기 의회주의 시대가 본격적으로 전개되면서 의회와 정치의 역할이 강조되었다. 그러자 관료들은 부문별로 세분화된 (행정)계획들을 다시 들고나오면서 반격을 가했다. 자유주의적－민주주의가 퇴조하고 자본주의가 전반적 위기에 빠진 1차 대전 이후 계획은 국정운영의 중요한 수단으로 등장했다. 1920년대의 일이다.[69] 또한 2차 대전

65) Maurer/Waldhoff, 479쪽(16장 11번).
66) 그레이스 브레이클리, 장석준 옮김, 코로나크래시, 책세상, 2021, 66쪽.
67) 그레이스 브레이클리, 장석준 옮김, 위의 책, 68쪽.
68) 그레이스 브레이클리, 장석준 옮김, 위의 책, 같은 곳.

패전 후 그 정당성에서 치명적인 타격을 받았던 독일의 관료들은 독일이 주권을 회복한 1955년을 기점으로 재차 권력을 자신들 쪽으로 끌어오기 시작했다. 바야흐르 계획도취(Planungseuphorie)의 시대가 도래했다.[70] 아놀드 겔렌과 헬무트 쉘스키에 의해 대변된 기술관료적 보수주의는 이 도취에 이론적 근거를 제공했다. 신보수주의의 한 경향을 대변한 기술관료적 보수주의는 전문가에 의한 정치가의 대체, 현실적 이해관계를 앞세운 이데올로기의 축출 등을 예고하였다. 기술관료적 보수주의는 법과 행정을 정치 이데올로기나 사회적 이해관계와 무관한 것으로 바라보기 시작했다는 점에서 사회적 이해관계를 반영하는 의회 권력의 존재와 기능에 중대한 영향을 미쳤다. 그것은 미래에 대한 정확한 예측과 진단을 앞세워 빠른 속도로 의회주의의 정신적 기초인 공개와 토론을 대체해나갔다.[71]

그러므로 포르스토프 본인의 말마따나 새로운 것은 계획이 아니라, 1950년대 이후 계획에 부여된 특별한 의미, 국가기능에 미친 강력한 영향이다.[72] 예컨대 (국가)계획은 그것이 법률의 형식으로 만들어진다고 하더라도, 의회는 그것의 내용형성에 거의 관여하지 못하고, 그저 그것을 확인해주는 정도만 할 수 있을 뿐이다. 이런 사정은 개별 행정영역의 계획에서도 거의 그대로 되풀이된다.[73] 1980년대 이후 진행된 세계화 프로젝트는 이런 기술관료의 지배를 더욱 공고히했다. 테크노크라트적인 공익구상(예컨대 아웃소싱, 자유무역협정, 제한없는 자본이동 등), 기술관료적 정치구상은 시장에 대한 신뢰와 단단히 연결되어 있다(시장지향적 테크노크라트적 통치수법). 시장메커니즘은 공익을 실현하는 주요한 수단이라는 신념은 민주적 지배에 관한 공적 논의를 실종시켰다. 정치를 이렇게 생각하다 보니 이데올로기적으로 경합할 수 있는 의문들은 마치 경제적 효율의 문제, 전문가가 처리할 수 있는 문제인양 취급될 뿐이었다.[74]

---

69) 프랑스 5공화국 초에 실시된 장기 경제계획은 프랑스 4공화국 국회에 대한 부정적 이미지를 이용했는데 여기서도 계획과 국회의 의결 간 대결이 분명하게 나타났다.

70) Maurer/Waldhoff, 479쪽(16장 10번) 참고.

71) 자세히는 필자의 다음을 글을 참고할 것. 이계수, 의회주의와 행정법, 202-203쪽.

72) 1960년대 이전까지는 계획이 크게 강조되지 않았다. 이는 무엇보다 나치정권의 4개년 계획이나 동구권 공산주의국가의 계획경제와 유사한 행태에 대한 시민들의 거부감이 컸기 때문이다. 미하엘 슈톨라이스, 이종수 옮김, 독일 공법의 역사, 263쪽.

73) Ernst Forsthoff, *Lehrbuch*, 303-304쪽.

74) 마이클 샌델, 함규진 옮김, 공정하다는 착각, 와이즈베리, 2020, 44-48쪽.

그렇다면 행정영역에서 기술관료의 지배와 계획의 득세를 막으려면 어떤 고민이 필요할까? 행정법에서 민주주의를 관철하기 위한 기획을 새롭게 시작하는 것 외에는 답이 없다. “장기적인 관점에서 보면 대중(the public)이 경제활동의 합리적 계획에 참여해야 한다. 인간이라면 누구든 우리 공동의 자원을 사용하는 최선의 방안을 민주적으로 결정하기 위해 다함께 협력해야 한다.”[75] 그러려면 민주주의의 수직적 심화와 민주주의의 수평적 확장이 필요하다.[76] 이를 위해서는 (비록 국회가 마음에 들지 않는다고 하더라도) 의회(국회)의 국정통제권을 강화해야 한다. 공법학도 이것이 가능하도록 뒷받침해주어야 한다. 계획확정절차에 민주주의적 통제가 가해져야 한다(4.2.1. 참고). 계획확정에 (지방)의회의 관여가 심화되어야 하며(민주주의의 수직적 심화), 전문가지배를 넘어 시민참여를 확장해야 한다(민주주의의 수평적 확장).[77] 그러나 ‘행정계획과 지배’라는 현실에서 공법학, 행정법학의 역할은 미미했다. 독일법상의 계획확정절차가 주민, 이해관계인의 민주적 참여를 보장하는가? 오히려 고속도로, 공항, 운하, 철도, 폐기물처리시설의 건설에 속도를 높여주고, 사업의 정당성에 알리바이를 제공하는 기능에 충실한 것이 아닌가? 계획확정을 위한 절차라고는 하나, 고려되는 것은 어디까지나 개인주의적인 기본권의 전통이다.[78] 행정법이 계획에 관심을 갖는 이유는 그것이 개인의 자유(특히 소유권)를 침해하는 행위수단이 될 수 있기 때문이고, 또한 그러한 한에서만 행정법은 계획에 관심을 갖는다. 이 마저도 1990년대 이후에는 절차간소화에 의해 대폭 단축되고 있다. 나아가 행정계획 전반에 대한 법적 통제라고 말은 하지만, 행정법이 검토하는 행정계획은 사실상 국토계획법(국토의 계획 및 이용에 관한 법률)에 따른 도시계획(도시관리계획)에 국한되고 있다.[79]

독일에서는 그나마 도시계획을 게마인데의 조례로 만드니 독일 행정법의 관심사는 우리의 그것보다는 조금 더 넓다고 해야 할까? 독일의 게마인데 숫자는 10,753개이다. 우리는 226개이다. 그 중 69개가 특별시, 광역시의 자치구이어서, 시군과 같은 기초자치단체는 157개에 불과하다. 지자체 단위가 너무 넓은 것이다. 이 몇 안 되는

75) 그레이스 브레이클리, 장석준 옮김, 앞의 책, 127-128쪽.

76) 국순옥, “대안헌법이론”, 국순옥, 민주주의 헌법론, 아카넷, 2015, 451쪽 이하.

77) 기술관료적 통치수법은 다수의 공공문제를 일반시민은 이해하지 못하는 기술적 전문지식의 문제로 취급해왔다. 이것이 민주적 논의의 폭을 좁혔고, 공적 담론의 말을 공허하게 만들어 시민의 무력감을 증대시켰다. 마이클 샌델, 함규진 옮김, 앞의 책, 46쪽.

78) Klaus Bosselmann, “Wendezeit im Umweltrecht”, *Kritische Justiz*, 1985, 347쪽.

79) 김종보, 행정법입문, 234쪽.

기초자치단체의 '의회'조차도 능력이 안 되는지, 아니면 다른 무슨 이유가 있는지 도시계획을 '수립'할 권한을 갖지 못하고 있다.[80] 이래서는 독일의 게마인데 급인 읍·면에서의 민주주의가 가능할 리가 없다.[81]

이 공허한 민주주의를 대신하는 것은 (도시)계획과 소유적 개인주의이다. 행정계획과 관련한 한국 행정법학의 고민은 거의 도시계획, 그 중에서도 구속적 계획(계획의 처분성 논의)에 대한 사법적(司法的) 통제 정도 – 이른바 계획재량 및 형량명령 등 – 에 머물러 있다. 통제의 관심도 소유권자의 권리보호에 향해져 있을 뿐이다.

형량명령(행정기본법 제21조)은 '계획재량'을 통제하는 특수 비례원칙인데, 형량 프로세스에 등장하는 가치도 공익 대 소유권인 경우가 대부분이다. 도시계획 영역에서의 계획변경신청권의 법리를 중심으로 이 점을 조금 더 비판적으로 검토해 볼 필요가 있다.

19.3.2. 도시계획 변경거부와 소유권에 기한 신청권

행정계획은 현재의 사회·경제적 상황의 조사를 바탕으로 장래를 예측하여 수립되며, 그 시간대가 장기간에 걸쳐 있다. 그런데 그 기간 사이에 사회적·경제적 상황도 바뀔 수 있으므로 행정청으로서는 처음의 행정계획을 변경·중지·폐지할 수 있는 권한을 갖고 있어야 한다. 판례도 행정계획의 변경을 인정한다.[82] 문제는 사인도

---

80) '국토계획법'에 따르면 도시계획(도시관리계획)의 '수립'이라는 행위는 크게 입안과 결정으로 구분된다. 입안은 구체적으로 계획안을 확정해 가는 작업을 말하는데 그 주체는 특별시장·광역시장·시장 또는 군수이다(제24조). 다만, 특별시·광역시 등 대도시인 광역자치단체에서는 광역자치단체장이 입안과 결정의 주체가 된다. 반면 특별시·광역시에 속하지 않는 기초자치단체에서는 시장·군수가 입안권을 갖는다. 시장·군수에 의해 입안된 도시계획은 법률에 의해 지정된 결정권자가 이를 '결정'하는데(제29조), 광역자치단체장이 대체로 결정권자가 된다. 김종보, 건설법의 이해, 275쪽. 도시계획의 입안과 결정에 지방의회는 단지 의견을 개진할 수 있을 뿐이다(제28조 제6항).

81) 1961년의 5.16 군사쿠데타 이전에는 시·읍·면이 기초자치단체였고, 시장은 물론 읍장·면장도 선출직 주민대표였지만, 현재 읍장과 면장은 임명직에 불과하다. 이러다보니 "한국의 민주주의는 시군구에서 끝난다"는 말이 있을 정도다. 읍·면과 마을(里)에도 법으로 보장되는 신분으로서의 선출직 주민대표를 두어, 마을에서부터 무너진 민주주의를 다시 일으켜 세우는 방법을 고민해야 한다.

82) 김철용, 2024, 397쪽. '대법원 2021. 7. 29. 선고 2021두33593 판결'에서 대법원은 행정청은 구체적인 행정계획을 입안·결정할 때 비교적 광범위한 형성의 재량을 가지며, 이러한 법리는 산업입지법상 산업단지개발계획 변경권자가 산업단지 입주업체 등의 신청에 따라 산업단지개발계획을 변경할 것인지를 결정하는 경우에도 마찬가지로 적용된다고 하였다.

행정계획의 변경을 신청할 권리(계획변경청구권)가 있느냐 하는 것이다. 후술하듯이 판례는 계획 구역 내에 토지 등을 소유하는 당사자에게만 부분적으로 이를 인정하고 있다. 그런데 이 쟁점을 설명하려면 먼저 도시계획 변경거부의 처분성 문제부터 다루어야 한다.

행정계획이 어떤 효과를 발생하는가는 일률적으로 말할 수 없다. 사인에 대한 구속적 계획처럼 사인에 대해 일정한 법적 효과가 발생하는 경우도 있고, 행정기관에 대한 구속적 계획처럼 행정기관에 대해서만 일정한 의무를 과하는 경우도 있다. 사인에 대한 구속적 계획 중에서 대표적인 것이 도시(관리)계획이다. 대법원은 1980년대 초반 도시계획의 처분성을 인정한 이래[83] 도시계획의 처분성을 일반적으로 인정한다. 이 판결은 행정소송의 처분성을 넓힌 획기적인 것으로 환영받았지만 긍정적인 측면만 있었던 것은 아니다. 이 판결에 의해 기존에 존재하던 도시계획 전반에 공정력과 불가쟁력이 부여되어 행정계획에 대한 사법통제가 오히려 약화된 측면도 있었기 때문이다.[84]

도시계획의 처분성을 넓게 인정하는 해석의 결과 이미 존재하는 도시계획은 그것이 택지개발지구 지정과 같이 적극적으로 토지수용을 예정하고 있는 적극적 계획이든, 개발제한제 도시계획처럼 토지소유권의 박탈을 목적으로 하지 않는 소극적 계획이든 법적 구속력(공정력을 포함)이 인정된다. 따라서 도시계획이 적용되는 개별 필지의 소유자는 도시계획에 반하는 건축행위를 할 수 없고, 불만이 있어도 원래의 도시계획 자체를 취소해달라고 하는 소송을 할 수 없게 된다. 처분성을 인정받은 도시계획은 이미 제소기간을 넘긴 것이 대부분이기 때문이다. 여기서 위 소유자는 불가피하게 도시계획의 변경을 적극적으로 신청하고 그것이 거부된 경우 취소소송을 제기하는 길을 모색하게 된다.[85]

도시계획 자체의 처분성은 그것이 국민의 권리의무에 직접 영향을 주는 공권력 행사인가를 검토하는 문제이지만, 도시계획변경거부에서 처분성과 관련된 쟁점은 과연 그 신청자에게 이를 구할 법령상 또는 조리상의 신청권이 있는가의 문제이므로 양자는 명확히 구별해야 한다.[86] 이렇게 일반적으로 거부처분의 요건이라고 표현되

83) 대법원 1982. 3. 9. 선고 80누105 판결.

84) 김종보, 앞의 책, 379쪽.

85) 김종보, 위의 책, 383-385쪽.

86) 김종보, 위의 책, 385쪽.

는 신청권의 문제는 도시계획의 영역에서 비로소 시작된 것이며, 그 이전의 판례에서는 거부처분에 대한 신청권 문제가 명시적으로 언급된 바가 없다.[87] 그렇다면 신청권은 언제 인정되는가? 법령이 그것을 인정하면 된다. 이를 법규상 신청권이라 한다. 문제는 조리상의 신청권이다. 대법원은 계획 구역 안에 토지 등을 소유하고 있는 사람에게 대체로 법규상 또는 조리상의 신청권을 인정하여, 계획입안 또는 변경청구권이 인정된다고 판시하고 있다.[88] 즉, 법원은 도시계획을 변경해달라는 신청권을 "도시구역 내 토지 등을 소유하고 있는 주민"에게만 인정한다.

대법원이 도시계획의 입안 또는 변경청구권을 인정한 토지 등 소유자가 문제가 된 사례는 크게 세 유형이 있다.[89] 첫째, '국토계획법' 제26조가 이해관계자를 포함한 주민에게 도시·군관리계획의 입안제안권을 인정하고 있음에도 불구하고 도시계획 구역내 토지 등을 소유하고 있는 주민에게만 도시계획입안을 요구할 수 있는 법규상 또는 조리상의 신청권을 인정했다.[90] 둘째, 문화유산보호구역 또는 자연유산보호구역 내에 있는 토지소유자 등에 대해서도 보호구역의 지정해제를 요구할 수 있는 법규상 또는 조리상의 신청권을 인정했다.[91] 셋째, 산업단지개발계획상 산업단지 안의 토지 소유자에게도 산업단지개발계획변경신청권을 인정했다.[92] 이들 세 유형의 사례에서 소유자 등은 신청권이 있으므로, 변경신청에 대한 거부는 항고소송의 대상이 되는 행정처분이 된다. 반면 토지 등을 소유하고 있지 않은 주민은 도시계획이라는 지방자치단체의 자치고권 중에서 가장 중요한 영역에 대해 아무런 발언권도 없다.

【판례】 대법원 2004. 4. 27. 선고 2003두8821 판결 [문화재보호구역지정해제거부처분취소]

문화재보호법은 문화재를 보존하여 이를 활용함으로써 국민의 문화적 생활의 향상을 도모함과 아울러 인류문화의 발전에 기여함을 목적으로 하면서도, 문화재보호구역의 지정에 따른 재산권행사의 제한을 줄이기 위하여, 행정청에게 보호구역을 지정한 경우에 일정한 기간마다 적정성 여부를 검토할 의무를 부과하고, 그 검토사항

87) 김종보, 위의 책, 386쪽.

88) 김유환, 2024, 266-267쪽. 김종보, 위의 책, 388쪽.

89) 김유환, 2024, 267쪽.

90) 대법원 2004. 4. 28. 선고 2003두1806 판결.

91) 대법원 2004. 4. 27. 선고 2003두8821 판결.

92) 대법원 2017. 8. 29. 선고 2016두44186 판결.

등에 관한 사항은 문화관광부령으로 정하도록 위임하였으며, 검토 결과 보호구역의 지정이 적정하지 아니하거나 기타 특별한 사유가 있는 때에는 보호구역의 지정을 해제하거나 그 범위를 조정하여야 한다고 규정하고 있는 점, 같은 법 제8조 제3항의 위임에 의한 같은법시행규칙 제3조의2 제1항은 그 적정성 여부의 검토에 있어서 당해 문화재의 보존 가치 외에도 보호구역의 지정이 재산권 행사에 미치는 영향 등을 고려하도록 규정하고 있는 점 등과 **헌법상 개인의 재산권 보장의 취지에 비추어 보면, 문화재보호구역 내에 있는 토지소유자 등으로서는 위 보호구역의 지정해제를 요구할 수 있는 법규상 또는 조리상의 신청권이 있다고 할 것이고**, 이러한 신청에 대한 거부행위는 항고소송의 대상이 되는 행정처분에 해당한다.

위 판결은 "헌법상 개인의 재산권 보장의 취지에 비추어 보면"이라고 정당한 문제제기에서 시작하지만, 그 재산권 보장의 취지에 부합한 자들은 오직 "토지소유자 등"으로만 한정된다고 결론내린다. 그러나 헌법이 말하는 재산권은 가진 자들만의 권리가 아니다. 그게 아니라면 자본주의적 물권법만으로 살면 된다. 헌법은 가진 자의 재산은 물론 가지지 못한 자의 재산도 동등하게 보호한다.[93] 그런데도 도시계획의 사후적 수정과 관련해서 "토지소유자 등"만 권리를 가져야 하는가?

자본주의법이 부르주아적 재산과 자유를 보호하는 법이라는 점은 누누이 얘기했다. 그리고 그 본질은 이런 구체적 사례에서 분명하게 드러난다. 토지를 소유하고 있지 않은 자, 부동산이 없는 사람, 재산이 없는 사람에게 도시계획의 변경을 신청할 권리는 주어지지 않는다. 현재의 도시계획이 부당하게, 그리고 위헌적으로 주민의 주거권을 침해하고 있다면, 주민은 그 누구라도 이것의 '수정을 요구할' 권리를 가져야 한다.[94] 권리침해가 있음에도 불구하고 침해되는 권리의 종류에 따라서 차별적 취급이 이루어진다면 법적 구제에서의 양극화, 나아가 사회의 양극화는 지양되지 않

93) 이계수, "주거권의 재산권적 재구성 - 강제퇴거금지법 제정운동에 붙여", 45쪽.

94) '수정할' 권리가 아니라 '수정을 요구할' 권리라고 표현한 이유는 도시계획의 변경을 신청할 권리를 인정받는다고 해서 본안에서 반드시 승소한다는 보장이 없기 때문이다. 즉, "거부처분의 처분성을 인정하기 위한 전제요건이 되는 신청권의 존부는 구체적 사건에서 신청인이 누구인가를 고려하지 않고 관계 법규의 해석에 의하여 일반 국민에게 그러한 신청권을 인정하고 있는가를 살펴 추상적으로 결정되는 것이고, 신청인이 그 신청에 따른 단순한 응답을 받을 권리를 넘어서 신청의 인용이라는 만족적 결과를 얻을 권리를 의미하는 것은 아니다. 따라서 국민이 어떤 신청을 한 경우에 그 신청의 근거가 된 조항의 해석상 행정발동에 대한 개인의 신청권을 인정하고 있다고 보여지면 그 거부행위는 항고소송의 대상이 되는 처분으로 보아야 할 것이고, 구체적으로 그 신청이 인용될 수 있는가 하는 점은 본안에서 판단하여야 할 사항인 것이다." 대법원 1996. 6. 11. 선고 95누12460 판결.

을 것이다. 그리고 이러한 차별적 처우는 독일이라고 크게 다르지 않다. 그 점은 앞에서 공권을 설명할 때(12.2.4.) 독일 연방행정법원이 보여준 태도 – 임차인(세입자) 및 용익임차인은 타인에게 발령된 건축허가를 직접 다툴 수 없다 – 를 통해서도 확인한 바 있다.

한편, 행정계획의 변경 등으로 인한 권리문제를 독일의 계획보장청구권의 법리로 해결하려는 견해도 있다. 계획보장청구권의 구체적 내용으로 통상 ① 계획존속청구권, ② 계획집행청구권, ③ 경과조치청구권, ④ 손해전보청구권을 든다.[95] 그러나 계획에 대한 신뢰가 계획보장청구권으로까지 고양되려면 두 개의 조건이 선행해야 한다고 생각한다. 첫째, 계획의 존속을 신뢰해도 좋을 정도로 계획의 수립과 확정절차가 지금보다는 더 민주주의적으로 바뀌어야 하고 계획의 형식도 신뢰를 제공할 수 있어야 한다(예컨대 게마인데 조례로 정하는 도시계획). 둘째, 그리고 이것보다 더 중요한 것이 바로 행정계획의 주 무대인 건설법의 영역에 건축부자유의 원칙 혹은 법리를 정착시켜야 한다. 여러번 말했지만 독일에서는 '계획 없으면 건축 없다'는 게 원칙이다. 그러므로 계획은 건축의 자유를 비로소 열어주는 기능을 한다. 그런 계획을 재차 폐지하는 것은 토지소유자는 물론 주민들에게 침익적 영향을 준다. 반면, 우리처럼 말만 계획의 중요성을 얘기하고, 도시계획이 없으면 오히려 자유롭게 건축할 수 있고, 도시계획이 수립되면 반대로 건축에 일정한 제한이 걸리는 나라에서 상대방에게 불이익한 계획의 존속을 청구할 수 있는지를 따지는 것은 어딘가 아귀가 맞지 않다. 두 나라는 건설법의 출발점에서, 건축의 자유냐 건축의 부자유냐 하는 점에서 중대한 정치적·제도적 차이를 보이고 있는데, 이러한 점에 대한 깊은 고려 없이 그냥 독일의 법리만 가져다가 계획보장청구권을 주장하는 것은 앞뒤가 전도된 얘기라고 생각한다.

더공부해보기/생각해보기/토론하기

1. 다음 사례를 읽고 독일에서 공법상 계약이 어떻게 활용되는지 살펴보자. 또한 지구시설정비분담금의 의미, 도시계획의 구조, 공법상 계약의 무효 등도 함께 검토해보고, 우리의 경우라면 이런 사안이 어떻게 전개되고 처리되었을지 생각해보자.

95) 김철용, 2024, 402쪽 참고.

1. A는 풍광이 아주 매력적인 외부지구(Außenbereich)의 토지소유자이다. 수년 전, 이 토지에 인접한 토지가 주거지역으로 계획되었으므로, A는 자신의 토지를 B-플랜(지구상세계획)의 적용지구로 편입해주도록 게마인데에 청원하였다. A의 토지에 인접한 신흥주택지에서는 기반시설이 이미 완성되어 대금이 지불되었다는 점에서 게마인데 의회는 의문을 갖고 있다. 즉, A는 지구시설정비의 은혜를 부담없이 향수해서는 안 된다는 것이다. 이에 게마인데의 장은 A에게 다음과 같은 내용의 편지를 썼다. '지구시설정비비용을 충당하기 위해 지구시설정비분담금으로 지불해야 했을 금액을 A가 추후 게마인데에 지불한다면 A의 토지도 B-플랜(지구상세계획)에 편입하는 절차를 추진한다.' 답장에서 A는 이 결정을 받아들인다고 선언했다.

A가 분담금상당액을 지불한 후, B-플랜(지구상세계획)의 적용영역이 A의 토지에까지 확장되고, 건축허가가 교부되었다. 바람처럼 신속하게 A는 건물을 지었다. 이어서 A는 게마인데를 향해, 본건계약은 무효이므로 돈을 돌려받고 싶다고 선언하였다. 인근주민 N은 일이 이렇게 진행된 것에 대해 아주 불만이다. 장기간 외국에 체류했다가 귀국한 N이 보기에 A의 건물은 이익형량 프로세스도 위반해가면서 건축된 것 같아 문제제기를 하고 싶어한다.[96]

2. A는 분담금상당액을 지불했고(급부) 게마인데도 A에게 반대급부를 했다. 그런데 A가 말하자면 알짜배기만 쏙빼먹고 빠지려고 하는 상황이다. 게마인데와 A는 편지의 교환을 통해 의사의 합치를 이루었으므로 계약이 존재한다. 다만, 편지의 교환이 연방행정절차법(이하 행정절차법이라 함) 제57조가 요구하는, 계약은 문서형식으로 해야한다는 요건을 충족했는가는 별개의 문제이다. 계약이라고 한다면 이것은 어떤 계약일까? 종속계약이다. 도시'계획' 영역이지만 행정이 고권적 규율권한도 갖고 있으므로 종속계약으로 본다. A와 게마인데 간에 체결된 계약은 게마인데의 B-플랜의 개정을 의도하는 한 행정절차법 제56조에 의해 통제되는 '파행적'(hinkenden) 교환계약에 해당한다. 그런데 이미 행정절차법 제57조가 계약은 문서형식으로 해야 한다고 되어 있고, 동법 제59조 제1항은 "민법규정의 준용에 의해 무효가 되는 경우, 공법상 계약은 무효"라고 하는데, (독일) 민법 125조는 법률에 정하여진 방식을 갖추지 아니한 법률행위는 무효라고 하고 있다. 또한 행정절차법 제62조 제2문은 보충적으로 민법규정이 준용된다고 하는데, 민법 제126조 제2항 제1문에 의하면 "계약에서 각 당사자의 서명은 동일한 서면에 하여야 한다." 따라서 이것만 보아도 편지교환에 의한 계약은 이미 무효이다.[97]

한편, 행정절차법 제58조 제1항에 의하면 제3자의 권리를 침해하는 공법상 계약

---

96) Sodan/Ziekow, *Grundkurs*, 668쪽(83장 사례 71).

97) Sodan/Ziekow, *Grundkurs*, 668-675쪽(83장 1-13번).

은 당해 제3자가 문서로 이를 동의하는 경우에만 효력을 갖는다. A와 게마인데 간의 계약도 N의 동의없이 체결되었다. 그렇다면 이 사안도 이런 이유 때문에라도 무효가 되는가? 해당 계약은 처분계약이 아니라 의무부담계약이고, 다수설과 판례는 의무부담계약에서도 계약으로 인한 제3자 권리침해 문제가 발생하므로 동의가 필요하다고 하나 이렇게 보지 않는 견해도 있다.[98] 즉, 행정절차법 제58조 제1항의 법문언에 따르면 제3자의 권리를 침해하는 것은 의무부담계약이 아니라 그 이후의 이행행위라는 점, 의무부담계약에 대한 동법 제58조 제1항의 확대적용이 삼각관계가 자주 등장하는 건설행정, 환경행정 등의 영역에서서 공법상 계약의 활용가능성을 제한할 수 있다는 점을 들어 의무부담계약에는 제58조가 적용되지 않는다고 보는 반대견해도 유력하다.[99] 이 후자에 의할 때 N의 동의 여부와 계약의 효력은 무관하다. N은 게마인데가 자신의 동의 없이 체결된 계약의 이행과정에서 발령하는, N의 권리를 침해하는 행정행위(A에게 한 건축허가)를 다투면 된다고 본다.[100]

계약의 내용적 요건으로는 명확성요건이라든가 부당결부금지(Koppelunsgverbot) 같은 것이 있다. 명확성요건은 행정청과 계약을 한 상대방의 반대급부가 특정 목적을 위한 것임이 계약에 이미 합의되어 있을 것을 요구한다. 행정청이 시시때때로 상대방에게 반대급부를 요구하고 상대방은 이에 굴복해야 하는 상황을 막는 장치이다. A가 지불을 하는 목적이 계약에 언급되어 있지는 않지만, A의 반대급부는 그가 내지 않았던 지구시설정비분담금에 대한 공정한 조정에 해당하는 점이 상황상 확인되므로, 이로써 명확성요건은 충족된다.[101] 부당결부금지는 어떠한가? 행정절차법 제56조 제1항 제2문은 상대방의 반대급부는 행정청의 계약상의 급부와 실질적-내용적 관련성이 있어야(im sachlichen Zusammenhang) 한다고 규정한다. 1차적으로 "고권의 (헐값) 매각"(Ausverkauf von Hoheitsrechten)을 방지하기 위해 둔 조항이다. 이 사안의 경우 급부와 반대급부 간의 실질적-내용적 관련성이 없다. '분담금'을 안 냄으로써 얻은 경제적 이득을 게마인데의 이익을 위해 징수(Abschöpfung)하는 것은 지구시설정비분담금법이 예정하고 있는 사안/내용이 아니다. 따라서 계약은 부당결부금지에 반한다.[102] 결론적으로 게마인데와 A간에 체결된 계약은 무효이다.

2. 본문에서는 도시계획계약과 이른바 '조본'(SoBoN) 모델에 관하여 간략히 설명하였다. 뮌헨 시는 이 '사회적으로 공정한 토지이용'('조본') 및 도시계획계약모델을 독

---

98) Sodan/Ziekow, *Grundkurs*, 675쪽(83장 14번).

99) 정의석, 앞의 책, 134-135쪽.

100) Sodan/Ziekow, *Grundkurs*, 675쪽(83장 14번).

101) Sodan/Ziekow, *Grundkurs*, 676쪽(83장 17-18번).

102) Sodan/Ziekow, *Grundkurs*, 676-677쪽(83장 19-20번).

일에서 선도적으로 시행한 도시다. 이 모델에 대해 간략히 설명해보자.

독일에서는 신규 도시계획사업의 첫단계부터 공(公)과 사(私)의 계약적 행위에 의거하여 거주환경 정비에 필요한 비용부담 문제를 해결하고, 인구증가의 외부불경제를 억제하며, 각양각색의 도시거주자들이 함께 살아갈 방법을 만들어내는 데 초점을 맞춘다. 그 방편의 하나로 들 수 있는 것이 뮌헨시가 1994년부터 추진하고, 그 후 다른 도시도 수용하고 있는 사회적으로 공정한 토지이용('조본')이다.

이 '조본 모델'의 기본 아이디어는 간단하다. 독일의 법제에서 건축의 자유는 인정되지 않으므로, 도시계획 수립과 결정을 통해 건축의 자유와 권리를 얻은 토지소유자는 새로운 건축행위를 초래하는 도시계획의 실행으로 인해 발생하는 비용을 분담해야 한다. 이 모델 하에서는 도시계획으로 인해 생긴 토지가격 상승분 중 최소한 1/3 이상이 도시계획 수혜자에게 돌아가게 하면 되므로, 도시계획 당국은 나머지 공적으로 유보된 개발이익을 이용하여 공공용지와 사회 인프라 시설을 확보할 수 있으며, 아울러 사회주택(임대주택)의 의무적 건설이라는 공적 목표도 달성할 수 있게 된다. 이 제도는 뮌헨 시의 독자적인 이니셔티브로 시작되었지만 현재는 독일 건설법전 제1조 제5항, 제6항 그리고 제11조에 구체화되어 있다.[103]

3. 독일에서는 환경법상의 집행부전에 대응하기 위하여 비공식 행정작용을 활용한다. 비공식행정작용과 일본 행정법상의 행정지도의 공통점과 차이점을 비교해보자. 또한 이런 행정작용이 꼭 필요한지, 필요하다면 어떤 법적 규제가 가능한지도 생각해보자.

1. 비공식 행정작용(informales Verwaltungshandeln)은 전통적으로 법에 의하여 공식 인정되는 행위형식을 사용하지 않는 행정작용을 총칭하는 것으로 독일 행정법학에서 유래하는 개념이다. 우리 행정법교과서들은 행정지도와 비공식 행정작용을 모두 사실행위의 하위 범주로 분류하고 있지만, 양자는 역사적 생성과정이 다르고 그 쓰임새에도 차이가 있다.[104] 비공식 행정작용은 환경행정법상의 집행부전/결함(Vollzugsdefizit)의 원인 조사 과정에서 세상에 알려지게 되었다. 허가절차의 개시 이전에 행정청과 기업이 미리 결과에 관한 협상을 한다는 사실이 밝혀졌다(비공

103) 더 자세한 사항은 필자가 쓴 한국법제연구원 발간『이슈페이퍼』를 참고할 것. 이계수, 사회적 가치 실현을 위한 주거권 보장, 한국법제연구원, 2020, 특히 32-42쪽.

104) 김용섭, 앞의 논문, 728쪽.

식적 사전절충). 혹은 신규 폐기물처리시설에 대한 허가를 둘러싼 협상과정에서 교묘하게 기존시설의 처리를 두고 행정청과 기업이 비공식 협약을 맺는 경우도 있었다.[105] 환경행정규제기관으로서는 인력과 비용이 소요되는 규제를 회피하는 대신 이런 식의 비공식 행정작용을 선호하고 있음이 확인된 셈이다.

환경행정법 사례가 보여주듯 위와 같은 비공식 행정작용은 엄격한 법적용을 포기하는 대신 법률의 실효성(법률의 목적 실현)을 높일 수 있는 장점이 있다. 담당할 인력도 돈도 없는 상황에서 엄격한 법 집행만 강조해서 될 일이 아니다. 이런 생각을 지지하는 이들도 있다. 독일의 (법)사회학자 니클라스 루만은 이를 "유용한 불법성"(brauchbare Illegalität)이라고 표현했다.[106] 일본에서도 행정지도의 장점 중 하나로 집행비용 절감을 든다. 예컨대 위법업자에게 행정이 규제를 행하는 경우에는 사전에 위반사실의 증거 등을 확보해야 한다. 이러한 비용을 고려하면 행정담당자들은 사업자와의 상호 교섭 중에 개선을 도모하는 편이 간편하다고 생각한다.[107] 물론 반대의 입장도 엄연히 존재한다. 나아가 당사자들은 여차하면, 즉 비공식 행정작용을 통해 실현한 이익이 법적으로 보장된 수준에 미치지 못할 때, 비공식 행정작용을 폐기하고 정식의 행정작용을 요구할 것이다.[108]

2. 행정지도와 비공식 행정작용의 유사성에도 불구하고 한국, 일본의 행정과 독일의 그것 사이에는 분명 차이가 있다. 그것은 한국과 일본에서 행정지도가 상당히 많이 행해지고 있다는 것, 즉 행정지도의 과잉이다. 특히 일본에서는 한국과도 비교할 수 없을 정도로 많은 행정지도가 이루어지고 있다.[109] 독일의 비공식 행정작용은 환경법 영역 등에서의 집행부전(Vollzugsdefizit)을 보완하기 위해 사용되지만 – "환경법에서는 행정청과 사인 간의 비공식적 거래(Absprache, 합의, 협의)가 중요한 역할을 한다. 이것은 여러 상황과 맥락에서 등장하며, 실무상 '환경행정이 돌아가게 하는 데' 더는 없어서는 안 되는 존재가 되었다."[110] – 일본의 행정지도는 그 활용폭이 더 넓다. 또한 전자는 규제규범의 정립에 영향을 주거나 혹은 더 나아가 규범제정을 저지하는 목적으로도 사용되지만,[111] 후자는 자치행정 영역에서의 규제규범

105) Heiko Faber, *Verwaltungsrecht*, 46쪽.

106) Niklas Luhman, *Funktionen und Folgen formaler Organisation*, 1964, 304쪽. Heiko Faber, *Verwaltungsrecht*, 47쪽에서 재인용.

107) 阿部泰隆, 行政の法システム(上), 有斐閣, 1997, 370쪽.

108) Heiko Faber, *Verwaltungsrecht*, 47쪽.

109) 정치경제학적 관점에서 본다면 행정지도의 과잉 혹은 일본식 행정지도형 행정은 한국과 일본 자본주의의 성격을 읽는 단초가 된다.

110) Hans Joachim Koch(Hrsg.), *Umweltrecht*, 4. Aufl., 2014, 172쪽(3장 135번).

결여 및 집행력 부족을 보완하는 측면이 강하다.

3. 행정지도가 많다고 무조건 문제라고 말할 것은 아니다. 그것이 법치행정의 관점에서 문제가 있다면, 그동안 학설과 판례를 참고하면서 그 기능과 한계를 명확히 설정해나가면 된다. 이럴 경우에도 논의를 '단순히' 행정지도의 처분성이라든가 헌법소원의 대상성 여부로 좁혀서는 안 된다. 앞의 법률의 유보론에서도 언급했듯이, 일국의 국회가 행하는 '공식적인' 법적 규율조차도 글로벌하게 움직이는 자본과 그들의 후원자들(국제결제은행, 국제회계기준, 대형신용평가사)의 힘에 압도되고 형해화되는 현실에서 행정지도의 헌법적 정당성을 모색해나가는 작업을 반드시 병행할 필요가 있다. 물론, 이 작업에는 행정지도가 행정과 기업의 유착을 조장하는 수단으로 활용되지 않도록 감시하고 견제하는 방법의 모색도 당연히 포함된다.

4. 환경행정법의 집행에서 비공식 행정작용의 유용성도 전면적으로 부인하기는 어렵다. 그렇다면 또다른 영역은 어떠한가? 대체로 신중한 접근이 필요하다. 다만, 협상이나 사전협의 등이 행정과 개인사이의 비공개적인 작용에 머물지 않고, 사회적으로 중요한 사안에서 대체적 분쟁해결(Alternative Dispute Resolution) 수단으로 활용될 수 있다면,[112] 개인주의적 행정법을 넘어서는 하나의 길을 발견해낼 수 있을 지도 모른다. 특히 "기술적 환경적 영역에서 대규모 개발계획 및 대량절차(Großprojekt und Massenverfahren)가 진행될 때 바로 이 행위형식이 행정행위를 대체하거나 아니며 적어도 보충하는 수법으로 이용될 수 있다. 이들 영역에서 나타나는 아주 빠른 지식의 발전 및 거의 예외없이 따라오는, 내다보기 힘든 후과(後果) 및 리스크는 행정과 행정법에게 혁신적 해결책을 내놓을 것을 요구한다. 이런 해결책은 기존의 법제도만 붙들고 있어서는 나오지 않는다. 요즘은 이러한 협력적 행위유형을 통해 이해관계가 있는 시민들도 좀더 쉽게 수용할 수 있는 해결책을 도출하고, 그에 따른 절차의 가속화를 확보하려고 한다."[113] 물론 이게 제대로 작동하

111) Hans Joachim Koch(Hrsg.), 위의 책, 172-173쪽(3장 137번) 참고. '비공식적 거래'의 특수형태로서의 '규범에 관한 협의들'(normbezogene Absprache)은 1970년대 이후 독일에서 유행한 '규범홍수' 담론에 기대어 중앙 및 지방정부의 입법자들을 '제어'하는 역할을 하고 있다. 물론 환경법의 집행불능 혹은 부전(不全)을 고려할 때 위와 같은 시도를 전적으로 부정할 수는 없다고 할지라도 말이다.

112) "행정행위나 공법상 계약을 위하여 대체적 분쟁해결(Alternative Dispute Resolution)이 활용되는 경우도 있는데 이 경우의 대체적 분쟁해결은 일종의 비공식적 행정작용이라고 볼 수 있다." 김유환, 2024, 285쪽.

113) Markus Engert, *Die historische Entwicklumg des Rechtsinstituts Verwaltungsakt*, 240-241쪽.

려면 법치행정의 기본틀을 해치는 않는 범위 내에서, 상황에 적응할 수 있는 정밀한 제도 설계가 필요할 것이다.

4. 김종보 교수는 건축경찰법, 도시계획법, 재건축·재개발법, 도시개발과 주택건설법 영역을 모두 포괄하는 것으로 건설법이라는 개념을 사용한다. 이 건설법 영역에 횡행하는 '소유권의 독재'를 비판해보자. 또한 이 소유권을 중심으로 돌아가는 건설법을 비판·극복하는 방법으로 제안된 강제퇴거금지법안에 대해서도 조사해보고, 이 법안에 대한 각자의 생각을 토론해보자.

한국사회는 1953년 이후 전쟁의 폐허 위에서 빠른 속도로 도시를 재개발 해왔다. 그 과정에서 주거권은 보호받지 못했고, 주거약자들은 강제퇴거와 철거폭력 앞에서 고통받았다. 헌법에 주거권 관련 조항이 들어오고 주거관련 국제규범들이 하나 둘 정비되었지만 주거권 현실은 여전히 큰 변화가 없다. 이런 와중에 2009년 '용산참사'가 발생했다. '강제퇴거금지법' 제정운동이 시작된 배경이다. 이 법안의 기초에 주거권이 존재한다. 나는 이 주거권을 설명하면서 다음과 같은 주장을 하였다.

첫째, 주거에 대해 갖는 세입자 등의 이익 혹은 권리를 헌법상의 재산권으로 재구성해야 한다. 이렇게 접근하는 것이 현재의 (토지)소유자 중심의 도시개발 제도에 제동을 걸 수 있는 논리개발에 더욱더 유리하다. 주거권을 사회(권)적 기본권이 아니라 재산권의 관점에서 재구성해야 할 이유는 무엇일까? 주지하듯이 현행 헌법 제35조는 주거권을 사회적 기본권의 하나로 규정하고 있다. 그러나 헌법이 보장하는 사회적 기본권으로서의 주거권은 정당의 강령과도 같은 권리(프로그램권리설)라는 낮은 규범적 평가만을 받아왔다. 이러한 평가는 '토지 등 소유자'의 재산권 내지 개발이익을 향유할 권리와 주거세입자의 주거의 권리가 충돌할 때 특히 문제가 된다. 기존의 견해는 사회적 기본권으로서의 주거권과 자유권으로서 재산권 사이의 기본권 충돌을 '규범 조화적 원리'에 의거하여 해결해야 한다고 말하며, 어느 일방의 희생이 아니라 두 기본권이 합리적으로 조화되는 방안을 찾자고 주장한다.

그러나 기존의 입법과 재판실무(헌법재판을 포함)에 비추어보면, 한쪽에 사회적 기본권으로서 주거권을 놓고 다른 한쪽에 소유자의 재산권을 놓는 이익형량은 후자의 가치가 우선시 되는 방향으로 종결될 공산이 크며, 그 과정에서 주거권은 보상금 액수의 크기를 결정하는 하나의 시혜적 이익으로 취급될 수 있다. 이렇게 되면 원래 살던 곳에서 계속 살 권리라든가 재정착의 권리는 보장되지 않는다. 반면, 주거권을 재산권으로 재구성하면 주거권과 재산권의 충돌 국면에서 주거권에 더욱더 유리한 결론이 도출될 수 있다. 주거권과 재산권의 충돌이 아니라 소유자인 임대인의 재산권과 거주자인 임차인(세입자) 혹은 점유자의 재산권이 충돌하는 것으로 이론 구성을 한다면 강제퇴거금지법을 정당화하기도 훨씬 더 쉽다.[114] 주거권의 본령을 '현재 주거에서의 점유를 인정받을 권리'로 보고, 이 권리를 헌법상의 재산권으로 끌어올린 뒤, 이를 주거 소유자의 재산권과 형량하게 된다면 주거권의 규범적 힘, 국가에 대한 구속력은 강화될 수 있기 때문이다. 이러한 이론 구성 하에서도 여전히 남는 문제는 재산권 사이의 형량이다. 주거권에 유리한 형량결과를 도출해 내려면 재산권 보장의 여러 의미 층 가운데 '인권으로서의 재산권'을 재인식해낼 수 있어야 한다. 즉, 용산참사 등 현행 재산권 질서가 만들어 낸 반인권적 현실을 극복하려면 '인권으로서의 재산'과 '자본소유로서의 재산'을 구분할 수 있어야 한다.

둘째, 재산권으로 재구성한 주거권에서 핵심은 주거의 '존속보장'이다. 주거의 존속을 방어할 권리는 주거의 존속에 대한 민주적 관리와 통제를 행할 실체적 · 절차적 권리를 거주민에게 부여한다. 구체적으로 도시재개발 계획의 첫 입안단계(정비기본계획 작성 단계)에서부터 소유권자는 물론 거주민인 세입자도 공동결정자로 참여할 수 있게 하는 것이 방어권으로서의 주거권 보장의 첫 단추가 되어야 한다. 이러한 방향전환은 자산공동체로서의 아파트단지 · 마을 · 도시가 아니라 주거공동체로서의 단지 · 마을 · 도시를 지향한다는 점에서 민주주의 원리에 더욱더 부합한다. 개발이익만을 추구하는 '지대(地代) 추구형 개발'로부터 자유로운 도시개발이 가능하려면 도시의 주체인 주민(주택 혹은 토지의 소유자인지를 불문)이 개발과 관련된 의사결정의 중심에 서야한다. 이것이 도시법의 민주주의화이다. 이러한 변화는 모든 사람에게 보장되어 있는(또한 재산권의 형태로 구체화되는) 자유권으로서 주거의 권리를 보장하는 데서 출발해야 한다.

셋째, 용산참사를 통해 극명하게 드러난 도시재개발의 권리관계를 재산권 대 정치적 주장 사이의 대립으로 보는 시각을 반박해야 한다. 세입자 등이 갖는 점유권 혹은 '사실상의 점유'도 헌법상 보장되어야 할 재산권이므로, 도시재개발의 국면에서 '소유권자'의 재산권만 강조해서는 안 된다. 이것은 "내 재산 내 마음대로 처분하겠다는데 주거권이니 뭐니 하는 얘기하지 말라"는 식의 '근대적' 자본주의 법 논리를 극복해보려는 시도이기도 하다.[115]

---

114) 독일 연방헌법재판소의 임차인 재산권 판결(1993. 5. 26.)을 참고할 것. BVerfGE 89, 1ff.

115) 이상의 내용은 필자의 글("주거권의 재산권적 재구성")을 요약한 것이다.

제5편

행정절차법제와 국가책임의 법리

20

행정절차와 행정정보

20.1. 절차적 정의의 '정치적 대가'

20.1.1. 행정절차의 개념과 체계

행정절차란 무엇인가? 「행정절차법」이 있지만, 정작 무엇이 행정절차인지에 관해서는 이 법률도 침묵한다. 절차를 강조하는 시대적 흐름이 생기면서 온갖 행위형식에 절차라는 말을 붙이기도 한다. 행정입법절차 · 행정행위절차 · 행정계약절차 · 행정계획절차(이상 행정의 행위형식에 맞춘 절차들)는 물론이고, 행정조사절차 · 정보공개절차라는 말도 쓴다. 더 나아가 행정강제절차 및 행정심판절차도 행정절차의 범주에 넣기도 한다. 이른바 광의의 행정절차이다. 그러므로 결정의 발령, 기타 조치의 실시 혹은 계약의 체결을 향한 행정청의 모든 활동은 전부 행정절차가 된다.[1] 이것을 모두 행정절차로 포섭한다면 거기에는 마땅히 어느 정도의 일관된 공통성이 있어야 한다. 그것이 무엇일까? 또한 각각의 행정절차가 강조하는 것이 무엇일까를 검토해 보는 것은 앞으로 광의의 행정절차법론이 해결해야 할 과제이다.

행정법학은 이 광의의 행정절차 중에서 협의의 행정절차, 즉 행정행위절차(처분절차)만을 다루고 있다.[2] 이 협의의 행정절차를 "행정청이 제1차적인 행정결정을 함에 있어서 요구되는 대외적 사전절차"[3] 혹은 '행정행위와 같은 행정청의 의사결정에 이

1) Maurer/Waldhoff, 526쪽(19장 1번).

2) 앞서도 이미 보았듯이(19.1.1.) 독일 연방행정절차법 제9조는 행정행위절차 외에 공법상 계약절차도 협의의 행정절차에 포함시킨다.

르기까지의 절차로서' "사인과 관계되는 절차, 즉 대외적 절차"라고 한다. 이 협의의 행정절차는 사후절차인 행정심판절차와 대비하여 사전절차라고 불린다.[4] 어쩌면 당연하다고 생각하고 그냥 외워야 할 것 같은 정의로 보이지만, 곰곰이 따져보면 고개를 갸웃하게 만드는 대목도 있다. 사전절차라 했으니, "행정청의 의사결정"에 앞선 절차라는 의미일 것이다. 그렇다면 여기서 말하는 의사결정은 반드시 행정청의 최종 결정을 말하는가? 즉, 당연히 국가내부의 의사결정을 배제하는가? 만약 그렇다면 사전절차 중 하나로 드는 이유제시는 '대외적' 절차인가?[5] 이유제시는 처분과 동시에 한다. 구조상으로는 행정의 일방적인 내부적 결정시 이를 하고, 이후에 외부적으로 표시하는 처분서에 붙이는 것이 이유다.[6]

「행정절차법」 제정 이전에 절차는 행정의 대내적 의사형성과정에서 검토해야 할 요건정도로 취급되어 왔다(행정행위의 내부적 성립). 앞서 보았듯이, 라반트 류의 불가침투성이론의 논리에 따르면 국가내부의 의사형성은 제3자(시민)에 대해 그 어떤 대외적 효과(법 효과)도 발생시키지 않는다. 그러니 '절차'를 법적 규율의 대상으로 삼을 필요도 없었다. 절차하자를 독자적 위법사유로 보지 않는 독일 행정법 이론과 실무도 이런 이론적 배경과 연결되어 있다. 그러나 이 낡은 이론이 극복되면서 절차의 규범적 의미는 새롭게 재정립되고 있지만, 방금 본 것처럼 법리적으로 명확하지 않은 부분도 여전히 남아 있다. 행정법학상의 행정절차를 '대외적 사전절차'라고 한정하면 사실상 중요한 결정이 모두 내려지는 국가내부의 의사형성과정에 시민이 참여할 수 있는 길은 차단되는 것이 아닌가? 이런 문제를 어떻게 해결할 것인가? 난제(難題)도 많다.

아무튼, 각국의 행정절차법은 기본적으로 협의의 행정절차인 사전절차만을 규율대상으로 한다. 다만, 그렇지 않은 나라도 있다. 예컨대 오스트리아 행정절차법처럼 사후절차인 행정집행절차 및 행정심판절차까지 규정하고 있는 나라도 있다. 또한 순수한 행정절차 사항만을 법에 규정해 두고 있는 나라도 있지만, 독일처럼 절차법과 관련이 있는 실체법적 사항까지 규정하고 있는 나라도 있다.[7] 우리나라 「행정절차법」

3) 김유환, 2024, 297쪽.

4) 김철용, 2024, 450쪽.

5) 후술하듯이 독일법에서는 이를 절차가 아니라 형식요건으로 본다.

6) 「행정절차법」 제23조 제1항 참조.

7) 오스트리아 및 독일 행정절차법의 역사에 관한 간략한 서술로는 Maurer/Waldhoff, 109-111쪽(5

도 처음에는 독일처럼 실체법적 규정을 담으려고 했다. 1987년에 입법예고된 행정절차법안에는 확약, 행정처분의 취소권·철회권 제한, 행정처분의 재심사 등 순수한 절차규정이 아닌 절차법과 밀접한 관련이 있는 실체법인 이른바 부속규정과 행정계획의 확정절차 등을 포함하고 있었다. 그러나 1996년에 공포된 현행 「행정절차법」에는 이런 내용이 다 빠지고 약간의 예외(예: 처분의 정정을 규정한 제25조, 행정지도의 원칙을 규정한 제48조 등)를 제외하고는 절차법적 규정만 남았다.[8] 당시에 규율되지 못했던 실체법적 내용은 2021년 제정된 「행정기본법」에 대폭 수용되었다. 이런 입법사적 경위가 있기 때문에 앞으로는 두 법의 관계가 문제가 될 것이다.[9]

사전절차와 구분되는 것이 사후절차인데 행정심판절차가 대표적이다. 행정심판은 행정쟁송, 그 중에서도 약식쟁송이라고 보는 것이 일반적이나, 넓게 보아 행정절차(사후절차)의 범주에 넣을 수도 있다.[10] 행정심판을 행정절차의 범주에 넣게 되면 청문절차를 거친 불이익처분에 대해서는 행정심판을 거치지 못하도록 규율하는 등(예컨대 일본 행정절차법 제27조),[11] 사전절차와 사후절차 사이의 조율이 이루어지기도 한다. 행정절차가 사법절차에 준하는 신중한 절차를 거쳐 행하여지고 있다면, 행정절차를 거쳐 행하여진 처분에 대해 다시 행정심판절차를 거치도록 하는 것은 실익이 없기 때문이다.

한편, 「공공기관의 정보공개에 관한 법률」의 몸통에 해당하는 제3장의 표제어는 "정보공개의 절차"이다. 「개인정보 보호법」은 "개인정보의 처리 및 보호에 관한 사항을 정함으로써 개인의 자유와 권리를 보호하고, 나아가 개인의 존엄과 가치를 구현함을 목적으로" 한다. 이를 위해 이 법은 "개인정보의 처리로 인하여 발생한 피해

장 2-4번). 오스트리아는 1차 대전 이후 행정절차법을 입법화했지만, 독일에서는 행정절차법(특히 이것에 담을 내용으로서의 행정상 일반원칙)의 법전화를 둘러싸고 의견이 갈렸기 때문에 오랫동안 입법이 지체되었다. 반대의견은 행정법의 특수성(미래지향적 형성을 위한 개방성 유지)을 강조했다. Ernst Forsthoff, *Lehrbuch*, 163쪽.

8) 다만, 「행정기본법」 제정 이후인 2022. 1. 11.에 「행정절차법」이 개정되면서 확약, 위반사실의 공표 등 일부 실체법적 조항이 추가되었다.

9) 김현준 교수는 내용상 제2의 행정절차법이라 할 수 있는 행정기본법이 제정됨으로써 우리나라 행정절차규범은 행정절차법과 행정기본법으로 분열되는 문제점이 나타난다고 비판한다. 김현준, "행정기본법의 혼돈·분열·위헌문제", 저스티스 제188호, 2022, 238-264쪽.

10) 독일법에서 행정심판절차(행정법원법 제68조 이하)는 ① 행정절차, ② 행정재판의 전심절차라는 이중의 성격을 지니고 있다. Maurer/Waldhoff, 289쪽(10장 75번).

11) 김철용, 2024, 573-574쪽.

를 신속하고 공정한 절차에 따라 구제받을 권리"(제4조 제5호) 등을 보장한다.

정보공개와 개인정보보호를 행정절차의 관점에서 포섭할 수 있는 근거를 제공하는 이들 실정 법률 규정 외에, 이 양자를 넓게 행정절차로 이해해야 할 특별한 이유가 있는가? 환경 관련 분쟁이 발생한 상황을 생각해보자. 개발계획에 반대하는 이들은 행정의 결정이 적법한 절차를 거쳐 내려지기를 바랄 것이다. 그리고 그러한 절차에 시민으로서 참여하고자 한다. 그런데 이때 절차는 마련되어 있으나, 시민들이 정보가 없어서 행정부의 정책이나 결정을 비판하거나 뒤집을 수 없게 된다면 어떻게 될까? 행정절차는 그저 허울에 그치고 만다. 이걸 막는 것이 정보공개 제도이다. 「공공기관의 정보공개에 관한 법률」이 규정한 정보공개청구권은 행정절차가 장식물로 전락하는 것을 막을 수 있는 '절차의 절차'가 된다.[12)]

공개되는 정보 중에는 개인의 프라이버시와 관련된 정보도 있으므로 정보공개와 개인정보보호는 상호 대립적인 관계에 놓이는 것으로 이해될 수도 있다. 실제로 행정측에서 정보공개를 거부할 때는 개인정보보호를 이유로 내세우는 경우가 많다. 그러나 양자는 통일적인 정보 관련 법제의 각 구성 부분으로서 상호 보완적인 관계에 있다고 보아야 한다. 행정기관이 보유한 정보가 적절하게 공개되어야 잘못된 개인정보의 이용 및 제공을 막거나 잘못 기록된 자신의 개인정보를 정정할 기회를 가질 수 있기 때문이다. 개인정보보호를 내세워 일단 정보공개를 거부하고부터 보는 실무관행을 바꾸기 위해서는 공개대상이 된 개인정보의 당사자가 참여하는 정보공개 심의 절차를 진행하는 등 양자의 조화적인 해결을 강구할 필요가 있다.

20.1.2. 사회의 신자유주의적 전환과 행정절차법의 제정

최근 한국 행정법은 실체적 적법성을 중시하는 독일 행정법(학)의 전통에서 벗어나 절차적 적법성을 중시하는 미국 행정법의 입장을 적극 수용하고 있다. 그래서 이제 행정절차법 학습에 본격적으로 들어가기 전에 먼저 다음 네 개의 질문을 던져보고 싶다. ① 한국의 「행정절차법」은 왜 1990년대에 제정되었나? ② 절차법의 강화가 행정의 민주화를 가져오는가? ③ 절차적 공정이 결과의 평등을 보장해주는가? ④

12) 유럽연합의 오르후스 협약의 세 개의 기둥은 정보 액세스권, 대중의 의사결정참여, 그리고 사법(司法) 액세스권이다. 오르후스 협약에 관해서는 우선 다음 논문을 참고할 것. 이형석, "환경공익소송과 오르후스(Aarhus)협약 - 영국의 사례를 중심으로", 환경법과 정책 제14권, 2015, 233-262쪽.

절차적 정의와 신자유주의의 관계는 어떠한가?

1998년 1월 1일부터 시행된 「행정절차법」은 '발전국가 한국'이 '신자유주의 국가 코리아'로 변화하는 길목에서 제정된 이래 그 영향력을 확대하고 있다. 무소불위의 재량권을 가진 행정권력을 절차법적으로 통제하는 일은 좋은 일이다. 그러나 "절차적 정의가 아주 타기 좋은 말"이라고는 해도 "그걸 타고 어디로 가는가가 문제다."[13] 절차적 정의가 중요한 가치라는 것을 부정할 수는 없다. 그러나 그 중요한 가치가 실제 사회에서 어떻게 사용되는지도 함께 검토해야 한다. 우리는 형사상 적법절차가 유독 권력자, 그것도 파렴치한 범죄를 저지른 권력자들을 편드는 수단으로 사용되는 사례들을 자주 보아왔다. 그점에서 형사사법 상의 국민인권 보호규정이 대통령과 같은, '국가권력 그 자체라고 보아도 좋을 존재'를 심판하는 절차에 그대로 적용될 수 없음을 밝힌 헌법재판소의 다음 결정은 매우 중요하다. 즉, 동 재판소는 노무현, 박근혜, 윤석열 대통령 탄핵심판결정문에서 거듭거듭 다음과 같이 설시하였다. "국가기관이 국민에 대하여 공권력을 행사할 때 준수하여야 하는 법원칙으로 형성된 적법절차원칙은 국가기관에 대하여 헌법을 수호하고자 하는 탄핵소추절차에 직접 적용될 수 없(다)."[14]

이러한 문제 의식 하에 필자는 한국과 일본에서 행정절차법은 민주주의적–시민참여적 동기보다는 자본축적 상의 장애를 제거하려는 신자유주의적–대내외 자본축적의 동기가 더 강력하게 작동하는 가운데 제정되었다고 주장해왔다. 법의 지배를 통한 공정하고 투명하며 예측(신뢰) 가능한 행정의 실현이라는 거부하기 힘든 이념과 원리를 앞세워, 오늘날 대내외 자본은 개별 국민국가의 행정을 제어(Steuerung)할 수 있을 정도의 힘을 확보해나가고 있다고 비판한 것이다.

절차법에 대한 강조는 오늘날 글로벌 트렌드가 되고 있다. 이른바 절차적 정의는 이 개념의 원산지인 미국을 넘어 세계로 뻗어나간다. 1970년대 중반 이후 미국은 절차법의 수출에 나섰다. 중요한 타겟은 당시 세계 2위의 경제대국인 일본이었다. 전후 일본에서는 세 번에 걸쳐 행정절차법 제정 시도가 있었다. 번번이 실패하다가 세 번째 기회를 포착하여 간신히 동 법률을 제정할 수 있었다.[15] 30년 이상 지연된

13) 이계수, "절차적 정의의 신자유주의적 변용 - 행정절차법의 입법사를 중심으로", 민주법학 제70권, 2019, 76쪽.

14) 헌재 2004. 5. 14. 2004헌나1 결정, 헌재 2017. 3. 10. 2016헌나1 결정, 헌재 2025. 4. 4. 선고 2024헌나8 결정.

행정절차법의 제정 작업은 일순간에 이루어졌고, 논의의 초점도 국민·주민의 행정참가가 아니라 행정규제개혁에 맞추어져 있었다. 또한, 행정절차법은 이 법의 제정을 위해 사전 연구를 많이 한 법학자와 실무자 사이의 긴밀한 제휴의 결과물일 뿐, 시민단체 및 언론의 역할은 미미했다.[16]

행정절차법 제정 당시 일본 정부가 제시한 행정개혁의 중요목표 중 하나는 행정규제완화, 행정이 과도하게 민간에 개입하는 것의 시정이었다. 따라서 '공정·투명한 행정절차 부회(部会)'의 심의에서도 중점은 개인과 기업의 역할에 대한 것이었다.[17] 특히 실제 입법에서는 인·허가 신청에 대한 행정기관의 대처 및 바람직한 행정지도 방식에 초점이 맞추어져 그와 관련된 사항이 행정절차법에 폭넓게 반영되었다. 이러한 현실을 더 넓은 정치-사회적 맥락에서 풀어쓰면, 행정절차법은 "전후의 역사 내내 진행된 관료와 재계의 권력 내 주도권 다툼과 관련하여, 재계가 정부에 대한 상대적 우위를 확립하게 되자 (…) 행정재량의 축소·통제 요구를 재계가 제기하고 이것을 정부도 받아들인"[18] 결과물이 된다. 여기에 외압, 특히 미국의 일본에 대한 압력(시장개방, 행정 운영의 투명화 등)이 법 제정의 결정적 계기가 되었다.[19]

이러한 평가를 비판하는 측은 비관세장벽의 하나로 여겨지는 일본 내의 불투명한 행정관행, 특히 행정지도의 폐해를 제거하려고 한 미국의 압력을 배경으로 행정절차법이 제정된 것이라는 주장은 사실이 아니며, 입법의 계기로서의 외국의 압력이라는 것도 없었다는 반론을 제기한다. 그러나 주로 당시 입법담당 실무자가 제기하는 이러한 반박은 정황상 설득력이 없다.[20] 미국은 기회가 있을 때마다 행정절차법의 제정을 직간접적으로 요구하였을 뿐만 아니라, 1989-1990년 사이 다섯 차례 열린 미일구조협의(Structural Impediments Initiative)에서도 행정지도에 대한 개혁제안을 제출하였다. 무엇보다, 행정절차법이 일본 국회에서 심의될 때 제출된 제안이유에 "국내는

15) 전후 일본에서의 행정절차법 제정 논의에 대한 구체적 기술은 다음을 참고할 것. 椎名慎太郎, "行政手続法と住民参加 - 法成立のプロセスから考える", 法学論集 제41권, 1999, 5-10쪽.

16) 塩野宏/岡田正則/人見剛, "立法による行政の変革と公法学 - 塩野宏先生に聞く", 法律時報, 제80권 제10호, 2008, 5쪽.

17) 石崎成也, "司法制度改革と行政訴訟 - 最高裁の判例動向を踏まえて", 法の科学 제41호, 2010, 31쪽.

18) 石崎成也, 위의 논문, 같은 곳.

19) 石崎成也, 위의 논문, 같은 곳.

20) 외압이 없었다는 입장을 취했던 총무청 행정관리국장(실무담당자)도 외국, 특히 미국이 행정절차법의 성립에 깊은 관심을 가졌다는 점은 인정했다. 椎名慎太郎, 앞의 논문, 4쪽.

물론 제 외국으로부터도 공정하고 투명한 행정운영을 확보할 것을 요구하는 목소리가 높아지고 있다"는 설명이 들어가 있는 점을 주목할 필요가 있다.[21] 그렇다면 미국은 왜 이런 압력을 넣었을까? "공정하고 투명한 행정운영을 확보"하는데 행정절차법이 꼭 필요했을까? 미국 산업계는 당시 경쟁이 격화하는 세계 경제 안에서 자신들의 지위를 유지하는 데 안간힘을 쓰고 있었다. 그들 입장에서는 행정의 규제와 불법행위책임(제조물책임 등)은 코스트(비용)의 측면에서 생각해야 하는데, 일본과 비교했을 때 사법(司法)에 자유롭게 접근하기가 용이한 미국에서라면 기업의 비용은 증대될 수 밖에 없다.[22] 반면, 일본처럼 행정소송으로 제소되는 건수도 극히 적고 행정지도 등으로 행정규제가 대체되는 나라라면 그런 환경에서 기업운영을 하는 자들은 그만큼 거래비용을 낮출 수 있으므로 경쟁에 유리하다고 보았을 법하다. 또한 그들 (미국인) 투자자들은 한국 재벌체제의 원조격인 일본의 족벌경영과 그것을 지원하는 관치행정체제의 불투명성을 파타하고 싶었을 것이다.

아무튼, 일본에서 행정절차법의 제정은 세계화 국면에서 법률이 만들어지는 경위에 대한 하나의 좋은 본보기를 제공한다. 자본주의 체제 아래서, 개별 국민국가의 법은 내부적 투쟁(자본과 노동의 이해, 계급투쟁 등)과 외부 압력의 복합적 요소가 작용하여 제정되거나 개폐된다. 자본주의 초기 국면에서는 19세기 영국의 곡물법 사례가 이를 잘 보여준다. 곡물법 제정의 외부적 압력 혹은 동인은 패퇴한 나폴레옹 프랑스에 대한 영국의 견제였다. 그러나 내부적으로 들어가면 산업자본과 토지자본의 대립이 등장한다. 자본주의 하에서 일국의 법은 계급 간 투쟁 혹은 계급 내부의 투쟁과 외부적−제국적 통상(通商) 압력하에 놓여 있음이 분명하다. 이것은 특별히 새로울 것이 없지만, 외부적 영향과 압력 하에서의 법률제정이 더 이상 이례적이고 예외적인 것이 아니라 '정상적인 것/규범적인 것'(das Normale)이 되고 있다는 점은 주목할 만하다.

한국의 「행정절차법」도 유사한 여건과 맥락 아래에서 제정되었다. 이 법률을 만든 세력은 미국식 자유주의에 편입된 엘리트 관료들이었다. 그들은 1993년에 집권한 김영삼 정부 하에서 세계화를 본격적으로 추진하고 우리 사회를 신자유주의적으로 '개혁'하려고 했다.[23] 그들에게 새로운 시스템의 법제화는 그 무엇보다도 중요했다.[24]

---

21) 椎名慎太郎, 위의 논문, 같은 곳.

22) Sheila Jasanoff, *Science at the bar*, 25쪽 참고.

23) 우리 사회가 신자유주의적 자본주의로 전환한 시기는 대략 1994년 언저리이다. 이를 상징적으로 보

「행정절차법」은 외부적 압력만으로 제정된 것이 아니다. 「행정절차법」을 원한 관료 내부의 동기 또한 일정한 힘으로 작용했다. 이러한 사실은 1997년 이후의 'IMF 개혁'을 통해서도 사후적으로 확인되는 바 있다. 아이엠에프가 제안한 개혁조처들은 한국정부가 실행하고 싶었지만, (국내) 이익집단의 정치적 압력 때문에 지체된 개혁과제의 요소를 담고 있었다.[25)]

그렇다면 법을 매개로 하여, 민주주의 정치를 신자유주의적으로 포획하는 '자본의 기획'에서 벗어나는 길은 무엇일까? 답이 잘 안 보이지만 그래도 제기해야 하는 질문이다. 여기서는 일단, 행정(절차)법의 사회국가적 기획이라는 원론적인 답변 아래, 규제완화와 결합한 행정절차법 모델이 아니라, 정당하고 강력한 규제권한의 행사와 결합한 행정절차법 모델의 수립과 '모든 시민을 평등하게 대우하는 이상적 정의'로서의 법의 지배를 담는 행정절차법의 정립이라는 두 개의 방향 정도만 제시해두겠다.

20.2. 행정절차법의 이해

20.2.1. 적용범위 및 적용제외사항

「행정절차법」은 행정절차에 관한 일반법이다. 즉, 처분, 신고, 확약 및 위반사실의 공표, 행정계획, 행정상 입법예고, 행정예고 및 행정지도의 절차에 관하여 다른 법률에 특별한 규정이 있는 경우를 제외하고는 이 법이 적용된다(제3조 제1항). 그렇다면 다른 법률에 특별한 규정이 있기만 하면 「행정절차법」의 적용은 배제되는가? 그렇지

여주는 사건 중 하나가 노동조합을 상대로 한 손해배상가압류 사건의 유의미한 증가이다. 손배가압류가 노조를 무력화하는 데 본격적으로 사용되기 시작한 것은 1994년부터다. 대구 동산의료원 노조에 회사가 청구한 손해배상액 5천만 원이 대법원에서 인정되며 판례가 생겼다. 2003년엔 김주익에 앞서 1월 배달호가 두산중공업의 78억 원 손배가압류에 항의해 분신했다. 한진중공업의 18억 원 손배가압류에 묶인 김주익이 스스로 목숨을 거둔 데 이어, 약 보름 뒤 동료 곽재규도 김주익을 따랐다. 시민단체 '손잡고'(손배가압류를 잡자! 손에 손을 잡고)가 확보한 판결 자료를 보면, 1989~2022년 회사 쪽이 노조 활동으로 손해를 봤다며 배상을 청구한 액수는 모두 3,160억 원에 이른다. 한겨레신문, 2023. 10. 17.자, 4면.

24) 이 과정에서 법경제학자이자 서울대학교 법과대학 교수 출신인 박세일은 중요한 역할을 했다.

25) 지주형, 한국 신자유주의의 기원과 형성, 책세상, 2011, 248쪽.

않다. 특별법에서 단순히 절차규정을 두고 있다고 해서 그 특별법의 규정이 「행정절차법」에 우선하여 적용된다고 쉽게 해석해서는 안 된다. 적어도 그 특별법에서 정하는 행정절차가 행정의 공정성·투명성 및 신뢰성을 확보하고 국민의 권익을 보호함을 목적으로 하는 그 것일 때, 여기서 말하는 특별한 규정의 요건을 충족한다고 하겠다.

한편 「행정절차법」은 스스로 널리 적용 제외사유를 규정하고 있다(제3조 제2항).[26] 국가기관 중 행정기관 이외의 기관(국회, 지방의회, 법원, 헌법재판소, 감사원 등)이 행하는 사항, 형사·행형 및 보안처분 관계법령에 의하여 행하는 사항, 조세심판·행정심판 등 불복절차에 관한 사항 등이 적용에서 제외되는 이유는 납득이 간다. 행정절차법은 행정기관에 적용되는 절차이기 때문이다. 행정기관 이외의 기관은 각자의 절차를 따르면 된다. 행정절차법의 대상은 사전절차가 원칙이므로 불복절차에 관한 사항도 규율대상에서 빠진다. 이해 조정을 목적으로 하는 법령에 따른 알선·조정·중재(仲裁)·재정(裁定) 또는 그 밖의 처분 등도 특별한 사후절차로 볼 수 있다.

문제는 제3조 제2항 제7호와 제9호이다. "국가안전보장·국방·외교 또는 통일에 관한 사항 중 행정절차를 거칠 경우 국가의 중대한 이익을 현저히 해칠 우려가 있는 사항"(제7호)을 「행정절차법」의 적용에서 제외하는 입법자의 선택은 타당한가? 제9호는 또 어떤가? "「병역법」에 따른 징집·소집, 외국인의 출입국·난민인정·귀화, 공무원 인사 관계 법령에 따른 징계와 그 밖의 처분 (…) 등 해당 행정작용의 성질상 행정절차를 거치기 곤란하거나 거칠 필요가 없다고 인정되는 사항과 행정절차에 준하는 절차를 거친 사항으로서 대통령령으로 정하는 사항"을 널리 적용제외사항으로 정하는 것은 정당한가?

이로써 과거 특별권력관계로 이해된 군인, 공무원 외에 외국인-'외국인법'은 사실상 새로운 특별권력관계법이다!-에 대한 절차까지 적용에서 제외되고 있다. 이러한 예외

---

26) 독일 연방행정절차법이 정하고 있는 적용제외사유 중 우리 시각에서 볼 때 흥미로운 건 동법 제2조 제1항이다. 그에 따르면 동법은 "교회·종교난체·세계관단체 및 그 부속단체·기관들에는 적용되지 않는다." 독일에서 교회는 "공법상의 사단"에 해당한다. 바이마르 헌법 제137조 제5항 참조. 또한 "모든 종교단체는 모두에 적용되는 법률의 범위 안에서, 그 사무를 독립하여 처리하고 관리한다." 동 헌법 제137조 제3항. 한편, 바이마르 헌법 제136조-제139조, 그리고 제141조는 독일 기본법 제140에 의해 통째로 기본법의 조문으로 편입되어있다. 독일에서 복음주의 교회는 자신의 소관영역을 위해 고유한 법률을 발령하는데, 다만, 그 내용은 국가법에 대체로 상응한다. 예컨대 독일 복음주의 교회(EKD) 행정절차법 및 행정송달법(2009. 10. 28. ABl. EKD 2009, S. 334). Maurer/Waldhoff, 118쪽(5장 14번).

적 취급이 '특별권력관계'의 옹호가 되지 않게 하려면 해당 법령에서 절차가 어떻게 규율되고 있는지를 잘 살펴보아야 한다. 앞에서도 지적했듯이 난민인정을 신청한 외국인에게 절차적인 권리를 부여하지만 행정부의 결정에 불복하기에는 충분히 효과적이지 못하다면 그와 같은 절차적 보장이 「행정절차법」의 정신에 부합하는지 따져보아야 한다. 또한 최근 대법원 판례도 취하고 있는, 제9호의 제한적 해석도 시도해야 한다.[27]

나아가, 「행정절차법」은 헌법이 보장하고 있는 최소한의 행정절차요청을 구체화하고 있는 것이므로, 이 헌법적 요청을 배제하는 예외의 규정은 '법률로' 정해야 한다. 따라서 시행령으로 이에 대한 예외를 규정할 수 있도록 한 것은 위헌의 소지가 있다.[28]

20.2.2. 처분기준 및 처리기간의 설정 · 공표, 이유제시, 사전통지 및 의견청취

처분, 신고, 확약 및 위반사실의 공표 등 「행정절차법」이 규정하고 있는 사전절차 중에서 가장 중요한 것은 처분절차이다. 처분절차에는 불이익한 처분 및 수익적 처분에 공통적으로 적용되는 사항과 불이익한 처분에만 적용되는 사항이 있다.[29] 공통사항에는 처분의 방식으로서의 문서주의(제24조 제1항), 처분기준의 설정 · 공표(제20조), 처분의 이유제시(제23조) 등이 있다. 처분기준의 설정 · 공표와 달리 처리기간의 설정 · 공표는 공통사항이 아니라 수익적 처분에만 적용되는 절차이다.[30]

행정청은 필요한 처분기준을 해당 처분의 성질에 비추어 되도록 구체적으로 정하여 공표하여야 한다. 처분기준을 변경하는 경우에도 또한 같다(제20조 제1항). 재량처분의 경우에는 효과재량의 기준뿐만 아니라 요건재량의 기준도 구체적으로 정하여야 한다. 이 재량기준의 설정 · 공표는 재량행위를 통제하는데 중요한 의미가 있다. 「행정절차법」이 제정되기 전에는 처분기준을 구속력 없는 행정규칙으로 보았기 때문에, 행정은 이를 내부적으로만 보유 · 관리하고 외부에 공표하지 않았다. 이러한 내밀(內密)함이 부정부패를 부추긴다는 비판도 있다.[31] 그러나 처분기준의 설정 · 공표를 의무화하는 것 자체를 항상 선(善)이라고 볼 수는 없다. 처분기준의 설정 · 공표가

---

27) 대표적으로 다음 판례를 참고할 것. 대법원 2007. 9. 21. 선고 2006두20631 판결.
28) 김철용, 2024, 460쪽 각주 4번. 박균성, 행정법론(상), 11판, 박영사, 2012, 553쪽.
29) 김동희/최계영, 행정법 I, 385쪽.
30) 김동희/최계영, 행정법 I, 391쪽.
31) 김철용, 2024, 472쪽 참고.

행정의 투명성, 공정성을 높일 수 있지만, 다른 한편, 각종 개발사업행정에서 처분기준(특히 요건재량기준)을 정하고 이를 아무런 제한없이 공표하면 그 기준을 자신들에게 유리하게 해석할 능력을 가진 세력의 '부정한' 로비가 늘어날 수도 있다.[32] 독일과 일본의 입법례를 보아도 처분기준의 설정·공표가 의무는 아니다. 왜 그렇게 했을지도 한 번 생각해볼 필요가 있다.

다만, '처분기준=행정규칙'으로 보지 않는 이상, 처분기준의 설정은 법률이나 행정입법(대통령령·부령·고시·훈령·시시 등)의 형식으로 가능하고, 조례 등 자치입법의 형식으로도 가능하다. 처분기준이 행정규칙의 성질을 갖는 경우 처분기준 위반은 행정의 자기구속원칙 위반이 된다.[33] 또한 공표된 처분기준이 불명확한 경우 당사자 등은 해당 행정청에게 그 해석 또는 설명을 요청할 수 있으며, 행정청은 특별한 사정이 없으면 그 요청에 따라야 한다(제20조 제4항).

행정청은 처분의 처리기간을 종류별로 미리 정해서 공표하여야 한다. 1회에 한하여 그 기간을 연장할 수 있다(제19조). 처리기간 내에 처리하지 않으면 거부처분이 있은 것으로 간주되지는 않으나 부작위를 위법하게 만들 수는 있다.[34] 판례는 처리기간의 설정·공표를 훈시규정으로 보고 있다.[35] 이에 대해서는 입법자가 "미리 정해서 공표하여야 한다"고 규정한 취지에 반한다는 견해가 있다. 과거 '급행료'(speed money)가 부정부패의 온상이었던 것을 극복하기 위해 이런 규정을 둔 것인데 언제까지 이를 훈시규정으로만 볼 것인가 하는 반론인 셈이다.[36]

마지막으로 처분의 이유제시이다. 「행정절차법」 제23조 제1항은 행정청이 처분을 하는 때에는 원칙적으로 당사자에게 그 근거와 이유를 제시하도록 했으며, 예외적으로 이유제시를 안 해도 되는 경우에도 처분 후 당사자가 요청하는 경우에는 그 근거와 이유를 제시해야 한다고 규정한다.

종래의 통설은 이유제시를 형식에 관한 요건을 보았다. 독일법이 이렇게 본다. 행정행위의 성립요건 중 주체(관할), 절차, 형식(이유제시 포함)은 형식적 적법성과 관련

32) 통치의 비밀장소(arcana imperii)를 공개하라는 '자유주의자'의 요청은 '민주주의적' 행정에 장애가 될 수 있다는 얘기다. 칼 슈미트는 이 점을 특히 강조한다. 카를 슈미트, 나종석 옮김, 현대 의회주의의 정신사적 상황, 도서출판 길, 2012, 79쪽 이하.

33) 김철용, 2024, 469-470쪽.

34) 김동희/최계영, 행정법Ⅰ, 391쪽 참고.

35) 대법원 2019. 12. 13. 선고 2018두41907 판결; 대법원 2023. 6. 15. 선고 2022두66576 판결.

36) 김철용, 2024, 467-468쪽.

된 것이라 하고, '내용상 적법해야 하는 것'은 실질적 적법성과 관련된 것이라고 한다.[37] 예컨대 처분을 문서로 하면서 이유를 붙여서 발령하는 것도 형식에 관한 것이다.[38] 독일 연방행정절차법이 "행정행위는 문서, 전자, 구두, 기타의 방식으로 발령될 수 있다"(제37조 제2항)고 한 데 이어, 문서로 발령되거나 문서로 증명된 행정행위는 이유를 붙여야 한다(동법 제39조 제1항)고 규정하고 있으므로, 이렇게 보는 것 같다.

독일법은 형식적 적법성과 실질적 적법성을 달리 취급한다. 예컨대 하자의 치유는 형식·절차상의 하자에 한정된다. 즉, 연방행정절차법 제45조 제1항은 하자의 사후보완(Nachholung)에 의한 치유(Heilung) 사유를 절차와 형식의 하자(Verfahrens－und Formfehler)에 한정한다. 또한 절차상의 하자만을 이유로 해서는 해당 행정행위를 무효로 하거나 취소할 수 없다고 본다(동법 제46조). 형식·절차상의 하자는 사실심 종결시까지 언제든지 치유될 수 있다(동법 제45조 제2항). 그러므로 형식적으로 위법한 행정행위라 해서 반드시 실질적(내용적)으로 위법하다는 결론에 이르지는 않는다. 행정행위의 성립에 하자가 있더라도 결과적으로 내용상 적법할 수 있다.[39]

그러나 우리의 이론과 실무는 다르다. 절차하자의 효과에서도 독일과는 다른 법리가 형성되어 있다. 또한 실정법에 독일법과 같은 규정이 없으므로 이유제시를 형식에 관한 요건으로 볼 것인지 아니면 절차의 요건으로 볼 것인지가 다투어진다. 종래에는 이를 형식요건으로 보았지만, 「행정절차법」 제정 이후로는 절차의 요건으로 보는 경우가 오히려 다수의 입장이라고 한다.[40] 다수설은 이렇게 해석하는 것이 독일과 달리 절차하자의 독자성을 인정하는 현행법의 해석과 실무에 비추어 볼 때 이유제시의 법적 위상을 높일 수 있다고 보는 것 같다. 판례도 원칙적으로 이유제시 하자의 치유를 부정한다.[41] 이유제시의 하자는 처분 당시 상대방인 시민이 그 처분의 취지를 알고 있었다거나 이후 알게 되었다고 해도 치유될 수 없다고 한다. 이것은 '이유제시'가 두 개의 기능, 즉 '불복편의'와 '신중성 확보'를 위해 존재한다고 보기

---

37) Maurer/Waldhoff, 274-280쪽(10장 37-56번).

38) Maurer/Waldhoff, 276쪽(10장 43번).

39) Maurer/Waldhoff, 280쪽(10장 57번).

40) 김철용, 2024, 313쪽.

41) 판례는 이유제시의 하자 치유를 부정하지만, 이는 원칙이고 예외도 있다. 대법원은 조세소송의 경우 이유제시의 하자에 대해 많은 판례를 남기고 있다. 다만, 그 치유는 소송이나 심판 등 행정쟁송 제기 전까지만 허용한다. 이것은 대법원이 이유제시의 기능을 주로 상대방의 방어권 보장(불복편의)의 관점에서 파악하기 때문이다.

때문이다. 교황의 결정에는 이유제시가 없다고 한다. 그 이유가 무엇일까? 교황은 신의 대리인이기 때문이다. 신의 결정에 이유가 있을 수 없다. 그러나 '이유 없음'이라는 결정만큼 권위주의적인 것이 있을까? 그런 부분을 생각하면 이유제시의 하자의 치유를 부정하는 취지를 이해할 수 있다. 그렇다면 권위주의적 행정이 극복되어 있는 한편, 행정이 합리적 결정을 내릴 것이라는 기대가 높다면 이유제시의 하자의 치유를 인정해도 무방하지 않을까? 나는 독일 행정절차법이 이런 철학에 기반해 있다고 생각한다.

이유제시는 처분과 동시에 해야 하는 것이 원칙이다. 또한 이유제시의 내용과 정도도 구체적이어야 한다. 예컨대 인허가 신청을 거부하는 경우라면 어떠한 근거에 의거하여, 어떤 법규를 적용하여 신청을 거부하였는가를 당사자가 알 수 있을 정도로 구체적 이유를 제시해야 한다. 그리고 그 처분이 재량행위라면 그 처분을 할 때 취한 관점부터 판단에 이르는 구체적인 고려과정 등을 밝혀야 한다.[42]

다음으로, 불이익 처분절차에만 적용되는 사항으로 사전통지 및 의견청취절차가 있다(「행정절차법」 제21조, 제22조). 사전통지는 행정청이 조사한 사실 등 정보를 미리 당사자 등에게 알려줌으로써 당사자 등이 충분한 기간을 갖고 준비하여 자신이 알고 있는 사실을 바탕으로 의견청취절차에서 의견을 진술하게 하는 것을 말한다.[43] 역사적으로 볼 때 이러한 사전통지절차는 형사절차에서 피고인의 권리를 보호하기 위한 장치로 출발한 것이다. 형사절차상의 권리가 행정절차의 영역으로 넘어와 처음에는 공무원에 대한 징계절차에서 보장되기 시작하였고, 그 다음에는 행정상 제재처분의 절차에 적용되었다. 그리고 지금은 비단 제재의 성격을 갖는 행정작용뿐만 아니라 국민에게 어떠한 불이익한 영향을 미치는 행정작용이라면 사전에 이에 관한 의견표명의 기회가 주어져야 한다는 점에 대해 대체로 의견의 일치를 보고 있다.[44] 이렇듯 사전통지절차의 적용영역은 계속 확대되어 왔는데, 어느 정도까지 확대될 수 있는가는 논란이 있다. 특히 문제가 되는 것은 신청에 대한 거부처분이다.

---

42) 독일 연방행정절차법 제39조 제1항은 "문서로 된 또는 전자문서로 된 행정행위 및 문서 또는 전자문서로 확인된 행정행위는 이유를 제시하여야 한다. 이유제시에는 행정청이 결정하면서 고려한 중요한 사실상 및 법률상의 근거가 기재되어야 한다. 재량결정의 이유제시에서도 행정청이 재량을 행사할 때 근거로 삼은 관점이 명시되어야 한다"고 규정하고 있다.

43) 김철용, 2024, 473쪽.

44) 최계영, "거부처분의 사전통지", 행정법연구 제18호, 2007, 269-270쪽.

이와 관련하여 학설은 부정설과 긍정설로 나뉜다. 부정설은 신청을 했다고 해서 당사자에게 어떤 권익이 부여되는 것은 아니므로 신청거부는 직접 당사자의 권익을 제한하는 것이 아니라고 보지만, 거부처분도 '불이익처분으로서 권익을 제한하는 처분'으로 보아야 한다는 긍정설의 입장도 유력하게 제기되고 있다. 후자는 예컨대 영업허가의 거부처분은 국민이 태어날 때부터 보유한 영업의 자유를 제한하는 새로운 금지처분에 해당하는 것으로 본다. 대법원은 교원임용거부취소청구사건에서 "신청에 따른 처분이 이루어지지 아니한 경우에는 아직 당사자에게 권익이 부과되지 아니하였으므로 특별한 사정이 없는 한 신청에 대한 거부처분이라고 하더라도 직접 당사자의 권익을 제한하는 것은 아니"므로 처분의 사전통지대상이 된다고 할 수 없다"[45]고 하여 부정설을 취하고 있다.

사전통지 이후 이루어지는 의견청취에는 청문, 공청회, 의견제출의 세 가지 방법이 있다.[46] 이하 청문과 공청회에 대해서만 간략히 살펴본다.

청문은 행정청이 불이익처분을 하기에 앞서 당사자 등의 의견을 직접 듣고 증거를 조사하는 절차를 말한다(제2조 제5호 참고). 단순히 의견제출의 기회를 부여하는 것보다 더 엄격한 절차로서 일반적으로 불이익의 정도가 큰 경우에 실시된다(제22조 1항 및 시행령 제13조의2 참조). 청문은 ① 다른 법령 등에서 청문을 실시하도록 규정하고 있는 경우, ② 행정청이 필요하다고 인정하는 경우, ③ 인허가 등의 취소, 신분·자격의 박탈, 법인이나 조합 등의 설립허가의 취소 처분을 하는 경우에 실시된다(제22조 제1항). "행정청이 필요하다고 인정하는 경우" 청문의 실시 여부는 원칙적으로 행정청의 재량에 속하지만, 처분이 상대방에게 극도로 치명적인 경우에는 그 재량이 영으로 수축되어 기속행위로 될 여지도 없지 않으며, 만일 청문의 기회를 편파적으로 부여한다면 평등원칙위반으로 재량하자를 구성한다고 보아야 한다.[47]

청문절차에서는 청문주재자가 심리를 주재한다. 청문절차에서 행정청 직원은 예정된 불이익 처분의 내용, 원인이 되는 사실 등을 설명한다. 그리고 당사자 등에게 구두에 의한 의견진술, 증서서류 등의 제출, 질문 등 스스로 방어권을 행사할 기회를 부여한다. 또한 당사자 등은 문서열람권을 갖는다. 청문은 공개로 할 수도 있고 비공개로 할 수도 있다. 청문주재자는 청문을 기록하고, 청문의 심리경과를 기재한 청

45) 대법원 2003. 11. 28. 선고 2003두674 판결.

46) 의견제출은 청문이나 공청회에 해당하지 않는 의견청취절차이다(제2조 제7호).

47) 백윤기, "금융행정에 있어서 법치주의의 구현", 531쪽. 김철용, 2024, 477쪽 각주 2번에서 재인용.

문조서와 당사자 등의 주장에 이유가 있는지 여부에 대해 자신의 의견을 기재하여 보고서를 작성, 행정청에 제출한다.

청문절차의 하자는 치유가 안 된다. 다만, 청문 자체의 하자(청문을 아예 하지 않는 것)가 아니라 청문의 개개 절차상의 하자(예컨대 청문통지기간을 준수하지 않은 하자)는 처분 전에 이해관계인에게 방어의 기회를 준다는 청문절차의 인정근거를 위태롭게 하지 않는 한도 내에서는 치유가 인정된다.[48)]

공청회는 행정청이 공개적인 토론을 통하여 어떠한 행정작용에 대하여 당사자 등, 전문지식과 경험을 가진 자, 기타 일반인으로부터 의견을 널리 수렴하는 절차를 말한다(제2조 제6호). 공청회는 ① 다른 법령 등에서 공청회를 개최하도록 규정하고 있는 경우, ② 해당 처분의 영향이 광범위하여 널리 의견을 수렴할 필요가 있다고 행정청이 인정하는 경우에 개최된다(제22조 제2항).

행정처분절차 중 의견청취의 한 방법으로 이루어지는 공청회는 처분과 관련되어 있다. 청문, 공청회, 의견제출은 불이익 처분절차에만 적용되는 의견청취 방법들이다. 따라서 행정절차법에서 말하는 공청회도 불이익처분에 적용되는 행정절차이다.

「행정절차법」 제21조는 "당사자에게 의무를 과하거나 권익을 제한하는 처분"(불이익처분)이라고 규정하고 있으므로 당사자가 아닌 이해관계인에게 불이익한 효과가 발생하는 제3자효 행정행위(복효적 처분)도 불이익처분이 되는지는 다투어지고 있다. 「행정절차법」은 당사자와 '당사자 등'[49)]을 구분하는 이상, 당사자란 처분의 상대방만을 말한다고 보는 견해도 있고,[50)] 인근주민 등 제3자를 포함하는 해석도 있다.[51)] 후자라고 한다면 제3자에게도 사전통지를 하고 공청회에 참여시킬 수 있을 것이다. 「행정절차법」 조문 전체를 종합적으로 읽으면 이 후자의 해석이 맞을 것 같다. 「행정절차법」이 정의한 공청회 자체가 "해당 처분의 영향이 광범위하여 널리 의견을 수렴할 필요가 있다고 행정청이 인정하는 경우"(제22조 제2항 제2호)에 "당사자 등"의 "의견을 널리 수렴"(제2조 제6호)하는 제도이기 때문이다. 처분의 영향이 광범위하다는 것은 처분으로 인해 제3자들이 널리 불이익을 받게 되는 경우를 상정한 것이라

48) 대법원 1992. 10. 23. 선고 92누2844 판결.

49) 제2조 제4호 "당사자 등"이란 다음 각 목의 자를 말한다. 가. 행정청의 처분에 대하여 직접 그 상대가 되는 당사자. 나. 행정청이 직권으로 또는 신청에 따라 행정절차에 참여하게 한 이해관계인.

50) 박균성, 2021, 444쪽.

51) 김철용, 2024, 474쪽.

고 하겠다. 갑에 대한 골프장 사업승인처분으로 불이익을 받게 될 골프장 예정부지 인근 주민 을에게 공청회에서 의견을 제시할 기회를 부여하는 것을 그 예로 들 수 있다.

그러나 실제로 이렇게 될 것인가? 다시 "당사자 등"이 누군지 읽어보자. 당사자 등은 처분의 직접 상대방이거나 아니면 행정청이 "직권 또는 신청에 따라" "행정절차에 참여하게 한 이해관계인"이다. 행정청이 직권으로 참여시키지 않거나 신청을 받고도 참여를 거절하면 골프장 예정부지 인근주민들은 이해관계인이라도 공청회에 참석할 수 있는 절차적 권리를 갖지 못하는 것은 아닌가? 적어도 일본과 한국의 실무는 '불특정 다수의 인근주민'을 "당사자 등"에 포함시키지 않는다.[52] 대법원은 "불이익처분의 직접 상대방인 당사자 또는 행정청이 참여하게 한 이해관계인이 아닌 제3자에 대하여는 사전통지 및 의견제출에 관한 같은 법 제21조, 제22조가 적용되지 않는다"고 하여 이 점을 분명히 했다.[53]

앞에서 행정절차가 자본의 이해관계에 복무하기 위해 법제화되었다는 얘기를 길게 했다. 행정절차가 경제적·사회적 권력을 가진 소수에게는 날개를 달아주지만, 그렇지 못한 불특정 다수의 인근주민은 계속 무권한 상태로 두면서, 그들의 절차적 권리를 무시한다면, 절차적 정의를 말할 수 있을까? 그래도 「행정절차법」이 공청회를 개최하면서 "방청인에게도 의견을 제시할 기회를 주어야 한다"(제39조 제3항)고 규정하고 있으니 이것만 해도 절차적 정의의 진전으로 평가할 수 있는 것 아닌가라고 말해도 될까? 방청인이 아니라 이해관계인으로서 참여한다고 한들, "정보에 완전한 접근성을 가지고 모든 토론에 직접적으로 참여하는 것이 아니라면 계획된 결정에 의견을 제시할 수 있는 권리란 공허하고 쓸모 없는 특권일 뿐"이지 않을까?[54] 우리는 익히 이런 쓸모 없는 특권들의 사례를 무수히 보아오지 않았는가?

20.2.3. 절차상 하자 있는 '처분'의 효력

행정절차에 하자가 있으면 그 하자의 법적 효력은 어떻게 될까? 이것을 한마디로 정리하기는 어렵다. 왜냐하면 행정절차 개념을 좁게 이해하는 경우에도 행정절차에

52) 최우용, 로스쿨 일본 변호사시험 행정법 완전분석, 한국학술정보, 2011, 152-153쪽.

53) 대법원 2009. 4. 23. 선고 2008두686.

54) G. 팰러스트 외, 조택 옮김, 민주주의와 규제, 이화여자대학교출판부, 2004, 48쪽.

는 처분절차 외에 행정계획절차, 행정계약절차 등이 있고, 「행정절차법」이 규율하고 있는 행정절차만 하더라도 처분절차 외에 신고절차, 행정상 입법예고절차, 행정예고절차, 행정지도절차 등이 있기 때문이다. 이들 각각의 절차에 따라 하자의 법적 효과는 달라질 수 있다. 이 점에 대해서는 이미 13.2.2.에서 언급한 바 있다. 그런데 전통적으로 행정절차의 하자의 법적 효과라 하면 주로 처분절차에 하자가 있을 때 그 법적 효과가 어떻게 되는가 하는 문제로 다루어져 온 것도 사실이다. 이하에서도 여기에 초점을 맞추어 쟁점을 정리해 보기로 한다.

우선 이와 관련하여 첫 번째로 제기되는 쟁점은 처분에 절차의 흠이 있는 경우, 처분에 실체적인 흠이 존재하는 경우와 마찬가지로 행정소송 등의 원인이 되는 독립된 위법사유가 될 수 있는가 여부이다. 즉, 절차의 흠이 그 자체로 독자적인 위법사유가 될 수 있는가 하는 점이다.

독일 연방행정절차법 제46조("절차 및 형식 하자의 효과")에 따르면 '그 실체적 결정에 영향을 미치지 아니한 것이 명백한 때에는 절차상의 하자만을 이유로 취소를 청구할 수 없다'고 한다. 즉, 제46조는 "제44조의 규정에 의하여 무효로 되지 아니하는 행정행위가 절차, 형식 혹은 토지관할에 관한 규정에 반하여 성립했다고 하더라도, <u>그 위반이 실체적 결정(본안결정)에 영향을 미치지 아니한 것이 명백한 때에는</u>, 그 이유만으로 위 행정행위의 폐지를 요구할 수 없다"고 되어 있다. 그러나 허가절차촉진법(1996. 9. 12. BGBl. Ⅰ S. 1354)에 의해 동 조항이 개정되기 전 밑줄 부분은 "다른 실체적 결정을 할 수 없었을 때에는"으로 되어 있었다.[55]

이러한 외국의 입법례를 참고하여 절차적 하자만으로는 독자적 위법사유가 될 수 없다는 견해도 있다. 그러나 다수설은 절차적 하자가 독자적 위법사유가 될 수 있다고 본다. 이 견해는 처분의 절차적 규제는 실체법적으로 올바른 행정결정을 행하기 위한 수단으로서의 의미를 갖는 것이므로 올바른 행정결정이 내려졌다면 더 이상 절차하자를 문제 삼을 필요는 없는 것 아닌가 하는 발상에 대하여, 그런 측면이 있는 것은 사실이나 기본적으로 올바른 절차에 의하여서만 올바른 행정결정이 내려질 수 있다는 측면을 간과해서는 안 된다고 반박한다.[56] 우리 판례는 독자적 위법사유

55) 참고로 독일은 법률을 개정할 때 두 개의 방식을 사용한다. 하나는 통상의 방식이고, 다른 하나는 관련조항 일괄개정법률의 방식이다. 일괄개정법률을 독일어로는 Artikelgesetz라고 한다. Mantelgesetz, Omnibusgesetz라 부르기도 한다. 위의 '허가절차촉진법'도 이 일괄개정법률에 해당한다.

56) 김철용, 2024, 505-506쪽.

라 한 것도 있지만, 아니라고 한 것도 있다.[57]

그런데 이 쟁점에 대한 판단을 나름 '합리적으로' 내려보려면 행정절차의 기능 문제만이 아니라 절차하자로 취소된 다음에 행정의 재처분이 어떻게 될 것인가 하는 문제도 함께 고려해야 한다(행정소송법 제30조 참조). 예컨대 행정소송에서 처분의 위법성이 다투어지고 있고, 또한 "절차적 위법성이 행정청에 의해 쉽게 추완될 수 있는 경우"에 "행정청은 항소를 포기하여 판결을 확정시킨 후 절차추완과 함께 재처분"을 할 수가 있다. 이렇게 되면 상대방은 다시 "행정청의 재처분에 대해 동일한 실체적 위법사유를 주장하면서 취소소송을 제기하여야" 한다. 이것은 원고에게 중대한 부담으로 작용할 수 있다.[58] 혹은 반대로 판결 확정 후 행정청이 절차추완과 함께 재처분을 하지 않으면 어떻게 되는가? 이 후자의 상황은 '윤석열 검찰총장 정직 사건'에서 실제로 일어났다.

이미 앞에서 살펴본 바이지만(2.3.1.), 독일법에서는 이런 상황이 발생하기 어렵다. 독일 행정법원법에 따르면 절차권의 침해는 원칙적으로 분리하여 재판상 주장할 수 없다. 즉, 동법 제44a조 제1문은, 동조 제2문의 예외를 유보하면서, 행정청의 절차행위에 대한 법적 구제는 본안에서 실체적 내용을 다투는 것과 동시에 제기하는 경우에만 허용된다고 규정한다. 또한 법원이 절차하자를 이유로 실체(내용/본안)에 관한 판단을 취소할 수 있으려면 그 절차하자가 소를 제기한 사람의 실체적 권리를 침해한 경우여야 한다.[59] 우리는 이런 제한이 없다. 그래서 법원은 "계쟁처분의 실체적 위법성에 관한 판단, 특히 법령상 요건 충족 여부 및 효과부분에서의 재량권남용 여부의 판단을 제쳐놓고 절차적 위법성에 관하여 먼저 판단하여 그것이 인정되면 판결문에 '더 나아가 판단할 필요 없이 이 사건 처분은 위법하여 취소한다'라는 식으로 설시하여 실체적 위법성에 관한 판단을 생략하는 경우가 빈번하게 일어난다."[60]

이렇게 되면 그 다음에 행정청은 어떻게 대응해야 하는가? 위에서 설명했듯이 절차추완과 함께 재처분을 해야 한다. 그런데 이것을 안 하면 어떻게 되는가? 여러 법

57) 대법원은 폐기물처리시설 설치과정에서 절차적 권리를 침해한 것에 대해 주민들이 전남 보성군을 상대로 국가배상청구를 한 사건에서 소극적 판단을 하였다. 대법원 2021. 7. 29. 선고 2015다221668 판결,

58) 박정훈, "행정법원의 성과와 발전방향", 김철용(편), 행정절차와 행정소송, 피앤씨미디어, 2017, 660쪽.

59) Sodan/Ziekow, Grundkurs, 566쪽(72장 22번) 참고.

60) 박정훈, 앞의 논문, 659-660쪽. 다만, 최근에는 이런 식으로 재판을 끝내는 경우가 많이 줄었다고 한다.

리를 생각해볼 수 있으나, 결론은 '달리 행정청으로 하여금 징계를 하도록 강제할 수 있는 수단은 없다'이다. 위 '정직사건' 재판과 그 이후의 과정이 이를 잘 보여주는데, 정직을 다툰 징계처분취소소송의 제2심에서 윤석열 검찰총장이 승소했다. 징계처분이 절차적 하자가 있으니 '더 나아가 판단할 필요 없이 이 사건 처분은 위법하여 취소한다'는 취지의 승소판결이었다. 그러자 재판 이후 더 이상 아무런 일도 일어나지 않았다. 그러므로 절차하자의 독자적 위법성에 대해 논할 때는 이런 점도 아울러 고려해야 한다. 즉, 절차적 하자만을 이유로 쟁송취소가 된 뒤에, 과연 행정청은 절차추완과 함께 재처분을 하는가 아닌가? 한다면 그 처분의 내용은 종전처분과 동일한가 아닌가? 어떤 처분에서 행정은 재처분을 하고 어떤 처분에서 그러지 않는가? 이런 부분도 아울러 고려해야 이 쟁점에 대한 올바른 판단이 가능하다고 본다.

단지 '올바른 절차에 의하여서만 올바른 행정결정이 내려질 수 있다'는 식의 당위적 얘기만 해서는 안 된다. 절차상 하자 있는 행정행위의 효력, 즉 절차하자의 독자성을 다투는 자들이 사회경제적 강자인가 아니면 약자인가도 잘 따져보아야 하고, 법원이 어떤 경우에 절차상 하자의 독자성을 적극적으로 논증하는지도 살펴보아야 한다. 판례를 잘 분석해보면 이런 점이 눈에 들어올 것이다. 우선 다음 판결을 비판적으로 읽어보자.[61]

> 【판례】 대법원 2001. 6. 29. 선고 99두9902 판결 [경부고속철도서울차량기지정비창건설사업실시계획승인처분취소]
>
> 구 환경영향평가법 제4조에서 환경영향평가를 실시하여야 할 사업을 정하고, 그 제16조 내지 제19조에서 대상사업에 대하여 반드시 환경영향평가를 거치도록 한 취지 등에 비추어 보면, 같은 법에서 정한 환경영향평가를 거쳐야 할 대상사업에 대하여 그러한 환경영향평가를 거치지 아니하였음에도 승인 등 처분을 하였다면 그 처분은 위법하다 할 것이나 그러한 절차를 거쳤다면, 비록 그 환경영향평가의 내용이 다소 부실하다 하더라도, 그 부실의 정도가 환경영향평가제도를 둔 입법 취지를 달성할 수 없을 정도이어서 환경영향평가를 하지 아니한 것과 다를 바 없는 정도의 것이 아닌 이상 그 부실은 당해 승인 등 처분에 재량권 일탈·남용의 위법이 있는

61) 또한 이른바 4대강 사업 사건과 관련하여 국가재정법상의 예비타당성 조사를 결여한 것과 같이 예산편성에 절차상 하자가 있다는 사정만으로 곧바로 하천공사시행계획 및 실시계획 승인처분 등의 각 처분에 취소사유에 이르는 하자가 있다고 할 수 없다고 한 다음 판결도 참고할 것. 대법원 2015. 12. 10. 선고 2011두32515 판결.

지 여부를 판단하는 하나의 요소로 됨에 그칠 뿐, 그 부실로 인하여 당연히 당해 승인 등 처분이 위법하게 되는 것이 아니다.

환경영향평가는 환경영향평가의 대상이 되는 사업의 실시를 위한 사업계획승인처분의 절차로서의 성질을 갖는다. 따라서 환경영향평가의 하자는 실체상 하자이든 절차상 하자이든 사업계획승인처분의 절차상 하자에 해당한다.[62] 절차하자가 정말로 중요하다면, 이런 사안-이 사안에서는 부실한 절차가 지적되고 있으나, 대법원은 "환경영향평가를 하지 아니한 것과 다를 바 없는 정도의 것이 아닌 이상"라는 표현도 아울러 쓰고 있다. 즉, 절차가 그 정도로 허술해도 문제삼지 않겠다는 의미이다-에서 독자적 위법성이 관철되어야 한다. 그런데 그렇지 않다. 김철용 교수는 "처분에 절차의 위법이 존재하는 경우 실체의 흠이 존재하지 아니하는 때에도 그것만으로 처분이 위법하게 된다는 것이 최소한, 사전통지, 의견청취, 이유제시 의무위반에 관한 한 (판례로) 확립되어 있다"고 하면서 몇 개의 판례를 들고 있다. 그런데 사안은 '청문절차를 결여한 구 공중위생법상의 유기장업허가취소처분'[63]이라든가 '토지에 폐기물을 장기보관하고 있는 자에게 한 조치명령'[64] 등 하나같이 개인 영업자 혹은 개인 토지주 등에게 발령된 처분들이다. 이런 처분들도 당사자들에게는 물론 중요하겠지만, 위 '경부고속철도 서울차량기지 정비창건설사업'이나 '4대강 사업'처럼 다수의 사람들에게 엄청난 영향을 미치는 그런 행정처분은 아니다. 절차하자가 그렇게 중요하다면 오히려 이런 영역에서 그 독자적 위법성을 인정해야 하는 것 아닌가? 그런데 그 반대라는 것이다. 한국 행정법의 이론과 실무가 소유적 개인주의로 일관한다는 필자의 비판은 '행정절차법'에서도 확인되고 있는 셈이다.

두 번째 쟁점은 절차의 위법이 있는 것만으로도 처분이 위법하게 된다고 볼 경우, 절차의 하자는 처분의 무효원인 혹은 취소원인 중 어느 것에 해당하는가이다. 학설은 이 경우에도 행정행위의 무효 및 취소의 구분에 동원되는 기준인 중대명백설에 따라 판단하면 되는 것으로 보고 있다. 그러나 이는 일반적 기준에 불과해서 동일한 사안을 두고도 무효원인으로 보는 견해와 취소원인으로 보는 견해가 대립한다. 예컨대 법이 정한 청문절차를 거치지 아니하고 처분을 행한 경우에 그 절차 하자가 무

62) 박균성/함태성, 환경법, 제11판, 박영사, 2023, 424쪽.

63) 대법원 2001. 4. 13. 선고 2000두3337 판결.

64) 대법원 2020. 7. 23. 선고 2017두66602 판결.

효원인인지 취소원인인지가 다투어질 수 있는데, 중대명백설을 수용하는 학설 내에서도 무효설과 취소설이 대립하고 있다. 판례는 원칙적으로 취소원인으로 본다.[65)]

20.3. 정보공개와 개인정보보호

20.3.1. 정보화사회에 대응하는 두 개의 국가 · 행정 레짐 – 정보공개형과 개인정보보호형

정보화사회가 도래했다. 말 그대로다. 정보 없이는 국가·행정의 운영과 관련하여 알 수 있는 것이 거의 없다. 잘못된 정보, 딥페이크는 국민의 정치적 결정에도 영향을 미친다. 인공지능(AI)의 등장은 새로운 규제 논의를 촉발하고 있다. 행정법학이 앞으로 계속 연구하고 업데이트해야 할 쟁점이 이 분야에는 산적해 있다. 심지어 이른바 새로운 의무이행확보수단인 위반사실의 공표 같은 것도 정보화사회를 배경으로 그 실효성이 나날이 높아지고 있다. 다만, 이런 수법과 관련해서는 공중에게 정보를 제공함으로써 행정의 실효성을 확보하는 방법의 위헌·위법성("의무위반자의 프라이버시나 명예, 신용 등과 관련되는 인격권·개인정보자기결정권 침해"[66)]) 문제도 아울러 제기되고 있다. 이런 현실을 염두에 두면서 정보화사회에 대응하는 국가·행정 레짐(체제), 즉 정보공개형 레짐과 개인정보보호형 레짐에 대해 우선 살펴보자.

헌법 제1조는 "대한민국의 주권은 국민에게 있고, 모든 권력은 국민으로부터 나온다"라고 명시하고 있다. 1919－1933년 사이에 존속했던 바이마르 공화국 시절에 브레히트(B. Brecht)는 자신의 시에서 "모든 권력은 국민으로부터 나온다. 그러나 어디로(가는가)?"라고 읊은 적이 있다.[67)] 브레히트의 말대로 권력이 어디로 가는지 알기

65) 대법원 2023. 9. 21. 선고 2023두39724 판결 등 참고.

66) 김유환, 2024, 429쪽.

67) 브레히트는 '바이마르 헌법의 세 조항'(Drei Paragraphen der Weimarer Verfassung)이라는 시에서 이렇게 읊었다. "국가의 권력은 국민으로부터 나온다./ -그런데 나와서 어디로 가지?/ 그래 도대체 어디로 가는 거지/ 아무튼 어딘가로 가기는 가겠지?/ 경찰이 건물에서 줄줄이 나온다./ 그래 도대체 어디로 가는 거지/ 아무튼 어딘가로 가기는 가겠지! (…)" 블라디미르 마야콥스키/베르톨트 브레히트/하인리히 하이네/루이 아라공, 김남주 옮김, 아침저녁으로 읽기 위하여, 푸른숲, 2018, 48쪽.

위해서라도 국민은 주권자로서 자신의 권한과 역할을 제대로 행사할 정보를 확보해야 한다. 정보공개는 그 자체가 목적이 아니라, 이를 통하여 행정을 감시하고 행정권한의 행사가 투명하게끔 만들 수 있는 수단이기 때문이다(「공공기관의 정보공개에 관한 법률」 제1조 참조. 이하 「정보공개법」이라고 함).[68]

정보가 공개되고, 행정권한의 행사가 투명해지는 것은 좋은 일이다. 당연히, 이런 '좋은 이념'의 실현을 위해 NGO들도 발로 뛰는 것이고, 이것이 관련 법률이 제정되는 배경이 되기도 했다. 이것을 부정할 수는 없다. 그러나 투명화, 예측가능성의 증대가 항상 긍정적인 결과만 가져다주는 것은 아니라는 사실도 생각해야 한다.

오늘날과 같은 세계화 시대에 초국적 자본은 개별 국민국가의 행정 권력을 '조종·제어'하는 데 있어 매우 유리한 지위에 있다. 그러한 자본에게 공포 혹은 공표되지 않고, 행정상 입법예고의 대상도 아닌 행정규칙은 '깜깜이' 규제 같은 것이다. 자본주의 복지국가 내 자유주의 레짐을 대표하는 미국에서 정보공개법이 처음 등장한 것도 이유가 있다. 정확하게 얘기하자면 정보공개법을 최초로 입법한 나라는 핀란드이다. 핀란드는 1951년에 정부활동의 공개성에 관한 법률(Act on the Openness of Government Activities)을 제정했다.[69] 그러나 정보공개법의 세계적 확산을 선도한 것은 1966년에 제정된 미국 연방정부의 정보자유법(Freedom of Information Act)이다. 그래서 미국을 정보공개형 행정의 선구자라고 부를 수 있다.[70] 반면, 독일은 한국보다 8년이나 늦은 2006년 1월 1일부터 정보자유법(Informationsfreiheitsgesetz－IFG)을 시행했다.

물론 독일도 이해관계인의 정보공개청구권 및 서류열람권은 일찌감치 인정했다.[71]

---

68) 정보공개를 통한 권력과 예산 감시는 「정보공개법」 제정 이래 한국의 정보공개운동에서 가장 중요한 목표했다. 「정보공개법」이 시행된 1998년 직후인 2000년에 시민단체들은 '판공비 공개운동 네트워크'를 꾸려 중앙부처와 120여 개 지방자치단체의 업무추진비(과거엔 판공비로 불렸다) 사용 내역 공개를 요구했다.

69) 더 거슬러 올라가 1776년 스웨덴에서 제정된 언론·출판의 자유법(Tryckfrihetsförordning)을 정보공개법의 효시로 보기도 한다. 이상해, "행정정보에 대한 접근권", 공법연구 제35집 제1호, 2006, 593쪽.

70) 미국은 1946년의 연방행정절차법에서 이미 정보공개에 관한 약간을 규정을 두었고, 이를 보강하기 위한 단행법이 바로 1966년의 정보자유법이었다. 김도창, 일반행정법론(상), 502쪽.

71) 연방행정절차법 제29조 제1항 제1문에 따르면 문서열람 청구권은 처음부터 행정절차의 참가자에게만 부여되고 있으며, 시간적으로도 제한적이다. 절차참가자 자신의 법적 이익 주장이나 방어를 위해, 행정절차가 진행되고 있는 동안에만 열람청구권이 인정되므로 동 청구권은 행정절차가 개시되어야 발생하고, 늦어도 절차의 종결과 함께 종료된다. 이상해, 위의 논문, 599쪽.

그러나 이해관계인을 넘어 누구나(Jeder) 행정절차의 국면을 넘어 연방관청의 공식정보에 액세스할 권리를 갖게 된 것은 정보자유법에 의해서 비로소 가능해졌다.[72] 정보공개법 영역에서의 늦은 법제화와 달리 독일의 개인정보 보호법제의 입법화는 상대적으로 매우 빨랐다. 개인정보 보호에 대한 관심은 유럽의 다른 나라와 마찬가지로 독일에서도 1960년대부터 본격화했다. 당시 이미 컴퓨터라는 정보처리 무기가 등장했고, 이는 또다시 독재자 혹은 국가권력이 시민의 자유와 권리를 위협하는 일에 대한 두려움을 낳았다. 이를 막기 위해 개인정보보호법제가 필요하다는 감각이 독일에서는 더욱더 선명했다.

연방제 국가인 독일에서는 헤센주가 세계 최초로 개인정보보호법을 제정하였다(1969년). 그리고 1977년에는 연방정부도 개인정보보호법을 제정하여 1978년부터 시행하였다. 1983년 12월 15일에는 연방헌법재판소의 '인구조사판결'(Volkszählungsurteil)[73]이 나왔다. 이 판결은 독일 개인정보보호법제의 구축에서 아주 중요한 역할을 했다. 즉, 이 판결은 정보에 대한 자기결정권을 인정하여 종래의 입법과 행정실무 상의 개인정보 취급 방식을 재검토하게 만드는 계기를 제공했다. 그 영향은 매우 컸기 때문에 한편으로는 1990년의 연방개인정보보호법 개정으로 연결되었고, 다른 한편으로는 개별법(특히 경찰법, 사회보장관계법)의 개정촉구로 이어졌다.

이처럼 사생활 보호에 관한 한 유럽과 독일의 법제가 상대적으로 더 엄격하다고 알려져 있다. 코로나19가 만연했을 때 아시아 각국은 유럽에 비해 상대적으로 더 효율적으로 질병 전파를 차단했는데, 그 원인을 개인정보보호와 연결해 설명하는 이들도 있다. 유럽은 개인의 자유를 존중하고 개인정보보호를 우선시하기 때문에 통제가 쉽지 않았다는 것이다.[74]

이런 논의를 왜 하는가? 정보공개와 개인정보보호 법제는 둘 다 역사적 경위가

---

72) 연방행정절차법 제37조는 정보입수의 편의를 위해 문서열람청구권을 인정하지만 동 권리는 "의견제출의 경우에는 처분의 사전 통지가 있는 날부터 의견제출기한까지, 청문의 경우에는 청문의 통지가 있는 날부터 청문이 끝날 때까지"만 당사자 등이 누릴 수 있는 권리이다. 한편 우리의 경우에는 이 두 단계의 과정이 행정절차법과 정보공개법의 동시 제정으로 한꺼번에 실현되었다. 이 두 법률을 한 날 한시에 제정한 건(1996. 12. 31.) 세계화를 추진한 김영삼 정부의 국회였다.

73) BVerfGE 65, 1.

74) 김광수, 인공지능과 법, 2021, 139쪽. 필자는 코로나19 초기 일본 언론에 실은 '오피니언'에서 개인정보보호, 정보공개와 연계하여 한국 정부의 코로나 대응의 '장점'과 문제점을 지적한 바 있다. 李桂洙, "情報公開效果大きく", 毎日新聞, 2020. 4. 8.자, 11면.

있고, 제도 운용상의 일정한 특징을 갖고 있음을 이야기하고 싶어서 그렇다. 더욱더 중요한 사실은 제2장의 비교법적 고찰에서도 보았듯이 20세기 말 이후 정보화사회가 급격히 진행되는 와중에도 독일의 행정법은 종래의 실체법적 통제 모델을 오랫동안 고집했고, 정보공개 등 절차법적 사고에는 여전히 저항감을 갖고 있었다는 점이다. 전통과 사고는 쉽게 변하지 않는 법이다.

정보공개와 개인정보보호 법제를 비교법의 시각에서 접근하는 입장은 「정보공개법」과 「개인정보보호법」의 해석에도 영향을 준다. 정보의 공개, 투명성이라는 것이 묘하다. 최근(2023년) 정부는 노동조합의 회계 투명성을 강조하면서 회계공시와 세액공제를 연계시켰다. 투명한 회계에 대해 반대하기란 어렵다. 그러나 이것이 국가권력이 노동조합을 통제하는 명분이 되어서는 안 된다.[75] 노동조합과 같은 중간단체들의 자율성을 부정하는 것도 문제지만 - 이런 식의 공격은 독일식 보수주의 레짐에서는 생각하기 힘든 것이다 - 회계장부를 정부에 공개하지 않으면(그렇게 해서 행정관청의 관리·감독을 받지 않으면) 국고보조금을 중단하고 나아가 「소득세법」시행령을 개정하여 조합원의 조합비 세액공제까지 배제하겠다는 것은 부당결부금지원칙에 위반되는 조치가 될 수 있다.[76] 과연 투명성이 (복지 자본주의 국가 전체의 작동에서 중요한) 조합의 자율성을 헤치면서까지 추구할 만한 가치인가? 나아가 이런 가치(목표)의 달성을 위해 부당결부금지원칙(「행정기본법」 제13조)을 위반하는 수단을 동원하는 것이 허용될 수 있는가? 이런 질문이 필요하다.

법의 지배와 그것을 구체화한 행정절차(=적법절차)라는 강력한 무기는 마치 양날의 칼과 같은 것이다. 그러므로 우리는 신자유주의 국가에서 행정절차 법제의 기능과 역할에 대해 끊임없이 질문하며, 행정절차법, 정보공개법이 "실질을 수반하는 열린 민주주의적 통치구조를 창출 혹은 재창출하는"[77]데 어떤 역할을 할 수 있는지 검토해보아야 한다.

정보공개가 위와 같은 역할을 하려면 현재와는 다른 방식의 운영이 필요하다. 매

---

75) 이재헌 기자, "민주노총, 회계 공시 '참여' 계속 … 갑론을박 속 거부안 '부결'", 노동법률, 2025년 3월호.

76) 민주노총 법률원은 노동조합법 제14조가 재정에 관한 장부와 서류를 주된 사무소에 비치하라고 규정한 건 노조 운영의 민주성을 위해 구성원에게 공개돼야 한다는 것이지, 행정관청이 이를 관리감독하라는 것이 아니라고 반박한다. 민주노총 "회계자료 비치 보고 완료 … 그 이상 요구는 위법·월권", 경향신문(인터넷판), 2023. 2. 20.자.

77) David Harvey, *A Brief History of Neoliberalism*, Oxford University Press, 2007, 176쪽.

우 폭넓게 규정되어 있는 비공개사유에 대해 비판적으로 검토해야 하고, 시민사회가 국가권력과 경제권력을 효과적으로 통제할 수 있도록 「정보공개법」을 개정해야 한다. 해석도 달라져야 한다. 독일식 환경정보공개법을 별도로 만드는 방안도 생각해 볼 수 있다. 국가권력과 경제권력의 통제를 주장할 때는 개인정보 보호를 내세워 이를 차단하고, 반대로 경제권력에 의한 개인정보 장악에 대해서는 제대로 대응하지 못해왔던 실무를 개혁해야 한다. 「개인정보보호법」이 정보공개를 거부하는 방패막이로 쓰이면서 공공재로서의 데이터의 공익성도 제대로 확보하지 못하는 실정이다.[78] 개인정보 보호는 중요한 가치이지만 그것을 배타적으로 강조하면 안 된다.

20.3.2. 정보공개법의 쟁점

「정보공개법」의 이해를 위해 쟁점을 크게 셋으로 나누어 보면 다음과 같다.

첫째, 정보공개청구권의 주체와 대상, 정보공개 대상기관에 관한 쟁점이다. 여기에서는 정보공개청구권자, 정보공개의무기관, 「정보공개법」의 적용대상이 되는 정보, 정보공개의 방법이 다루어진다.

「정보공개법」은 모든 국민에게 정보공개청구권을 인정한다.[79] 국민인 이상 자연인과 법인 모두 청구권자가 되며, 권리능력 없는 사단·재단도 청구권자에 포함된다. 외국인의 경우에도 국내에 일정한 주소를 두고 거주하거나 학술, 연구를 위하여 일시적으로 체류하는 자, 국내에 사무소를 두고 있는 법인, 단체는 정보공개청구권의 주체가 된다. 자기와 직접 이해관계가 없는 사안에 대해서도 정보공개청구권을 가지므로 – 일반적 정보공개청구권이라고 한다. 반대개념은 개별적 정보공개청구권이라 한다 –, 정보공개가 거부된 경우 거부처분을 받은 자체가 법률상 이익의 침해에 해당한다고 본다. 정보공개의무기관은 법률과 시행령에 정해져 있지만, 법원의 해석을 통해 기

78) 불평등한 현실을 더욱더 정확히 진단하고 해결책을 찾으려면 우리나라도 북유럽처럼 통합적인 행정자료 활용 시스템을 구축해 연구자들이 좀더 쉽게 행정 데이터를 이용할 수 있도록 접근 문턱을 낮춰야 한다. 핀란드와 노르웨이, 덴마크 등 북유럽 선진국은 과세 자료로 불평등을 활발하게 연구할 수 있는 환경이다. 유종성 외, “증거기반 정책연구를 위한 행정자료의 활용”, 한국사회정책 27권 1호, 2020, 5-37쪽. 이렇게 하지 않고 개인정보보호만 앞세운다면 토마 피케티의 『21세기 자본』 같은 불평등 연구서를 한국 연구자가 출간하기란 어려울 것이다.

79) 다만, 국민의 정보공개청구가 권리의 남용에 해당하는 것이 명백한 경우, 정보공개청구권의 행사는 허용되지 않는다. 대법원 2014. 12. 24. 선고 2014두9349 판결.

관의 범위가 확장되기도 한다.[80)]

한편, 모든 정보가 정보공개법의 적용대상은 아니다. 공공기관 - 정보공개는 주로 행정기관의 행정 비밀주의를 극복하는 데 중점이 있으므로 각국은 대체로 행정정보공개법의 형태를 취하고 있으나 현행 「정보공개법」은 입법부와 사법부의 기관도 공개대상 기관에 포함시키고 있다(제2조 제3호 가항) - 이 직무상 작성 또는 취득하여 관리하고 있는 문서(전자문서 포함) 및 전자매체를 비롯한 모든 형태의 매체에 기록한 사항(제2조 제1호)만이 이 법의 대상이 되는 정보에 해당한다. 이를 "보유·관리하는 정보"(제1조)라고 한다.

"보유·관리하는 정보"가 정보공개의 대상이므로, 대법원은 정보공개청구를 거부하는 처분이 있은 후 대상 정보가 폐기되었다든가 하여 공공기관이 그 정보를 보유·관리하지 않게 된 경우에는 특별한 사정이 없는 한 정보공개거부처분의 취소를 구할 법률상의 이익이 없다고 보았다.[81)] 그러나 이 문제가 과연 협의의 소의 이익에 관한 것인지는 의문이 있다. 협의의 소의 이익의 원래 의미에 비추어 보면 행정청이 고의로 파기해서 정보가 존재하지 않기 때문에 소의 이익이 없어 각하되어야 한다는 논리는 받아들이기 어렵다.

만약 비공개처분의 위법성여부가 쟁점이 되는 재판에서 해당문서가 증서로서 제출된 경우에는 소의 이익이 자동적으로 소멸한다고 하면, 공개 여부에 대한 판단이 모호할 경우 행정기관측은 일단 비공개처분을 한 뒤, 재판에서 형세가 불리하게 될 때 증서로서 제출함으로써 패소판결을 면할 수 있다는 대처방법을 강구하게 될 것이고 법원은 이런 편법을 승인해 주는 격이 된다. 이와 같은 폐해를 막으려면 비공개처분이 취소되지 않는 한 협의의 소의 이익은 소멸하지 않는다고 판단해야 한다.[82)] 아예 일본처럼 「공문서 등 관리에 관한 법률」로 대처할 수도 있다. 2009년에 제정된 이 법률 제1조는 다음과 같이 그 목적을 적고 있다.

---

80) "방송법이라는 특별법에 의하여 설립 운영되는 한국방송공사(KBS)는 공공기관의 정보공개에 관한 법률 시행령 제2조 제4호의 '특별법에 의하여 설립된 특수법인'으로서 공공기관의 정보공개에 관한 법률 제2조 제3호의 '공공기관'에 해당한다." 대법원 2010. 12. 23. 선고 2008두13101 판결. 각급 학교도 법령상 분명히 정보공개대상기관에 해당한다(사립학교 포함). 반면 '한국증권협회'는 정보공개대상기관에 해당하지 않는다. 대법원 2010. 4. 29. 선고 2008두5643 판결.

81) 대법원 2003. 4. 25. 선고 2000두7087 판결; 대법원 2013. 1. 24. 선고 2010두18918 판결.

82) 채우석, "일본의 정보공개판례", 고시계 2004년 9월호, 57쪽.

【조문】 "이 법률은 국가 및 독립행정법인 등의 여러 활동이나 역사적 사실의 기록인 공문서 등이 건전한 민주주의의 근간을 지지하는 국민공유의 지적 자원으로서 주권자인 국민이 주체적으로 이용할 수 있는 것임을 고려하여, 국민주권의 이념에 근거해 공문서 등의 관리에 관한 기본사항을 정하는 등에 의해 행정문서 등의 **적정한 관리**, 역사 공문서 등의 **적절한 보존** 및 이용 등을 도모하고, 행정이 더욱더 적정하고 효율적으로 운영되도록 함과 동시에 국가 및 독립행정법인 등의 제 활동을 현재 및 장래의 국민에게 **설명하는 책무가 완수되도록** 하는 것을 목적으로 한다."

이 목적조항에서 이미 정보공개를 피하려고 공문서 자체를 아예 안 만든다거나 혹은 조기에 파기해버리는 것을 방지함으로써 국민주권의 이념이 형해화되지 않도록 하겠다는 취지를 읽어낼 수 있다. 우리는 이런 법률이 없다. 다만, 대통령령인 「행정업무의 운영 및 혁신에 관한 규정」에서 공문서관리에 대해 규율하고 있으나 위와 같은 공문서 파기에 대처할 수 있는 규정은 없다. 따라서 현재로서는 해석을 통해 이런 상황을 막을 수 있어야 하는데, 소의 이익이 없다는 식으로 판결을 해버리면 대책이 없다. 정보공개 신청을 하면서 행정청에게 정보를 현재의 상태대로 유지 관리하도록 요청할 수 있게 하는 법적 수단을 마련하거나, 정보공개 신청을 받은 후 행정청이 고의로 파기한 경우에 대한 구제 수단이 마련되어야 한다.[83)]

또한 정보공개청구권은 현재 보유하고 있는 행정문서를 그대로 공개하는 것을 청구하는 권리이지, 새로운 문서와 정보의 작성을 청구하는 권리는 아니다. 정보공개를 청구할 때에는 공개를 구하는 문서를 특정해야 하지만, 청구의 목적 혹은 이유를 기재할 필요는 없다.[84)]

한편, 「정보공개법」 제4조 제1항은 "정보공개에 대하여 다른 법률에 특별한 규정이 있는 경우" 「정보공개법의」 적용대상이 되는 정보에서 배제한다. 예컨대 피해자가 공판기록의 열람·등사를 청구한 경우는 이 법이 아니라 형사소송법 제294조의4 제3항에 따라 그 공개의 허가여부가 결정된다.[85)] 최근 형사피해자의 재판참여권이

83) 장태주, "행정정보공개처분에 대한 거부처분", 고시계 2004년 4월호, 80쪽.

84) 대법원은 정보공개를 청구할 때는 청구대상정보의 내용과 범위를 특정하여야 한다고 하고, '자료일체' 식의 정보공개청구에는 응하지 않아도 된다고 한다. 대법원 2007. 6. 1. 선고 2007두2555 판결.

85) "재판장은 피해자 등의 권리구제를 위하여 필요하다고 인정하거나 그 밖의 정당한 사유가 있는 경우 범죄의 성질, 심리의 상황, 그 밖의 사정을 고려하여 상당하다고 인정하는 때에는 열람 또는 등사를 허가할 수 있다."

많이 논의되고 있다. 이를 보장하기 위해서라도 재판장의 재량으로 되어있는 공개허가권이 형화해되지 않도록 하는 법적 장치를 두는 것이 형사피해자의 재판진술권을 보장한 헌법(제27조 제5항) 및 형사소송법(제294조의2)에도 부합한다.

정보공개의 방법으로는 즉시공개가 원칙이다(제16조). 부분공개(법 제14조)[86]와 전자적 공개(제15조)도 가능하다. 대법원은 공공기관이 공개청구의 대상이 된 정보를 공개는 하되, 청구인이 신청한 공개방법 이외의 방법으로 공개하기로 하는 결정을 하였다면, 이는 정보공개청구 중 정보공개방법에 관한 부분에 대하여 일부 거부처분을 한 것이어서 청구인은 그에 대하여 항고소송으로 다툴 수 있다고 한다.[87]

둘째, 비공개대상 정보에 관한 쟁점이다. 정보는 공개가 원칙이지만, 현행법은 광범위하게 비공개대상 정보를 열거하고 있다. 「정보공개법」 제9조 제1항 제1호에서 제8호가 규정하고 있는 비공개대상정보 중 대부분은 국가의 임무 수행과 관련된 것들이지만, 제6호와 제7호는 개인정보와 '기업정보'의 공개가 문제 되는 경우이다. 공공기관은 열거된 비공개대상정보에 대해서는 이를 "공개하지 아니할 수 있다"라고 규정한(제9조 제1항) 부분의 해석을 둘러싸고는 재량적 표현에 주목하여 공개도 가능하다고 보는 입장이 있는가 하면, 정보공개법의 취지에 비추어 공개금지의 의미로 보아야 한다는 견해도 있다.[88]

셋째, 정보공개청구절차 및 불복절차와 관련한 쟁점이다. 정보공개의 청구는 정보공개청구서를 제출하거나 말로써 할 수 있다(제10조 제1항). 정보공개의 청구를 받으면 공공기관은 그 청구를 받은 날부터 10일 이내에 공개 여부를 결정하여야 한다(제11조 제1항). 이 결정에 앞서 정보공개심의회의 심의를 거쳐야 한다(제12조). 공공기관은 제11조에 따라 정보의 비공개 결정을 한 경우에는 그 사실을 청구인에게 지체없이 문서로 통지하여야 한다. 이 경우 제9조 제1항 각 호 중 어느 규정에 해당하는 비공개 대상 정보인지를 포함한 비공개 이유와 불복의 방법 및 절차를 구체적으로 밝혀야 한다(제13조 제5항).

---

86) 부분공개의 의미를 대법원은 "두 부분이 물리적으로 분리가능한 경우를 의미하는 것이 아니고 당해 정보의 공개방법 및 절차에 비추어 당해 정보에서 비공개대상 정보에 관련된 기술 등을 제외 내지 삭제하고 그 나머지 정보만을 공개하는 것이 가능하고 나머지 부분의 정보만으로도 공개의 가치가 있는 경우를 의미한다"고 해석한다. 대법원 2004. 12. 9. 선고 2003두12707 판결.

87) 대법원 2016. 11. 10. 선고 2016두44674 판결.

88) 경건, "행정정보의 공개", 행정작용법(중범 김동희 교수 정년기념논문집), 916쪽; 홍준형, 시민을 위한 행정법입문, 284쪽.

공공기관은 공개 청구된 공개 대상 정보의 전부 또는 일부가 제3자와 관련이 있다고 인정할 때에는 그 사실을 제3자에게 지체 없이 통지하여야 하며, 필요한 경우에는 그의 의견을 들을 수 있다(제11조 제3항). 또한 공공기관은 다른 공공기관이 보유·관리하는 정보의 공개 청구를 받았을 때에는 지체 없이 이를 소관 기관으로 이송하여야 하며, 이송한 후에는 지체 없이 소관 기관 및 이송 사유 등을 분명히 밝혀 청구인에게 문서로 통지하여야 한다(제11조 제4항).

불복절차로는 이의신청(제18조), 행정심판(제19조), 행정소송(제20조)이 있다. 이의신청, 행정심판, 행정소송은 필요적 전치의 관계에 있지 않고, 비공개결정이 있을 때 이의신청, 행정심판, 행정소송 등 어느 불복절차도 바로 활용할 수 있다.[89]

20.3.3. 비공개대상정보

이미 보았듯이 「정보공개법」 제9조 제1항은 비공개대상정보를 8가지로 열거하고 있다. 즉, ① 다른 법률 또는 법률에서 위임한 명령(국회규칙·대법원규칙·헌법재판소규칙·중앙선거관리위원회규칙·대통령령 및 조례로 한정한다)에 따라 비밀이나 비공개 사항으로 규정된 정보, ② 국가안전보장·국방·통일·외교관계 등에 관한 사항으로서 공개될 경우 국가의 중대한 이익을 현저히 해칠 우려가 있다고 인정되는 정보, ③ 공개될 경우 국민의 생명·신체 및 재산의 보호에 현저한 지장을 초래할 우려가 있다고 인정되는 정보, ④ 진행 중인 재판에 관련된 정보와 범죄의 예방, 수사, 공소의 제기 및 유지, 형의 집행, 교정, 보안처분에 관한 사항으로서 공개될 경우 그 직무수행을 현저히 곤란하게 하거나 형사피고인의 공정한 재판을 받을 권리를 침해한다고 인정할 만한 상당한 이유가 있는 정보, ⑤ 감사·감독·검사·시험·규제·입찰계약·기술개발·인사관리에 관한 사항이나 의사결정 과정 또는 내부검토 과정에 있는 사항 등으로서 공개될 경우 업무의 공정한 수행이나 연구·개발에 현저한 지장을 초래한다고 인정할 만한 상당한 이유가 있는 정보, ⑥ 해당 정보에 포함되어 있는 성명·주민등록번호 등 「개인정보보호법」 제2조 제1호에 따른 개인정보로서 공개될 경우 사생활의 비밀 또는 자유를 침해할 우려가 있다고 인정되는 정보(예외: ㉮ 법령에서 정하는 바에 따라 열람할 수 있는 정보, ㉯ 공공기관이 공표를 목적으로 작성하거나 취득한 정보로서 사생활의 비밀 또는 자유를 부당하게 침해하지 아니하는 정보, ㉰ 공공기관이 작성하

89) 김유환, 2024, 341쪽.

거나 취득한 정보로서 공개하는 것이 공익이나 개인의 권리 구제를 위하여 필요하다고 인정되는 정보, ㉣ 직무를 수행한 공무원의 성명·직위, ㉤ 공개하는 것이 공익을 위하여 필요한 경우로서 법령에 따라 국가 또는 지방자치단체가 업무의 일부를 위탁 또는 위촉한 개인의 성명·직업), ⑦ 법인·단체 또는 개인(이하 "법인등"이라 한다)의 경영상·영업상 비밀에 관한 사항으로서 공개될 경우 법인등의 정당한 이익을 현저히 해칠 우려가 있다고 인정되는 정보(예외 있음), ⑧ 공개될 경우 부동산 투기, 매점매석 등으로 특정인에게 이익 또는 불이익을 줄 우려가 있다고 인정되는 정보이다.

비공개대상정보는 정보공개원칙의 예외에 해당하므로, 그 요건은 엄격하게 해석해야 한다. 예컨대 ④에서 정한 진행 중인 재판에 관련된 정보에 해당한다는 사유로 정보공개를 거부하기 위하여는 반드시 그 정보가 진행 중인 재판의 소송기록 자체에 포함된 내용일 필요는 없으나, 그렇다고 재판에 관련된 일체의 정보를 비공개대상으로 삼을 수는 없다. 진행 중인 재판의 심리 또는 재판의 결과에 구체적으로 영향을 미칠 위험이 있는 정보여야 비공개대상정보로 볼 수 있다.[90] ⑤에 말하는 의사결정과정 또는 내부검토과정에 있는 정보를 비공개대상정보로 규정한 취지를 이해한다고 하더라도, 정보공개제도가 행정운영에 국민·주민의 의사를 반영해 가기 위한 국민·주민참여 수단임을 감안하면 의사결정과정 또는 내부검토과정에 있는 정보야말로 공개가 강력히 요청되는 것이므로 "현저한 지장"은 엄격히 해석해야 한다.[91] 그리고 이 엄격한 판단은 예컨대 "국민에 의한 감시의 필요성이 크고 이를 감수하여야 하는 면이 강한 공익법인에 대한 것"일수록 더욱더 적극적이어야 한다.[92]

앞에서도 언급했듯이 제6호의 개인정보의 경우 그것의 보호를 이유로 한 정보공개거부도 신중한 검토가 필요하다. 대법원은 종래 개인식별정보가 아니라도 공개될 경우 사생활의 비밀과 자유를 침해할 우려가 있는 정보도 비공개대상정보에 포함시켰으나,[93] 「정보공개법」의 개정("해당정보에 포함되어 있는 성명·주민등록번호 등 「개인정보 보호법」 제2조 제1호에 따른 개인정보로서 공개될 경우 사생활의 비밀 또는 자유를 침해할 우려가 있다고 인정되는 정보",[94] 2020. 12. 22.)으로 「개인정보보호법」이 규정하는 개인정

---

90) 대법원 2011. 11. 24. 선고 2009두19021 판결.

91) 김철용, 2024, 438쪽.

92) 대법원 2010. 12. 23. 선고 2008두13101 판결 참조.

93) 대법원 2012. 6. 18. 선고 2011두2361 전원합의체 판결.

94) 개정전 규정은 "해당 정보에 포함되어 있는 성명·주민등록번호 등 개인에 관한 사항으로서 공개될

보에 해당하는 개인식별정보라야 비공개대상정보에 속하게 되었다.[95)]

한편, 법 제13조 제5항은 "공공기관은 제11조에 따라 정보의 비공개 결정을 한 경우에는 그 사실을 청구인에게 지체 없이 문서로 통지하여야 한다. 이 경우 제9조 제1항 각 호 중 어느 규정에 해당하는 비공개 대상 정보인지를 포함한 비공개 이유와 불복의 방법 및 절차를 구체적으로 밝혀야 한다"고 규정한다. 이 조항은 항고소송에서 처분사유의 추가·변경과 관련해서도 중요하다. 대법원은 '기본적 사실관계의 동일성'이 인정되는 한도에서만 항고소송 단계에서 처분사유의 추가·변경을 허용하고 있다. 정보공개소송(정보비공개결정 취소소송)에서는 「정보공개법」 제9조 제1항 단서 각호의 비공개사유마다 기본적 사실관계가 다르다는 것이 또한 대법원 판례의 입장이다. 이리하여 결국, 정보공개소송에서는 당초 처분시 제시한 비공개사유를 추가하거나 변경할 수 없다는 결론에 이르게 된다.

이는 원고(정보공개청구인)의 신뢰를 보호하는 일견 타당한 결론으로 보이지만, 항고소송의 취소판결이 지니는 기속력의 소극적 측면인 반복금지효 역시 처분의 구체적 위법사유에 한정되기 때문에, 공공기관은 당초 처분시 제시한 비공개사유가 아닌 다른 비공개사유, 즉 항고소송 단계에서 추가·변경이 허용되지 않았던 다른 비공개사유를 이유로 재차 정보비공개결정을 하는 것이 가능하게 된다. 이렇게 되면 몇 년에 걸쳐 재판을 한 결과 원고승소 확정판결을 받더라도, 새로운 비공개사유를 내세운 정보비공개결정을 다시 다툴 수밖에 없는 상황을 맞게 된다. 그래서 정보공개소송에서는 오히려 처분사유, 즉 비공개사유의 추가·변경을 보다 더 넓게 허용하는 것이 분쟁의 일회적 해결 및 재판의 신뢰라는 측면에서 타당하다는 견해도 있다.[96)]

20.3.4. 개인정보보호법의 쟁점

개인정보보호법 논의의 출발점은 1980년 경제협력개발기구(OECD) 이사회의 권고이다.[97)] 그로부터 30여 년만인 2013년에는 이 권고의 개정판이 나왔다. 왜 OECD

경우 사생활의 비밀 또는 자유를 침해할 우려가 있다고 인정되는 정보"로 되어 있었다.

95) 김유환, 2024, 335쪽.

96) 경건, "정보공개소송에서의 처분사유의 추가·변경", 서울법학 제24권 제2호, 2016, 17쪽. 경건 교수는 정보공개소송은 객관소송적 성격이 강하다는 점을 고려할 때 행정소송법이 취하고 있는 직권심리주의를 더욱더 적극적으로 활용하는 것이 바람직하다고 생각한다는 견해를 덧붙인다.

97) 권고의 정식명칭은 "Recommendation of the Council concerning Guidelines Governing the

이사회의 권고인가? 이것은 데이터 경제에 대한 대비로 이해해야 한다.

자본주의 국가는 국내 자본 내부의 과다 경쟁을 조절하려고 한다.[98] 두 번의 제국주의 전쟁 이후 자본주의 국가들은 국가 간 '공정한' 경쟁조건을 만드는 데 관심을 쏟는다. 환경법에서 오염원인자 부담원칙 준수를 EU가 중국이나 한국 등에게 강조하는 이유도 같은 맥락이다. 오염원인자가 비용을 부담하지 않는다면, 이는 국가가 공해를 배출하는 기업에게 부당하게 보조금을 제공하는 것과 같은 효과를 발휘한다. 당연히 국가 간 경쟁에서 오염원인자로서 비용을 부담해야 하는 나라의 기업이 불리한 처리에 놓이게 된다. 자유무역협정(FTA)에 노동기본권 조항이 반드시 들어가는 까닭도 또한 같다. 노동기본권 보장에 들이는 사회적 비용을 최저로 낮추게 되면 기본권을 희생해가며 무리하게 경쟁하는 일이 발생할 수 있고, 이는 국제통상의 관점에서 보면 불공정한 경쟁이 된다.

OECD 이사회가 개인정보보호와 관련하여 가이드라인을 제시하는 것도 같은 취지라고 볼 수 있다. 1980년의 OECD 권고는 개인정보보호에 관한 8원칙을 담고 있다. 이 원칙은 OECD 가맹국만이 아니라 전세계에서 제1기 개인정보보호법제의 기초가 되었지만, 실제 제도의 모습은 미국과 유럽에서 다르게 나타났다. 이를 두고 개인정보보호법제의 분열(fragmentation)이라고 말하는 이도 있다.[99]

앞서 독일의 예를 들었지만, 유럽은 회원국 국내 법제의 충실화 시기를 거쳤고, 유럽연합 차원에서는 '일반 데이터 보호 지령'의 제정으로 나아갔다. 이로써 각국에 공통된 규제, 정부와 민간 부문 모두에 적용되는 규제의 확립을 도모하였다. 또한 긴 조정기간을 거쳐 이 지령은 규칙으로서 EU 내의 공통의 법제도가 되었고 2018년 5월 25일에 정식으로 시행되었다.

Protection of Privacy and Transborder Flows of Personal Data"(프라이버시 보호와 개인 데이터의 국제유통에 대한 가이드라인과 관련한 이사회 권고)이다.

98) 마르크스는 이를 영국에서의 공장법 제정사를 통해 자세하게 보여준다. 특히 자본론 제1권 제13장 제9절을 볼 것. 마르크스가 인용하고 있는, '아동조사위원회'의 결론부분은 의미심장하다. "대규모 고용주의 공장이 규제를 받고 있는데, 똑같은 사업부문에서 소규모 사업장이 노동시간에 대한 아무런 법적 규제도 받지 않는다는 것은 대규모 고용주에게 부당한 일이다. 소규모 작업장을 법적 규제에서 제외시킴으로써 노동시간과 관련된 경쟁조건이 부당한 상태에서 대규모 공장주들에게 또 하나의 불이익이 추가되고 있다." 카를 마르크스, 강신준 옮김, 자본론 I-1권, 도서출판 길, 2008, 654-655쪽.

99) 横澤誠, "デジタル経済安全保障と「自由なデータ流通」の出口計画", 経済安全保障研究会 研究報告(No. 3), 2020. 9., 6쪽.

이와 달리, 미국의 개인정보보호법제는 매우 복잡하고 중층적이다. 즉, 연방 차원에서는 의료분야, 금융분야, 미성년의 개인정보보호 등 분야별로 개별 법률이 존재하고, 각 주도 독자의 입법으로 규율할 수 있다. 미국에서는 입법화되지 않은 사항에 대해서는 기본적으로 무규제로 한다는 해석이 우선하지만, 동시에 자주규제 혹은 공동규제 방식을 존중하고, 인증제도에 의거한 공통의 이해와 사회적 신뢰 도모를 꾀한다.[100)]

그렇다면 1980년의 권고 이후 30여 년만인 2013년에 위 권고의 개정판이 나온 이유는 무엇일까? 여러 이유가 있을 것이다. 아날로그 세상에 기반한 규율체계를 디지털 세상에 맞게 고쳐나가는 일이 중요해지고 있다. 다만, 자본의 입장에서는 이러한 규율체계가 이른바 '혁신'을 막는 것까지는 찬성하지 않는다. 그러나 무엇이 '혁신'인가? 기업의 입장에서는 혁신이겠지만, '테크노봉건주의' 하에 살아가는 시민들에게 그것은 개인정보의 침해일 수 있다. 이것을 적절히 규제하는 데 「개인정보보호법」 등이 역할을 해야 한다.

「개인정보보호법」 등 개인정보보호법제는 개인정보를 보호한다. 개인정보보호법제에는 「개인정보보호법」과 「정보통신망 이용촉진 및 정보보호에 관한 법률」, 「신용정보의 이용 및 보호에 관한 법률」 등 데이터 3법 외에도 개별 법률들이 있다.

개인정보는 행정이나 의료, 기업활동 등 다양한 분야에서 서비스 향상과 업무의 효율화를 위해 필요하지만, "처리 및 보호"가 제대로 되지 못하면 "개인의 자유와 권리"를 침해하고 "개인의 존엄과 가치"(「개인정보보호법」 제1조)를 훼손할 수 있다. 개인정보를 보호한다는 것은 "정보통신서비스 제공자 등의 내부적인 부주의로 개인정보가 외부로 유출되는 사고뿐만 아니라 정보통신서비스 제공자 등이 기술적 보호조치를 충분히 다하지 못하여 해킹과 같이 외부로부터의 불법적인 접근에 의해 개인정보가 외부로 유출되는 사고도 방지"[101)]하는 것을 의미한다. 개인정보보호법제의 이해에서 알아야 할 쟁점도 크게 셋으로 나눌 수 있다. 이하 「개인정보보호법」을 중심으로 검토해보자.

첫째, 어떤 정보가 개인정보가 되는가? 개인정보의 보호대상은 개인정보이다. 개인정보는 살아 있는 개인에 관한 정보로서 성명, 주민등록번호 및 영상 등을 통하여

---

100) 横澤誠, 위의 글, 같은 곳.

101) 대법원 2021. 9. 30. 선고 2020두55220 판결.

개인을 알아볼 수 있는 정보, 해당 정보만으로는 특정 개인을 알아볼 수 없더라도 다른 정보와 쉽게 결합하여 알아볼 수 있는 정보 등이다. 가명정보도 개인정보보호법의 예외 사항에 해당하지 않는 한 법의 보호대상인 개인정보에 해당한다(제2조 제1호).[102] 개인정보를 위협하는 주체는 과거에는 주로 공적 권력이었으나, 현재는 여기에 기업권력이 가세해 있다. 후자는 특히 가명정보의 상업화에 큰 관심을 갖는다.[103] 한편, 요즘은 공채가 서서히 폐지되고 경력직 채용이 늘어나고 있어, 기업들이 평판조회(레퍼런스 체크)를 하는 경우가 있다. 그러나 평판도 개인정보에 해당하므로, 지원자의 동의 없이 평판조회(레퍼런스 체크)를 진행하면 「개인정보보호법」 위반이 될 수 있다(제17조 제1항 제1호, 제71조 제1호).[104]

보호대상인 개인정보가 되려면 그것이 성명 등을 통하여 특정 개인을 식별할 수 있는 것이어야 한다. 또한 그런 것이 아니어도 '다른 정보와 쉽게 결합하여 알아볼 수 있는'(결합 용이성) 정보라면 개인정보가 될 수 있다. 예컨대 생년월일이나 전화번호 등은 그 자체로는 특정 개인을 식별할 수 없는 정보이지만, 성명과 결합하면 특정 개인을 식별할 수 있으므로 개인정보에 해당할 수 있다.[105]

둘째, 개인정보 처리(수집, 이용, 제공 등)의 규제에 관한 사항은 어떠한가? 이와 관련하여 개인정보의 보호 및 이용이라는 두 가지 상반되어 보이는 목표 달성을 위한 여러 사항이 논의된다. 이를 관통하는 키워드는 목적 제한성 및 정보주체의 동의이

102) 가명정보의 활용은 2020. 2. 4.자 개정 「개인정보보호법」부터 본격화했다. 개정법률은 가명정보와 가명처리 개념을 새로 도입했다(동법 제2조 제1호 다항, 제1의2호). 개정이유에는 "4차 산업혁명 시대를 맞아 핵심 자원인 데이터의 이용 활성화를 통한 신산업 육성이 범국가적 과제로 대두되고 있고, 특히, 신산업 육성을 위해서는 인공지능, 클라우드, 사물인터넷 등 신기술을 활용한 데이터 이용이 필요"하다고 명시되어 있다. 법의 취지에 따라 개인정보호위원회는 자율주행차에 의한 차량번호 수집이 개인정보 침해에 해당하지 않는다고 해석하고 있다. 자동차번호판은 '다른 정보와 쉽게 결합해 알아볼 수 있는' 개인정보에 해당하지 않는다고 보기 때문이다.

103) 개인정보보호위는 2024년 2. 4일 이미지·영상·음성 등 정해진 규격이나 형태가 없는 비정형 데이터의 가명처리 가이드라인을 내놨다. 가이드라인에는 '민감정보'로 간주하는 의료 데이터도 포함됐는데, 시티 사진 등에서 환자 이름과 환자번호·생년월일 같은 기본 정보를 지우고 추가적인 기술적 처리를 하면 해당 정보를 활용할 수 있다고 명시하고 있다. 그러나 국가가 나서서 개인 의료·보건 데이터 활용을 부추기는 건 '공공의 이익'이 아니라 기업의 이익을 증대시킬 위험이 있다. "민감정보 활용 길 나서는 정부 … 전문가들 '기업 이익만 늘려줘' 비판", 인터넷한겨레, 2024. 3. 14.자.

104) 나아가 레퍼런스 체크를 빙자하여 취업방해를 하면 근로기준법 위반으로 처벌받을 수 있다(제40조, 제107조).

105) 대법원 2014. 7. 24. 선고 2012다49933 판결 참조.

다. 구체적으로 ① 정보의 수집·이용이 가능한 경우와 그 제한(제15조 제1항, 제2항, 제16조, 제15조 제3항 및 같은 법 시행령 제14조의2 제1항), ② 정보주체의 동의(제22조 제1항 등), ③ 개인정보의 제3자 제공 및 제3자의 개인정보 이용(제17조), ④ 개인정보의 목적 외 이용·제공의 제한(제18조), ⑤ 개인정보의 보유기간 및 파기 등(제21조), ⑥ 개인정보의 처리제한(제23조, 제24조, 제24조의2), ⑦ 정보수집에 정보주체의 동의를 요하지 않는 경우의 개인정보 보호(제25조, 제26조) 등이 규율되고 있다.

셋째, 개인정보와 관련한 분쟁과 그 권익구제는 어떠한가? ① 개인정보에 관한 분쟁의 조정을 위하여 개인정보분쟁조정위원회를 두고 있다(제40조). ② 개인정보처리자가 집단분쟁조정을 거부하거나 집단분쟁조정의 결과를 수락하지 아니한 경우에는 법원에 권리침해 행위의 금지·중지를 구하는 소송을 제기할 수 있다(제51조, 개인정보 단체소송). ③ 위반행위의 시정을 위한 법적 구제절차가 존재한다. 개인정보처리자가 행정청인 경우에는 행정심판, 행정소송 및 헌법소원이 가능하고, 개인정보처리자가 행정청이 아닌 경우에는 민사소송이 가능하다. ④ 개인정보처리자가 「개인정보보호법」을 위반하는 등의 행위로 인하여 정보주체가 손해를 입으면 개인정보처리자에게 손해배상을 청구할 수 있다. ⑤ 「개인정보보호법」 등 데이터 3법은 개인정보자기결정권 침해에 대하여 과징금, 과태료, 행정형벌 등 다양한 제재수단을 두고 있다.

더공부해보기/생각해보기/토론하기

1. 다음의 글을 읽고 행정절차(법제)에 담겨있는 다양한 정치적 의미를 토론해 보자.

> 독일(법)의 역사에서 공공참여(Öffentlichkeitsbeteiligung)가 수행한 상이한 기능들 - 민주주의적 제도의 대체물에서 행정결정에 대한 민주적 통제에 이르기까지 - 을 추적한 논자에 의하면 19세기 독일에서 공공참여의 법제화는 다른 나라에서의 민주주의 운동이 독일에 와서는 좌절되는 경우에 특히 활발했다고 한다. 다른 말로 하면 참여권은 국가조직에서의 민주주의 결핍을 보완할 일종의 보상이었으며, 부르주아 시민혁명에 실패한 독일의 (부르주아) 자유주의자들에게 주어진 민주주의적 자기결정권을 대신하는 대체물이었다. 이때의 참여는 국가 내 민주주의의 결핍을 보충하기 위해 시민사회가 행정결정에 참여하는 것(행정결정에 대한 민주적 통제)으로 이해되었다.

그런 까닭에 정치적-의회주의적 민주주의의 유지 및 방어가 핵심적인 분쟁(논쟁)의 대상이었던 바이마르 공화국에서는 행정참여로서 참여권의 문제는 논의의 대상조차도 되지 않았다. 바이마르 정체하에서는 사회주의사회 혹은 경제민주주의의 도입을 주장하는 세력과 자본주의의 유지를 고수하는 세력 간의 양보 없는 대결이 벌어졌고, 그런 상황에서 19세기 독일적 의미의 (행정)참여가 논의될 여지는 없었다.

이처럼 역사적 사례를 통해서도 확인되듯이 주권자의 민주주의적 자기결정권이 없는 곳에서 참여는 결코 민주주의와 함께 가기 어렵다. 그러기에 작금의 참여를 다음과 같이 평가절하하는 것도 그렇게 근거 없는 것만은 아니라고 생각한다: 참여는 보편적 이익의 대변자라는 자신의 역할에서 점차 벗어나고 있는 신자유주의 자본주의 국가가 '사회'(경제사회, 시민사회)에 던져 주는 일종의 보상이자, 자기의 정당성을 보충하는 장치로 기능하는 것으로 볼 수 있다.[106]

2. 본문에서는 행정절차법 학습에 앞서 네 개의 질문을 던졌다. 그 중에서 세 번째 질문은 "절차적 공정이 결과의 평등을 보장해주는가?"였다. 분위기상 긍정적인 답변이 나오지 않을 것 같은 질문이었다. 아래의 글도 이런 질문에 문제의식을 갖고 답을 한다. 참고로 읽어보기 바란다. 그리고 여러분이라면 어떤 답을 할 것인지 생각해보자.

> "지금 '공정과 정의' 가치가 지향하는 방향은 과거와는 사뭇 다르다. 현 시기 공정 담론에서 가장 중요한 건 '절차적 투명성'이다. 과정과 결과가 유리알처럼 투명해야 공정하다고 생각하고 승복한다. 투명성은 객관적 수치를 중시한다. 주관적 평가가 개입하는 순간 공정성에 대한 믿음은 무너진다. 젊은 세대가 보기에 가장 객관적이고 투명한 건 '시험 성적'이다. (…) (그러나) 시험 성적에 의존하는 '공정'은 절차적 공정, 절차적 정의에 갇히기 쉽다. 시험은 모두 같은 장소에서 치르니 부정행위만 막으면 공정성은 확보되는 것처럼 보인다. 교육환경의 차이나 교육제도와 같은 좀더 커다란 문제는 오히려 부차적인 것이 되어버린다. 그 밑바탕엔 기회의 평등이 보장되면(정확히는 보장되는 것처럼 느끼면) 그에 따른 성과와 보상은 정당하다는 '능력주의'가 깔려 있다. (…) (반면) 결과의 평등, 공동체에 대한 의무감은 현 시기 '공정' 담론에선 현저히 약화돼 있다."[107]

---

106) 이계수, "참여민주주의의 이상과 현실 - 헌법이론적 진단", 공법연구 제35집 제1호, 2006, 205쪽 이하.

107) 박찬수, "'평등' 사라진 '공정과 정의', 전통 진보를 할퀴다 - 박찬수의 '진보를 찾아서' 16", 인터넷 한겨레신문, 2021. 2. 9.자.

3. ‘프라이버시 보호와 개인 데이터의 국제유통에 대한 가이드라인과 관련한 이사회 권고’(1980년 OECD 권고)를 이야기 하면서 경쟁을 조율하며 절차를 강조하는 자본주의 국가의 법 메커니즘을 설명했다. 이에 대해 조금 더 자세히 공부해보자.

마르크스는 공장법을 ‘사회가 그 생산과정의 자연발생적 형태에 가한 최초의 의식적이고 계획적인 반작용’이라고 평가한 뒤, 공장법이 자유경쟁의 유지를 위해 이후 확대 적용되어가는 과정을 분석한다. 대공장의 고용주들은 소규모 작업장이 법적 규제에서 면제되어 있는 반면, 자신들은 규제와 제한을 받고 있다는 사실을 못견뎌하면서 착취의 평등을 요구한다.[108] 그런데 자본축적 과정에서의 경쟁이 글로벌 시장으로 확대 · 전개되면, 자본은 이러한 요구를 일국적 차원을 넘어서까지 관철하려고 한다. 이것을 규범적으로 표현하는 것이 바로 ‘세계화와 법의 지배’ 프로젝트, 혹은 글로벌 스탠더드로서의 ‘법의 지배와 거버넌스’ 체제 구축이다.

‘공장법’으로 표현되는 법의 지배가 국가 간 적용으로까지 확장된 선구적 사례는 국제노동기구(ILO)와 동기구의 조약들이다. 제1차 세계대전 직후인 1919년에 설립된 ILO는 자본축적 과정에서 자본간 경쟁의 격화로 발생할 수 있는, 극단적인 경우 전쟁으로까지 비화할 수도 있는 충돌을 조절하려는 노력의 산물이다. 그 점에서 ILO와 동 기구의 조약체제(레짐)는 국제적 차원의 공장법 제도라고 부를 수 있다. 다만, ILO의 설립과 조약을 통한 노동관계의 규율이 노동자계급의 투쟁을 통한 권리쟁취의 면모도 갖고 있었던 반면, 1970년대 이후의 이른바 글로벌 스탠더드들은 자본 상호 간의 규율의 성격이 더욱더 강하다. 예컨대 1960년대 중반부터 본격화한 자본의 축적위기는 자본 간 ‘공정한’ 경쟁을 요구하게 되고, 이것은 경제협력개발기구(OECD) 이사회가 오염자 부담원칙(Polluter Pays Principle, 약칭 PPP)의 적용을 각국에 권고(1972)하는 계기가 되는데,[109] 이는 결국 공장법의 환경법적 변용에 해당한다.

---

108) “자유경쟁원리가 두루 관철되고 있는 사회에서, 조야한 착취에 제한이 가해지는 작업장 또는 공장과 그렇지 않은 곳이 동시에 나타나면, 사회적 규제를 받는 측에서는 손실을 메꾸려고 노력한다. 이러한 착취의 탐욕이 사회적 규제의 적용확대를 가져온다.” 카를 마르크스, 강신준 옮김, 자본 I-1, 654-655쪽.

109) 공해규제의 준수비용이 오염자의 부담으로 되는 나라에서 조업하는 사업자와 정부의 부담으로 되는 나라에서 조업하는 사업자 간에는 정부보조금 만큼의 제조비용차이가 발생한다. 오염자부담원칙은 그로 인해 발생하는 국제통상에서의 경쟁력 왜곡을 시정하여 공정한 국제적 경쟁을 실현하는 것에 초점을 맞추고 있다. 구마모토 가즈키, 이승무 옮김, 일본의 순환형사회 만들기 무엇이 잘못되었는가, 순환경제연구소, 2012, 113쪽; 이계수, “환경법의 역사와 과제”, 민주법학 제51호, 2013, 145-146쪽.

이러한 움직임은 기후위기 시대에 더욱더 강화되고 있다. RE100이나 유럽연합의 탄소국경조정제도(CBAM), 재활용 플라스틱을 일정 비율 이상 사용해야 하는 탈플라스틱 규제 등 이른바 녹색전환제도가 속속 등장하고 있다.[110] 이것은 전세계 나라들이 기후위기 대응이라는 명분과 자국 산업 보호라는 산업정책을 융합시키고 있기 때문에 나타나는 현상으로 평가할 수 있다. 기후변화에 많은 비용을 쓰고 있는 유럽연합은 세계무역기구가 기후변화에 관한 국제통상규범을 만들지 않으면 유럽기업들만 불리하다고 판단하고 있다.

유럽연합은 여기서 한 발 더 나아가 "유럽에서 비즈니스를 하는 모든 기업은 협력업체와 하청업체까지 전체 공급망 가치사슬에 걸쳐 노동 인권, 환경, 작업장 안전 등을 확인 · 보고 · 개선하는 '상당한 주의' 의무를 이행해야 한다. 이를 위반하면 벌금을 물거나 피해를 보상해야 한다"는 내용의 입법권고안까지 채택하였다(2021). 유럽에 진출한 300여 개 한국 기업을 대표하는 유럽한국기업연합회는 기업에 인권 · 환경 · 지배구조 관련 위험예방 및 개선의무를 부과하는 위 권고안이 "새로운 비관세 장벽으로 작용하게 될 우려가 있다"며 "환경 · 사회 · 지배구조(ESG) 경영 독려를 통해 기업의 자발적 참여를 유도하는 것이 바람직하다"는 의견서를 유럽연합 집행위원회에 제출하기도 했다. 유럽산업계의 반응도 엇갈린다. 유럽의 최대 업계 단체인 '비즈니스유럽'은 "유럽 기업에 과도한 부담을 초래한다"며 반대하지만, 나이키 · 유니레버 · 코카콜라 · 피앤지(P&G) · 네슬레 등이 소속된 유럽브랜드협회(AIM)는 의무 도입을 지지하는 입장이다. 전 세계 각국에 하청 제조공장을 갖춘 다국적 기업일수록 찬성하는 셈이다.[111]

그러므로 다시 말하지만, 이 문제는 착취의 평등을 둘러싼 자본 간의 대립을 보여주지만, 그 대립은 당연히 각국 노동자의 이해관계와도 연결된다. 그 점에서 "무역전쟁은 계급전쟁"이라는 테제의 의미도 잘 짚어볼 필요가 있다.[112]

---

110) RE100이란 "Renewable Energy 100%"의 약칭으로 사업활동에서 소비하는 에너지의 100%를 재생가능에너지로 조달할 것으로 목표로 하는 국제적 이니셔티브를 말한다. CBAM이란 Carbon Border Adjustment Mechanism의 약자로 탄소국경조정제도라고 한다. 유럽연합(EU)에 수입되는 탄소집약형제품에 대해 그 생산과정에서 배출된 탄소량만큼 비용을 부과하는 제도이다. CBAM는 유럽연합 기업이 저탄소 제품 생산을 위한 투자로 생산원가가 상승해 역외(域外)국가와 비교할 때 불공정한 상황에 처하는 것은 막는 것을 목표로 한다. 자세한 것은 박균성/함태성, 환경법, 박영사, 2023, 141쪽 이하.

111) "EU '기업 환경·안전 의무화' 추진 … 현지 한국기업 하청업체까지 대상", 인터넷한겨레, 2021. 2. 10.자.

112) 매튜 클라인, 마이클 페티스, 이은경 옮김, 무역 전쟁은 계급 전쟁이다, 시그마북스, 2021.

4. 비공개대상정보 중에는 기업정보도 있다(「정보공개법」 제9조 제1항 제7호). 제7호의 기업정보와 관련한 정보공개거부의 실무를 자세히 들여다보면 과거에는 국가권력이 비밀의 섬이었다면 이제는 막강한 기업권력이 그 역할을 상당 부분 떠맡고 있는 것을 알아챌 수 있다. 이 권력을 어떻게 통제할 것인가는 민주주의 행정법이 감당해야 할 과제이다. 과연 그 역할을 행정법이 제대로 해내고 있는지 아래의 기사와 신문기고글을 소재로 삼아 토론해보자. 나는 이 글에서 (중앙)행정심판(위원회)의 '위험한 실상'도 발견하게 된다. 왜 위험한가?

1. 기사제목: 법원 "삼성전자 작업환경보고서 비공개 정당하다", 한겨레신문, 2020. 2. 20.

삼성전자 반도체 노동자의 직업병 판단이 담긴 삼성전자의 작업 환경 측정 결과 보고서를 비공개하는 것은 정당하다고 법원이 재차 판단했다. 20일 서울행정법원 행정1부(재판장 안종화)는 반도체 노동자의 건강과 인권지킴이 반올림(이하 반올림) 소속 노무사 이종란 씨가 중앙행정심판위원회를 상대로 "작업환경보고서 일부 비공개 결정을 취소해달라"며 낸 소송에서 원고 패소 판결했다. 작업환경보고서에는 사업주가 작업장 내 유해물질에 대한 노동자의 노출 정도를 측정하고 평가한 결과가 기재돼있다. 6개월마다 지방고용노동관서에 제출된다. 이씨는 2018년 고용노동부에 1994~2015년의 작업환경측정 결과보고서에 대한 정보공개 청구를 냈고, 정보공개 결정을 받았다.

그러나 삼성전자는 '경영 · 영업상 비밀로서 공개될 경우 정당한 이익이 침해받을 비공개 정보에 해당한다'면서 수원지법에 행정소송을 내는 한편, 중앙행정심판위원회의 판단을 구했다. 중앙행정심판위원회는 상당수의 정보를 제외하고 일부 공개 결정을 내렸다. 반올림은 이에 반발해 중앙행정심판위원회를 상대로 행정소송을 냈다. 재판부는 중앙행정심판위원회의 처분에 문제가 없다고 봤다. "해당 정보에는 공정이나 설비의 배치, 해당 공정에 최적화된 화학물질 및 신기술 등을 유추할 수 있는 내용이 담겨 있다. 이는 삼성이 경쟁업체에 대해 비밀로 유지해야 할 기술적 노하우다. 공개되면 이익을 현저히 해칠 우려가 있다"는 설명이다. 반올림은 정보공개법 관련 조항을 들어 해당 보고서가 공개돼야 한다고 주장했지만, 이 역시 받아들여지지 않았다.

2. 신문기고글: 이상민, “행정심판제도의 의의와 도전”, 법률신문, 2018. 5. 21.[113)]

“甲이라는 사람이 서대문구에 위치한 자신의 토지에 단독주택을 짓기 위해 서대문구청에 건축허가를 신청하였으나 불허가처분을 받았다. 이 경우 甲은 서대문구청장을 피고로 건축 불허가처분이 위법 · 부당하다며 법원에 행정소송을 제기할 수도 있지만,[114)] 그 이전에 서울특별시 행정심판위원회[115)]에 구청장을 상대로 불허가처분의 취소를 구하는 행정심판을 청구할 수 있다.[116)]

행정심판위원회의 조사 및 심리 끝에 甲이 행정심판위원회로부터 청구를 받아들이는 ‘인용’ 재결을 받으면 불허가처분은 즉시 취소된다.[117)] 해당 구청장은 행정심판위원회의 재결에 기속(羈束)되므로 종전에 한 불허가처분의 위법 · 부당한 요소를 제거하고 새로운 처분을 다시 하여야 한다.[118)] 이 과정에서 甲은 인지대나 송달료 등 아무런 비용을 부담하지 않을 뿐만 아니라 법원의 심리기간보다 훨씬 짧은 기간에 자신의 청구에 대한 결론을 받아 볼 수 있게 된다.[119)] 만일 서대문구청장이 행정심판위원회의 재결내용에 따른 처분을 하지 않을 경우, 甲으로서는 행정심판위원회에 행정심판위원회 명의로 건축허가 처분을 직접 해줄 것을 구할 수도 있고(직접처분),[120)] 서대문구청장이 건축허가 처분을 내릴 때까지 매일 일정액의 이행강제금을 구할 수도 있다(간접강제).[121)]

---

113) 이 글을 쓴 이상민은 기고 당시 변호사 신분이었지만 박근혜 정부 하에서 중앙행정심판위원회 위원장을 지낸 경험을 갖고 있었다. 2022년 5월부터는 윤석열 정부 행정부장관을 역임했다. 한편 이 글의 각주는 독자의 이해편의를 위해 필자가 붙인 것이다.

114) “위법·부당하다며 법원에 행정소송을 제기할 수도 있지만”이라는 부분은 오류이다. 행정소송은 위법한 처분에 대해서만 제기할 수 있다.

115) 「행정심판법」 제6조 제3항.

116) 불허가처분, 즉 거부처분에 대해서는 거부처분의 취소심판도 불가능한 것은 아니지만 그것은 권리구제에 지나치게 우회적이므로 거부처분에 대한 적절한 행정심판절차는 의무이행심판이다.

117) 이것을 재결의 형성력이라고 한다.

118) 이것을 재결의 기속력이라고 한다.

119) 「민사소송법」 제199조(종국판결 선고기간) 판결은 소가 제기된 날부터 5월 이내에 선고한다. 다만, 항소심 및 상고심에서는 기록을 받은 날부터 5월 이내에 선고한다. 「행정심판법」 제45조(재결 기간) ① 재결은 제23조에 따라 피청구인 또는 위원회가 심판청구서를 받은 날부터 60일 이내에 하여야 한다. 다만, 부득이한 사정이 있는 경우에는 위원장이 직권으로 30일을 연장할 수 있다.

120) 「행정심판법」은 의무이행재결의 실효성을 확보하기 위한 직접처분 규정은 두고 있지만, 거부처분취소 재결이 내려진 경우에도 직접처분을 할 수 있는가에 대해서는 침묵하고 있다. 따라서 거부처분을 취소하는 재결이 내려졌는데도 피청구인인 처분청이 재처분의무를 이행하지 않을 때에도 당사자의 신청에 의하여 직접처분을 할 수 있는지에 대해서는 다툼이 있다. 이를 부정하는 견해로는 김유환, 2024, 668쪽.

121) 「행정심판법」 제50조의2.

서대문구청장의 입장에서 행정심판위원회의 인용재결에 불복하여 법원에 소송을 제기하는 것은 불가하다(국가기관 입장에서는 단심제). 반면 국민인 甲은 행정심판 청구가 '기각'되어 자신의 청구가 받아들여지지 않은 경우에는 다시 행정법원에 건축 불허가처분의 취소를 구하는 행정소송을 제기해서 법원의 판단을 받아 볼 수도 있다. 이러한 사건 해결의 절차만 보더라도 행정심판은 국민의 편에 다소 치우친다고 할 정도로 유리하게 설계된 것이 사실이다.

위 사례에서 甲은 건축 불허가처분을 취소해 줄 것을 구하는 취소심판 대신에 막바로 구청장에게 건축허가를 해 줄 것을 청구하는 의무이행심판을 청구할 수도 있다. 행정소송에서는 의무이행소송이 오랜 논란에도 불구하고 아직까지 도입되지 못하고 있는데,[122] 행정심판에서는 행정청의 어떠한 처분을 하여야 함에도 하지 않고 방치하는 '부작위'나 신청에 대하여 한 '거부처분'에 대하여 의무이행심판을 제기할 수 있어 보다 (더) 직접적으로 권익구제를 꾀할 수 있는 수단이 되고 있다. 또한 행정심판위원회에서는 재결(법원의 판결에 해당)로서 어느 한쪽의 손을 들어줄 수도 있지만, 행정소송과는 달리 양쪽의 입장을 조화롭게 반영하여 조정으로 사건을 종결지을 수도 있다.

(…) 날이 갈수록 사회적 파급력이 큰 사건들이 행정심판으로 청구되고 있다. 2017년 양양군수가 설악산 케이블카의 설치를 위한 과정에서 문화재청의 현상변경허가 거부처분을 다투면서 행정심판을 제기하여 이를 인용한 사건이나, 올해 들어 삼성디스플레이(주)가 고용노동부의 작업환경측정보고서 정보공개에 대한 집행정지를 행정심판으로 신청하여 이를 인용한 사건 등이 그 사례다.[123] 인용재결에 관한 한 행정청의 불복이 허용되지 않고 사실상 단심으로 운용되는 행정심판 재결의 특성까지 고려할 때, 무엇보다 심판기관인 행정심판위원회가 어떠한 외부의 간섭이나 영향력에 굴하지 않는 공정하고 독립된 기관으로서 자리매김하고, 재결에 대한 신뢰와 전문성을 확보하는 것이 중요하다고 할 것이다."

---

122) 1984년 12월 15일 「행정심판법」 세정, 「행정소송법」 전면개정 때 의무이행심판은 수용되었으나 의무이행소송의 도입은 유예되었다.

123) 「정보공개법」 제21조(제3자의 비공개 요청 등) ① 제11조 제3항에 따라 공개 청구된 사실을 통지받은 제3자는 그 통지를 받은 날부터 3일 이내에 해당 공공기관에 대하여 자신과 관련된 정보를 공개하지 아니할 것을 요청할 수 있다. ② 제1항에 따른 비공개 요청에도 불구하고 공공기관이 공개 결정을 할 때에는 공개 결정 이유와 공개 실시일을 분명히 밝혀 지체 없이 문서로 통지하여야 하며, 제3자는 해당 공공기관에 문서로 이의신청을 하거나 행정심판 또는 행정소송을 제기할 수 있다. 이 경우 이의신청은 통지를 받은 날부터 7일 이내에 하여야 한다.

3. 이상민 변호사는 윗글의 결론 부분에서 "심판기관인 행정심판위원회가 어떠한 외부의 간섭이나 영향력에 굴하지 않는 공정하고 독립된 기관으로서 자리매김"하는 일이 중요하다고 지적했다. 이 진술에 대해서는 두 가지 비평을 할 수 있다.

첫째, 행정심판위원회가 "어떠한 외부의 간섭이나 영향력에 굴하지 않는 공정하고 독립된 기관"으로 자리매김해야 한다고 하는데, 이런 주장을 아무런 의심없이 받아들일 수 있는 것인가? 행정심판위원회는 행정부 소속기관이며 행정심판을 담당한다. 그런데 생각해보자. 행정심판의 존재이유가 무엇인지 말이다. 전통적으로 크게 자율적 행정통제와 간이신속한 행정구제를 들어왔다. 그러다가 최근에는 헌법 제107조 제3항("재판의 전심절차로서 행정심판을 할 수 있다. 행정심판의 절차는 법률로 정하되, 사법절차가 준용되어야 한다.")을 지나치게 문리해석하여 행정심판을 준사법절차로 만드는 것이 마치 헌법의 명령인 것처럼 생각하는 해석이 행정법 내에 정착하고 있다. "사법절차를 준용"해야한다는 말이 행정심판은 행정소송의 아류가 되어야 한다는 말과 같은 의미인가? 그건 아니라고 생각한다. 행정심판은 행정소송과 얼마든지 다른 방식으로 분쟁과 갈등을 해소할 수 있는 절차로 기능할 수 있고, 또 해야 한다. 그러려면 행정심판위원회의 구성도 지금과는 달리 시민의 적극적 참여를 보장하는 방향으로 바뀌어야 한다. 이를 통해 행정심판이 일종의 행정배심제로 기능할 수 있게 만들 수도 있어야 한다. 그런데 행정심판위원회의 위원자격은 어떻게 되어 있는가? 변호사 자격을 취득한 후 5년 이상의 실무 경험이 있는 사람이나, 조교수 이상의 교수, 4급 이상의 공무원, 박사학위 받고 해당 분야에서 5년 이상 근무경험이 있는 사람들이 위원이 된다(「행정심판법」 제7조 제4항). 실제 위원위촉에서는 교수나 박사들도 대부분 법학을 전공한 사람들로 채워지고 있다. 이런 식의 법률만능주의로 행정심판을 운영할 것 같으면 차라리 행정법원의 1심을 강화하는 편이 나을 것이다.

둘째, 행정심판의 위원자격은 그렇다치고 실제로 어떤 사람들이 행정심판위원으로 위촉되는가? 중앙행정심판위원회를 보면 위원장과 상임위원 외에 "제7조 제4항 각호의 어느 하나에 해당하는 사람 중에서 중앙행정심판위원회 위원장의 제청으로 국무총리가 성별을 고려하여 위촉한다"고 되어 있다. 중앙행정심판위원회가 어떤 기준으로 비상임위원을 위촉하는지는 알려져 있지 않다. 더 큰 문제는 행정심판위원회 위원 '풀'에서 누구를 선정하여 그때그때의 행정심판에 참가시킬지에 관한 그 어떤 규정도 법률에는 없다는 사실이다. 「행정심판법」 제8조 제5항은 "중앙행정심판위원회의 회의는 위원장, 상임위원 및 위원장이 회의마다 지정하는 비상임위원을 포함하여 총 9명으로 구성한다"라고만 되어 있다. 법률규정이 이러하니 예컨대 위의 삼성전자, 삼성SDI 사건이 중앙행정심판위원회에 제기되었을 때, 이를 처리할 행정심판위원회 회의의 위원구성을 어떻게 할 것인가는 전적으로 중앙행정심판위원회위원장(행정)이 결정하게 된다. 이것은 공정한가? 이런 구조는 법원에 의한 행정소송과 비교해보아도 외부로비(기업의 로비)에 훨씬 더 취약하다. 이상민 변호사의 말대로 "사회적 파급력이 큰 사건들이 행정심판으로 청구되고 있다"면 행정심판은 더욱더 공정해야 한다. 그런데 실제 행정심판에 참여한 위원들의 명단을 비공개하고 공개청구소송을 걸어도 승소하기 어렵다면 '우리'는 이런 제도를 계속해서 칭송하고 신뢰해야 할까? 행정심판제도의 개혁이 어디서부터 시작되어야 하는지 많은 고민이 필요하다고 본다.

5. 우리 사회에는 여전히 법조 카르텔이 존재한다. 이걸 깨려면 이른바 전관 변호사의 활동 투명성을 높여야 한다. 그러나 이를 위한 여건이 마련되어 있지 않다. 법원은 하급심 판결문을 잘 공개하지 않을 뿐만 아니라 공개하더라도 그 수준은 미흡하다. 개인정보보호를 이유로 댄다. 변호사 능력은 사건 수임 건수와 승소율로 계량화될 수 있는데, 판결문이 제한적으로 공개되고, 공개된 판결문에서조차 변호사 이름을 확인하기 어려운 현실에서 일반 국민이 변호사에 관한 정보를 얻기란 불가능에 가깝다. 법률시장의 정보비대칭은 전관변호사의 몸값을 올리는 한 요인이 된다. 따라서 법조 카르텔을 깨는 출발점은 판결문 공개와 함께 일정한 요건을 갖춘 전관변호사들이 수임하는 사건 내역과 그 재판 결과 등을 주기적으로 공개하는 것이 되어야 한다. 이런 주장의 타당성에 대해 토론해보자.

"전관예우에 대한 높은 관심에도 불구하고 이에 대한 실증연구는 매우 드물었다. 가장 큰 이유는 대법원의 소극적 태도에 있다. 역대 대법원장들은 한결같이 전관예우의 존재 자체를 부정해 왔다. 따라서 법원 차원의 전관예우에 대한 실태조사는 진행된 바 없다. 학계의 연구도 자료의 부족으로 인해 지지부진했다. 예컨대, 형사사건에서 전관예우는 많은 경우 기소 전 단계에서 발생하기 때문에 외부에서 이를 감지하는 것은 쉽지 않다. 설사 판결에 나타난 전관예우를 분석하려 해도 그 기초 자료, 예컨대 형사판결문에 대한 접근도 쉽지 않다. 하급심 판결문 자체가 매우 제한적으로 일반인들에게 공개되고 있고, 그나마 정보공개 청구를 통해 판결문을 구한다고 하더라도 연구의 필수적 정보 중 하나인 피고인과 변호인의 이름을 '사생활 보호'라는 이유를 들어 제대로 공개하지 않고 있기 때문이다."[124]

"따라서 전관변호사의 활동에 대한 정보공개 범위를 보다 확대할 필요가 있다. 일정 직급 이상의 고위 판검사 경력을 갖고 있는 변호사의 경우 퇴직 후 1-2년 동안

124) 최한수, "사법부 전관예우 분석 - 경제학의 관점에서", 법경제학연구, 18권 2호, 2021, 157-158쪽.

변호사협회(혹은 법원)의 홈페이지를 통해 이들이 수임한 특정 사건(예컨대, 민사 사건의 경우 일정 금액, 형사 사건의 경우 중범죄의 경우 등으로 한정하는 식으로)에 한하여 대리인이 누구인지, 어떤 사건을 수임했는지, 해당 판검사와 어떤 관계가 있는지 등의 사실을 공개하고 이의 접근 가능성을 높이기 위해 이러한 정보를 언론이나 시민단체에게 이메일을 통해 알리는 식의 규제를 설계할 필요가 있다. 이는 변호사의 수임을 제한하거나 등록을 거부하지도 않아 위헌의 소지가 거의 없으면서 규제효과를 높일 수 있다. 이와 별도로 변호사에 대한 충분한 정보가 제공되면 '전관으로의 쏠림 현상'은 어느 정도 교정될 수 있다."[125]

6. 2021년 5월 24일 참여연대 · 민주사회를위한변호사모임 · 진보넷 등 120개 시민단체는 "인권과 안전, 민주주의가 보장되는 인공지능 정책을 요구하는 시민사회 선언"을 발표했다. 그 내용을 찾아서 읽어보고 요구사항의 타당성에 대해 토론해보자. 또한 현행 「개인정보보호법」 및 「개인정보의 안전성 확보조치 기준」(개인정보보호위원회고시) 등이 알고리즘 감시에서 충분한 법적 규제를 하고 있는지도 아울러 조사해보자.

"인공지능은 서비스나 제품을 추천 · 제공하는 단계부터 노동, 금융, 사회복지, 치안, 군사 영역에서 사람을 평가하고 중대한 의사결정을 내리는 단계까지 나아가고 있습니다. 이는 소비자, 노동자, 시민의 인권과 안전에 중대한 영향을 미칠 것입니다. 특히 안전이 검증되지 않는 인공지능 제품이 일상생활에서 사용된다면 우리의 생명조차 위험에 처할 것입니다."[126]

인공지능으로 영향을 받는 당사자들이나 일반 국민은 늘어나지만, 그들은 인공지능의 도입, 운영 결정에 대해 발언과 참여 기회를 전혀 보장받고 있지 못하고 있다. 어떻게 해야 할 것인가? 선언서를 발표한 시민사회는 인공지능을 규율할 법률과 제도를 마련해야 한다고 주장하였다. 이 법률과 제도를 통해 ① 인공지능 국가 감독체계 마련, ② 정보 공개와 참여, ③ 인공지능 평가 및 위험성 통제, ④ 권리구제 절차 보장이라는 4대 요구를 실현해야 한다고 요구했다. 알고리즘 영향평가 기준을 마련하는 것도 이 4대 요구사항의 한 내용이다.

125) 최한수, 위의 논문, 188쪽.

126) "인권과 안전, 민주주의가 보장되는 인공지능 정책을 요구하는 시민사회 선언"

21

행정상 강제집행

21.1. 행정상 강제집행 개관

21.1.1. '행정상' 강제집행의 체계적 - 규범적 의미

행정상 강제집행의 체계적-규범적 의미와 관련하여 다음과 같은 세 가지 사항을 미리 언급해 둘 필요가 있다. 행정절차의 흐름도, '행정상' 강제집행과 사법적 강제집행의 비교, 행정상 강제집행과 법률유보가 그것이다.

첫째, 행정절차의 흐름과 관련한 설명이다. 현행 「행정심판법」 제21조 제1항에 따르면 행정처분의 상대방이 처분에 불복하여 행정심판을 제기하더라도 처분의 집행 등이 정지되지는 않는다. 즉, "심판청구는 원칙적으로 처분의 효력이나 그 집행 또는 절차의 속행을 정지시키는 효력이 없다." 반면 독일에서는 행정심판을 제기하면 원칙적으로 처분의 집행은 정지된다.[1)] 따라서 독일식 관념에 따르면 행정절차-행정심판절차-행정집행절차 순으로 '넓은 의미의 행정절차'의 흐름도를 그리는 것이 가능하다. 불가쟁력이 발생한 행정행위 혹은 집행정지가 되지 않은 행정행위만 다음 난계인 행정집행절차로 넘어가기 때문이다. 그러나 우리의 경우는 행정심판을 제기하더라도 집행은 정지되지 않으므로 일단 행정심판과 행정상 강제집행은 별개이다.[2)]

---

1) 독일 행정법원법 제80조 제1항은 다음과 같이 규정한다. "행정심판과 취소소송은 집행정지효(연기효)를 갖는다. 형성적·확인적 행정행위는 물론이고 복효적 행정행위의 경우에도 마찬가지이다."

2) 물론 행정심판절차상 심판청구인이 집행정지를 신청하여 재결청으로부터 집행정지결정을 받아 낸다면 집행은 정지된다(「행정심판법」 제21조 참조).

둘째, 강제집행 앞에 '행정상'이라는 수식어가 붙어 있는 점에 주목하자. 행정상 명령된 의무의 불이행이 있을 경우, 행정주체는 법원과 같은 제3자의 손을 빌리지 않고 직접 자신의 집행관청을 통해 그 의무이행의 확보에 나선다.[3] 이것을 '행정상' 강제집행이라고 하여, 법원 등의 힘을 빌리는 '사법적(司法的)' 강제집행(judicial enforcement)과 구별한다. 우리는 사법(私法)상의 채권자는 채권의 집행을 위해 집행명의(Vollstreckungstitel)를 확보해야 하지만(자력구제 금지), 공법상의 행정주체는 그렇지 않다고 배워왔다. 그러나 이미 앞에서도 보았듯이 미국법에는 다른 방식의 강제집행방식도 존재한다.[4] 무엇이든 당연한 것은 없다. 일반적인 차원의 제도설계에 따라 - 가령 사법국가(司法國家) 대 행정국가 - 개별적 차원의 제도도 얼마든지 달라질 수 있다. 혹은 일반적인 제도설계는 그대로 유지하되, 개별적 차원의 변화를 줄 수도 있다. 예컨대 정신질환자에 대한 '사법(司法) 입원제'처럼 개별 분야에 사법적 강제방식을 시범적으로 우선 도입할 수 있을지를 검토해볼 수 있다.[5] '정신보건법 제24조 제1항 등 위헌제청'사건에서 헌법재판소는 정신질환자의 자유와 존엄이 제도적으로 보호되지 않고 있음을 우려하였다.[6] 위 헌법불합치결정 이후 '정신보건법'은 「정신건강증진 및 정신질환자 복지서비스 지원에 관한 법률」로 개정되었지만 정신질환자, 정신장애인이 그 질환 또는 장애를 이유로 차별받지 않고 자신의 권리와 자유를 충분히 향유할 수 있도록 제도적 구현이 이루어졌는지에 대하여는 검토가 필요하다.[7] 그 검토에 사법입원제도 포함시킬 수 있다.

셋째, 당연하지 않은 것은 또 있다. 행정상 강제집행을 하려면 행정상 강제집행에 선행하는, '의무를 과하는 행정행위'(본행정행위)의 법적 근거와는 별도인 법적 근거가 필요하다. 과거에는 이것도 당연하지 않았다. 독일의 경우 대체로 1950년대 이후 이

3) 이것을 행정의 자기집행(verwaltungseigene Vollstreckung)이라고도 부른다. Maurer/Waldhoff, 233쪽(9장 40번).

4) 제14장 더공부해보기/생각해보기/토론하기 1번 참고.

5) 대법원은 사법입원제의 도입과 관련하여 '신중 검토' 의견을 세 차례에 걸려 국회에 제출했다. 대법원은 인적·물적 자원 확보가 선행되어야 하다고 강조했다. 사실상 현 단계에서의 사법입원제 도입을 반대한 셈이다. "대법원 '사법입원제 신중해야' … 졸속 도입 땐 형식화 우려", 한겨레신문, 2023. 8. 9.자. 미국식 사법입원제에 관해서는 다음을 참고할 것. 박지웅 외, "뉴욕 주 사법입원 및 외래치료 지원제도에 대한 고찰", 신경정신의학 제59권 제4호, 2020, 293-302쪽.

6) 헌법재판소 2016. 9. 29. 2014헌가9 결정.

7) 이현정, "행정법적 관점에서 본 비자의 입원의 법적 성격과 절차", 행정법연구 56호, 2019, 147쪽.

런 견해가 관철되었다. 그 전에는 오토 마이어가 확인한 전통적 견해, 즉 행정의 명령권에는 강제집행권도 당연히 포함된다는 생각이 통설이었다. 마이어는 '행정의 명령이 집행력을 갖고 강제로 실현될 수 있다는 것, 이것은 자명하다(selbstverständlich)'고 말했다.[8)]

> "경찰관청에 의해 대리되는 국가는 자유와 재산을 침해하므로 법률의 근거가 필요한 경우가 아니라면, 처음부터 신민(臣民)을 상대로 법적으로 모든 것을 할 수 있다. 명령(하명)의 단순하고 직접적인 집행이 문제인 한, 법적 근거가 필요한 침해는 존재하지 않는다. 명령은 자유를 침해하므로 법률의 근거를 필요로 하지만, '명령을 받은 자'라는 의미의 복종의무자에게 그 이후 취할 조치는 위의 법률로 커버된다. 특별한 법률의 근거는 명령의 집행을 위해, 명령에 포함되어 있는 것보다 더 많은 것(mehr)을 그리고 명령된 것과 다른 것(anderes)을 의무자에게 부과해야 하는 경우에 비로소 요구된다. (법률의 근거가 필요 없는) 자명한 것과 명시적으로 (추가적인) 권리명의가 필요한 것 사이의 구분선을 경찰권을 위해 적절히 정하는 것은 경찰강제집행론의 주요과제 중 하나이다."[9)]

마이어가 정리한 통설적 견해는 전후에도 계속해서 영향력을 행사했다. 가령 포르스토프는 "행정에게 특별한 수권, 즉 법률에 의해 명시적으로 강제수단이 부여되어야 하는지는 (여전히) 논쟁 중"이라고 학설상황을 평가한다. 그러면서, "민사소송법상의 집행절차가 소송절차에 대해 독자성을 갖듯이" 행정상 강제집행에도 그런 독자성이 승인된다면 그와 같은 수권이 필요하며, 그런 경우라면 고권적 처분을 할 권한에는 처분한 것을 실행하기 위한 강제수단은 포함되지 않는다고 결론내린다.[10)] 그러나 1960년대말까지도 연방행정법원의 판결은 마이어의 견해를 따르고 있었다. 즉, 행정이 처분을 할 권한을 갖는다면, 그에게는 처분의 실행을 위한 고권적 수단도 주어져야 한다는 것이다.[11)] 포르스토프는 이 판결의 결론을 다수의 학설과 판결이 여

---

8) 마이어는 "경찰의 하명은 사인이 그 채무자에 대해 하는 그런 청구가 아니고, 관헌적 행위이다. 강제적 방법으로 이를 실현하는 것은 자명하고, 관청은 그 고유한 힘에 기초하여 그가 쓸 수 있는 보조수단에 의하여 이를 실현한다"라고 말했다. Otto Mayer, *Deutsches Verwaltungsrecht*, Bd. I, 1. Aufl., 1895, 327-328쪽. 廣岡隆, 行政上の強制執行の研究, 法律文化社, 1961, 379-380쪽 각주 4번에서 재인용.

9) Otto Mayer, *Deutsches Verwaltungsrecht*, Bd. I, 3. Aufl., 1924, 272쪽.

10) Ernst Forsthoff, *Lehrbuch*, 291쪽.

전히 따르고 있다고 설명한다.[12] 이 쟁점에 관한 한 포르스토프는 교과서 내용을 여러 번 수정하는데, 그 내용이라든가, 강제집행수단의 법적 근거가 필요하다고 주장할 때의 그 논거를 급부행정론 및 부당결부금지원칙과 연계해서 논의하는 부분 등 더 깊이 따져볼 점도 있으나 - 전후의 비상적 상황에서 1950년대 중반 이후 독일국가가 정상화되어가는 과정을 반영하는 - 이 쟁점은 이 정도로 마무리하겠다.[13]

21.1.2. 사법적 (강제)집행에 대하여

이하, 이 장에서 설명할 행정상 의무 실현방법은 프로이센-독일법의 방식이다. 그러나 이미 살펴본 것처럼 이와는 전혀 다른 방법의 의무실현도 존재한다. 이것이 미국법의 방식이다. 미국의 다수 문헌은 행정적 명령에 의해 부과된 의무의 실현을 확보하고자 할 때 사법절차(judicial process)에 의하여 의무의 실현을 강행하는 이른바 사법적 (강제)집행이 미국법의 원칙이라고 지적하고 있다.[14]

사법적 집행의 방법으로 가장 일반적인 것은 ① 의무위반에 대해 법원이 행하는 형벌적 제재이다. 그 외에 행정적 명령을 강제집행하기 위해, ② 법정모욕절차(contempt proceedings)라는 소송절차를 이용하는 방법(행정적 명령에 대하여 상대방이 복종하지 않는 경우, 행정청이 명령의 강제를 위해 법원에 원조를 구하고, 법원은 행정청의 명령에 따라야 한다는 것을 명한다. 법원의 이 명령에 따르지 않으면 법정모욕으로 처벌한다), ③ 행정청이 사인과 대등한 입장에 서서 적극적으로 민사소송(injunction의 신청 등)을 제기하여 상대방에게 특정한 의무이행을 명하는 판결을 청구하는(법원판결에 대한 불복종은 법정모욕으로서 벌금 혹은 구금의 벌을 받는다) 방법 등이 있다.[15]

연방 행정위원회의 규칙(rules, regulations) 혹은 명령(orders)의 준수를 확보하기 위해 개별 법률이 정하는 방법을 살펴보면, ① 위반에 대한 형벌적 제재 외에, ② 행정위원회가 그 규칙 혹은 명령에 대한 복종을 명하는 직무집행명령(writs of mandamus)을 법원에 신청하는 방법, ③ 행정위원회의 청구에 기초하여 검찰총장이 직무집행명

---

11) Urt. v. 28. September 1967, BVerwGE 28, 1(2); Ernst Forsthoff, *Lehrbuch*, 291쪽에서 재인용.

12) Ernst Forsthoff, *Lehrbuch*, 291쪽.

13) 우선 개략적으로는 Ernst Forsthoff, *Lehrbuch*, 292-294쪽.

14) 廣岡隆, 앞의 책, 260-261쪽.

15) 廣岡隆, 위의 책, 261쪽.

령을 신청하는 방법, ④ 행정위원회가 '강제집행의 신청'(application for enforcement)을 하고 법원이 이에 기초하여 금지명령을 발하는 방법, ⑤ 행정위원회 혹은 검찰총장이 강제집행의 신청을 하고, 법원이 이에 기초하여 금지명령을 발하는 방법, ⑥ 행정위원회가 금지를 구하는 소송(action to enjoin)을 제기하고, 법원이 이에 기초하여 금지명령을 발하는 방법 등 여러 종류의 소송형식이 존재한다.[16)]

이러한 사법적 집행은 행정권에서 독립한 제3자인 법원의 판단에 집행문제를 맡김으로써 상대방을 행정권의 독단적 행동으로부터 보호한다. 사법적 집행의 수단인 소송이 민사소송이든 형사소송이든 상대방은 형식상 피고(인)이므로 일견 수동적 지위에 놓이는 것처럼 보인다. 그러나 당사자는 강제집행되어야 할 행정적 명령의 법적 정당성을 다툴 수 있으므로, 위의 소송은 명령의 강제집행수단인 동시에 방어적 구제수단(defensive remedies) 혹은 수동적 구제수단(passive remedies)의 면모도 갖고 있다. 그 점에서 이런 절차 혹은 방식은 상대방이 원고가 되어 능동적인 지위에서 명령의 법적 정당성을 다투는 소송과 마찬가지로 상대방의 권리구제에 중요한 역할을 한다.[17)]

그 밖에 미국법에도 프로이센－독일법상의 즉시강제에 해당하는 제도가 존재한다. 사전적 사법적 승인(prior judicial sanction)을 요하지 않는 행정강제, 즉 행정권의 약식권한(summary powers)은 공적 수입을 확보하기 위한 압류절차를 제외하면, 외국인의 추방(deportation of aliens), 위생·안전·질서에 대한 불법방해(nuisance)의 제거－다수가 즉시강제로 인정된다－등 한정된 분야에 인정되지만, 행정상 의무의 실현을 확보하는 방법으로는 변칙(anomaly)에 속한다.[18)]

21.1.3. 행정상 강제집행과 모순적 법화(法化)

다시, 프로이센－독일법 방식의 행정상 강제집행 문제로 돌아와보자. 오토 마이어 이래 독일의 통설－행정청이 명령이 집행력을 갖는 것은 '자명'하다. 말하자면 행정행위의 집행력은 행정행위에 내재하는 효력이다－이 이제는 극복되고 행정의 실효성 확보를 위해 집행력을 인정해야 한다면, 그것을 기초짓는 법적 근거가 별도로 필요하다고 설명했

16) 廣岡隆, 위의 책, 같은 곳.

17) 廣岡隆, 위의 책, 262쪽.

18) 廣岡隆, 위의 책, 같은 곳.

다. 의무를 과한다는 것과 실력으로 그 의무의 이행을 강제한다는 것은 별개인 것이다. 그런데 교과서적 설명은 여기서 끝난다. 즉, '행정상 강제집행과 법률유보원칙' 부분에서 의무의 이행을 강제하려면 별도로 법률의 근거가 필요하다는 정도의 일반론만 얘기할 뿐 그 이상의 논의는 전개하지 않는다. 예컨대, 대집행을 하려면 대집행의 근거법률이 필요하다고 할 뿐 대집행의 요건은 물론 그 절차와 관련하여 「행정대집행법」이 담아야 할 최소한의 절차적 보장은 무엇일까 하는 문제에 대해서는 깊이 고민하지 않는다.

한 개인이 행정청에 의하여 명령을 받을 경우, 이를 이행하지 않을 때 금전적 책임을 지거나 벌을 받는 것 - 이 후자를 행정벌이라고 한다. 행정벌에는 행정형벌과 행정질서벌 두 종류가 있다 - 과는 별개로 그 개인이 해야 할 일을 행정청이 대신해 버리는 일이 발생하는데, 이 과정에서 필연적으로 그 개인에게는 재산상·신체상의 손해가 발생한다. 특히 대집행의 대상이 사회적 약자일 경우 그 폐해는 더욱 심각하다. 최종 재판 전에 이러한 권한을 행정청이 행사할 수 있게끔 하는 근거법률이 되는 것이 소위 「행정대집행법」이다. 그런 법률이 담아야 할 최소한의 내용 및 적법절차를 깊이 연구하지 않는다면 행정법학의 사명을 다했다고 하기 어렵다.

법화(法化)라는 개념이 있다. 이는 법적으로 규제되지 않던 부분을 점차 법적으로 규율해 나가는 과정을 의미한다. 법적 규제의 목적은 국가권력에 대한 민주주의적-법치국가적 통제이다. 그런데 법화가 전개되면서 국가권력을 통제하는 법률은 늘어나지만, 국가권력은 더욱더 그 권한을 확대해 가는 일이 발생하기도 한다. 이것을 '모순적인 법화' 혹은 '의도한 목적과는 다른 결과가 나타나는 법의 제개정'(paradoxe Verrechtlichung)이라고 표현하는 이도 있다.[19)]

행정상 강제집행의 법적 근거는 정비되고 있는데 행정의 강제적·강압적 성격은 더욱 커지는 현상, 이를 우리는 행정상 강제집행절차에서의 모순적인 법화라고 명명할 수 있다. 일례로 행정상 강제집행의 수단 중 하나인 직접강제를 규율할 일반법을 국회가 제정한다면 그것은 행정의 강제적·강압적 성격을 적절히 제어하는 일이 될까, 아니면 그 반대가 될까? 이는 이 법률에 어떠한 내용을 담을 것인가에 따라 달라질 문제이다. 입법 과정에서 법률에 담아야 할 내용, 특히 내용적·절차적 공정성

19) 마르틴 쿠차(Martin Kutscha), 이계수 옮김, "독일의 비밀정보기관과 민주주의적 사회구조", 민주법학 제12호, 1997, 276쪽.

을 고민하지 않는다면 가칭 '직접강제에 관한 법률'이 만들어진다고 하더라도 그것은 행정상 강제집행에서 또 하나의 모순적 법화 과정만을 보여주게 될 것이다. 이를 막으려면 행정상 강제집행절차에 넓게 편의주의(Opportunitätsprinzip)를 인정하는 현행 법제를 헌법상의 적법절차에 부합하는 법정주의(Legalitätsprinzip) - 형사소송법에서는 Opportunitätsprinzip과 Legalitätsprinzip을 기소편의주의, 기소법정주의로 각각 번역한다 - 의 관점으로 전환해야 한다.[20]

물론 집행을 하도록 무조건 의무지우는 것도 법 정책적으로는 맞지 않다. 행정강제야말로 고권적 우월적 질서를 힘주어 주장하는 것이기 때문에 (그렇기 때문에 자칫 잘못하면) 모든 강제집행에서는 국가적 권력독점의 상징적 힘이 시험대에 오르게 된다. 그래서 행정은 일단 시작한 행정강제절차를 증가하는 저항에도 불구하고 끝까지 밀고나가려는 경향이 있다. 이로써 비용낭비, 정치적 지지 및 공적인 평판의 상실 및 행정청의 다른 임무영역에서의 돌봄결핍이 발생할 수 있다. 이러다보니 협상과 설득을 통해 강제집행을 대체하는 것이 행정청에게는 훨씬 매력적으로 다가온다.[21] 따라서 법정주의로의 전환은 기계적 법 집행이 아니라 헌법상의 적법절차에 부합하는 법정주의를 지향해야 한다.

행정상 강제집행의 문제를 (행정의 입장에서) 행정의 실효성 확보 수단이라는 측면에서 논의해 온 전통적 방식과 달리 행정절차의 법리 속에서 다루는 이유도 여기에 있다. 출입국관리법과 외국인의 인권을 생각해 보면 동법상의 여러 강제집행 수단들은 행정의 실효성 확보 차원이 아니라 적법절차의 관점에서 접근해야 한다. 이렇게 해야 '행정법이야말로 가장 중요한 인권법'이라는 명제를 실현할 수 있다.

편의주의에서 적법절차에 부합하는 법정주의로의 전환은 예컨대 대집행과 이행강제금도 현재처럼 병렬 선택형으로 두는 것이 아니라, 대집행을 우선시키고, 그것이 가능하지 않을 때만 이행강제금을 부과하도록 법으로 정하는 방식을 통해 부분적으로 실현될 수 있다.[22] 이를 위해 법률적 근거를 마련해야 하겠지만, 그 전에라도 해

---

20) Heiko Faber, *Verwaltungsrecht*, 193쪽.

21) Heiko Faber, *Verwaltungsrecht*, 193-194쪽.

22) 독일에서도 대다수 주가 양자의 적용을 병렬 선택적으로 인정하지만, 유일하게 베를린주 행정집행법(연방행정집행법을 거의 그대로 차용)은 대집행을 우선 적용하도록 규정하고 있다. 西津政信, ドイツの建築規制執行, 信山社, 2019, 11-12쪽. 연방행정집행법 제11조 제1항 제2문은 다음과 같다. "대집행이 실효성이 없는 경우, 특히 의무자가 타인의 실행으로 인해 발생하는 비용을 부담할 수 없는 경우에는 대체적 행위의 경우에도 이행강제금이 부과될 수 있다."

석으로 그 방향성을 제시해야 한다. 즉, “대집행이 가능한 경우에 대집행을 하지 않고 이행강제금을 부과하는 것은 위법상태를 시정하는 행정강제의 수단으로서 그 적정성을 인정받기 어렵다”고 해야 한다.

【판례】 헌법재판소 2004. 2. 26. 선고 2001헌바80, 84, 102, 103, 2002헌바26(병합) 전원재판부 [개발제한구역의지정및관리에관한특별조치법제11조제1항등위헌소원] 중 윤영철, 권성의 반대의견

대체적 작위의무의 위반자가 이행강제금의 반복된 부과에도 불구하고 그 위반상태를 시정하지 않는 경우에는 종국적으로 대집행을 할 수밖에 없게 된다. 불법건축물을 이용하여 얻을 수 있는 수익과 연 2회까지 부과되는 이행강제금의 부담과를 비교한 뒤 이행강제금을 계속 납부하더라도 불법건축물을 그대로 놓아둔 채 이를 이용하는 것이 차라리 유리하다고 위반자가 판단하는 경우에는 이러한 사태가 자주 발생한다.

이러한 사태가 발생하면 이행강제금은 위법상태를 시정하는 행정강제로서의 기능을 상실하고 만다. 건축물이 대형화하면서 그 철거에 고도의 전문적 기술이 필요하고 그 대집행비용도 크게 늘어나게 된 데다가 위반자들의 집단적 저항이 증대되면서 행정당국이 불법건축물의 철거대집행을 주저하는 현상이 생길 수 있는데 행정당국의 이러한 주저와 불법수익의 계속적 취득에 대한 위반자들의 기대가 결합하게 되면 위법상태가 도처에서 방치되어 법치행정의 위기로 발전한다.

그러므로 **대집행이 가능한 경우에 대집행을 하지 않고 이행강제금을 부과하는 것은 위법상태를 시정하는 행정강제의 수단으로서 그 적정성을 인정받기 어렵다**. 오히려 위법상태를 방치하고 불법에의 편승을 유도하여 법치행정을 위협하는 부작용을 낳는다는 점에서 행정강제수단으로서의 적정성을 더욱 인정하기 어렵다. 이것은 기본권을 제한할 때에는 그 수단이 적정한 것이어야 한다는 헌법상의 과잉금지원칙에 대한 위반을 의미한다.

만약 이런 해석이 행정실무에서도 관철되었더라면 2022년 10월의 이태원 참사피해는 대폭 줄일 수 있었을 것이다. 참사 당시 H호텔이 설치한 불법 테라스 구조물은 참사를 키우는데 한몫했다. 구청은 적극적으로 이 시설물을 대집행으로 철거했어야 했다. 그렇게 안 하고 이행강제금만 계속해서 부과했기 때문에 불법 구조물은 9년 간 철거되지 않은 채 영업 시설로 이용되어 왔던 것이다. 이 사안에서 구청은 위 구조물을 대집행을 통해 철거할 의무를 진다는 게 필자의 견해이다.[23] 행정청에게

재량을 인정할 만한 '예외적 상황'은 존재하지 않았다.

시민의 생명과 안전과 관련한 사항에 행정편의주의를 허용하는 것에는 신중해야 한다. 그러나 제도는 반대방향으로 나아가고 있다. 모든 것을 돈으로 환원하는 경향성이 강한 신자유주의적 자본주의가 법 제도 곳곳에 파고들면서 직접적인 강제를 대신할 간접강제 수단으로서의 이행강제금 제도의 이용은 더욱더 늘어나고 있기 때문이다.[24)]

한편, 2021년에 제정된 「행정기본법」이 '행정강제'에 관한 일반적인 규정, 정의조항을 두고(제30조), 이행강제금, 직접강제 및 즉시강제에 대해서는 기본적인 규율을 하고 있지만(제31－제34조), 기존의 학설 판례에 의해 인정된 사항을 중심으로 극히 최소한의 내용만 담고 있다.

> 교과서에서 행정상 즉시강제의 예로 드는 것 중에는 「출입국관리법」 제56조의4에 따라 강제퇴거명령을 받은 외국인에 대한 강제력의 행사라든가,[25)] 조류독감의 확산을 막기 위한 조류독감 발생지 인근지역에서의 살처분 같은 사례들이 눈에 띈다.[26)] 동물권단체들은 과학적 근거없이 3km 안에 있었다는 이유만으로 일괄적 싹쓸이 살처분을 결정하는 것은 세계적으로 대한민국 농림축산식품부가 유일하다고 주장하기도 한다.[27)] 우리나라에서 처음 살처분이 이뤄진 것은 2000년이었다. 당시 정부는 구제역 확산을 막기 위해 약 2천 마리의 소와 돼지를 살처분했다. 이후 매년 수백, 수천만 마리의 가축들이 가축전염병 방역조치의 일환으로 살처분되기 시작했다. 범위도 처음에는 발생농가의 반경 500미터에서 3킬로로 확대되었다.[28)]

---

23) 이에 관한 자세한 설명은 제9장 더공부해보기/생각해보기/토론하기 1번을 참고할 것.

24) 대집행을 이행강제금으로 대체한 예는 아니지만, 부당해고 구제명령의 불이행에 대한 제재 수단으로 「근로기준법」 제33조가 규정하고 있는 이행강제금제도도 주목할 만하다. 개정 전 「근로기준법」에서는 사용자의 부당해고 등을 형사 처벌할 수 있었으나, 법률개정으로 처벌조항은 삭제되었다. 이것은 경영계가 계속해서 처벌조항의 삭제를 요구하면서 이행강제금제도를 통해서도 사용자의 부당해고 등으로부터 근로자를 보호할 수 있다는 취지로 주장했고 입법자가 이를 수용했기 때문이다. 그 결과 어떤 일이 발생했는가? 부당해고에 대한 노동행정법적 제재수단의 무력화이다.

25) 김유환, 2024, 394쪽.

26) 박균성, 2021, 408쪽. 법전원협의회 모의고사(2014-2) 문제.

27) https://ekara.org/activity/farm/read/14176

28) 함태성, "우리나라 「가축전염병 예방법」상 가축 살처분 제도의 문제점과 입법적 개선방안", 법학연구 22권 1호, 2019, 525-553쪽.

21.1.4. 행정상 강제집행과 즉시강제

사인과 달리 행정은 행정행위에 포함된 명령과 금지를 법원의 손을 빌리지 않고 관철(집행)할 수 있다. 행정상 강제집행은 행정청이 특별한 절차에 의거하여 공법상 의무를 강제적으로 관철(집행)하는 것을 말한다.[29] 행정상 강제집행은 의무를 발생시키는 명령, 즉 하명처분(Befehl)을 전제로 한다. 따라서 상대방의 이행 없이도 직접 법적 효과가 발생하는 확인적 및 형성적 행정행위는 행정상 강제집행의 대상이 아니다.[30]

행정상 강제집행은 의무불이행의 존재를 전제로 한다는 점에서 눈앞에 닥친 장해를 배제하고 행정상 필요한 상태를 실현하는 즉시강제와는 다르며,[31] 또한 장래에 향하여 의무이행을 강제한다는 점에서 과거의 의무위반에 대한 제재로서의 행정벌과 구별된다. 다시 말해서, "적법하게 개인에게 부과된 행정상 의무의 불이행을 일반적으로 처벌하겠다고 선언한 형벌법규는 존재하지 않으므로",[32] 형벌로 상대방의 의무이행을 강제할 수는 없다. 다만, 간접적으로 의무자에게 심리적 압박을 가하여 의무의 이행을 확보할 수는 있다.

'의무불이행의 존재'를 전제로 하므로, 행정상 강제집행에는 강제집행이 되어야 할 의무를 과하는 행정행위(Grundakt)가 있어야 한다. 다만, 독일과 달리 이 '기본행정행위'는 불가쟁력이 발생한 상태여야 할 필요는 없다.[33] 반면, 즉시강제에서는 기본행위가 필요한가? 즉시강제를 권력적 사실행위로 보는 통설에 의하면 필요 없다.

반면 즉시강제를 협의의 즉시강제(또는 즉시집행)와 직접시행으로 나누는 견해에 의하면 전자에서는 필요하고 후자에서는 필요 없다고 본다.[34] 즉, 즉시강제를 "① 목전의 긴급한 장애를 제거하기 위하여 필요한 경우 또는 ② 미리 의무를 명하는 것

---

29) Sodan/Ziekow, *Grundkurs*, 634쪽(80장 1번).

30) Ernst Forsthoff, *Lehrbuch*, 290쪽. 주점영업처럼 허가가 필요한 행위를 허가의 철회 이후에도 계속하는 자에 대하여 경찰이 개입한다면, 이것은 (형성적 행위로서의) 철회의 집행이 아니라 경찰위반에 대한 경찰의 개입에 해당한다. 양자의 실무적 차이에 대해서는 Ernst Forsthoff, *Lehrbuch*, 295쪽.

31) 다만 「행정기본법」 제30조는 행정강제라는 표제 하에 즉시강제를 포함시킨다. 동법 제30조 제1항 제5호.

32) Ernst Forsthoff, *Lehrbuch*, 291쪽.

33) Heiko Faber, *Verwaltungsrecht*, 192쪽.

34) 김남진, "즉시강제이론의 재구성", 김남진, 행정법의 기본문제, 법문사, 1996, 392-396쪽.

으로는 행정목적을 달성할 수 없는 경우"[35]로 나눈다고 할 때, ②와 달리 ①의 경우에는 기본행정행위가 반드시 없다고 볼 것은 아니라고 이해한다. ①번 유형과 ②번 유형의 즉시강제를 구분하고 ①번 유형의 즉시강제만을 즉시강제라고 보는 위의 견해는 즉시강제가 강제집행의 약식절차라는 점을 부각하고자 한다.[36] 후술하듯이 강제집행은 통상 계고(Androhung), (강제수단의) 결정/통지(Festsetzung), 적용/실행(Anwendung)이라는 3단계로 진행되는데, ①번 유형의 즉시강제에서는 계고와 강제수단의 결정/통지가 생략될 뿐이다. 그런데 이런 견해는 대체로 수용되지 않고 있다. ①번 유형이든 ②번 유형이든 구체적 의무부과처분이 존재하지 않으므로 양자는 차이가 없다고 보기도 하고,[37] ②번 유형이라도 기본행정행위가 묵시적으로 이루어질 수 있으므로 양자를 구별할 실익이 없다고 보기도 한다.[38]

그러나 즉시강제라는 것이 처음에는 국가긴급권(Staatsnotwehrrecht) 이론 그리고 이후에는 행정의 일반적 긴급권(ein allgemeines Notrecht der Verwaltung) 이론으로 합리화되어 왔던 점을 생각하면, 즉시강제 중 일부분만이라도 비록 약식이지만 행정상 강제집행절차로 편입하려는 시도 자체를 의미없다고 볼 것은 아니라고 생각한다.

한편 「경찰관직무집행법」상의 불심검문의 법적 성격을 예전에는 행정상 즉시강제로 보았다.[39] 그러나 요즘에는 이를 (대인적) 행정조사로 파악하는 것이 오히려 일반적이다.[40] 김유환 교수는 다음과 같이 설명한다. "「경찰관직무집행법」 제3조가 규정하는 불심검문은 행정상 즉시강제에 해당한다고 하는 학설(즉시강제설)이 있으나 불심검문의 대상자는 답변을 강요당하지 아니하고 경찰관의 동행요구가 있는 경우에 동행을 거부할 수 있으므로 즉시강제가 아닌 다른 종류의 대인적 행정조사에 해당한다는 학설(대인적 행정조사설)이 유력하다."[41] 이러한 견해변화는 즉시강제에서 행정조사에 해당하는 부분을 떼어내고 나머지 부분을 '즉시집행'이라고 부를 것을 주장한 일본의 시오노 히로시(塩野宏)의 영향이 큰 것으로 보인다. 일본에서는 시오노의 주장 이후 행정조사가 새로운 '행위유형'으로 등장했다고 한다. 즉, 즉시집행설은

35) 김중권, 2025, 672쪽.
36) 김중권, 2025, 672쪽.
37) 김남진/김연태, 행정법Ⅰ, 599쪽.
38) 김유환, 2024, 392쪽.
39) 대표적으로 김도창, 539쪽.
40) 김동희/최계영, 행정법Ⅰ, 489; 김철용, 2024, 420쪽; 정하중/김광수, 470쪽 등.
41) 김유환, 2024, 396쪽.

일본 행정법이론에 행정조사라는 새로운 행위유형을 등장시킨 획기적 학설이었다고 평가된다.[42]

21.1.5. 행정상 강제집행의 수단

행정상 강제집행의 수단으로는 대집행, 이행강제금(집행벌), 직접강제, 행정상 강제징수 등이 있다. 이를 풀어쓰면 다음과 같다.

첫째, 대집행은 대체적 작위의무, 즉 타인이 대신 이행이 가능한 의무의 이행을 강제하기에 적합한 강제집행 수단이다. 법을 위반한 건축물의 철거 같은 것이 그 예이다. 대집행은 다음 절에서 자세히 설명한다.

둘째, 이행강제금은 특히 타인에 의해서는 집행이 가능하지 않고 의무자의 의사에만 좌우되는 대체불가능한 작위에 대해 부과된다.[43] 의무자는 이행강제금을 통해 기본행정행위에 의해 확정된 의무를 행하게 된다. 독일의 경우, 대집행이 실행가능하지 않은 경우라면 연방법률에 의거 대체적 작위의무에 대해서도 이행강제금을 부과할 수 있다. 특히 대집행의무자가 대집행의 비용을 감당할 수 없는 경우가 이에 해당한다. 이 점은 이미 살펴보았다. 아무튼 이렇게 규정해두면 대집행비용 징수가능성이 불분명한 경우 대집행의 실시가 기피될 가능성이 높아진다. 한편, 종래 우리의 학설도 이행강제금의 대상을 부작위의무(예: 허가 없이 위험물을 팔지 않을 의무)와 비대체적 작위의무(예: 타인이 대신할 수 없는 예방접종을 받을 의무)에 한정해왔지만, 최근에는 대체적 작위의무의 불이행에도 대처할 수 있는 강제수단으로 보기 시작했다(다만, 근거법규가 필요하다고 본다).[44]

예컨대 늘어나는 방치된 빈집 문제에 대처하기 위해 2017년에 제정된 「빈집 및 소규모주택 정비에 관한 특례법」에 따르면 시장·군수 등은 빈집 철거 등을 명할 수 있고(제11조 제1항), "빈집 소유자가 특별한 사유 없이" 이를 따르지 아니하면 "직권으로 해당 빈집에 대하여 철거등 필요한 조치를 할 수 있다."(동조 제2항).[45] 한편,

---

42) 須藤陽子, "「即時強制」と現代行政法理論", 立命館法学 405/406号, 2022, 349쪽.

43) 독일 연방행정집행법 제11조.

44) 김철용, 2024, 528쪽. 헌법재판소 2004. 2. 26. 선고 2001헌바80,84,102,103,2002헌바26(병합) 결정. 이 결정에는 앞의 본문에서도 인용했듯이 반대의견(윤영철, 권성)이 있다.

45) 제11조 제2항에 따른 직권철거조치의 법적 성격은 행정대집행으로 보아야 한다. 황선훈, "빈집정비사업에 대한 공법적 검토 - 빈집철거를 중심으로", 부동산법학 제28집 제2호, 2024, 73쪽도 같은

시장·군수 등은 위 '빈집철거 등의 조치명령'을 이행하지 않은 소유자를 상대로 이행강제금을 부과할 수도 있다(제65조).[46] 「행정기본법」 제30조 제1항 제2호도 이행강제금의 부과를 "의무자가 행정상 의무를 이행하지 아니하는 경우 행정청이 적절한 이행기간을 부여하고, 그 기한까지 행정상 의무를 이행하지 아니하면 금전급부의무를 부과하는 것"이라고만 정의하고 있을 뿐, 의무의 성질에 대해 특별히 언급하지 않는다.

이행강제금을 과거에는 집행벌(Exekutivstrafe)이라고 불렀다. 벌이라는 이름에서 형벌(범죄자에 과하여진 제재)을 연상하게 되지만 집행벌은 형벌이 아니라 강제집행의 한 수단이며, 그것도 의무이행을 간접적으로 강제하는 수단이다. 이행강제금은 의무자의 행위를 강제하는 목적으로 부과되고 처벌은 아니므로 형벌 혹은 과료(Bußgeld)와 병과할 수 있고, 또한 의무가 이행될 때까지 반복해서 부과할 수 있다. 독일에는 대체적 강제구금(Ersatzzwangshaft)도 있다. 이것은 의무자가 이행강제금을 납부하지 않을 때 집행관청의 신청에 의해 행정법원의 결정으로 1일에서 14일의 범위 내에서 상대방을 구금하는 제도이다.[47]

이행강제금의 부과 및 징수와 관련해서는 「행정기본법」 제31조 제3항–제5항이 규정하고 있다. "행정청은 이행강제금을 부과하기 전에 미리 의무자에게 적절한 이행기간을 정하여 그 기한까지 행정상 의무를 이행하지 아니하면 이행강제금을 부과한다는 뜻을 문서로 계고(戒告)하여야 한다"(제3항). "행정청은 의무자가 제3항에 따른 계고에서 정한 기한까지 행정상 의무를 이행하지 아니한 경우 이행강제금의 부과 금액·사유·시기를 문서로 명확하게 적어 의무자에게 통지하여야 한다"(제4항). "행정청은 의무자가 행정상 의무를 이행할 때까지 이행강제금을 반복하여 부과할 수 있다. 다만, 의무자가 의무를 이행하면 새로운 이행강제금의 부과를 즉시 중지하되, 이미 부과한 이행강제금은 징수하여야 한다"(제5항). 이 조항은 행정상 강제집행에서의 3단계 구조 – 계고(Androhung), (강제수단의) 결정(확정)·통지(Festsetzung), 적용·실행(Anwendung) – 를 잘 보여준다.[48]

제31조 제5항은 대법원 판례와 기존의 개별 법률들에서 정하고 있던 내용을 반영

견해이다.

46) 이 조항은 2021. 4. 13. 법 개정시 신설되었다.

47) 독일 연방행정집행법 제16조. 그러나 실무적으로는 거의 이용되지 않는다고 한다.

48) Heiko Faber, *Verwaltungsrecht*, 193쪽.

한 것이다.[49] 즉, 대법원은 이행강제금은 금전의 징수가 목적이 아니라 의무이행을 촉구하기 위한 것이므로 일단 의무이행이 있으면 비록 시정명령에서 정한 기간을 지나서 이행한 경우라도 이행강제금을 부과할 수 없다고 하였다.[50] 또한 「건축법」 제80조 제6항은 위반건축물에 대한 시정명령을 받은 자가 이를 이행하면 새로운 이행강제금의 부과를 즉시 중지하되, 이미 부과된 이행강제금은 징수하여야 한다고 규정한다. 이행강제금에 대한 불복은 과태료의 불복절차유형(「비송사건절차법」에 따른 절차)을 따르는 경우와 과징금의 불복절차유형(일반행정쟁송절차)을 따르는 경우로 나뉜다.[51]

셋째, 직접강제란 의무자가 행정상 의무를 이행하지 아니하는 경우 행정청이 의무자의 신체나 재산에 실력을 행사하여 그 행정상 의무의 이행이 있었던 것과 같은 상태를 실현하는 것을 말한다.[52] 구체적으로 신체적인 힘과 이 힘을 보조하는 도구(예컨대 족쇄, 물대포, 기술적 차단장치)를 통한 그리고 무기, 즉 직무상 허용된 도검 및 총포류, 자극용 스프레이류 등을 사용해 사람과 물건에 물리력을 행사하는 것을 말한다.[53] 직접강제의 예로는 시위 행진의 강제해산을 들 수 있다.[54] 직접강제로 강제할 의무는 대체적·비대체적 작위의무, 작위·부작위의무를 가리지 않는다. 직접강제가 남용된다면 국민의 기본적 인권을 현저히 침해하게 되므로 직접강제의 수단을 인정하더라도, 그 실행은 매우 신중해야 한다(예컨대 외국인의 수용, 성병에 대한 강제검진). 「행정기본법」 제32조 제1항은 "직접강제는 행정대집행이나 이행강제금 부과의 방법으로는 행정상 의무 이행을 확보할 수 없거나 그 실현이 불가능한 경우에 실시하여야 한다"고 하여 직접강제의 최후수단성(ultima ratio), 보충성을 분명히 하고 있다.[55]

넷째, 행정상 강제징수이다. 이는 의무자가 행정법상의 금전급부의무를 이행하지

49) 김유환, 2024, 388쪽.

50) 대법원 2018. 1. 25. 선고 2015두35116 판결.

51) "농지법 제62조 제1항에 따른 이행강제금 부과처분에 불복하는 경우에는 비송사건절차법에 따른 재판절차가 적용되어야 하고, 행정소송법상 항고소송의 대상은 될 수 없다. 농지법 제62조 제6항, 제7항이 위와 같이 이행강제금 부과처분에 대한 불복절차를 분명하게 규정하고 있으므로, 이와 다른 불복절차를 허용할 수는 없다." 대법원 2019. 4. 11. 선고 2018두42955 판결.

52) 「행정기본법」 제30조 제1항 제3호.

53) 독일 연방집행관리에 의한 공권력 행사에서의 직접강제법(Gesetz über den unmittelbaren Zwang bei Ausübung öffentlicher Gewalt durch Vollzugsbeamte des Bundes) 제2조 제3항, 제4항 참조.

54) Sodan/Ziekow, *Grundkurs*, 637쪽(80장 8번).

55) 독일 연방행정집행법 제12조도 동일한 취지를 규정하고 있다.

아니하는 경우에 행정청이 의무자의 재산에 실력을 행사하여 의무가 이행된 것과 같은 상태를 직접적으로 실현하는 것을 말한다.[56] 행정상 강제징수에 관한 일반법은 없으나 국세의 강제징수에 관한 일반법인 「국세징수법」이 행정상 강제징수에 관한 실질적인 일반법의 역할을 하고 있다.[57]

「국세징수법」에 의한 강제징수절차는 독촉과 강제징수(체납처분)[58]로 이루어진다. 독촉은 의무자에게 금전급부의무의 이행을 최고하고 그 불이행시에는 체납처분을 할 것을 계고하는 행위이며, 강제징수는 의무자의 재산을 강제적으로 보전하는 재산압류와 입찰 또는 경매의 방법에 의하여 압류된 재산을 매각하는 압류재산의 매각(공매) 그리고 이렇게 확보된 금전으로부터 체납액 등을 징수하고 나머지를 의무자에게 돌려주는 청산의 3단계(압류–매각–청산)로 진행된다.

이상의 행정상 강제집행수단이 법으로 정해져 있지 않은 경우라면 행정주체는 민사상의 강제집행을 이용할 수 있을까? 학설과 판례는 이를 긍정한다. 예컨대 시청사의 사용허가를 취소했음에도 불구하고 식당 또는 이발소 업주가 사무실을 명도하지 않는 경우는 행정대집행이 아니라 민사상의 강제집행을 이용할 수 있을까?[59] 시청사의 사용허가이지만 그 실질은 임대차 계약으로 보면 대집행은 불가능하고 - 대집행의 대상은 공법상의 의무로 한정된다고 보므로 - 민사상의 강제집행이 가능하다고 볼 수 있다. 그러나 사용허가의 취소 이후 사무실을 명도해야 하는 의무를 공법상의 의무로 보더라도 대집행이 불가능하다는 결론은 같다. 후술하듯이 명도의무는 대집행의 대상이 되지 않기 때문이다. 그렇다면 이 경우처럼 달리 행정상 강제집행 수단이 없는 한 민사상의 강제집행을 이용할 수 있다.

반면, 행정상 강제집행수단이 법으로 정해져 있는 경우에는 민사상의 강제집행은 이용할 수 없다는 것이 통설이다. 그 이유는 무엇일까? '신속한 행정목적의 실현을 도모하고 행정상 평등 원칙을 확보하는데 필요하기 때문이다'라는 등의 이유가 제시되고 있으나,[60] 어차피 행정상 강제집행에서도 이른바 '편의주의'(Opportunitätsprinzip)

---

56) 김철용, 2024, 533쪽.

57) 행정법상의 강제징수는 민사집행법을 준거로 하여 규율되어 왔다. Ernst Forsthoff, *Lehrbuch*, 295쪽. 민사집행과 행정상 강제징수 절차의 관계 재정립과 관련한 최근의 논의로는 다음을 참고할 것. 최광선, "민사집행과 강제징수 절차의 관계 재정립", 민사집행법연구, 18권 2호, 2022, 300-365쪽.

58) 2020년 「국세징수법」 개정으로 체납처분이라는 용어는 강제징수로 바뀌었다. 그러나 「지방세징수법」 등은 여전히 체납처분이라는 용어를 사용하고 있다. 김유환, 2024, 385쪽.

59) 제18장 더공부해보기/생각해보기/토론하기 3번 사례 참고.

가 적용되므로, 행정상 강제집행이 법정되어 있다고 해서 평등의 원칙이 확보될 것이라고 보기는 어렵다.[61]

21.2. 행정대집행법의 이해

21.2.1. 행정대집행의 의의와 대상

행정상 강제집행의 수단으로는 앞서 살펴본 것처럼 네 가지가 있지만 넓게 활용되는 것은 대집행이다. 대집행이란 행정법상 의무 중 비금전적인 대체적 작위의무를 의무자가 이행하지 아니한 경우, 행정청이 스스로 의무자가 행하여야 할 행위를 하거나 제3자로 하여금 행하게 하고 소요비용을 의무자로부터 징수하는 것을 말한다.[62] 대집행에 관한 일반법으로는 「행정대집행법」이 있다. 이 법 이외에 대집행의 요건·절차 등을 별도로 규정한 약간의 개별법들이 존재한다.[63] 이 법률들은 특별법으로서 「행정대집행법」에 우선하여 적용된다.

독일의 연방행정집행법은 대체적 작위의무를 의무자의 비용부담으로 제3자가 대행하는 경우(타자에 의한 집행, 타자집행)만을 대집행이라고 하고, 이러한 입장을 따르는 주(란트)도 있다.[64] 이렇게 보면 집행관청에 의한 작위의 집행은 직접강제에 속한다.[65] 반면 다수의 주는 우리처럼 행정에 의한 자기집행도 대집행으로 본다.[66] 후자처럼 보게 되면 대집행과 직접강제의 구별이 명확하지 않기 때문에 입법론적으로는 자기집행(Selbstvornahme)을 직접강제로 보아 그의 요건과 절차를 정비해야 한다는

60) 김철용, 2024, 536쪽.

61) Heiko Faber, *Verwaltungsrecht*, 193쪽 참고.

62) 김철용, 2024, 522쪽.

63) 예: 「공익사업을 위한 토지 등의 취득 및 보상에 관한 법률」 제89조, 「공유재산 및 물품관리법」 제83조 제2항, 「건축법」 제85조, 「하천법」 제73조 제1항 등.

64) Sodan/Ziekow, *Grundkurs*, 636쪽(80장 6번).

65) 연방행정집행법 제12조.

66) 베를린이나 바이에른주 등을 제외한 다수의 주 행정집행법이 이러한 입장이다. 이처럼 대집행을 확대하는 결정적인 이유는 재정적인 이유에 있다고 한다. 대집행의 비용은 의무자가 부담하지만, 직접강제의 경우 그 소요비용은 원칙적으로 행정측이 부담하기 때문이다. 김중권, 2025, 656쪽 각주 3번.

견해도 있다.[67)]

타자집행에서는 대체가능한 작위, 즉 타인에 의한 집행이 가능한 작위가, 집행관청으로부터 위탁받은 제3자에 의해 의무자의 비용으로 집행된다. 가옥소유주 갑이 그 위법건축물을 자진해서 철거하지 않는 경우, 집행관청은 제3자에게 철거를 위탁하고(사법계약), 이어서 이로 인해 생긴 비용의 납부를 갑에게 요구한다. 갑은 대집행의 실시를 수인하고, 대집행으로 인해 발생한 비용을 관청에 납부해야 한다.[68)]

대집행의 대상은 법률(위임명령, 조례 포함)에 의하여 직접 명령되었거나 또는 법률에 의거한 행정청의 명령에 의하여 과하여진 대체적 작위의무이다(동법 제2조). 의무자가 일신전속적으로만 이행할 수 있는 작위(예컨대 병역을 이행하는 것)는 대체적 작위에 해당하지 않는다. 전술했듯이 학설과 판례는 대집행의 대상을 공법상 의무에 한정한다.[69)]

【판례】 대법원 2006. 10. 13. 선고 2006두7096 판결 [건물철거대집행계고처분취소]
행정대집행법상 대집행의 대상이 되는 대체적 작위의무는 공법상 의무이어야 할 것인데, 구 공공용지의 취득 및 손실보상에 관한 특례법(2002. 2. 4. 법률 제6656호 공익사업을 위한 토지 등의 취득 및 보상에 관한 법률 부칙 제2조로 폐지)에 따른 토지 등의 협의취득은 공공사업에 필요한 토지 등을 그 소유자와의 협의에 의하여 취득하는 것으로서 공공기관이 사경제주체로서 행하는 사법상 매매 내지 사법상 계약의 실질을 가지는 것이므로, 그 협의취득시 건물소유자가 매매대상 건물에 대한 철거의무를 부담하겠다는 취지의 약정을 하였다고 하더라도 이러한 철거의무는 공법상의 의무가 될 수 없고, 이 경우에도 행정대집행법을 준용하여 대집행을 허용하는 별도의 규정이 없는 한 위와 같은 철거의무는 행정대집행법에 의한 대집행의 대상이 되지 않는다.

대집행의 대상은 대체적 작위의무, 즉 타인이 대신하여 행할 수 있는 행위에 한한다. 따라서 단순한 부작위의무위반은 '건축법'에서 금지하고 있는 건축행위를 한 자

67) 김남진/김연태, 행정법Ⅰ, 572쪽.

68) Sodan/Ziekow, *Grundkurs*, 636쪽(80장 6번).

69) 김남진/김연태, 행정법Ⅰ, 574쪽; 김철용, 2024, 523쪽. 대법원은 피고 서울철도국장과 원고 사이의 임대차계약관계는 사법상의 법률관계에 불과하여 그에 기한 건물철거를 위해 「행정대집행법」에 의하여 한 철거계고처분은 그 하자가 중대하고 명백하여 당연무효라고 하였다. 대법원 1975. 4. 22. 선고 73누215 판결.

에 대하여 철거명령 등을 발하는 규정인 「건축법」 제79조 등과 같이 부작위의무 위반행위에 대하여 대체적 작위의무로 전환하는 규정을 두고 있지 아니하는 한 대집행의 대상이 되지 않는다.[70] 또한 작위의무라도 퇴거의무처럼 제3자가 대신하여 이행할 수 없는 작위의무는 대집행의 대상이 되지 않는다.[71] 대체적 작위의무의 의미해석 여하에 따라 대집행 가능 여부가 사실상 결정될 수 있으므로, 학설과 판례는 이 부분에 관한 엄격한 해석 태도를 유지하려고 한다. 그러나 현실에서는 직접 실력을 행사하여 사람의 퇴거까지를 대집행으로 실행하는 일이 빈번하게 일어난다.

특히 「공익사업을 위한 토지 등의 취득 및 보상에 관한 법률」에 토지소유자나 관계인은 토지나 물건을 사업시행자에게 인도하여야 하고(동법 제43조), 이 법으로 인한 의무를 이행하여야 할 자가 그 의무를 이행하지 않는 경우 등에는 사업시행자가 시·도지사 등에게 「행정대집행법」이 정하는 바에 따라 대집행을 신청할 수 있도록(동법 제89조) 하고 있기 때문에 주거에서의 퇴거도 마치 대집행의 대상이 되는 것으로 오해되고 있고, 실제로 사람이 살고 있는 집에서 사람을 강제퇴거시킨 후 주거를 철거하는 일이 빈발하고 있다. 이런 잘못된 관행에 제동을 걸기 위해서는 「행정대집행법」을 개정하여 부동산의 인도·명도의무, 특히 최소한 주거에서의 강제퇴거는 행정대집행의 대상이 아님을 분명히 해야 한다. 또한 「공익사업을 위한 토지 등의 취득 및 보상에 관한 법률」 등도 개정하여 주거에서의 불법적인 강제퇴거를 당연시하는 관행에 제동을 걸어야 한다.

대집행이라고 하면 위와 같은 강제철거 사례들을 떠올릴 정도로 강제집행의 대표적 수단이지만, 과거 대집행은 이외에도 이른바 '유휴지' 개발강제를 위한 수단으로도 널리 활용되었다는 사실을 기억해둘 필요가 있다. 1989년 2월을 기준으로 '농지의 보전 및 이용에 관한 법률'(「농지법」의 제정으로 폐지됨)은 군수의 대리경작자 지정 및 전답원상회복 대집행(제10조, 제15조)을, '농지확대개발촉진법'(제12조-제14조, 제52조, 제55조)과 '내수면어업개발촉진법'(제6조, 제11조)은 각기 농지개간 및 내수면개발을 위한 대집행을, '산림법'(제11조-제14조)은 영림계획에 따른 소유자시설업무와 대집행을, 또한 동법 제26조-제27조는 일반개발구역 산림소유자의 개발명령 불이행시의 대집행을 규정하고 있었다. 이런 조문들을 일일이 열거하고 있는 김도창 교수는 이

70) 대법원 1996. 6. 28. 선고 96누4374 판결.

71) 대법원 1998. 10. 23. 선고 97누157 판결.

것이 국토개발이라는 공공복리를 목적으로 한 대집행으로서 헌법적 정당성을 갖고 있다는 식으로 서술하고 있다.[72] 이 대목에서 가히 개발주의 시대 행정법의 한 단면을 읽을 수 있다.

21.2.2. 행정대집행의 실체적 · 절차적 요건

대집행은 상대방(의무자인 국민)의 저항을 배제하면서 강행하는 실력행사이고, 국민의 자유나 재산을 현저히 제한 · 침해하는 행정작용이다. 그러므로 대집행이 인정되기 위해서는, 다른 수단으로는 의무이행의 확보가 곤란하고 동시에 그 불이행을 방치하는 것이 현저히 공익에 반할 때라는 두 가지의 실체적 요건(전제)을 만족시킬 필요가 있다. 위의 두 실체적 요건이 충족된 경우에 비로소 대집행이 가능하게 되며, 그 구체적인 절차는 대집행의 계고(제3조 제1항), 대집행영장에 의한 통지(제3조 제2항 · 제3항), 대집행의 실행(제4조) 순서로 진행된다. 이것은 앞에서도 본 것처럼 계고, 확정 · 통지, 적용 · 실행이라는 순서에 따른 것이다.

강제집행은 통상 강제수단을 문서로 계고하는 것에서 시작한다.[73] 대집행에서도 마찬가지다. 행정청은 행정행위로 정해진 의무를 이행하지 않는 경우 어떤 결과를 각오해야 하는지를 상대방에게 각인시켜 줌으로써 자발적 이행을 독촉한다. 이에 부합하게 계고에는 집행을 해도 의무자가 더는 할 말이 없을 기한이 포함되어 있다. 계고는 기본행정행위와 결합해서 혹은 분리해서 교부할 수 있다.[74] 계고는 독립한 행정행위로 보므로 기본행정행위를 다투는 것과 별도로 계고를 다툴 수 있다.[75] 계고는 반복해서 발해질 수 있다. 판례는 동일한 내용의 계고가 여러 차례 이루어진 경우 제1차 계고만이 처분이고 나머지는 대집행기한의 연기통지에 불과하다고 본다.[76]

대집행영장에 의한 통지는 계고를 받고도 지정기한까지 의무이행을 하지 않을 때

---

72) 김도창, 행정법원론(상), 508쪽 각주 5번.

73) 독일 연방행정집행법 제13조.

74) Sodan/Ziekow, *Grundkurs*, 637쪽(80장 9번). 독일 연방행정집행법 제13조 제2항. 우리 판례도 1장의 문서에 철거명령과 대집행의 계고처분을 동시에 기재하여 처분할 수 있다고 한다. 대법원 1992. 6. 12. 선고 91누13564 판결.

75) 독일에서는 행정행위에 대해 행정심판 혹은 취소소송으로 다투는 경우 집행정지효를 인정하지만, 행정법원법 제80조 제2항 제2문에 의거, 란트법으로 행정집행에서의 조치에 대한 행정심판과 취소소송에 대해서는 정지효를 부정할 수 있다고 규정한다.

76) 대법원 1994. 10. 28. 선고 94누5144 판결.

에 대집행을 할 시기, 대집행의 실시를 위해 파견하는 집행책임자의 성명과 대집행에 요하는 비용의 개산(槪算, 어림셈)에 의한 견적액을 통지하는 행위이다. 통지도 (준법률행위적) 행정행위로 보는데, 그 이유는 이 통지가 단순한 사실의 전달이 아니라 집행의 시기와 방법을 확정(Festsetzung)하고 이를 알려주는 것이기 때문이다.

강제집행은 확정된 강제수단의 적용으로 끝난다. 이행강제금이면 징수가 이에 해당할 것이고, 대집행이라면 이행되어야 할 작위를 실제로 하는 것이다. 이것을 대집행의 실행이라고 한다. 여기에 실행이 완료된 후 대집행에 소요된 비용을 징수하는 행위(비용징수)까지 넓게 대집행의 실행으로 보아도 된다. 대집행의 실행에서도 처분성을 발견해내기 위해 이를 권력적 사실행위로 보는 것이 일반적이다.[77]

더공부해보기/생각해보기/토론하기

1. 우리나라 환경법의 역사는 1963년에 공해방지법이 제정된 이래 60년이 넘었다. 그러나 60년의 역사라고 하지만 환경법령과 제도는 오랫동안 상징적 수준을 벗어나지 못했다. 법은 강제를 그 본질로 한다. 그러나 법률 중에는 강제력이 전혀 없거나 있어도 실효성이 없는 것들이 있다. 또한 제재규정을 두지만 제재를 할 집행공무원이 없다면 법은 실현되지 않는다. 이런 법규범들은 상징입법이 될 가능성이 높다.[78] 행정법의 입장에서 보면 상징입법은 집행부전·집행결함(Vollzugsdefizit)의 문제와 연결된다. 집행결함이라는 말은 독일어에서 유래하지만 그 현상은 전 세계에서 보편적으로 확인되고 있다.[79] 상징입법 혹은 상징적 입법(symbolic legislation)은 한국만의 문제는 아니다.[80] "문제해결에 거의 또는 전혀 효과가 없고 다만 사람들을 진정시킬 의도만 갖는 입법"[81]이 등장하는 이유는 여럿 있다. 법사회학자들은 상징입법은 사회법(노동법을 포함)과 환경법에서 특히 많이 나타난다고 한다.[82] 왜 그런지 생각해보자.

---

77) 대집행의 실행과정에서 발생하는 상대방의 저항를 집행관청은 물리력(실력)으로 배제할 수 있는지에 대해서는 더공부해보기/생각해보기/토론하기 3번을 참고하기 바란다.

78) 류지태, 환경법, 고려대학교출판부, 2000, 276-278쪽 참고.

79) 존 드라이제크, 정승진 옮김, 지구환경정치학 담론, 에코리브르, 2005, 145쪽.

80) 존 드라이제크, 정승진 옮김, 위의 책, 159, 201쪽.

81) 홍준형, 상징입법 - 겉과 속이 다른 입법의 정체, 한울, 2020, 18쪽.

법규범(Rechtsnormen)이 그 의도대로 효과를 발휘할 수 있는 경우란 당해 법규범이 대상자의 행위에 실제로도 영향을 주고 제어할 수 있을 때 뿐이다. 법률상의 규율이 법현실에서도 준수되어고 집행되어야 한다는 얘기다. 이것은 너무나 당연한 얘기 같지만 현실은 그렇지 않다. 규정을 준수할 충분한 인센티브가 당사자에게 주어지거나, 아니면 규정대로 법이 실현되도록 보증해 줄 그 밖의 메커니즘이 존재하지 않는다면 법준수와 집행에 문제가 생길 수 있다는 얘기다. 규범의 집행문제는 환경법에서 특히 쟁점이 된다. 관련 규정의 준수를 감독하는 일은 법적인 면에서건 실질적인 면에서건 비용이 들며, 당사자의 격한 저항에 직면하는 일도 드물지 않다. 정치적 영역으로부터 충분한 지지를 받지 못하는 경우도 생각해야 한다. 그러다보니 환경법은 제대로 실행(적용 및 집행)되지 않는다는 볼멘 소리가 어느 나라에서나 터져 나왔다. 집행부전 · 집행결함을 생각하면 환경이익을 위한 법규정을 그냥 만드는 것만이 능사가 아니다. 오히려 준수와 집행을 현실적으로 기대할 수 있을 정도로 법규정을 만들어야 그것이 환경에 도움이 될 수 있다.[83]

그러나 이렇게 되기가 쉽지 않다. 그 이유야 여럿 있겠지만 – 지금처럼 기후위기가 전 세계적 관심사가 된 시대에는 대내외적인 선전용으로 환경규제조항을 두고 실제로는 집행하지 않는 경우도 있을 것이다 – 무엇보다 환경법상의 규제가 대개는 정치적 타협의 산물이라는 것, 바로 그것이 환경법의 규범구조와 내용에 영향을 준다는 점을 중요하게 들여다보아야 한다. 환경법에는 복잡한 규정, 각종 제한과 예외적 구성요건, 그리고 명확하지 않은 법문(法文)이 빈발한다. 개별 환경법간의 상호조율도 충분하지 않다. 환경법의 실제 실행은 실패와 갈등의 소지를 늘 안고 있다. 이리하여 현실에서 규범이 실현되지 않고 집행 불능에까지 이르게 되고, 때로는 상징입법(symbolische Gesetzgebung)에 불과하다는 소리도 듣는 것이다.[84] 환경법의 영역에서 협상을 통한 문제해결이 강조되는 것도 이 때문이다. 집행부전 · 집행결함(Vollzugsdefizit)도 행정행위에서나 문제가 되지, 협상을 통한 문제해결에서는 이런 문제가 발생하지 않기 때문이다(다만, 법률의 실현에서의 불완전성은 문제가 될 수 있다).[85]

노동법은 또 어떤가? 자본주의에서 (노동)법이 자본가계급과 노동자계급의 투쟁결과 나온 타협과 양보의 산물인 한, 자본가계급은 최대한 그 양보의 실현을 지연시킬

---

82) 이준서 한국법제연구원 연구위원은 한국 사회에서 '기본법'은 내용이 아닌 '형식'적 차원에서 상징입법의 역할을 하기도 한다고 지적한다. 그는 이를 「저탄소 녹색성장 기본법의 예를 통해 논증하고 있다. 이준서, "기후변화 대응 법제의 입법형식과 체계에 관한 소고", 환경법연구 43권 1호, 2021, 1-38쪽.

83) Koch, Hans-Joachim(Hrsg.), *Umweltrecht*, 3판, Verlag Franz Vahlen, 2010, 97-98쪽.

84) Koch, Hans-Joachim(Hrsg.), 위의 책, 98쪽.

85) Heiko Faber, *Verwaltungsrecht*, 191, 194쪽.

유인을 갖고 있다. 즉, 법만 만들어놓고 그 집행을 위한 인력과 재원을 충당하지 않는 것이다. 그래서 마르크스는 『자본론』에서 다음과 같이 말하기도 했다.

"새로운 생산체제의 혼란스러운 소란 때문에 잠시 정신을 차리지 못하고 있던 노동자계급이 어느 정도 다시 제정신으로 돌아가자 그들의 저항은 먼저 대공업의 출생지인 영국에서 시작되었다. 그러나 30년 동안 노동자계급이 획득하였던 이런저런 양보는 순전히 명목적인 것에 지나지 않았다. 1802년부터 1833년까지 의회는 5개의 노동관계법을 통과시켰지만 교활하게도 그것을 강제로 시행하고 운용하는데 필요한 행정인력 등을 위해서 단 한 푼의 지출도 의결하지 않았다. 그것들은 사문화한 문구에 지나지 않았다."[86)]

2. 행정법상 의무를 부과하고 그 의무 불이행에 대응하는 방법에는 행정상 강제집행만 있는 것이 아니다. 그 외에도 행정벌이 있고, 위반사실의 공표, 과징금 등 새로운 방식의 의무이행확보수단이 있다. 이 중 한국 행정법령의 입법실태에서 가장 쉽게 선택되는 것은 벌칙, 즉 행정벌이다.[87)] 한국의 입법자들은 법률의 집행 문제를 깊이 고민하지 않은채, 벌칙만 두면 그걸로 '만사 오케이'인 것처럼 생각하는 경향이 있다.[88)] 이것이 왜 문제인지, 나아가 벌칙조항의 한계 혹은 문제점을 인식하여 벌칙조항을 폐기하거나 혹은 완화한다면 어떤 폐해가 발생할 수 있는지도 아울러 토론해보자.

행정벌은 공법상의 의무위반에 대한 제재로서 가해지는 일반통치권에 근거한 처벌이다. 행정벌은 행정법규에 규정되어 있는 벌칙이다. 벌칙에는 행정형벌과 행정질서벌이 있다(예컨대 「식품위생법」의 벌칙규정은 '벌칙'[89)]-양벌규정-과태료 조항으로 배치되어 있다). 행정벌은 형사벌과는 다르다고 보지만, 그 구별은 상대적이다. 양자는 그 규정방식에서 차이가 있다. 형사벌은 벌칙규정 중에 구성요건과 그것에 대한 벌칙을 완결된 형태로 규정한다. 반면, 행정벌은 실체규정 중에 의무를 부과하는 규

86) 카를 마르크스, 강신준 옮김, 자본 I-1, 391-392쪽.

87) 2017년 현재 우리나라에 존재하는 1,450개의 법률 가운데 형법이나 형사특별법을 제외하고도 3분의 2가량이 형벌조항을 갖고 있다는 연구결과도 있다. 김두얼/김원종, "죄형법정주의 - 우리나라 법에 규정된 범죄의 범위, 형벌 수준 및 형벌 간 균등성에 대한 실증분석", 저스티스 통권 제170-3호, 2019, 63쪽.

88) 사쿠라이 교수는 일본의 입법자들도 그렇다고 비판한다. 櫻井敬子, "現代行政をめぐる最近の動き - 土地行政を念頭に", 不動産調査月報 第 354/355号, 2007, 3쪽.

89) '벌칙'에는 징역, 벌금과 같은 행정형벌이 규율되어 있다.

정을 두고, 벌칙규정에 실체규정 위반행위를 처벌하는 식으로 규정한다.[90] 행정벌은 이론상 어떠한 의무위반에 대해서도 과할 수 있는 까닭에 거의 대부분의 행정법규가 행정벌을 규정하고 있다고 해도 과언이 아니다.[91] 그럼에도 불구하고 실제로 의무위반이 있다고 해서 항상 행정벌이 부과되는 것은 아니다. 행정벌 특히 행정형벌은 "행정명령에 대한 의무확보수단으로서 최후적 · 보충적인 것이어야 한다"[92]고 보기 때문이다. 이러다보니 실제로 행정벌이 실효성이 있는지 의심하는 견해가 많다.[93]

벌칙규정의 실효성은 관리감독권을 갖고 있는 행정당국이 적극적으로 법령위반사실을 사법당국에 고발하고, 그 고발을 받은 경찰 · 검찰이 제대로 수사하고 적절하게 처벌할 때에야 발휘될 수 있다. 예컨대 사업장폐기물을 불법투기(「폐기물관리법」 제8조 제2항)하는 경우가 있다면, 이에 대한 형사책임 추궁 프로세스(「폐기물관리법」 제63조)가 제대로 작동해야 하는 것이다. 문제는 이것이 잘 안된다는 점이다. 형사고발이 가능하기 위해서라도 불법투기 여부를 단속할 공무원 수가 충분히 확보되어 있어야 하는데 현실은 그렇지 못하기 때문이다. 단속을 제대로 하지 못하니 위반행위에 대해 벌칙을 빠짐없이 부과하는 것은 사실상 불가능하다.

이 사태에 대응하는 방안은 크게 두 가지이다. 우선 단속 공무원을 보충하고, 고발된 사건을 전담처리할 수사 및 기소인력을 보완하는 길이 하나 있다. 그 과정에서 행정법규 중 위반사항이 많은 환경형법조항도 대폭 손보아야 한다.[94] 다른 하나는 아예 탈범죄화를 진행하는 길이 있다. 우선 우리 입법자와 행정부는 첫 번째 길로 가고 있지는 않다. 반면, 두 번째 길은 부분적으로 실천되고 있다. 이 두 번째 길에서 두드러진 것이 "타인의 행위에 대한 책임"의 탈범죄화이다. 이른바 '양벌규정' 문제이다.

행정법규에는 직접 위법행위자와 별도로 사업주(법인 또는 개인) 등을 처벌하는 규정을 두는 경우가 있는데 이를 양벌규정이라고 한다. 헌법재판소는 개인 영업주에 대한 양벌규정을 형벌에 관한 책임주의에 반하여 위헌이라고 하였고,[95] 법인 영업주에 대한 양벌규정에 대해서도 동일한 판단을 내렸다.[96] 후자의 위헌결정은 40개

90) 大島稔彦 (編著), 法令起案マニュアル, 224쪽. 실체조항, 벌칙조항 등에 관한 설명은 1.2.2.를 참고할 것.

91) "현행 각 행정법규에 있어 행정명령위반의 제재방법으로 거의 모두가 형벌을 채택하고 있어서 형벌법규과잉현상을 보이고 있다." 헌법재판소 1995. 3. 23. 선고 92헌가14 결정.

92) 헌법재판소 1995. 3. 23. 선고 92헌가14 결정.

93) 김유환, 2024, 404쪽 참고.

94) 다음 논문은 한국환경형법의 역사를 검토하고 있어 참고할 만하다. 김정환, "30년간 환경형법의 변화", 법학연구 27권 3호, 2017, 57-87쪽.

95) 헌법재판소 2007. 11. 29. 선고 2005헌가10 결정.

96) 헌법재판소 2009. 7. 30. 선고 2008헌가14 결정.

가 넘는다.[97] 헌법재판소는 사업주를 처벌하려면 종업원의 업무관련 위반행위만으로 부족하고 추가적으로 사업주의 독자 책임이 요구된다는 결정을 계속하고 있으므로 이는 확립된 판례이다. 이러한 헌법재판소의 결정취지에 따라 법무부는 2008년 이후 「산업안전보건법」 등 약 450개의 양벌규정에 대하여 "다만, 법인 또는 개인이 그 위반행위를 방지하기 위해 해당 업무에 관하여 상당한 주의와 감독을 게을리하지 아니한 경우에는 그러하지 아니하다"라는 단서를 면책조항으로 추가하여 정비하였다.[98] 그러나 법인에 대해서는 고의 또는 과실을 묻지 않고 종업원의 범죄에 대한 법인의 형사책임을 인정하고 이를 합헌으로 보는 입법례(미국)도 있다는 점에서 헌법재판소의 위헌결정은 국회의 입법형성권에 대한 과도한 개입으로 평가할 만하다.[99] '형법'상의 책임주의가 존재한다고 해서 바로 '헌법'상의 책임주의가 성립한다고 볼 수 있는가? 나아가 설령 헌법상 책임주의를 인정하더라도 종래 자연인에 대한 자유형을 중심으로 발전해 온 형법상 책임주의를 법인에 대해서도 예외없이 헌법상 원칙으로 강조하는 것이 과연 타당한가?[100] 이러한 규제완화는 행정법의 신자유주의화로 평가할 수 있는 것이 아닐까? 왜냐하면 헌법상 책임주의 '덕에' 처벌을 면제받는 이들은 「산업안전보건법」의 사업자 등 기업의 이윤을 위해 노동자와 일반 국민에게 사회적으로 유해한 행위를 할 수 있는 자들이기 때문이다. 나아가 헌법상 책임주의를 앞세워 진행되는 탈범죄화가 선택적으로 이루어지는 현실을 생각하면 – 이른바 '깨진 유리창 이론'에서 예시되듯 경미한 범죄에 대한 엄격한 대응 – 과연 이러한 대응이 맞을지 생각해볼 여지가 있다.

물론 탈범죄화를 주장하는 이들은 이제는 강제적인 규제보다는 자율규제가 더 중요하다고 강조할 것이다. 자율규제를 지지하는 이들은 자율적 · 합의적 행정수법이 집행비용을 줄이면서도 당사자의 의사를 존중할 수 있는 장점이 있다고 한다. 그러나 말이 자율규제이지, 규범의 설정과 집행을 상대방인 기업과의 협상에 의해 결정하는 것은 법률의 제정과 집행에서의 민주주의적 입법자의 위상과 권한을 약화시킬 수 있다는 사실도 아울러 고려해야 한다.

3. 도시빈민 및 노점상에 대한 「행정대집행법」 적용 사례를 살펴보고, '도시개발법'의 영역에서 행정대집행의 실태 변화에 대해서도 조사 · 토론해 보자.

---

97) 강병연, "헌법재판소의 헌법상 책임주의론에 대한 비판적 고찰", 공법연구 제51집 제2호, 2022, 91쪽 각주 5번 참고.

98) 강병연, 위의 논문, 91쪽. 또한 이순욱, 법인의 양벌규정에 관한 연구, 서울대학교 법학과 박사학위논문, 2016, 98-99쪽.

99) 동지(同旨). 강병연, 위의 논문, 105, 110쪽.

100) 강병연, 위의 논문, 92, 110쪽.

1. 자본주의 국가는 사유재산제도를 옹호한다고 하지만 가난한 자의 개인재산까지 옹호하지는 않는다. 국가는 철거공시가 난 주택에서 떠날 수 없는 철거민과 생계를 이유로 도로를 점유한 노점상에 대해 자진정비불이행시 강제정비와 형사고발대상이라고 엄포를 놓긴 하지만, 그들이 떠나지 않는다고 해서 구금하는 등 형벌을 가할 수는 없다. 자본주의 초기의 본원적 축적 단계에서는 이런 일이 비일비재했지만 말이다.

그러므로 「행정대집행법」과 같은 법률의 등장은 자본주의적 법관계를 표현한다. 이런 법률을 통해 국가는 개인재산에 대해 가하는 자신의 강제력을 합법화한다. 다만, 자본주의 국가 안에서도 이런 법률을 실제로 집행하고 운용하는 방법에는 차이가 있다. 예컨대 한국의 경우 「행정대집행법」의 조문은 9개 밖에 되지 않으며, 1954년에 제정되어 사실상 한 번 밖에 개정되지 않았다.[101] 다만 그 개정 내용은 중요하다. 구체적으로 ① 심야 · 새벽 시간의 행정대집행을 제한하고, ② 대집행 과정에서의 안전확보를 위하여 필요하다고 인정하는 경우 현장에 긴급 의료장비나 시설을 갖추는 등 필요한 조치를 하도록 행정청에게 의무를 부과하는 등 행정대집행 절차 및 실행 과정을 개선하는 것과 ③ 행정청이 상당한 이행기한을 정할 때는 의무의 성질 · 내용 등을 고려하여 사회통념상 해당의무를 이행하는 데 필요한 기간이 확보되도록 했다. 특히 ①, ②의 개정내용은 오랜 철거민 투쟁을 통해 쟁취한 것이다. 「행정대집행법」의 개정을 위해 국가인권위원회는 여러 차례 권고의견을 제출하였다. 최근의 것으로는 2020. 12. 24.자 "강제퇴거 · 강제철거 시 거주민 인권보호를 위한 의견표명 및 권고"를 들 수 있다. 동 위원회는 위 의견표명 및 권고의 주문(主文)에서 "1. '국회의장에게', 행정대집행 계고 시 최소한의 의무이행 기한 도입, 공무원의 행정대집행 현장 입회 · 감독, 기상특보 발령 시와 공휴일에 행정대집행 금지, 집행정지 효력이 있는 이의신청 제도 도입, 의무자의 퇴거조치 완료 후 행정대집행 실행 등을 신설하는 「행정대집행법 전부개정법률안」(의안번호 986호)에 대하여 조속한 논의를 거쳐 입법화할 필요가 있다는 의견을 표명"하였다.

「행정대집행법」 외에도 행정강제에 관한 현행법(「경찰관직무집행법」 포함)은 전체적으로 매우 불비하다. 이는 1987년의 행정절차법안의 보칙(제69조)에서 "행정상의 강제집행, 행정상의 즉시강제, 행정조사 등 행정집행절차에 관하어는 따로 법률로 정한다"라고 규정하여 관련규정의 정비를 간접적으로 촉구하고 있는 점에서도 잘 나타나 있다.[102] 그간 우리 정부는 이런 엉성한 법을 이용해 1970년대 이래 주로 도시빈민의 주거지와 노점상의 노점 등을 강제철거해왔다. 2003년에는 청계천복원사업을 위해 노점상을 대대적으로 강제철거했으며, 2006년에는 주한미군기지의 평택

101) 법률 제13295호, 2015. 5. 18., 일부개정.

102) 김남진/김연태, 행정법 I, 2023, 581쪽.

이전사업을 ‘원활히’ 수행하기 위해 평택 대추분교에 대한 행정대집행을 실시하기도 했다. 이 과정에서 발생한 당사자와 시민사회의 강력한 저항을 물리력으로 제압하는 일이 매번 반복되었다.

문제는 현행법에는 대집행에 대한 저항을 실력으로 배제할 수 있는 규정이 없음에도 불구하고 대집행의 실행에 수반하는 최소한의 물리력 행사를 넘어, 저항하는 도시빈민들을 땅바닥에 내팽개치고 짓밟는 어마무시한 폭력이 동원되어 왔다는 사실이다. 독일법은 대집행이나 직접강제에 대한 저항을 실력(Gewalt)으로 배제할 수 있다고 규정하고 있지만,[103] 우리의 경우 이런 명문규정이 없다. 이런 게 없어도 “건물철거 대집행 과정에서 부수적으로 건물의 점유자들에 대한 퇴거조치를 할 수 있고, 점유자들이 적법한 행정대집행을 위력을 행사하여 방해”하면 형법상 공무집행방해죄로 처벌할 수 있기 때문이다. 또한 “형법상 공무집행방해죄의 범행방지 내지 현행범체포의 차원에서 경찰의 도움을 받을 수도” 있다. 나아가 필요한 경우에는 “「경찰관직무집행법」에 근거한 위험발생 방지조치” 차원에서 경찰의 도움을 받는 것도 가능하다고 본다.[104]

참 편리한 해석이다.[105] “건물철거 대집행 과정에서 부수적으로 건물의 점유자들에 대한 퇴거조치를 할 수” 있으니, ‘부수적’으로 퇴거조치를 취하는 것은 적법한 행정대집행이라는 설명을 과연 받아들일 수 있는가? 1988년 서울 올림픽을 준비하는 과정에서 상계동에서 벌어졌던 무지막지한 폭력행사는 ‘부수적’ 퇴거조치였던가? 청계천과 평택에서 이루어진 주민 대소거 작전은 부수적 퇴거조치였던가? 묻지 않을 수 없다. 이런 엉터리 같은 해석들이 난무하는 가운데도 국회가 행정대집행에 관한 제대로 된 법률을 만들지 않았다는 것, 이것이 한국 자본주의 행정법의 한 실태를 보여준다고 생각한다.

2. 그런데 행정대집행으로 표현되는 도시(재)개발에서의 강제축출의 양상이 바뀌고 있다. 1970년대 『난장이가 쏘아올린 작은 공』 시대의 ‘불도저’가 구청 등 국가권력이었다면, 21세기 ‘난 · 쏘 · 공’ 시대의 억압자는 배후로 후퇴한 공적 권력을 등에 업고 재개발 · 재건축 현장의 전면에 등장한 사적 권력이다. 이제 도시빈민, 세입자들은 「행정대집행법」에 의해 축출되는 것이 아니라, 민간경비원을 고용한 재개발 · 재건축 조합의 용역폭력에 의해 밀려나고 있다.

---

103) 연방행정집행법 제15조 제2항.

104) 이상 대법원 2017. 4. 28. 선고 2016다213916 판결.

105) 일본에서의 해석을 그대로 가져온 문제 있는 판결이다. 독일의 연방행정집행법과 같은 조문이 없는 일본의 경우 형법(공무집행방해죄)과 경찰관직무집행법에 의거하여 주민의 저항을 배제하는 조치를 취한다고 한다. 김남진/김연태, 행정법 I , 581쪽.

11.2.2.에서 간략히 설명했듯이 도시빈민 거주지를 정비하는 사업을 오랫동안 담당해 온 것은 구청과 같은 관(官)이었다. 그러다가 1976년 도시재개발법의 제정 이후 토지소유자도 조합을 결성하여 사업시행자가 될 수 있는 길이 열렸고 1980년대 초반에는 건설사업자를 공동시행자로 참여시키는 이른바 합동재개발 방식이 등장하였다. 이러한 과정을 겪으면서 현재 재개발사업은 재개발구역 내의 토지등소유자로 구성되는 조합이 원칙적으로 사업시행자가 되는 것으로 바뀌었다. 이로써 재개발조합은 주택건설이라는 공적 임무를 수행하는 핵심 주체로서 막강한 권력을 행사하기에 이르렀다.

합동재개발은 개발의 풍경을 정부와 주민의 대립에서 토지·가옥주(정비조합, 건설사)와 세입자 간의 대립으로 바꾸어놓았다. 1970년대까지만 해도 무허가 가옥주가 주도했던 철거반대투쟁은 정부가 민간 주도의 합동재개발방식을 도입하면서 세입자들의 운동으로 그 전개 양상이 바뀌어갔다.[106] 「도시 및 주거환경 정비법」에 의해 도시정비사업을 하는 정비조합은 사업에 반대하거나 또는 자력(資力)이 부족하여 점유를 풀지 않는 세입자들을 상대로 행정대집행 대신에 민사상 인도소송을 제기한다. 또한 그 과정에서 이른바 용역폭력을 동원한다. "재개발조합이 수도와 전기를 끊거나 전문 철거용역을 동원해 한겨울에도 무자비하게 사람들을 내쫓고 집을 부숴버리곤 했던 폭력적인 철거방식은 아직도 많은 사람의 기억에 생생히 남아있다."[107]

106) 조문영 엮음, 빈곤의 인류학 연구팀 지음, 동자동, 당신이 살 권리, 글항아리, 2023, 60쪽.
107) 조문영 엮음, 빈곤의 인류학 연구팀 지음, 위의 책, 61쪽.

22

국가책임의 법리

22.1. 국가책임의 의의와 범위

22.1.1. 공법상의 배상청구권과 조정청구권

행정주체와 국민 간에 나아가 행정주체 상호 간에도, 그 관계에서 생긴 손해 혹은 그 밖의 (상태) 변경이 조정되어야만 하는 상황이 발생할 수 있다. 이 문제를 다루는 것이 공법상 배상청구권법 및 조정청구권법이다. 국가책임(법)이라고도 한다. 다만, 엄밀하게 말하면 국가책임은 오로지 국가를 상대로 국민이 주장하고, 국민에게 귀속할 수 있는 청구권에 한정된다. 이하에서 다룰 청구권은 대체로 그런 것이기는 하지만, 행정법상 특별한 사정에 의해 발생하는 청구권 중에는 국민만이 아니라 고권주체에게도 귀속하는 것이 있을 수 있다. 가령, 공법상의 사무관리에 따른 반환청구권, 공법상 부당이득반환청구권 같은 것을 예로 들 수 있다.[1]

한편, 국가책임법에서 국가를 향해 책임을 묻는 국민은 오늘날 국적자에 한정하지 않고 널리 외국인에까지 확장되고 있다. 현행 국가배상법 제7조는 상호보증주의를 취하고 있지만, 상호주의는 양자 간 조약이 통용되던 시대에나 유효한 법리이다. 오늘날에는 내외국인 평등주의가 헌법상의 요청이므로 국가배상법 제7조를 해석할 때는 최대한 헌법에 합치되게 해야 한다. 실제로, '베트남전쟁'[2] 당시 한국군의 민간인 학살에 따른 손해를 한국 정부가 배상해야 한다고 한 첫 번째 판단에 해당하는 '서

1) Sodan/Ziekow, *Grundkurs*, 696쪽(85장 1번).

2) 베트남인들의 표현으로는 항미전쟁, 미국전쟁이다.

울중앙지법 2023. 2. 7. 선고 2020가단5110659 판결'은 "국제적인 교류가 빈번한 오늘날의 현실"에서는 "대한민국과 외국 사이에 국가배상청구권의 발생요건이 현저히 균형을 상실하지 않고 외국에서 정한 요건이 대한민국에서 정한 그것보다 전체로서 과중하지 않아 중요한 점에서 실질적으로 거의 차이가 없는 정도라면 국가배상법 제7조가 정하는 상호보증의 요건을 구비하였다"고 보아야 한다고 판시하였다.[3)]

국가책임법은 행정법 안에서도 상대적으로 젊은 법이다. 각국이 권력적 작용에 대한 국가책임을 인정하기 시작한 것도 그리 오래되지 않았고, 무엇보다도 조정청구권 영역에서 청구권의 인정 여부와 청구권의 내용을 둘러싼 논쟁이 계속되고 있기 때문이다.

공법상 배상청구권과 조정청구권의 근거는 법률로 규율되지 않은 경우가 많다. 그만큼 이 분야는 판례, 즉 법관법의 영향력이 강하다. 수용유사침해[4)]라든가 수용적 침해[5)] 법리는 모두 판례가 만든 개념이다.[6)] 공법상 결과제거청구권의 법적 근거도 여전히 다투어지고 있다. 반드시 그런 것은 아니지만 수용유사침해 혹은 수용적 침해에 근거한 보상요구와 같은, 국민의 재산권을 방어하기 위한 이들 청구권들은 입법자가 사회경제적 불평등을 적극적으로 시정하는 규제정책을 시행하거나 하고자 했을 때 구상되고 관철된 것이므로 집회주최자를 상대로 한 국가의 손해배상청구권만큼이나 정치적으로 매우 민감한 권리들이다.

아무튼 이들 사안 중 이하에서 집중적으로 검토해볼 것은 국가배상청구권(국가배상책임)과 손실보상청구권(손실보상책임)이다. 또한 손해전보를 위한 그 밖의 제도에 해당하는(혹은 해당한다고 주장되는) 수용유사침해 및 수용적 침해에 대한 손실보상책임,

---

3) 비교법적으로 보면, 국가배상법에 상호보증에 관한 규정이 애당초 없는 국가도 있을 뿐만 아니라, 대륙법계 국가에 영향을 끼친 독일은 1993년 이후 상호보증주의를 사실상 폐지하는 방향으로 법률을 개정하였다. 일본의 실무도 상호보증 규정을 들어 외국인의 국가배상청구를 배척하지는 않는 방향으로 운용되고 있다. 미국판례는 외국인의 본국에서 미국시민을 차별하지 않으면 상호보증이 있다고 해석하는 등 국가배상소송에 있어서 상호보증요건은 실질적으로 의미를 잃어가고 있다. 문영화, "국가배상소송과 상호보증 - 대법원 2015. 6. 11. 선고 2013다208388 판결과 관련하여", 성균관법학 28권 4호, 2016, 129-130쪽.

4) 수용유사침해는 재산권으로 보호되는 법적 지위가 개인에게 특별한 희생을 의미하는 위법한 방법으로, 고권적 조치에 의해 직접 침해될 때 인정된다. Sodan/Ziekow, *Grundkurs*, 714쪽(87장 7번).

5) 수용적 침해는 수용유사침해와 달리 적법한 고권활동을 통한 재산권 침해(Eigentumsbeeinträchtigungen) 시 인정된다. Sodan/Ziekow, *Grundkurs*, 718쪽(87장 19번).

6) 다만 우리 대법원은 이를 인정하지 않는다. 대법원 1993. 10. 26. 선고 93다6409 판결.

그리고 감염병으로 인한 방역조치 등에 따른 손실보상책임도 살펴보아야 한다. 국가배상책임은 제23장에서, 손실보상책임과 기타의 손실보상책임은 24장에서 다룬다. 이 제22장 제2절에서는 23, 24장에서 다루지 못하는 공법상 결과제거청구권, 공법상의 사무관리, 공법상의 부당이득에 대해 간략히 서술한다. 일부 교과서는 이 공법상의 사무관리, 임치(die öffentlich-rechtliche Verwahrung), 부당이득을 행정법상의 채권관계로 설명한다.[7)]

22.1.2. 행정구제와 국가책임의 관점에서 본 국가배상과 손실보상

교과서들은 국가배상책임과 손실보상책임을 묶어 국가보상(補償)이라고 부르기도 한다. 국가보상법은 넓게 보면 행정구제법의 영역으로 포섭된다. 행정구제란 어떤 형태로든 상대방인 시민이 자기에게 유리한 해결을 구하는 것을 말하는데, 이것은 다시 크게 두 개로 나뉜다. 하나는 행정청의 결정 자체를 자기에게 유리하게 바꾸는 것이다. 다른 말로 공권력행사 자체를 다투어 직접 행정에게 시정(是正)을 구하는 것으로서 통상 이를 행정쟁송이라고 표현한다. 다른 하나는 공권력행사의 결과에 대한 구제로서 통상은 금전으로 대체보상을 받는 것으로 종결된다. 이를 국가보상 혹은 국가책임이라고 한다. 양자는 다른 종류의 구제이다.

이 중에서 행정쟁송을 제1차적 권리구제라고 하고, 국가보상을 제2차적 권리구제라고 한다. 이는 쉽게 말하면 국민은 자신이 받는 불이익을 제거하기 위해서 혹은 시정하기 위해서 우선은 국가를 상대로 적극적으로 문제 제기를 하고, 그래도 안 되면 금전 등으로 보상을 받아야 한다는 뜻이다. 국가의 잘못 혹은 개발독재적 행정을 묵인하면서 금전 배상 혹은 보상만을 노리는 것은 주권자인 국민이 취할 태도가 아니라는 발상이다. 과거 군주제 시절에는 국가의 위법 혹은 부당한 처분, 국가가 일방적으로 밀어붙이는 작용에 대해 일단 "침해를 수인하고, 돈으로 청산해라"(dulde und liquidiere)라고 말했고,[8)] 행정법도 이를 뒷받침했다. 그러나 지금은 이런 식의 주장이나 해석은 타당하지 않다. 오히려 이제는 "침해를 방어하라, 그런 연후에 돈

---

7) 김남진/김연태, 행정법 I, 778쪽.

8) 이 표현을 처음 쓴 사람은 오토 마이어라고 한다. Walter Jellinek, *VVDStRL*, 10, 162쪽. 이런 법리 혹은 논리는 토지수용이 행정행위가 아니라 강제매매 형식으로 이루어지던 후기절대주의-경찰국가시대를 배경으로 한다. 침해를 수인한 자는 금전적 청산을 위해 소를 제기할 수 있다고 한 것이 바로 국고이론(國庫理論, Fiskustheorie)이었다.

으로 청산해라"(wehre dich und liquidiere)라는 요구가 원칙이 되었다. 이것을 제1차적 권리구제의 우선성/우선적 사용(Vorrang)이라고 한다.[9]

예컨대 독일 민법 제839조 제3항에 의하면 "피해자가 고의 또는 과실로 법적 불복수단의 행사를 게을리하여 손해의 발생을 막지 못한 경우 배상의무는 발생하지 않는다." 이것을 배상책임의 배제라고 한다. 피해자는 자신이 할 수 있는 범위에서 제1차적 권리보호수단을 우선적으로 사용함으로써 손해발생을 저지해야 한다. 이것을 하지 않은 경우 피해자는 자신의 이런 잘못 때문에 손해배상을 요구하지 못한다. 제839조 제3항에서 말하는 '법적 불복수단'이라는 개념은 넓게 이해해야 한다. 헌법소원은 예외지만, 이 개념에는 부담적 행정행위에 대한 행정심판청구 및 취소소송, 임시의 권리보호 수단들, 나아가 고충민원의 제기(Gegenvorstellung) 및 직무감독의 신청과 같은 자유롭게 사용할 수 있는 모든 법적 구제가 포함된다. 다만, 여기서 말하는 법적 구제는 직접적으로 문제의 직무행위 자체에 향해야 하며, 또한 그것의 배제를 목적으로 해야 한다. 피해자는 처음부터 승산이 없는 법적 구제까지 강구할 필요는 없다.[10]

1차적 권리구제와 2차적 권리구제의 구별 및 양자의 관계설정은 민사재판권과 행정재판권의 분리 관념이 강한 독일에 특유한 것이다.[11] 우리나라에는 이와 같은 제한이 없다.[12] 예를 들어, 영업허가가 위법하게 취소된 경우에는 허가취소처분의 취소를 통하여 영업허가를 받은 지위를 회복하는 것이 피해자 구제의 관점에서 더욱더 합당한 구제방법이지만, 판례에 의하면 불복기간의 경과로 허가취소처분을 다툴 수 없게 된 경우에는 위법한 허가취소처분으로 인하여 입은 손해의 배상을 청구할 수 있다고 보고 있다.[13] 독일처럼 취소소송으로 구제가 가능했는데도 이를 게을리

---

9) 1차적 권리구제의 우선적 사용원칙은 법경제학에서 논의하는 권리보호의 세 가지 방법, 즉 재산규칙(property rule), 책임규칙(liability rule), 양도불가규칙(inalienability rule)을 통해서도 설명할 수 있다. 방해배제 등의 물권적 효과를 갖는 것이 property rule이고, 반면 금전을 지불하면 오염, 환경파괴를 해도 좋나는 식의 접근이 liability rule이다. 배출권거래 등의 경제적 인센티브론의 경우도 liability rule을 적용한 것이다. 이 논의는 Calabresi & Melamed, Property Rules, Liability Rules, and Inalienability: One View of the Cathedral, 85 Harv. L. Rev.1089(1972)에서 유래한다. 이에 대한 자세한 설명은 박세일, 법경제학, 박영사, 2019를 참고할 것.

10) Sodan/Ziekow, *Grundkurs*, 707쪽(86장 19번).

11) 강지은, "독일 공법상 1차권리구제와 2차권리구제 – 전통적 도그마틱의 변화와 그 시사점을 중심으로", 행정법연구 제60호, 2020, 73쪽.

12) 박균성, 행정법론(상), 12판, 2013, 662쪽. 김철용, 2024, 562쪽.

했는가 여부는 따지지 않는다.

제1차적 권리구제에 해당하는 행정쟁송은 행정소송과 행정심판으로 나누어진다. 행정쟁송이란 광의의 의미로는 행정청의 결정이 자기에게 불리하기 때문에 그것을 어떤 식으로든 취소·변경·철회해 달라는 시민의 요구에 대해 어떤 조치를 취하는 것인데, 조치를 하는 주체에 따라 행정심판과 행정소송으로 구별된다. 법원이 구제하는 것을 행정소송이라고 한다. 행정소송과 달리 법원까지 가지 않고 행정청의 조직 내부에서 문제를 처리하는 경우가 있다. 이것이 행정심판이다.

제2차적 권리구제제도인 국가보상 혹은 (행정상) 손해전보의 주축은 손실보상과 손해배상이다(국가책임법의 양대축). 전자는 적법한 국가작용에 대한 구제, 후자는 위법한 국가작용에 대한 구제를 목적으로 한다. 손실보상과 손해배상은 각기 다른 발전과정을 거쳐 오늘에 이르렀다. 손실보상제도가 먼저 정착되고 난 뒤 한참 뒤에야 국가배상이 법제도로서 확립되었다.[14] 이는 국가나 왕은 불법을 행할 수 없다는 논리(국가무책임의 법리)가 오랫동안 지배했기 때문이다. 물론 이것은 권력적 작용에 해당하는 논리였고, 사법상의 행위에 대해서는 국고이론에 의해 이미 배상책임이 인정되었다. 각기 다른 발전과정과 다른 배경 하에서 발전되어 온 제도들이지만 양자의 차이를 상대적인 것으로 보거나, 나아가 양자를 통일적으로 이해하려는 견해가 한때는 통설적 지위를 갖기도 했다. 예컨대 다음과 같은 논리가 펼쳐졌다.

> "손해배상은 개인주의적·보상적 정의에 입각하여 행위자의 주관적 책임과 행위의 객관적 위법성을 그 성립요건으로 함에 반하여, 손실보상은 단체주의적·배분적 정의에 입각하여 그 성립에 있어 행위자의 주관적 책임은 문제 삼지 않고 다만 개인에게 부과된 불평등한 부담을 전보하여 주는 제도라는 점에서 양자는 구별되어 온 것이다. 상기한 바와 같이 행정상 손해배상과 손실보상은 종래 원인행위의 성격 및 인정근거의 측면에서 구별되어 왔으나 오늘날에는 이 두 제도가 상호 접근하는 경향이 있으며, 특히 손해배상의 손실보상화 경향이 두드러지고 있다. (…) 조직체의 활동으로서의 행정은 어느 경우에나 공익실현을 그 내용으로 하는 것이므로, 행정작

---

13) 박균성, 위의 책, 같은 곳.

14) 국가배상책임은 다수의 국가에서 2차 대전 이후에야 제도로 정착했다. 예컨대 영국에서는 국왕소추법(Crown Proceedings Act, 1947) 그리고 미국에서는 연방불법행위청구권법(The Federal Tort Claims Act, 1946)이 각각 2차 대전 이후 제정되었다. 김동희/최계영, 행정법 I, 534쪽. 일본국에서도 2차 대전 이후에야 국가무책임주의가 극복되었다. 김중권, 2025, 910쪽.

용으로 인한 손해는 궁극적으로 조세에 의하여 전보되어야 할 것이고, 특히 손해배상의 일반화를 통하여 위험의 사회화 효과도 기대할 수 있다는 점을 고려하면 행정상 손해배상, 손실보상의 위와 같은 접근현상은 바람직한 것이라고 할 것이다. (…) 양 제도는 모두 기본적으로 '공적 부담 앞의 평등원칙'에 의거하여 인정되는 것으로 이해할 수 있으므로, 관계법을 적용함에 있어서는 가능한 한 이러한 기본원리에 부합하도록 해석하여야 할 것이다."[15]

이런 견해의 원형은 이미 오토 마이어에서 찾을 수 있으며, 일본 행정법학을 거쳐 한국 행정법 학계에서도 한때 통설적 지위를 누렸다. 그러나 최근에는 이에 대해 비판적인 태도를 취하면서 현행 국가책임법의 쇄신을 주장하는 견해도 제기된다.

그 이유는 무엇일까? 상대화론, 손실보상 및 손해배상의 통일적·일원적 파악은 국가와 지방자치단체의 책임을 대폭 확장하여 피해자 구제를 도모하자는 데 초점이 맞추어져 있다. 그러나 현재는 이미 책임의 확장이 상당히 이루어진 상태이므로 일원적 파악의 의의는 감소하고 있다. 이제는 오히려 법치국가원리에 입각한 이론구성이 필요한데, 이를 위해서는 침해행위가 위법한 경우와 적법한 경우를 명확히 구별하는 것이 필요하다는 지적이다. 국가책임의 성립에서 주관적 책임과 행위의 객관적 위법성을 따지지 않고 금전적인 대체보상의 측면에서만 바라보는 견해는 국가배상책임의 행정통제적 기능을 간과하고 있다는 비판도 제기된다.[16]

비판적 견해는 현행 행정소송법처럼 제1차적 권리구제제도가 완전하지 않거나 제대로 기능하지 않을 때 더욱더 그 의의를 높일 수 있다. 예컨대 현행 행정소송법상 취소소송은 원고적격, 대상적격, 소의 이익 등에서 제한이 있고 제소기간도 비교적 짧다. '처분'이 아닌 사실행위 등은 아예 취소소송의 대상이 되지도 못한다. 그로 인해 발생할 수 있는 위법행정통제에서의 한계들을 국가배상소송제도가 어느 정도 보완할 수 있으려면 제2차적 권리구제 제도로서의 국가배상의 행정활동 통제기능이 강화되어야 한다고 보는 것이다. 분명 일리있는 비판이다. 다만, 이에 대해서는 세 가지 반론을 제기해 해볼 수 있다.

첫째, 이런 비판은 국가배상법 제2조의 해석에서는 타당할 수 있지만 제5조 영조물책임에서도 동일한 평가를 할 수 있을지 생각해보아야 한다. 제5조 책임이 무과실

15) 김동희/최계영, 행정법 I, 532-533쪽.

16) 박균성, 행정법론(상), 12판, 2013, 669쪽 참고.

책임 쪽으로 해석되는 경향성을 생각하면, 또한 부분적으로 이런 해석을 수용할 수 있다고 본다면 도로·하천 그 밖의 공공시설로 인한 피해에 대해 적법, 위법 여부를 분명히 하는 것이 국가책임의 추궁에서 바람직한지 아닌지는 더 고민해볼 부분이 있다.[17]

둘째, (공무원의) 불법행위가 성립하면 그 효과는 금전배상 외에 원상회복이 있을 수 있다. 그래서 만약에 '공적 영역에서의 불법행위의 요건이 충족되면, 그 불법행위의 첫 번째 효과는 원상회복이다'라는 법제가 확립되어 있다면, 불법행위의 성립 여부를 엄격히 따지는 것은 매우 의미가 있을 것이다. 불법행위가 성립하면 국가는 그 위법상태를 제거하여 원래의 상태로 회복시켜야 할 의무를 지고, 상대는 그에 대한 권리를 갖는다는 식의 법적 효과가 결부될 것이기 때문이다.

그러나 불법행위의 요건이 충족되면 그에 대해 어떠한 법적 효과를 부여할 것인가는 입법례마다 차이가 있다. 가령 현행 민법이 불법행위의 효과로 금전배상을 원칙으로 하고 있는 반면(민법 제394조, 제763조), 독일 민법은 불법행위의 효과로 원상회복 우선주의를 채택하고 있다(독일 민법 제249-제251조). 이런 독일법도 국가배상책임의 요건이 충족된 경우 그 효과에서 원상회복을 배제하고 금전배상만을 인정한다. 그러므로 독일과 한국의 국가배상책임에서 그 책임의 내용(혹은 효과)은 금전배상으로 끝난다.[18] 이 말은 국가배상제도의 위법행위 탄핵적 효과를 아무리 강조한들, 국가배상책임의 효과가 금전배상에 머무르는 한 그 효과는 중도반단에 그칠 수밖에 없음을 뜻한다.

셋째, 지금과 같은 기후위기 시대에 국가배상책임의 엄격한 추궁이 과연 국가책임법의 관점에서 바람직한가 하는 점이다. 비가 와도, 홍수가 져도 이제는 "100년 발생빈도의 강우량을 기준으로 책정된 계획홍수위"[19]를 훌쩍 넘는 일이 10년 사이에 몇 번이고 되풀이되는 시대가 되어버렸다. 이런 시대에 적법, 위법을 정확히 따져서 국가책임을 묻는 것이 과연 제대로 된 대책이 될 수 있을까? 오히려 수변구역을 확대하고 그에 대한 조정청구권을 인정하거나 손실보상책임을 적절히 배분하는 일이 더 중요해지고 있다. 그렇다면 개인주의적·보상적 정의에 입각하여 행위자의 주관

17) 필자가 '부분적'으로 이런 해석을 수용할 수 있다고 한 이유는 국가배상법 제5조를 설명하는 부분에서 자세히 밝힐 예정이다.

18) 이 부분은 제23장에서 다시 한 번 논할 것이다.

19) 대법원 2003. 10. 23. 선고 2001다48057 판결 참조.

적 책임과 행위의 객관적 위법성을 따질 것이 아니라 단체주의적·배분적 정의에 입각하여 '공적 부담 앞의 평등원칙'을 실현해야 한다는 주장도 일리가 있는 것이 아닐까?[20] 다시 말하지만, 10년 사이에 100년 발생빈도, 나아가 1,000년 발생빈도의 비가 내리는 시대에 제방과 강둑과 하천시설의 설치나 관리에 하자가 있는지를 따지는 식의 법적 사유는 이제 그 한계에 도달했다고 보아야 하지 않을까? 이런 영역에서는 오히려 손실보상적 사고가 더 중요한 것이 아닌가 하는 생각이다.

22.2. 공법상 결과제거청구권

22.2.1. 대위책임과 공법상 결과제거청구권

공법상의 결과제거청구권이란 공무원의 직무상 불법행위(공권력 행사+비권력적 관리작용)로 인하여 피해자에게 불이익하게 어떤 사실상태가 변경된 경우, 그 결과로 남아 있는 상태를 제거하고 원래 상태 또는 동가치적인 상태로 회복시켜 줄 것을 국가 등 행정주체에게 청구하는 권리를 말한다. 공법상의 원상회복청구권이라고도 한다.[21]

이 청구권의 법리는 원래 독일에서 학설과 판례로 발전한 것이다. 이 이론이 나오게 된 배경에 독일 특유의 대위책임제도가 있다. 앞서 보았듯이 손해배상의 방법으로는 원상회복주의와 금전배상주의가 있다. 그리고 독일 민법은 원상회복을 원칙으로 한다고 설명했다. 문제는 이 민법상의 원상회복주의(원상회복우선주의)가 독일 국가배상법에서는 적용되지 않는다는 점이다. 그 이유는 독일 국가배상법 '특유'의 대위책임구조에서 찾을 수 있다.

독일에서는, 민법적 논리에 기초한 공무원 개인책임의 법리가 19세기 내내 유지되

---

20) '헌법재판소 2020. 3. 26. 선고 2016헌바55 등(병합) 결정'에서 반대의견을 낸 3인의 재판관은 다음과 같이 말한다. "이로써 국가배상청구권에 관한 법률조항이 오히려 국가배상제도의 본래의 취지인 손해의 공평한 분담과 사회공동체의 배분적 정의 실현에 반하게 되었다. 법정의견이 합헌의 근거로 드는 공무원에 대한 제재기능과 불법행위의 억제기능은 국가가 개별 공무원의 불법행위 실행을 실질적으로 지배한 상태에서 벌어진 경우에는 설득력이 떨어지고, 국가배상제도를 헌법으로 보장한 정신에도 들어맞지 않는다." 불법행위법의 목적 및 국가배상법의 목적에 관한 설명은 후술한다(23.1.1.).

21) 김도창, 일반행정법론(상), 589쪽.

었다. 그러다가 19세기 말부터 몇몇 란트에서 제1차적으로는 공무원 개인에게 불법행위책임을 귀속시키면서도, 그 책임을 국가가 대위(代位)하는 직무책임(Amthaftung)제도가 채택된다. 특히 1909년에 프로이센이 이 제도를 도입한 이래 독일 실정법상의 국가책임제도가 직무책임으로 구성되기 시작했다.[22]

자본주의의 초기국면에 해당하는 절대주의국가는 군대(상비군), 관료제, 재정제도(조세)를 정비했다. 공무원의 법적 책임도 이 시기부터 논의되기 시작했지만, 그 책임추궁은 철저히 민법적 논리에 입각한 것이었다. 그것이 위임이론(Mandatstheorie)이다. 그러나 자본주의 발전이 본격화하고 공무노동자 수가 급증하면서 이런 논리는 자본주의 발전에 오히려 질곡이 되었다. 이제는 국가운영으로 인한 손해에 대해서는 국가가 책임을 져야 한다는 논리가 등장하기 시작한다. 그런데 이런 논리를 주장하는 방식에도 크게 보아 두 개의 길이 있다. 자기책임설과 대위책임설이다. 독일은 이 중에서 대위책임설의 길을 갔다. 그 이유는 무엇일까? 앞에서 레옹 뒤기와 프랑스공법학을 설명할 때, 그 곳에서는 주권자는 책임을 질 수 없다느니, 국가무책임이니 하는 발상을 부정하고 사회적 연대와 위험책임 개념을 강조하는 흐름이 주류로 자리잡았다고 정리한 바 있다. 그렇다면 독일에서 이런 법리가 발전하지 않고 우회적으로 대위책임이론이 발전한 이유가 무엇일까? 국가책임을 인정하면서도 그 방식은 직선적이지 않았던 이유가 무엇인가 하는 점이다. 계속 얘기하지만 법학공부에서는 이런 부분을 생각해보는 자세가 중요하다.

아무튼, 이 대위책임구조에 의하면 위법한 공무원의 행위는 직접 국가에 귀속되지 않는다. 공무원의 불법행위의 결과는 오로지 공무원 개인에게만 귀속되어, 손해배상청구권은 공무원을 상대로 한 것만 인정된다. 다만, 법의 규정에 의하여 그 손해배상청구권이 국가에게 이전될 뿐이다(면책적 채무인수). 국가 자체는 불법을 행할 수 없기 때문에 직접 책임을 지지 않으며 오로지 불법을 행할 수 있는 공무원을 대신하여 책임을 진다는 대위책임구조는 여러 실정법적 결함을 내포하고 있는데, 그중에서도 주목할 점이 과실책임주의와 금전배상주의이다.[23]

독일 민법 제839조에 의한 개인의 공무원에 대한 손해배상청구권은 독일 기본법 제34조를 통해 국가로 이전되기 때문에 국가에 대한 배상청구권의 내용 역시 공무

22) 宇賀克也, 国家補償法, 有斐閣, 1997, 20쪽.

23) 정하중, "독일의 결과제거청구권의 발전과정과 한국에의 동 청구권의 도입가능성", 고시연구, 1993년 11월호, 105쪽.

원 개인이 이행할 수 있는 것으로 한정할 수밖에 없다. 그런데 제839조의 토대가 되어 있는 위임이론에 의하면 공무원이 위법한 공무행위를 할 경우 위임의 한계를 벗어난 공무원은 더 이상 공무원이 아니라 사인의 지위에서 자신의 행위에 책임을 진다. 따라서 공무원의 의무위반으로 위법한 상태가 초래되고, 이에 원상회복을 위한 고권적 행위가 요구될 경우 이미 사인의 자격으로 손해배상을 해야 할 공무원은 이를 이행할 능력이 없다는 논리적 결론에 이른다. 위임이론 하에서 개인의 국가에 대한 손해배상청구권이 원상회복이 아니라 금전배상만을 그 내용으로 할 수밖에 없는 소이가 여기에 있다.[24)]

그러나 독일 민법 제249조에 규정된 손해배상의 일반원칙, 즉 원상회복우선주의가 대위책임구조의 특이한 성격 때문에 국가배상소송에서만 배제되는 결과를 계속 수인할 수 있을 것인가? 독일의 학설 판례가 이 점을 문제삼아 발전시킨 법리가 바로 결과제거청구권이다.

22.2.2. 공법상 결과제거청구권의 요건과 내용

국가배상청구권에는 결여되어 있는 원상회복을 보충하기 위하여 발전된 것이 공법상 결과제거청구권이다보니 이 청구권을 금전배상의 방식으로 이루어지는 국가배상을 보충하는 일종의 '특수한 형태'의 국가배상청구권으로 인식하는 견해도 있다.[25)] 이 견해에 따르면 결과제거청구권의 성립요건으로 공무원의 고의·과실의 주관적 책임요건이 필요하며 결과제거청구권과 손해배상청구권은 상호선택적 또는 중복적 관계에 놓인다.[26)]

그러나 우리나라의 통설은 결과제거청구권을 국가배상청구권과 구별되는 별도의 국가책임제도로 본다. 즉, 양자는 공행정작용의 위법한 결과에 대한 구제제도인 점에서는 동일하나 "손해배상은 가행행위의 위법과 가해자의 고의 또는 과실을 요건으로 하지만, 결과제거청구는 가해행위의 위법 여부 및 가해자의 과실을 요건으로 하지 않는" 등 청구권의 근거, 성질, 요건, 효과 등에서 차이가 있다고 본다.[27)]

---

24) 정하중, 위의 논문, 106쪽.

25) 김도창 교수의 견해이다. 김도창, 일반행정법론(상), 589쪽. 김철용, 2024, 595쪽.

26) 김철용, 2024, 595쪽.

27) 박균성, 행정법론(상), 2013, 915쪽.

결과제거청구권의 목표는 금전배상 및 보상이 아니라 행정작용 이전에 실제로 존재했던 상태의 회복이다("이전의 상태"). 통상 두 종류의 결과제거청구권이 얘기되지만, 둘 다 성립요건은 같다. 제거해야 할 결과가 위법한 행정행위에 의해 생긴 경우의 청구권을 집행결과제거청구권(Vollzugsfolgenbeseitigungsanspruch)이라고 한다. 반면, 단순 고권활동의 결과(도로건설공사의 결과)의 제거가 문제가 되는 경우의 청구권은 일반적 결과제거청구권이라고 한다.[28] 이를 풀어쓰면 다음과 같다.

첫째, 국가 등 행정주체가 행정작용으로 타인의 권리 또는 법률상 이익을 침해해야 한다. 복효적 행정행위로 자기의 권익을 침해당한 제3자도 타인에 해당하는가가 문제되는데, 원상회복의 원인이 되는 피해는 직접적이어야 한다는 점에서 소극적으로 보는 견해가 다수설이다.[29]

둘째, 국가 등 행정주체의 행정작용이 만든 위법상태가 계속되어야 한다. 이 청구권에서 중요한 것은 행정의 침해행위 자체가 아니라 그것에 의해 만들어진 상태의 위법성이다. 위법한 행정활동은 통상 위법한 상태를 발생시킨다. 그러나 위법한 상태는 적법한 행정작용에 의해서도 똑같이 일어날 수 있다. 예컨대 적법하게 교부된 행정행위가 기간의 경과에 의해, 존속하는 사실상의 상태에 대한 법적 근거로서의 자격을 상실한 경우를 생각해볼 수 있다.[30]

독일 교과서가 위 요건과 관련하여 들고 있는 예시에는 이런 것이 있다. 홈리스에게 2개월 간 어떤 주택에 들어가서 살도록 한 입거처분(Einweisungsverfügung)이 원래 적법했다고 해도 2개월이라는 기한이 지나 홈리스가 해당주택에 계속 거주하면 위법상태가 성립한다.[31] 이 예시는 그냥 나온 게 아니다. 2차 대전 이후 결과제거청구권의 발전이 이른바 주택통제경제(Wohnungszwangswirtschaft)와 밀접하게 연결되어 있기 때문이다. 전후 주택문제를 해결하기 위해 행정청은 경찰법상의 경찰긴급권을 근거로 제3자의 주택에 일정기간 동안 임시로 강제거주케 하는 처분을 내렸다. 그러나 상황이 변화하여 경찰처분의 사유가 없어진 경우에도 홈리스가 계속 제3자의 주택에 거주하는 사례가 빈발했다. 이에 대해 제3자는 비록 취소소송을 통해 경찰처분을 취소할 수는 있었지만 홈리스의 계속적인 거주, 즉 위법한 상태의 제거를 청구할 수

28) Sodan/Ziekow, *Grundkurs*, 726-727쪽(89장 2번).

29) 김철용, 2024, 845쪽.

30) Sodan/Ziekow, *Grundkurs*, 727쪽(89장 5번).

31) Sodan/Ziekow, *Grundkurs*, 727-728쪽(89장 5번).

있는 법적 근거는 없었다. 여기서 결과제거청구권의 이론과 실무가 등장하기 시작했던 것이다.[32)]

셋째, 원상회복의 가능성과 기대가능성이 있어야 한다. 의무자인 행정청이 원래의 상태로 회복하려고 해도 이것이 법적 혹은 사실상의 이유에서 불가능하거나, 가능은 해도 비례성을 현격히 결여할 정도의 비용이 소요되는 경우라서 기대가능하지 않다면 이 청구권은 배제된다.[33)]

이상의 요건이 충족되면 원상회복을 그 내용으로 하는 결과제거청구권이 발생한다. 여기서 말하는 원상회복은 민법상의 원상회복청구권의 원상회복과는 다르다. 왜냐하면 이 청구권의 대상은 행정작용이 없었더라면 존재하였을 가정적 상태의 회복이 아니라, 오로지 원래의 상태에 상응하는 상태의 회복이기 때문이다.[34)] 위의 홈리스 사례로 다시 설명하면, 행정청은 홈리스를 퇴거시키는 것까지만 의무를 부담하고, 홈리스가 손상한 부분의 원상회복까지 할 필요는 없다.[35)] 또한 최근의 견해에 의하면 (위와 같은 의미로 이해된) 원상회복을 받아들이기 힘든 경우라면 이 청구권은 독일 민법 제251조 제2항 제1문의 준용에 의해 금전에 의한 조정금지불청구권으로 변한다.[36)] 이런 금전청구권은 결과제거청구권의 연장 혹은 보충으로 이해되고 있다.[37)] 한편, 결과제거청구권은 공행정작용에 의해 직접적으로 발생한 결과만을 그 대상으로 한다.

32) 정하중, "독일의 결과제거청구권의 발전과정과 한국에의 동청구권의 도입가능성", 107쪽.

33) Sodan/Ziekow, *Grundkurs*, 728쪽(89장 6번).

34) Sodan/Ziekow, *Grundkurs*, 728쪽(89장 7번).

35) 박균성, 2021, 636쪽 참고.

36) VGH München, *NVwZ*, 1998, 1240쪽. 또한 결론에서 동의하는 견해로 W. Erbguth, *Jus*, 2000, 336ff.

37) F. Ossenbühl/M. Cornils, *Staatshaftungsrecht*, 6. Aufl., 2013, 386쪽.

22.3. 공법상 사무관리와 부당이득

22.3.1. 공법상 사무관리에 따른 반환청구권

직무배상, 손실보상, 원상회복 청구권 외에도 또다른 여러 공법상의 법률관계에서 유래하는 각기 다른 반환청구권들(Ersatz-und Erstattungsansprüche)이 존재한다. 공법에도 구조와 대상의 면에서 민법상의 채무관계와 유사한 법률관계가 존재한다. 이하에서는 공법상의 사무관리와 부당이득에 대해서만 살펴보기로 한다.

사무관리란 법률상 의무없이 타인을 위하여 사무를 관리하는 것을 말하는데(민법 제734조), 이는 민법에만 특유한 것이 아니고 공법에도 있다.[38] 어떤 사무관리를 공법과 사법 중 어느 쪽으로 분류할 것인지 쉽게 판정하기 어려운 경우가 종종 있다. 독일의 일반적 견해에 의하면 사무관리자에 의해 취해지는 조치가 어떠한 법적 성격을 갖고 있는가가 아니라, 사무주체자신이 했어야 했을 해당 사무가 공법에 따라 판단되어져야 할 사안인가가 관건이라고 한다.[39]

우리 판례상으로는 甲 주식회사 소유의 유조선에서 원유가 유출되는 사고가 발생하자 乙 주식회사가 피해 방지를 위해 해양경찰의 직접적인 지휘를 받아 방제작업을 보조한 사안에서, 乙 회사는 사무관리에 근거하여 국가에 방제비용을 청구할 수 있다고 한 사례가 있다.[40]

22.3.2. 공법상 부당이득반환청구권

부당이득의 관념도 민법에만 특유한 것이 아니다. 공법상의 원인에 의하여 일단 급부하였는데 그 원인이 무효이거나 취소됨으로써 법률상 원인 없는 급부가 된 때에는 재산상의 이해조절을 위해 공법상 부당이득반환청구권을 행사해야 하는 경우가 있을 수 있다. 예컨대 조세체납체분에 의하여 제3자의 재산을 공매한 행위가 당연무효인 경우, 또는 조세를 납부한 자가 그 조세부과처분의 위법을 이유로 행정소송을 제기하여 승소한 결과 당해 처분이 취소된 경우, 이미 과오납(過誤納)된 금액은

38) 김도창, 일반행정법론(상), 267쪽.

39) Sodan/Ziekow, *Grundkurs*, 732쪽(90장 3번).

40) 대법원 2014. 12. 11. 선고 2012다15602 판결.

국가·지방자치단체가 법률상 원인없이 취득한 이익이므로 납부자는 그 반환을 청구할 권리가 있다.[41]

부당이득에서 핵심적인 문제는 어떤 부당이득을 공법과 사법 중 어느 쪽으로 분류할 것인가 하는 점이다. 이 논의의 실익은 부당이득의 반환범위를 민법의 규정에 의하여 정할 것인지(민법 제748조는 선의인 경우는 경감하고, 악의인 경우는 가중하는 규정을 두고 있다) 여부를 판단하는 데 있다. 공법에는 행정주체의 선의, 악의를 불문하고 그로 인한 이익의 전부를 반환해야 한다는 규정을 둔 경우가 있지만, 그러한 특별규정이 없더라도 공권력에 의하여 일방적으로 상대편에게 부담을 과한 경우에는 받은 이익의 전부를 반환하는 것이 당연하므로 이 문제는 공법의 관점에서 판단해야 한다고 보는 것이 일반적 해석이다.[42] 그러나 공법상 부당이득반환청구권도 공법상의 조정청구권의 한 종류임을 감안할 때 어떠한 조정이 헌법에 합치하고 정의로운가를 따져서 반환의 범위를 적절히 조정할 필요가 있다고 본다.[43]

대법원은 공법상의 부당이득반환청구권에 관한 특별규정이 있는 경우에는 민법 제748조의 적용을 부인해왔지만, 특별규정이 없는 경우의 부당이득 반환범위는 명시한 게 없다. 그러나 공법상 부당이득반환청구권을 사권으로 보는 종래 대법원의 태도에 비추어 보면 특별규정이 없을 때에는 민법규정이 적용된다고 판단할 것으로 예측된다.[44]

더공부해보기/생각해보기/토론하기

1. 2000년대 이후 한국사회에는 집회시위의 자유를 민사법적으로 통제하려는 일련의 경향이 나타났다. 집회시위 주최자(단체)·참여자(단체)에 대한 압박의 일환으로 집

41) 김도창, 일반행정법론(상), 268쪽.

42) 김도창, 269쪽. 김유환, 2024, 103쪽.

43) 참고로 대법원은 근래 판례변경을 통하여 종래 부당이득의 문제로 보아 민사소송의 대상으로 보던 부가가치세환급의무는 이른바 부당이득반환의무로 볼 것이 아니라 조세정책적 견지에서 인정되는 공법상 의무로 보았다. 따라서 납세의무자가 국가를 상대로 한 부가가치세 환급세액 지급청구는 민사소송이 아니라 행정소송법 제3조 제2호에 규정된 당사자소송의 절차에 따라 해야한다고 판시하였다. 대법원 2013. 3. 21. 선고 2011다95564 전원합의체 판결.

44) 김유환, 2024, 103-104쪽.

회시위를 통한 항의의 대상이 된 기업(예컨대 불매운동집회)이나 집회시위지역 인근 상인이 원고가 되어 제기하는 민사소송(손해배상소송)도 그 일환으로 볼 수 있다.[45] 다른 예로는 위법한 집회시위를 진압하는 과정에서 발생한 손해에 대한 배상청구를 집회주최자를 상대로 제기하는 사례이다. 이런 것들까지 국가책임법으로 다루기는 힘들다. 다만, 일종의 배상청구권 혹은 조정청구권(Ausgleichsanspruch)으로 볼 수는 있는데, 그 성격이 과연 공법적이라고 평가할 수 있을지는 의문이다. 그럼에도 불구하고 이런 사안들에 대한 헌법적/경찰행정법적 검토는 꼭 필요하다고 생각한다. 독일 연방통상법원의 그론데 판결은 집회시위의 자유와 불법행위법을 어떻게 조화시키고 있는가?

1. 위에서 말한 소송들은 이른바 '전략적 봉쇄소송(Strategic Lawsuit Against Public Participation)'의 의심을 받고 있다. 전략적 봉쇄소송인가 아닌가 하는 논점과는 별개로 왜 이러한 유형의 소송이 김대중 정부 이후, 특히 2000년대 중반 이후 '전략적'으로 선택되고 있는가에 대한 질문도 필요하다. 국가형벌권에 근거한 형벌 위주의 제재시스템을 손해배상 중심으로 재편하려는, 이른바 '손해배상일원론'의 관점은 자유지상주의(libertarianism)를 그 사상적 기반으로 하고 있다. 이러한 패러다임에 의하면 범죄는 사회 전체에 대한 위법행위가 아니라 피해자 개인의 권리에 대한 위법행위이고 정의란 범죄자를 처벌하는 것이 아니라 피해자의 손해를 회복하는 것이 된다. 이러한 입장에서는 법집행의 실무에서 공법적(행정법적, 형법적) 대응보다는 민사법적 대응이 선호된다. 점차 사전규제 대신에 사후통제를 강조하는 쪽으로 법집행의 패러다임이 전환되고 사후통제의 중심은 법원, 그것도 민사소송을 담당하는 민사법원이 된다. 국가의 개입, 사전규제는 후퇴하고 대신 자기책임에 따른 행동과 그 결과에 대한 민사법적 제재가 전면에 부각된다. 노동자에 대한 기업의 손해배상소송도 같은 맥락에서 논의할 수 있다.[46]

2. 집회시위의 자유를 위협하는 것은 비단 국가권력만이 아니다. 오늘날 집회시위의 자유는 '법과 질서'를 내세우는 개인들의 발빠른 대응에 의해 무력화될 위기에 처해있다. 위장집회 신고를 제출하여 집회장소를 독점하는 것은 물론, 업무방해금지

---

45) 조합원의 부당해고에 항의하는 노동조합이 회사 앞에서 집회시위를 할 때 회사가 이에 맞서 민사상으로(민사상 집회금지가처분)으로 대응하는 경우도 있다.

46) 이계수/박병욱, "집회주최자 및 참가자의 대 국가적 불법행위책임에 대한 비판적 고찰 - 독일 연방통상법원의 그론데 사례를 중심으로", 행정법연구 제46호, 2016, 421쪽.

가처분신청이나 민사상 손해배상청구를 통해 집회시위 주최자들의 발목을 잡고 있다. 그렇게 하도록 국가도 나서서 돕고 있다. 법원은 집회시위와 관련한 일련의 민사사건에서 민법을 헌법 위에 올려놓는 판결을 내놓고 있다. 이것은 민사법원이 집회와 시위의 자유가 헌법에 의해 보장되고 있는 기본권이라는 사실을 망각하는 처사다. 기본권은 국가권력을 구속할 뿐만 아니라 개인들 간의 사법관계에 대한 해석에서도 지침이 된다는 사실을 잊어버렸다는 얘기다. 집회로 인해 발생하는 모든 민사상의 문제에 대해 집회주최자가 책임을 져야 한다면, 그리고 집회참여 자체가 개인적으로 엄청난 민사상의 위험을 감수해야 하는 일이 된다면 집회시위의 자유는 현격히 위축될 수밖에 없다. 독일의 헌법재판소와 연방통상법원은 손해배상청구, 가처분 사건 등에서 법원은 집회시위의 자유를 최대한 보장하는 해석을 해야 한다고 거듭 밝히고 있는데 이러한 법리를 그저 남의 나라 얘기로만 치부해야 할 것인가? 집회시위의 자유에도 물론 한계가 있다. 그러나 지금과 같은 권위주의적 '집시법'과 '소유적 개인주의'에 빠져있는 민법의 논리 하에서 그어지는 한계는 문제가 있다.[47)]

한국사회에서 집회시위는 민주주의를 작동케 하는 중요한 권력(주권) 혹은 권리(인권)로 기능해왔다. 집회와 시위는 때로는 소란스럽고, 일정한 사회적 비용을 발생시킨다. 그러나 집회시위로 인해 발생하는 (사회적) 비용은 민주주의의 비용(Kosten der Demokratie)으로 생각할 수 있어야 한다.[48)] 이 비용을 오로지 불법행위법의 단순한 법리에 따라 해결하려는 발상은 위험하다. 위에서 말한 소송들에 대한 적절한 사회적 · 법적 통제가 이루어지지 않을 때 나타날 결과는 명약관화하다. 집회시위의 자유의 현격한 위축이다. 민법적 사고를 싸잡아 비판할 일은 아니다. 중요한 것은 민주주의적 법치국가에 부합하는 민사법의 법리를 집회시위의 자유 영역에서도 적극적으로 발전시켜나가는 일이다.

집회시위의 자유는 폭력을 행사할 권리까지 보장하지는 않는다. 이는 특히 경찰의 물리력을 상대로 하는 경우에도 그러하다. 그러나 그렇다고 해서 다른 집회시위참여자의 폭력행위에 동조 · 관여하는 것만으로도 아주 쉽게 불법행위책임을 질 수 있다면 집회시위의 자유는 형해화된다. 독일 연방통상법원의 그론데(Grohnde) 판결은 이 점을 분명히 지적하고 있다.[49)] 1984년에 연방통상법원이 이 판결을 통해 (특히

---

47) 이계수, "이계수의 인권이야기", 인권하루소식, 2002. 3. 11자. 민사법적 사고 자체를 문제 삼는 것이 아니다. 자유주의적 한계에서 벗어나지 못한 민사법적 사고를 비판하고 있는 것이다.

48) N. Sailer, Haftung für Polizeikosten, in: Lisken/Denniger(Hrsg.), *Handbuch des Polizeirechts*, 5. Aufl. 2012, Rn. 72는 집회시위의 비용책임의 문제와 관련하여 '민주주의의 비용'이라는 용어를 명시적으로 사용하고 있다.

49) BGH, 24.01.1984-VI ZR 37/82 = NJW 1984, 1230쪽. 이 판결문의 번역은 이계수/박병욱, "번역: 그론데 판결", 행정법연구 제46호, 2016, 451-480쪽.

대규모) 집회시위 관계자(주최자, 참여자)에 대한 불법행위책임을 엄격히 제한한 이래 대규모 집회시위로 인한 손해발생과 이에 대한 불법행위책임의 범위와 관련한 판례상의 기준이 확립되었다. 독일에서 유사한 민사소송제기가 사회적 논의의 평면에서 점차 사라지게 된 것도 연방통상법원이 '그론데 판결'에서 민사법상의 책임추궁에 대해 엄격한 기준을 설정한 데 힘입은 바가 크다.[50]

3. 참고로 독일 연방통상법원(BGH)의 그론데(Grohnde) 판결의 사실관계는 다음과 같다. 피고들은 1977년 3월 19일에 '그론데 원자력발전소'에 반대하는 대규모 집회시위에 참가하였다. 경찰은 미리 광범위한 지역을 폐쇄 · 봉쇄했다. 경찰의 도로 폐쇄 과정에서 중대한 충돌이 발생했고, 데모대가 발전소 부지를 둘러싼 철조망을 찢으려고 했을 때에는 급기야 내전상태에 버금하는 상황이 벌어졌다. 이어서 경찰이 발전소 부지에 있던 데모대를 쫓아내려고 했을 때는 그 이상의 폭력행위들이 난무했다. 이로 인해 수많은 경찰관들이 다쳤고 그 중에 일부는 중상을 입었다. 경찰장비도 무수히 파손되었다. 니더작센주와 수 인의 경찰관들은 엄청난 소요 이후에도 발전소 부지에 남아 있다가 체포된 15명의 집회시위 참여자에게 손해배상을 청구하였다.[51]

2. 본문에서는 독일 민법 제839조제 제3항에서 말하는 '법적 불복수단'이라는 개념은 넓게 이해해야 한다고 하면서 여기에 고충민원의 제기(Gegenvorstellung)까지 포함시켰다. 고충민원이란 무엇인가? 또한 우리나라에 국민권익위원회를 비롯한 각종 특별 고충민원처리기관이 많은 이유도 생각해보자. 아울러 국가인권위원회 내에 설치되어 있는 군인권보호관 제도의 효과성에 대해서도 토론해보자.

1. 우리나라에는 준행정쟁송기관적 (특별)위원회들이 상대적으로 많다. 특히 정권이 바뀌면 새로운 위원회들이 설립되어 유사분쟁 해결기구 역할을 떠맡았다. 1993년 출범한 문민정부 때 국민고충처리위원회(현 국민권익위원회)가 새로 설치된 것, 1998년 출범한 국민의정부 시절 의문사진상규명위원회, 국가인권위원회가 설치된 것 그리고 2003년 출범한 참여정부 시절 각종 진상규명위원회가 설치된 것은 그 좋은 예이다. 이러한 실무는 현재까지도 이어지고 있다. "10 · 29이태원참사 진상규명과 재발방지를 위한 특별조사위원회"가 설치되어 최초 조사개시 결정이 있은 날부

50) 이계수/박병욱, 앞의 논문, 423쪽.

51) 이 판결에 대한 자세한 분석, 한국의 실무와의 비교 등은 필자의 논문을 참고하기 바란다. 이계수/박병욱, 위의 논문, 417-450쪽.

터 1년 이내라는 활동기간을 보장받고 활동하고 있다.[52] 국민권익위원회, 국가인권위원회가 현재 작동하고 있는 정식의 행정구제제도를 보충하는 기구들이라면,[53] 의문사진상규명위원회 등은 과거 작동하지 못했던 정식 행정구제제도의 결함을 사후적으로 보완하는 임시기구라 하겠다.

2. 국가인권위원회에 설치되어 있는 군인권보호관은 독일의 군 옴부즈맨(국방감독관)을 그 모델로 한다. 독일의 군 옴부즈맨(Wehrbeauftragter)은 군에 대한 의회의 통제와 군인의 기본권 보호를 목적으로 설치된 연방의회의 보좌기관이다(기본법 제45b조). 한창 냉전이 진행 중이던 1955년 이후 독일의 재무장이 성사되자 독일 국민들이 가진 군에 대한 부정적인 인식을 극복하고 군에 대한 의회의 통제를 확보하기 위하여 1959년 도입된 헌법상의 기관이 군 옴부즈맨이다.

군 옴부즈맨은 의회의 위임을 받아 군에 대한 외부적 통제를 행한다. 군 옴부즈맨의 임기는 5년이며, 연방의회의 다수결에 의하여 선출되고, 독일 연방의회에 소속되어 연방의회에 대하여 보고의무를 진다. 군 옴부즈맨은 궁극적으로 의회에 대하여 책임을 지는 군대를 만드는 데에 도움을 줄 수 있는 기구이며, 군을 사회에 통합시키는 기능을 한다.

군 옴부즈맨은 아무 때나 사전 통보없이 부대를 방문하여 직접 모든 계급의 군인들과 면담하고 수집된 자료를 종합하여 군의 내부문제에 대한 가장 실효성 있는 분석과 평가를 할 수 있다. 군 옴부즈맨의 업무는 수십 명의 전문인력들이 보좌한다. 군 옴부즈맨은 군인의 권리를 옹호하기 위한 특별한 청원기관으로서의 기능도 하고 있다. 청원의 범위나 대상, 기간에는 아무런 제한이 없다. 이 기능을 실효성 있게 하는 것은 군부대에 대한 방문 및 조사활동이다. 군 옴부즈맨은 사전 통보없이 부대를 방문할 수 있는 권한을 이용하여 군 내부의 고충을 청취하고 정보를 취합한다. 그는 이를 종합 · 분석하여 의회에 보고하고 국방부장관 등에게 통보함으로써 장래에 발생할 수 있는 위험요소에 대한 경고기능을 수행한다. 군 옴부즈맨은 재발방지를 위한 제도개선 내지 규정제정을 권고할 수도 있다. 이를 통하여 실질적으로 보다 더 합리적인 지휘권 실현의 방안을 제시하기도 한다.[54]

---

52) 2024년 5월 21일 제정된 「10 · 29이태원참사 피해자 권리보장과 진상규명 및 재발방지를 위한 특별법」에 의거 설립되었다. 1년 이내에 "활동을 완료하기 어려운 경우에는 조사위원회의 의결로 한 차례만 활동기간을 3개월 이내에서 연장할 수 있다." 동법 제9조 제1항 단서.

53) 필자는 행정소송 등 기존의 정식(formal) 행정구제제도가 국민에게 충분한 권리구제 서비스를 하지 못했다는 비판적 성찰이 이런 기구들, 특히 국가인권위원회의 등장을 가능케 했다고 생각한다.

54) 독일의 군 옴부즈맨에 대한 자세한 연구는 다음의 문헌을 참고하라. 이계수/오병두, "군에 대한 의회통제의 가능성과 한계: 독일의 '국방감독관'제도를 중심으로", 민주법학 제33호, 2007, 387-425쪽.

이상의 사실을 통해 알 수 있듯이 독일의 군 옴부즈맨은 비록 그 임무가 국방영역에 한정되어 있지만, 그 지위 및 권한의 측면에서는 북유럽에서 발달해 온 전형적인 의회 옴부즈맨과 그 특징을 공유한다. 북유럽형 옴부즈맨은 ① 옴부즈맨이 국회에 의하여 임명된다는 점, ② 국회에 의하여 임명된 후에는 공평하고 중립적인 조사관으로서 국회에 대하여도 정치적으로 독립된 지위에 있다는 점, ③ 당사자나 이해관계인의 신청이 없어도 신문보도를 통해 얻은 정보에 기하여 혹은 직권에 의하여 사건조사를 개시할 수 있다는 점 등의 특징을 갖고 있는데, 독일의 군 옴부즈맨이 전형적으로 이에 해당하기 때문이다.

그렇다면 현행법상의 군인권보호관은 과연 위와 같은 특징 혹은 위상과 권한을 갖고 있는가? 군인권 문제를 위해 싸워온 시민사회가 이렇게 만들려고 노력은 해왔지만, 실제로 설치된 현실의 기관은 그렇지 못하다. 2003년 노무현 정부 이래 군 옴부즈맨 혹은 국방감독관 제도를 도입해야 한다는 목소리가 커지고 있었지만, 국방부는 제도도입을 최대한 미루고 싶어했다. 그러다가 2021년 공군 성폭력 피해자 사망사건 이후, 그해 12월 군인권보호관의 설치 근거가 된 '국가인권위원회법 일부개정법률안'이 국회를 통과하여 군 옴부즈맨 대신 군인권보호관 제도가 정식으로 출범하였다.[55] 그러나 현재의 군인권보호관은 그 법적 위상, 권한, 지원조직규모 등에서 독일의 군 옴부즈맨에 미치지 못하며, 그 활동도 아직은 상당히 미흡한 수준에 머물러 있다. 한국사회에서 군과 군대사회가 차지하는 위상을 고려할 때, 군인권보호관 혹은 국방감독관은 국가인권위원회와는 별도로 독립된 기구로 설치할 필요가 있다.

3. 본문에서 소개한 주택통제경제와 입거처분을 이해하려면 1차 대전 이후 독일의 주택정책을 살펴보아야 한다. 간략하게나마 이 부분을 조금 더 공부해보자. 현재의 주거양극화 시대에 주택통제경제 중 우리도 실천할 수 있는 법적 수단으로는 어떤 것이 있을지도 함께 토론해보자.

독일에서 주택통제경제는 이미 1차 대전 시기부터 시작되었다. 당시 군인 가족을 보호하기 위해 도입된 이 조치는 2차 대전 이후에도 유지되었다. 1946년 연합군 군정법 제18호(정확히는 군정관리위원회법 Kontrollratsgesetz Nr. 18)는 '주택통제경제'를 지속한다고 선언하였다. 2차 대전 이후의 이 주택통제경제는 1960년에 "주택통제경제의 폐지와 사회적 임대차법 · 주택법에 관한 법률"(일명 뤼케법)에 의해 폐지되기까지 전후 열악한 주택사정을 해결하는데 기여했지만, 소유권자들의 반발도

55) 「국가인권위원회법」 제4장의2 군인권보호관·군인권보호위원회 및 군인권침해의 조사·구제, 제50조의2-제50조의9 참조.

심했다.[56]

1946년의 군정법 제18호는 임대료를 통제하였다. 또한 주택을 파악하고 주거 이외의 용도로 주택을 전용하는 것을 금지하는 등, 주거공간을 확보하기 위해 필요한 모든 조치를 취할 수 있는 권한을 지방행정기관에게 부여하였다.[57] 그런데 "현존하는 주택(주거공간 Wohnraum)의 유지, 확대, 정밀조사, 배분 및 활용을 목적으로 하는",[58] 전체 15개 조항으로 된 이 법률(혹은 군정명령)이 지방행정기관에게 부여한 또다른 강력한 권한이 바로 입거처분권이었다.[59] 즉, 이 법률은 지방행정기관이 파괴를 면한 주택을 소유자의 의지와 관계없이 압류하고, 이를 당시 동유럽 등지에서 추방당한 독일계 난민 · 피추방민에게 할당할 수 있게 했다. 실제로는 주거의 '일부'를 거주자로부터 압수해 그 빈방에 난민 · 피추방민 가족이 입주하는 사례가 대부분이었다. 원래 살던 사람과 피추방민, 이렇게 두 가족이 하나의 주거를 공동으로 사용하게 되었지만, 이 공동생활은 양자 사이에 종종 갈등을 발생시키기도 했다.[60]

그런데 1960년 뤼케법 이후 주택문제는 재차 임차인에게 극히 불리한 방향으로 악화되었다. 이에, 1969년 집권한 사회민주당-자유민주당 연립 정부는 1971년 이래 재차 임차인의 지위를 강화하는 법 개정에 착수하게 된다. 1971년의 제1차 주택 사용 임대차 해지 보호법에 이어 1974년에는 제2차 주택 사용 임대차 해지 보호법이 제정되었고, 이 법률을 통해 앞에서 본(1.1.1.) 사회적 임대차조항이 다시 민법전에 들어와 지금까지 유지되고 있다. 특히 1974년법은 독일 주택 정책 역사에서 기념비적인 성격을 갖고 있다고 평가받는다.[61]

---

56) 문수현, 주택, 시장보다 국가 - 독일 주택정책 150년, 이음, 2022, 253-254, 262-265쪽. 또한 이계수, 반란의 도시, 베를린, 스리체어스, 2023, 제1장 참고.

57) 군정법 제18호 제3조-제4조.

58) 주택(주거공간)의 확대는 예컨대 원래는 주택이었지만 다른 용도로 전용된 것을 재차 주택으로 돌리는 조치 등을 통해 달성하려고 했다. 군정법 제18호 제6조 a항. 이 법률의 출처는 다음과 같다. https://www.verfassungen.de/de45-49/kr-gesetz18.htm

59) 군정법 제18호 제8조.

60) 西田哲史, "逃亡と追放 - ドイツ人難民·被追放民の西ドイツへの受容", 創価経済論集 48권 1호, 2019, 115쪽.

61) 이계수, 앞의 책, 47쪽.

23

국가배상법의 쟁점

23.1. 불법행위법의 목적, 역사, 국가배상책임의 규범구조

23.1.1. 불법행위법의 목적론

국가배상법은 강학상 행정법에서 다루지만 결국 불법행위법의 한 분야로 다룰 내용이다. 따라서 국가배상법의 목적을 따지려면 먼저 일반론으로 불법행위법의 목적을 생각해보아야 한다. 불법행위법의 목적으로 예로부터 통상 3개가 논의되어 왔고, 몇몇 목적이 추가적으로 검토되고 있다.

첫째, 손해의 전보(塡補) 혹은 원상회복(compensation)이다. 원리적으로는 교정적 정의에서 유래한다. 고대 희랍의 아리스토텔레스의 『니코마코스 윤리학』에서 이미 발견되는 오래된 사상이다.

둘째, 사고의 억지, 불법행위의 억지(prevention)이다. 최근의 법경제학(law and economics)이 주로 주목하는 기능이다. 법경제학 연구의 주류적 흐름은 손해의 전보 기능은 보험제도에 의해 해결하는 것이 불법행위에 의지하는 것보다 더 효과적이라고 보면서, 현재의 불법행위법제가 과연 사고 등의 불법행위를 사회적 적정수준으로 낮추는데 어느 정도 기여하고 있는지를 검토하고 있다.[1)]

셋째, 제재 혹은 보복(sanction)이다. 독일법에서는 민형사의 분리가 강조되었고,

1) 박세일, 법경제학, 305-307쪽. 피해자 구제라는 측면에서 불법행위를 보충하는 것으로 보험(손해보험, 책임보험), 각종의 공적 보상(산업재해보상보험법에 의한 보상급부 등), 사회보장(범죄피해자구조법상의 구조금 등)이 설계되어 있다. 吉田邦彦, 不法行為等講義録, 信山社, 2008, 14-15쪽.

현행법도 여전히 이런 입장이 주류이다. 그러나 징벌적 손해배상을 주장하는 이들은 이런 입장을 비판한다. 확실히 이 기능은 역사적으로 축소되는 방향으로 나아가고 있지만, 모든 나라가 그런 것은 아니다. 영미, 특히 미국에서는 징벌적 배상(punitive damages)이 큰 의미를 갖고 있다.

넷째, 속죄적 기능이다. 이것을 다루는 견해는 거의 없다. 그러나 2000년을 전후하여 한국과 일본에서 부각된 전후보상 등의 보상(reparation), 즉 위안부문제, 강제징용, 선주민 토지 강탈 등 집단적인 흉악행위에 대한 보상에서는 이 기능이 전면에 부각된다. 이것은 도덕적 차원의 문제이기도 하지만, 법적 문제(불법행위법의 문제)로 다루어도 이상할 게 하나도 없다. 이 기능은 제재나 억지로만 설명할 수 없는 속죄적 측면을 강조한다.[2)]

다섯째, 정책지향적 기능이다. 해당 소송의 장을 넘어 입법 및 행정에 영향을 주어, 국가와 지방자치단체의 정책을 비판하고 문제삼는 소송이라면 이 기능이 앞으로 더욱더 중요성을 키워나갈 것이다. 공해소송, 소음방지소송, 수해소송, 예방접종소송 등이 그 예라고 할 수 있다.[3)]

이상의 불법행위법의 목적을 검토하면서 현행 국가배상법이 위의 목적 중 어느 것에 부합하게 설계되어 있는지, 또한 작금의 국가배상소송이 어떤 목적을 추구하고 있는지를 검토해보는 것은 매우 의미 있는 작업이 된다. 손해배상과 손실보상의 통합적 이해를 비판하는 견해라면 손해의 전보, 즉 보상기능(compensation)보다는 불법행위의 억지, 나아가 정책지향적 기능을 강조할 것이다. 나아가 현행 국가배상법의 체계적 이해를 위해서도 국가배상법이라는 불법행위법의 목적을 생각해보는 것은 의미가 있다.[4)]

---

2) 이상의 설명은 吉田邦彦, 不法行為等講義録, 12-14쪽.

3) 吉田邦彦, 不法行為等講義録, 15-16쪽.

4) 예컨대 김혜진 교수는 "국가배상법 제2조 제1항의 요건들은 자기책임으로서의 국가배상책임의 본질을 고려하여 공법적 독자성을 가지는 개념으로 이해되어야 한다"고 하면서 "국가배상법상 '손해'의 개념에도 공법적 특수성이 반영되어야 한다"고 본다. 그 논거로 국가배상책임이 "국가 행위로 발생한 손해를 정당하게 전보하는 것을 목적으로"하는 이상 "'손해' 개념을 넓게 파악"하는 것은 정당하다는 점을 제시한다. 김혜진, "공법상 개념으로서의 국가배상법상 '손해' – 국가배상책임의 본질에 따른 고유한 법개념 정립을 위한 시론", 공법연구 제52집 제2호, 2023, 595-596쪽. 이런 논의도 국가배상법의 목적론과 연결된다.

23.1.2. 불법행위책임의 역사

불법행위법의 목적이 이처럼 다양한 이상 불법행위법의 구체적인 모습도 목적을 고려한 제도 설계를 어떻게 하느냐에 따라서 나라마다 달라질 수밖에 없다. 불법행위법의 형성에서 어느 나라는 보상기능을 강조할 것이고, 또 어느 나라는 불법행위의 억지에 역점을 둘 것이다. 그래서 필요한 것이 불법행위법의 비교법적 검토이다.[5] 이와 관련한 자세한 설명은 민법의 불법행위법 파트로 미루겠다. 다만, 배상범위, 가해행위의 평가방식, 이 두 가지만 예를 들어보기로 한다.

첫째, 배상범위와 관련하여 독일법은 인과관계, 특히 책임충족적 인과관계에 대해 한정(限定)을 짓지 않는 이른바 완전배상주의 입장을 취하기 때문에, 학설은 제한의 시도로서 상당인과관계라는 용어를 사용하고 있다. 반면 영미법, 프랑스법, 일본법은 본래 배상범위는 한정된다는 제한배상주의를 취하고 있다.[6] 그러므로 상당인과관계라는 말도 그냥 외울 것이 아니라 인과관계론의 전체 틀을 이해한 바탕 위에서 이를 사용해야 할 것이다.

둘째, 가해행위의 평가방식이다. 객관적 위법성요건과 주관적 유책성요건을 이원적으로 대치하고 구별하는 것은 독일법의 특수한 입장이다. 후술하듯이 프랑스 등에서는 이를 구별하지 않는다.[7] 교과서의 국가배상법 파트를 읽다보면 과실 개념의 객관화라는 말도 자주 만나게 되지만, 독일법에서 과실은 여전히 주관적 유책성요건이다. 이는 독일의 의사주의, 관념론철학의 영향으로 설명되기도 한다.[8]

이처럼 국가배상법의 기초가 되는 민법의 불법행위법에는 나라마다의 특징이 나타나고 있지만 – 이것은 각 개별 자본주의법의 특수성이다 – 자본주의법의 보편성의 관점에서 불법행위법을 관통하는 원리도 존재한다. 대표적인 것이 바로 과실책임주의에서 무과실책임주의로의 이행이다. 사실 근대적 과실책임주의의 한계가 워낙 많이 얘기되다 보니 과실책임주의는 낡은 이데올로기이고, 무과실책임주의는 진보적 법가치

---

5) 뉴질랜드에서는 사고에 의한 신체피해에 대해서는 불법행위법을 폐지하고 공적 전보제도로 대체하려고 시도하기도 했다고 한다. 吉田邦彦, 不法行為等講義録, 15쪽. 우리나라의 「자동차손해배상보장법」은 어떠한가? 불법행위를 책임보험제도로 대체하려는 이 법의 태도에 대해서는 비판적 검토가 필요하다.

6) 우리 민법도 그러하다. 민법 제393조 및 제763조 참조.

7) 吉田邦彦, 不法行為等講義録, 5-6쪽.

8) 吉田邦彦, 不法行為等講義録, 18쪽.

를 반영하는 것으로 오해하기 쉽다. 그래서 불법행위책임의 역사는 '과실책임주의에서 무과실책임주의로의 이행'으로까지 얘기될 정도이다. 그러나 이는 개념의 역사, 에피스테메의 고고학의 관점에서 보면 잘못된 생각이다. 역사는 단선적으로 어느 한 방향으로 흘러가는 것이 아님은 앞의 재량론 등 여러 곳에서 이미 설명하였다. 책임주의도 마찬가지이다. 서양법제사를 보면 무과실책임주의가 먼저 등장하고 이후 유스티니아누스 황제이후 비잔틴 시기에 과실주의가 불법행위의 원리로서 인정되었다.[9] 예링은 『권리를 위한 투쟁』에서 다음과 같이 적고 있다.

> "초기 로마법의 침해되기 쉬운 권리감각은 자기의 권리가 침해되거나 다투어지는 모든 경우를, 상대의 고의과실 유무나 과실의 정도를 묻지 않고, 상대가 야기한 주관적 불법으로 다루며, 따라서 과실이 없는 사람에 대해서도 고의과실이 있는 사람과 마찬가지로 배상을 요구한다. (…) 초기 로마법의 이러한 제도나 법명제 중에는 중기로 계수된 것도 있지만, 중기 로마법의 새롭고 독자적인 소산은 초기의 그것과 전혀 다른 정신에 지배받았다. 그 **특징을 한마디로 말하면, 유책성이라는 기준을 설정해 이를 사법의 모든 관계에 적용했다고 하는 것이다**. 객관적인 불법과 주관적인 불법이 엄격히 구별되고, 전자의 효과가 목적물의 회복에 한정된 것에 반해, 후자는 그 밖에 징벌금이나 명예박탈이라고 하는 징벌이 수반되었다. 그러한 징벌을 - 적정한 한도에서 - 남긴 점이야말로 중기 로마법의 지극히 건전한 생각의 일면을 보여준다"(강조는 필자).[10]

이것이 근대 자본주의, 경제적 자유주의단계에서 계수된 것이 과실책임주의이다. 개인에게는 활동의 자유를 보장하고, 각자는 행위를 할 때 상당한 주의를 기울이기만 하면 책임을 지지 않는다. 이 과실책임주의가 자본주의의 발전과 함께 재차 수정되어 등장한 것이 무과실책임주의이다.

종족사회단계에서 인간은 일반적으로 세상에 대한 불확실성 때문에 두려워했다. 불확실성에 대한 통제를 인간이 어느 정도 할 수 있게 되면서 불법행위법에도 점차 과실책임주의가 관철되기 시작했던 것인데, 재차 원자력발전소, 방사능폐기물시설

9) 곽윤직, 채권각론, 박영사, 1998, 666쪽. 다만 인류 역사 초기의 무과실책임주의를 원인주의 혹은 결과책임주의라 하여 현대의 무과실책임주의와 구분하지만, 초기의 무과실책임주의도 그 본질은 과실을 따지지 않는 책임귀속이다. 과실(culpa)을 따지려면 인간의 지적 역량이 발전해야 하고, 과실 여부를 판정할 판사와 법원이 제도적으로 확립되어야 한다.

10) 루돌프 예링, 박홍규 옮김, 법과 권리를 위한 투쟁, 130-131쪽.

등의 운용 및 처리를 두고 불확실성이 커지면서 무과실책임, 위험책임이 얘기되고 있는 것이다. 그러면 이제 과실책임주의는 완전히 극복되었는가? 혹은 극복되어야 하는가? 이것은 또 그렇지 않다. 그 이유에 대해서는 과실 부분, 특히 제5조 책임을 설명할 때 자세히 서술할 예정이지만, 법학적 사고에서 이것 아니면 저것이라는 이분법적-도그마적 사고는 위험하다는 점만은 다시 한 번 지적해두고자 한다.

23.1.3. 국가배상책임의 규범구조, 대위책임과 자기책임

그러면 이제 본격적으로 국가배상법의 문제로 들어가보자. 먼저 법조문부터 찾아 읽어야 한다. 우선 헌법 조문이다. 비교헌법학의 관점에서 볼 때 헌법에 국가배상에 관한 조문을 두는 예는 드물다. 미국 연방헌법에는 지금도 관련 조문이 없다.

헌법에 국가배상규정을 둔 최초의 사례는 아마도 1849년 프랑크푸르트 바울 교회에서 채택된 프랑크푸르트 헌법이 아닐까 싶다. 동 헌법 제138조(인신의 자유) 제5항은 다음과 같았다.

> "위법하게 발령되었거나 연장된 신병구속에 대해서는 유책자 및 필요한 경우에는 국가가 피침해자에게 배상 혹은 보상을 할 의무가 있다."("Im Falle einer widerrechtlich verfügten oder verlängerten Gefangenschaft ist der Schuldige und nöthigenfalls der Staat dem Verletzten zur Genugthuung und Entschädigung verpflichtet.")

이 제138조 제5항은 흔히 형사보상청구권의 기원으로 설명되는 조항이기는 하지만, 조문은 분명히 "위법하게", "유책자", "배상"(Genugthuung)이라는 말을 쓰고 있으므로 위법한 인신구속에 대한 국가배상조항으로도 읽을 수 있다.[11] 다만, 이 헌법은 프로이센 국왕에 의해 거부되었으므로 실제로는 독일'국'의 헌법으로 성립하지 못했다. 이후의 역사는 앞에서도 잠시 본 바 있듯이 대위책임의 법리에 따라 국가는 책임을 단지 인수할 뿐이라는 논리가 이어졌다. 대표적 입법례인 1909년 '프로이센 국가책임법'(Gesetz über die Haftung des Staates und anderer Verbände für die Amtspflichtverletzungen von Beamten bei Ausübung der öffentlichen Gewalt) 제1조 제1항을 읽어보자.

---

11) 다만 위법한 행정활동으로 인한 손해에 대하여도 손실보상청구가 가능하다고 주장하는 일부 견해(이른바 '수용유사침해'에 대한 보상)에 따라 판단한다면, 위 조항을 위법한 인신구속에 대한 형사보상청구권 조항으로 이해하지 못할 바는 아니다.

"직접 국가행정을 담당하는 공무원이 자신에게 위임되어 있는 공권력을 행사하면서 고의 혹은 과실로 제3자에 대해 지는 직무의무를 위반한 때에는, 국가는 민법 제839조에 규정된 책임을 공무원을 대신하여 진다."("Verletzt ein unmittelbarer Staatsbeamter in Ausübung der ihm anvertrauten öffentlichen Gewalt vorsätzlich oder fahrlässig die ihm einem Dritten gegenüber obliegende Amtspflicht, so trifft die im § 839 des Bürgerlichen Gesetzbuchs bestimmte Verantwortlichkeit an Stelle des Beamten den Staat.")

이 프로이센 국가책임법의 대위책임 법리를 헌법적으로 확인한 것이 바이마르 헌법 제131조의 직무책임(Amtshaftung)이고,[12] 이를 또한 이어받은 것이 현행 독일 헌법인 기본법 제34조이다.

일본은 전전 이전에는 권력행정에 관한 한 국가무책임의 상태였으나, 전후 헌법을 새로 제정하면서 "누구라도 공무원의 불법행위에 의해 손해를 받은 때에는 법률이 정하는 바에 의하여 국가 혹은 공공단체에 그 배상을 청구할 수 있다"(제17조)는 조항을 포함시켰다.[13] 전전의 국가무책임주의에 대한 반성이었다. 우리의 제헌헌법 제27조는 전후 일본 헌법 제17조보다 더 과감하게 다음과 같이 규정하였다.

공무원은 주권을 가진 국민의 수임자이며 언제든지 국민에 대하여 책임을 진다. 국민은 불법행위를 한 공무원의 파면을 청원할 권리가 있다.

공무원의 직무상 불법행위로 인하여 손해를 받은 자는 국가 또는 공공단체에 대하여 배상을 청구할 수 있다. 단, 공무원 자신의 민사상이나 형사상의 책임이 면제되는 것은 아니다.

---

12) "공무원이 자신에게 위임된 공권력을 행사하면서, 제3자에 대하여 그 공무원이 지고 있는 직무의무에 위반한 경우에는 그 책임은 원칙적으로 그 공무원이 복무하고 있는 국가 혹은 공공단체가 진다. (국가 등은) 그 공무원에게 구상할 수 있다. 일반법원에서 (국가배상을) 다툴 수 있는 길이 배제되어서는 안 된다." 바이마르 헌법 제131조 제1항.

13) 우가 가츠야 교수에 의하면 이 조문은 SCAP(연합국최고사령부) 초안에도, 정부원안에도 없던 것을 국회(중의원)가 주도해서 집어넣은 것이라고 한다. 宇賀克也, 国家補償法, 11쪽.

그러나 이 조항은 1972년 유신헌법 제26조에서 다음과 같이 퇴화했다. 이 조문 제1항의 해석을 둘러싸고는 지금도 논쟁이 마무리된 것은 아니다. 또한 제2항은 오랫동안 위헌적인 헌법규정으로 헌법재판소에서 다투어졌다.

> ① 공무원의 직무상 불법행위로 손해를 받은 국민은 법률이 정하는 바에 의하여 국가 또는 공공단체에 배상을 청구할 수 있다. 그러나, 공무원 자신의 책임은 면제되지 아니한다.
> ② 군인 · 군속 · 경찰공무원 기타 법률로 정한 자가 전투 · 훈련등 직무집행과 관련하여 받은 손해에 대하여는 법률이 정한 보상 이외에 국가나 공공단체에 공무원의 직무상 불법행위로 인한 배상은 청구할 수 없다.

일본 및 한국 헌법의 국가배상조항이 오랫동안 국가권력의 불법행위에 관한 책임을 인정하지 않거나 간접적으로만 인정하던 역사를 반성하고 만들어졌던 것임을 상기하면 유신헌법에 그 기원을 두는 현재의 헌법조항은 이런 결단을 부분적으로 다시 뒤집은 것으로 평가해야 할 것이다. 아무튼 일본국 헌법이나 현행 한국 헌법 조항에 의하면 국가배상제도를 실시하기 위한 법률이 필요하다. 이를 위해 만들어진 게 바로 국가배상법이다. 국가배상법에서 주목해야 할 조항은 제2조와 제5조이다. 제2조 제1항은 다음과 같이 규정한다.

> 제2조(배상책임) ① 국가나 지방자치단체는 공무원 또는 공무를 위탁받은 사인(이하 "공무원"이라 한다)이 직무를 집행하면서 고의 또는 과실로 법령을 위반하여 타인에게 손해를 입히거나, 「자동차손해배상 보장법」에 따라 손해배상의 책임이 있을 때에는 이 법에 따라 그 손해를 배상하여야 한다. 다만, 군인 · 군무원 · 경찰공무원 또는 예비군대원이 전투 · 훈련 등 직무 집행과 관련하여 전사(戰死) · 순직(殉職)하거나 공상(公傷)을 입은 경우에 본인이나 그 유족이 다른 법령에 따라 재해보상금 · 유족연금 · 상이연금 등의 보상을 지급받을 수 있을 때에는 이 법 및 「민법」에 따른 손해배상을 청구할 수 없다.

"국가나 지방자치단체"는 공무원이 "직무를 집행하면서 고의 또는 과실로 법령을 위반하여 타인에게 손해를" 입히면 "이 법에 따라 그 손해를 배상하여야 한다." 이 조문의 구조는 복잡하다. 우선 문장은 복문(複文)이다. 주문장은 "국가나 지방자치단체는 이 법에 따라 그 손해를 배상하여야 한다"이다. 이것만 보면 국가의 자기책임을 규정한 것처럼 보인다. 그런데 부문장이 또 있다. "공무원이 직무를 집행하면서 고의 또는 과실로 법령을 위반하여 타인에게 손해를 입힌다"가 그것이다. 주문장의 책임을 국가에게 지우려면 이 부문장의 조건절이 충족되어야 한다.

이 조항에서 말하는 국가배상책임의 성격을 두고 오랫동안 논쟁되어 왔다. 다만, 이 조항이 대위책임의 원리를 명시한 것이라고 단정할 수는 없다고 하더라도 대위책임의 잔재를 여기서 발견할 수 있는 것만은 틀림없다. 조문은 국가 또는 지방자치단체가 그 손해를 배상하지만, 위법행위를 한 자는 공무원이라는 뜻을 분명히 하고 있기 때문이다. 즉, 국가가 위법행위를 했다는 식으로 말하지 않는다. 그런데 국가배상책임은 대위책임이라는 식으로 접근하게 되면 공무원의 불법행위가 있어야 그것을 국가 등이 떠안는다는 식으로 논리구성을 할 수밖에 없다. 이는 국가배상책임의 성립 여부가 가해공무원의 고의·과실이라는 주관적 요소에 좌우되는 것을 의미하므로 피해자측에서 보면 불공평한 구제가 될 수 있다.

그래서 이 제2조 제1항을 국가의 자기책임을 규정한 조항으로 해석하려는 시도도 계속되어 왔던 것이다. 자기책임설은 공무원의 존재를 국가 또는 지방자치단체의 수족(手足)으로 본다는 전제하에서 공무원의 과오는 국가 등의 과오로 이해하여 국가배상책임을 국가 자신의 책임으로 본다. 이러한 논리로 철저하게 일관한다면 공무원에 대한 국가의 구상권행사도 불가능하다. 국가 자신의 책임을 인정하는 자기책임설에도 여러 견해가 있지만 일단 기억할 것은 국가배상책임의 인정에서 공무원을 중간에 개입시키지는 않는다는 사실이다. 따라서 고의·과실도 공무원 개인의 주관적 인식 유무가 아니라 국가 또는 지방자치단체의 자기책임을 결정하는 데 필요한 공무운영상의 객관적인 흠의 존재 여부에서 찾는다.

어느 쪽이 타당할까? 이와 관련해서는 비교법적 검토가 필요하다. 국가배상법은 1951년에 제정되었다. 연혁상으로는 일본 국가배상법보다 뒤에 만들어졌다. 제2조 제1항은 일본 국가배상법 제1조 제1항 - "국가 혹은 공공단체의 공권력을 행사하는 공무원이 그 직무를 집행함에 대하여, 고의 혹은 과실에 의해 위법하게 타인에게 손해를 가한 때에는 국가와 공공단체가 이를 배상할 책임을 진다." - 과 유사하다. 동일하게 복문의 구조이다. 일부 문언상의 상이점은 있어도 국가의 자기책임을 인정한 조항인지 아니면 전통적인 대위책임을 그대로 수용한 것인지가 모호한 채로 남아 있는 조항이다. 이와 관련해서는 우가 카츠야(宇賀克也) 최고재판소 재판관이 최근의 국가배상법 사건 판결에서 붙인 다음의 보충의견을 참고할 만하다.

> 나는 법정의견에 찬성은 하나, 원심이 국가배상법 제1조 제1항의 성질을 대위책임설이라 하고, 이로부터 동조 제2항의 규정에 근거한 구상권은 실질적으로 부당이득적 성격을 갖고 있다고 (…) 한 것에 대해 보충적으로 의견을 밝혀두고자 한다. 동조 제1항의 성질에 대해서는 대위책임설과 자기책임설이 존재한다. 대위책임설의 근거로는 동법의 입안에 관여한 다나카 지로(田中二郎) 박사가 대위책임설을 취했다는 사실에서 입법자 의사는 대위책임설이었다고 결론짓는 것이 있다. 그러나 동 박사가 언급한 바와 같이, 이 법안의 입법 과정에서는 독일의 직무책임(Amtshaftung) 제도를 모범으로 하여 "공무원을 대신하여(an Stelle des Beamten)"라는 문언을 사용하는 것을 검토하였지만, (이를 채택하지 않고) 결국 이 점에 대해서는 장래의 학설에 맡긴 것이므로 입법자 의사가 대위책임설이었다고 말할 수는 없다. (…)[14]

우가 카츠야 재판관의 보충의견을 통해서도 확인할 수 있듯이 오늘날 대위책임설, 자기책임설은 해석상의 도구개념으로서의 그 의의를 거의 상실했다. 이것을 보여주는 사례로 어느 견해에 의하던 일련의 직무상의 행위의 과정에서 타인에게 피해가 발생한 경우 가해공무원의 특정을 요하지 않는다거나, 이른바 공무원의 과실을 조직과실로 파악하는 견해 등이 제시된다. 그럼에도 불구하고 현행 국가배상법은 여전히 대위책임설의 면모를 지니고 있기 때문에 국가의 자기책임을 인정하는데 어려움이 있는 사례도 적지 않다.

이 점은 뒤에서 다시 살펴보겠지만, 입법자는 왜 이렇게 조문을 만들 수밖에 없었던 것일까? 때때로 '법'은 대립하는 두 세력의 잠정 타협인 경우가 있다. 헌법에서는 이것이 두드러지지만, 법률에서도 마찬가지 일이 일어난다. 입법자가 독일식 대위책임을 그대로 새로운 헌법과 법률에 수용하기는 꺼려하면서도, 국가의 자기책임을 전면적으로 도입하는 것을 주저할 때 위와 같은 타협으로 결론이 내려질 수 있다. 그러면서 다나카 지로의 말대로 앞으로의 일은 장래의 학설에 맡긴다고 해버린다. 이 말은 법의 운용이 법 해석 투쟁의 결과에 따라 달라질 수 있다는 뜻이다. 이것만 보아도 법의 해석은 계급적 이해관계 혹은 계급 내 분파(국가배상을 확장하려는 세력과

---

14) 最判令和2年7月 14日 宇賀裁判官補足意見.

국가배상을 적절한 수준으로 묶어두려는 세력) 사이의 투쟁이라는 사실을 알 수 있다. 제2조 제1항 단서의 문제는 추후 다루기로 하고 이제 제5조 제1항을 읽어보자.

> 제5조(공공시설 등의 하자로 인한 책임) ① 도로 · 하천, 그 밖의 공공의 영조물(營造物)의 설치나 관리에 하자(瑕疵)가 있기 때문에 타인에게 손해를 발생하게 하였을 때에는 국가나 지방자치단체는 그 손해를 배상하여야 한다. 이 경우 제2조 제1항 단서, 제3조 및 제3조의2를 준용한다.

제5조가 규정하는 공공의 영조물의 설치나 관리의 하자로 인한 국가배상책임에 대한 규정은 독일 법제에는 없다. 이러한 형태의 포괄적 책임규정은 일본 국가배상법에서 기인한 것으로 알려져 있다.[15] 물론 독일 민법도 공작물책임에 관한 규정은 두고 있다(제836, 제838조).[16]

민법학자 중에는 공공의 영조물의 설치나 관리의 흠으로 인한 손해에 대해서는 국가배상법 제5조가 없더라도 민법 제758조에 의하여 국가 또는 지방자치단체가 배상책임을 지는 것인데, 국가배상법이 민법 제758조와 같은 내용의 규정을 두었으므로 공작물이 국가 · 지방자치단체가 설치나 관리하는 것이냐 아니냐에 따라 적용조문이 달라질 뿐이라고 보는 이도 있다.[17] 실제로 전전(戰前)의 일본 실무는 국가무책임의 법리는 국가의 권력적 작용에만 적용되는 법리라고 보아,[18] 제5조와 같은 규정이 없는데도 공작물책임을 국가에 지우고 있었다. 즉, 이 조항이 없다고 해서 구제에 공백이 있었던 것은 아니다.[19] 독일식 논리로 말하면, 국가배상이 인정되기 전에도 국고이론에 의한 구제는 가능했다고 하겠다.

반면, (일부) 행정법학자는 공공의 영조물의 설치 · 관리작용도 민법 제758조의 적용대상이 되는지가 명백하지 않았으므로 이를 분명히 하고, '공작물'이 아닌 것도 공

---

15) 김유환, 2024, 711쪽.

16) 연방헌법재판소의 위헌결정으로 폐기된 1981년 국가배상법 제17조 제2항은 토지, 하천, 건조물 기타 시설의 안전유지의무위반이 있는 경우, 고권적 행위에 대해서도 사법의 규정에 의해 책임이 생긴다고 정리하고 있다.

17) 곽윤직, 채권각론, 박영사, 1998, 755쪽.

18) 그래서 전후 제정된 일본 국가배상법 제1조는 본문에서도 보았듯이 "공권력의 행사"라는 표현을 사용한다. 다만 이 개념은 이후 해석에 의해 단순 고권행위, 즉 관리행위에까지 확대된다.

19) 宇賀克也, 国家補償法, 227쪽.

공의 영조물에 포함될 수 있으므로 - 통상 그 예로 동산과 동물을 든다. 그러나 현행 민법은 구 민법과 달리 '토지의 공작물'로 한정하지 않고 있으므로 '공작물'에는 동산도 포함된다고 본다 - 제5조가 필요하다고 본다.[20] 또한 국가배상법 제5조가 민법 제758조에 비해 영조물의 설치·관리자의 책임을 가중한 것이라고 본다. 그러나 이 정도의 이유만으로 제5조 책임을 별도로 인정할 필요가 있는가 하는 의문은 여전히 남는다. 이러한 측면 때문에 (일부) 행정법학자는 제5조를 폐지해야 하는 것 아닌가 하는 주장도 한다.[21]

이에 대해서는 제5조 책임은 무과실책임이지만 제2조 책임은 과실책임이므로 제5조의 독자적 존재이유를 주장하는 견해가 다수이지만, 만약 제5조의 무과실책임이 사실은 과실책임에 가까워지고 있고, 제2조의 책임을 따질 때 공무원의 주관적 과실이 크게 문제가 되지 않는다고 한다면, 이런 상황에서도 제5조 책임이 필요할까? 이런 질문은 계속 해볼 필요가 있다.

23.2. 국가배상법 제2조 책임

23.2.1. 배상책임의 요건과 효과

국가배상법 제2조 제1항도 여느 법조문과 마찬가지로 요건과 효과로 분해해서 설명할 수 있다. 앞서 밝힌대로 이 조항의 문장은 복문이다. 부문장이 요건부분이고 주문장이 효과부분이라고 이해하면 된다. 즉, 공무원 또는 공무를 위탁받은 사인이 직무를 집행하면서 고의 또는 과실로 법령을 위반하여 타인에게 손해를 입히거나, 「자동차손해배상 보장법」에 따라 손해배상의 책임이 있을 것이 요건이다. 이 요건이 충족되면 국가나 지방자치단체는 "이 법에 따라 그 손해를 배상하여야 한다." 이 부분이 효과이다.

효과론에서는 손해배상의 방법으로서 금전배상 외에 원상회복의 가능성을 따지는 것 그리고 손해배상의 산정방법 등 손해배상의 방법과 범위, 배상액산정의 조정으로서의 과실상계 등을 논할 수 있다. 또하나 중요한 것이 인과관계인데, 이것은 손해

20) 김철용, 2024, 834쪽.

21) 김중권, 2025, 954-955쪽.

배상의 범위(보호범위)의 문제로 종래 효과론으로 다루어져 왔지만, 관점에서 따라서는 요건론으로 검토할 수도 있다.[22] 군인 군무원의 이중배상금지라든가 공무원 개인의 책임 같은 것은 국가배상법에만 고유한 효과론에 해당한다. 이중배상금지와 공무원 개인의 책임 문제는 서로 연결되어 있다.

'공무원 개인책임'은 피해자가 국가·지방자치단체 외에 공무원 개인에게도 선택적(정확하게는 중첩적, 중복해서)으로 배상청구를 할 수 있는가 하는 문제이다. 국가든 가해 공무원이든 누구로부터건 피해에 대한 손해배상금만 받으면 된다고 생각하면 가해 공무원을 상대로 별도로 배상청구를 할 수 있느냐 하는 문제는 그렇게 중요하지 않을 수도 있다. 다만, 예외적으로 어떤 특정 사안에서는 현실적으로 중요한 문제가 되기도 한다. 예컨대 군인·군무원의 유족이 국가배상청구를 해야 하는 경우가 그러하다. 국가배상법 제2조 단서 때문이다.

반면, 국가배상책임을 위법한 행정작용에 대한 통제라는 관점에서 보면 이 문제도 중요해질 수 있다. 가해 공무원이라 하면 현장에서 실무를 집행하는 하위직 공무원을 연상하기 쉬우나 가해의 의미를 해석하기 따라서는 책임라인에 있는 공무원 모두 혹은 대통령, 도지사, 시장 등 그 책임라인의 최고 정점에 있는 공무원도 가해공무원에 포함될 수 있다.[23] 국가에 대한 배상청구 외에 이들에 대해서도 국가배상을 청구할 수 있다는 것은 위법한 행정활동을 통제하는 데 있어 매우 중요한 의미를 지닐 수 있다. 특히 부작위로 인한 손해발생 사례(공해규제를 하지 않는 것 등)에서 가해 공무원에 대한 배상책임추궁은 의미가 있다.

나아가 항고소송(취소소송, 무효확인소송)으로 다투기도 쉽지 않고, 행정에 대한 통제와 감시도 상대적으로 약한 외국인법 영역 등에서 이루어지는 공무원에 의한 위법한 법집행을 탄핵하는 의미가 강한 사안에서는 공무원 개인책임을 물을 수 있어야 한다. 최근의 사례로는 난민관련 업무에서의 위법한 법 집행이 문제가 된 것이 있다. 법무부 출입국관리사무소(현 출입국·외국인청) 직원들이 허위로 면접 조서를 작성해 신청자가 난민 지위를 인정받지 못한 이른바 '난민면접 조작 사건'과 관련해, 원고는 국가와 함께 면접 공무원과 통역인의 손해배상 책임을 물으려 했다. 그러나

22) 吉田邦彦, 不法行為等講義録, 36쪽.

23) 후술하는 조직과실 개념은 국가나 지방자치단체의 행정 시스템 혹은 정책결정 자체의 오류에 대해 국가배상책임을 인정하기 위해 고안된 개념이지만, 조직과실 개념에 의거 공무원 개인에 대한 책임을 묻는 방안도 생각해 볼 수 있다.

법원은 이들의 행위가 "중과실이 없다"는 이유로 손해배상책임을 인정하지 않았다.[24] 이런 결론을 이해하려면 공무원 개인은 고의나 중과실이 있는 경우에만 손해배상책임을 지도록 하고 있는 현재의 대법원 판례를 이해해야 한다.

공무원 개인에 대한 선택적 배상청구와 관련하여 판례의 일반적인 흐름은 이를 긍정하는 입장이었다. 그러나 부정하는 판례도 있었기 때문에 다음과 같은 1996년 전원합의체 판결이 나왔다.

> 【판례】 대법원 1996. 2. 15. 선고 95다38677 전원합의체 판결 [손해배상(자)]
>
> 국가배상법의 입법취지는 공무원의 직무상 위법행위로 타인에게 손해를 끼친 경우에는 변제자력이 충분한 국가 등에게 선임감독상 과실 여부에 불구하고 손해배상책임을 부담시켜 국민의 재산권을 보장하되, 공무원이 직무를 수행함에 있어 경과실로 타인에게 손해를 입힌 경우에는 그 직무수행상 통상 예기할 수 있는 흠이 있는 것에 불과하므로 이러한 공무원의 행위는 여전히 국가 등의 기관의 행위로 보아 그로 인하여 발생한 손해에 대한 배상책임도 전적으로 국가 등에만 귀속시키고 공무원 개인에게는 그로 인한 책임을 부담시키지 아니하여 공무원의 공무집행의 안정성을 확보하고, 반면에 공무원의 위법행위가 고의·중과실에 기한 경우에는 비록 그 행위가 그의 직무와 관련된 것이라고 하더라도 위와 같은 행위는 그 본질에 있어서 기관행위로서의 품격을 상실하여 국가 등에게 그 책임을 귀속시킬 수 없으므로 공무원 개인에게 불법행위로 인한 손해배상책임을 부담시키되, 다만 이러한 경우에도 그 행위의 외관을 객관적으로 관찰하여 공무원의 직무집행으로 보여질 때에는 피해자인 국민을 두텁게 보호하기 위하여 국가 등이 공무원 개인과 중첩적으로 배상책임을 부담하되 국가 등이 배상책임을 지는 경우에는 공무원 개인에게 구상할 수 있도록 함으로써 궁극적으로 그 책임이 공무원 개인에게 귀속되도록 하려는 것이라고 봄이 합당할 것이다.[25]

그럼, 이제 요건론을 검토해보자. 제2조 제1항의 해석에서 주로 문제가 되는 것은 요건이다. 이를 명확히 하기 위해서는 ① 공무원, ② 직무, ③ 직무를 집행하면서,

---

24) 1심(서울중앙지방법원 2021. 12. 3 선고 2018가단5200580 판결)은 이들 공무원의 고의나 중과실을 인정했다. 그러나 2심은 이를 부인했고(2023. 12. 5.) 상고는 심리불속행으로 기각되었다(2024. 4. 12.).

25) 이 전원합의체 판결에서는 다수의견 외에 별개의견, 반대의견, 반대보충의견 등 백가쟁명의 의견들이 경합했다. 이 의견들의 구체적 내용을 읽어보면, 각 의견의 논리적 판단이 깔고 있는 정치적 고려가 무엇이었는지도 찾아낼 수 있다.

④ 고의·과실, ⑤ 법령위반, ⑥ 타인, ⑦ 손해발생에 대한 개별적인 설명이 필요하다.

① 제2조 책임이 성립하려면 가해자가 공무원이어야 한다. 다만, 여기서 공무원은 '정규'의 공무원일 필요는 없다. 즉, 공무원의 신분을 갖지 않더라도 널리 공무를 위탁(일시적인 위탁이든, 한정적인 사항에 관한 위탁이든 불문한다)받아 종사하는 자를 모두 포함한다는 것이 통설이고 판례이다. 예컨대 지방자치단체로부터 교통할아버지로 선정되어 어린이 보호와 교통안내 및 거리질서 확립 등 공무를 위탁받은 사인도 여기서 말하는 공무원에 해당한다.[26] 책임성립요건 중 공무원 부분에 적극적인 의미를 부여하는 것은 대위책임설이다. 대위책임설에서는 '공무원'이 위법행위를 했다고 표현하지, '국가'가 위법행위를 했다는 식으로 말하지는 않는다. 따라서 오늘날 공무원 개념이 현저하게 확장되어 이 부분에 대한 고찰이 특별히 필요 없게 되었다는 사실은 대위책임설의 후퇴 혹은 무의미성을 시사한다.

② 직무의 개념과 관련해서는 직무의 범위를 어디까지로 볼 것인지를 두고 일찍이 학설대립이 있었다.[27] 오늘날에는 큰 의미가 없는 논의처럼 보이지만 반드시 그런 것은 아니다. 공무원의 불법행위가 국가배상법 제2조의 직무에 해당하지 않으면, 피해자는 국가배상소송이 아니라 직접 가해 공무원을 상대로 민사소송을 제기해야 한다. 가령 공무원이 승용차로 주행 중에 사고를 일으킨 경우, 그 자동차 운행이 직무상의 우편물 운송을 위한 것이었으면 제2조의 직무에 해당하지만, 슈퍼에 개인물건을 사러가는 것이었다면, 직무와의 관련성이 없으므로 손해배상청구는 오로지 민법에 따른다.[28] 그러므로 직무해당성 여부는 피해자보호만이 아니라, 공무원 개인의 배상책임 면제를 위해서도 의미가 있다.[29]

---

26) 대법원 2001. 1. 5. 선고 98다39060 판결.

27) 본문에서 소개한, 직무범위를 둘러싼 논쟁은 사실 우리가 한 게 아니고 일본의 학설과 실무가 했다. 일본 국가배상법은 우리 국가배상법과 달리 "공권력의 행사"라는 표현을 사용하므로 법 시행(1947년) 직후부터 직무에 비권력적 작용도 포함시킬 수 있는지가 다투어졌다.

28) Sodan/Ziekow, *Grundkurs*, 699쪽(86장 5번). 이와 관련하여 국가배상법 제2조 제1항의 "「자동차손해배상 보장법」에 따라 손해배상의 책임"이 있는 경우에 관한 해석도 참고할 것.

29) 참고로 '대법원 1996. 2. 15. 선고 95다38677 전원합의체 판결'의 반대의견은 다음과 같이 말하고 있다. "헌법 제29조 제1항 및 국가배상법 제2조 제1항의 규정이 공무원의 직무상 불법행위에 대하여 자기의 행위에 대한 책임에서와 같이 국가 또는 공공단체의 무조건적인 배상책임을 규정한 것은, 오로지 변제자력이 충분한 국가 또는 공공단체로 하여금 배상하게 함으로써 피해자 구제에 만전을 기한다는 것에 그치는 것이 아니라, 더 나아가 국민 전체에 대한 봉사자인 공무원들로 하여금 보다 적극적이고 능동적으로 공무를 수행하게 하기 위하여 공무원 개인의 배상책임을 면제한다는 것에 초

아무튼, 다수설과 판례는 직무에 명령·강제와 같은 권력작용만이 아니라 비권력적 행정지도 등도 포함시키지만 사경제활동은 제외시킨다. 반면, 이른바 최광의설에 의하면 국가를 상대로 하면 전부 국가배상법의 적용을 받게 하는 것이 명쾌한 방법이라고 한다. 행정활동이라는 것은 대체로 세 가지로 나누어진다. 하나는 민법의 세계와는 전혀 이질적인 명령·강제라는 세계이다. 이는 행정행위를 발령하고 실력행사를 하는 세계이다. 그리고 그 반대편에 민법과 전적으로 동일한 세계가 자리잡고 있다. 그리고 그 사이에 비권력적 행정지도 등이 있다. 학교에서의 교육활동도 여기에 포함된다. 다수설과 판례는 직무를 좁게 공권력작용으로 한정할 필요는 없지만 국가배상은 어디까지나 공행정작용으로 인한 손해에 대하여 행정주체가 배상책임을 지는 것이므로 사경제작용까지 포함시킬 수는 없다고 한다. 따라서 직무에는 권력작용 외에 비권력적 행정활동까지만 포함된다. 어쨌건 이 직무라는 개념은 행정소송법에서 말하는 "공권력의 행사"보다는 넓은 개념이다.

직무의 범위와 별도로 논의가 필요한 부분은 직무의 내용이다. 직무에는 행정작용 외에 입법작용이나 사법작용도 포함되는가, 즉 행정공무원만이 아니라 국회의원이나 판사와 같은 공무원의 직무행위도 행정상 손해배상의 대상이 될 수 있는가, 그리고 작위 외에 부작위로 인한 손해도 직무로 보아 국가배상의 대상으로 삼을 수 있는가 하는 부분인데, 이에 대해서는 뒤에서 살펴보기로 한다.

③ 국가배상청구권의 요건을 충족하려면 공무원의 행위가 "직무를 집행하면서" 한 것이어야 한다. 이 표현에도 역사가 있다. 2008년 3월 14일 개정시 조문들을 다듬었는데, "법 문장을 원칙적으로 한글로 적고, 어려운 용어를 쉬운 용어로 바꾸며, 길고 복잡한 문장은 체계 등을 정비하여 간결하게 하는 등 국민이 법 문장을 이해하기 쉽게 정비하려는 것"이 그 목적이었다. 이때 이전의 표현인 "직무를 집행함에 당하여"를 지금처럼 고쳤다. 예전 문구는 확실히 일본식 표현이었다. 일본 국가배상법 제1조는 "공권력을 행사하는 공무원이, 그 직무를 집행함에 대하여"("公権力の行使に当る公務員が、その職務を行うについて")라고 표현하고 있다. 아마 이와 관련된 우리말 번안이었을 것으로 보인다. 그런데 이 "집행함에 대하여"는 일본 민법 제709조에도 등장하는 표현인데,[30] 민법 기초자의 설명에 따르면 "위하여"(ために)보다는 더 넓

점이 있는 것으로 보아야 한다."

30) 이것만 보아도 국가배상법 제2조의 책임과 민법 제756조의 사용자책임의 간극이 그리 크지 않음을 알 수 있다.

고, “을 함에 있어”(に際して)보다는 더 좁다고 한다.[31] 그러므로 이런 표현 하나하나에도 국가배상책임의 인정 범위 확정과 관련한 고민이 들어가 있음을 알 수 있다.

“직무를 집행하면서” 한 불법행위인지를 판단하는 기준은 행위 자체의 외관을 객관적으로 관찰하여 공무원의 직무행위로 보여질 경우인가의 여부이다. 직무행위로 보여질 때에는 비록 그것이 실질적으로 직무행위가 아니거나 또는 행위자로서는 주관적으로 공무집행의 의사가 없었다고 하더라도 그 행위는 공무원이 직무를 집행하면서 한 것으로 본다.[32]

④ 고의·과실은 국가배상책임의 주관적 성립요건이다. 고의·과실을 법에서 명시하고 있는 것은 우리 국가배상법 제2조가 원칙적으로 과실책임주의에 입각하고 있음을 나타낸다. 판례는 민법상 불법행위에 있어서의 고의·과실과 국가배상법상의 고의·과실을 동일하게 이해한다.

고의는 형법에서나 중요하지, 민법, 국가배상법에서는 크게 문제가 되지 않았다. 그러나 최근에는 민법에서도 고의, 즉 의도적 불법행위와 과실불법행위를 구별하는 견해가 유력하다. 양자를 구별하면 의도적 불법행위에서 손해배상의 범위를 확대하거나 구제방법으로 유지(留止)청구를 부각(클로즈업)시킬 수 있다고 한다.[33]

과실은 종래 독일 법학의 영향으로 주관적·심리분석적 (혹은 도덕적) 비난가능성으로 이해되어 왔다. 주의가 부족한 심리상태, 의사의 긴장의 결여를 과실이라고 하고, 이를 객관적 요건으로서의 위법성과 대치시켰다. 그러나 프랑스법이나 영미법은 이러한 이원적 구조를 취하지 않는다. 프랑스법에서의 faute나 영미법상의 negligence는 위법성에 대치되는 개념으로서의 과실을 지칭하는 것이 아니고, 위법성과 과실을 공히 포함하는 개념이다.[34]

이러한 비교법적 고찰을 통해 최근 판례와 학설은 과실을 단순히 공무원의 주관적 심리상태로 보지 않고 고도화된 객관적 주의의무위반으로 본다(이른바 과실의 객관화론).[35] 혹은 과실을 타인에 대한 위법한 침해를 회피하기 위해 법질서가 명한 일

31) 吉田邦彦, 不法行為等講義録, 169쪽.

32) 대법원 1995. 4. 21. 선고 93다14240 판결. 대법원 2005. 1. 14. 선고 2004다26805 판결 등.

33) 吉田邦彦, 不法行為等講義録, 17쪽.

34) 遠藤博也/阿部泰隆, 行政法 II (行政救済法), 青林書院, 1982, 92-93쪽. 김동희/최계영, 행정법 I, 556쪽 각주 2번에서 재인용. 독일의 독특한 과실개념, 즉 주관화한 과실개념은 19세기 독일의 의사주의 및 관념론철학, 경제적 자유주의라는 시대사조 등에 영향을 받았다는 지적이 있다. 吉田邦彦, 不法行為等講義録, 18쪽.

정한 주의의무 위반으로 보면서, 그 주의의무의 내용을 결과의 발생을 예견하고 회피해야 할 의무로 이해하기도 한다. 이것이 이른바 예견가능성설의 관점에서 이해한 과실인데, 이는 과실개념을 행위불법이 아니라 결과불법적 관점에서 파악하는 것이다.[36)]

아무튼 과실을 이렇게 파악하면 위법성과의 구별이 쉽지 않게 된다. 실제로 우리 대법원도 국가배상책임의 요건 판단에서 '객관적 주의의무 위반과 그로 말미암은 객관적 정당성의 상실'을 기준으로 삼는 경우가 많으므로,[37)] 실제로 과실요건과 위법성 요건을 반드시 분리하여 판단하지는 않는다.[38)] 다만, 이렇게 되면 인과관계의 독자적 의미가 강조될 수밖에 없다. 확장된 과실개념으로 국가배상청구권의 인정폭이 넓어질 수 있는 것을 인과관계를 통해 차단해야 한다는 뜻이다.[39)]

독일식 고의·과실 개념은 다른 한편 가해공무원의 특정이라는 어려운 문제를 발생시킨다. 왜냐하면 이 특정 자체가 어려운 경우가 적지 않기 때문이다. 예컨대 동시에 다수 공무원의 불법행위가 행해진다든지, 복수의 공무원이 일련(一連)의 직무상 행위를 하는 경우 구체적으로 어느 공무원의 어떤 불법행위에 의해 타인에게 손해가 발생했는지를 특정할 수 없을 때에는 국가배상책임을 묻기가 어렵게 된다. 과거 전투경찰이 존재하고 최루탄을 시위진압무기로 사용하던 시절, 전투경찰중대의 최루탄 발사행위로 손해를 입었으나 자신에게 손해를 가한 최루탄 발사자를 특정할 수 없는 사안이 문제가 된 경우가 왕왕 있었다. 최근에는 베트남 전쟁에서 한국군에 의한 민간인 학살의 경우, 가해자의 특정이 쟁점이 되기도 한다. 톨스토이 최후의 소

---

35) 김유환, 2024, 703쪽은 이런 입장이 "오늘날 통설과 판례"라고 한다. 통설이라고까지 볼 수 있을지는 의문이다.

36) 위법과 불법은 같은 개념인가? 그렇다고 보아도 무방하다. 다만, 논자에 따라서는 행위위법, 결과불법이라는 표현을 쓰기도 한다. 민법에서는 '불법'행위라는 표현이 더 선호되고 있다. 반면, 행정법에서는 '위법'한 행위라고 표현하는 경우가 많다. 뉘앙스 상으로는 행위위법, 결과불법으로 쓰면 느낌이 올 것 같다. 다만, 이런 용어사용법은 법학입문자에게 오히려 혼돈을 줄 수 있으므로 본문에서는 불법으로 통일하였다.

37) "보통 일반의 공무원을 표준으로 공무원이 객관적 주의의무를 소홀히 하고 그로 말미암아 객관적 정당성을 잃었다고 볼 수 있으면 국가배상법 제2조가 정한 국가배상책임이 성립할 수 있다." 대법원 2021. 10. 28. 선고 2017다219218 판결.

38) 김유환, 2024, 703쪽 참고.

39) 국가배상청구사건은 아니지만 '예방접종피해보상거부처분취소소송사건'에서 대법원은 "감염병의 예방 및 관리에 관한 법률 제71조에 의한 예방접종 피해에 대한 국가의 보상책임은 무과실책임이지만, 질병, 장애 또는 사망이 예방접종으로 발생하였다는 점이 인정되어야 한다"고 하면서 인과관계를 중요하게 검토하고 있다. 대법원 2019. 4. 3. 선고 2017두52764 판결.

설인 『부활』에도 이와 유사한 사례가 등장한다.[40)]

이런 문제를 해결하기 위해 과실의 내용을 추상화한다든지 가해공무원의 특정을 요구하면서도 그 입증의 어려움을 고려하여 엄밀한 특정까지를 요구하지는 않는 식으로 고의·과실개념의 엄격한 해석을 완화하려는 경향이 나타난다. 또한 가해공무원을 특정하지 않아도 된다면 어느 공무원의 행위인지 판명되지 아니하는 경우에도 손해가 공무원의 행위에 기인한 이상 국가 등이 배상책임을 지게 된다. 앞에서도 잠깐 언급했듯이 오늘날은 대위책임설을 취하더라도 가해공무원의 특정은 요구하지 않고 공무원의 과실을 '조직과실(Organisationsverschulden)'[41)]로 파악하는 견해가 판례에 의해서도 수용되고 있다.[42)] 이 조직과실은 부분적으로 프랑스 행정법상의 (공)역무과실(faute de service)에 접근하고 있는 과실관념이다.[43)]

조직과실은 그 조직을 대표하는 장관, 장(長) 등의 과실로서 인정된다. 이와 같은 과실의 판단방법은 가해 공무원의 특정이 곤란한 경우와 행정활동을 하는 시스템 자체에 과오가 존재하는 경우 등에 사용되고 있다. 예방접종 사고의 경우 손실보상으로 해결하면 된다는 견해도 있지만, 이와 달리 국가배상의 법리에 의거 문제를 해결하여야 한다는 견해도 있다. 예방접종을 할 때 발생한 과실(예컨대 접종의사에 의한 과실)이라면 전형적인 국가배상으로 해결하면 되겠지만, 대개의 경우 과연 '그래서' 사고가 발생한 것인지를 입증하기가 어렵다. 따라서 일부 견해는 이러한 경우라면 예방접종사고의 발생을 미연에 방지하는 것을 게을리 한 보건복지부 장관의 책임(=보건복지부 전체의 조직과실)을 묻는 식으로 문제를 해결해야 한다고 주장한다.[44)]

⑤ 공무원의 가해행위는 법령에 위반한 것이어야 한다. 법령위반, 즉 위법의 의미에 대해서는 절을 나누어 별도로 설명한다.

⑥ 타인은 가해자인 공무원 및 그의 불법행위에 가담한 자 이외의 모든 자를 말하며, 자연인과 법인을 불문한다. 따라서 특정 지방자치단체가 국가 혹은 다른 지방

---

40) 자세한 것은 더공부해보기/생각해보기/토론하기를 볼 것.

41) Maurer/Waldhoff, 722쪽(26장 24번).

42) 특히 긴급조치에 기한 수사·재판 등 일련의 국가작용과 관련하여 '대법원 2022. 8. 30. 선고 2018다212610 전원합의체 판결'은 과실의 개념을 공적 직무수행상 과실, 즉 국가의 직무상 과실로 넓게 파악하고, 위헌인 법령의 발령·적용·집행에 따른 개별 공무원의 고의 또는 과실이 특정되어야 하거나 법관의 재판행위가 국가배상책임과 구분되어 판단될 필요가 없다고 판시하였다.

43) 김동희/최계영, 행정법 I, 556쪽.

44) 市橋克哉, アクチュアル行政法, 法律文化社, 2010, 318쪽.

자치단체에 대하여 행정상 손해배상을 청구하는 것도 가능하다. 피해자가 가해자인 공무원과 동일 또는 동종의 기관에 근무하는지 여부는 관계가 없으므로 피해자가 가해자인 공무원과 동일한 목적의 임무에 종사하였다고 하더라도 여기서 말하는 타인에 해당한다.[45] 다만, 군인 등은 보상을 지급받을 수 있는 경우 타인에서 제외된다. 즉, 공무원 중 군인 등만 「국가배상법」 제2조에서 말하는 타인에서 사실상 배제되고 있다.[46]

⑦ 손해가 발생해야 한다. 여기서 말하는 손해는 공무원의 가해행위로 인하여 입은 모든 불이익을 의미한다. 손해는 재산적 손해이든 비재산적 손해이든 또는 적극적 손해이든 소극적 손해(정당한 예상기대이익의 상실)이든 불문한다.

직무위반행위와 손해의 발생 간에는 상당인과관계가 있어야 한다. 상당인과관계의 유무 판단은 일반적인 결과발생의 개연성은 물론 직무상 의무를 부과한 법령, 기타 행동규범의 목적, 그 수행하는 직무의 목적 내지 기능으로부터 예견가능한 행위 후의 사정, 가해행위의 태양 및 피해의 정도 등을 종합적으로 고려하여야 한다.[47] 앞에서 인과관계를 불법행위의 효과론으로 볼지 요건론으로 볼지 검토할 필요가 있다고 했는데, 이 말의 의미에 대해 간략히 언급해두기로 한다. 과실 개념을 얘기할 때 과실을 행위불법이 아니라 결과불법적 관점에서 파악하는 최근의 주류적 견해를 소개했고, 만약 후자처럼 보게되면 불법행위의 성립 여부가 적극적으로 판단되어 국가배상의 영역이 넓어진다고 설명했다. 이 경우에는 인과관계론이 이것을 제어하는 역할을 담당할 수밖에 없는데, 그렇다면 이 경우 인과관계 논의는 불법행위의 효과론으로 기능하는 것이 아니라 불법행위의 최종적 성립 여부를 판단하는 또다른 요건론으로 위치지울 수밖에 없다. '인과관계 요건론설'은 부작위에 대한 국가배상청구의 인정에서 규범의 보호목적을 따지는 일을 위법성 단계에서 검토하는 견해와 달리 인과관계론 단계에 검토하는 견해를 통해서도 확인이 되는 바이다.

45) 김철용, 2024, 820쪽.

46) 이 부분에 대한 자세한 검토는 더공부해보기/생각해보기/토론하기를 참고할 것.

47) 대법원 2003. 4. 25. 선고 2001다59842 판결 등.

23.2.2. 위법성의 의미

국가배상법 제2조의 요건해석에서 과실과 함께 논란이 많은 부분이 법령위반이다. 법령에 위반한다는 것, 즉 위법의 의미는 법령위반을 원하지 않는 결과와 연결할 것인지 아니면 행위규범위반과 연결할 것인지에 따라 크게 달라진다는 것은 이미 형법에서 배웠을 것이다. 이것이 이른바 결과불법·결과반가치(Erfolgsunrecht) 혹은 행위불법·행위반가치(Handlungsunrecht)의 문제이다. 형법에서는 이 문제를 두고 인과적 행위론과 목적론적 행위론 사이에 논쟁이 있었다.[48] 민법, 특히 불법행위법에서는 보호법익을 침해하여 손해가 발생한 것이 위법성에 대한 증거가 되는 것인지, 아니면 모든 행위규범을 준수하면 행위결과에 대한 고려 없이 위법성을 배척하는 것인지가 다투어진다. 이 점은 행정법에서도 똑같이 논란거리이다. 즉, 국가배상법에서도 민법에서 문제가 되는 상황이 그대로 재현되고 있다.

경찰관이 은행 강도에게 총기를 발사하였으나 비껴 맞은 총탄이 무고한 제3자를 맞혔다고 가정했을 때, 그 제3자의 부상이 경찰관의 침해행위의 위법성을 근거짓는지(결과불법), 아니면 그 경찰관이 총기 사용에 관한 법규범에 따라 행동했는지가 위법성 판단에서 관건인지(행위불법)가 문제되는 것이다.[49] 이 두 개의 견해 중 어느 설이 타당한가 하는 질문에는 한마디로 답하기 어렵다. 예컨대 환경소송(환경민사소송, 국가배상소송)에서는 일정한 피해·환경파괴라는 결과가 발생하면 바로 손해배상, 나아가 유지청구를 인정하는 것이 바람직하다. 결과불법설을 철저하게 관철시켜 가해행위의 태양에 관한 제반 사정(공공성, 손해회피가능성, 선주성, 행정규정 준수, 관청의 인허가 등)을 주장하는 것을 처음부터 차단할 필요가 있다.[50] 반면, 행위불법설을 취하지 않으면 절차적 하자의 위법을 논증하기가 쉽지 않다. 절차하자는 확실히 행정법상의 행위불법과 연관되기 때문이다.[51]

민법학자 중에도 행위불법의 견해를 지지하는 이들이 있으나, 행위불법에 대한 지지는 행정법학자들 사이에서 더 높게 나타난다. 행정수제의 공행정작용에서는 그것

48) 결과반(反)가치를 강조하는 객관적 불법론에 대항하여 형법에서 불법의 핵심은 행위반가치에 있다고 주장한 것이 목적론적 행위론자인 벨젤(J. Welzel)의 인적(人的) 불법론이다. 이재상, 형법총론, 1999, 109쪽.

49) Heiko Faber, *Verwaltungsrecht*, 122-123쪽.

50) 吉田邦彦, 不法行為等講義録, 218쪽 참고.

51) Heiko Faber, *Verwaltungsrecht*, 124-125쪽.

이 법규범에 따라 적법하게 행하여진 것인가, 위법하게 행하여진 것인가가 가장 중요한 법적 평가의 기준이 되며, 이는 법규범에 따라 행하여진 이상 권리침해가 있었다고 하더라도 위법이라고 할 수 없다는 해석을 선호하기 때문이다. 예컨대 도로교통법을 위반하여 음주운전을 했으나, 아무런 사고가 발생하지 않은 경우, 결과불법설에 설 경우 위법을 인정하기 어렵다. 부작위에 대한 국가배상책임을 지우려해도 행위불법설의 관점이 유리하다. 판례도 '대체로' 이러한 노선에 입각해 있다. 즉, "공무원의 직무집행이 법령이 정한 요건과 절차에 따라 이루어진 것이라면 특별한 사정이 없는 한 이는 법령에 적합한 것이고 그 과정에서 개인의 권리가 침해되는 일이 생긴다고 하여 그 법령적합성이 곧바로 부정되는 것은 아니"라고 한다.[52] 대법원은 경찰관이 교통법규 등을 위반하고 도주하는 차량을 순찰차로 추적하는 직무를 집행하는 중에 그 도주차량의 주행에 의하여 제3자가 손해를 입었다고 하더라도, 그 추적이 당해 직무목적을 수행하는 데에 불필요하다거나 또는 도주차량의 도주의 태양 및 도로교통 상황 등으로부터 예측되는 피해발생의 구체적 위험성의 유무 및 내용에 비추어 추적의 개시·계속 혹은 추적의 방법이 상당하지 않다는 등의 특별한 사정이 없는 한 그 추적행위를 위법하다고 할 수는 없다고 하여 이러한 입장을 확인하고 있다.[53] 그러나 판례가 확고하게 행위불법설을 취한다고 보기는 어렵다. 행정절차의 하자의 효과를 다룰 때도 소개한 판례를 상기해보면, 폐기물처리시설 설치과정에서 절차적 권리를 침해한 것에 대해 주민들이 전남 보성군을 상대로 국가배상청구를 한 사건에서 소극적 판단을 한 사례가 생각날 것이다. 그때 대법원이 어떻게 설시했던가?[54]

【판례】 대법원 2021. 7. 29. 선고 2015다221668 판결 [손해배상(기)]

이와 같은 행정절차상 권리의 성격이나 내용 등에 비추어 볼 때, 국가나 지방자치단체가 행정절차를 진행하는 과정에서 주민들의 의견제출 등 절차적 권리를 보장하지 않은 위법이 있다고 하더라도 그 후 이를 시정하여 절차를 다시 진행한 경우, 종국적으로 행정처분 단계까지 이르지 않거나 처분을 직권으로 취소하거나 철회한 경우, 행정소송을 통하여 처분이 취소되거나 처분의 무효를 확인하는 판결이 확정된

52) 대법원 1997. 7. 25. 선고 94다2480 판결.

53) 대법원 2000. 11. 10. 선고 2000다26807·26814 판결.

54) 대법원 2021. 7. 29. 선고 2015다221668 판결.

> 경우 등에는 주민들이 절차적 권리의 행사를 통하여 환경권이나 재산권 등 사적 이익을 보호하려던 목적이 실질적으로 달성된 것이므로 특별한 사정이 없는 한 절차적 권리 침해로 인한 정신적 고통에 대한 배상은 인정되지 않는다. 다만 이러한 조치로도 주민들의 절차적 권리 침해로 인한 정신적 고통이 여전히 남아 있다고 볼 특별한 사정이 있는 경우에 국가나 지방자치단체는 그 정신적 고통으로 인한 손해를 배상할 책임이 있다.

전형적인 결과불법설적인 접근이다. 그래서 필자는 법령위반과 관련하여 판례가 취하는 입장이 '대체로' 행위불법설이다, 라고 설명했던 것이다.

아무튼, 위법의 의미를 행위불법으로 이해한다면 분쟁이 행정행위, 행정처분에 관련된 다툼인 한 취소소송에서의 위법의 의미와 국가배상에서의 위법의 의미는 기본적으로 동일하다. 이러한 견해에 따르면 위법한 처분에 대하여 처분의 상대방이 처분취소소송을 제기함과 동시에 그 처분으로 인해 입은 손해에 대해 국가배상소송을 제기하는 경우, 그 소송들에서 본안판단의 관건은 어느 경우든 동일처분이 동일한 행위규범을 위반하였는가 여부가 된다. 이런 해석은 행정을 통제하는 통제규범은 국가배상소송에서나 취소소송에서나 모두 같아야 한다는 것을 전제하고 있다. 여기에는 이미 취소소송은 공권력행사에 불복하여 그 위법성 자체를 탄핵하는 소송인 반면, 국가배상소송은 민사소송과 마찬가지로 손해를 금전으로 배상받는 것에 중점이 놓인 소송이어서 양자의 위법성이 반드시 같을 필요는 없다고 보는 전통적 견해에 대한 반박이 들어 있다.

이상의 행위불법설에도 크게 보아 두 유형이 있다. 제1설은 국가배상법상의 위법을 항고소송에서의 그것과 같은 차원의 것으로 보아 공권력 행사 그 자체의 '법'에의 위반으로 본다(협의의 행위위법설). 제2설은 행위자체의 법에의 위반(위법)뿐만 아니라 공무원의 직무상의 일반적 손해발생방지의무와 관련하여 행위의 양태(공권력행사의 방법)도 위법성 판단의 대상이 된다고 본다(광의의 행위위법설). 예컨대 식용견 수송차량을 적법하게 압류했으나 개들이 굶어 죽은 사례에서 차량억류가 적법해도 공무원의 손해발생방지의무 위반을 이유로 국가배상을 인정할 수 있다. 제2설은 공무원은 법령준수의무뿐만 아니라, 그 권한행사에 있어 국민에 대한 손해발생을 방지하여야 할 직무상 의무가 있다는 점을 전제로 하고 있다.

행위불법설이 이렇게 두 개의 유형으로 나뉘는 이유는 무엇일까? 앞에서 직무의 범위에 대해 살펴보았거니와, 광의설에 따를 때, 직무에는 행정처분에 의한 행정활동도 있지만 행정지도 등 사실행위처럼 작용법적인 의미에서 그 근거규범이 없거나 분명하지 않은 경우도 널리 포함된다. 전자의 직무라면 제1설의 행위불법설로 충분하다. 이 경우에는 그러한 행정활동의 근거규범이 대개의 경우 명확하게 존재하므로 근거규범이 위법판단의 기준이 되면 되기 때문이다. 반면, 후자의 직무라면 행정작용의 위법성, 즉 행위의 위법성을 판단하기 위한, 법 이외의 무언가 다른 기준이 필요하다. 그렇지 않으면 국가배상의 인정이 지나치게 좁은 범위에 한정되고 만다. 따라서 이런 경우까지 염두에 두고 행위가 법령에 위반한다는 것은 헌법, 법률, 명령, 조례, 규칙과 같은 명문 규정 위반은 물론이고, 공권력 행사의 근거법규(특히 권한근거규정), 관계법규 및 조리를 종합적으로 고려할 때 인정되는 공무원의 '직무상의 손해방지의무'의 위반을 포함한다고 보는 것이다. 다만, 이러한 견해를 어떻게 평가할 것인가는 별개의 문제이다. 왜냐하면 뒤에 보듯이 이 제2설의 행위불법설이 원래의 적용영역, 즉 사실행위를 넘어 입법작용, 사법작용의 위법성 판단기준으로까지 활용되고 있기 때문이다.

23.2.3. 행정권한의 불행사와 국가배상책임(부작위책임)

한국의 국가배상사건을 보면 국가가 그리고 그의 집행자인 공무원이 불법성이 강한 행위를 적극적으로 해서 상대방인 국민에게 손해를 가하는 이른바 원래의 국가배상사건 모델이 여전히 적지 않다. 1987년 '민주화' 이전까지 한국의 국가는 그야말로 불법행위를 온 사회에서 자행했다. 50년만에 국가배상을 처음으로 인정한 형제복지원 사건 같은 것이 대표적이다.[55] 이 사건에서 법원은 "대한민국은 1975년(부랑인 신고·단속·수용과 관련한) 내무부 훈령으로 원고들을 단속하고 강제 수용했는데, 이 훈령은 법률유보·명확성·과잉금지·적법절차·영장주의 원칙을 위반한 위헌·위법적"인 것이어서 "이에 따른 강제 수용도 위법한 조치"라고 국가배상책임을 인정했다.

그러나 법치국가의 정착과 함께 이런 유형의 사건들은 점차 줄어들고 있다. 그 대신 국가(행정)가 법률상으로 권한을 갖고 있음에도 불구하고 당해 권한을 행사하지 않은 결과 제3자가 피해를 입는 사건들이 늘어나고 있다. 군대에서 발생하는 불법행

55) 형제복지원 피해자 13명이 국가를 상대로 낸 손해배상 청구 소송에서 대법원은 원고 일부승소 판결한 원심을 심리불속행 기각으로 확정했다. 대법원 2025. 3. 27. 선고 2024다321454 판결.

위 상황도 유사하다. 과거에는 구타와 가혹행위에 대한 단죄와 처벌이 중점이었다면,[56] 근래에는 이런 불법행위에도 강력히 대처하면서, 동시에 그러한 행위가 발생하지 않도록 각급 부대의 지휘관들의 소극적 대응도 문제삼는 사례가 늘어난다. 이를 행정권한의 불행사에 따른 국가배상책임(부작위책임)이라고 한다.[57]

【판례】 대법원 2020. 5. 28. 선고 2017다211559 판결 [손해배상(기)]
"자살우려자 식별과 신상파악 · 관리 · 처리의 책임이 있는 각급 부대의 지휘관 등 관계자는 장병의 자살을 예방하기 위해 마련된 부대관리훈령 등의 관련 규정을 준수하여 자살이 우려되는 장병을 식별하고 장병의 신상을 파악하려고 노력하고, 자살의 가능성이 확인된 장병에 대해서는 정신과 군의관의 진단 등을 거쳐 그 결과에 따라 해당 장병을 적절하게 관리하는 등의 조치를 취하여 자살 등의 사고를 미리 방지하고 그가 신체적 · 정신적 건강을 회복할 수 있도록 할 의무가 있다."
(갑이 하사로 임관하여 해군교육사령부 정보통신학교 등에서 교육을 받고 함선에서 근무하던 중 자살한 사안에서, 갑이 해군교육사령부에서 받은 인성검사에서 '부적응, 관심, 자살예측'이라는 결과가 나왔음에도 자살예방 및 생명존중문화 조성을 위한 법률 및 장병의 자살예방 대책과 관련한 부대관리훈령 등에 따른 자살우려자 식별과 신상파악 등의 조치가 이루어지지 아니한 사정 등을 이유로 국가의 배상책임을 인정한 사례)

1997년 국제구제금융(IMF) 사태를 맞으면서 여러 금융기관이 도산하였다. 예금주 A는 국내의 금융환경이 불안정한 상황이었는데도 금융감독위원회가 적기(適期) 시정조치 등 금융감독권을 제대로 행사하지 않아 그렇게 된 것이 아닌가 하는 의심을 갖고 있다. 이에 A는 감독불행사를 이유로 국가배상청구를 했을 때 승소할 수 있을지 따져보고 싶어한다. 이것이 바로 부작위책임의 문제이다. 최근에는 전세사기가 심각한 사회적 문제가 되었다. 국가가 전세사기를 친 것은 아니지만, 국가가 자신의 권한을 적절하게 행사하지 않아 이런 문제가 발생한 것이라면 이 또한 국가배상의 관점에서 접근할 수 있다.[58]

---

56) 이계수, "군대 내 구타 가혹행위 및 그로 인한 사고를 방지하기 위한 법적 제도적 방안에 관한 연구", 민주법학 제23호, 2003, 285-317쪽.

57) 서원우 교수는 이를 국가배상의 원형타이프 vs. 보호불충분형으로 구분한다. 서원우, "국가배상책임에 대한 새로운 시각", 서원우, 전환기의 행정법이론, 767쪽.

58) 전세사기 피해자 모임 대표는 이렇게 말한다. "사기 피해자에게 책임이 전혀 없다는 건 아니에요. 하

또한 이런 일도 있다. 학교급식 노동자들 중에는 폐암이 발병한 사례가 적지 않다. 폐쇄된 조리환경에서 굽고 볶는 조리작업이 폐에 나쁜 영향을 주기 때문이다. 그럼에도 불구하고 "정부는 학교급식 폐암 산재 피해자가 기하급수적으로 늘어날 동안 방관하고 있었다." 급식 노동자들은 "아무 조치를 하지 않은 국가에 분노한다. 국가가 책임져야 한다"고 주장한다.[59] 가습기살균제 피해 국가배상소송에서도 국가의 책임이 인정되었다.[60] 이처럼 세월호 사건 이후 안전사회건설을 위해 나아가고자 하는 우리 사회의 기대를 생각하면 국가배상법에서 부작위책임과 그 법리가 감당해야 할 역할이 점점 더 커질 것이다. 그래서 이제는 개인주의적－자본주의적 도덕으로는 해결할 수 없는 안전배려의무를 어떻게 공동체주의적 책임법리 안에 정착시킬 것인가를 깊이 고민해야 할 때가 되었다고 말할 수 있다.

그런데 기존의 법리에 따르면 국가가 아무런 조치를 취하지 않아 발생한 손해에 대해 국가를 상대로 손해배상책임을 물으려면 두 가지 관문을 통과해야 한다. 우선, 부작위는 작위의무를 전제로 하는 개념이므로 부작위에 대해 국가배상책임을 인정하려면 법적 작위의무의 존재가 요구된다. 특히 작위의무가 법령에 명문으로 규정되어 있지 아니한 경우에 어떻게 법적 작위의무의 존재를 인정할 수 있는가가 첫 번째 관문이다. 이것이 이른바 행정편의주의(Opportunitätsprinzip)의 문제이다.[61] 다음으로, 작위의무가 존재하는 경우에도 그러한 직무상 의무부과의 취지 내지 보호목적이 무엇인가에 따라 국가배상책임의 인정 여부를 판단하려는 시각이 있는데, 그러한 입장에서 보면 이것이 두 번째 관문이다. 이른바 반사적 이익론의 문제이다.

규제권한의 발동이 법률상 행정청에 의무지워져 있는 경우 규제권한 불행사의 위법 판단은 어렵지 않다. 그러나 대개의 경우 규제권한의 행사에 재량이 인정되므로,

---

지만, 우리가 법을 완벽하게 모르기 때문에 공인중개사에게 수수료를 내고 계약을 하잖아요. 임대사업자 제도도 나라가 만든 것이니까 믿고 계약을 하는 것이잖아요. 부동산 등기부조차 공신력이 없어서 100% 믿을 수가 없는데, '너희가 몰라서 사기를 당했으니 다 책임져'라고 말할 수 있어요?" 한겨레신문 2024. 2. 7.자, 21면.

59) "폐암 산재 급식노동자 6명, 국가 상대 첫 손배소", 한겨레신문, 2023. 6. 29.자.

60) 대법원 2024. 6. 27. 선고 2024다226887 판결(심리불속행). 원심은 '서울고등법원 2024. 2. 6. 선고 2016나2086563 판결'이다. 원심판결은 가습기살균제 원료인 PGH, PHMG가 유독물질에 해당하지 않는다고 한 환경부 및 국립환경연구원의 고시가 현저하게 합리성을 잃어 사회적 타당성이 없거나 객관적 정당성을 상실하여 위법하다고 판시하였다.

61) 행정편의주의와 유사한 개념이 기소편의주의이다. 영어로 opportunism은 임기응변주의, 편의(기회)주의를 말한다. 또한 opportune은 '형편이 좋은, 시의(時宜)에 알맞은'이라는 뜻이다.

재량이 인정되는데 왜 부작위가 위법하게 되는지를 해명해야 한다. 그에 대한 답이 바로 재량권 수축론이다. 이 이론에 따르면 행정권의 발동이 행정청의 재량에 맡겨져 있다고 하더라도 ① 피침해법익의 중요성(생명·신체와 같이 중요한 것일수록 작위의무가 인정되기 쉽다), ② 예견가능성, ③ 결과회피가능성, ④ 기대가능성(상황을 객관적으로 파악해 행정개입이 기대되는 상황이었는지에 따라 판단) 등을 고려할 때 행정청이 권한을 발동해야만 하는 상황이 있다고 한다. 그런 경우에 행정권 발동이 없으면 이것은 위법하게 된다는 논리이다.

대법원은 관련 공무원에게 작위의무를 명하는 법령 규정이 없는 경우 공무원의 부작위로 인한 국가배상책임을 인정하기 위한 요건 및 그 판단 기준을 다음과 같이 제시하고 있다.

> 【판례】 대법원 2012. 7. 26. 선고 2010다95666 판결 [손해배상(기)]
>
> 국민의 생명·신체·재산 등에 대하여 절박하고 중대한 위험상태가 발생하였거나 발생할 상당한 우려가 있어서 국민의 생명 등을 보호하는 것을 본래적 사명으로 하는 국가가 초법규적·일차적으로 그 위험의 배제에 나서지 아니하면 국민의 생명 등을 보호할 수 없는 경우에는 형식적 의미의 법령에 근거가 없더라도 국가나 관련 공무원에 대하여 그러한 위험을 배제할 작위의무를 인정할 수 있을 것이다. (…) 공무원의 부작위로 인한 국가배상책임을 인정할 것인지 여부가 문제되는 경우에 관련 공무원에 대하여 작위의무를 명하는 법령의 규정이 없는 때라면 공무원의 부작위로 인하여 침해되는 국민의 법익 또는 국민에게 발생하는 손해가 어느 정도 심각하고 절박한 것인지, 관련 공무원이 그와 같은 결과를 예견하여 그 결과를 회피하기 위한 조치를 취할 수 있는 가능성이 있는지 등을 종합적으로 고려하여 판단하여야 한다.

행정편의주의와 함께 부작위에 대한 국가배상인정에서 장애물이 되는 것이 바로 반사적 이익론이다. 금융감독기관이 적기에 금융감독권한을 행사하는 것이 재량권의 수축 등의 논리로 법적인 작위의무가 되었다고 하더라도 그 의무는 어디까지나 건전한 금융질서의 유지라는 공익을 실현하기 위해서 존재하는 것이지, 그러한 감독권의 행사로 결국 반사적 이익을 얻게 될 일반예금주를 직접 보호하기 위해서 존재하는 것은 아니다. 따라서 A가 금융감독권한의 불행사를 이유로 국가를 상대로 배상청구를 하는 것은 불가능하다는 논리이다.

그러나 이러한 해석에 대해서는 비판도 만만치 않다. 그에 따르면 국가배상에서 직무상 의무의 사익보호성을 요구하는 것은 국가배상의 요건으로 공무원의 제3자에 대한 직무상 의무를 명문으로 규정하고 있는 독일 기본법 제34조의 영향이라고 할 것인데, 이러한 규정이 없는 우리나라에서는 국가배상법 제2조의 문언에서 알 수 있듯이 법령위반과 손해발생 사이의 인과관계만이 요구된다고 보아야 한다는 것이다. 국가배상책임의 무한정한 확대를 방지하려는 취지는 공감하지만 항고소송에서 발전한 반사적 이익론을 국가배상청구소송에 그대로 가지고 오는 것은 문제라고 한다.

항고소송에서 반사적 이익론은 항고소송을 제기할 자격을 가진 자를 획정(劃定)함으로써 남소를 방지하는 기능을 한다. 반면 국가배상청구소송에서는 항고소송의 경우와 달리 남소방지라는 관점에서 '보호규범'을 한정적으로 해석할 필요성은 적다. 따라서 공무원의 법적 작위의무가 인정되면 국가배상법상의 위법요건은 충족된 것으로 보고 국가배상책임이 무한정으로 확대되는 것을 막는 것은 인과관계론에 의해야 한다고 보는 것이 타당하다. 다만, 직무상 의무의 사익보호성을 위법성의 요소로 볼 것인지 아니면 인과관계의 요소로 볼 것인지를 따지는 이상, 사익보호성을 어느 단계에서 검토하는 것이 피해자에게 더 유리한가도 같이 논증해주어야 독자들이 쟁점을 이해하기가 쉽다는 점도 부연해둔다.[62)]

23.2.4. 입법권, 사법권의 행사와 국가배상책임

국가배상법 제2조의 직무는 행정소송법상의 '공권력의 행사'라는 개념보다는 넓다고 했지만 직무라고 할 때 주로 문제가 되는 것은 공권력의 행사일 것이다. 공권력은 일반적으로는 행정권을 말하지만 입법권, 사법권도 여기에 당연히 포함된다. 따라서 국회의 입법행위나 법원의 재판행위도 국가배상법 제2조의 적용을 받는다.

그런데 국가배상법 실무에서 이들 입법행위와 재판행위는 행정작용에 비해 특별한 취급을 받고 있다. (국회의) 입법행위의 경우에는 위헌법률심사제가 인정되고 아울러 법률에 대한 헌법소원이 인정되어 입법상 불법(legislatives Unrecht)이라는 개념은 성립하나, 입법행위를 행정작용과 동일하게 볼 수는 없다고 한다. 판례는 입법자에게 인정되는 입법형성의 자유, 헌법의 추상성·개방성에 비추어 볼 때 제2조의 요

---

62) 박균성 교수는 과거 판례 중에는 직무상 의무의 사익보호성을 위법성의 요소로 요구한 판례가 있었지만, 현재의 판례는 이것을 위법성의 요소가 아니라, 상당인과관계의 요소로 보고 있다고 평가한다. 박균성, 2021, 523쪽.

건 중 국회 혹은 국회의원의 입법행위에 고의·과실, 위법성을 인정하기가 어려운 점을 인정하지 않을 수 없다고 판단하고 있다. 앞서 말한 행위불법설 중 제2설을 이 사안에 응용하고 있는 것이다. 다만, 행정입법부작위에 대해서는 불법행위의 성립을 인정하고 있다.

【판례】 대법원 2007. 11. 29. 선고 2006다3561 판결 [임금]

입법부가 법률로써 행정부에게 특정한 사항을 위임했음에도 불구하고 행정부가 정당한 이유 없이 이를 이행하지 않는다면 권력분립의 원칙과 법치국가 내지 법치행정의 원칙에 위배되는 것으로서 위법함과 동시에 위헌적인 것이 되는바, 구 군법무관임용법(1967. 3. 3. 법률 제1904호로 개정되어 2000. 12. 26. 법률 제6291호로 전문 개정되기 전의 것) 제5조 제3항과 군법무관임용 등에 관한 법률(2000. 12. 26. 법률 제6291호로 개정된 것) 제6조가 군법무관의 보수를 법관 및 검사의 예에 준하도록 규정하면서 그 구체적 내용을 시행령에 위임하고 있는 이상, 위 법률의 규정들은 군법무관의 보수의 내용을 법률로써 일차적으로 형성한 것이고, 위 법률들에 의해 상당한 수준의 보수청구권이 인정되는 것이므로, 위 보수청구권은 단순한 기대이익을 넘어서는 것으로서 법률의 규정에 의해 인정된 재산권의 한 내용이 되는 것으로 봄이 상당하고, 따라서 행정부가 정당한 이유 없이 시행령을 제정하지 않은 것은 위 보수청구권을 침해하는 불법행위에 해당한다.[63]

"우리 헌법이 채택하고 있는 의회민주주의하에서 국회는 다원적 의견이나 각가지 이익을 반영시킨 토론과정을 거쳐 다수결의 원리에 따라 통일적인 국가의사를 형성하는 역할을 담당하는 국가기관으로서 그 과정에 참여한 국회의원은 입법에 관하여 원칙적으로 국민 전체에 대한 관계에서 정치적 책임을 질 뿐 국민 개개인의 권리에 대응하여 법적 의무를 지는 것은 아니므로, 국회의원의 입법행위는 그 입법 내용이 헌법의 문언에 명백히 위반됨에도 불구하고 국회가 굳이 당해 입법을 한 것과 같은 특수한 경우가 아닌 한 국가배상법 제2조 제1항 소정의 위법행위에 해당된다고 볼

63) 대법원은 장애인의 접근권 보장을 위한 행정입법의무의 불이행과 관련하여 "이 사건 쟁점규정에 대한 개선입법의무를 14년 넘게 불이행한 피고의 부작위는 행정입법을 통해 장애인 편의시설 설치의무 대상시설의 범위를 정하도록 재량을 부여한 장애인등편의증진법과 장애인차별금지법의 취지와 목적 및 내용에서 현저하게 벗어나 합리성을 잃어 사회적 타당성이 없는 행위로서 객관적 정당성을 상실하였다고 볼 수 있으므로, 국가배상법 제2조 제1항이 정한 공무원의 '고의 또는 과실로 법령에 위반'한 행위에 해당한다."고 판시하였다. 대법원 2024. 12. 19. 선고 2022다289051 전원합의체 판결.

수 없다"[64]는 대법원판례의 논지는 일응 수긍할 만하다. 문제는 사법행위(재판행위)에 대해서도 유사한 논리로 국가배상책임을 사실상 면책하는 것이다. 대법원은 법관의 재판행위가 위법한 행위로 되어 국가배상책임이 인정되려면 "당해 법관이 위법 또는 부당한 목적을 가지고 재판하는 등 법관이 그에게 부여된 권한의 취지에 명백히 어긋나게 이를 행사하였다고 인정할 특별한 사정이 있어야 한다"고 판시하였다.[65]

학설은 재판행위에 대한 국가배상책임을 대체로 기판력 문제와 연결시켜, "만약에 기판력이 발생된 판결에 대하여 무제한하게 국가배상을 인정하면 법적 안정성과 평화의 실현을 목적으로 하는 판결의 고유한 기능을 현저하게 침해"하게 된다는 식으로 설명한다.[66] 그러면서 재판행위에 대한 국가배상에 일정한 한계를 두는 것은 법관에 대한 특권(Richterprivileg)이 아니라 재판의 특권(Richtspruchprivileg)이라고 말한다. 재판상의 불법에 대한 불법행위책임을 제한하는 이유는 판결의 확정력(=기판력)을 확보하려는 데 있는 것이지, 법관을 보호하거나 그에게 특전을 주려고 하는 데 있지 않다는 논리이다.[67]

그러나 판결의 기판력이란 분쟁사안에서 판결에 의한 판단을 종국적인 것으로 함으로써 권리관계에 관한 분쟁에 종국적 해결을 가져다주는 효력이지, 그것이 당해 판결에서의 판단에 오류가 없음을 입증하는 효력은 아니다. 판결에 잘못이 있으면 이에 관여한 판사의 책임을 추궁하고, 잘못된 판결로 인해 발생한 손해의 배상을 요구하는 것은 지극히 당연한 일이다. 판사의 배상책임을 추궁하는 것과 판결의 기판력은 별개의 문제라고 보아야 한다. 명문의 근거 없이 재판행위에서만 위법·과실을 극히 제한적으로 인정하는 것은 논리가 박약하다고 하겠다.[68] 이른바 사법농단재판

64) 대법원 1997. 6. 13. 선고 96다56115 판결.

65) 대법원 2001. 3. 9. 선고 2000다29905 판결; 대법원 2022. 3. 17. 선고 2019다226975 판결 등. 한편, 긴급조치와 관련한 국가배상책임에서 재판상의 불법의 문제를 다룬 '대법원 2022. 8. 30. 선고 2018다212610 전원합의체 판결'은 재판행위에 대한 국가배상책임의 길을 열어놓고 있다. 다만, 대법원은 앞서 본 "공적 직무수행상 과실"('조직과실')의 관점에서 '법관까지 포함된' 국가의 불법행위를 인정했을 뿐, "법관의 재판행위가 독립적으로 불법행위를 구성하는지 여부"에 대해서는 별도의 판단을 하지 않았다(김재형 대법관의 별개의견 참조).

66) 정하중/김광수, 2023, 539쪽.

67) 한편 판례는 재판행위의 특질을 기판력 문제가 아니라 재판의 심급제도와 연결시키고 있다. 대법원 2001. 4. 24. 선고 2000다16114 판결 등.

68) 우리와 달리 독일 민법은 명문의 규정이 있다. 독일 민법 제839조 제2항은 "공무원이 소송사건의 판결에 있어서 직무상 의무에 위반한 때에는, 그는 그 의무위반이 범죄행위를 구성하는 경우에만 이

(직권남용죄 등)에서 1심 재판부는 이렇게 설시했다. "국민의 재판청구권이 재판 독립의 가치와 충돌할 때, 게으르고 미숙한 판사가 명백하게 잘못했을 때, 대법원장과 법원행정처가 판사를 상대로 어떤 지적도 할 수 없다고 보는 것은 그 자체로 불합리하다."[69] 게으르고 미숙한 판사가 명백하게 잘못했을 때에는 그것이 꼭 "범죄행위를 구성하는 경우"(독일 민법)가 아니라도 국가배상책임을 져야 한다. 이를 처음부터 차단하고 있는 현재의 판례는 문제가 있다.

23.3. 국가배상법 제5조 책임

23.3.1. 무과실책임주의의 역설

손해배상책임은 무과실책임에서 과실책임으로 그리고 다시 무과실책임이 강조되는 방향으로 변화해왔다. 그렇다고 무과실책임의 법리를 최신이론, 진보적 이론으로만 볼 것인가? 그렇지 않다. 푸코의 고고학적 설명을 빌려 설명하자면 책임은 무과실책임에서 과실책임으로 진보한 것이 아니다. 그 시대마다 필요한 책임의 법리가 있다. 이것을 간과하면 안 된다.

사례를 하나 읽어 보자. 일본의 국립 북해도대학교(이하 '대학'이라고 함) 및 그 부속 식물원은 도심 내의 '녹색 섬' 같은 존재이다. 삿포로 시민 다수는 이 지역을 시의 생태계를 지탱하는 매우 중요한 장소로 인식하고 있다. 특히 이 대학 내에는 100년을 넘긴 느릅나무와 포플러나무가 많은데, 이 나무들은 이 대학의 전신인 삿포로 농

로 인하여 발생하는 손해에 대하여 책임이 있다. 직무의 집행을 의무에 위반하여 거절하거나 지연한 때에는 제1문은 적용되지 아니한다"고 되어 있다. 연방의 입법관할권에 해당하지 않는다는 이유 때문에 위헌으로 선언된 국가책임법 제5조 제1항도 동일하게 규정하고 있었다.

69) 즉, 재판 사무의 핵심 영역(사실인정, 인정사실에 대한 헌법·법령의 해석과 적용, 이를 위한 모든 실체적 또는 절차적 판단)에 대해 사법행정권자가 지적할 권한이 있다고 보았다. 물론 한계가 있다. 사법행정권자는 나태한 태도나, 재판 과정에서 명백한 잘못을 '지적'하는 것을 넘어서, 그 판단 방법과 방향을 설정하는 '권고'에 이르러서는 안 된다고 선을 그었다. 그럼에도 일선 판사에게 권고했다면 사법행정권의 정당한 범위를 벗어나 직무상 권한과 밀접하거나 상당한 정도로 관련성이 인정되는 월권적 직권남용 행위로 볼 수 있다고 재판부는 판단했다. 서울중앙지방법원 2021. 3. 23. 선고 2019고합187 판결.

업학교가 처음 만들어질 때 캐나다 등지에서 온 농업학자들이 심은 것이다. 그러나 이 귀중한 녹지대(Green Zone)는 대학 캠퍼스 내에서 각 학부들이 여기저기서 진행하는 건물 신축 및 증축으로 계속 사라지고 있다. 이것은 마치 공공토목공사가 멈추지 않는 일본 사회의 모습을 닮아 있다. 이런 공사가 계속 진행되면서 캠퍼스를 오랫동안 지켜온 고목(古木)이 벌목되는 사례가 빈번히 일어난다. 이는 대학 내의 각 부서와 단과대학들이 자연환경자원으로서의 녹색공간을 계속해서 잠식(蠶食)해 들어가는 이른바 '공유지의 비극'(the tragedy of the commons)을 낳고 있다. 개발계획의 수립과 집행은 대학 구성원 및 시민들에 대한 사전통지 없이 진행되었으며, 그 결과 이해관계자들의 의견수렴은 제대로 이루어지지 못했다.

한편, 대학 캠퍼스를 남북으로 가로지르는 중앙도로에는 포플러나무 가로수가 길게 늘어서 있다. 이 도로는 주중에는 자동차가 다니고 주말에는 보행자 전용으로 바뀐다. 그런데 2000년 가을 대학 당국은 태풍과 같은 아주 강한 바람이 불 때에는(풍속이 초속 32미터 이상[70]) 이들 가로수 나무가 넘어질 수 있다는 이유를 내세워 포플러나무 벌목계획을 발표하였다. 벌목 대상이 된 나무들은 12그루인데 모두 수령(樹齡)이 60년이 넘었다.

대학 당국은 위의 벌목계획을 다음과 같이 불법행위법의 관점에서 정당화하고 있다. 즉, 아주 강한 바람이 불 때 나무가 넘어져 도로를 덮치게 되면 자동차운전자와 보행자의 생명과 신체에 대한 손해가 발생하게 되고, 이는 결국 대학 내 나무와 도로 관리에 책임이 있는 대학당국의 불법행위책임으로 돌아온다는 것이다. 판례에 따를 때 시설의 설치·관리자는 과실이 없더라도 자연재해로 인해 발생한 손해에 대해 책임을 질 수 있다. 대학당국은, 이러한 무과실책임을 부담하지 않고 생명과 신체에 대한 손해를 예방하려면 나무를 베어내는 수밖에 없다고 주장하고 있다.

이른바 '무과실책임주의의 역설'이다. 과실책임주의를 극복하고 국가, 지방자치단체나 사업자에게 과실 여부와 관계없이 책임을 지움으로써, 시설물 관리나 제조물 생산에서 주의의무를 다하고 최선을 다해 재해나 손해를 방지하라는 취지로 무과실책임주의가 등장했다. 그러나 실제로는 어떻게 관리하든 책임을 지는 법리가 정착하면, 문제해결 대신에 문제의 싹을 제거하거나, 아니면 아예 아무 것도 안하는 복지

---

70) 기상청에 따르면 풍속이 초속 25미터 이상이 되면 '서 있기가 힘들며', '야외활동이 위험하고', '나무의 뿌리가 흔들리기 시작한다.' 그러나 원래 포플러나무는 강풍에 강해서 방풍림, 가로수로 널리 식목되었다.

부동의 사태가 나타나, 국가나 사업자가 책임 있고 창의적인 행정과 책임 있는 생산 활동을 오히려 안 하는 경우가 발생할 수 있다. 이로써 행정 영역에서는 이른바 관료주의적 태도-문제가 있으면 문제를 해결하려고 하지 않고 문제 자체를 제거해버리는 태도-가 만연하여, 시민에 대한 책임성이 더 떨어질 수 있다. 결국 관료들, 대규모 생산자들에게 더 많은 책임을 지우려는 태도가 오히려 책임을 더 안 지려는 역설적 태도, 무조건 책임에서 벗어나려는 사고와 태도를 조장할 수 있다.

무과실책임주의는 자연환경자원의 보호와 관련하여 개발주의적 태도를 조장한다. 즉, 말로는 환경관리지만 실제로는 환경파괴의 결과를 초래할 수 있다. 예컨대 제방관리, 하천관리 책임에서 무과실주의로 일관하게 되면, 행정당국은 어떤 경우든 사고로 인한 책임이 발생할 수 있으니, 이로부터 면책되기 위해서는 모든 자원을 다 쏟아 부어 재해로부터 완벽히 안전한 시설물을 만들어야 한다는 논리를 펼칠 수 있다. 이러한 태도는 자칫 환경관리의 미명 하에 개발주의의 과잉, 공공토목공사의 과잉을 낳을 수 있다.[71]

23.3.2. 제5조 책임의 의미 및 요건

국가배상법 제5조 제1항 전단은 "도로·하천, 기타 공공의 영조물의 설치나 관리에 하자가 있기 때문에 타인에게 손해를 발생하게 하였을 때에는 국가 또는 지방자치단체는 그 손해를 배상하여야 한다"고 규정하고 있다. 국가배상법 제5조는 영조물의 설치·관리를 맡은 공무원의 고의·과실을 묻지 않고 영조물의 설치나 관리의 흠이라는 객관적 사실에 의하여 국가·지방자치단체에 배상책임을 지움으로써 영조물의 설치자나 관리자의 책임을 가중하고 있다.

공공의 영조물, 즉 공공시설은 모든 사람이 이용하게끔 되어 있다. 따라서 사람들에게 위험이 미치지 않도록 안전성을 구비해야 한다. 그런데도 영조물의 설치나 관리에 하자가 있어 이로 인해 위험한 상태가 발생하면 그에 대해 책임을 져야 한다는 것이 제5조의 취지이다. 다만, 그렇다고 이 제5조의 책임이 절대적인 무과실책임, 결과책임을 의미하는 것은 아니다. 제5조는 공공의 영조물은 통상적으로 갖추어야 할 안전성을 갖추고 있어야 하고, 이용자는 주의해서 사용하라는 취지로 해석된

71) 吉田邦彦, 多文化時代と所有·居住福祉·補償問題, 有斐閣, 2006, 590-591쪽("영조물책임과 자연환경보호").

다. 그러므로 통상적인 용법이 아닌 사용방법으로 인해 피해가 생긴 경우에는 제5조의 책임이 발생하지 않는다.

높은 파도로 해안의 제방이 붕괴하여 피해가 생긴 경우 국가배상책임을 인정할 것인지에 대해 생각해 보면 ① 제방이 붕괴한 이상 제방에 하자가 있었다고 할 수 있으므로 배상책임이 있다고 답할 수도 있고, ② 높은 파도에도 견딜 수 있도록 제방이 축조·관리되었는가에 따라 배상책임의 유무가 달려 있다고 답할 수도 있다. 즉, "영조물이 그 설치 및 관리에 있어 완전무결한 상태를 유지할 정도의 고도의 안전성을 갖추지 아니하였다고 하여 하자가 있다고 단정할 수는 없다."[72] 그런데 ①은 제방(인공공물)이라는 영조물 자체의 하자에 중점을 두고 있으므로 피해자의 구제는 넓힐 수 있지만 법문에 비추어 보면 타당한 것은 아니다. ①과 같이 판단한다면 제5조의 책임을 절대적 무과실책임으로 구성하는 셈이 되므로 타당하지 않다. 다만, 제방의 붕괴사실이 제방의 설치·관리상의 하자를 일응 추정하게 한다고 보면 경우에 따라서는 옳은 답변이 될 수 있다(하자의 일응추정이론). 따라서 ②가 일단 타당한 답변이라 하겠다.

국가배상법 제5조에 의한 배상책임의 요건은 ① 도로·하천, 기타 공공의 영조물일 것, ② 영조물의 설치나 관리에 하자(흠)이 있을 것, ③ 타인에게 손해를 발생하게 하였을 것 등이다. 이 중 상세한 설명이 필요한 부분은 ②이다.

공공의 영조물이란 여기서는 원래의 의미와는 달리 행정주체에 의하여 직접적으로 공공목적에 제공된 유체물로 이해된다.[73] 한마디로 공물이라고 생각하면 된다. 국가·지방자치단체의 소유물이어도 직접 공공목적에 제공된 유체물이 아니면 민법 758조의 적용대상이 된다. 국가·지방자치단체의 관리는 사실상의 그것이면 족하고 반드시 법률상의 근거가 있는 관리권에 기할 필요는 없다.

제5조의 영조물에는 동산이 포함된다. 이 점에서 민법 제758조의 공작물보다 제5조의 영조물이 넓은 개념이라고 한다. 동산의 예로는 권총이나 경찰견 같은 것이 있다. 이론적으로는 동산인 공물의 관리에 대해서는 관리자인 공무원의 행위책임 문제로 처리하는 것이 적절하다. 그러나 (일본의) 판례는 공용 내지 공공의 용도에 제공

72) 대법원 2022. 7. 28. 선고 2022다225910 판결, 대법원 2000. 2. 25. 선고 99다54004 판결 등 참고.

73) '공공의 영조물'은 원래 독일어 öffentliche Anstalt의 일본식 번역이다. 오토 마이어는 이를 "공행정주체에 의해 특정한 공공목적을 위해 사용되도록 정하여진 인적·물적 수단의 종합체"라고 정의했다.

되고 있는 동산의 물적 결함으로부터 생긴 피해에 국가배상법 제5조를 적용하여 그 관리자인 공무원의 고의·과실을 묻지 않고 국가배상을 인정한다.[74] 물론 제5조 책임은 동산에 물리적 결함이 있는 것에만 적용되고 조작 실수 등에는 인정되지 않으므로,[75] 동산의 하자로 인한 피해를 무과실책임인 제5조로 처리하는 것이 얼마나 실무적으로 의미가 있을지는 의문이지만, 아무튼 어떻게든 피해자 구제에 보다 유리한 해석을 시도하고 있는 점은 평가할 만하다.

③도 특별히 더 설명할 것이 없다. 설치·관리의 흠과 손해발생과의 사이에 상당인과관계가 있어야 한다는 점, 그리고 상당인과관계가 있는 이상 손해발생의 직접적인 원인이 자연력에 있든 제3자 또는 피해자의 행위에 있든 손해배상책임이 성립한다는 점 정도만 기억하면 된다.[76]

문제는 "영조물의 설치나 관리에 흠(하자)이 있을 것"의 해석이다. 우선 지적할 점은 설치 및 관리가 아니라 설치나 관리이므로 자연하천과 같은 자연공물도 영조물의 설치나 관리의 대상이다. 물론 통상 제5조의 적용에서 문제가 되는 것은 자연하천보다는 인공하천이라고 할 수 있는 제방, 댐 등이다. 설치는 영조물의 설계·건조(建造)작용을 말하며, 관리는 영조물의 유지·수선 및 보관작용을 말한다. 관리의 형식은 구체적 처분이나 사실작용뿐만 아니라 관리규칙의 정립과 같은 추상적 작용도 포함하며, 반드시 법령에 의거한 정규의 관리에 한정하지 아니한다.[77]

공립학교의 실험수업 도중 교사의 지도 잘못으로 시험관이 폭발하여 학생이 실명한 경우에 제5조의 책임이 인정될 것인가? 공립학교의 경우 학교의 건물과 기타의 물적 시설만이 영조물에 해당하며, 영조물의 관리는 물적 시설의 관리만을 지칭한다. 따라서 교원의 수업과 기타 교육활동은 영조물의 관리에 포함되지 않는다. 학교사고는 대체로 제2조의 책임이 된다. 예컨대 국공립학교의 교사가 초등학교에서 자습을 하라고 한 후 교실을 떠났으나 장난이 심한 아이가 던진 물건이 다른 아이의 눈에 맞아서 그 아이가 실명한 경우가 대표적이다. 이 경우 교사의 일반적인 보호·감독의무위반으로 보아 제2조로 처리한다. 다만, 학교의 칠판이 무너져서 상처를 입으면 이것은 제5조로 갈 수 있다.

---

74) 原田常彦, 行政法, 学陽書房, 2005, 179쪽.

75) 畠山武道 外, はじめての行政法, 三省堂, 2009, 185쪽.

76) 대법원 1992. 9. 22. 선고 92다30219 판결.

77) 김철용, 2024, 835쪽.

다음으로, 문제가 되는 부분이 하자이다. 이 하자의 해석에 관한 종래의 통설과 판례는 객관설이다. 앞에서 이미 설명한 것처럼 "하자가 있다"는 것은 객관적으로 영조물의 설치와 그 후의 유지·수선에 불완전한 점이 있어 그 영조물이 통상적으로 갖추어야 할 물적 안전성을 결여하고 있음을 의미하는 것으로, 설치·관리자의 주관적인 관리의무위반을 필요로 하지 않는다고 보는 것이 객관설이다.

그런데 학설과 종래의 판례가 제5조의 책임을 객관적인 하자의 존재만을 문제삼는 입장에서 출발하더라도 그것이 절대적인 무과실책임, 결과책임을 의미하는 것은 아니라는 점은 이미 지적하였다. 따라서 "통상적으로 갖추어야 할 물적 안전성의 결여"를 판단함에 있어서는 그 시설의 안전과 관련하여 사회통념상 기대되는 수준을 고려하지 않을 수 없다. 그런데 그 기대수준은 관리자에 대해서 그 정도의 설치·관리행위를 기대할 수 있는가라는 주관적 요소까지 고려해야 최종적으로 판가름나는 것이라고 보는 것이 자연스러운 해석이라고 보아야 한다. 이 점이 하자의 해석에서 주관적 요소를 가미하는, 이른바 객관화된 주관설 혹은 절충설이 제기되는 배경이다. 최근의 판례도 이러한 입장에 동조하고 있다는 것이 학계의 일반적인 평가이다. 객관화된 주관설이 주요하게 주장된다는 것은 제5조 책임이 절대적 무과실책임이 아님을 방증한다.

그러면 객관설과 (객관화된) 주관설이 실제 사례에서는 얼마나 차이날까? 다음의 사례를 생각해보자. ① 고장난 트럭이 87시간 이상 도로에 방치되어 있다가 사고가 났다. ② 도로공사구간에 설치되어 있던 위험표지판과 바리케이드를 바로 앞의 차량이 치고 가는 바람에 뒤에 오던 차량이 도로공사구간에 추락하였다. 도로에서의 교통사고와 관련하여 객관설과 주관설의 대립을 낳은 사례로 유명한 것이 바로 ②번 사안이다. ①번 사안은 객관설이든 주관설이든 제5조 책임이 인정된다. ②번 사안은 객관설이든 주관설이든 제5조 책임이 부정된다.

논거는 무엇일까? 객관설은 이런 경우란 불가항력에 해당한다고 보아 국가배상책임을 부정하게 된다.[78] 주관설 혹은 의무위반설은 손해방지조치를 게을리 하여 손해회피의무위반에 대해서 배상책임을 인정하는데, 이런 경우에는 손해발생의 예견가능성과 회피가능성이 없었으므로 국가배상책임을 인정할 수 없다고 결론짓는다. 여기서 불가항력의 경우와 예견가능성과 회피가능성이 없는 경우를 쉽게 구별할 수

78) 石川敏行 外, はじめての行政法, 有斐閣, 2010, 203쪽. 이 부분 설명이 신선하다.

있다면 객관설과 주관설의 차이는 분명해질 것이다. 반면, 그 구분이 쉽지 않다면 양자의 구분에 특별한 의미를 부여하기 힘들 것이다.

【판례】 법원 2000. 2. 25. 선고 99다54004 판결 [구상금]
영조물이 완전무결한 상태에 있지 아니하고 그 기능상 어떠한 결함이 있다는 것만으로 영조물의 설치 또는 관리에 하자가 있다고 할 수 없는 것이고, 위와 같은 안전성의 구비 여부를 판단함에 있어서는 당해 영조물의 용도, 그 설치장소의 현황 및 이용상황 등 제반 사정을 종합적으로 고려하여 설치·관리자가 그 영조물의 위험성에 비례하여 사회통념상 일반적으로 요구되는 정도의 방호조치의무를 다하였는지 여부를 그 기준으로 삼아야 할 것이며, 객관적으로 보아 시간적·장소적으로 영조물의 기능상 결함으로 인한 손해발생의 예견가능성과 회피가능성이 없는 경우, 즉 그 영조물의 결함이 영조물의 설치·관리자의 관리행위가 미칠 수 없는 상황 아래에 있는 경우에는 영조물의 설치·관리상의 하자를 인정할 수 없다.

김중권 교수는 다음과 같이 지적하기도 한다. "더욱이 동조의 하자가 영조물의 하자가 아니라 '설치·관리의 하자'이어서 그 책임이 물적 책임이 아니라 행위책임인지라, 주관설이 더 어필한다. 나아가 방호조치와 같은 안전확보행위의 주효 여부가 책임인정의 관건이 되기에, 무과실책임적 성격 역시 확고하지 않다."[79] 이렇게 해서 제5조를 행위책임적 인식에서 파악한다면 과연 제2조와 관련해서 동조가 별도로 존재해야 할 이유가 있는지가 의문스럽게 된다. 이러한 측면 때문에, 앞서 이미 지적했듯이 (일부) 행정법학자는 제5조를 폐지해야 한다고 주장하는 것이다.[80]

23.3.3. 유형별 고찰

판례는 제5조 책임과 관련, 같은 공물이라도 도로와 같은 인공공물과 하천과 같은 자연공물에서 각각 다른 판단을 하고 있다. 예컨대 도로와 같은 인공공물과 달리 하천과 같은 자연공물에 대해서는 불가항력 및 재정력을 이유로 한 면책을 쉽게 인정한다. 또한 하천의 경우는 아직 보수를 하지 않은 자연 그대로의 하천이나 현재 보수가 진행 중인 하천과 보수가 끝난 하천으로 나누어 제5조 배상책임의 성립 여부

79) 김중권, 2025, 961쪽.
80) 김중권, 2025, 962쪽.

를 각각 다르게 검토하고 있다.[81)]

이런 판단은 대체로 일본 최고재판소의 해석을 따른 것이다. 그에 따르면 하천은 자연공물이고 홍수 등의 자연적 재해를 일으킬 위험을 처음부터 내포하고 있으므로 도로 등의 인공공물과는 성질을 달리한다는 전제 하에, 미개수(未改修) 혹은 개수가 불충분한 하천의 관리에 대해서는 '과도적 안전성'으로 족하고, 개수가 끝난 하천에 대해서는 '개수, 정비의 단계에 대응하는 안전성'으로 족하다. 이러한 해석은 행정의 대응을 사실상 추인하는 사법소극주의의 측면을 드러낸다는 비판을 받을 만하다. 다만, 반드시 그렇게만 볼 수 없는 측면도 있음은 앞에서 '무과실책임주의의 역설'을 통해서도 살펴본 바 있다.

실제로 2008년에 집권한 이명박 정권이 4대강 사업을 불도저처럼 밀어붙이면서 내세웠던 명분이 '홍수가 나서 제방이 무너지고 수해가 발생한다면 누가 책임질 것인가'라는 것이었음을 상기할 필요가 있다.

【판례】 대법원 2003. 10. 23. 선고 2001다48057 판결 [손해배상(기)]

자연영조물로서의 하천은 원래 이를 설치할 것인지 여부에 대한 선택의 여지가 없고, 위험을 내포한 상태에서 자연적으로 존재하고 있으며, **간단한 방법으로 위험 상태를 제거할 수 없는 경우가 많고**(→ 간이 · 신속한 임기적(臨機的) 수단의 결여에서 오는 제약), 유수라고 하는 자연현상을 대상으로 하면서도 그 유수의 원천인 강우의 규모, 범위, 발생시기 등의 예측이나 홍수의 발생 작용 등의 예측이 곤란하고, 실제로 홍수가 어떤 작용을 하는지는 실험에 의한 파악이 거의 불가능하고 실제 홍수에 의하여 파악할 수밖에 없어 결국 과거의 홍수 경험을 토대로 하천관리를 할 수밖에 없는 특질이 있고, 또 국가나 하천관리청이 목표로 하는 **하천의 개수작업을 완성함에 있어서는 막대한 예산을 필요로 하고, 대규모 공사가 되어 이를 완공하는데 장기간이 소요되며**(→ 재정적 제약, 기간적 제약), 치수의 수단은 강우의 특성과 하천 유역의 특성에 의하여 정해지는 것이므로 그 특성에 맞는 방법을 찾아내는 것은 오랜 경험이 필요하고 또 **기상의 변화에 따라 최신의 과학기술에 의한 방법이 효용이 없을 수도 있는 등**(→ 기술적 제약) 그 관리상의 특수성도 있으므로 이와 같

81) 1970년대까지만 해도 수해를 일종의 천재(天災)로 받아들였기에 수해에 의한 피해를 국가배상청구로 다투는 경우는 없었다. 그러다가 하천 부근 주민의 권리의식이 높아지면서 하천에 의한 수해피해에 대해서도 국가의 책임을 물으려는 태도가 생겨났다. 그 첫 번째 사례가 조정래 변호사가 사건을 수임한 1984년 한강 망원동 수재사건이었다. 이후 홍수로 인한 피해를 구제해달라는 소송이 빈번히 제기되었다.

은 관리상의 특질과 특수성을 감안한다면, 하천의 관리청이 관계 규정에 따라 설정한 계획홍수위를 변경시켜야 할 사정이 생기는 등 특별한 사정이 없는 한, 이미 존재하는 하천의 제방이 계획홍수위를 넘고 있다면 그 하천은 용도에 따라 통상 갖추어야 할 안전성을 갖추고 있다고 보아야 하고, 그와 같은 하천이 그 후 새로운 하천시설을 설치할 때 기준으로 삼기 위하여 제정한 '하천시설기준'이 정한 여유고를 확보하지 못하고 있다는 사정만으로 바로 안전성이 결여된 하자가 있다고 볼 수는 없다."82)

기후위기 시대를 맞이하여 홍수에 대한 국가책임이 손해배상법으로 일관할 수 없는 것은 명확하다. 오히려 재산권의 내용적 제한(사회적 제약)을 지금보다도 더 강력하게 하고, 필요하다면 하천변 토지 등을 수용하고 손실보상을 하는 방향으로 나아가야 할 것이다. 수변 토지, 배후지 토지의 사회화를 통한 대응도 고려해야 한다. 국가배상법의 논리(제방 높이)가 아니라 커먼즈의 논리가 필요한 시점이다. 이제 이것을 검토하기 위해 손실보상법으로 넘어가보자.

더공부해보기/생각해보기/토론하기

1. 위법한 권력행정이라도 국가는 책임을 지지 않는다는 이른바 국가무책임의 법리는 현실의 위안부 소송 등에서 여전히 위력을 발휘하는 경우가 있다. 일본의 경우 국가무책임의 법리는 당시 헌법에 근거를 두고 있었던 것인가? 이 위안부 소송 등에서 이 법리를 극복하기 위해서 어떤 주장이 제기되었는지 알아보자.

국가무책임의 법리는 그렇게 먼 옛날의 얘기가 아니다. 아직도 우리의 현실을 짓누르고 있는 하나의 중요한 법리이다. 무슨 얘기인가? 제국주의 일본 정부와 일본군이 조신과 중국 등시에서 자행한 강제연행 · 강제노동 및 살상행위 등의 가해행위에 의해 피해를 받은 사람들이 일본 정부를 상대로 국가배상청구를 하는 일이 지금까지도 계속되고 있다. 그런데 일본 국가배상법은 부칙 제6항에서 동법 시행 전의 행위에 대해서는 "이 법률의 시행 전의 행위에 기한 손해에 대해서는 또한 종전의 예에 의한다"고 정하고 있다. 이에 따라 동법의 소급적용은 부인된다. 실제로 강제연

82) 화살표로 표시한 부분은 필자가 추가한 것이다.

행과 같은 가해행위는 권력적 활동이라고 하여 국가무책임의 법리에 기하여 배상책임을 부정하는 판결도 적지 않다. 그 외에 시효 및 제척기간 등도 책임을 부정하는 논거가 되고 있다. 배상책임을 부정하는 판결들은 국가무책임의 법리는 메이지 헌법 당시 실정법상의 원칙이므로 "종전의 예"에 따르면 국가 자신은 배상책임이 없다는 논리를 전개하고 있다. 그러나 국가무책임 법리는 법령상 명시적으로 규정된 바도 없고 판례상으로도 그 실체적 근거가 제시된 바가 없는 것이어서 일본의 하급심 판결 중에는 이 법리의 타당성을 한정적으로 해석하는 것도 있다.[83]

2. 판례는 국가배상소송과 민사상 불법행위소송에서의 과실 개념을 동일하게 파악한다고 했다. 학설과 판례에 나타나는 과실 개념의 변용에 대하여 살펴보자. 특히 환경민사소송에서 과실법리로 제시되는 방지의무위반설과 예견가능성설을 비교해 보고, 과실의 평가를 결과불법적으로 일원화하는 것이 타당한지도 토론해보자.

기존의 과실책임의 법리 하에서는 환경오염으로 피해를 입은 자가 손해배상을 청구하려면 환경오염을 야기한 자의 과실을 입증해야 한다. 그런데 일반적으로 과실은 상당한 방지설비를 하여야 할 의무에 위반하여 오염물질을 배출한 경우에 인정되므로 상당한 방지설비가 있거나 기술적 · 경제적으로 방지가 불가능한 경우에는 일응 과실이 있다고 말할 수 없게 된다. 과실의 문제를 이렇게 보게 되면 피해자를 충분히 보호할 수 없게 되어 문제가 발생한다. 이러한 이유로 무과실책임을 인정할 필요성이 생기나, 무과실책임이 인정되지 않는 경우에는 어떻게 할 것이냐가 문제이다. 이런 상황에서 환경침해로 인한 피해자를 두텁게 보호하기 위해 판례나 학설은 과실개념을 확장하여 사실상 무과실책임에 접근하는 해석론을 전개하였다. 환경침해로 인한 불법행위 책임의 과실 인정에 예견가능성설을 도입하는 시도가 나온 것도 이런 것을 배경으로 한다.

즉, 손해발생에 예견가능성이 있으면 손해회피조치를 취함으로써 손해발생을 방지할 수 있으므로 과실의 중심내용은 예견가능성이라고 보는 게 예견가능성설이다. 오늘날과 같이 많은 양의 오염물질을 양산하는 거대산업사회에서는 환경피해가 예견되는 경우가 많기 때문에 예견가능성의 범위를 확대하면 할수록 실질적으로 무과실책임을 인정하는 결과가 된다. 일본의 다수 판례가 이러한 견해를 취하고 있으며, 우리 판례도 이러한 관점을 따르는 것이 있다. 방지의무위반설을 정면으로 배척한 '대법원 1973. 10. 10. 선고 73다1253 판결'은 "설사 피고공장이 그 공장설립 당시나 그 가동에 있어서 현대 과학의 가능한 모든 방법을 취하여 손해를 방지하는 시

83) 稲葉馨/人見剛/村上裕章/前田雅子, 行政法, 제2판, 2010, 272-273쪽.

설을 갖추고 있다 하여 피고가 원고에게 가한 불법행위에 과실이 없다 말할 수는 없다"라고 판시하였는데, 이 판례는 비록 예견가능성 여부에 대한 적시는 보이지 않지만, 결국 최선의 방법을 다하였다 할지라도 발생한 손해에 관하여 예견가능성만 있다면 과실을 인정할 수 있다는 논지로 해석된다.[84] 이처럼 예견가능성설은 기대되는 주의의무 또한 상대적으로 높게 설정하므로 대기업에 의한 환경침해사안에서 과실인정이 용이하여 피해자보호에는 충실한 이론이라는 평가를 받는다. 손해의 예견가능성을 전제로 한 결과회피의무위반을 과실로 보는 예견가능성설은 위와 같은 장점도 있지만, 모든 불법행위에 모두 적용할 수 있는 것은 아니다. 이와 관련해서는 의료과오소송의 예를 생각해볼 수 있다.

3. 과실을 설명하는 부분에서 "우리 대법원도 국가배상책임의 요건 판단에서 '객관적 주의의무 위반과 그로 말미암은 객관적 정당성의 상실'을 기준으로 삼는 경우가 많으므로 실제로 과실요건과 위법성 요건을 반드시 분리하여 판단하지는 않는다"고 서술했다. 밑줄 친 부분처럼 설명한 이유는 무엇일까?

민법이든 국가배상법이든 과실과 위법성을 조문(條文) 상으로도 구분하고 있기 때문에 이른바 '과실과 위법성을 한꺼번에 파악'(과실과 위법성의 일원적 파악)해도 좋은 것인가 하는 논쟁이 있다. 이 문제를 어떻게 정리하면 좋을까? 다소 복잡하고 어려운 문제이다. 논자에 따라서 설명하는 방식도 조금씩 다르다. 정답이 있다고 말하기도 어려운 문제이지만 여기서는 일단 다음과 같이 정리하였다.

① 과실과 위법성의 일원적 파악은 피해구제의 관점이 강한 민법의 불법행위법에서와는 달리 국가배상법에서는 신중해야 한다. ② 다만, 위법성 판단의 근거가 될 행위규범이 명확하지 않은 사실적 불법행위에서는 과실과 위법성을 일원적으로 파악하는 것이 타당하다. 학교사고가 대표적이다.[85] (국공립) 학교사고의 사례에서는 일반적으로 위험방지 주의의무가 있는 것을 전제로 과실판단에 위법성 판단까지 포함시키고 있다. 법률 및 조례에 근거하여 행정활동이 이루어지는 경우에도 규제권한 불행사(부작위) 사례에서는 위법성의 판단 속에 예견가능성, 결과회피가능성이라는 과실 문제가 포함되어 있다. ③ 법률에 명확하게 요건과 효과가 정해져 있는 행위,

---

84) 비료공장인 영남화학에서 발생한 유해가스로 인해 과수나무가 오염되기 시작하여 처음 몇 년간 수확량이 감소하더니 차츰 나무가 죽어 폐목이 되어 버리자 과수원 주인은 영남화학을 상대로 손해배상을 요구하였다. 재판과정에서 영남화학측은 공해방지시설을 갖추었다고 주장하면서 대법원까지 상고했다.

85) 畠山武道 外, はじめての行政法, 三省堂, 2009, 180쪽.

즉 법률에 의한 규율이 엄격한 처분적 불법행위에서는 과실과 위법성은 별개로 파악해야 한다. 또한 위법성의 의미도 대체로 행위불법의 측면에서 이해해야 한다. 이렇게 하면 국가배상소송 또한 법률에 의한 행정의 원리를 담보하는 구제수단이 될 수 있다.

4. 1998년 야마구치(山口) 지방법원 시모노세키(下關) 지부가 전후 배상재판과 관련해 처음으로 국가의 책임을 인정해 위자료 지급판결을 내렸던 이른바 '시모노세키 소송'의 최종 결론은 어떠했는지 알아보자. 또한 위 시모노세키 지부의 판시사항과 긴급조치 9호 국가배상소송과의 관련성도 검토해보자.

일본의 최고재판소도 "국회의원은 입법에 관해서는 원칙적으로 국민 전체에 대한 관계에서 정치적 책임을 지는 데 그치고, 개별국민의 권리에 대응한 관계에서의 법적 의무를 지는 것은 아니라고 할 것이며, 국회의원의 입법행위는 입법의 내용이 헌법의 일의적인 문언에 위반됨에도 불구하고 국회가 굳이 당해 입법을 하는 경우와 같은, 용이하게 상정하기 어려운 그러한 예외적인 경우가 아닌 한 국가배상법 제1조 제1항의 규정의 적용상 위법의 평가를 받지 않는 것이라고 하지 않으면 안 된다"[86] 라고 하여 우리의 대법원[87]과 같은 입장을 보이고 있다.

그런데 '일본군 위안부 피해자 소송'[88]에서 1997년 4월 27일의 일본 야마구치(山口) 지방재판소 시모노세키(下關) 지부가 선고한 판결은 위 최고재판소의 판결에 기본적으로 입각하면서도 예외적인 경우를 구체화하여 "당해 인권침해의 중대성과 그 구제의 고도의 필요성이 인정되는 경우이고(그 경우에 헌법상의 입법의무가 생긴다), 게다가 국회가 입법의 필요성을 충분히 인식하고 입법 가능했음에도 불구하고 일정한 합리적 기간을 경과하고서도 여전히 그것을 방치했다는 등의 상황적 요건, 환언하면 입법과제로서의 명확성과 합리적 시정기간의 경과가 있는 경우에도 입법부작위에 의한 국가배상을 인정할 수 있다"라고 하여 중대한 인권침해의 경우 위법성 인정범위를 확대하였다.[89]

---

86) 최고재판소 1985. 11. 21.

87) 대법원 1997. 6. 13. 선고 96다56115 판결.

88) 정신대문제대책부산협의회 이사장이었던 김문숙은 1991년 동 협의회를 세운 뒤 피해자 10명을 찾아내 1992년 일본 야마구치 지방재판소 시모노세키지부에 '부산 종군 위안부, 근로정신대 공식 사죄 등 청구소송'을 제기했다. 이 재판에서 일본 사법부는 처음으로 일본 정부의 책임을 일부 인정했다. 이를 다룬 영화가 2018년 개봉한 "허스토리"다.

89) 김창록, "의문사 문제와 국가의 입법부작위에 대한 책임", 법학연구 제40권 제1호, 1999, 60쪽.

이러한 판시사항은 '대법원 2022. 8. 30. 선고 2018다212610 전원합의체 판결'이 나오기 전 긴급조치 제9호에 대한 국가배상책임을 인정한 하급심 재판부의 판결에도 영향을 주었다. 긴급조치 제9호가 위헌이라는 헌법재판소의 결정[90]이 나온 뒤에도 위 긴급조치로 인한 국가의 불법행위책임은 쉽게 인정되지 않았고, 위 전원합의체 판결이 나오기 전 이 문제는 법리적으로는 물론 정치적으로고 상당한 논쟁의 대상이었다. 이른바 '사법농단'의 주역으로 비판받은 양승태 대법원장 체제 하에서 대법원은 "긴급조치 제9호가 사후적으로 법원에서 위헌 · 무효로 선언되었다고 하더라도, 유신헌법에 근거한 대통령의 긴급조치권 행사는 고도의 정치성을 띤 국가행위로서 대통령은 국가긴급권의 행사에 관하여 원칙적으로 국민 전체에 대한 관계에서 정치적 책임을 질 뿐 국민 개개인의 권리에 대응하여 법적 의무를 지는 것은 아니므로, 대통령의 이러한 권력행사가 국민 개개인에 대한 관계에서 민사상 불법행위를 구성한다고는 볼 수 없다"는 판결을 내놓았다.[91]

그러나 서울중앙지방법원은 북한 경비정에 나포되었다 국가보안법 등 위반죄로 수감 중 한 발언으로 인해 또다시 반공법위반 및 긴급조치 9호로 기소된 이른바 '막걸리' 긴급조치 사건에 대한 국가배상소송에서, 긴급조치 발동행위 등에 따른 국가배상책임을 부인한 대법원 판결에도 불구하고 국가배상 책임을 인정하였다.[92]

재판부는 '대통령은 국가긴급권의 행사에 관하여 원칙적으로 국민 전체에 대한 관계에서 정치적 책임을 질 뿐 국민 개개인의 권리에 대응하여 법적 의무를 지는 것은 아니므로, 대통령의 국가긴급권 행사는 그 내용이 헌법의 문언에 명백히 위반됨에도 불구하고 대통령이 당해 국가긴급권을 행사한 것과 같은 특수한 경우가 아닌 한 국가배상법 제2조 제1항 소정의 위법행위에 해당된다고 볼 수 없다고 할 것'(대법원 1997. 6. 13. 선고 96다56115 판결, 대법원 2008. 5. 29. 선고 2004다33469 판결)이라고 전제하면서도, ① 대통령은 유신헌법 제43조 제2항, 제46조에 따른 헌법수호의무가 있고, ② 긴급조치 제9호는 이른바 유신체제에 대한 국민적 저항을 탄압하기 위한 목적에서 발령된 것임이 분명하여 긴급조치권의 목적상의 한계를 벗어났음이 명백한 것이며, ③ 또한 긴급초지 내용은 명백히 확립된 헌법상 및 법률상의 권리를 침해하는 것임이 분명할 뿐만 아니라 ④ 그 발동 요건을 갖추지 못한 채 목적상 한계를 벗어나 국민의 자유와 권리를 지나치게 세한함으로써 헌법상 보장된 국민의 기본권을 침해하고 헌법상의 기본질서인 자유 민주적 기본질서에도 반하는 것임이 명백한 것이어서, 유신헌법에 의하더라도 그 내용이 헌법의 문언에 명백히 위반된다면서, 대법원 판결에도 불구하고 국가배상 책임을 인정하였다.

---

90) 헌법재판소 2013. 3. 21. 선고 2010헌바70,132,170(병합) 결정.

91) 대법원 2015. 3. 26. 선고 2012다48824 판결.

92) 서울중앙지방법원 2015. 9. 11. 선고 2013가합544225 판결.

일본 야마구치(山口) 지방재판소 시모노세키(下關) 지부가 입법부작위에 대한 국가배상책임 부정이라는 원칙적 입장을 전제하면서도 예외적인 사항을 구체화했듯이 서울지방법원도 유사한 방식으로 긴급조치에 대한 국가배상책임을 예외적으로 인정했다. 긴급조치는 유신헌법 하에서 법률과 같은 효력을 가졌으므로('비상' 입법작용), 위 판결은 어떠한 경우에 입법작용에 대한 국가배상책임을 인정할 수 있는지를 제시한 것으로도 평가할 수 있다.

5. 본문에서 논의한 북해도대학 포플러나무 가로수 사례와 관련해서는 두 가지 추가적인 질문을 해볼 수 있다. 첫째는 '공유지의 비극'과 관련하여, ① 공유지의 비극의 의미를 설명하고, ② 공유지의 비극을 극복할 수 있는 방안을 제시하는 것이다. 둘째는 불법행위적 대응이 아니라면 다른 대안이 있는가 하는 질문이다. '북해도 대학 포플러나무 가로수를 지키는 교직원 및 시민 모임'은 나무를 벌목하지 않으면서도 강풍으로 인한 생명과 신체에 대한 손해에 대처하고 녹지대(Green Zone)를 살려나가는 길이 있다고 주장하면서, 녹지대의 보전·관리를 위해 취할 수 있는 방안을 적극 모색하고 있다. 대학당국과 시민들은 각각 어떠한 방안을 취할 수 있을까? 이 질문들에 대해 함께 답하고 토론해보자.

1. '공유지의 비극'은 개럿 하딘이 제안한 용어이다.[93] 이는 공동방목지에 개인들이 가축을 무제한으로 풀어놓게 되면 공유지가 황폐하게 된다는 상황을 가리킨다. 공공재의 이용도 동일한 상황을 맞이할 수 있다. 하딘은 사람은 자기 것에는 애착을 갖고 잘 관리하는 데에 비하여 공유물은 어느 누구의 것도 아니기 때문에 남용되거나 방치된다는 논리로 개인소유권을 옹호하였다. 하딘의 주장은 냉전과 신자유주의 시대에 사유화, 특히 공기업의 사유화를 지지하는 근거로 과도하게 동원되었다. 하딘은 나중에 관리가능성의 시각에서 자신의 주장을 온당하게 수정하였다. 관리 및 통제 가능성이 확보된 공유지는 비극적 상황이 발생하지 않는다는 점을 수긍하였다. 앞서 언급한 공동방목지의 비극도 가축사육 총 두수와 개인당 쿼터에 대한 규칙을 이해당사자들이 수립하고 감시하면 막을 수 있다. 공동해역에서 어류남획이나 자원의 남개발도 쿼터제나 공동개발원칙을 확립하면 해결할 수 있다. 한국의 해안마을에 오랜 관행으로 내려온 어촌계도 공동어장을 관리하는 좋은 사례들이다. 노벨 경제학상을 수상한 엘리너 오스트롬은 『공유지의 비극을 넘어서』에서 다양한 극복사례들을 제시하였다. 이 저작은 재산의 다양한 권능들을 구분하고 활용함으로써 사회의 난제

93) Garret Hardin, "The Tragedy of the Commons", Science, No. 162(1968), 1243-1248쪽.

를 해결할 수 있다는 신제도주의적 비전을 담고 있다.

본문에는 "개발계획의 수립과 집행은 대학 구성원 및 시민들에 대한 사전통지 없이 진행되었으며, 그 결과 이해관계자들의 의견수렴은 제대로 이루어지지 못했다"는 설명이 나온다. 정치경제학자 오스트롬은 공유지, 즉 커먼즈가 장기 지속적으로 관리되기 위해서는 8개의 조건이 필요하다고 했다(6.1.4.). 북해도대학 사례에서는 그가 말한 8개의 조건 중 세 번째 조건인 "공유지 관리와 관련한 집단의 결정에 구성원이 참가할 수 있을 것"이 충족되지 못했다. 집단 구성원의 참여만으로 북해도 사례가 해결될 수 있을지는 단정할 수 없으나, 이 참여 없는 행정결정이 공유지로서의 대학을 지켜낼 수 없다는 점은 분명하다.

2. 불법행위방식이 아니라도 기금이나 자연재해보험을 통한 해결을 모색해볼 수 있다. 시민들은 자발적으로 기금을 모아서 북해도대학 포플러 나무 보호 활동을 전개할 수 있고, 만에 하나 발생할 수 있는 나무 쓰러짐으로 인한 피해기금으로 손실보상을 할 수도 있다. 또한 불가피한 리스크는 무조건 제거하는 방식이 아니라 사회적으로 공평하게 관리되고 배분되어야 한다. 그러한 관리와 배분에서 국가중심적 해결 방식이 아니라 시민주도적 해결방식도 강조할 필요가 있다.

대학은 강한 바람이 불 때에는 통행금지 등의 조치를 취하되, 만에 하나 발생할 수 있는 사고에 대해서는 불법행위적 관점에서 안이하게 나무를 베어버리는 행정으로 대응할 것이 아니라, 나무는 그대로 두되 이로 인한 피해에 대해서는 수목(樹木)재해보험 등에 가입하여 보상하는 방안을 강구할 수 있다. 또한 시설물 관리와 운영에서 시민들의 적극적인 참여와 관여의 길을 열어두어 공유재에 대한 공공신탁의 이념을 잘 구현하도록 노력해야 한다.

6. 공립고등학교 3학년 학생이 학교건물의 3층 난간을 넘어 들어가 흡연을 하던 중 실족하여 사망했다. 이에 망인의 유족은 A광역시를 상대로 국가배상소송을 제기하였다. 원심법원은 이 사건 사고 장소인 화장실 뒤쪽 난간은 위 고등학교 학생들이 교사들의 눈을 피하여 흡연하는 장소로 이용되기도 하여 이 사건과 같은 추락사고가 발생할 위험이 있었음을 인정한 뒤, 그런데도 피고인 A광역시가 사춘기 소년을 교육하는 학교시설로는 안전성이 결여된 위 장소에 마땅히 출입금지장치를 하여 출입을 금지시켰어야 했는데도 그러한 장치를 하지 아니하였으니 학교시설의 설치나 보존의 하자로 인하여 발생한 이 사건 사고에 대해 국가배상책임을 져야 한다고 판결하였다.[94] 그러나 대법원은 원심법원의 판단을 파기하고 사

건을 서울고등법원으로 환송하였다. 대법원의 판단을 공감과 이해에 바탕을 둔 법해석의 관점에서 비평해보자.

대법원의 판단은 다음과 같았다. "그 난간은 사람이 통행할 수 있도록 설치되어 있는 것은 아닌 사실을 알 수 있으며, 또 기록상 위 난간이 그 본래의 용도에 사용되는 한 어떠한 하자가 있다고 볼 만한 아무런 자료가 없(고) (…) 위 난간은 사물에 관한 어느 정도의 변별능력을 갖춘 고등학교 3학년 학생들이 교사의 단속을 피하여 담배를 피우겠다는 등의 비정상적인 목적을 위하여 무리하게 들어가지 않는 한 어떤 위험성이 있는 것이라고 하기 어렵다."[95]

나는 이 대법원 판결을 읽을 때마다, '모범생'으로만 학교생활을 마쳤을 대법관들의 얼굴이 떠오른다. 그들은 고등학교 3학년 학생들이 난간을 왜 "본래의 용도"가 아닌 담배 피는 용도로 사용했는지 이해하지 못한다. 혹은 "왜 학생들은 그런 식으로 행동하는지를" 이해할 의지도, 이해할 마음도 없어 보인다. 대법관의 판결을 보조하는 엘리트 판사인 재판연구관들도 마찬가지였을 것이다. 그들이 판결을 하면서 중요하게 검토한 것은 이 사고가 영조물을 "통상의 용도"에 따라 사용하다가 발생한 것인가 아닌가 하는 하자 판단의 기준이지, "사춘기 소년을 교육하는 학교시설"에서는 이런 사고도 발생할 수 있다는 사실은 아닌 것으로 보인다. 내가 이 판결을 두고 대법관들은 '모범생의 관점에서' '불량학생'을 '비난하려는 충동'을 은연중에 드러냈다고 비판한다면 지나친 것일까? 이해한다는 것, 공감한다는 것은 이처럼 법해석의 방향을 바꾸어버린다.[96]

학교사고와 관련한 국가배상책임을 논하면서 이해와 공감을 말하는 이유는 무엇일까? 이른바 작금의 학교폭력('학폭') 사건과 그에 대한 우리 사회의 대응을 생각하면 법을 전공한 사람으로서 한없는 무력감을 느낀다. 학교현장마저 유전무죄 무전유죄의 법정으로 만들어버리고 있는 현재의 학폭 처리 실무는 '폭력 자체를 범죄화하고 외부화하려는 학교폭력 정책에 맞서 하위문화의 생동하는 힘들과 건강한 폭력성을 성찰하고, 그 힘들을 어떤 방식으로 분출할 수 있도록 할 것인가'[97]에 대해 고민하지 않은 우리 사회의 무능을 보여준다. 여기에 위 대법관들의 이해와 공감 없는 태도, 법률만능주의적 전문지(專門知)가 어떤 기여를 하고 있는지 되돌아보아야 하

---

94) 서울고법 1996. 11. 7. 선고 96나17570 판결.

95) 대법원 1997. 5. 16. 선고 96다54102 판결.

96) 더 자세한 논의는 필자의 다음 논문을 참고할 것. 이계수, "빅토르 위고의 『레미제라블』 읽기 – '민주법학'의 시선", 민주법학 제81호, 2023, 397-468쪽.

97) 교육공동체벗에서 펴내는 격월간지 『오늘의 교육』 제7호(2012)의 문제의식이다. 특히 해당 호에 실린 지상중계 1-2편 "교육 불가능의 시대와 학교폭력"을 참고할 것.

지 않을까?

7. 본문에서는 가해공무원의 특정과 관련하여 톨스토이 최후의 소설작품인 『부활』을 언급했다. 『부활』의 마지막 부분은 뜨거운 7월의 여름날부터 시작된 유형지로 이동하는 죄수들의 고통스러운 여정을 묘사한다. 유형지로 죄수들을 보내는 열차에 탑승시키기 위해 감옥에서 역으로 죄수를 호송하는 중에 2명의 죄수가 사망한다. 그들은 일사병으로 죽었다. 톨스토이는 이 사건을 매우 중요하게 다룬다. 그 부분을 읽어보자. 또한 이 사건을 '조직과실'의 관점에서 논평해보자.

1. '그래, 살해한 거야.' 그는 누이한테 했던 말을 혼자서 되풀이했다. 그의 머릿속에는 오늘 겪었던 일들의 잔상이 생생하게 떠올랐다. 그 중 두 번째로 죽은 죄수의 잘생긴 얼굴과 입술에 그려진 미소, 이마에 어린 엄격한 표정, 푸르스름하게 변한 얼굴과 반만 깎은 머리 아래의 단단한 귀가 떠올랐다. '무엇보다 끔찍한 것은 그들이 살해당했는데도 누가 살해한지 아무도 모른다는 거야. 분명히 그들은 살해당했다. 여느 죄수들처럼 그들도 마슬렌니코프의 지시에 따라 이송된 거야. 아마 마슬렌니코프[98]는 평상시 지시를 내리던 방식대로 제목이 적힌 서류에 그 바보 같은 필체로 서명했을 것이다. 그래놓고 자기가 잘못했다고는 꿈에도 생각지 못할 것이다. 죄수들을 검진한 의사는 신중하게 검진을 한 만큼 자신이 잘못했다고는 생각도 못하겠지. 사실 의사는 자신의 의무를 정확하게 수행하려고 병약자들을 가려냈다. 하지만 오늘 이런 무서운 폭염이 있으리라곤 전혀 예측하지 못했고 그것도 제일 무더운 시간대에 그렇게 집단적으로 이송하리라고는 생각도 못했을 것이다. 그럼 형무소장은? 형무소장은 몇 월 며칟날에 몇 명의 징역수, 몇 명의 유형수, 남녀 죄수들을 이송하라는 명령을 수행했을 뿐이다. 인수한 죄수를 정확한 수대로 명단과 조회하고 각각의 장소에 같은 수대로 인계하는 임무를 받은 호송대장도 잘못이 있다고 말할 수 없어. 그는 늘 하던 대로 규정에 따라 죄수들을 이송했을 뿐이다. 내가 본 두 죄수처럼 튼튼한 사람이 날씨를 견대지 못하고 죽을 거라고는 꿈에도 생각지 못했을 거야. 사람이 살해당했는데도 아무도 잘못한 사람이 없다. 결국 두 죄수는 아무 잘못도 없는 사람들에 의해서 살해된 거야.'

네흘류도프는 계속 생각했다. '이 모든 것은 도지사나 형무소장, 경찰지서장, 경찰 같은 사람들이 세상에는 인간적으로 처신하지 않아도 되는 상황이 있다고 생각하기 때문에 생겨난 일이다. 마슬렌니코프나 형무소장, 호송대장 같은 사람들이 만약 도

98) 도지사직무를 대행 중인 부지사. 나이는 네흘류도프보다 많지만 군대시절 두 사람은 막역한 사이였음.

지사, 형무소장, 장교 등 현재의 직위에 있는 사람들이 아니었다면 이런 폭염에 이렇게 많은 사람을 이송하는 게 가능한지 스무 번은 넘게 고민했을 거야. 또 사람이 비실대거나 헐떡거리면 열 번이고 스무 번이고 행렬을 멈추고 그 사람을 빼낸 후 그늘로 보내 물도 주고 휴식을 취하게 했을 것이다. 그리고 불행한 사태가 발생하면 기꺼이 동정심도 표했겠지. 하지만 그들은 그렇게 하지 않았을 뿐만 아니라 다른 사람들이 그렇게 하는 것도 방해했어. 왜냐하면 그들의 눈앞에 보인 것은 인간과 인간에 대한 의무가 아니라 자신의 직무와 그 직무의 규정이었기 때문이지. 그들에게는 인간에 대한 의무보다 그 직무 규정이 더 중요했다. 모든 것이 바로 이 때문이다. 단 한 시간만이라도, 단 한 번만이라도 인간애가 그 무엇보다 소중하다는 것을 깨달을 수 있다면 자기 잘못이 무엇인지 알지도 못하면서 범죄를 저지르는 일은 없을 것이다.'[99]

2. 라드부르흐는 톨스토이가 『부활』 제2부 제40장에서 묘사한 내용을 두고, 이제까지 법에 대해 가해진 비판 중에서 가장 감동적인 것(die ergreifendste Kritik)이라고 평가했다.[100] 그리고 그 부분은 방금 인용한 부분이 아니라, 이어지는 법과 (기독교적) 사랑에 대한 개소(個所)이다.[101] 여기서 톨스토이는 '어떤 사람과 사랑 없이도 교제할 수 있는 관계가 존재한다고 믿는 것'이야말로 법과 그 대표자의 본질이자 죽을 죄(대죄, Todsünde)이다. 그러나 그와 같은 관계는 존재하지 않는다고 말하고 있다. 톨스토이의 이런 생각은 법과 사랑에 관한 루돌프 조옴의 견해를 떠올리게 한다(2.1.1.).

---

99) 레프 톨스토이, 백승무 옮김, 부활2, 문학동네, 2013, 242-243쪽.

100) Gustav Radbruch, Gesamteausgabe heraugegeben von Arthur Kaufmann, Band 2, *Rechtsphilosophie II*, Heidelberg, 1993, 64쪽 각주 16번.

101) 레프 톨스토이, 백승무 옮김, 앞의 책, 245-247쪽.

24

손실보상법의 쟁점

24.1. 행정상 손실보상의 의의, 근거

24.1.1. 행정상 손실보상의 개념 – 논의의 출발점

손실보상과 손실보상법은 매우 논쟁적인 주제이다. ① 손실보상의 정의(定義), ② '(공용)수용'을 이해하는 방식에서 입장이 나뉘고, ③ 손실보상법의 체계화에서도 서로 다른 시각이 존재한다. 예컨대 독일어 단어 Enteignung을 공용침해라고 번역할 것인지, 아니면 우리 실정법에 맞춰 '공용수용 등'으로 번역 혹은 표기할 것인지를 둘러싸고 견해가 갈린다(②). 또한 독일 헌법 제14조와 우리 헌법 제23조의 재산권 조항의 구조를 어떻게 이해할 것인가를 두고도 많은 논의가 있다(③).

우선 개념부터 잠깐 짚고 넘어가자. 정치철학 등에서는 소유/소유권, 재산권을 구분하지 않고 사용하는 경우가 적지 않으나, 법학에서는 양 개념을 구분한다. 예컨대 민법 제162조 제2항은 "채권 및 소유권 이외의 재산권은 20년간 행사하지 아니하면 소멸시효가 완성한다"고 규정한다. 재산권의 핵심영역이 소유권인 것은 맞으나 소유권과 재산권이 동일한 것은 아니다. 우리 헌법 제23조 제1항 제1문은 "모든 국민의 재산권은 보장된다"고 규정하는데, 이 제23조에 대응하는 독일 기본법 제14조는 "Das Eigentum und das Erbrecht werden gewährleistet"로 되어 있다. 그런데 Eigentum은 소유권으로도 재산권으로 번역되는 말이어서, 우리의 입장에서는 혼란스럽다. 실제로 독일법제사에서 원래 헌법이 보장하고자 했던, 기본권으로서의 Eigentum은 토지소유권과 같은 '소유권'이었다. 이것이 후술하듯이 법원에 의해 확장해석되기 시작하면서 현재 헌법상의 Eigentum은 (민법상의) 소유권의 범주를 넘는 재산권으로 이해되고 있다. 이하의 서술에서는 이런 역사적 맥락을 염두에 두면서, 문맥에 따라 재산권과 (사적)소유권이라는 개념을 함께 사용하였다.

그렇다면 손실보상법은 왜 이렇게 논란이 많을까? 이 법이 자본주의법에서 가장 중요한 권리인 재산권 혹은 재산권질서에 중핵이 되는 내용을 다루기 때문이다. 그러므로 이 분야에서의 논쟁은 앞으로도 쉽게 사그라지지 않을 것이다. 그럼에도 불구하고 헌법 제23조를 해석하는 공법학(헌법학, 행정법학) 교과서들은 손실보상법과 그것을 구성하는 내용들의 논쟁적·투쟁적 성격(경제적, 사회적, 정치적 의미)을 부각시키지 않은 채 매우 건조한 서술로 일관하고 있다. 그럼 ①의 문제부터 시작해보자. 손실보상의 정의와 관련하여 통설과 판례는 다음과 같이 정리한다.

> (1) "행정상 손실보상이란 공공필요에 의한 적법한 공권력행사에 의하여 개인의 재산에 가하여진 특별한 손해에 대하여, 전체적인 평등부담의 견지에서 행하여지는 재산적 보상을 말한다."[1] "행정상 손실보상이란, 적법한 공권력의 행사에 의해 가해진 재산상의 특별한 희생에 대하여, 사유재산권의 보장과 공평부담의 견지에서 행정주체가 행하는 조절적인 재산적 전보를 말한다."[2]

반면, 김철용 교수는 행정상 손실보상을 통설·판례와 달리 다음과 같이 정의한다.

> (2) "행정상 손실보상이란 공공필요에 의한 적법한 행정작용에 의해 사인에게 발생된 특별한 희생에 대하여, 전체적인 평등부담의 견지에서 행정주체가 행하는 조절적인 전보(塡補)를 말한다."[3]

이 두 개의 개념정의 모두 완전하지 않다. 논쟁의 여지가 있다. 특히 "특별한 손해" 혹은 "특별한 희생"을 손실보상의 정의에 포함시켜야 할지 고민이 필요하다. 이

1) 대표적으로 김동희/최계영, 행정법 I, 582쪽. 대법원도 대체로 이러한 입장에서 손실보상을 정의하고 있다. 즉, "손실보상은 공공사업의 시행과 같이 적법한 공권력의 행사로 가하여진 재산상의 특별한 희생에 대하여 전체적인 공평부담의 견지에서 인정되는 것"이라고 한다. 대법원 2014. 5. 29. 선고 2013두12478 판결.

2) 김남진/김연태, 행정법 I, 728쪽.

3) 김철용, 2024, 847쪽.

점은 후술한다. 아무튼 (1)과 (2)의 비교를 통해 벌써 여러 중요한 쟁점을 추출해낼 수 있다. ①의 문제는 ③의 문제와도 연결되어 있다. 이하에서는 (2)의 정의를 중심으로 논의해보자.

첫째, 위 정의에서 알 수 있듯이 손실보상은 요건('원인행위')과 효과('보상')라는 두 개의 부분으로 구성되어 있다. 그런데 한국의 손실보상법학은 전통적으로 후자, 즉 '보상'이라는 효과에만 과도하게 집중해왔다. 손실보상의 원인행위인 "공공필요에 의한 행정작용" 부분에 관한 해명은 상대적으로 등한시해왔다는 얘기다. 사실 "공공필요"는 해석상 논란이 많은 개념이어서 깊이 있는 논의가 필요한데, 그렇지 못했다.

둘째, (1)과 (2)를 잘 비교해보면 행정상 손실보상의 범위가 어디까지일지가 논쟁이 되고 있음을 간파해낼 수 있다. (1)은 손실보상의 대상이 되는 손실은 행정에 의해 의도된 손실을 의미하는 것으로 본다.[4] "적법한 공권력행사에 의하여 개인의 재산에 가하여진"(1)과 "적법한 행정작용에 의해 사인에게 발생된"(2) 사이의 차이가 얼마나 큰가는 따져볼 일이지만, (2)가 '의도적·직접적 침해'와 '의도하지 않은·간접적 침해'를 불문하고, 이를 손실보상의 범주로 포섭하려는 뜻을 더욱더 명확히하고 있는 것은 분명하다(이른바 독일식 수용적 침해와 그에 대한 보상도 손실보상에 포섭).[5] 또한 (2)는 손실보상을 "개인의 재산권에 가하여진 특별한 손해"의 전보로 보는 (1)과 달리, 그러한 제한을 두지 않으므로, 재산권이 아닌 비재산적 법익침해에 대한 구제제도인 희생보상청구권도 손실보상 개념에 포섭한다. 방역을 위하여 예방접종이나 예방·치료의약품으로 인하여 질병에 걸리거나 장애인이 되거나 사망한 경우 국가보상을 규정하고 있는 예(「감염병의 예방 및 관리에 관한 법률」 제71조)처럼 비재산적 손실에도 보상이 이루어질 수 있으므로 그런 것까지를 행정상 손실보상의 범주에 포함시킬 수 있다고 보는 것이다.

셋째, (1)과 (2) 모두 행정작용이 적법함에도 불구하고 그러한 작용으로 인한 결과에 대해 금전으로 보상을 해야 하는 이유를 설명하고 있다. 그것이 "특별한 손

---

4) "헌법 제23조 제3항을 엄격히 해석하면 동 조항은 공권적 침해행위에 의해 의도적으로 가해진 침해에만 적용되고, 의도되지 않은 재산권 침해인 독일법상의 '수용적 침해'는 동 조항의 적용범위에 들어가지 않게 된다." 박균성, 2021, 628쪽.

5) 반면 (1)의 입장을 취하면서도 손실보상의 내용을 설명하면서 사업손실(간접손실)보상을 포함시키는 것은 체계적으로는 맞지 않다. 다만, "수용적 침해도 공권력행사가 직접 원인이 되어 야기된 것이라는 점에서 직접침해"(박균성)라고 보는 견해에 의하면 (1)의 정의를 취하면서도 손실보상의 내용에 사업손실(간접손실)보상을 포함시킬 수 있을 것이다. 박균성, 2021, 628쪽 참고.

해", "특별한 희생", "전체적인 평등부담", "조절" 등으로 표현되고 있다. '특별한 희생'이나 '전체적인 평등부담'은 손실보상의 이론적 근거를 표현한 것으로 이해되지만, 행정상 손실보상이 필요한가, 아니면 재산권에 내재하는 사회적 제약의 구체화여서 손실보상이 필요하지 않는가를 판정하는 기준(이른바 '특별희생설')으로 볼 수도 있다. 특별한 희생이 발생하면 (언제나) 보상을 해야한다는 뉘앙스가 포함되어 있기 때문이다. 그런데 후술하듯이 독일 연방대법원이 발전시킨 특별희생설은 기본적으로 경계이론의 관점에서 서 있다. 이는 분리이론에 서 있는 독일 연방헌법재판소 그리고 우리 헌법재판소의 논지와는 대립되는 입장이다.[6] 이런 점을 고려하면 (1)과 (2)가 행정상 손실보상의 정의로 계속 유효하게 통용될 수 있을지 따져보아야 한다. 특히 (1)은 "개인의 재산에 가하여진" "특별한 손해"라고 말하고 있으므로 경계이론의 입장 – 재산권에 대한 규제가 일정한 한도를 넘어면 손실보상을 필요로 하는 특별한 희생이 된다 – 을 더욱더 명확하게 표현하고 있다.

(1)과 (2)가 안고 있는 이런 근본적인 문제를 염두에 두면서 기존의 손실보상법 논의를 평가해보자면, (2)의 입장은 – 앞에서도 보았듯이("둘째") – 손실보상법의 통합적 이해라는 측면에서 그 나름 장점이 있는 것 같다. 다만, (2)는 두 가지 점에서 문제가 있다.

첫째, 이렇게까지 손실보상법의 범주를 넓혀 놓으면 특별한 희생이 가해진 법익이 재산권인지 아니면 생명권·신체를 훼손당하지 않을 권리인지를 따지지 않고 침해허용성과 보상범위·기준을 검토해야 하는 문제가 발생한다. 재산권과 생명권은 다르게 취급해야 한다는 점을 고려하면 '손실보상법'이라는 범주 아래 다수의 청구권을 통합하기 보다는 여러 유형의 공법상 조절청구권을 인정하고, 각 청구권의 내용과 효과를 검토하는 편이 타당하지 않을까 싶다. 예컨대 손해배상청구권과 달리 '손실보상청구권'이 행사된 경우에는 정신적 손실에 대한 전보로서의 위자료가 원칙적으로 허용되지 않는다.[7] 행정상 손실보상청구권으로 여러 공법상 조절청구권을 묶어두면 이 법리의 예외를 별도로 논증해야 한다. 반면 개별적 논의에서는 생명권 혹은

---

6) 우리 헌법재판소가 분리이론을 채택하고 있는가 하는 물음에 대해서는 이를 부정하는 견해도 있다. 이 점에 대해서는 후술한다.

7) "토지보상법 등의 현행법은 보상대상을 재산권적 청구권에 한정하는 대물주의를 취하고 있는 까닭에, 우리나라의 공동사회에 전통적으로 존재하는 일종의 무형재산을 무시하는 결과가 되고 있다." 김동희/최계영, 행정법 I, 609쪽.

신체를 훼손당하지 않을 권리가 침해되어 '특별한 희생'이 발생한 경우에는 위자료 지급도 가능하다는 논리를 전개하기가 훨씬 쉽다.

둘째, 독일에서 수용적 침해로 이해하는 사회기반시설의 설치공사로 인한 재산권 침해를 우리의 실무는 손해배상으로 해결하는 편인데, 손실보상의 개념을 넓게 설정하여 이를 손실보상 쪽으로 끌어들이면 이는 - 공항소음피해를 수용적 침해가 아니라 국가배상법 제5조의 문제로 접근하면 재산권 침해에 대한 보상 외에 인격권 침해에 대한 배상도 가능하다는 현실적 문제는 차치하더라도 - 현재의 실무 체계와도 맞지 않는 문제가 생긴다.[8]

아무튼 이하에서는 적법한 공권력 행사에 의하여 재산권에 가해진 손해에 대하여 보상을 요구하는, 통설과 판례의 손실보상 개념을 중심에 놓고 설명을 해나갈 것이다. 그리고 그 설명의 첫단추로 고전적 수용 개념의 형성과 해체를 다룰 것인데, 이걸 얘기하다 보면 왜 이렇게 뭔가 뒤죽박죽인 듯한 개념정의가 (1)과 (2) 모두에 자리잡았는지, 그 이유를 어느 정도 밝혀낼 수 있을 것이다.

24.1.2. 고전적 수용개념의 형성 – 자본주의와 (공용)수용법

헌법재판소는 손실보상청구권의 성립원인을 "공공필요에 의한 재산권의 공권력적·강제적 박탈"[9]이라고 풀어서 적고, 이를 공용수용이라고 표현한다. 따라서 손실보상을 인정하기 위해서는 공용수용에 해당하는지를 검토해야 한다. 그런데 이게 사실 쉽지 않은 일이다. 수용 혹은 공용수용 개념이 역사적으로 거듭 변화해왔기 때문이다. (토지)수용법 혹은 손실보상법은 절대주의 국가 및 근대적 주권국가가 등장하던 때, 즉 자본주의의 본원적 축적 단계에서 처음 모습을 드러냈다. 한편으로는 공공복리를 위해 사인의 재산권을 수용할 수 있는 집중된 권력의 등장이 그리고 다른 한편으로는 자본주의적 소유권 관념과 화폐 메커니즘의 확립이 토지소유권의 수용과 관련된 손실보상법을 탄생시켰다.[10] 자본주의 행정법상 수용 혹은 공용수용은 영국,

8) 일본법에서도 국가배상과 손실보상 중 어느 쪽으로도 이론구성이 가능한 경우 법원은 국가배상쪽으로 논리구성하는 쪽을 선호하는 경향이 발견된다. 그 이유에 관해서는 다음을 참고할 것. 大橋洋一, 行政法 II 現代行政救済論, 第3版, 有斐閣, 2018, 493쪽.

9) 헌법재판소 1998. 3. 26. 선고 93헌바12 결정.

10) 포르스토프는 손실보상법의 발전을 세개의 시기로 구분한다. 중세의 가산제적-신분제적 제 권리가 (대체로 '거래가격'보다 낮은 가격으로) 보상에 의해 청산되는 절대주의 시기(17-18세기), 고전적 수용개념이 형성되고 손실보상법이 정립되는 부르주아적 법치국가 시기(19세기) 그리고 고전적 수용개

독일, 미국 등지에서도 철도가 등장한 1830－1870년대에 그 고전적 형태가 완성된 뒤, 1920－1930년대에 내용이 크게 수정되기에 이른다. 이 흐름은 전후에도 이어졌다. 이를 고전적 수용 개념의 형성과 해체라는 논제 하에 다룰 수 있다. 이런 연유로 우리말로 공용수용 혹은 공용침해로 번역되는 독일어 Enteignung은 독일에서도 ① 고전적인 의미의 협의의 '수용'에서, ② '공용침해'라는 확장된 개념으로 이해되다가,[11] ③ 재차 좁은 의미의 수용으로 축소 이해되는 과정을 겪었다.

독일에서 Enteignung을 ②의 의미로 이해하려는 입장은 전간기(戰間期)인 1920－1930년대에 처음 라이히재판소의 판결로 등장한 이래 주택통제경제시대인 1950년대 연방통상법원(BGH)의 판결로 계승되었다. 유사한 흐름이 미국법에서도 확인된다. 미연방대법원은 1922년의 마혼 사건 판결에서 처음으로 규제적 수용(regulatory taking)을 인정하였다.[12] 이 판결에서 홈즈 대법관은 "재산권은 어느 정도까지 규제될 수 있으나 그 규제가 지나치면 이는 수용으로 보아야 한다"고 말했다.[13] 독일과 미국의 법원이 만들어낸 Enteignung 개념의 확장은 1920년대 말의 대공황을 전후한 자본주의의 위기에 직면하여, 자본주의국가의 사법부가 취했던 보수적 법해석의 유사성을 보여준다. 다만, 규제적 수용을 인정하는 강도에서 양국은 차이를 보인다. 대체로 미연방대법원은 규제적 수용의 인정에서 소극적이었다. 미연방대법원은 정부가 누군가의

념이 해체되는 시기(1차 대전 이후)가 그것이다. 특히 두 번째 시기의 도래를 촉발한 것은 자본주의적 유통을 가능케 할 철도망의 건설이었다. Ernst Forsthoff, *Lehrbuch*, 317-318쪽. 한편 조선에서 근대적 토지수용의 역사도 군용지와 철도용지의 수용에서부터 시작된다. 다만, 조선에서 수용은 군율 체제에 의해 폭력적으로 추진되었다. 조경달 지음, 최달수 옮김, 근대조선과 일본, 열린책들, 2015, 208쪽 참고.

11) 따라서 일부 학자들이 사용하는 공용침해는 확장된 수용개념으로 보아도 무방하다.

12) Pennsylvania Coal Co. v. Mahon. 260 U.S. 393 (1922). 한편 이 규제적 수용이 국제투자법상의 간접수용(indirect expropriation)과 동일한 개념인지가 논의되고 있다. 예컨대 한미 자유무역협정(FTA) 협정문에는 상대 당사국 투자자의 투자를 간접적으로 수용하거나 이와 동등한 조치를 취하여서는 안 된다고 규정하면서, 투자자-국가소송을 도입하고 있다. 규제적 수용개념이 변용되어 조약상의 간접수용으로 발전해간 것으로 평가되지만, 양자가 반드시 같은 것은 아니다. 투자자-국가소송에 따른 중재결정을 분석해보면 미국 연방대법원이 발전시킨 규제적 수용의 범위를 넘어 간접수용을 인정하려는 흐름이 나타난다. 이런 실무에 대응하려면 간접수용을 최대한 축소하는 해석을 할 필요가 있다. 자세한 것은 박호경, "미국 규제적 수용의 기준과 변용에 관한 연구", 난송회(엮음), 행정법학의 도전과 과제, 경인문화사, 2023, 474-479쪽.

13) 류해웅, 부동산공법론, 탑북스, 2011, 327-328쪽. 홈즈의 원문은 다음과 같다. "While property may be regulated to a certain extent, if regulation goes too far it will be recognized as a taking."

기대를 좌절시키거나 누군가의 재산 가치를 감소시킬 때마다 법원이 보상을 명하는 판결을 내리게 되면 정부는 부당하게 구속받게 될 것임을 인정하였다.[14] 반면, 1981년의 연방헌법재판소의 자갈채취판결이 나오기 전까지 독일 연방통상법원은 매우 적극적으로 ②의 입장을 지지하였다. 이것은 우리 교과서들에서도 소개하고 있는 수용유사침해, 수용적 침해 사례에서도 확인되고 있다.

이런 차이는 어디에서 오는 것일까? 자본주의 위기에 대응하는 독일형(파시즘)과 미국형(뉴딜형)의 차이라고 설명할 수도 있고 – 바이마르 공화국 시기 법원은 부르주아적 이익의 최후보루로서 반혁명의 길을 걸었다. 사회경제적 입법에 대해 법원은 헌법에도 없는 위헌법률심사로 대응하려고 했다. 반면 후자에서는 루즈벨트 대통령의 이니셔티브 아래(예컨대 대법원 개혁 계획) 경제자유주의 – 정치적 보수주의의 법원에 대한 제어가 어느 정도 성공했다 – 계급정당이 존재하지 않는 미국과 달리 의회에 진출한 계급정당이 시도하거나 시도하려고 했던, (주택경제 영역에서 특히 두드러지는) 사회경제적 개혁을 보수파들의 거점 중 하나였던 법원(특히 라이히재판소)이 견제하려고 나선 결과라고 설명할 수도 있다. 무엇보다 헌법전의 차이를 들 수도 있다. 1789년 미연방헌법의 재산권 조항은 20세기에 들어서도 변함이 없었지만 바이마르 헌법은 사회주의 혁명의 파고 앞에서 예방혁명적 내용을 담고 있었다. '소유권'의 절대성을 공식적으로 부인한 제153조, 사회화조항인 제156조(제156조 제1항 및 제2항은 사회화와 노사 공동결정을 규정함) 등은 당시로서는 매우 혁신적인 내용을 담고 있었다. 때로는, 칼 슈미트 등이 그렇게 두려워한, 헌법을 통한 평화적 방식의 사회주의로의 이행도 가능하다는 견해도 등장했다. 이에 자본주의 체제의 물질적 토대인 사적 소유권이 위기에 직면했다고 생각하고, 이 헌법 내재적 위기를 극복하고, 그것을 가능한 한 현상유지의 수준에서 안정시키기 위한 여러 방면의 이론과 실천이 등장했다. 바이마르 공화국 당시 라이히재판소의 재판실무도 그 중 하나였다(특별희생설과 경계이론). 그럼, 이제 독일법과 실무를 중심으로 Enteignung 개념의 변천을 그 생성과 해체 그리고 '복귀'로 나누어 살펴보자.

1871년 독일제국 수립 이후 1918년까지 각 란트들은 란트법으로 토지수용법을 정비했다. 그 대표적인 예가 1874년 6월 11일자의 '토지소유권의 수용 및 제한에 관한 법률(Gesetz über Enteignung und Beschränkung von Grundeigentum), 일명 프로이센 토

14) 박승호, "미국헌법상 수용조항", 안암법학 제26호, 2008, 32쪽.

지수용법이었다. 이 법률로 대표되는 일반적 토지수용제도로부터 고전적 수용개념의 핵심요소들이 추출되었고, 이를 발터 옐리네크는 다음과 같이 정리하였다.

> "국가도 대체로, 자신의 임무수행에 필요한 물건을 재정고권을 발휘하여 확보한 돈을 주고 살 수 있다. 동산의 경우엔 거의 예외 없이 이렇게 할 수 있는데, 어떤 특정 소유권자가 고집스럽게 안 팔고 버티면, 평시라면 국가는 대가를 받고 비슷한 물건을 제공해줄 다른 사람을 찾을 수 있기 때문이다. 그런데 토지소유권자가 자기 아버지의 유산을 절대로 안팔려고 하거나 폭리에 해당하는 값을 요구할 때는 사정이 달라진다. 철도나 도로를 건설하고자 하는 국가가 이런 개인의 의사에 휘둘려, 우회로를 건설하거나 아니면 아예 계획 자체를 단념해서는 안 된다. 국가에게는 그가 필요로 하는 토지를 소유권자의 의사에 반해서라도 강제로 뺏거나 아니면, 계획된 사업의 실행을 가능하게 할 '역권(役權)이라도 부과할 수 있는(eine Dienstbarkeit darauf zu legen)' 권한을 주어야 한다. 이런 목적에 복무하는 수단이 바로 수용이다. (바이마르 공화국의-필자 추가) 신질서가 등장하기 이전부터 존재했던 각 란트의 일반 수용법률들은 변함없이 오늘날 그대로 살아남았다. 우리는 이들 법률에 규율되어 있던 수용을 고전적 수용으로 명명할 수 있고, 이는 다음과 같이 풀어쓸 수 있다. 즉, 고전적 수용이란 특정한 공적 사업(ein bestimmtes öffentliches Unternehmen)을 위한 조치가 필요한 한에서, 행정행위를 통해 보상을 대가로, 토지 혹은 토지에 대한 물권상의 권리를 박탈하는(Entziehung) 혹은 그것에 대하여 부담을 과하는(Belastung) 것을 말한다."[15)]

옐리네크의 이 정의로부터 고전적 수용개념의 4요소가 추출된다. 첫째, 수용은 토지소유권 (및 토지에 대한 물권적 권리)을 대상으로 한다는 것, 둘째, 수용은 특정한 공적 사업을 목적으로 하며, 그것에 의해 수용의 실시가 불가결하다는 것, 셋째, 토지소유권이 피수용자에서 국가 등 기업자(Unternehmer)에게 넘어간다는 것, 넷째, 수용은 행정행위로서 행해진다는 것이다.[16)] 수용이 행정행위라는 것은 프로이센 토지수

---

15) Walter Jellinek, *Verwaltungsrecht*, 402쪽. 본문 중 "역권(役權)이라도 부과할 수 있는(eine Dienstbarkeit darauf zu legen)"은 403쪽의 "건축금지의무와 같은 역권을 토지에 부담시키는 것(die Belastung des Grundstücks mit einer Dienstbarkeit, z. B. der Pflicht, nicht zu bauen)"이라고 기술한 부분과 같이 읽으면 이해하기 쉽다. 행정법학자들은 Dienstbarkeit를 사법학의 일반적 용례에 따라 역권이라고 번역한다. 프랑스 민법전 제650조는 공공필요를 위한 역권의 부담(servitude établie por l'utilité publique ou communale)을 규정하면서 그에 관하여는 특별한 법령에서 정하는 바에 따르도록 하고 있다. 송시강, "공물법", 김철용(편), 특별행정법, 1365쪽.

용법 제정을 위한 초안작업시 고려되고 있었던, 강제매매에 의한 피수용지의 소유권 취득이라는 형식을 부정했다는 의미이며, 이로써 동 법률은 수용주체가 피수용지의 소유권을 원시취득한다는 점을 명확히 했다.[17] 또한 입법행위(Gesetzgebung) 그 자체는 수용행위로 보지 않는다는 점에서 입법수용의 관념을 명시적으로 부정한 것으로 본다.[18] 이상의 4요소 외에 보상이 고전적 수용의 개념요소인지도 논의해볼 수 있는데, 당시는 이를 수용의 요소가 아니라 법률이 부여한 수용의 효과로 보았다고 한다.[19]

그런데 이 고전적 수용개념이 바이마르 공화국 시기에 들어와 변질되기 시작한다. 이를 두고 혹자는 수용개념의 '확장'(Erweiterung)이라고 하고, 혹자는 "수용개념의 해체"[20]라고 한다. 고전적 수용개념의 변질은 이미 1차 대전기의 전시경제체제 하에서 시작되었다. 독일 정부는 전시징발을 위해 여러 법령을 발령했는데 대표적인 것이 '1915년 7월 24일자 군수용품확보에 관한 연방참사회명령'(확보령)[21]이다. 이들 법령은 본래 수용을 모델로 하여 작성된 것이었으나 그 대상을 토지, 물권에 한정하지 않은 점, 징발이 직접 법령을 통해 행해진 점, 또한 공적 사업 개념을 포기하고 국토방위라고 하는 더욱더 넓은 목적 개념을 채택한 점, 수용(징발)을 위한 절차가 간소화된 점 등에서 고전적 수용개념에서 이탈했다.[22] 그러나 아직까지는 이러한 법

---

16) Walter Jellinek, *Verwaltungsrecht*, 402-406쪽. 아울러 Maurer/Waldhoff, 751-752쪽(27장 7번). 이명구, "공용수용개념의 변천 - 고전적 수용개념의 생성과 붕괴", 고시연구, 1991년 9월호, 35-37쪽.

17) Georg Eger, *Das Gesetz über die Enteignung von Grundeigentum*, 3. Aufl., Breslau, 1911, 24-25쪽. 한편, 토지수용을 강제매매로, 혹은 경작지를 군사훈련용으로 사용하는 것을 강제임대로 파악하는 것은 영국이나 프랑스 행정법에는 없는, 후기절대주의-경찰국가 시대 독일에서 발전한 국고이론에 따른 논리구성이다. 이런 사례에서 상대방인 신민은 일반법원에 매대대금이나 임대료의 급부를 국고(Fiskus)에 청구할 수 있었다. 그러나 이후 공권력에 대한 권리구제절차가 마련되고, 행정행위에 의한 수용이 정착하면서 위와 같은 접근은 더 이상 필요하지 않게 되었다. Ernst Forsthoff, *Lehrbuch*, 112쪽.

18) 棟居快行, "公用収用法理の展開と発展可能性", 棟居快行, 憲法学再論, 信山社, 2001, 183쪽.

19) 이명구, 앞의 논문, 37쪽.

20) Carl Schmitt, "Auflösung des Enteignungsbegriffs", in Carl Schmitt, *Verfassungsrechtliche Aufsätze*, Duncker & Humblot, 1985(1958), 110-123쪽. 칼 슈미트는 자신이 1929년에 발표한 이 논문에서 이른바 고전적 수용개념의 해체에 내재하는 위험을 처음으로 지적하였다고 1958년의 '추록'에서 밝히고 있다. Carl Schmitt, 위의 논문, 119쪽.

21) Verordnung des Bundesrats über die Sicherstellung von Kriegsbedarf vom. 24. Juli 1915.

령들이 잠정적인 것으로 인식되고 있었다. 고전적 수용개념의 붕괴 혹은 해체는 바이마르 공화국의 시작과 함께 본격화했는데, 이는 이 시기에 두드러졌던 정치적·사회적·경제적 변화와 밀접히 연결되어 있다.[23] 다만, 바이마르 헌법 제153조는 여전히 고전적 수용개념에 입각한 것으로 평가되고 있었기에 그러한 붕괴 혹은 해체는 헌법 문언이 아니라, 소유권(Eigentum)을 재산권으로 확대해석하기 시작한 법원의 실무에 의해 감행되기 시작했다.

> 바이마르 헌법 제153조(소유권, 수용) 제1항 소유권은 헌법에 의해 보장된다. 그 내용과 한계는 법률이 정한다. 제2항 수용(Enteignung)은 공공복리 그리고 법률에 근거하여서만 행해질 수 있다. 수용은 라이히 법률에 다른 규정이 없는 한, 적정한 보상(angemessene Entschädigung) 하에 이를 행한다. 보상액 때문에 분쟁이 생길 때에는 제국법률에서 달리 규정하지 않는 한 일반법원에(bei den ordentlichen Gerichten) 제소할 수 있다. 라이히가 란트, 게마인데 및 공익단체를 상대로 하는 수용은 보상을 할 때만 이를 행할 수 있다. 제3항 소유권은 의무를 수반한다. 소유권의 사용은 동시에 공공복리(das Gemeine Beste)에 이바지하여야 한다.

24.1.3. 고전적 수용개념의 해체 – 특별희생설의 '특별한' 역할

"바이마르 헌법 제153조의 문구는 그 중심내용의 면에서 전적으로 19세기 법치국가의 발전과정에서 형성된 공식들 및 개념들을 따르고 있다. 즉 사소유권의 보장, 공공복리를 위해서만 그리고 법률의 근거가 있는 경우에만 수용 인정, 보상 그리고 일반법원을 통한 보상소송의 허용을 담고 있다. 헌법제정회의인 바이마르 국민회의(Nationalversammlung)가 이와 같은 전형적인 권리보호를 자유주의가 풍미하던 19세기에 일반적으로 인정되던 정도를 넘어서 확장하려고 했을 것이라는 어떠한 근거도 찾을 수 없다. 확장이 아니라 오히려 (사회주의적 관점은 아닐지라도) 사회적 관점에서 제한도 가능하다고 본 것 같다. 즉 완전보상이 아닌 적정한(angemessene) 보상으로 충분하고, 라이히 법률에 예외규정이 있으면 보상없는 수용도 허용되며 권리구제절차도 배제할 수 있다. '소유권은 의무를 수반한다'는 마지막 조항의 문구도 (수용에 대한) 권리보호의 확대를 의도하고 있지 않다는 것을 뒷받침하고 있다."[24]

---

22) 이명구, 앞의 논문, 38쪽.

23) Maurer/Waldhoff, 753쪽.

그런데도 바이마르 공화국의 법원실무는 19세기 법에 비해 완전히 새로운 법제도가 형성된 것처럼 생각해도 좋을 정도로 제153조의 소유권 보호를 확장해버렸다(소유권에서 재산권으로!). 보호되는 재산권의 개념은 "채권을 포함한 모든 주관적인 사적인 제 권리"를 포괄한다. 입법자에 의한 권리박탈 및 제한(입법수용)에 대해서도 방어할 수 있게 되었다. 재산권개념의 확장은 동시에 수용개념의 확장을 초래했다. 입법자가 어떤 식으로든 주관적 권리를 박탈하면 이것은 수용이 될 수 있는 것이다. 이런 확장의 첫단계에서는 그래도 소유권 혹은 대상의 이전(Überführung)이 있어야 수용에 해당한다는 입장이 고수되었지만, 법원이 고전적 수용개념의 해체에 나선 이상 그 다음 단계로 넘어가는 것은 시간 문제였다. 이어진 판결에서 라이히재판소는 무주택자들을 소유권자의 주택에 강제로 배정하여 입주시키는 조치와 같은 단순한 "침해"(Beeinträchtigung)도, 소유권 이전 여부를 묻지 않고 수용이라고 판단했다. 다만, 그래도 이 사안의 경우에는 선행결정에서 '주택의 접수'(Wohnungsbeschlagnahme) 등과 같은 유형의 침해가 쟁점이었다는 점에서, 즉 재산에서 어떤 특정한 대상을 넘겨받아 타인에게 이전하는 식의 법적 구성이 여전히 가능했다는 점에서 수용개념의 무한정한 확대라고까지는 말할 수 없었다. 그런데 어떤 토지를 문화재보호목록에 등재하는 것만으로도 수용으로 볼 수 있다고 본 1927년의 라이히재판소의 판결에 이르면 수용개념은 끝없는 확대의 길로 나아가게 된다.[25] 당시 법률의 개념을 '자유와 재산에 대한 침해'라는 공식에서 찾던 지배적 견해에 맞서 법률이란 '일반성'에 그 징표가 있다고 보았던 슈미트로서는, 일반성을 구비한 법률에 근거하여 소유권의 내용을 제한하더라도 그것이 구체적 소유권(das konkrete Eigentum)을 대상으로 하는 한, 모두가 다 수용에 해당한다는 논리를 받아들일 수 없었다.[26] 이렇게 되면 고전적 수용개념에서 마지막까지 남아 있는 구분표지 중 하나가 사라진다. 즉, 소유권 혹은 대상의 이전이라는 요소는 이제 수용개념에서 실제적 유용성을 상실한다.[27]

이리하여 앞의 라이히재판소의 판결들을 이용하여, 특히 토지이용에 대한 주택통제경제적 침해에 대한 보상의무를 인정한 판례(RG. 102, 165; 105, 251)를 이용하여 제

24) Carl Schmitt, "Auflösung des Enteignungsbegriffs", 110쪽.

25) Carl Schmitt, 위의 논문, 111쪽.

26) 칼 슈미트의 법률이해에 대해서는 다음을 참고할 것. Carl Schmitt, *Verfassungslehre*, 138-156쪽(제13장 "법치국가적 법률개념").

27) Carl Schmitt, "Auflösung des Enteignungsbegriffs", 112쪽.

153조의 수용개념을 "수용유사침해"(enteignungsähnlicher Eingriff)와 같은 불명확한 관념을 통해 더욱더 확대하고, 이로써 제153조에 의한 보호, 특히 보상의무를 위와 같은 침해에까지 확대하는 일이 가능해졌다. 다른말로 "기득권"을 건드리면(Verletzung 'wohlerworbener Rechte') 그건 모두 수용이 되는 것이다. '수용된 대상을 피수용자의 재산에서 수익자의 재산으로 이전함'이라는 표지가 사라지고 나면 남는 것은 "침해"라는 표지뿐이다. 여기에 최후로 모든 입법행위가 제153조가 말하는 수용이 될 수 있다는 해석이 나오면서 3단계에 걸친 개념 확장, 즉 소유권 개념의 확장, 대상의 이전이라는 개념표지의 탈락, 입법수용의 인정이 완성된다.[28]

라이히재판소의 이러한 해석은 연방통상법원의 판결(1952, 주택법사건)로 승계되었다.[29] 사건의 발단은 여러번 언급한 주택통제경제의 실시였다(구체적으로는 1946년의 군정법 제18호). 군정법 제18호에 대해서는 앞서도 설명한 바 있다.[30] 이 법에 따라 주거공간을 등록했지만 세입자를 할당 받지 못해 공실로 두거나, 할당 받고 들어온 세입자가 집세 지불능력이 없어 집주인이 집세를 받지 못하는 문제가 발생하자 피해를 보았다고 주장하는 임대인들이 보상을 요구하며 소송을 제기했다. 공무원에게는 아무런 고의 과실이 없어 처음부터 (독일 민법 제839조 및 기본법 제34조에 근거한) 국가배상의 가능성은 배제되었으므로, 연방민사법원은 라이히재판소의 예에 따라 수용유사(enteignungsgleich) 침해를 인정했다. 이때 동 법원이 동원한 논거가 특별희생(Sonderopfer)이었다. 이른바 특별희생설(특별희생이론)이다. 명칭만 보면 굉장히 심오한 이론인 것처럼 보이지만, 내용적으로 보면 결국 평등권위반설이다. 평등권 위반이라는 이론적 구성은 이미 바이마르 공화국 당시 보수적 사법부가 사회경제적 개혁을 추진하는 입법자와 그의 입법행위를 봉쇄하기 위해 만들어낸 것인데,[31] 연방민사법원의 특별희생설이 라이히재판소의 논리와 다른 점은 딱 하나, 고전적 수용개념 해체의 마지막 단계에서 인정된 입법수용도 포함하기 위해, 라이히재판소의 '개별행위설'(Einzelakttheorie)을 확장하여 입법행위에 의해서도 특별희생이 발생할 수 있음을 명시적으로 밝힌 것뿐이다.[32]

---

28) Carl Schmitt, "Auflösung des Enteignungsbegriffs", 112쪽.

29) BGHZ 6, 270 = NJW 1952, 972.

30) 제22장 생각해보기 3번 참고.

31) 국순옥, "헌법재판의 본질과 기능", 국순옥, 민주주의 헌법론, 아카넷, 2015, 336-342쪽.

32) 홍준형, 행정법, 667쪽. 홍강훈, "분리이론·경계이론을 통한 헌법 제23조 재산권조항의 새로운 구조

연방통상법원이 자기 판단의 근거를 특별희생이론/특별희생설에 찾은 이유를 놓치지 않고 잘 살펴보아야 한다. 동 법원은 판결에서 "보호가치설이나 수인가능성설"(Schutzwürdigkeits- oder Zumutbarkeitslehre)로는 문제를 해결할 수 없다고 설시한다.[33] 이로써 바이마르 시절 이미 "학설로서 주장되었고 1945년 이후 판결에서도 원용되고 있던", 가장 중요한 경쟁 이론을 배척하겠다는 뜻을 분명히 했다. 연방통상법원이 발터 옐리네크의 보호가치설이나 슈퇴터(R. Stödter)의 수인가능성설을 받아들이지 않는 이유는 간단하다. 특정한 개인 혹은 집단을 타인에 비하여 특별하게 그리고 불평등하게 취급하면 그것으로 이미 보상을 필요로 하는 특별한 희생이 된다고 보아야 하는데, 위의 학설은 여기에 추가적으로, 객관적이든 주관적이든 평가를 곁들여 그 희생이 수인가능한지 아닌지를 따지기 때문이다.[34] 철저히 "피해자 중심의 관점에서 희생의 특별성에 중점을 두는 특별희생설"[35]은 '이런 '공법적' 평가에 반대한다.[36]

발터 옐리네크는 말한다. "입법자와의 관계에서 소유권은 일정한 약점을 갖고 있다. 그것은 입법자의 모든 침해가 수용이 되는 것은 아니라는 의미이다. 역사, 보편적 견해, 법률에 사용된 언어의 관용적, 내재적 의미(Sprachgebrauch, Andeutungen der Gesetze)가 보호가치 있는 것과 그렇지 않은 것을 나눌 수 있게 해준다(보호가치설)."[37] 옐리네크의 이런 생각을 이어받은 것이 슈퇴터의 수인가능성설이다.[38] '보호가치 있는' 부분을 침해하지 않기 때문에 옐리네크와 슈퇴터의 이론에 따를 때 수인가능한

적 해석", 공법연구 42집 1권, 2013, 622쪽 참고. 개별행위설은 개별적 침해는 수용, 일반적 제한은 재산권의 내용결정으로 본다. 홍강훈, 위의 논문, 620쪽.

33) BGHZ 6, 282.

34) BGHZ 6, 282ff.

35) 김유환, 2024, 747쪽. 한편, 연방통상법원은 1956년의 녹지판결(Grünflächenurteil, BGHZ 23, 30)에서 '특별희생' 외에 '상황구속성'(Situationsgebundenheit)이라는 새로운 평가요소를 추가했다. 다만, 이 경우에도 전적으로 소유권자 중심적 시각을 유지하고 있다. Alexander von Brünneck, "Die Ausweitung der Eigentumsgarantie durch Richterrecht", in Joachim Perels(Hrsg.), *Grundrechte als Fundament der Demokratie*, Suhrkamp Verlag, 1979, 228-229쪽.

36) 반면, 연방행정법원이 발전시킨 '중대설'은 희생의 특별성에 주목을 하지만, 그 특별성을 판단할 때 침해의 중대성과 침해가 미치는 범위(Schwere und Tragweite des Eingriffs)라는 (공법적) 평가요소를 포함시킨다. Alexander von Brünneck, 위의 논문, 225쪽.

37) Walter Jellinek, *Verwaltugsrecht*, 413쪽.

38) R. Stödter, *Öffentlich-rechtliche Entschädigung*, Hamburg, 1933, 214-215쪽.

침해도, 특별희생설에 따르면 얼마든지 수용으로 평가될 수 있다. 따라서 특별희생설이 진정한 의미는 수용과 소유권에 대한 구속 사이의 경계를 그을 때, 침해의 정당성 혹은 권리의 정당성과 관련하여, '생각해볼 수 있는 모든 쟁점을 열린 자세로 전부 검토해보는 것'(alle offenen Erwägungen)을 배제해버린다는 데 있다.[39] 우리 교과서들이 형식적 기준설(개별행위설, 특별희생설)과 실질적 기준설(보호가치설, 수인가능성설 등)의 대립으로 건조하게 설명하는 이 두 그룹의 이론 사이에는 이처럼 소유권질서를 바라보는 세계관적 차이가 존재한다. 독일 연방헌법재판소가 1981년의 '자갈채취판결'[40]을 전후하여, 이 두 세계관 사이의 대립을 재차 옐리네크 류의 공법적 입장으로 봉합하려고 하기까지 전후 독일의 수용실무를 지배했던 것은 연방통상법원의 특별희생설이었다. 수용개념을 대폭 축소한 연방헌법재판소의 입장은 고전적 수용개념으로의 회귀로 평가되기도 한다(③). 연방헌법재판소가 위 판결에서 재산권의 내용제약과 수용을 명확히 분리했다고 해서 동 법원의 입장을 분리이론으로 명명하기도 한다.

그렇다면 연방통상법원은 왜 거듭해서 이런 판결을 해왔을까? 혹은 민사법원(통상법원)이 이렇게 판결해도 되는 것일까? 이런 질문에 일찍이 그 나름의 답변을 제시했던 이가 칼 슈미트였다. 그는 앞에서 정리한 「수용개념의 해체」라는 짧은 글에서 이렇게 반문한다. 소유권에 대한 보호필요를 아무리 승인한다고 하더라도 "법관이 간단히 입법자가 되는 것"은 바람직하지 않다. 더군다나 "입법자를 법관에 복종"시켜도 되는 것인가? "우리 헌법은 사회적 · 경제적 · 정치적 문제에 관한 결정을 입법자에게 맡겨두고 있는데, 법원에게 자신들이 전혀 감당할 수 없는 정치적 과제를 맡기고 이를 해결하도록 넘기는 것"이 과연 합당한 일인가? "입법자를 상대로 법관의 정치권력을 확대하는 것"을 "법치국가의 승리로 찬양하는 건" "정치적으로나 헌법적으로 단견이 아닐 수 없다."[41]

---

39) Alexander von Brünneck, 앞의 논문, 224-225쪽.

40) BVerfGE 58, 300 = *NJW* 1982, 745.

41) Carl Schmitt, "Auflösung des Enteignungsbegriffs", 115, 117-118쪽.

24.1.4. 헌법 제23조 제1항 · 제2항과 제3항의 관계 – 경계이론과 분리이론

앞서 보았듯이 라이히재판소와 연방통상법원은 소유권을 헌법상의 '재산권'으로 확장한 후, 이 재산권이 특별한 희생을 받으면 보상이 필요한 공용침해라고 보았다. 독일 헌법이나 우리 헌법은 공히 재산권(소유권) 조항에서 재산권(소유권)의 "내용 및 한계"를 법률로 정하는 것(기본법 제14조 제1항, 한국 헌법 제23조 제1항)과 "수용"(기본법 제14조 제3항) 혹은 "수용 · 사용 또는 제한"(한국 헌법 제23조 제3항)을 별도로 규정하고 있지만, 특별한 희생을 기준으로 양자의 '경계'는 유동적으로 변할 수 있다고 본다. 이 입장을 경계이론이라고 한다.

경계이론은 재산권의 "내용 및 한계"를 정하는 것, 즉 '내용 및 한계 규정'(Inhalts-und Schrankenbestimmung)과 수용은 별개의 제도가 아니라 재산권을 제약하는 정도 차이에 불과한 것으로 본다. 양자는 재산권 제약의 정도와 한계에 따라 항상 전환 가능한 관계에 있다. 즉, 내용 및 한계를 정하는 방식으로 재산권을 제약하더라도 그것이 일정한 범위를 벗어나 특별한 희생에 해당하면 이는 보상을 필요로 하는 공용침해라고 본다. 따라서 경계이론은 보상을 요하지 않는, 내용 및 한계 설정을 통한 재산권 제약이 어느 시점에서 보상을 요하는 수용으로 전환되는가 하는 양자 간의 경계를 설정하는 것에 집중한다. 그 경계를 확정하는 기준으로 제시되었던 것이 바로 특별희생설이었고, 이를 조금 변형한 것이 상황구속성설이었다. 이런 민사법적 사고에 맞서기 위해 바이마르 시대부터 공법학자들의 반론이 제기되었다. 위에서 본 발터 옐리네크의 보호가치설 등이 대표적이었다. 독일 연방헌법재판소는 후술하듯이 이 옐리네크 류의 논증을 계승한다.

연방헌법재판소는 경계이론의 민사법적 사고를 배척하고, 재산권의 내용제약(사회적 제약)과 수용을 서로 독립된 제도로 보면서, 재산권의 사회적 제약의 의미를 탐구한다. 양자를 재산권 제약의 효과가 아니라 '고전적 수용'의 개념 요소에 등장하는 수용의 목적, 소유권의 이전에 초점을 맞춘다. 예컨대 다음과 같이 말한다. "기본법 제14조 제3항에서 말하는 수용이란 개인의 소유권을 국가가 공취(攻取, Zugriff)하는 것을 말한다. 그것은 기본법 제14조 제1항 제1문이 보장하는 구체적인 주관적 법적 지위를 전면적 또는 부분적으로 박탈하는 것을 목적으로 한다."[42] 전면적 혹은 부분

42) BVerfGE 52, 1(27). 이 판결은 이러한 개념 정의가 이전 판결에서도 반복되고 있었음을 환기하고 있다. BVerfGE 38, 175(180); 45, 297(326). Zugriff는 번역하기 까다로운 독일어 단어다. 민법

적 박탈은 소유권의 이전을 지칭한다. 우리 헌법재판소도 "국가가 구체적인 공적 과제를 수행하기 위하여 이미 형성된 구체적인 재산적 권리를 전면적 또는 부분적으로 박탈하거나 제한하는 것"이라 하여 위의 정의에 가까운 개념 풀이를 하고 있다. 반면, 재산권의 내용규정은 "입법자가 장래에 있어서 추상적이고 일반적인 형식으로 재산권의 내용을 형성하고 확정하는 것"이라고 정의한다.[43]

분리이론은 경계이론이 자본주의적 재산권제도의 해석에서 대단히 보수적인 입장을 취하고 있다는 문제의식에서 등장했다. 입법자가 어떤 목적으로, 어떤 형식으로 법률을 제정 혹은 개정하였는가와 관계없이 당해 법률이 재산권 제약의 효과에서 일정한 강도(强度)를 넘으면 특별한 희생이 되고, 그것에 대해 손실보상을 해야 한다면 어떤 결과가 발생할까? 한편으로는 재산권을 두텁게 보호하는 것이 가능하겠지만, - 그러나 칼 슈미트처럼 이것이 자본주의적 소유권의 중핵을 지켜내는 방도일까 의심하는 이도 있다 - 다른 한편으로는 기존의 사회경제질서에 일정한 변화를 주기 위해 재산권의 내용과 한계를 새롭게 설정하는 개혁입법들은 모조리 보상을 필요로 하는 '공용침해'로 평가되어 입법자의 원래 의도는 좌초할 수밖에 없다. 반면, 분리이론은 경계이론이 갖고 있는 이런 위험성에 주목하면서 처음부터 재산권의 내용 및 한계 규정과 수용을 분리된 별개의 제도로 본다. 예컨대 어떠한 재산권의 '제한'이 처음부터 특정인의 재산권을 침해하려는 의도(목적)가 있었는지가 문제가 될 때, 분리이론은 그러한 의도가 긍정된다면 해당 '제한'은 수용으로 평가해야 하나, 그렇지 않다면 재산권의 내용규정으로 보아야 한다고 한다. 반면 경계이론은 그러한 의도가 있었는가에 대한 판단을 별도로 할 것 없이 결과적으로 특정인의 재산권에 직접적인 피해를 야기하는 효과가 있으면 그것을 모두 넓은 의미의 수용, 즉 '공용침해'로 평가하려고 한다.

그렇다면 분리이론에서는 손실보상의 근거로서 특별한 희생은 더 이상 의미 없는 개념이 되었는가? 엄격하게 말하자면 그렇다. 특별한 희생이 아니라 입법의 형식과 목적을 통해 드러나는 입법자의 의사를 기준으로 손실보상의 허부(許否)만을 판단하면 된다. 재산권의 내용규정은 그것이 개별 재산권자에게 아무리 가혹하더라도 손실

학자 중에는 공취라고 번역하는 예가 있다. 공법학자 중에는 침해라고 번역하기도 하지만, 침해(Eingriff)와 혼동될 수 있다. 침해보다는 개념의 외연이 더 좁다고 보아야 한다. Zugriff는 직역하면 재산권에 개입하는 것, 손을 뻗쳐 거머쥐는 것을 의미한다.

43) 헌법재판소 1999. 4. 29. 선고 94헌바37외66건(병합) 결정.

보상의 대상이 되는 수용이 될 수는 없다. 그러나 예외 없는 원칙이 어디 있겠는가? 분리이론을 예외없이 관철시킬 경우 발생할 수 있는 문제들을 - 예컨대 재산권의 내용규정이 심각하게 재산권을 침해하고 있음에도 불구하고 그에 대해 아무런 보상을 하지 않는다면 이는 비례원칙위반이라고 할 수 있다 - 무시할 수는 없기 때문에 분리이론의 입장을 취하더라도 예외적으로 재산권의 내용규정 중 조정(Ausgleich)이 필요한 경우가 있을 수 있음을 인정한다. 이것이 '조정의무 있는 내용 (및 한계) 규정'[44]이다.

조정의무 있는 내용규정이라는 전문용어에서 알 수 있듯이, 이 경우에는 기본법 제14조 제1항 제2문에 따라 입법자가 재산권의 내용 및 한계를 형성할 때 미리 예견하고 대비했어야 하는, 헌법적으로 고려해야 할 손실보상의 요건이 문제가 된다. 재산권의 내용을 일반적－추상적으로 규정할 때, 입법자는 '보호가치 있는 개인의 이익'(die schutzwürdigen Interessen des einzelen)과 공공의 복지의 중요성 사이에서 적절한 균형을 잡아야 한다. 이때 입법자는 비례원칙과 기본법 제3조 제1항의 평등원칙에 유의해야 한다. 입법자가 헌법에 의해 미리 주어진 이런 틀(Rahmen) 내에서 행위하는 경우, 개인은 자신의 재산권능 중 일부의 제한을 재산권의 사회적 의무(제14조 제2항)의 결과로 보아, 이를 원칙적으로 무보상으로 수인해야 한다.[45] 이제 현행 헌법조문을 한번 들여다보기로 하자. 헌법 제23조는 다음과 같이 규정하고 있다.

> 제1항 재산권은 보장된다. 그 내용과 한계는 법률로써 정한다. 제2항 재산권의 행사는 공공복리에 적합하도록 하여야 한다. 제3항 공공필요에 의한 재산권의 수용 ·

---

44) '조정적 보상부 내용규정' 혹은 '(조정적) 보상의무 있는 내용규정'으로 번역되기도 한다. 독일어 ausgleichspflichtige Inhaltsbestimmung 혹은 ausgleichspflichtige Inhalts-und Schrankenbestimmung을 번역한 말이다. 필자는 제22장에서 언급한 조정청구권이란 표현에 조응하고, 또한 '보상'이라는 표현을 사용하지 않기 위해 본문처럼 번역하였다.

45) Sodan/Ziekow, Grundkurs, 711쪽(87장 3번). 독일 연방헌법재판소는 출판물에 대하여 국립도서관에 무상으로 납본해야 할 의무를 부과하는 법규정의 위헌성을 심사한 '의무납본결정'에서 납본의무자에게 큰 재산적 부담을 과하지 않는 원칙적인 경우, 이 규정 자체는 재산권의 사회적 제약을 구체화한 합헌적인 조항으로 본다. 그러나 큰 비용부담을 안고 적은 부수를 출판하는 경우에는 당사자에게 가혹한 부담을 안겨 줄 수 있는데, 이 경우에도 정당한 조정 없이 납본의무를 규정한 것은 출판물의 사회적 의미와 국민일반의 출판물에의 접근을 가능하게 하려는 공익을 고려하더라도 정당화될 수 없다. 독일 연방헌법재판소는 이러한 경우에 한하여 '조정의무 있는 내용규정'을 인정하였다. BVerfGE 58, 137. 이 결정은 1981년 7월 15일의 소위 자갈채취판결(Naßauskiesungsbeschluss)이 나오기 하루 전날 내려졌다.

사용 또는 제한 및 그에 대한 보상은 법률로써 하되, 정당한 보상을 지급하여야 한다.

제1항 제2문과 제2항을 한 축으로 하고 제3항을 다른 한 축으로 하면 전자가 재산권의 내용규정에, 후자가 공용수용에 해당한다. 이들의 관계를 앞에서 설명한 경계이론과 분리이론으로 설명하면 경계이론은 제1항 제2문 및 제2항의 재산권 내용규정은 얼마든지 문턱(Schwelle, threshold)을 넘어 제3항의 공용수용이 될 수 있다고 주장하지만, 분리이론은 양자가 서로 독립한 제도라고 본다.

사실 경계이론이니 분리이론이니 하는 것도 모두 독일 공법학에서 유래하는 것이므로 헌법조문 자체가 다른 우리의 경우 위 이론들을 곧이곧대로 수용하기 어렵다는 반박도 있다. 이 견해에 의하면 우리 헌법의 경우 제23조 제3항이 독일식의 '협의'의 수용(=재산권의 강제적 박탈)에 한정하지 않고 수용·사용 또는 제한이라고 하고 있으므로, 독일 연방헌법재판소의 주장인 분리이론을 수용하기 어렵다고 한다. 다시 말해 독일 연방헌법재판소가 수용개념을 좁게 이해하므로 독일에서는 헌법 제14조 제3항의 수용과 동조 제1항·제2항의 재산권의 내용규정은 분리하여 생각할 수 있으나, 우리는 제23조 제3항에서 이미 수용 외에 사용 및 제한을 규정하고 있으므로 – 그래서 이 책에서도 독일식 협의의 수용개념과 구별하기 위해 우리 제도와 관련하여 설명할 때는 '공용수용'이라는 표현을 사용했다. 반면 독일제도를 설명할 때는 단순히 '수용'이라고 표현했다 – 제1항·제2항과 제3항을 분리한다는 것이 어렵다는 얘기이다. 나름 설득력 있는 주장이다. 그러나 발터 옐리네크의 설명을 다시 한 번 환기해보면 반드시 그럴 것인가 하는 의문이 든다. 앞에서도 보았듯이 옐리네크는 "국가에게는 그가 필요로 하는 토지를 소유권자의 의사에 반해서라도 강제로 뺏거나 아니면, 계획된 사업의 실행을 가능하게 할 '역권(役權)이라도 부과할 수 있는(eine Dienstbarkeit darauf zu legen)' 권한"을 부여해야 한다고 말하면서, 고전적 수용에는 "토지 혹은 토지에 대한 물권상의 권리를 박탈하는(Entziehung)" 것 외에 "그것에 대하여 부담을 과하는(Belastung) 것"을 포함한다고 정의하였다. 그렇다면, 문제는 역권을 부과하는 것 혹은 토지 혹은 토지에 대한 물권상의 권리에 부담을 과하는 것과 재산권의 사용 또는 제한이 얼마나 다를 것인지 검토하는 일이 될 것이다.

24.1.5. 헌법 제23조 제3항의 해석방법 – 손실보상의 실정법적 근거

어떠한 입법조치가 재산권의 내용규정인지 아니면 공용수용에 해당하여 보상이 필요한지 하는 문제, 또한 재산권의 내용규정이라고 하더라도 보상이 필요한 것인지 하는 문제가 제기될 때마다 사람들은 이렇게 생각할 것이다. 특별한 희생이 예상되는 입법조치를 (의회)입법자가 하고자 한다면 처음부터 보상에 관해 자세하게 규정하면 그런 논란도 없을 것이 아닌가?

그러나 사실 그렇게 되기란 여러 이유 때문에 쉽지 않다. 입법자가 처음부터 보상문제의 발생을 예측하지 못할 수도 있고, 알면서도 경제민주화의 필요성을 생각해서 보상문제에 침묵할 수도 있기 때문이다. 예컨대 토지공개념을 내세워 투기성 부동산에 대한 사회경제적 규제를 강화하고자 하는 입법자에게 그러한 규제에 따르는 특별한 희생을 위해 보상규정까지 마련해 두라고 요구하는 것은 논리적이지 않다.

반면 재산권자들은 어떤 식으로든 사회경제 개혁적 입법자에게 족쇄를 채우고 싶어할 것이다. 헌법 제23조 제3항에 해당하는 조문이 역대 헌법에서 끊임없이 변화해 온 것 – 실제로 재산권에 관한 현행 헌법 제23조 중 제1항과 제2항은 제헌헌법 이래 변함이 없다. 그러나 제3항은 여러 차례 개정되었다 – 은 입법자와 재산권자 사이의 대립·갈등을 조율하는 문제가 자본주의 헌법에서는 매우 중요한 문제임을 방증한다.

> (제헌헌법 제15조 제3항) "공공필요에 의하여 국민의 재산권을 수용 또는 제한함은 법률이 정하는 바에 의하여 상당한 보상을 지급함으로써 행한다."
>
> (1962년 제3공화국 헌법 제20조 제3항) "공공필요에 의한 재산권의 수용·사용 또는 제한은 법률로써 하되 정당한 보상을 지급하여야 한다."
>
> (1972년 유신헌법 제20조 제3항) "공공필요에 의한 재산권의 수용·사용 또는 제한 및 그 보상의 기준과 방법은 법률로 정한다."
>
> (1980년 제5공화국 헌법 제22조 제3항). "공공필요에 의한 재산권의 수용·사용 또는 제한은 법률로써 하되 보상을 지급하여야 한다. 보상은 공익 및 관계자의 이익을 정당하게 형량하여 법률로 정한다."[46]

46) 제5공화국 헌법 제22조 제3항 제2문은 독일 기본법 제14조 제3항 제3문을 기초로 한 것이다. 해당 조문에 따르면 "그 보상은 공공의 이익 및 관계자의 이익을 정당하게 형량하여 이를 정하는 것으로 한다"고 되어 있다.

부르주아계급은 사회경제적 개혁입법에 적극적인 입법자에 대한 통제장치를 늘 모색한다. 그 결과물 중 하나가 헌법 제23조 제3항과 같은 방식으로 구체화되었다고 본다. 즉, 다수설은 "공공필요에 의한 재산권의 수용·사용 또는 제한 및 그에 대한 보상은 법률로써 하되, 정당한 보상을 지급하여야 한다"는 문언은 우리 헌법개정자가 독일 기본법 제14조 제3항처럼 불가분조항(Junktimklausel)을 선택한 것으로 본다.[47] 기본법 제14조 제3항은 "수용은 보상의 방법 및 정도를 규율하는 법률에 의해 혹은 법률에 근거해서만 이를 하는 것이 허용된다"고 규정하여, 수용과 보상을 불가분적으로 결합할 것을 명한다. 이는 "수용은 라이히 법률에 다른 규정이 없는 한, 적정한 보상 하에 이를 행한다"고 규정한 바이마르 헌법 제153조 제2항과 분명하게 결별했다는 의미여서, 바이마르 헌법과 현행 독일 헌법상의 재산권 보장 간의 가장 중요한 차이로 지적되는 부분이다.[48]

그런데 현행 헌법 제23조 제3항은 문언상 "그에 대한 보상은 법률로써 하되"라고 하고 있으므로 보상 여부는 입법형성권에 맡겨져 있다고 해석할 여지가 분명히 있지만, 다수설은 이 조항을 수용 등과 보상을 동일한 법률에서 동시에 규율하도록 입법자를 압박하는 불가분조항으로 보아야 한다는 입장이다. 그러면서 불가분조항의 존재를 "의회에 대한 경고적 기능"으로 보아 '긍정적'으로 평가한다(이런 평가자체도 매우 정치적이다!). 불가분조항이 이처럼 의회 입법자의 힘을 묶어버리는 기능을 갖고 있기에 - 수용으로 평가될 수 있는 재산권에 대한 모든 침해에 대해서는 기본법 제14조 제3항이 예정한 원칙에 따라 보상을 해야만 하므로 - 의회의 역할을 상대적으로 강하게 설정했던 바이마르 공화국 헌법은 채택하지 않았던 것이다.[49]

그렇다면 법률이 공익목적을 위해 재산권의 제한을 규정하면서 그 보상에 관한 규정을 두고 있지 않다면 그에 대한 해석은 어떻게 될까? 불가분조항을 위반했으므

---

47) 입법학적으로 보면 불가분조항은 모든 법률에 사용될 수 있는 기술적 기법(technische Kunstgriffe)이다. Hans Schneider, *Gesetzgebung*, C. F, Müller Verlag, 3. Aufl., 2002, 223-225쪽 참고. 다만, 공법학상 가장 논쟁이 되는 불가분조항이 헌법 제23조 제3항이기 때문에 불가분조항과 재산권 문제가 마치 본질적으로 결합되어 있는 느낌을 줄 뿐이다. Junktimklausel은 부대(附帶)조항, 결합조항, 동시조항으로도 번역된다.

48) Alexander von Brünnek, 앞의 논문, 217쪽.

49) 바이마르 헌법 제153조 제2항 제4문은 3문과 달리 "라이히가 란트, 게마인데 및 공익단체를 상대로 하는 수용은 보상을 할 때만 이를 행할 수 있다"고 규정하였는데, 이처럼 다르게 규율하기는 헌법제정권자들이 불가분조항의 역할을 충분히 의식하고 있었음을 방증한다.

로 위헌이라고 해야 할까, 아니면 위헌이라고 할 것도 없고 그냥 곧바로 위 조항으로부터 손실보상청구권을 끌어낼 수 있다고 해석하여야 할까? 이 문제가 바로 행정상 손실보상의 실정법적 근거이다. 바이마르 공화국 당시에도 이 문제가 실무상 문제가 되었다. 위헌무효설과 직접효력설, 두 개의 가능성이 검토되었지만, 후자를 택해야 일반법원이 헌법 제153조 제2항을 근거로 곧바로 보상액을 결정할 수 있으므로 직접적용설에 따라 문제를 해결하는 실무가 전개되었다.[50)]

우리의 경우에도, 현재는 지지자가 없는 입법방침규정설(프로그램권리설)을 제외하면 대략 네 개의 학설이 백가쟁명식으로 다투어지고 있다.[51)] 헌법규정에 비추어 손실보상에 대한 규정을 결여한 법률은 위헌·무효라는 학설이 위헌무효설이고, 법률에 보상규정이 결여되어 있는 경우에도 당해 법률과 이것에 기초한 처분은 곧바로 무효로 되는 것은 아니며 손실을 입은 자는 별도로 직접 헌법 제23조 제3항을 근거로 하여 손실보상을 청구할 수 있다는 학설이 직접효력설이다. 양자를 비교해 보면 위헌무효설은 "보상은 법률로써 하되"라는 문구에, 직접효력설은 "정당한 보상을 하여야 한다"는 문구에 각각 초점을 맞춘다.

보상입법부작위위헌설이라는 학설도 있다. 위헌무효설에서는 재산권을 수용·사용·제한하면서 손실보상에 대해 규정하지 않으면 재산권을 수용·사용·제한할 수 있게 한 규정 자체가 위헌이라고 하나, 이 학설은 재산권 제한규정은 그대로 합헌이나 다만 손실보상을 규정하지 않은 입법부작위만이 위헌이라고 한다. 즉, 보상입법이 없다는 점에 대해서만 위헌을 인정하는 견해이다. 이로써 제23조 제3항을 불가분조항으로 보지 않는다. 이것이 이 학설의 가장 큰 난점이라는 비판도 있지만, 이 설을 지지하는 입장에서는 이것은 장점이 될 수 있다. 불가분조항이 수행하는 기능에 대해서는 이미 비판적으로 서술했다. 그 밖에 유추적용설(간접효력규정설)도 몇몇 학자에 의해 주장되고 있다.

그렇다면 이들 각 학설에 의할 때 결론은 어떻게 달라지는가? 우선 직접효력설에

---

50) 塩見佳也, "カール·シュミットの公法学における「サヴィニーの実証主義」 – 司法権による法形成の問題をめぐって", 法政研究 76권 3호, 2000, 354쪽 참고.

51) 프로그램권리설은 바이마르 헌법 당시 사회적 기본권의 규범적 가치를 떨어뜨리기 위해 보수헌법학이 만들어낸 학설이다. 독일어 Programm은 연극 따위의 프로그램이라는 뜻도 있지만 정강(政綱), 강령, 기본정책이라는 의미도 있다. 그러므로 프로그램권리라는 것은 "국가의 사회정책적 목표 내지 정치적 강령을 선언한 것에 불과한" 권리라는 의미이다. 권영성, 헌법학원론, 법문사, 2004, 631쪽 참고.

의하면 법률에 보상의 기준 등에 관한 규정이 있으면 그에 따르면 되겠지만, 만약 없다면 법원이 일반보상의 법리에 따라 보상액을 정하여 보상을 결정할 수 있다고 한다. 즉, 법률이 없으면 정당한 보상을 하여야 한다는 헌법규정을 근거로 법원이 보상을 결정하면 된다고 본다. 위헌무효설에 의하면 보상규정이 없는 법률은 위헌인 법률이고 - 위헌무효설은 헌법 제23조 제3항을 불가분조항으로 본다 - 그러한 법률에 근거한 재산권 침해행위는 위법하므로 국가배상을 청구하면 된다고 한다. 그러나 여기에 대해서는 반론이 있다. 앞서 보았듯이 국가배상을 청구하려면 위법성 요건 외에 가해 공무원의 고의·과실이 있어야 하는데, 법률에 근거하여 재산권 침해행위를 한 공무원에게 (법령의 해석 및 집행상의) 고의나 과실이 있다고 보기는 어렵다는 것이다.[52]

이에 대해서는, 그러면 과실개념을 넓게 보아 위헌인 법률에 근거한 재산권침해는 위법한 것으로 보고, 위법이면 공무원에게 과실이 있다고 볼 수 있다고 재반박한다. 그러나 판례가 국가배상법상의 과실을 공무원의 주관적 과실로 보고 있으므로 이런 주장으로는 현실적으로 승소하기 어렵다. 다만, 보상규정 없는 재산권침해를 정하는 법률에 대해 헌법재판소가 위헌이라고 이미 확정했음에도 불구하고 그 법률을 계속 적용하여 재산권침해를 하였다면 그러한 행위는 위법할 뿐만 아니라 공무원의 과실이 있다고 할 수 있을 것이다.

보상입법부작위위헌설은 손실보상을 법률에 규정하지 아니한 경우 손실보상을 청구할 수는 없지만 - 왜냐하면 재산권을 수용·사용·제한하면서 손실보상규정을 두지 않았다고 해서 그 수용·사용·제한 자체를 위헌으로 볼 수는 없기 때문이다. 이 점에서 위헌무효설과 구별된다. 즉, 이 학설은 제23조 제3항을 불가분조항으로 보지 않는다. 만약 그렇게 해석한다면 개발제한구역 지정 등 공익을 위한 재산권제한 자체를 위헌이라고 보는 결과가 되고, 이는 사회적 혼란과 부작용을 초래하게 될 것이기 때문이다. 반면 거꾸로 재산권 보장을 두텁게 주장하는 이들은 제23조 제3항을 불가분조항으로 보지 않는 이 학설의 입장에 비판적이다 - 다만, 손실보상규정을 두지 아니한 입법부작위는 위헌이므로 이를 이유로 헌법재판소에 헌법소원심판을 청구하여 문제를 해결하면 된다고 한다.

이 학설은 그린벨트제한에 대한 '헌법재판소 1998. 12. 24. 선고 89헌마214 등 결정'도 보상입법부작위위헌을 선언한 것이라고 지적하지만,[53] 위 헌재 결정의 입장에

---

52) 이러한 해석은 법규의 해석을 그르쳐 잘못된 행정처분을 한 공무원의 과실을 예외적으로만 인정하는 대법원 판례를 반영한 것이다. 대법원 1995. 10. 13. 선고 95다32747 판결 참고. 이 판결에 대한 평석은 제6장 더공부해보기/생각해보기/토론하기 5번을 참고할 것.

대한 평가는 학자에 따라서 조금씩 갈린다.[54] 재산권 영역에서의 입법자의 형성의 자유를 인정하려면 제23조 제3항을 불가분조항으로 보지 않는 보상입법부작위위헌설을 지지하지 않을 수 없다.

24.2. 공용수용의 요건으로서의 공공필요와 '사회화'

24.2.1. 공익사업의 특권

개인이든 공적 주체이든 자기의 사업을 위해 토지가 필요하면 이를 매입하면 된다. 실제로 공적 주체가 특정사업을 위해 토지 등을 필요로 하는 경우, 대부분은 그 사업에 대한 법적인 승인(이를 사업인정이라고 한다)이 있기 전이라도 매매계약에 의한 임의매수 방식으로 그 소유권 등을 취득한다. 그러나 예외적으로 끝까지 토지 등의 매각을 거부하는 소유자가 있으면 공적 수체는 강제로 토지를 매수하는 절차에 들어간다. 공적 주체에게 이런 힘 혹은 권한을 주는 까닭은 '그'가 공적 사업을 수행하기 때문이다(고전적 수용). 이것을 공익사업의 특권이라고도 한다. 아무리 대단한 회사라도 남의 땅을 강제로 매수할 수는 없지만, 국가나 지방자치단체 등은 이를 할 수 있다.

이렇게 구조화되어 있기 때문에 공용수용에서 제일 중요한 부분은 어떠한 사업이 강제적으로라도 토지소유권 등을 취득해서 실시해야 할 정도로 공익적인 것인가를 확정하는 일이다. 이것이 공익사업의 인정, 줄여서 사업인정이다. 다만, 법률은 사업인정을 할 수 있는 대상사업을 무제한으로 열어두지는 않는다. 그렇게 되면 국민의 재산권은 항시 침해될 위험에 처하기 때문이다. 이에 「공익사업을 위한 토지 등의 취득 및 보상에 관한 법률」(이하 토지보상법이라 함) 제4조는 공익사업의 종류를 열거하고 있다. 이를 공익사업 법정(法定)주의라고 한다.

그런데 여기에는 심각한 문제가 하나 있다. 바로 동조 제8호 때문이다. 이 제8호는 "그 밖에 별표에 규정된 법률에 따라 토지등을 수용하거나 사용할 수 있는 사

53) 김유환, 2024, 741쪽 참고.

54) 예컨대 김동희/최계영, 행정법 I, 559쪽은 위 헌재 결정을 위헌무효설의 관점에서 해석하고 있다.

업"이라고 정하여 공익사업의 확장 가능성을 개방적으로 열어놓아 버렸다. 이 조항은 2015. 12. 29일 법률 제13677로 개정되기 전에는 "그 밖에 다른 법률에 따라 토지등을 수용하거나 사용할 수 있는 사업"으로 되어 있었다. 개정 이유를 보면 "이 법 별표에 따르지 아니하고는 개별 법률에 따라 토지등을 수용·사용하는 사업을 규정할 수 없도록 하고, 다른 법률에 따라 사업인정이 의제되는 경우에도 이해관계인 등의 의견청취를 의무화"한다고 되어 있다. 이로써 토지수용에 관한 일반법인 '토지보상법'을 형해화해버린 의제공익사업의 무분별한 확대를 통제할 수 있는 길이 열렸다는 평가도 가능하다. 토지보상법 제4조의2를 읽어보자.

> 제4조의2(토지등의 수용·사용에 관한 특례의 제한) ① 이 법에 따라 토지등을 수용하거나 사용할 수 있는 사업은 제4조 또는 별표에 규정된 법률에 따르지 아니하고는 정할 수 없다.
> ② 별표는 이 법 외의 다른 법률로 개정할 수 없다.
> ③ 국토교통부장관은 제4조 제8호에 따른 사업의 공공성, 수용의 필요성 등을 5년마다 재검토하여 폐지, 변경 또는 유지 등을 위한 조치를 하여야 한다. 〈신설 2021. 4. 13.〉 [본조신설 2015. 12. 29.]

별표는 보통 대통령령이나 부령에 많이 등장하지만 법률에 별표가 등장하는 예도 왕왕 있다. '토지보상법' 제4조 제8항에서 말하는 별표가 그 대표적인 사례이다. 이 별표는 법률의 효력을 가지므로 별표의 개정도 법률개정절차를 통해야 한다. 그러니 이제는 문제가 없는 것일까? 그런 생각이 든다면 별표를 한 번 읽어보기 바란다. 과연 이렇게 많은 예외적 개발사업을 공익사업의 범주에 넣어놓고도 토지보상법이 여전히 '공익사업을 위한 토지 등의 취득 및 보상'에 관한 일반법으로 기능할 수 있는지 말이다.

아무튼, 사업인정은 이 대상사업에 속하는 특정사업을 공익사업이라고 결정하는 작용이다. 토지보상법은 사업인정을 정의하면서 "공익사업을 토지등을 수용하거나 사용할 사업으로 결정하는 것"을 말하는 것으로 정하고 있다(제2조 제7호). 아직 공공필요의 충족여부를 알 수 없는 개별법상의 개발사업 시행자가 자신의 특정사업에 대해 토지보상법상 사업인정을 신청하면 행정청은 두 단계의 심사를 거친다. 우선 행정청은 이 사업이 ① 토지보상법이 말하는 추상적 공익사업의 목록에 해당하는지 검토하고 이에 해당하면 다시, ② 이 특정한 사업의 공공성 또는 공공필요의 충족 여부를 판단하고 이것이 긍정되면 구체적 수용권을 부여하기로 결정하게 된다. 사업인정이란 이 두 단계를 모두 통과한 사업에 대해, 그 사업이 수용권이 부여되는 '(공익)사업이라고 인정'하는 행정청의 처분을 말한다.[55)]

이러한 중요결정을 꼭 행정각부 소속의 행정청이 해야 하는 것은 아니다. 미국식 독립행정위원회가 이를 해도 되고, 법원이 공익사업을 실시하려고 하는 자와 이를 반대하는 자의 주장을 듣고 결정해도 된다. 혹은 행정부가 하더라도 신중을 기하기 위해 법규명령 형식으로 사업인정을 발령하는 것도 고려해보아야 한다. 독일에는 '주(州)정부관구장(Regierungspräsident)이 발령하는 법규명령의 형식으로 하는 수용결정'의 예도 있다. 이때 발령되는 법규명령은 형식적 의미의 법규명령이다. 형식적 의미의 법률이 존재하듯이, 형식적 의미의 법규명령의 존재도 인정할 수 있다.[56)] 그렇다면 법규명령의 형식으로 사업인정을 하는 것도 얼마든지 가능하다고 생각한다. 그러므로 지금처럼 그리고 앞으로도 계속해서, '일반처분'의 형식을 취한다고는 하나 그 성질이 행정행위인 사업인정고시로 다수의 사람과 사안에 관계된 결정을 내려도 되는 것인가 하는 질문을 당연히 해보아야 한다.

자본주의에서의 토지의 폭력적 수탈은 신속하게 결정되고 집행되는 경향성이 있으므로 사업인정은 다수의 국가에서 대체로 행정부 소속 행정청의 일방적 결정으로 행해진다.[57)] 우리의 경우도 마찬가지다. 현행법상 사업인정은 국토교통부장관이 하지만, 이것은 어디까지나 원칙이 그렇다는 것이고, (의제공익사업의 경우에는) 해당 사업의 실시계획을 인가·고시하는 특별시장·광역시장·도지사 등 지방행정기관이 사업인정권자인 경우도 많다.[58)] 이들이 하는 사업인정은 행정행위(다수설에 따르면 설권적 형성행위)이고, 이에 대해서는 당연히 행정소송으로 다툴 수 있다. 문제는 과거 개발사업 실무상 "다른 법률에 따라 사업인정이 의제되는" 의제공익사업에서 "이해관

---

55) 김종보, 건설법의 이해, 581-582쪽.

56) Maurer/Waldhoff, 78쪽(4장 20번). 연방국가인 독일에서 주정부관구장은 주의 내무부를 상급기관으로 하는 주정부관구청(Regierungspräsidium)의 대표자이다. 주정부관구(Regierungsbezirk)는 주와 시·군 등의 크라이스(Kreis) 사이의 행정조직이다. Regierungsbezirk는 현(縣) 혹은 행정관구로 번역되기도 한다. 주정부관구장은 선출직이 아니라 주정부에서 파견하는 행정직이다.

57) 사업인정 사안은 아니지만 스웨덴에서는 원자력법 영역의 허가를 법원이 한다(15.1.1.). 이런 사례를 생각하면 특정한 경우 공익사업인정을 법원이 할 수도 있다고 생각한다.

58) 「국토의 계획 및 이용에 관한 법률」 제96조 제1항 참고.

계인 등의 의견청취"가 의무화되어 있지 않았기 때문에, 주민들은 사업인정이 의제되는 개발사업의 실시계획이 승인을 받았는지조차 모르는 경우가 태반이었다는 점이다. 그러다보니 의제사업인정을 다툴 수 있는 제소기간을 놓치기 일쑤였다. 그리고 의제사업인정을 제때 다투지 못해도, 우리 법원은 이를 후행 행정행위인 수용재결 단계에서 다투지 못한다고 했으니(이른바 하자승계의 부인), 그간 얼마나 많은 개발사업이 막무가내로 결정되고 집행되었는지 가히 짐작할 수 있을 것이다.

행정청이 사업인정을 하면서 가장 중요하게 따져보아야 하는 것이 공익성이다. 사업인정을 하는 자는 어떤 특정사업이 공익사업으로 인정받을 수 있는 요건을 갖추었는지를 검토하여야 한다. 요건 검토 시에는 당연히 헌법 제23조의 "공공필요"에 대한 합헌적인 해석도 이루어져야 한다. 이에 대해서는 이제 항을 바꾸어 살펴보자.

24.2.2. 공공필요

손실보상에 관한 주류 공법학은 공용수용의 요건(원인행위)보다는 보상이라는 공용수용의 효과(결과)에 더 깊은 관심을 가져 왔다고 이미 비판한 바 있다. 이는 사실 꼭 우리나라만의 문제는 아니다. 독일에서도 손실보상의 요건인 공공필요에 대한 깊이 있는 검토는 없었다. 이렇게 된 데는 "공(公)이란 무엇인가?"를 판단하는 것은 국가와 관료의 일이라 생각하고, 또한 그런 생각에 걸맞게 행동해온 독일 부르주아계급의 경제주의적 태도가 한 몫했다. 이런 세계관 혹은 지향은 각종 개발사업에 저항하는 농어촌 주민이나 도시빈민들에게는 치명적이다. 더군다나 신자유주의의 정치사상과 철학이 세계 어디에서나 쉽게 정책으로 전환되고 있는 오늘날에는 더더욱 그러하다. 시장의 힘은 공적 영역에 쉽사리 침투하고 있으며, 사적 권력과 공적 권한의 접합(articulation)은 권력의 민주주의적 정당성에 의문을 던진다. 일례로 헌법재판소는 사기업이 수용의 주체가 되어 수용권을 행사할 수 있는가가 쟁점이 된 최초의 결정에서 다음과 같이 판시했다. 이러한 판단은 과연 민주주의 헌법에 부합하는가?

【판례】 헌법재판소 2009. 9. 24. 선고 2007헌바114 전원재판부 [산업입지및개발에관한법률제11조제1항등위헌소원]

헌법 제23조 제3항은 정당한 보상을 전제로 하여 재산권의 수용 등에 관한 가능성을 규정하고 있지만, 재산권 수용의 주체를 한정하지 않고 있다. 위 헌법조항의 핵심은 당해 수용이 공공필요에 부합하는가, 정당한 보상이 지급되고 있는가 여부 등에 있는 것이지, 그 수용의 주체가 국가인지 민간기업인지 여부에 달려 있다고 볼 수 없다. 또한 국가 등의 공적 기관이 직접 수용의 주체가 되는 것이든 그러한 공적 기관의 최종적인 허부판단과 승인결정하에 민간기업이 수용의 주체가 되는 것이든, 양자 사이에 공공필요에 대한 판단과 수용의 범위에 있어서 본질적인 차이를 가져올 것으로 보이지 않는다. 따라서 위 수용 등의 주체를 국가 등의 공적 기관에 한정하여 해석할 이유가 없다.

헌법재판소는 "민간기업이 수용의 주체가 되는 것"도 헌법상 문제가 없다고 한다. 이렇게 되면 "공공필요" 개념은 형해화되지 않을까? 그렇기에 시장의 힘을 제어하려고 하는 측에서는 이 개념이 실질적인 의미를 갖도록 적극적인 해석을 시도하는 것이다. 헌법 제23조 제3항도 명시하고 있듯이 재산권의 수용·사용 또는 제한은 그것이 공공필요를 충족시킬 때에만 가능하다. 그런데 공공필요는 전형적인 불확정개념이어서 고정된 내용이 없다. 이 개념의 해석을 둘러싸고는 헌법 제37조 제2항의 공공복리 개념보다 더 넓은 개념이냐 아니면 더 좁은 개념이냐 하는 논쟁이 있지만,[59] 개념의 "의미와 내용은 구체적 사안에 따라 확정"[60]될 수밖에 없다. 다만, 현재 '공공필요' 개념이 문제가 되는 법률은 주로 사기업을 위한 공공수용을 정하고 있는 것들임을 생각하면 이 개념을 좁게 해석해야 할 필요를 부정하기 어렵다.[61] 고전적 수용개념으로의 복귀가 필요하다는 생각을 하는 사람들이라면 더더욱 그렇다.

학자에 따라서는 공공필요를 좁게 해석하면서도, 오늘날 현실적으로 경제구조의 개선이나 고용의 증진, 지역발전 등의 효과가 생기게 하는 경제적 사기업을 위한 수용이 일반화되고 있기 때문에, 공익적 사기업(생존 배려형 사기업)이 아닌 경제적 사기업의 사업이라도 사업의 공공성과 그 사업의 계속적 시행을 담보하는 법적 안전장치(국가나 자치단체의 포괄적 감독권행사를 규율하는 법적 장치만이 아니라 각종 행정행위의 부관, 사업자의 구체적인 행위에 대한 신고 및 인허가권의 유보를 통한 개별적인 공공성 통제장치, 특별한 법적·제도적 보장책)가 사업의 착수 이전에 마련된다면 공공필요를 충족하는 것으로 본다.[62] 이런 것을 두고 '사인을 위한 수용' 혹은 '사인에 의한 수용'의 문제라고 한다. 예를 들면 이런 것이다. 자동차회사가 특정 지역에 들어서면 그 지

59) 헌법학자들의 다수는 더 넓게 보는 듯하다.

60) 김남진/김연태, 행정법 I, 740쪽.

61) 김종보, "택지개발사업과 환매권의 헌법문제", 행정법연구 제17호, 2007, 299쪽 참고.

62) 김성수, 일반행정법, 제9판, 2021, 729-730쪽.

역의 고용이 증대되어 간접적이지만 공공이익을 충족할 수 있다. 그 점을 고려하여 회사설립 및 가동 이후로도 일정한 고용수준을 계속 유지할 것을 담보로 그 회사를 위한 토지수용을 한다면 문제가 없다는 논리이다(독일 Boxberg 사례). 그러나 이윤추구가 주목적인 사기업이 그와 같은 제약을 준수할 것이라고 가정하는 것 자체가 사실 허구에 가깝다. 10년, 20년 후의 자동차산업의 미래와 고용수준을 그 누구도 예측할 수는 없는 일이기 때문이다. 그러므로 위와 같은 견해에 찬동하기 어렵다.

사실 법해석, 특히 행정법의 해석은 항상 이중기준의 원칙을 염두에 두어야 한다. 행정의 역할을 "경제적 강자 제지(制止), 경제적 약자 부조(扶助)"에 있다고 말할 수 있다면 - 앞에서도 지적했듯이 오늘날에는 그 반대로 말하는 이도 늘어나고 있다 - 경제적 강자가 관련된 경우와 경제적 약자가 관련된 경우 법해석이 각각 달라질 수밖에 없는 것은 당연하다. 공공필요 개념의 해석만 하더라도 그렇다. 경제민주주의, 주거약자를 위한 공공주택사업('협의'의 이주대책을 포함[63])을 위해서는 이 개념의 확장해석이 필요한 반면, 신자유주의 체제의 지배력이 강화되면서 발생하는 시장과 자본의 공권력화를 제어하려면 이 개념의 엄격·축소해석이 필요하다. 부재지주방지를 위한 농지제도 개혁과 사기업에 의한 기업도시 개발을 동일한 차원에서 놓고 해석할 수는 없기 때문이다. 일례로 미국 연방대법원은 하와이주 토지개혁법(Land Reform Act of 1967)의 위헌 여부가 다투어졌을 때, 연방헌법 수정 제5조상의 "공공의 용도"(public use)를 넓게 해석해야 한다고 판시했다.[64]

---

63) 이주대책은 광의와 협의로 나누어 볼 수 있다. 넓게는 공익사업에 수반하는 주민의 이주필요와 그에 대한 대책 전반이라는 의미로 사용된다. 이런 의미의 이주대책은 생활보상과 거의 동의어이다. 주거이전비, 영업보상, 세입자보상, 소수잔존자보상 등을 포괄하게 된다. 반면, 좁은 의미의 이주대책은 이주정착지를 조성해서 주택 또는 택지를 공급하는 것을 의미한다. 현재 협의의 이주대책은 거의 활용되지 않고, 특별공급이 이주대상자에 대한 생활보상으로 확고하게 자리잡고 있다. 김종보, "이주대책의 개념과 특별공급의 적용법조", 행정법연구 제28호, 2010, 164, 180쪽. 이런 현실에 대해서는 전면적인 비판이 필요하다.

64) Hawaii Housing Authority v. Midkiff, 467 US 229 (1984). 1967년에 하와이 주의회는 역사적 경위 때문에 하와이 토지의 절반 가까이가 소수의 개인에게 집중되어 있는 과점상태를 해소하고, 토지거래시장을 정상화하기 위해 토지개혁법을 제정하였다. 동법은 하와이 주택국(HHA)에게 주거용임대물건의 소유권을 수용할 권한을 부여하고, 수용한 토지소유권을 임차인에게 융자를 끼고 매각할 수 있도록 허용했다. 이것은 전후 한국과 일본 등지에서 이루어진 농지개혁과 유사한 것이었다. 카메하메하 왕의 후손이 설립한 공익신탁재단이 동법에 의한 수용절차가 '공공의 용도'(public use)에 반한다고 주장하며 소를 제기하였지만, 연방대법원은 전원일치판결로 동법의 합헌성을 지지하였다.

공공필요와 '존속보호' 혹은 '가치보호'(보상보호) 개념의 해석에서도 동일한 논리가 타당할 수 있다. 예컨대 경제민주화를 위한 입법을 막아세우기 위해 경제적 기득권 세력이 공공의 필요를 좁게 해석하면서 재산권의 존속보호를 주장할 경우, 양극화와 불평등을 심화시키는 경제구조를 개혁하되 '적절한(angemessen) 보상'을 지급하는 방식, 즉 재산권의 가치보호로 대응할 수 있다. 이 경우에는 확장된 공공필요 개념이 그러한 방식의 대응을 헌법적으로 정당화할 수 있다. 제1차적 혹은 제2차적 권리구제를 설명하는 곳에서 공권력에 의한 재산권 침해에 대해서는 저항하는 것이 시민의 올바른 태도라는 식으로 설명하였는데, 이때의 시민이 기득권을 가진 자산계급일 경우에는 그러한 설명에도 일정한 유보적 견해를 붙일 수밖에 없다고 하겠다. 물론, 동일한 개념을 구체적인 이익상황에 따라 달리 해석하는 것이 정당화될 수 있는지가 논란이 될 수 있겠지만, 헌법 제23조 제3항의 공공필요 개념을 헌법 제9장 경제조항, 특히 제119조 제2항, 제121조 제1항과 연계하여 통합적으로 검토하면 확장해석도 가능하다는 식으로 논증할 수 있을 것이다. 아무튼 이러한 해석의 가능성을 제시하지 못한다면 자본주의의 모순을 확대재생산하는 기득권을 해체하기 위한 사회경제입법은 처음부터 위헌논란에 빠지고 말 것이다.

다만, 이러한 해석이 우리 실무에서 실제로 관철될 수 있을지는 의문이다. 또한 바이마르 헌법의 소유권 및 수용 조항을 확장해석한 법원을 비판한 칼 슈미트의 논의도 앞에서 살펴보았거니와, 헌법상 본래 입법자의 과제인 사회적·경제적·정치적 문제에 대한 결정을 법원 등 사법부에게 맡기는 것이 옳은가 하는 타당한 반론을 생각하면 결국 이 문제는 투트랙으로 해결하는 것이 타당하지 않나 하는 생각도 하게 된다. 즉, 공공필요 개념이 확대해석되면서 사인에 의한 수용이 횡행하는 현실을 제어하기 위해서라도 이 개념은 원칙적으로 엄격히 해석하되, 사회경제적 개혁을 위한 입법자의 적극적 역할을 위한 근거는 헌법개정을 통해 새롭게 도입할 사회화 조항에서 찾는 방안이 그것이다.

24.2.3. 사회화 조항의 도입 가능성

사회민주주의 전통을 가진 유럽의 여러 나라 헌법이 그러하듯이, 독일 기본법은 의식주의 기본적 인권을 보장하는 재산을 중심으로 한, 소유권 일반 및 수용에 관한 조항인 제14조와는 별도로 생산수단의 소유를 규율하는 제15조를 두고 있다.[65]

기본법 제15조는 표제를 Sozialisierung(사회화)라고 붙여놓았으면서도 본문에서는 Vergesellschaftung(사회화)라는 용어를 사용하고 있다. 1919년 바이마르 헌법 제정 이전에 공산당(좌파)과 사회민주당 내의 다수파(우파) 사이에 벌어진 생산수단의 사회화 논쟁에서 각 진영은 사회화를 각각 'Vergesellschaftung'과 'Sozialisierung'으로 표기했다. 전자는 자본주의의 경제적 기초를 분쇄한다는 혁명적 내용이 담긴 말로서 생산수단의 사회화, 즉 보상이 없는 무상수용을 의미했다. 반면, 후자는 개량주의적 관점에서, 의회가 제정한 법률을 통한 유상의 사회화, 즉 적절한 보상을 전제로 한 유상수용을 의미했다. 정치 권력 장악에 성공한 '우파'는 결국 자신들의 견해를 관철하는데, 이 과정에서 자신들의 용어인 Sozialisierung도 Vergesellschaftung으로 바꾸었다. 따라서 바이마르 헌법 제156조가 Vergesellschaftung이라는 용어를 사용하고 있다고 하더라도, 그 내용은 본래의 것과는 이미 거리가 먼 것이었다. 이처럼 Vergesellschftung은 원래 무상수용을 의미하는 단어였으나, 바이마르 헌법 제156조에서나, 현행 독일 기본법에서나 유상수용을 뜻하는 Sozialisierung과 같은 의미로 사용된다. 따라서 사회화의 경우에도 보상에 대해 규율하는 법률이 존재해야 한다. 다만, 이 경우 보상은 제14조 제3항에 따른 완전한 가치보전, 즉 완전보상(Wertersatz)을 의미하는 것이 아니라, 여러 상이한 관점의 형량 하에서의 보상을 뜻한다. 기본법 제15조 제2문은 "그 보상에 관해서는 제14조 제3항 제3문과 제4문이 준용된다"고 하고 있는데, 준용의 의미는 이런 것이다.[66]

자본주의 헌법에서 사회화 조항은 어떤 역할을 하는가? 재화의 생산이 압도적으로 공장에서의 다수 인간의 공동작업에 의하여 행해지게 된 이래 사적 소유가 생산수

---

65) 포르투갈 헌법은 제62조에서 재산권보장을 규정하면서 제82조에서 생산수단의 소유에 대해 별도로 규정한다. 제82조는 동 헌법 제2부(경제조직)에 편제되어 있다. 제2부의 문을 여는 조문인 제80조(기본원칙)는 "경제 권력은 민주적인 정치적 권력에 종속해야 한다"(a호), "생산수단의 소유에 관한 공공부문, 민간부문 및 협동조합적 사회적 부문은 공존해야 한다"(b호)는 등의 원칙을 내세우고 있다. 포르투갈 헌법이 '인권으로서의 재산권'과 '자본소유'를 구분하여 명확히 규율하고 있는 것은 그 자체로 독자적인 연구의 대상이다.

66) Andreas Fisahn, Martin Kutscha, *Verfassungsrecht konkret – Die Grundrechte*, 3판, Berliner Wissenschafts-Verlag, 2018, 183쪽. 헬무트 리더는 사회화의 경우 "형평에 맞는 보상"(Billigkeitsentschädigung)으로 족하고 "등가성원칙"(Äquivalenzgrundsatz)을 고집할 필요가 없다고 한다. Helmut Ridder, *VVDStRL* 10, 1951, 141쪽. 보수파 헌법학자인 한스 페터 입센도 국법학자대회에서 같은 취지의 발언을 했다("등가성의 관념을 이 경우에는 인정해서는 안 됩니다."). Hans-Peter Ipsen, *VVDStRL* 10, 1951, 174쪽.

단에 대한 물적 지배를 규제하는 적합한 수단인지가 심각하게 논의되기 시작했다. 천연자원에 대한 소유권도 마찬가지다. 배타적인 법형식인 소유권을 토지에도 인정해야 할 것인지를 논의한 것은 더 오래되었다. 왜냐하면 모든 인간은 대지(大地) 위에서 생활해야 하며, 개인의 사적 지배가 횡행하는 토양 위에서 자유로운 공동생활을 펼쳐나가기란 불가능하기 때문이다. 이런 이유에서 100년도 더 전부터 바로, 이들 생산수단, 천연자원 및 토지에 대한 사적 소유를 공업적 생산, 지하자원의 이용, 대지 위에서의 생활이 갖는 사회적 성격을 고려하는 소유 형태로 대체해야 한다는 요구가 제기되어 왔다. 독일 기본법 제15조의 목적은 이들 영역에서의 소유제의 구조적인 변혁을 보상을 전제로 허용하는 데 있다.[67] 이런 요구에 응답하는 헌법조문들이 우리 헌정사에서도 존재했다. 제헌헌법 제6장의 경제조항을 읽어보자.

> 제84조 대한민국의 경제질서는 모든 국민에게 생활의 기본적 수요를 충족할 수 있게 하는 사회정의의 실현과 균형있는 국민경제의 발전을 기함을 기본으로 삼는다. 각인의 경제상 자유는 이 한계내에서 보장된다.
>
> 제85조 광물 기타 중요한 지하자원, 수산자원, 수력과 경제상 이용할 수 있는 자연력은 국유로 한다. 공공필요에 의하여 일정한 기간 그 개발 또는 이용을 특허하거나 또는 특허를 취소함은 법률의 정하는 바에 의하여 행한다.
>
> 제86조 농지는 농민에게 분배하며 그 분배의 방법, 소유의 한도, 소유권의 내용과 한계는 법률로써 정한다.
>
> 제87조 중요한 운수, 통신, 금융, 보험, 전기, 수리, 수도, 까스 및 공공성을 가진 기업은 국영 또는 공영으로 한다. 공공필요에 의하여 사영을 특허하거나 또는 그 특허를 취소함은 법률의 정하는 바에 의하여 행한다. 대외무역은 국가의 통제하에 둔다.
>
> 제88조 국방상 또는 국민생활상 긴절한 필요에 의하여 사영기업을 국유 또는 공유로 이전하거나 또는 그 경영을 통제, 관리함은 법률이 정하는 바에 의하여 행한다.
>
> 제89조 제85조 내지 제88조에 의하여 특허를 취소하거나 권리를 수용 사용 또는 제한하는 때에는 제15조 제3항의 규정을 준용한다

제헌헌법 제18조 제2항은 "영리를 목적으로 하는 사기업에 있어서는 근로자는 법률의 정하는 바에 의하여 이익의 분배에 균점할 권리가 있다"고 하여 이른바 이익균점권을 보장했다. 그러나 제6장에 담긴 국유화 조항은 1954년 개헌에서 삭제되었

---

67) Ekkehart Stein, *Staatsrecht*, 356-357쪽.

고, 이익균점권도 1962년 개헌 때 사라졌다. 독일은 어땠을까? 제15조가 삭제되지는 않았지만 연방차원이든 주 차원이든 사회화 조항이 실제로 사용된 예는 없다.[68] 그러나 최근의 사회경제적 양극화는 이 '오래된 미래'를 헌법현실로 다시 불러오고 있다. 조문을 찬찬히 읽어보자.

> "토지, 천연자원 및 생산수단은 사회화의 목적을 위해(zum Zwecke der Vergesellschaftung) 보상의 방법과 정도를 규율한 법률에 의하여, 이를 공동소유 혹은 그 밖의 공동경제의 제 형태로 이전할 수 있다. 그 보상에 관해서는 제14조 제3항 제3문과 제4문이 준용된다."

수용과 사회화의 결정적인 차이는 이미 양 규정의 문언에도 드러나듯 그 목표설정의 다름에 있다. 기본법 제14조 제3항의 수용은 "공공의 복지를 위해"서만 허용되지만, 제15조의 사회화는 "사회화의 목적을 위해" 행해진다. 예컨대 토지는 똑같이 제14조 제3항에 의해서도, 제15조에 의해서도 수용이 될 수 있지만, 제15조에 따른 수용은 사회화의 목적으로 행해지는 것이므로, 수용된 재산은 이후로도 계속해서 생산수단으로 이용된다. 반면, 제14조 제3항에 따른 수용은 여러 다양한 공공복지의 관점에서 이루어질 수 있으므로, 수용된 재산이 원래의 목적대로 사용된다는 보장은 없다.[69]

따라서 사회화의 경우, 수용에 요구되는 '특정한, 공익의 측면에서 꼭 필요한 사업'이라는 정당화 사유가 필요조건도, 충분조건도 아니다. 오히려 사회화의 목표는 생산수단, 천연자원 및 토지의 이용이 갖는 사회적 성격에 맞게 소유권 질서를 조율·재조정하는 데 있다. 이로부터 "공동소유 혹은 그 밖의 공동경제의 제 형태"라는 문언이 무엇을 의미하는지가 명백해진다. 즉, 그것은 재화의 이용에 있어 사회적 형태를 조성하는 것, 즉 재화의 공동이용에 의존하는 사람들 모두가 그 재화의 재산법적 이용으로부터 배제되지 않게 만드는 것이다.[70]

우리의 경우 2020년에 용산참사 11주기에 맞춰 '영등포 공공주택사업' 추진 계획

68) 냉전체제 때는 냉전 이데올로기 때문에, 1990년 통일 이후에는 동독 체제에서의 부정적 경험이 강해서 이렇게 되었다는 평가도 있다. John Philipp Thurn, "Vergesellschaftung als sozialstaatliche Entprivatisierung und als Grundrecht", *Kritische Justiz* 53권 2호, 2020, 183쪽 참고.

69) Andreas Fisahn, Martin Kutscha, 앞의 책, 182쪽.

70) Ekkehart Stein, *Staatsrecht*, 357쪽.

이 발표되었고, 서울역앞 동자동 쪽방촌의 공공주택사업도 기획되었다. 그러나 이 사업들은 쪽방촌 건물 및 토지 등 소유자들의 강력한 반대 앞에서 더 이상 진척되지 못하고 좌초 위기를 맞고 있다. 개발이 곧 '내쫓김'을 의미했던 한국 도시빈민의 역사에서 새로운 전환점이 될 이 공공주택사업을 추진해나가려면 토지주로부터 쪽방촌의 토지와 주택을 수용할 필요가 있다. 이때 그와 같은 조치의 정당성을 헌법 제23조의 공공필요 개념의 확장해석을 통해 논증하는 것도 한 방법이겠지만, (헌법개정을 전제로) 독일 기본법 제15조가 규정하고 있는 "사회화" 같은 조항을 통해 논증하는 것도 가능하다고 생각한다. 사회화로 논증하면 보상에서 "공공의 이익 및 관계자의 이익"을 조금더 적극적으로 형량할 수 있을 뿐 아니라, 수용된 재산을 원래의 목적대로 사용할 수 있다는 장점이 있다.

나아가 독일 기본법 상의 사회화 조항은 소유권에 대한 제한만이 아니라 그 자체로 기본권이라는 사실에 주목할 필요가 있다. 이때 기본권은 개별적이며 소구가능하는 청구권만을 지칭하는 것이 아니라 '자유에 도움이 되는 조직 혹은 제도의 보장'(Gewährleistungen freiheitsdienender Organisationen oder Institutionen)을 의미한다. 사회화 조항을 기본권 조항으로 보면, 구체적으로 이는 사회화한 재산, 즉 "공동소유 혹은 그 밖의 공동경제의 제 형태로 이전"한 토지, 천연자원 및 생산수단에 대한 관리에서 공동소유 혹은 공동경제 참여자의 공동결정권을 보장할 수 있다는 뜻이기도 하다.[71]

24.3. 행정상 손실보상의 기준과 내용, 보상의 방법

24.3.1. 정당한 보상

헌법 제23조 제3항은 행정상 손실보상의 기준으로 정당한 보상을 제시하고 있다. 정당한 보상의 해석과 관련해서는 완전보상설, 상당보상설[72] 그리고 완전보상이 원

71) John Philipp Thurn, 앞의 논문, 187쪽.

72) 바이마르 헌법 제153조 제2항에 등장하는 "angemessene Entschädigung"을 '상당보상'이라고 번역하는 예가 많다. 상당보상설은 이 조항에서부터 시작된 것으로 보기도 한다. 김남진/김연태, 행정법I, 752쪽.

칙이나 특별한 경우에는 완전보상을 하회하거나 상회할 수 있다는 절충설 등으로 견해가 나뉜다.[73] 그러나 완전보상설과 상당보상설의 대립은 상대적이다. 즉, 전자는 재산권이 공공을 위하여 사용되고 재산권자가 특별한 희생을 받은 이상 그 손실은 완전히 보전되어야 한다고 해석하나, 피침해(피수용) 재산의 객관적 가치의 보상으로 족한 것인지, 더불어 부수적(부대적) 손실의 보상도 포함되는지가 반드시 명확하지는 않기 때문이다. 후자도 재산권에 대한 사회적 제약이 강해지는 것을 전제로 하여 보상액이 합리적으로 산정된 것이면, 보상액이 때에 따라서는 완전한 보상보다 적은〔下廻〕 경우도 있을 수 있다고 해석하나 항상 적어야 한다는 것도 아니다. 다수 견해는 정당한 보상이란 완전한 보상을 의미한다고 해석하면서, 피침해 재산의 객관적 가치에다 부수적 손실을 보상해야한다고 본다. 헌법재판소의 견해도 또한 같다.

개략적으로 보면 완전보상설에 따르는 것이 보상에 유리할 것 같으나, 보상의 구체적 내용 여하에 따라서는 - 예컨대 객관적 가치의 산정을 어떻게 할 것인가 - 그렇지 않을 수도 있다. 완전보상은 보상액뿐만 아니라 보상의 시기나 방법 등에서도 어떠한 제한을 두어서는 안 된다는 의미로 이해되고 있다. 또한 정당한 보상을 완전보상의 의미로 이해하는 경우에도, 그것의 구체적 적용과 관련하여 두 가지 정도가 논란이 된다.

첫째, 개발이익을 배제하는 것은 완전보상의 원칙에 합치하는가 하는 문제이다. 대체로 이를 긍정한다. 다만, 다른 토지소유자에게 발생하는 개발이익은 그대로 두면서 피수용자의 개발이익만을 배제하는 것은 형평상 문제도 있고 부동산 투기의 요인도 될 수 있다.[74] 이런 문제를 해결하기 위해 ① 토지의 양도차액에 대해 양도소득세를 부과하고, ② 개발사업자가 당해 개발사업으로 인하여 얻게 되는 지가상승분에 대해서는 개발부담금을 부과하도록 하고 있으나 그 실효성은 의문스럽다. 근본적으로는 개발이익을 불특정다수의 전체로 흡수시키는 '이익의 재배분'이 이루어져야 한다.

둘째, 공시지가를 기준으로 한 보상은 완전보상의 원칙에 반하는가 하는 문제이다.[75] 이에 대해서는 불명확하고 가공의 가격인 시장가격 대신 객관적 시장가격이

---

73) 김남진/김연태, 행정법 I, 752쪽.

74) 김동희/최계영, 행정법 I, 603쪽.

75) 손실보상에서의 공시지가는 개별공시지가가 아니라 표준지에 대해서 공시되는 표준지 공시지가이다. 반면 개발부담금 등의 산정에서는 개별공시지가를 기준으로 한다.

라 할 공시지가를 기준으로 한 보상은 합헌이라는 게 지배적인 학설·판례이다. 다만, 공시지가가 토지의 객관적 시장가격을 적정하게 반영하지 못하면 문제가 있다고 한다.[76]

24.3.2. 손실보상의 구체적 내용

손실보상의 구체적 내용은 손실보상 개념을 어떻게 설정하느냐에 따라 달라질 수 있음은 앞에서도 지적하였다. 즉, 전통적인 통설에 의하면 손실보상의 내용은 재산권 보상으로 한정되겠지만, 손실보상 개념을 넓게 이해하면 생명·건강 및 정신적 이익 등의 침해에 대한 보상까지를 포함하게 된다. 또한 전통적인 통설과 달리 손실보상 개념을 넓게 잡으면 간접적인 침해로 인한 손실까지를 손실보상의 내용으로 포섭할 수 있다. 이하에서는 손실보상을 수용손실보상, 사업손실보상, 생활보상으로 유형화해보았다. 다만, 이중에서 생활보상은 항을 나누어 설명한다.

첫째, 수용손실보상이다. 수용손실보상은 토지·건물 등의 소유권과 기타 재산적 가치를 지닌 권리 등 수용목적물의 대가로 주어지는 보상이다. 그 대가를 산정함에 있어서는 토지에 정착한 물건의 이전에 필요한 비용(이전료 보상), 권리에 대한 보상, 일실(逸失)손실보상(예: 영업손실보상 등) 등 부대적 손실에 대한 보상까지를 포함해야 완전보상에 부합한다. 즉 이전료, 영업손실 등도 본인의 의사에 반하는 토지의 강제 취득에 따른 불이익으로 보아 보상하나, 조상 대대로 생활해 온 터전을 상실한 것에 대한 고통 등 정신적 손실은 여기에 포함되지 않는다. 이에 대해서는 판례도 없고, 보상을 규정한 법률도 없다.[77]

둘째, 사업손실보상이다. 수용된 재산을 이용하여 이루어진 공공사업의 집행과정

---

76) 박균성, 행정법론(상), 박영사, 2013, 749-750쪽.

77) 손해배상과 달리 손실보상에서는 정신적 손실에 대한 전보(塡補)는 원칙적으로 인정되지 않는다고 앞에서 이미 설명했다. 다만, 「댐 건설 및 주변지역 지원 등에 관한 법률」 제39조는 "댐건설사업시행자는 수몰이주민 중 이주정착지에 이주하지 아니하는 자 그 밖에 대통령령이 정하는 자에 대하여 댐건설로 인한 실향 및 생활기반상실 등을 감안하여 대통령령이 정하는 바에 따라 지원을 할 수 있다"고 하고 있는데, 이에 따라 세대당 1,500만 원과 세대구성원 1인당 250만 원의 생활안정지원금을 지급하도록 하고 있다. 이 금액은 「공익사업을 위한 토지 등의 취득 및 보상에 관한 법률」 시행규칙의 규정에 의한 일반적인 이주정착금(500~1,000만 원)보다 '월등하게' 다액이어서 그 중에는 실향으로 인한 정신적 고통에 대한 보상이 포함된 것으로 보는 견해도 있다. 박윤흔, 최신행정법강의(상), 783쪽.

에서 생기는 손실은 수용·사용 그 자체에 따른 손실인 수용손실과 구분해야 한다. 사업손실에 대한 보상을 간접손실보상이라고도 한다. 사업손실이라는 말 때문에 이를 영업손실과 혼동하는 경우가 있으나, 영업손실보상은 일실손실에 대한 보상으로서 수용 자체로 인한 직접적 손실에 대한 보상이므로 간접손실보상과 구별해야 한다.[78)]

'사업지 주변에 미치는 손실'[79)]을 의미하는 사업손실보상은 물리적·기술적 손실과 경제적·사회적 손실로 구분되기도 한다. 전자는 공사 중의 소음·진동이나 공사에 따르는 교통의 불편으로 인한 손실, 완성된 시설물로 인한 일조(日照)의 감소, 대기·기온의 변화, 전파방해 등을 들 수 있다.[80)] 이러한 손실에 대해 손실보상을 청구해야 할 것인지, 아니면 손해배상(특히 제5조 영조물책임)을 청구해야 할 것인지는 명확하지 않다. 굳이 얘기하자면 독일에서는 이를 수용적 침해이론으로 해결하려 하므로(물론 이 개념에 대해 회의적인 입장도 있다), 기본적으로 보상 쪽이다. 이런 영향도 있을 것이고, 또한 앞에서 보았듯이 1차적 권리구제 우선원칙에 따를 때 굳이 국가배상이 아니어도 1차적 권리구제수단을 통한 소음 혹은 일조 침해 차단(예컨대 저공비행금지소송)이 어느 정도 가능하므로 그걸로 대응을 하고, 그래도 안 되는 상황이라면 최후의 수단으로 수용적 침해를 검토해볼 수 있다는 입장이다.

그러나 우리나라는 독일과 달리 수용적 침해이론의 근거가 되는 희생보상청구권이라는 관습법상의 권리가 존재하지 않으므로 이 이론에 의거하여 문제를 해결할 수는 없다. 일본의 실무는 요건이 충족되는 한 불법행위책임으로 대처해야 하는 것으로 보고 있다.[81)] 우리의 실무도 '대체로' 이를 국가배상법 제5조 영조물책임(영조물의 사회적·기능적 하자 혹은 이용상 하자)로 해결한다.[82)]

---

78) 간접(손실)보상과 간접수용은 다른 개념이므로 혼돈하면 안 된다. 국제투자법상의 간접수용에 관해서는 앞에서 간단히 설명하였다.

79) 구 「공공용지의 취득 및 손실보상에 관한 특례법 시행규칙」은 제5장의2에서 "간접보상"이라는 제목 아래 사업손실보상에 관한 규정을 두었다. 그러나 현행 「공익사업을 위한 토지 등의 취득 및 보상에 관한 법률 시행규칙」은 제5장 제7절에서 "공익사업시행지구 밖의 토지 등의 보상"이라는 제목으로 사업손실보상에 관한 규정을 두고 있다.

80) 김동희/최계영, 행정법 I, 610쪽.

81) 塩野宏, 서원우/오세탁 공역, 일본행정법론, 법문사, 1996, 558쪽.

82) 대표적으로 김포공항 항공기 소음 피해 집단소송. 대법원 2005. 1. 27. 선고 2003다49566 판결. 한편, 본문에서 "대체로"라는 부사를 덧붙인 까닭은 이런 일반적인 흐름에서 벗어난 듯이 보이는 판결도 있기 때문이다. 대표적인 것이 '대법원 2019. 11. 28. 선고 2018두227 판결'이다. 이 판례에 대한 평석으로는 박균성, "공익사업으로 인한 환경피해에 대한 손실보상과 손해배상", 행정판례연구

후자, 즉 경제적·사회적 손실은 댐 건설에 따르는 다수인의 이주로 인한 지역경제에의 영향이나 어업활동의 쇠퇴로 인한 지역활동에의 영향 등 지역사회의 변동으로 인하여 개인에게 미치는 간접적 영향 또는 피해이다. 사회적 손실 중 소수 잔존자나 잔여지의 소유자에게는 토지매수청구권을 인정할 수 있을 것으로 보는데, 이러한 피해는 그 발생이 상당히 확실하게 예측될 수 있고 또한 그 범위도 비교적 구체적으로 확정할 수 있다. 그러나 지역경제활동의 변화라는 불확정요소가 개인에게 미치는 영향의 문제는 기본적으로 손실보상의 문제라기보다는 오히려 사회·경제정책적 문제이며, 이런 관점에서 해결책을 강구하는 것이 보다더 현실적이라는 의견도 있다.[83]

24.3.3. 생활보상

대규모 개발사업으로 인해 마을 등이 소멸하는 것에 대한 보상으로서 주택소유자에 대한 이주대책을 한축으로 하고, 다른 한편 재산권보상의 대상에서 소외되었던 세입자에 대한 보상의 확대를 또 다른 한축으로 발전해온 것이 생활보상이다.[84] 생활권보상이라고도 한다.[85] 무엇이라 부르건 참 이상한 개념이다. 독일에는 없는 개념이다. 앞서 보았듯이 독일 연방헌법재판소는 세입자의 임차권도 재산권으로 본다(13.2.4. 참조). 당연히 그 권리 침해에 대해서는 재산권보상을 하면 된다. 또한 공공필요가 재산권이 아니라 생활권까지 박탈할 수 있는가? 보상을 말하기 전에 생활권을 지키는 걸 얘기해야 하는 것 아닌가? 이런 의문도 제기해볼 수 있다.

생활보상은 1960년대 일본의 토건(土建)세력들이 만들어낸 개념이었다. 이 개념 혹은 제도는 공익사업의 실시를 위해 토지로부터 사람들을 하루 속히 몰아내기 위한 유인책으로 강구되었다.[86] 우리나라에서도 유사한 의도 아래 생활보상이 이야기되기 시작했다.[87] 1970년대 일이다.

25-2권, 2020, 287-320쪽.

83) 김동희/최계영, 행정법 I, 610쪽.

84) 김종보, 건설법의 이해, 585쪽. 이주대책의 의미(광의, 협의)에 대해서는 앞에서도 살펴보았다.

85) 김유환 교수는 생활보상이란 '피수용자 등이 종전과 같은 생활을 유지할 수 있도록 하는 것으로서 재산권보상과 생활권보상을 포괄하는 개념'으로 이해한다. 생활보상=재산권보상+생활권보상인 셈이다. 김유환, 2024, 758쪽.

86) 西埜章/田辺愛壹, 損失補償法-理論と実務の架橋, 一粒社, 2000, 92-93쪽 참고.

공익사업에 필요한 토지 등은 대부분 계약에 의한 임의매수의 방식에 의하여 취득된다. 임의매수의 방식이 강제수용의 방식보다 바람직하다는 견해도 있다.[88] 그러나 이것은 매매당사자 사이에서 합리적이고 정상적인 거래가 가능할 때나 할 수 있는 얘기다. 공익사업은 그것이 공익사업으로 결정되기 전에 이미 대상 사업지에 살고 있는, 작은 땅과 집을 가진 주민과 마을을 흔들어놓는다. 이런 일을 전담하는 회사도 있다.[89] 2011년에 헌법재판소가 「국토계획 및 이용에 관한 법률」 제2조 제6호 라목 등 관련 조항을 헌법불합치 결정을 내리기 전까지는 회원제 골프장 개발사업을 위해서도 토지를 강제수용할 수 있었다.[90] 그런데 실제로 골프장 개발사업자는 골프장에 필요한 토지를 강제수용하기 전에 이미 임의매수를 통해 대거 매입한다.[91]

임의매수의 방식에 의하는 경우 임의매수의 성질상 일정한 기준이 있을 수 없으므로 매수가격이 수용에 의한 보상기준보다 낮아질 수 있다. 실제로 1960년대 후반부터 경부고속도로 건설 등 공익사업이 활발해지면서 임의매수를 할 때의 가격과 수용보상을 할 때의 가격에 차이가 발생하였고 이것은 곧 국민들의 불만을 끓어오르게 했다. 이런 불만을 가라앉히고 사람들을 하루 빨리 현장에서 내쫓으려고 만든 법률이 「공공용지의 취득 및 손실보상에 관한 특례법」이었다(1975년 12월 31일 법률 제2847호로 제정).[92]

---

87) "재개발사업은 거주민의 주거환경향상을 꾀하기보다는 단순히 도시 내에서 부족한 주택을 공급하기 위한 목적으로 운영되면서, 또한 택지개발사업은 주택보급률이 높아지면서 각각 재산권을 수용할 수 있는 명분이 약화되었다. 이렇게 명분이 약해진 사업에 반대하는 주민을 설득하기 위한 유일한 대안이 바로 현재 생활보상으로 이해되고 있는 토지보상법상의 각종 보상조항이다." 김종보, 건설법의 이해, 584-585쪽.

88) 김철용, 2024, 1158쪽.

89) 이른바 OS업체라고 한다. OS는 outsourcing을 의미하는 것으로 이해되고 있다.

90) 헌법재판소 2011. 6. 30. 선고 2008헌바166,2011헌바35(병합) 결정.

91) 이 매입업무를 담당하는 OS '업자들'은 '건장한' 용역들을 동원하여 주민들을 심리적으로 압박했다. 재개발현장에서의 용역폭력에 대해서는 필자의 다음 글을 참고할 것. 이계수, "신자유주의 국가'권력'과 용역'폭력' - 소유·권력·폭력에 대한 법정치학적 고찰을 중심으로", 민주법학 제48호, 2012, 13-48쪽.

92) 김철용, 2024, 1158쪽 참고. 특례법은 구 토지보상법과는 별개로 토지의 협의취득을 위해 제정된 법률이었다. 동법 제1조 목적조항은 다음과 같았다. "이 법은 공공사업에 필요한 토지등의 협의에 의한 취득 또는 사용과 이에 따르는 손실보상에 관한 기준과 방법을 정함으로써 공공사업의 원활한 수행과 손실보상의 적정을 기함을 목적으로 한다." 또한 제2조 제4호는 토지등의 취득을 "공공사업에 필요한 토지 등을 토지수용법에 정한 절차에 의하지 아니하고 협의에 의하여 사업시행자가 취득

주거이전비 등의 생활보상은 지금은 폐지된 이 특례법에서 처음 모습을 드러냈다. 또한 생활보상은 사업인정이 이루어지기 전의 협의취득을 위한 보상을 위해 발전시킨 개념이므로 엄밀하게 말하면 행정상 손실보상에 해당하지 않는다. 이 특례법에 정해져 있던 보상조항들이 현행의 '토지보상법'에 흡수되어 행정상 손실보상의 내용처럼 규정되어 있지만, 그 본질은 수용재결에 따른 보상이 아니다. 이런 연혁상의 이유로 세입자의 주거이전비 등 생활보상의 대부분은 수용재결절차와 구분되고, 별도의 지급절차에 따라 지급되고 있다.[93] 이처럼 생활보상은 실정법상의 개념도 아니고 매우 현실적인 고려에서 고안된 실용적인 개념일 뿐이다.[94] 규범적 의미가 강한 개념이 아니다. 어떤 면에서는 '기만적'인 개념 혹은 제도이기도 하다. 따라서 나는 이 개념의 의의를 논하고 헌법적 근거를 억지로 찾기보다는 사회경제적 약자의 생존과 생활을 보장하기 위한 재산권의 확장해석("주거권의 재산권적 재구성")을 시도하는 것이 더 중요하다고 생각한다.

24.3.4. 행정상 손실보상의 방법과 절차

행정상 손실보상은 사업시행자가 한다. 보상의 방법은 현금으로 하는 것이 원칙이다. 단, 예외적으로 채권보상이나 현물보상을 할 수도 있다. 헌법은 손실보상의 지급시기에 대하여는 명시하고 있지 않지만 사전보상이 원칙이다. 채권보상의 경우는 보상금을 사실상 후급하는 예에 해당한다.

행정상 손실보상의 방법과 절차와 관련해서는 보상액의 결정방법 및 불복절차가 중요하다. 보상액의 결정방법으로는 계속 얘기했듯이, 당사자 사이의 협의에 의한 경우와 행정청의 재결·결정에 의하는 경우가 있다. 또한 그 예가 많지는 않으나 소송에 의하는 경우도 있다.[95] 당해 법률이 보상액 결정에 대해 규정하고 있는 경우에 당사자는 보상금청구소송을 할 수 있다. 이 경우 소송은 당사자소송으로 해야 할 것 같은데, 판례는 민사소송으로 청구하라고 하고 있다.[96] 그러나 「하천법」 부칙에

하거나 소멸시키는 것"이라고 정의하고 있다.

93) 김종보, "공익사업에서 점유이전과 생활보상", 서울대학교 법학 제62권 제2호, 2021, 89쪽.

94) 김동희 교수는 "현행법상 생활보상에 대한 일반적 또는 직접적 규정을 두고 있는 예는 없는 것으로 보인다"고 한다. 김동희/최계영, 행정법 I, 607쪽.

95) 김동희/최계영, 행정법 I, 613쪽.

96) 대법원 1996. 7. 26. 선고 94누 13848 판결; 대법원 1997. 9. 5. 선고 96누1597 판결.

따른 손실보상청구는 공법상 당사자소송으로 하라고 판례가 변경되었다.[97]

대부분의 토지수용 관련법들은 토지보상법을 상당 부분 준용하고 있으므로 이 법상의 절차가 보상결정 및 불복절차에도 표준이 된다. 이하 토지보상법에 의한 토지수용위원회의 (원)재결(수용결정과 보상결정을 동시에 함)에 대한 불복절차만을 살펴보자.

위 원재결에 불복하려면 ① 행정심판에 해당하는 이의신청을 제기한다. 그런데 이의신청의 결과인 이의재결에도 만족하지 못하면 다시 행정소송을 제기하면 된다. ② 아니면 곧바로 행정소송을 제기해도 된다. 종래에는 이의신청을 반드시 거쳐서 행정소송을 제기하도록 했으나, 현재는 이의신청을 임의절차로 전환했다.

첫째, 이의신청이다. 토지수용위원회의 재결(원재결)은 내용적으로는 수용결정과 보상결정의 양 요소를 포함하고 있으나, 이의신청 단계에서는 양자를 분리하지 않고 어느 부분에 불복하더라도 동일한 이의신청을 제기하도록 되어 있다. 지방토지수용위원회의 재결에 불복하는 자는 중앙토지수용위원회에, 중앙토지수용위원회의 재결에 불복하는 자는 중앙토지수용위원회에 일정기간 내(재결서정본 송달일부터 30일 이내)에 이의신청을 할 수 있다(제83조). 이 경우 중앙토지수용위원회는 원재결이 위법 또는 부당한 때에는 그 전부 또는 일부를 취소하거나 보상액을 변경할 수 있다(제84조). 즉 중앙토지수용위원회는 원재결을 취소할 수 있을 뿐만 아니라 그 보상액을 증액 또는 감액할 수 있다.

둘째, 행정소송이다. 행정소송단계에서는 지방토지수용위원회 또는 중앙토지수용위원회의 재결을 수용결정과 보상결정으로 구분한 뒤, ① 수용결정에 불복하는 경우에는 그 취소소송을 제기하고, ② 보상결정에 불복하는 경우에는 원재결 또는 이의재결이 정한 보상금의 증액 또는 감액청구소송을 제기할 수 있다(제85조).[98] 그런데 이 ②번 소송에는 특이점이 있다. ①번 소송은 항고소송(취소소송)이지만, ②번 소송은 형식적 당사자소송으로 설계되어 있다는 점에 주목해야 한다. 구 「토지수용법」 하에서는 이 보상금의 증감에 관한 소송의 피고에 토지수용위원회(재결청)가 포함되어 있었다.

> 第75조의2 ② 제1항의 규정에 의하여 제기하고자 하는 행정소송이 보상금의 증감에 관한 소송인 때에는, 당해 소송을 제기하는 자가 토지소유자 또는 관계인인 경

---

97) 대법원 2006. 5. 18. 선고 2004다6207 전원합의체 판결.

98) 김동희/최계영, 행정법 Ⅰ, 614쪽.

우에는 재결청 외에 기업자를, 기업자인 경우에는 재결청 외에 토지소유자 또는 관계인을 각각 피고로 한다. 〈신설 1990 · 4 · 7〉

이 구 「토지수용법」과 앞의 「공공용지의 취득 및 손실보상에 관한 특례법」을 폐지하고, 양자를 통합한 법률로 제정한 것이 토지보상법, 즉 「공익사업을 위한 토지 등의 취득 및 보상에 관한 법률」이다. 구 법조문을 인용했는데 다 이유가 있다. 조문의 내용, 구조도 보고, 보상금의 증감에 관한 소송이 신설된 해에도 주목해주기를 바라는 뜻이 있다. 1990년이면 노태우 정권 하에서 1기 신도시 개발 등 수도권 집중이 본격화한 해이다. 또한 이때는 개발 앞에서 밀려나갈 수밖에 없는 원주민들의 반발을 보상금의 증액을 통해 잠재우고 빠르게 개발을 해나간다는 발상이 중요했던 시기이기도 했다.[99] 그래서 고안해낸 것이 구 「토지수용법」 제75조의2인데, 이것은 원래는 행정의 결정을 다투는 항고소송으로 다투어야 할 사안을 슬쩍 변형한 것이었다. 이 소송기법 역시 일본법에서 유래했다. 그런데 처음에는 재결청도 피고로 포함시켰으므로 이 소송의 성격이 항고소송인지 아니면 형식적 당사자소송인지가 논란이 되었고, 분쟁의 실체가 보상금의 증감에 있는 한 재결청이 피고로서 관여할 공익상의 이익도 불분명하다는 비판을 받았다.[100] 결국 2002년에 「공익사업을 위한 토지 등의 취득 및 보상에 관한 법률」을 제정하면서, 일본의 토지수용법(제133조 제3항)처럼 보상금 액수를 두고 다투는 양 당사자(토지소유자와 사업시행자)만 원고와 피고가 되게끔 '깔끔하게' 소송형식을 정돈했다. 현재는 '토지보상법' 제85조 제2항이 규정하는 보상금증감청구소송이 형식적 당사자소송에 해당한다는 점에 관해 이견이 없다. 외견상으로는 매우 세련된 분쟁해결방식을 만들어낸 것처럼 보이지만, 나는 이런 소송형식은 실상 과거 독일의 국고이론 - "침해를 수인하고, 돈으로 청산해라" - 의 낡은 사고를 반영하며, 토건국가 일본과 한국의 퇴행적인 개발주의를 (시민들이) 방조하는데도 한몫한다고 평가하고 있다.[101]

---

99) "이 보상금 증감에 관한 소송을 재결의 취소소송 외에 별도로 둔 취지는 보상액을 정하는 재결을 취소소송으로 다투는 경우 재결이 취소되어 토지수용위원회가 재재결하여도 보상액이 만족스러울 때까지 불복을 계속할 것이므로 경우에 따라서는 토지수용에 관한 분쟁이 끝없이 공전될 수 있기 때문에 법원에서 정당보상액을 심리확정하여 보상문제를 종결짓도록 하기 위한 것이다." 김철용, 2024, 1180쪽.

100) 임호정, "토지수용법상 재결에 대한 불복으로서 형식적 당사자소송", 부동산연구 1권, 1991, 107-109쪽.

【판례】 대법원 2007. 1. 11. 선고 2004두8538 판결 [토지수용이의재결처분취소]

구 토지수용법(2002. 2. 4. 법률 제6656호 공익사업을 위한 토지 등의 취득 및 보상에 관한 법률 부칙 제2조로 폐지)은 수용·사용의 일차 단계인 사업인정에 속하는 부분은 사업의 공익성 판단으로 사업인정기관에 일임하고 그 이후의 구체적인 수용·사용의 결정은 토지수용위원회에 맡기고 있는바, 이와 같은 토지수용절차의 2분화 및 사업인정의 성격과 토지수용위원회의 재결사항을 열거하고 있는 같은 법 제29조 제2항의 규정 내용에 비추어 볼 때, 토지수용위원회는 행정쟁송에 의하여 사업인정이 취소되지 않는 한 그 기능상 사업인정 자체를 무의미하게 하는, 즉 사업의 시행이 불가능하게 되는 것과 같은 재결을 행할 수는 없다.

'토지보상법' 제85조 제2항의 등장은 위의 판례가 말하는 '토지수용절차의 2분화'의 한 당연한 결론일지도 모르겠다. 다만, 제1차적 권리구제의 우선성을 생각할 때 이런 식의 제도설계가 타당한가 하는 의문을 제기해볼 수 있다. 앞에서 이미 국가의 잘못 혹은 개발독재적 행정을 묵인하면서 금전적 배상 혹은 보상만을 노리는 것은 주권자인 국민이 취할 태도가 아니라고 지적한 바 있다(21.1.2). '토지보상법'상의 형식적 당사자소송은 국민을 "돈만 아는 저질"[102)]로 만들어버릴 수 있다는 점에서 민주주의 헌법에 부합하지 않는 제도라고 하겠다.[103)]

---

101) 토건국가는 원래 개번 매코맥 오스트레일리아 국립대 교수가 일본 사회를 분석하는 데 사용한 개념이다. 매코맥 교수는 "권력의 재생산과 이윤의 분배과정에서 건설행위를 통해 대규모의 '나눠먹기 체계'가 형성되는 국가"를 토건국가라 불렀다. 개번 매코맥, 한경구/이숙종/최은봉/권숙인 옮김, 일본, 허울뿐인 풍요, 창작과비평사, 1998, 63쪽.

102) "돈만 아는 저질"은 야마가타 트윅스터의 노래 제목이자 가사의 한 부분이다.

103) 「공익사업을 위한 토지 등의 취득 및 보상에 관한 법률」 제74조 제1항에 따르면 "동일한 소유자에게 속하는 일단의 토지의 일부가 협의에 의하여 매수되거나 수용됨으로 인하여 잔여지를 종래의 목적에 사용하는 것이 현저히 곤란할 때에는 해당토지소유자는 사업시행자에게 잔여지를 매수하여 줄 것을 청구할 수 있으며, 사업인정 이후에는 관할 토지수용위원회에 수용을 청구할 수 있다." 이를 잔여지의 매수 또는 수용청구라고 한다. 이 중에서 특히 잔여지 수용청구권의 법적 성격을 대법원은 형성권으로 본다. 또한 형성권의 본질상 잔여지 수용청구를 받아들이지 아니하는 토지수용위원회의 재결에 대하여 토지소유자가 불복하는 소송은 토지보상법 제85조 제2항에 규정되어 있는 '보상금의 증감에 관한 소송'에 해당하고, 그 피고는 토지수용위원회가 아니라 사업시행자로 하여야 한다고 설시한다. 대법원 2010. 8. 19. 선고 2008두822 판결. 이 잔여지 수용청구권의 법리에도 조속한 분쟁해결을 통해 토지수용절차를 조기에 끝내버리려는 '실무적'인 고려가 작용하고 있다.

더공부해보기/생각해보기/토론하기

1. 본문에서는 바이마르 공화국 당시 라이히재판소가 "기득권을 건드리면(Verletzung 'wohlerworbener Rechte') 그건 모두 수용이 된다"는 논리를 발전시켰다고 적었다. 여기서 기득권은 현재 우리가 생각하는 그런 권리가 맞다. 그런데 다른 의미로 이해되는 기득권도 있다. 가령 손실보상의 이론적 근거 중 하나인 '기득권설'에서 말하는 기득권은 어떤 의미일까? 기득권을 어떻게 해석하느냐에 따라 '소유권의 사회적 의무성'을 강조하는데에도 차이가 발생할 수 있다. 이것은 또 무슨 말인가?

1789년의 '인권선언'은 소유권을 생래(生來)의 권리, 양도할 수 없는 천부(天賦)의 권리(droit inné), 즉 태어날 때부터 가지고 있는 권리로 인정하였다(제2조). 소유권은 불가침의 신성한 권리이므로 "적법하게 확인된 공공필요가 그것을 명확하게 요구"하고 있으며, "정당한 사전보상"을 할 때만 빼앗을 수 있다(제17조). 그러나 그 이전 시기 소유권은 천부의 권리가 아니라 사회로부터 받은 권리에 불과했다. 이것을 기득권(droit acqui)이라고 했다. 천부의 권리와 기득권을 구분했고, 또한 그 구분이 의미를 가졌던 시대가 있었다. 레옹 뒤기에 따르면 17세기 및 18세기가 그런 때였고, 특히 그로티우스는 자연법론이 지배하던 그 시기에 두 권리를 구분했다고 한다. 여기서 천부의 권리란 인간이 인간의 탈을 쓰고 있으면 당연히 갖는 권리이고, 기득권은 인간이 사회에서 획득한 권리, 사회가 인간에게 준 권리이다. 뒤기에 따르면 이런 권리 관념('기득권')은 오늘날 완전히 포기되었다고 한다.[104] 1789년의 부르주아 대혁명은 소유권을 더 이상 그로티우스가 말하는 '기득권'으로 이해하지 않았다.

원래 기득권(die sog. wohlerworbenen Recht, iura quaesita)은 중세법적 개념이다. 이 권리는 특별한 법적 권원에 기초한 권리, 특히 신분법에 근거한 귀족의 권리였는데, 17, 18세기 절대주의국가 시대의 영방군주(국왕, 영주)가 이 기득권을 침해할 수 있는 (사실상 법을 초월한) 권한을 갖기 시작하면서,[105] 그로티우스적 의미의 권리, 즉 생래적 권리에 대비되는 사회에서 획득한 권리 개념으로 이해되기 시작했다.[106] 절대주의국가 시대 군주는 더 이상 귀족계급들의 특권적 권한에 의해 제

104) 레옹 뒤기, 이광윤 옮김, 일반 공법학 강의, 민음사, 1995, 252쪽.

105) Maurer/Waldhoff, 15쪽(2장 4번).

106) 포르스토프는 이렇게 말한다. "이로써 영방군주의 권한 중 중요한 제한, 즉 (중세적 의미의-필자 추가) 기득권이 사라졌다. (이제 그 새로운 의미를 획득한) 기득권은 특별한 법적 권원에 의해 획득된

약되지 않았으며, 기존의 법-권리관계로부터도 해방되었다. 절대주의(Absolutismus)라는 말도 "군주는 법들에 의해 구속되지 않는다"(princeps legibus solutus est)는 법언에서 나왔다.[107] 이 시기 군주가 침해할 수 있는 기득권의 대표적인 예가 소유권이었다. 그런데 소유권이 프랑스 대혁명을 거치며 재차 생래적 권리로 격상되면서 기득권은 다시 자연권으로 전환되었다. 뒤기가 그로티우스적 의미의 권리 관념은 오늘날 완전히 포기되었다고 말한 것도 이런 취지이다.

그러므로 "기득권"은 매우 다의적인 개념임을 인정해야 한다.[108] 그렇다면 손실보상의 이론적 근거로 제시되는 기득권설에서 말하는 기득권은 라이히재판소가 말하는 기득권일까 아니면 그로티우스가 구분했던 인간이 사회에서 획득한 권리를 말하는 것일까? 나는 후자라고 생각한다. 기득권설에서 말하는 기득권이 이것을 의미한다면, 기득권설은 전자본주의 혹은 자본주의 초기 단계의 불완전한 소유권 보장 체제 하에서 제시된 것이라고 보아야 한다. 또한, "인간이 사회에서 획득한 권리, 사회가 인간에게 준 권리"를 기득권으로 볼 수 있다면, 소유권 혹은 재산권의 사회적 의무성을 강조하는 데 더욱더 유리할 것이라고 생각한다.

2. 본문에서는 제5공화국 헌법 제22조 제3항 제2문은 독일 기본법 제14조 제3항 제3문을 기초로 한 것이라고 지적했다. 그런데 독일 기본법 제14조 제3항 제3문의 '형량조항'은 논쟁의 산물이다. 이것이 왜 논란이 되었으며, 실제 이 조항의 운용은 어떻게 되었는지 알아보자.

기본법 제14조 제3항 제3문은 "그 보상은 공공의 이익 및 관계자의 이익을 정당하게 형량하여 이를 정하는 것으로 한다"고 되어 있다. 이는 "적정한 보상"이 되어야 한다고 규정한 바이마르 헌법 제153조 제3항과 비교할 때 재산권보호의 부분적 후퇴를 의미한다. 거의 모든 면에서 재산권보호의 확장을 추구한 서독 기본법 제14조의 일반적 흐름과는 조금 다른 모습을 보여주는 문언으로 평가된다. 보상액의 확정시 널리 공익을 고려하여 시장가격(Verkehrswert)과 다르게 정할 수 있는 재량권을 입법자에게 부여하고 있기 때문이다. 바이마르 헌법상의 "적정한 보상"을 바이마르 공화국의 민사법원은 시장가격으로 이해하고 있었다. 1949년에 기본법을 제정하면서 기독교민주연합(CDU)과 사회민주당(SPD)이 '형량조항'을 새로 도입하기로

권리로, 즉 단순히 자연적 자유의 표현은 아닌 권리로 이해되었다." Ernst Forsthoff, *Lehrbuch*, 23쪽.

107) 이계수, 의회주의와 행정법, 57-58쪽.

108) Ernst Forsthoff, *Lehrbuch*, 152쪽 각주 4번.

합의했을 때 자유민주당(FDP) 등 자유주의 세력은 이를 반대하며, 바이마르 헌법처럼 "적정한 보상" 조항을 유지해야 한다고 고집했다. 이런 주장이 기각되자, 산업계를 중심으로 이 조항에 대한 우려가 제기되었다. 당시의 냉전 체제 하에서 반대자들은 이 조항은 '사회주의적 세계관과 실무에 의한 개입'을 가능하게 만들 것이라고 우려했다. 그러나 '형량조항'의 위력은 그 다음 이어지는 문장에 의해 처음부터 유야무야될 운명이었다. "보상액에 관해 다툼이 있을 때에는 통상(민사)법원에서 다툴 수 있는 길이 열려 있다"는 규정이 덧붙어 있었기 때문이다. '형량조항'의 존재에도 불구하고 보상액에 관한 다툼을 민사법원이 정하는 이상, 동 법원은 바이마르 공화국 당시의 실무, 즉 시장가격에 따른 보상이라는 선택을 하게 될 것으로 예상되고 있었고, 실제로도 그렇게 되었다.[109]

3. 본문에서 인용한 '헌법재판소 2009. 9. 24. 선고 2007헌바114 전원재판부[산업입지및개발에관한법률제11조제1항등위헌소원]' 사건의 개요를 정리하고, 이 사실관계에서 읽어낼 수 있는 공용수용의 법리, 공용수용의 실태와 문제점을 토론해보자(특히 날짜를 주목할 것).

1. 청구 외 삼성전자 주식회사는 2004. 2. 23. 아산시장에게 「산업입지 및 개발에 관한 법률」(이하 '산업입지법'이라 한다) 제11조 및 같은 법 시행령 제13조에 의하여 충청남도 아산시 탕정면 ○○리, □□리, △△리 일원 토지 3,261,281㎡에 대하여 '산업단지 지정승인 요청서'를 제출하였고, 아산시장은 2004. 4. 19. 요청서에 대한 의견서 등을 첨부하여 위 요청서를 충청남도지사에게 전달하였다. 이에 충청남도지사는 2004. 7. 31. 삼성전자를 사업시행자로 하여 아산시 탕정면 ○○리, □□리, △△리 일원 토지 2,113,759㎡를 '탕정 제2일반지방산업단지'로 지정 승인한 후, 2004. 8. 5. 산업입지법 제7조의3의 규정에 따라 충청남도 고시 제2004-159호로 이를 고시하였다.

2. 산업단지 지정승인 요청서 제출(2004. 2. 23.)에서 승인 및 고시(2004. 8. 5.)까지 걸린 시간은 163일(5개월 10일)이었다. 당시의 '산업입지법'에 따르면 일반산업단지의 지정승인절차(제7조, 제10조)는 다음과 같았다. ① 산업단지개발계획수립 및 신청(삼성전자) → ② 관할 시장의 의견청취 → ③ 주민 및 관계전문가의 의견청취 → ④ 관계 행정기관의 장과 협의 → ⑤ 건설교통부장관(현재 국토해양부장관)의 승인(30만 제곱미터 이상의 산업단지인 경우) → ⑥ 장관의 승인 전에 산업입

109) Alexander von Brünnek, 앞의 논문, 218-219쪽.

지정책심의회(건교부 소속)의 심의 → ⑦ 도지사 지정승인 → ⑧ 고시. 이 8단계의 절차가 5개월만에 속전속결로 끝난 것이다. 산업단지 지정승인 및 고시는 '토지보상법'에 의한 사업인정 및 고시로 의제되기 때문에('산업입지법' 제22조 제2항), 그 시점부터 사업시행자(삼성전자)는 수용권을 취득하게 된다. 이로써 삼성전자는 5개월 10일만에 2,113,759㎡(64만평)의 땅에 대한 수용권을 획득하였다.

3. 청구인들은 위 산업단지 내에 토지를 소유하고 있는 토지소유자들인바, 위 산업단지 내에 위치한 청구인들 소유의 토지가 위 고시에 따라 수용대상토지로 지정되었다. 삼성전자는 청구인들과 위 토지의 취득 등에 대하여 협의를 하였으나 협의가 성립되지 아니하여 충청남도지방토지수용위원회에게 재결을 신청하였고, 충청남도지방토지수용위원회는 2006. 5. 22. 위 토지 및 그 지상물에 대하여 수용재결하였다. 이에 청구인들은 2006. 7. 24. 대전지방법원에 충청남도지방토지수용위원회를 상대로 이 사건 수용처분의 취소를 구하는 소를 제기하였으며(대전지방법원 2006구합2239),[110] 위 소송계속 중 산업입지법 제11조 제1항 등이 헌법 제23조 제3항, 제37조 제2항 등에 위반되고, 산업입지법 제2조 제6호 자목이 명확성의 원칙에 반한다는 이유로 위헌법률심판제청신청(대전지방법원 2005아163)을 하였으나, 2007. 9. 19. 기각되자, 같은 해 10. 29. 이 사건 헌법소원심판을 청구하였다.

4. 최근 베를린, 함부르크에서 기본법 제15조의 사회화 조항을 이용하여 전개되는 주택사회화 운동의 배경과 경과, 앞으로의 전망에 대해 함께 토의해보자.

사회화 조항을 이용하여 베를린과 함부르크에서 주택사회화 운동이 활발히 전개되고 있다. 일례로 2021년 9월 26일에 실시된 베를린 주 국민투표를 들 수 있다. 제안자들은 저렴한 주택을 장기적으로 제공하려면 사회화만이 해결책이 될 수 있다고 주장하였다. 특히 베를린 관내에 3,000채가 넘는 주택을 소유하고 있는 기업을 사회화 대상으로 삼아, 이 기업들이 보유한 주택을 공유재산으로 돌리고, 새롭게 설치하는 공법상의 영조물이 관리 운영하게 한다는 제안이었다.

구체적으로 주택사회화 운동이 내건 5대 요구사항은 다음과 같았다. ① 베를린

110) "사업인정상의 수용대상 토지에 자기 소유의 토지가 포함되어 있는 사람이 그 토지를 수용대상에서 제척시키기 위하여는 사업인정 단계에서 쟁송하여야 하고, 그 쟁송기간이 도과하여 불가쟁력이 발생한 경우에는 사업인정이 중대하고도 명백한 하자로 인하여 당연무효라고 볼 특별한 사정이 없는 한 사업인정의 위법을 이유로 당해 토지에 관한 수용재결의 취소를 구할 수는 없다." 울산지방법원 2007. 6. 27. 선고 2007구합447 판결.

내의 3000호 이상의 주택을 보유한 모든 민간 주택 회사를 사회화한다. 단, 공공이 소유권을 갖는 기업, 사법인으로 되어 있는 공영 주택 건설 조합, 세입자들이 집단적으로 소유하고 있는 주택은 예외로 한다. ② (새로 만들어질) 공법상의 영조물(Anstalt des öffentlichen Rechts)이 이들 주택에 대한 공동경제적, 비영리적 운영을 위한 행정을 책임진다. ③ 공동 소유가 된 이들 주택은 공법상의 영조물 직원, 세입자 및 시영 회사의 다수결 및 민주주의적 참여하에 관리 · 운영한다. ④ 주택을 관리할 공법상 영조물의 정관에 재사유화 금지를 명기한다. ⑤ 보유 주택이 사회화 대상이 된 기업에 대해서는 시장 가격보다 낮은 가격으로 보상한다.

투표결과는 찬성 59.1%, 반대 40.9%였다(투표율 73.5%). 베를린 주 국민투표는 법적 구속력은 없다. 다만 베를린 주 정부는 유권자의 의사를 존중하여, 국민투표 결과의 구체화 가능성, 방법 및 요구 사항을 검토하는 12명으로 구성된 전문가 위원회를 설치했다(2022. 3. 29.). 국민투표의 제안자는 토지, 생산수단 등의 사회화에 관한 기본법 제15조를 근거규정을 내걸었으므로, 이 위원회는 우선 이 제15조를 검토하고, 아울러 제14조에서 규정하는 소유권의 보장과 제15조의 관계도 살펴보아야했다. 2023년 6월의 최종보고서에서 동 위원회는 주택사회화법률이 기본법 제15조에 규정된 요건을 충족하므로 합헌이라고 판단하였다.[111)]

주택사회화 운동을 추진하는 이들 중에서도 이 운동의 근거를 기본법 제14조 제3항에서 찾는 사람들이 있지만, 수용주택에 대한 보상을 시장가격 이하로 해야 한다는 요구(⑤)에 부응하려면 주택수용 혹은 사회화의 헌법적 근거는 제15조로 보는 게 유리하다. 기본법 제정 이후 한 번도 현실에서 이용되지 않았고, 사실상 아무런 의미도 없었던 이 조항을 근거로 대형 부동산회사(임대주택회사)가 보유한 주택을 사회화하자고 주장하는 것이므로 이를 둘러싼 헌법논쟁도 뜨거웠다. 그래서 2023년의 전문가위원회의의 보고서가 나오기 전에 이미 위헌과 합헌으로 나뉜 전문가 의견서들이 제출되었다. 예컨대 슈파이어 대학 공법학 교수인 요하임 빌란트(Joachim Wieland)는 연방의회와 베를린 주 의회의 좌파당의 의뢰를 받아 완성한 의견서에서 임대주택의 사회화는 기본법 제15조에 의거, 베를린 주법으로 시행할 수 있다고 하여 합헌 의견을 제시한 바 있다.[112)] 2025년 8월 현재 주택사회화법률은 만들어지지 않았지만, 주택사회화를 향한 운동은 멈추지 않고 있다. 오히려 함부르크주의 수민(州民)들이 주택사회화운동을 새롭게 시작하는 등,[113)] 주택사회화를 향한 독일 시

111) Expertenkommission zum Volksentscheid, *Vergesellschaftung großer Wohnungsunternehmen – Abschlussbericht*, Juni 2023, 14쪽.

112) 베를린의 주택사회화 운동과 논쟁에 관한 자세한 소개는 이계수, 반란의 도시, 베를린, 쓰리체어스, 2023, 125-149쪽을 참고하기를 바란다.

113) https://hamburg-enteignet.de/

민의 과감한 도전을 계속되고 있다.

5. 개발이익이란 무엇인가? 개발이익은 왜 발생하는가? 발생한 개발이익을 환수하는 것은 현실적으로 가능한가? 또한 건축자유의 원칙 혹은 부자유의 원칙과 개발이익 환수의 관계를 설명해보자.

1. 노태우 정권 당시 제정된 이른바 토지공개념 3법 중 그나마 명맥을 유지하는 것이 「개발이익환수에 관한 법률」이다.[114] 우리 법상 개발이익 개념은 점차 확대되어왔다. 1962년 「도시계획법」 제9조는 수익자부담이라고 하여 도시계획사업으로 인하여 현저히 이익을 받는 자에게 수익의 범위 내에서 그 비용의 전부 또는 일부를 부담시킬 수 있도록 했다. 이 규정은 토지공개념 제도의 도입에 따라 폐지되고, 이후 「부담금관리기본법」 제정에 따른 정비로 그 의미가 약화되었다. 1967년 「부동산투기억제에 관한 특별조치법」 제정 이후 토지소유자의 투자를 공제한 지가상승분을 개발이익 환수대상으로 규정하다가, 1978년 「국토이용관리법」에서 개발이익 개념을 정의하였다. 또한 1989년 「개발이익환수에 관한 법률」은 개발이익을 광의의 의미로 정의하였다. 이 정의는 현행법에도 그대로 유지되고 있다. 이에 따르면 "개발이익이란 개발사업의 시행이나 토지이용계획의 변경, 그 밖에 사회적 · 경제적 요인에 따라 정상지가 상승분을 초과하여 개발사업을 시행하는 자나 토지 소유자에게 귀속되는 토지 가액의 증가분을 말한다"(제2조 제1호).

현행법상 개발이익의 환수에는 조세적 수단(대표적으로 토지초과이득세[115])과 비조세적 수단(대표적으로 부담금)이 사용되고 있고, 후자는 다시 수익환수 부담형(수익자부담금 등), 시설부담형(폐지된 학교용지부담제, 그리고 '국토계획법'상의 기반시설부담제), 기타로 구분되고 있다(대표적으로 기부채납).

토지공개념 3법의 후퇴와 함께 개발이익 환수제도는 전반적으로 후퇴한 상태이다. 현재 운용되고 있는 개발이익환수제도는 개발이익을 폭넓게 정의하고 있지만 환수대상, 개발이익 환수지역범위는 최소화하는 입장을 선택하고 있다. 공공투자사업에 국한한 협의의 개발이익을 환수하는 제도가 중심을 이루고 있고, 광의의 개발이익을 환수하는 양도소득세제가 이를 보완하는 형태로 구성되어 있다. 특히 현행제도는 공공사업주변지역에서 발생하는 최협의의 개발이익도 환수하지 못하면서 광의의 개발

114) 류해웅, 앞의 책, 130쪽.

115) 토지를 매각하지 않고 계속 보유하는 경우 양도소득세제가 부동산수급 조절정책으로 한계가 있다는 인식 하에 도입되었으나 미실현이득에 대한 과세 등에 대한 논란을 겪다가 폐지되었다. 1993년 이후 실질적인 과세실적이 없었다

이익까지 환수하도록 하고 있어 개발이익의 개념과 체계에 부합하지 못하는 문제를 안고 있다.

2. 개발사업의 시행이나 토지이용계획의 변경으로 인한 개발이익과 관련하여 환수를 검토할 때 개발사업이나 토지이용계획이 건축자유의 터전 위에서 실시되는 것인지, 아니면 건축부자유의 기반 위에서 실시되는 것인지를 따지는 것은 매우 중요한 의미가 있다. 예컨대 독일법처럼 “계획없이는 개발도 없다”는 건축부자유를 원칙으로 해두고 있으면, 개발은 도시계획의 수립을 통해서 비로소 가능해지므로, 개발로 인한 이익은 계획의 산물로 분명히 인식될 수 있다. 이런 경우라면 토지가격은 개발이전의 토지의 현황을 전제로 형성될 수밖에 없고, 원칙적으로 개발이익이 포함될 여지가 없다. 개발이익의 사유화는 여기서는 적어도 당연한 전제로 되지는 않는다. 개발이익이 도시계획의 수립이라는 공적인 개입을 통해서 발생한 것이 명백하기 때문이다. 즉, 토지이용계획의 책정은 구체적인 건축권한을 권리자가 행사할 수 있게끔 가능하게 하는 기능을 갖고 있으므로 그것에 의해 토지가격은 당연히 상승한다. 이로부터 ‘토지가격의 상승은 토지이용계획의 책정에 의해 비로소 생기는 것이므로 이러한 지가상승분 중 적어도 일부는 공공으로 환원해야 한다’라는 논리가 쉽게 도출될 수 있다. 독일 등의 유럽 여러 나라에서 20세기 초반 이래 개발이익의 공공환원이 그 구체적인 성과 여하와 무관하게 항상 토지정책상의 중요한 논점이 되어 왔던 기본적 원인도 여기에 있다.[116]

반면, 우리처럼 사실상 건축자유를 원칙으로 하는 경우라면, 토지가격은 당해 지역이 개발되어 건축행위가 이루어지는 경우에 생길 수 있는 지가상승분을 처음부터 포함하는 것이 통상일 것이다. 이렇게 되면 개발이익의 사유화는 당연한 전제로 된다. 또한 토지이용계획의 책정은 건축의 자유를 제한하는 기능을 수행하는 것이므로 계획의 책정은 토지가격의 하락을 필연적으로 초래하고, 따라서 이 경우 손실보상이 항상 문제가 될 수밖에 없다. 그러므로 건축부자유의 원칙을 토지공법 전반에 제도화시킬 수 있다면, 개발이익의 환수 혹은 지가상승분의 공공환원 프로세스를 정착시키는데도 큰 도움이 될 것이다.

6. 본문에서는 규제적 수용 개념에 기초하여 국제투자법상의 제도로 정착한 간접수용에 관해 간략히 설명하면서, 투자자-국가소송에 따른 중재결정을 분석해보면 규제적 수용의 범위를 넘어 간접수용을 인정하려는 흐름이 나타난다고 지적했다.

116) 高橋壽一, “建築自由·不自由の原則と都市法制”, 原田純孝(編), 日本の都市法 II - 諸相と動態, 東京大学出版会, 2001, 47쪽.

이런 실무에 대응하려면 간접수용을 최대한 축소하는 해석이 필요하다. 한미자유무역협정상의 간접수용 조항을 살펴보고, 이 조항이 어떤 문제를 발생시킬 수 있는지에 대해서도 검토해보자.

국제투자협정에는 일정한 요건을 충족하지 않는 수용을 금지하고 있다. 수용에는 재산권을 국가가 빼앗는 직접수용만이 아니라 규제와 과세로 대표되는 개입에 의해 투자자의 재산권 행사가 불가능해지는 간접수용도 포함된다. 간접수용에 관해서는 몇 개의 판단기준이 제시되고 있다. 대표적으로 국가의 활동이 투자에 주는 경제적 영향·정도에 주목하는 효과기준(sole effect test), 호스트국(투자유치국가)이 취하는 조치의 효과가 투자자에게 미치는 효과에 주목하는 투자자의 정당한 기대기준(legitimate expectations), 호스트국이 취하는 조치의 목적이 공익을 위한 정당한 것인가에 주목하는 목적기준(purpose test), 호스트국의 조치와 그 공익실현목적의 비례성에 주목하는 비례성기준(proportionality test)이 그것이다.[117]

이런 기준들에 입각하여 한미자유무역협정 부속서 내지 미국의 투자협정 표준양식은 간접수용의 기준으로 정부행위의 경제적 영향, 투자에 근거한 합리적 기대 침해정도, 정부행위의 성격을 고려해야 한다고 규정하고 있다.[118] 즉, 한미자유무역협정 부속서는 간접수용을 당사국의 행위 또는 일련의 행위가 명의의 공식적 이전 또는 명백한 몰수 없이 직접수용에 동등한 효과를 가지는 경우라고 규정하면서,[119] 간접수용을 구성하는 기준으로 정부행위의 경제적 영향, 정부행위가 투자에 근거한 분명하고 합리적인 기대를 침해하는 정도, 정부행위의 성격을 제시하고 있다.[120] 이와 함께 정부의 행위 또는 일련의 행위가 그 목적 또는 효과에 비추어 극히 심하거나 불균형적인 때와 같은 드문 상황을 제외하고는 공중보건, 안전, 환경 및 부동산 가격안정화와 같은 정당한 공공복지 목적을 보호하기 위하여 고안되고 적용되는 당사국의 비차별적인 규제 행위는 간접수용을 구성하지 아니한다고 규정하고 있다.[121] 그런데 이 간접수용을 다투는 소송이 투자자-국가소송이다. 흔히 ISD(Investor-State Dispute Settlement)라고 한다. 이 투자자국가소송에 따른 중재결정을 분석한 연구에 따르면, 미국의 규제적 수용에서의 판단기준과 중대한 차이가 발견된다. 즉, 중재결정을 통해 드러난 간접수용의 심사기준은 자국 내에서 '규제적 수용'으로 보호하는

---

117) 原田大樹, "投資協定仲裁と行政救済法理論", 社会科学研究 69巻 1号, 2018, 195쪽.

118) 박호경, "미국 규제적 수용의 기준과 변용에 관한 연구", 478쪽.

119) 부속서 11-나 수용 제3항.

120) 부속서 11-나 수용 제3항 가.

121) 부속서 11-나 수용 제3항 나.

수준을 초과하고 있다. 그런데 이처럼 외국인투자자를 더 강하게 보호하는 것은 여러 문제를 야기한다. 국내 재산권자에 대한 보장도 연쇄적으로 상승하는 문제(톱니효과; rachet effect), 규제권자가 간접수용소송을 방어하기 위해 비용을 지불하거나 결정에 의한 보상금을 지급하는 쪽을 회피하면서 유익한 규제를 약화하거나 중지 · 포기하는 문제(위축효과; chilling effect)가 나타날 수 있다.[122] 또한 간접수용의 완화된 기준은 조약 체결 당시 예상할 수 없었던 것이므로 민주적 정당성이 취약하다. 간접수용은 국제법적인 근거나 국제법적 합의에 기초하지 않으므로 이를 인정하더라도 국제법상 전통적 기준 즉 물리적 침해, 직접적 국유화, 자산의 압류, 점진적 수용으로 한정할 필요가 있다.[123]

실제로 한미자유무역협정상의 간접수용 규정 때문에 한국 정부가 거액을 물어주는 사건이 지금까지 두 건(론스타, 엘리엇)이 발생했다. 금액도 금액이지만 이 조항 때문에 한국 관료들이 정책 입안시 미리 위축되어 정책 주권이 위협받는다는 것이 더 근본적 문제다. 미국은 한미자유무역협정 직전 오스트레일리아(호주)와 맺은 자유무역협정에서 호주의 요청을 받아들여 투자자-국가 소송제를 빼주었다. 그런데도 한국의 교섭 당국은 이걸 빼지 못했다.[124]

122) 박호경, 앞의 글, 478-479쪽.

123) 박호경, 위의 글, 479쪽.

124) 이정우, “이익 대신 정의 추구, 약자 배려한 ‘학자 군주’ 노무현”, 2024. 4. 2.자. 24면.

찾아보기

ㄱ

ㅈ

ㅊ

ㅋ

ㅌ

ㅍ

ㅎ

저자약력

이계수(李桂洙)

서울대학교 법과대학 공법학과 졸업
독일 튀빙겐대학교 법학부 박사과정수료(DAAD Stipendiat)
법학박사(서울대)
울산대학교 법학과 교수
북해도대학교, 베를린자유대학교 방문연구원
국가인권위원회 군 전문위원
서울시교육청 행정심판위원회 위원
국회입법지원위원
민주주의법학연구회회장
행정법이론실무학회회장
각종 국가시험 위원 등 역임

현재 건국대학교 법학전문대학원 교수

저서

군사안보법연구(울산대출판부, 2007)
행정법 I (방송통신대학교출판부, 2009, 공저)
탈핵학교(반비, 2014, 공저)
복수의 민주주의와 인권국가 구현 방안(패러다임북, 2020, 공저)
반란의 도시, 베를린(스리체어스, 2023)
자본주의와 행정법 (1)(박영사, 2025)

논문

"의회주의와 행정법 - 칼 슈미트 학설과 그에 대한 비판을 중심으로"(박사학위논문)
"<지식의 고고학>과 행정법학의 '에피스테메'"
"정부정책을 다투는 행정소송에서 법원의 역할"
"절차적 정의의 신자유주의적 변용 - 행정절차법의 입법사를 중심으로"
"도시민의 불복종과 도시법의 도전"
"빅토르 위고의 <레미제라블> 읽기 - <민주법학>의 시선"
"법적 상상력과 공상의 사용법에 대하여 - 마사 누스바움의 <시적 정의>의 경우"
"문학으로 읽는 인권 - 의의, 사례, 방법론" 외 다수

자본주의와 행정법 (2) – 비판 행정법 입문

초판발행 2025년 8월 30일

지은이 이계수
펴낸이 안종만 · 안상준

편 집 우석진
기획/마케팅 정성혁
표지디자인 BEN STORY
제 작 고철민 · 김원표

펴낸곳 (주) 박영사
서울특별시 금천구 가산디지털2로 53, 210호(가산동, 한라시그마밸리)
등록 1959. 3. 11. 제300-1959-1호(倫)

전 화 02)733-6771
f a x 02)736-4818
e-mail pys@pybook.co.kr
homepage www.pybook.co.kr
ISBN 979-11-303-2477-0 94360
979-11-303-2476-0 (세트)

정 가 31,000원